NOUVEAU MANUEL

DES

JUSTICES DE PAIX,

OU

TRAITÉ DES COMPÉTENCES ET ATTRIBUTIONS DES JUSTICES DE PAIX, TANT ANCIENNES QUE NOUVELLES, EN TOUTES MATIÈRES.

NOUVEAU MANUEL
DES
JUSTICES DE PAIX,

OU

TRAITÉ DES COMPÉTENCES ET ATTRIBUTIONS DES JUSTICES DE PAIX, TANT ANCIENNES QUE NOUVELLES, EN TOUTES MATIÈRES;

Auquel on a réuni :

1° TOUTES LES FORMULES DES ACTES, PROCÈS-VERBAUX ET JUGEMENS QUI ONT LIEU DANS LES JUSTICES DE PAIX;

2° UN RECUEIL CHRONOLOGIQUE ET COMPLET DES LOIS, DÉCRETS, ORDONNANCES ET CIRCULAIRES MINISTÉRIELLES, CONCERNANT LES MÊMES JUSTICES, PUBLIÉS JUSQU'À LA FIN DE 1838;

3° ET UN EXTRAIT DES CODES FRANÇAIS POUR CE QUI CONCERNE CES JUSTICES.

PAR

Feu M. **LEVASSEUR**, vivant Jurisconsulte.

NOUVELLE ÉDITION,

ENTIÈREMENT REFONDUE ET AUGMENTÉE D'UN COMMENTAIRE SUR LA LOI NOUVELLE, DU 25 MAI 1838.

Par M. **BIRET**, ancien Magistrat.

PARIS,

A LA LIBRAIRIE ENCYCLOPÉDIQUE DE RORET,

RUE HAUTEFEUILLE, N° 10 BIS.

1839.

AUTRES OUVRAGES SUR LES ATTRIBUTIONS DES JUSTICES DE PAIX.

PRÉFACE.

L'utilité du Manuel de LEVASSEUR est aussi notoire qu'incontestée. Les nombreuses éditions qui en ont été données (dans l'esprit de la première) prouvent mieux le mérite de ce livre, que ne pourraient le faire des raisonnemens et des éloges, dont il n'a pas besoin [1].

L'auteur, dans un plan simple mais bien ordonné, a traité son sujet avec méthode, précision et clarté. Cependant, tel qu'il est sorti de ses mains, son ouvrage est devenu insuffisant en peu d'années. Les lois primitives et d'organisation des justices de paix, dont il a si bien présenté l'esprit et les moyens d'exécution, ont été suivies d'un grand nombre d'autres qui, soit dans la forme, soit au fond, soit en matières civiles, de procédures, de police, de douanes, etc., ont changé, modifié et augmenté les attributions et les diverses compétences des justices de paix.

De là, la nécessité d'ajouter à l'ouvrage de Levasseur, pour le compléter et le mettre d'accord avec les lois postérieures à son travail.

Aussi, dans nos précédentes éditions de cet estimable livre, nous nous sommes empressés d'y ajouter : 1° un grand nombre de Formules des actes et procès-verbaux des justices de paix, en matières civiles et criminelles, qui n'existaient pas dans l'édition originale de Levasseur; 2° un Recueil des lois, décrets, ordonnances, décisions ministérielles et instructions, donnés pendant 36 ans, sur les attributions des justices de paix; 3° des Extraits, concernant les mêmes attributions, des codes civil, de procédure, de commerce, d'instruction criminelle, pénal, forestier et de la pêche fluviale.

On conçoit aisément que des additions aussi importantes ont donné un nouvel intérêt au Manuel de Levasseur.

Mais à présent il s'agit de choses plus importantes encore.

La loi du 24 août 1790, créatrice des justices de paix, ne leur avait conféré qu'une compétence assez bornée : des actions pures, personnelles, simples et de modiques valeurs; des actions

[1] Nous ne parlons ici que des éditions publiées par M. *Roret*, et non de celles où l'on a su délayer les doctrines de Levasseur, en trois volumes in-8°.

toutes mobilières, limitées et par la nature des choses et par leur importance; des actions possessoires, reposant sur des faits ou des troubles, et une simple possession annale, sans rapport avec le fond du droit de propriété, réservé à d'autres tribunaux : telles furent les attributions civiles et primordiales des justices de paix; attributions qui, néanmoins, furent soumises aux leçons de l'expérience par la même loi qui venait de les créer, puisque, par son art. 9, elle réserva expressément aux législateurs futurs d'élever le taux de la compétence des justices de paix.

Le temps a hautement justifié cette prévision. Les vœux des cours et des tribunaux, des publicistes, des jurisconsultes et des administrations mêmes, se sont prononcés avec une rare uniformité pour élever la compétence civile des justices de paix. Aussi, dès l'année 1806, la cour suprême, dans ses observations sur le code de procédure, présenta un projet fort sage, tendant à donner des attributions plus larges en matières personnelles, mobilières et possessoires, aux justices de paix; cependant ce projet fut ajourné. Un député le reproduisit dans les sessions de 1832 et de 1833, mais avec des extensions considérables, qui n'auraient laissé aux justices de paix que leur nom, et qui en auraient fait pour ainsi dire des juridictions ordinaires, où les formalités simples, bienfaisantes et paternelles de ces justices auraient le plus souvent été méconnues. Aussi la chambre des députés n'adopta point ce projet.

Cependant le gouvernement lui-même proposa, en 1835, une nouvelle organisation de la compétence civile des juges de paix, qui présentait les mêmes vices que le projet du député, c'est-à-dire de fortes innovations, peu en harmonie avec l'esprit d'une institution essentiellement pacifique et d'une justice toute exceptionnelle; mais, après le rapport d'une commission, le projet fut retiré et envoyé aux cours et tribunaux pour y faire leurs observations.

Les méditations des magistrats, communiquées aux chambres législatives, produisirent, dans la séance du 6 janvier 1837, un projet bien différent et plus modéré que le premier. Cependant il fut amendé dans plusieurs points dans la même session de 1837, et puis encore amendé dans la session de 1838. Enfin, ce projet est devenu loi de l'état, par la sanction royale qui lui a été donnée le 25 mai 1838.

On peut donc dire que cette loi n'a été rendue qu'après une scrupuleuse étude de la matière, étude entourée des lumières de toute la magistrature et de l'expérience des hommes spéciaux, consultés par les commissions des chambres. Aussi, le dernier rapporteur, M. Amilhau, s'exprimait sur ce point, en ces termes : « Le projet de loi que nous avons l'honneur de vous soumettre, est dégagé de tout ce qui avait fait objection dans l'esprit des cours. Eclairés par leur expérience, nous avons effacé des attributions qui n'étaient pas bien comprises, tenant ainsi à l'honneur de perfectionner l'œuvre de votre première commission. Réduite à ces proportions, notre loi fera époque parmi celles qui sont sorties si multipliées de la discussion des chambres. Son application sera immédiatement utile, et ce serait résister à l'évidence que d'ajourner des améliorations précieuses, réclamées depuis si long-temps, et d'empêcher la France de jouir pleinement des bienfaits d'une institution rajeunie et fortifiée par ces épreuves. »

Nous rapporterons textuellement les différentes dispositions de cette importante loi, mais nous ne les retracerons pas sèchement; il est nécessaire, nous dirions presque indispensable, de développer, par un examen sérieux et approfondi, l'esprit tout entier de cette loi; d'apprécier d'une manière sûre ses règles spéciales, ses principes nouveaux, ses innovations et ses détails; de comparer chacun de ses textes avec les lois précédentes, sur de semblables matière, est avec la jurisprudence moderne.

Cet examen sera fait en forme de commentaire, où sera réuni, comme dans un faisceau, tout ce qui pourra se rapporter à chaque article de la loi, et sur chacun d'eux séparément; c'est-à-dire l'esprit de la discussion et des rapports qui l'ont précédée; la doctrine des jurisconsultes et les arrêts déjà rendus sur les matières mêmes, dont la loi confère aujourd'hui les attributions aux juges de paix. Ces arrêts seront d'autant plus justement cités et comparés, que les attributions nouvelles ne font que reproduire une partie de la législation antérieure, dont l'exécution était confiée à d'autres tribunaux.

Après ce commentaire, nous arriverons à la procédure qui se pratique dans les justices de paix en matières civiles contentieuses; procédure qui, pour être simple, n'est pas toujours facile. Chaque acte sera examiné sous tous ses rapports, ses formalités et ses vices. C'est ainsi que nous traiterons des citations et des cédules, des réassignations, des oppositions, des déclinatoires; des récusations, des incidens, des demandes en garantie; des enquêtes et des reproches, des visites des lieux, des expertises; des jugemens par défaut ou contradictoires, définitifs, interlocutoires et autres, en dernier ressort ou en première instance; des minutes et expéditions des jugemens, de leur exécution, des dépens, de l'appel et du recours en cassation, etc., etc.

Viendront ensuite les attributions non contentieuses des juges de paix, que nous examinerons attentivement : telles sont les conciliations si bienfaisantes et si difficiles à opérer ; les commissions légales, judiciaires ou rogatoires ; les appositions et levées des scellés, soit après décès, soit après faillite, soit définitive ou partielle ; les formalités qu'elles exigent, les incidens ou référés qui s'ensuivent. Tels sont enfin les actes de notoriété, les conseils de famille sur de nombreux sujets de délibérations, indépendamment des tutelles, émancipations, interdictions et adoptions.

Chacune de ces attributions extra-judiciaires sera développée par les principes qui lui sont propres, par les bonnes doctrines et les lumières de la jurisprudence.

Dans deux autres titres, nous reproduirons avec des développemens nouveaux, les différentes matières qui ont déjà été examinées dans les éditions précédentes, c'est-à-dire : 1° les attributions des juges de paix comme officiers de police judiciaire, leurs droits, leurs devoirs et leurs actes sur cet important sujet, tels que la dénonciation officielle, la dénonciation privée, la plainte, les procès-verbaux de constatation des délits et des crimes, les perquisitions, interrogatoires, auditions des témoins, réquisition à la force armée, le mandat d'amener, les saisies des prévenus, enfin toute l'instruction que les juges de paix peuvent se trouver dans le cas de faire pour la recherche des délits et des crimes.

2° La composition du tribunal de police du juge de paix ; les contraventions qui y sont poursuivies et réprimées, tant celles qui sont prévues par le code pénal que celles qui sont établies par les lois rurales et les règlemens particuliers ; les formes de procéder, l'instruction, et le jugement de ces contraventions, etc., etc.

3° Enfin, cette nouvelle édition donnera, commes les précédentes, toutes les Formules des actes, procès-verbaux et jugemens qui ont lieu dans les justices de paix, en matières civiles et criminelles, contentieuses et non contentieuses. Elle sera terminée par le Recueil chronologique des lois, décrets, ordonnances et instructions ministérielles, donnés sur les nombreuses matières qui sont attribuées en tout ou partie aux justices de paix ; recueil considérablement augmenté, et des lois nouvelles *rendues jusqu'au* 30 *juin* 1838, et des sept codes francais, suivis du tarif des dépens, le tout pour ce qui concerne les justices de paix.

NOUVEAU MANUEL
DES JUSTICES DE PAIX.

PREMIÈRE PARTIE.

DES FONCTIONS CIVILES ET CRIMINELLES; DES OFFICIERS PUBLICS ATTACHÉS A LA JUSTICE DE PAIX.

NOTIONS PRÉLIMINAIRES.

1° La justice de paix, conservée par la charte constitutionnelle, se compose du juge de paix, de deux suppléans, d'un greffier, et d'un ou deux huissiers audienciers seulement. Le juge de paix est l'officier principal de cette justice. On peut dire en un sens qu'il en est le seul magistrat, puisque les autres officiers qui remplissent les mêmes fonctions que lui ne peuvent opérer que pour le suppléer.

Le juge paix, au moment de son institution, était un fonctionnaire public dans l'ordre civil seulement. Depuis, il lui a été conféré différentes attributions dans l'ordre criminel. Ces attributions ont été diminuées dans la suite, puis supprimées entièrement. Enfin, le code d'instruction lui en rend quelques-unes en le plaçant au nombre des officiers de la police judiciaire.

2° Le juge de paix doit-il être considéré comme un juge ordinaire, ou comme un juge extraordinaire? Le juge ordinaire est institué par le législateur pour décider en général toutes les contestations. Le juge extraordinaire est celui auquel telle matière est spécialement attribuée. Cette matière spéciale n'appartient pas au juge ordinaire, elle est retranchée de son attribution générale; mais aussi, tout ce qui n'est pas attribué à un autre juge, reste dans sa compétence.

Cependant, quelques jurisconsultes ont soutenu que la juridiction des juges de paix n'est pas extraordinaire dans les matières de leur compétence; mais c'est une erreur évidente, repoussée par la jurisprudence unanime des cours, qui toutes reconnaissent, comme un principe fondamental, que la justice de paix n'est qu'une justice d'exception.

De ce principe il découle deux conséquences incontestables : la première, que les juges de paix ne peuvent jamais connaître que des seules actions, ou matières, qui sont nommément placées dans leur compétence par les lois d'organisation et d'attribution. La seconde, que ces juges ne peuvent connaître des contestations qui s'élèvent sur l'exécution de leurs jugemens, parce que l'attribution des voies de contrainte et d'exécution ne leur est donnée par aucune loi.

Dans l'état actuel, la distribution de la justice civile et celle de la justice criminelle, sont attribuées à des tribunaux différens; dans l'une et l'autre partie il y a des juges ordinaires et des juges extraordinaires. Dans les matières civiles, la justice de paix est le tribunal extraordinaire ou d'exception; le tribunal civil est la juridiction ordinaire qui connaît de toutes les actions personnelles, mobilières, réelles et mixtes, excepté seulement celles attribuées aux juges de paix.

Dans les matières criminelles, le tribunal de police du juge de paix est juridiction extraordinaire : il connaît seulement des délits dont la peine n'excède ni une certaine amende, ni trois jours d'emprisonnement.

La première partie de cet ouvrage se divise naturellement en deux titres. Dans le premier, il sera traité des fonctions civiles, et dans le second des fonctions criminelles et de police des officiers attachés à la justice de paix.

TITRE PREMIER.

Des fonctions civiles des officiers attachés à la justice de paix.

CHAPITRE PREMIER.

De l'institution des Justices de Paix et du Juge de Paix.

Le juge de paix est un magistrat établi spécialement pour maintenir la paix entre les citoyens, soit en décidant sommairement les contestations, soit en essayant de concilier les parties qui sont sur le point de recourir aux tribunaux ordinaires.

Le juge de paix est chef de son tribunal, et lui seul décide sur les actions soumises à sa compétence en toutes matières. Il n'est plus, comme autrefois, assisté d'assesseurs qui concouraient à tous ses jugemens, mais il a des suppléans qui, en cas d'absence ou d'empêchement seulement, le remplacent dans toutes ses fonctions, sans limites ni exceptions.

Il n'y a pas de ministère public près la justice de paix, mais il y a près le tribunal de police, dont il sera question dans la seconde partie, un officier chargé de remplir les fonctions du ministère public.

Les conditions ou qualités qui sont exigées pour être élu juge de paix sont fort simples : 1° il faut être âgé de trente ans; 2° être citoyen français, libre et indépendant (art. 5 constit. de l'an VIII); 3° jouir de tous les droits civils. La condition d'âge fut cependant modifiée par une loi du mois d'octobre 1792, qui la porta à 25 ans; mais la constitution de l'an III, article 29, rétablit l'âge de 30 ans.

Un juge de paix n'est point obligé d'étudier le droit, ni de prendre des degrés. « On augmenterait les difficultés de choisir un juge de paix, si on les subordonnait à des conditions légales, qui ne créeraient point de capacités et qui en écarteraient beaucoup. Si, pour ne prendre qu'un exemple, on exigeait le grade de licencié en droit, ou seulement même celui de bachelier, on peuplerait nos campagnes d'avocats sans causes et de praticiens découragés d'autres carrières, au lieu de pouvoir étendre les choix comme on les fait aujourd'hui. » (Rapport de M. Renouard, du 29 mars 1837.)

Ajoutons que tous, ou presque tous les gradués, sont établis avant l'âge de trente ans dans les villes, d'une manière stable, honorable et lucrative, et qu'ils ne sont point disposés à abandonner leur état pour exercer, dans les campagnes, des fonctions précaires, fort laborieuses et très-mal rétribuées.

Le juge de paix doit être assidu à l'exercice de ses fonctions, et il doit se pénétrer de l'importance de ses belles et nobles fonctions.

Ce magistrat est un père que la loi indique à tous les habitans du canton; elle le charge de prévoir leurs contestations; d'arranger leurs différends; il doit toujours être prêt à les entendre : c'est pour cela que la loi l'oblige à résider dans le canton. (Art. 8 de la loi du 28 floréal an X.)

Sous l'empire de cette loi et de celle du 12 septembre 1791, le juge de paix qui ne résidait pas dans le canton, ou qui s'en absentait sans autorisation, était réputé démissionnaire, et on le remplaçait de la manière suivante :

Il était averti par le procureur du roi près le tribunal de première instance, d'y fixer son domicile dans le mois de l'avertissement. Passé ce délai, le procureur du roi dénonçait la non-résidence au sous-préfet. A la diligence de ce dernier, il était pourvu, par une assemblée de canton, au remplacement du juge de paix considéré comme démissionnaire.

Mais à présent, la non-résidence et l'absence non autorisée doivent-elles encore faire réputer les juges de paix démissionnaires ? Les lois précitées sont, *en ce point*, abrogées par la charte constitutionnelle, qui donne au roi, de la manière la plus absolue, les nominations et révocations de ces juges, pour quelque cause que ce soit. C'est donc suivant la sagesse et la volonté du monarque que ces juges doivent être ou n'être pas remplacés pour défaut de résidence ou d'absence non autorisée. Cependant, nous pensons, qu'au cas de non résidence, il convient, avant tout, que le juge de paix soit averti ou enjoint par le procureur du roi de résider dans le canton, conformément à la loi du 28 floréal, qui, à cet égard, paraît encore applicable.

Lorsqu'un juge de paix veut s'absenter de son canton, il doit se munir d'une autorisation ou congé du procureur du roi ; mais si son absence doit durer plus d'un mois, il doit en obtenir la permission du ministre de la justice. Dans les deux cas il doit joindre à sa demande un certificat du premier suppléant, et à son défaut, du second, constatant que le service du juge sera fait en son absence. (Art. 9, loi du 28 floréal an x.)

Une ordonnance du 6 octobre 1822 établit des formalités que l'on doit observer pour la délivrance de ces congés. Voyez-la dans la 2me partie, livre second, page 151.

Le juge de paix doit tenir ses audiences civiles et de police au chef-lieu du canton, encore même qu'il n'y réside pas. Il n'est cependant pas obligé de résider à ce chef-lieu ; il suffit qu'il ait son domicile dans l'une des communes du canton. D'ailleurs, il peut juger partout où il se trouve sur son territoire, parties présentes, ou dûment appelées, notamment lorsqu'il se transporte sur les lieux contentieux. Mais n'anticipons pas sur la tenue des audiences du juge de paix; il sera dit, à cet égard, tout ce qui doit l'être, au 3me § du chapitre X du présent titre premier.

Pendant ses audiences, le juge de paix doit être revêtu de son costume, qui est le même que celui des juges ordinaires. (Art. 7 de l'arrêté du gouvernement du 2 nivôse an XI.) Avant cet arrêté, le juge de paix n'avait point de costume, il portait seulement une marque distinctive sur la poitrine, sur laquelle on lisait ces mots : *La loi et la paix*.

Mais, est-il vrai que dans toutes les opérations du juge de paix, telles que les visites des lieux, les appositions de scellés, les conseils de famille, etc., il doive aussi porter son costume ? Il le peut sans doute, mais nulle loi ne lui en impose l'obligation. C'est pourquoi la cour suprême a décidé, le 9 nivôse an XII, que le défaut de costume n'entraînait pas la nullité des actes d'un magistrat. C'est d'ailleurs l'opinion du plus grand nombre des auteurs.

Le juge de paix jouit des mêmes droits, honneurs et respects que les autres juges pendant la tenue de ses audiences, et dans tout autre exercice de ses fonctions. Voyez, pour éviter des répétitions, le 3me § du chapitre X déjà indiqué. Voyez aussi dans la seconde partie, livre 3, ci-après, les art. 10 et 11 du code de procédure, 504 et 505 du code d'instruction criminelle.

Dans les cérémonies publiques, où ils sont appelés par la loi, et où ils doivent être personnellement invités par l'autorité qui fait les convocations, les juges de paix, revêtus de leur costume, prennent place immédiatement après les juges de commerce et avant les commissaires de police. (Loi du 24 messidor an XII.)

Il est interdit aux juges de paix de recevoir directement, ou indirectement, des gratifications, des dons ou cadeaux, de la part des plaideurs ; sinon ils peuvent être récusés, et ils sont dans le cas d'être poursuivis en vertu des articles 177 et 178 du code pénal pour leur faire appliquer, soit la réprimande ou la censure, soit même la suspension. Ces poursuites se font suivant les formalités prescrites par les articles 479 et 483 du code d'instruction criminelle. Voyez-les, pages 199 et 201 de notre 2me partie.

Il est interdit aussi aux juges de paix de cumuler, avec leurs fonctions, celles des places suivantes : 1° de membre des administrations ; 2° de commissaire de police, de maire ou adjoint, de préfet, sous-préfet ; 3° de secrétaire ou greffier des administrateurs; 4° de notaire; 5° de membre d'une administration forestière ; 6° de receveur de l'enregistrement; 7° d'employé dans les services des douanes, des postes et messageries ; 8° de fonctionnaire public comptable ; 9° de membre de la cour de cassation ; 10° de juge d'un tribunal civil et de conseiller des cours; 11° de juge d'un tribunal de commerce; 12° de procureur du roi ; 13° de greffier ou de commis-greffier ; 14° d'instituteur salarié ;

15° de percepteur ou receveur de deniers publics; 16° d'avoué, d'avocat et de toutes fonctions salariées par le gouvernement. (Lois des 3 vendémiaire an III, 25 ventôse an XI, et ordonnance du 20 décembre 1822.)

Un ministre du culte catholique peut-il être juge de paix? Plusieurs motifs doivent détourner ce ministre d'accepter une telle place; il doit tout son temps au sacerdoce, et les attributions contentieuses et de police, surtout celles d'officier auxiliaire du procureur du roi, répugnent fortement aux paroles de paix et d'union qu'un prêtre doit toujours faire entendre. Au reste, la loi du 11 septembre 1790 décide formellement qu'il y a incompatibilité entre les fonctions de juges (en général) et celles des ecclésiastiques. Nous ne connaissons pas de loi postérieure qui ait dérogé à cette incompatibilité.

Mais il a été dérogé en partie à celle qui excluait les juges de paix de toutes fonctions municipales, puisque, par un décret du 16 juin 1808, il est décidé que ces magistrats peuvent être membres des conseils municipaux.

Les juges de paix sont exempts de tout service public, spécialement de ceux de la garde nationale et du jury. (Lois des 25 ventôse an VIII et 22 mars 1831; ordonnance du 17 juillet 1816.)

Aux termes de différentes lois et ordonnances, les juges de paix ont droit à une pension de retraite lorsqu'ils ont trente ans de service. Néanmoins, en cas d'infirmités ou d'accidens survenus dans l'exercice de leurs fonctions, dix ans de service suffisent. (Ordonnances des 23 septembre 1814, 9 janvier 1815 et 2 janvier 1817.) Autrefois, les juges de paix étaient mieux traités, ils pouvaient, dans tous les cas, obtenir une retraite après dix ans de service.

Suivant les articles 98, 100 et 102 du décret du 18 juin 1811, les juges de paix avaient le droit de se faire ouvrir aux bureaux des postes un état de crédit sur lequel on inscrivait les ports de lettres taxées qu'ils recevaient, et la taxe de celles qu'ils jugeaient à propos d'affranchir à raison de leurs fonctions. Ces états étaient arrêtés, vérifiés chaque mois et rendus exécutoires par le président du tribunal, dont l'ordonnance était visée par le préfet. Mais d'autres mesures ont été établies par les ordonnances des 6 août 1817 et 14 décembre 1825, qui ont prescrit de mettre sous bandes contresignées, les lettres envoyées ou reçues en franchises par le juge de paix. D'autres dispositions sont ajoutées à la formalité des bandes, notamment la faculté accordée aux agens des postes, de taxer les lettres en certains cas et de dresser procès-verbal en cas de fraude. Au reste, pour éviter des répétitions, voyez les ordonnances précitées, pages 145 et 158 de la deuxième partie.

Le juge de paix n'est pas seulement chef de son tribunal civil, mais il est encore président du tribunal de simple police dont il sera parlé dans le chapitre II du titre II ci-après; il préside aussi plusieurs assemblées, celles des conseils de famille où ils ont voix délibérative et prépondérante, et celles des jurys de révision de la garde nationale, dont les fonctions sont déterminées par la loi du 22 mars 1831. Voyez les art. 23, 24, 26 et suiv., contenant les formalités relatives à la formation de ces jurys, dans notre seconde partie, page 163.

Le juge de paix est du nombre des fonctionnaires publics auxquels le bulletin des lois doit être envoyé gratuitement. (Loi du 12 vendémiaire an IV.) Autrefois on envoyait les lois par cahier de trois mois en trois mois; mais depuis long-temps on les envoie par numéros, ce qui est plus prompt et plus convenable. Le greffier de la justice de paix garde ces lois en dépôt, et les communique au juge de paix, à sa volonté.

Suivant une loi du 16 thermidor an X, art. 9, les juges de paix et leurs suppléans étaient nommés pour dix ans, après lesquels ils pouvaient être réélus; mais, depuis la charte constitutionnelle, ils ne sont pas nommés pour un temps déterminé, ils sont purement amovibles, suivant la volonté du monarque.

Quand ces magistrats sont nommés, le ministère public leur en donne avis en leur indiquant un jour pour la prestation du serment qu'ils doivent faire avant d'entrer en fonctions, à peine de nullité de leurs actes. C'est ainsi que la loi du 29 ventôse an IX l'ordonne. Sous l'empire de cette loi et de l'ordonnance du 3 mai 1815, le juge de paix jurait d'observer non-seulement les lois du royaume, mais encore les ordonnances et règlemens du roi, et de se conformer à la charte. A présent, ce juge jure simplement fidélité au roi des Français et obéissance à la charte constitutionnelle et aux lois du royaume.

D'après un arrêté du gouvernement, du 19 vendémiaire an IX, le serment du juge de paix doit être prêté dans le mois de sa nomination au plus tard, soit que le ministère public lui indique ou ne lui indique pas un jour pour faire cette prestation.

Mais il n'est plus obligé, indépendamment de son serment, de se faire installer, ni par le conseil municipal comme dans les temps primitifs, ni par le sous-préfet, ainsi que le voulait la loi du 29 ventôse an IX. Cette loi paraît tombée en désuétude, et on ne l'observe plus en général; il existe même une circulaire du ministre de l'intérieur, du 22 novembre 1814, qui défend aux sous-préfets de procéder à l'installation des juges de paix, à moins qu'ils ne soient délégués spécialement à cet effet par le garde-des-sceaux.

Les juges de paix jouissent d'un traitement plus ou moins élevé, suivant l'importance du canton et sa population. A Paris, leur traitement est fixé à 2,400 fr. Dans les communes dont la population excède cent mille âmes, ce traitement est de 1,600 fr.; il n'est que de 1,200 fr. dans les villes de 50,000 à 100,000 âmes; de 1,000 fr. dans les villes de 30,000 à 50,000 âmes, et seulement de 800 fr. dans toutes les autres villes au-dessous de 30,000 âmes. C'est par la loi du 8 ventôse an VII que ces traitemens ont été fixés ainsi, et ils n'ont reçu aucun changement depuis, pas même par la dernière loi du 25 mai 1838, quoique le traitement des autres juges ait plusieurs fois été augmenté.

CHAPITRE II.

Des Suppléans des juges de paix.

La loi du 29 ventôse an IX a donné aux juges de paix deux suppléans, au lieu de deux assesseurs, qui, dans les temps primitifs de l'institution, concouraient à tous les jugemens. Ces suppléans succèdent donc aux assesseurs, mais ils ne remplissent aucune fonction, que dans les cas d'absence ou d'empêchement du juge de paix; alors ils sont juges eux-mêmes et en remplissent toutes les fonctions sans exceptions, en toutes matières, civiles, criminelles, de police et autres attribuées aux justices de paix.

Les suppléans sont nommés par le roi, de la même manière que les autres juges et suppléans. Autrefois ils étaient nommés par une assemblée de canton qui n'existe plus. Le même serment que prête le juge de paix, avant d'entrer en fonctions, doit l'être aussi par ses suppléans; autrement les actes qu'ils feraient seraient nuls. (Arrêt de cassation, du 12 janvier 1809.) Quant à leur installation, nous pensons qu'elle a lieu par la seule prestation de leur serment. Voyez ce qui a été dit au précédent chapitre sur celle du juge de paix.

Les suppléans des juges de paix sont, comme eux, justiciables des cours royales, à raison des délits ou crimes qu'ils peuvent commettre dans l'exercice de leurs fonctions. (Arrêt du 14 avril 1831.) Ils sont tenus aux mêmes devoirs et obligations que le juge, lorsqu'ils exercent, et ils sont passibles des mêmes peines en cas d'infraction : ainsi, ils peuvent être remplacés, soit pour absence non autorisée, soit pour défaut de résidence dans le canton. La loi leur impose cette résidence. Ils doivent donc obtenir, lorsqu'ils veulent s'absenter, un congé semblable à celui du juge de paix. (Ord. du 16 nov. 1822.)

De même, sont communes aux suppléans, les conditions d'éligibilité du juge. Ainsi, ils doivent être âgés de 30 ans, être citoyens français, libres et indépendans, c'est-à-dire n'être pas serviteurs ni domestiques, et jouir de tous les droits civils. (Art. 7 et 17 C. civ.)

Sont aussi communes aux suppléans, toutes les incompatibilités imposées aux juges de paix. Voyez ce que nous en avons dit dans le précédent chapitre. Néanmoins il faut faire trois exceptions: 1° les suppléans sont capables d'être adjoints de maire; mais s'ils viennent à être nommés juges de paix par la mort ou la révocation du titulaire, ils sont tenus d'opter. (Loi du 24 vendémiaire an III.) Ils peuvent aussi être nommés commissaires de police, à la charge d'opter, s'il y a lieu. (Arrêt du 2 juin 1807, cour de cass.)

2° Les suppléans du juge de paix peuvent être encore suppléans des tribunaux ordinaires. (Arrêt du 2 frimaire an XIV.)

3° Les fonctions de juré sont permises aux suppléans, parce qu'ils ne sont que rarement dans le cas de remplacer le juge. Aussi, il arrive souvent qu'ils sont désignés pour être jurés.

C'est le premier suppléant qui est d'abord appelé à remplacer le juge de paix dans ses fonctions, en cas d'absence ou d'empêchement; le second suppléant n'exerce que lorsque le premier est lui-même absent ou empêché, dans le même temps que le juge de paix l'est aussi. Mais si le juge et ses deux suppléans étaient tous empêchés ou absens, par quel juge ou suppléant devraient-ils être remplacés? MM. Carré et Carnot enseignent que l'art. 540 du code d'instruction criminelle est applicable en ce cas, et qu'il y a lieu de procéder à un règlement de juges. Cette opinion n'est qu'une erreur, parce que la loi du 16 ventôse an XII décide autrement la question: elle porte que, lorsque le juge de paix et ses deux suppléans seront tous empêchés de juger pour cause légitime, le tribunal de première instance, dans l'arrondissement duquel est située la justice de paix, renverra les parties devant le juge de paix le plus voisin, et que le renvoi sera fait à la demande de la partie la plus diligente, sur simple requête, après avoir entendu le procureur du roi, parties présentes ou appelées. D'après cela il ne peut être question d'un règlement de juges, qui n'a lieu que lorsque deux tribunaux de police sont saisis de la même contravention ou de contraventions connexes, ce qui ne peut jamais se rencontrer dans le cas d'empêchement du juge de paix et de ses suppléans.

Les suppléans n'ont pas de traitement, leurs fonctions n'étant que passagères. Lorsque l'un d'eux remplace le juge pour des commissions et actes auxquels des vacations sont attribuées, ces vacations lui appartiennent. Telle était la disposition de la loi du 27 mars 1791 (art. 14), par rapport aux assesseurs: elle s'applique naturellement aux suppléans. Il est juste que celui qui remplit la fonction jouisse de la rétribution qui y est attachée.

La même loi voulait que, dans le cas où le juge de paix serait plus de huit jours consécutifs sans remplir ses fonctions, il fût tenu de remettre à l'assesseur qui l'avait remplacé une part proportionnelle de son traitement fixe.

Cependant une ordonnance du 16 décembre 1822 dispose autrement, elle dit, article 20: « Le juge de paix qui s'absente en vertu d'un congé délivré dans la forme prescrite par les articles 9 et 10 de la loi du 28 floréal an X, ne perd aucune portion de son traitement, mais le suppléant qui fait le service a droit aux vacations ou casuel. »

Cette ordonnance doit-elle faire la règle? Il est de principe incontestable que le pouvoir législatif a seul le droit de changer ou de réformer la loi, parce que lui seul a le droit de la faire; mais le monarque ne peut y déroger; seulement, il a l'autorité de rendre les ordonnances nécessaires pour l'exécution de la loi. Néanmoins, celle de 1822 doit, selon nous, être observée comme un règlement particulier pour les officiers de justice qu'elle concerne.

Le service de la garde nationale étant incompatible avec les fonctions des magistrats qui ont le droit de requérir la force armée, il en résulte que les suppléans des juges de paix sont exempts de ce service, parce qu'ils ont l'autorité, en l'absence ou par l'empêchement du juge de paix, d'adresser des réquisitions aux commandans de la force publique, et à ceux de la garde nationale. Voyez, sur cela, l'article 5 de la loi du 27 ventôse an VIII; l'article 27 de l'ordonnance du 17 juillet 1816, et l'article 11 de la loi du 22 mars 1831, contenant une nouvelle organisation de la garde nationale.

Les suppléans du juge de paix ont la faculté d'assister aux cérémonies publiques, et d'y prendre rang immédiatement après le juge de paix. Mais, ni dans ces cérémonies, ni dans l'exercice de leurs fonctions ordinaires, ils ne portent aucun costume; du moins, aucune loi ne leur en impose l'obligation.

Quand les suppléans remplacent les juges de paix, ils ne sont point obligés de constater l'empêchement de ceux-ci; l'empêchement se présume de droit, suivant la cour de cassation, qui a déclaré, par un arrêt du 18 février 1819, « qu'il n'est pas indispensable d'énoncer dans l'acte du suppléant, la nature de l'empêchement du juge de paix. »

Mais, dans les fonctions qui sont déléguées à ce juge, par les cours ou les tribunaux, par des commissions rogatoires, les suppléans le remplacent-ils en cas d'empêchement? Selon la cour de Nîmes, les suppléans n'ont de pouvoir que dans les cas où ils sont compétens par la volonté de la loi, parce que, dit-elle, les délégations ne sont que des mandats personnels aux délégués; mais, suivant un arrêt de la cour de Poitiers, du 10 juin 1831, les délégations qui sont faites aux juges de paix ne peuvent être assimilées au mandat. « Nulle distinction, dit l'arrêt, n'existe dans les lois entre les attributions déléguées et les attributions légales. Toutes sont de même nature. Cela est si vrai, que l'art. 1035 du code de procédure ne permet de déléguer aux juges de paix que des actes semblables à ceux de leur compétence. »

« Or, dit judicieusement M. Biret, celui qui est compétent de faire les uns, peut faire les autres; car, dans le fait et dans le droit, les commissions rogatoires, données aux juges de paix, ne sont que de simples prorogations de juridiction. Admettre le système contraire, continue ce jurisconsulte, ce serait établir, contre les suppléans, des exclusions arbitraires qui pourraient suspendre le cours de la justice, notamment, s'il s'agissait d'une délégation du procureur du roi ou du juge d'instruction. En ce cas, si le juge de paix était empêché, et si le suppléant ne pouvait exécuter la délégation, les preuves pourraient périr, ou l'accusé s'évader, pendant les retards qui en résulteraient. Il en serait de même en matière d'enquête, les délais, étant de rigueur, pourraient expirer si le suppléant n'avait le pouvoir de remplir la délégation du juge empêché. (*Recueil général*, 3me *édition*, *tome* 1er, *pages* 30 *et* 31.)

CHAPITRE III.

Des Greffiers des justices de paix.

Ces greffiers sont nommés par le souverain, depuis la loi du 28 floréal an x; mais, sous l'empire de celle du 24 août 1790, le juge de paix avait le droit de nommer et de révoquer son greffier; il pouvait même n'en pas nommer et en remplir lui seul les fonctions. Cependant, il était nécessaire d'établir une personne responsable, qui fût dépositaire des actes de la justice de paix, et fît le service du greffe. Ces motifs déterminèrent, dans la suite, la nomination d'un greffier. (*Loi du* 27 *mars* 1791.)

Dans tous les actes du juge, la fonction de ce greffier est nécessaire; c'est un témoin que la loi donne au juge. Le greffier tient la plume et écrit les jugemens, ordonnances ou procès-verbaux du juge, sous sa dictée, ou sous son inspection; il délivre des expéditions de ces actes, dont il conserve les minutes, sous sa responsabilité; il signe ces expéditions ainsi que les minutes, qui le sont d'abord par le juge de paix. Avant la signature du magistrat, le greffier ne peut délivrer des expéditions, à peine de faux.

Dans toutes les fonctions du juge de paix, et dans les cérémonies publiques, le greffier doit l'assister; il porte le même costume que lui, néanmoins, la toque du greffier n'est point ornée d'un ruban en argent.

Les conditions d'éligibilité du greffier sont les mêmes que celles du juge de paix, que nous avons rapportées au chapitre Ier. Néanmoins, il est une modification à l'égard de l'âge, qui n'est que de 25 ans pour les greffiers. (*Loi du* 16 *ventôse an* XI.)

Lorsqu'un greffier de justice de paix est nommé, il doit verser un cautionnement, dont le montant est déterminé par le tarif no 9 de la loi du 28 avril 1816 : il est de 1,200 fr. au moins, et de 10,000 fr. au plus, suivant l'importance de la population. Le cautionnement produit un intérêt de 4 p. %, et il donne au greffier, ou à ses héritiers, le droit de présenter un successeur à la nomination du roi, droit qui se vend fort cher, quoique de gré à gré. « Les conventions des parties, dit à cet égard la cour de cassation, font leur loi aussitôt qu'elles sont suivies de la nomination du candidat. » (*Arrêt du* 20 *juin* 1820, *Cass.*)

Le cautionnement étant versé, le greffier doit prêter son serment devant le juge de paix près duquel il doit exercer ses fonctions; c'est le vœu de l'art. 5 du titre 9 de la loi du 24 août

1790, qui, en ce point, n'a reçu aucune modification. Cependant, les tribunaux de première instance, pendant plusieurs années, ont reçu le serment des greffiers; mais ce fut une empiétation sur l'autorité du juge de paix, qu'une décision ministérielle fit cesser le 13 novembre 1821. Elle est ainsi conçue : « La nomination du greffier n'appartient plus, il est vrai, au juge de paix (loi du 28 floréal an X); mais, cette loi n'ayant apporté aucun changement à la forme de réception du serment de ces officiers, non plus que le décret du 24 messidor an XII, ni l'ordonnance du 3 mars 1815, il en résulte que c'est toujours devant le juge de paix que le greffier doit prêter son serment. »

Il est de nombreuses incompatibilités imposées aux fonctions des greffiers; ils ne peuvent remplir d'autres fonctions judiciaires, ni être défenseurs officieux dans leurs justices, ni être administrateurs ou secrétaires des diverses administrations, ni employés des douanes, des postes ou des messageries, ni receveurs, payeurs ou comptables : il leur est interdit d'exercer les fonctions d'huissier, d'avoué, de notaire, etc. Voyez les lois des 30 janvier et 27 mars 1791, 26 mars 1793, 24 vendémiaire an III, et l'ordonnance du 22 novembre 1822, dans la 2me partie de cet ouvrage.

Le greffier ne doit point être parent du juge de paix, jusqu'au 3me degré; les lois des 7 mars 1791 et 27 germinal an VII déclarent positivement qu'il y a incompatibilité pour cette cause. Cependant, dans la 8me édition du présent Manuel (publié par *Roret*), on disait que cette incompatibilité était cessée depuis que les juges de paix sont nommés par le roi; mais il a été démontré par MM. Biret, Carré, Dupin et Favard de Langlade, que cette incompatibilité subsiste également, « parce que le changement du pouvoir qui nomme un officier, ne change ni ne fait cesser la cause de l'incompatibilité pour fait de parenté; parce que, encore, la loi du 20 avril 1810, article 63, établit la même incompatibilité pour le greffier d'un tribunal composé de moins de huit juges; *à fortiori*, subsiste-t-elle pour un tribunal où il n'y a qu'un seul juge? » Nous partageons cette opinion.

Mais il est permis aux greffiers d'être en même temps commissaires-priseurs; ils ont même le droit, par leur seule qualité de greffier, de faire, en concurrence avec les commissaires-priseurs, les prisées, estimations et ventes de meubles ou d'objets mobiliers, dans les communes où les commissaires n'ont pas leur résidence. Voyez sur cela les lois des 26 juillet 1790, 17 septembre 1793, 28 avril 1816; les arrêtés du gouvernement des 12 fructidor an IV, 27 nivôse an V, et l'ordonnance du 26 juin 1816, art. 16.

Il faut admettre deux exceptions au droit des greffiers, de vendre des meubles. La première est, qu'ils ne peuvent faire ces ventes que lorsqu'elles ont lieu au comptant, parce que, lorsqu'elles sont faites à terme, il s'ensuit une obligation de la part des acheteurs envers le vendeur, et cette obligation ne peut être reçue que par un notaire. Une controverse s'est cependant élevée pendant quelque temps sur cette question, qui a été jugée de différentes manières. Les derniers arrêts qui l'ont décidée en faveur des notaires, ont été rendus par la cour de Paris, les 5 mai 1826 et 6 juin 1829, dont la doctrine est devenue une loi.

La seconde exception est, que les greffiers, comme les notaires, commissaires-priseurs et huissiers, ne peuvent vendre que des meubles et effets purement mobiliers, soit par leur nature, soit par la disposition de la loi, mais non des coupes de bois taillis, ni des récoltes pendant par racines, attendu que les unes et les autres n'acquièrent la qualité de meubles que par l'exécution de la vente, c'est-à-dire, lorsqu'elles sont coupées et abattues. Cette exception est consacrée par plusieurs arrêts de la cour de cassation, dont les derniers sont des 1er juin 1822, 10 décembre 1828 et 26 avril 1830. Cependant, les cours de Paris, de Rouen, de Caen et d'Amiens, ont décidé plusieurs fois que les greffiers pouvaient faire des ventes de récoltes pendant les six semaines qui précèdent leur maturité. Ces décisions paraissent, dit-on, conformes à l'article 626 du code de procédure, mais elles n'ont pas l'autorité des arrêts de la cour suprême.

Les greffiers ont un traitement fixe, mais il est extrêmement médiocre, puisqu'il n'est que du tiers de celui du juge de paix. Ils ont des vacations, des droits de greffe et d'expédition, qui sont fixés par le tarif des dépens de 1807 pour les matières civiles, et par le règlement du 18 juin 1811, pour les matières de police. Voyez l'extrait du tarif, page 185 de notre 2e partie, en ce qui concerne les greffiers.

Au bas de toute expédition, ces officiers doivent énoncer, par détail, les droits qu'ils ont perçus, sans pouvoir en exiger d'autres ou de plus forts que ceux qui leur sont attribués par les lois, à peine de révocation, de restitution envers les parties, et même, en cas de fraude ou de malversation, à être poursuivis criminellement.

Les greffiers des juges de paix, comme ceux des cours et tribunaux ordinaires, ont la faculté d'avoir un ou plusieurs commis-greffiers. Néanmoins, ce droit leur a été contesté; mais il suffit de consulter l'article 4 de la loi du 28 floréal an X, pour reconnaître que ce fut une erreur. Aussi, le ministre de la justice étant appelé à décider ce point, par l'un des greffiers des juges de paix de Paris, répondit, le 24 pluviose an XII, en ces termes : « La loi vous autorise formellement à nommer un commis-greffier, que vous ferez recevoir au serment par le juge de paix. Ce commis pourra tenir la plume aux audiences, signer les expéditions et remplir toutes les fonctions que vous exercez. Il sera révocable à votre volonté, et il vous devra compte de toutes ses opérations. »

Nul commis-greffier ne doit être parent ou allié du greffier, jusqu'au troisième degré. L'article 63 de la loi du 20 avril 1810 nous paraît applicable à ces commis comme à ceux qui exercent dans les cours et tribunaux.

Les greffiers des juges de paix ne sont point tenus de faire l'avance des droits d'enregistrement des actes et procès-verbaux que ces juges font en vertu de commission rogatoire. Une décision du ministre des finances, du 21 mai 1809, rendue contre les prétentions de la régie de l'enregistrement, a dispensé les greffiers de faire de telles avances, sauf à la régie à exiger les droits dus sur les expéditions des mêmes actes, qui sont délivrées par les greffiers du tribunal délégant.

Les minutes ou les originaux des actes, procès-verbaux et jugemens de la justice de paix, sont déposés au greffe, sous la responsabilité des greffiers, qui en sont les gardiens naturels. Les minutes des jugemens sont écrites à la suite les unes des autres, sur un registre spécial qu'on appelle plumitif; mais les minutes des procès-verbaux sont rédigées sur des feuilles séparées. Toutes ces minutes se font sur papier timbré, en matière civile, et sur du papier visé pour timbre, en matières de simple police.

Le dépôt de ces minutes fut fait d'abord au greffe des tribunaux de district, en vertu de la loi du 26 octobre 1790; mais bientôt une autre loi, celle du 26 frimaire an IV, ordonna que ce dépôt serait fait aux archives des municipalités. Cette disposition n'est plus suivie, elle paraît tombée en désuétude et même abrogée par l'article 1040 du code de procédure qui prescrit aux greffiers de garder les minutes des juges pour en délivrer des expéditions. Cela s'applique à tous les greffiers, sans exception. Il faut convenir cependant que, par un décret du 20 novembre 1809, il a été ordonné que la loi de l'an IV serait publiée dans les départemens réunis à la France; mais cette publication n'a pas été faite pour modifier ou abroger le nouvel ordre établi par le code de procédure.

Les greffiers tiennent des répertoires cotés et paraphés par le juge de paix, sur papier timbré, et sur lesquels ils inscrivent, jour par jour, les actes et jugemens de la justice de paix. Nous parlerons plus amplement de ces répertoires dans le chapitre XIX ci-après, qui sera le complément de celui relativement aux minutes et à l'enregistrement.

Les greffiers des juges de paix sont chargés de rédiger les rapports des experts qui ne savent signer, ou l'un d'eux. Ce rapport se fait sur le lieu de l'opération, à moins que les parties et les experts ne décident, d'un commun accord, qu'il sera écrit dans un autre endroit, et qu'ensuite les parties assistent à la rédaction de cet acte.

Le visa qui est exigé par l'article 676 du code de procédure, des procès-verbaux de saisie immobilière, est donné par le greffier du juge de paix, sans le concours de ce juge. C'est là une fonction spéciale du greffier, dans laquelle il peut néanmoins se faire remplacer par son commis.

Enfin, les greffiers sont les subordonnés des juges, ils sont soumis à leur surveillance et même à leur censure, dans plusieurs circonstances.

CHAPITRE IV.

Des Huissiers exerçant près les juges de paix.

Les lois des 19 vendémiaire an IV et 28 floréal an X instituèrent des huissiers dans les justices de paix où il n'en existait point auparavant. L'article 5 de la dernière autorisa les juges de paix à choisir deux huissiers parmi ceux du tribunal de première instance, en leur donnant la faculté de les révoquer à volonté.

Cette autorisation a subsisté jusqu'à présent; mais la loi sur les nouvelles compétences des juges de paix (25 mai 1828) a établi des modifications importantes sur le choix et le service des huissiers qui doivent exercer près de ces magistrats. Nous examinerons ces modifications dans le chapitre V, art. 16, et nous réduirons celui-ci à quelques principes qui paraissent encore applicables dans le nouvel ordre de choses.

La résidence dans le canton de la justice de paix, imposée aux huissiers, par les lois précédentes, doit être observée. Mais ces officiers, qui ont déjà prêté serment devant le tribunal d'arrondissement, doivent-ils le réitérer devant le juge de paix? Nulle loi ne l'exigeait jadis ni ne l'exige encore; mais il est de règle générale, que tout fonctionnaire doit prêter serment devant l'autorité près de laquelle il exerce ses fonctions. Ce serment est, pour l'huissier du juge de paix, l'acte qui constate et son droit à exercer de nouvelles fonctions, et son installation même: les juges de paix pourront donc exiger le serment de leurs huissiers audienciers, les seuls qu'ils peuvent choisir à présent.

Les fonctions de ceux-ci sont de faire le service des audiences du juge de paix, d'y appeler les causes, d'y maintenir l'ordre et le silence, et d'exécuter tout ce qui sera prescrit par le juge, pour la police et l'exécution de la loi. Quant aux autres huissiers résidant dans le même canton, leurs fonctions sont de donner, concurremment avec les huissiers audienciers, les citations aux parties, aux témoins, aux experts qui sont appelés devant le juge de paix, et tous autres actes de la justice, sauf ceux qui pourraient être délégués spécialement aux audienciers. Voyez les art. 16 et 17 du chapitre suivant.

Les huissiers sont tenus d'écrire correctement et lisiblement les actes de leur ministère et les copies qu'ils en délivrent, à peine du rejet des copies, de la taxe, et d'une amende de 25 fr. (Décret des 16 février 1807, art. 28, et 28 août 1813.) Les copies doivent être remises aux personnes citées, par les huissiers eux-mêmes, à peine d'une suspension de trois mois et d'une amende de 200 fr., au moins, et de 2000 fr., au plus (Art. 45 du décret du 14 juin 1813); et si ces copies étaient soustraites par malice ou par fraude, l'huissier délinquant pourrait être poursuivi criminellement. Voyez l'article 146 du code pénal.

Dans les cas d'omission de formalités prescrites pour les actes des huissiers, ceux-ci encourent une amende de 5 fr. à 100 fr., indépendamment des injonctions et des défenses de récidiver, que le juge de paix peut leur faire; mais ce n'est pas tout: si ces omissions emportent la nullité des actes, ou occasionnent des frais frustratoires et des préjudices aux parties, les huissiers répondent de leurs fautes ou négligences; ils sont donc condamnés en tels dommages-intérêts que les tribunaux arbitrent; ils peuvent même être suspendus de leurs fonctions. Voyez le décret du 30 mars 1808 et l'art. 66 du tarif de 1807.

Tous les actes des huissiers, soit purement judiciaires, soit extrajudiciaires, doivent être présentés à la formalité de l'enregistrement dans les quatre jours de leur date (Art. 20 de la loi du 22 frimaire an VII), à peine d'une amende, réduite par l'art. 10 de la loi du 16 juin 1824.

Tous les droits d'enregistrement des exploits, citations, significations, sont payés par les huissiers qui les ont faits, sauf leur recours contre les parties, et à prendre, en cas de besoin, un exécutoire du juge de paix pour le montant desdits droits. (Art. 29 et 30 de la même loi du 22 frimaire.)

Nous n'en dirons pas davantage sur la formalité de l'enregistrement; mais nous croyons être utile aux huissiers, en les renvoyant au *Manuel de l'enregistrement et du timbre*, par M. Biret.

Tous les actes que font les huissiers, exerçant près les justices de paix, doivent être inscrits, jour par jour, sur un répertoire tenu à sept colonnes, sur papier timbré, coté et paraphé par le juge de paix, et qui est présenté tous les trois mois au visa de l'enregistrement, à peine d'une amende qui était fixée à 10 fr. par chaque dix jours de retard, par la loi du 22 frimaire an VII, mais qui est heureusement réduite à une amende fixe de 10 fr., par l'art. 10 déjà cité de la loi du 16 juin 1824, quelle que soit la durée du retard.

Indépendamment des communications trimestrielles, la même loi de frimaire an VII et l'article 47 du décret du 14 juin 1813 obligent les huissiers à représenter leurs répertoires aux préposés de la régie, à toute réquisition, sous peine d'amende en cas de refus, lequel est constaté en présence du maire ou de son adjoint.

Les huissiers doivent former leurs actions en paiement des actes qu'ils ont faits dans les justices de paix, dans l'année de leur date, après laquelle ces actions sont prescrites. (Art. 2272, cod. civ.) Néanmoins, l'article 2276 dispose que l'année ne court que du jour du dernier acte fait par le même huissier et pour la même partie, à raison de la même contestation.

Tous les principes que nous venons de rapporter dans ce court chapitre, sont communs aux huissiers des tribunaux de police. Cependant ceux-ci ont des devoirs particuliers à remplir, dont nous parlerons dans la suite.

CHAPITRE V.

Des Compétences et Attributions du Juge de Paix en matières civiles,

ou

COMMENTAIRE SUR LA LOI NOUVELLE DU 25 MAI 1838.

Par la loi créatrice des juges de paix, du 24 août 1790, il leur fut attribué la connaissance de toutes les causes purement personnelles et mobilières, sans appel, jusqu'à la valeur de 50 fr., et à charge d'appel jusqu'à la valeur de 100 fr. En ce dernier cas, les jugemens du juge de paix étaient exécutoires par provision, nonobstant l'appel, en donnant caution. (Art. 9.)

Par l'article 10, le juge de paix était compétent de connaître, de même sans appel, jusqu'à la valeur de 50 fr., et à charge d'appel à quelque valeur que la demande puisse se monter, 1° des actions pour dommages faits par les hommes ou les animaux aux champs, fruits et récoltes; 2° des déplacemens de bornes, des usurpations de terres, arbres, haies, fossés et autres clôtures, commises dans l'année; des entreprises sur les cours d'eau servant à l'arrosement des prés, commises pareillement dans l'année, et de toutes actions possessoires; 3° des réparations locatives des maisons et fermes; 4° des indemnités pour non jouissance, lorsque le droit de l'indemnité ne sera pas contesté, et des dégradations alléguées par les propriétaires; 5° du paiement des salaires des gens de travail; 6° des actions pour injures verbales, rixes et voies de fait pour lesquelles les parties ne se seraient pas pourvues par la voie criminelle.

Ces attributions ont été réitérées par les articles 2 et 3 du code de procédure civile, sans aucun changement, addition ni élévation. Ainsi, elles ont subsisté jusqu'à présent, quoique, dans l'intervalle, les cours, les tribunaux, les législateurs eux-mêmes ont souvent reconnu la convenance et l'utilité de donner plus d'extension à ces compétences, extension que la loi précitée de 1790 avait prévue et réservée aux législateurs futurs. Enfin, la loi du 25 mai a rempli les vœux du public; nous allons en donner successivement les textes en faisant sur chacun, en forme de commentaire, les observations dont il sera susceptible.

ARTICLE PREMIER.

« Les juges de paix connaissent de toutes actions purement personnelles ou mobilières, en dernier ressort, jusqu'à la valeur de cent francs, et à charge d'appel jusqu'à la valeur de deux cents fr. ».

Ainsi, le dernier ressort est élevé de

50 fr. à 100 fr., et la compétence en première instance, ou à charge d'appel, est portée à 200 francs au lieu de 100 francs ; c'est-à-dire que la valeur des anciennes attributions est doublée. Cet accroissement a dû être mesuré et mis en harmonie avec la capacité présumée des juges de paix; c'est celui que la cour de cassation avait proposé en 1806. On n'a donc point adopté la proposition de la première commission de la chambre élective, qui voulait élever le dernier ressort à 150 fr., et les attributions à charge d'appel à 300 fr. « Des scrupules se sont élevés sur un aussi grand accroissement de compétence, de la part d'un grand nombre de cours royales. On a craint, avec raison, que, dans beaucoup de petites localités, la somme de 150 fr. n'affectât trop essentiellement l'aisance de certaines familles, pour devoir être laissée à la décision souveraine d'un juge unique. » Cette crainte était fort sage, et le maximum de 100 fr. est certainement suffisant pour le dernier ressort; il répond au double besoin d'extension de la compétence et de modération dans cette extension.

Mais, quelles sont les actions personnelles et mobilières que la loi délègue aux juges de paix par l'article 1er précité? 1° Les personnelles sont celles qui résultent des faits ou des engagemens simples des personnes ou du contrat, du quasi-contrat. Mais si une action résultait à la fois de la personne et d'une chose immobilière, elle serait mixte et ne serait point par conséquent de la compétence des juges de paix. Il en est ainsi de toutes actions réelles, encore qu'elles soient de modique valeur. La loi les exclut des justices de paix, par cela seul qu'elle ne leur confère que des actions pures personnelles ou mobilières. D'ailleurs, plusieurs orateurs, dans la discussion de la loi, se sont fortement élevés contre la proposition d'attribuer aux juges de paix la connaissance des actions réelles ou mixtes, quelque modique que fût leur valeur; et même, long-temps avant la loi actuelle, la cour de cassation avait décidé dans le même sens pour plusieurs arrêts; elle avait même jugé, le 24 août 1826, qu'une somme réclamée à un cohéritier en sa qualité de détenteur des biens de son auteur, constituait une action mixte dont le juge de paix ne pouvait connaître.

2° Quant aux actions purement mobilières, elles ne comprennent que des choses réputées meubles par leur nature ou par la disposition de la loi. En d'autres termes : *Actio ad mobile consequendum censetur mobilis.* Mais donnons quelques exemples des actions mobilières et personnelles.

1° Celle qui tend au paiement d'arrérages d'une rente perpétuelle dont la valeur n'excède pas le maximum de la compétence du juge de paix, doit être portée devant ce juge. (Arrêt du 18 octobre 1813, C. de cassation; Sirey, 20-1-455.)

2° Les honoraires dus à des notaires ou à des avocats, constituent des actions personnelles de la compétence des justices de paix, lorsque les valeurs n'excèdent pas celles qui sont déterminées par l'article 1er de la loi actuelle. (Décision du ministre de la justice, du 4 décembre 1826, et arrêt de cass. du 6 avril 1830.)

3° Les actions en paiement de salaires d'ouvriers, de gages domestiques, de dommages-intérêts à raison de l'inexécution d'engagemens entre ces différentes personnes et les maîtres, sont des actions personnelles et mobilières. Mais, sans prolonger ces exemples, voyez les art. 2, 3 et 4 ci-après.

Si la demande était indéterminée, quoiqu'elle fût pure personnelle ou mobilière, le juge de paix ne pourrait en connaître en vertu de l'article 1er; mais si elle était en même temps de la nature de celles dont il connaît en première instance jusqu'à une valeur illimitée, en vertu des art. 3 et 5, il serait compétent, car, en ces cas, il importe peu que la demande soit déterminée, les attributions du juge étant sans limites.

Mais comment s'établit en général le cas du dernier ressort? Par la seule valeur de la demande de la partie demanderesse, et non point par la somme adjugée. C'est une règle qui fut toujours regardée comme incontestable. S'il en était autrement, il pourrait s'ensuivre des abus graves, et le juge de paix, en réduisant seulement les conclusions du demandeur, prononcerait en dernier ressort sur des actions bien supérieures aux limites que la loi a fixées. (Arr. de cass. des 21 pluviose an X, 11 brum. et 7 therm. an XI.)

Cependant, si les conclusions primitives étaient plus élevées que le taux du dernier ressort, le demandeur pourrait, par une citation nouvelle, ou même verbalement à l'audience, réduire son action à ce taux, car il lui est libre de corriger, d'augmenter ou de modifier ses conclusions en tout état de cause. C'est un principe qui n'est pas contraire à la loi nouvelle.

Mais l'article 1er qui nous occupe, est-il applicable aux affaires de commerce? Une commission de la chambre des pairs l'avait proposé par un amendement qui donnait aux juges de paix des lieux où il n'y avait pas de tribunaux de première instance, l'attribution de prononcer sur les causes commerciales dans les limites de leur compétence. M. le garde des sceaux et plusieurs pairs adoptèrent cet amendement, mais la chambre le rejeta sur les sages observations de M. le comte Portalis, premier président de la cour de cassation, qui s'exprima en ces termes :

« On introduit un second degré de juridiction, là où il n'y en avait qu'un, et ce qu'il y a de singulier, c'est qu'on ne l'établit pas dans tous les cas. Là où il n'y a qu'un tribunal de commerce, le juge de paix ne connaîtra pas des affaires commerciales en première instance; là où il n'y a pas de tribunal de commerce, et où il est remplacé par le tribunal de première instance, le juge de paix en connaîtra. Sans doute on n'a pas voulu que l'appel des juges de paix fût porté devant les tribunaux de commerce, et on a réservé sa juridiction pour le cas où l'appel serait porté devant les tribunaux ordinaires. Je crois que cette dérogation à l'ordre actuel des juridictions n'est pas bien fondée. Vous établissez un nouveau degré de juridiction pour les plus petites affaires, sans aucune utilité. On vient de dire qu'il y aura beaucoup d'affaires de cette nature. S'il y en a beaucoup, il faut que ce soit toujours les juges de paix qui en connaissent. S'il y en a peu, on ne voit pas pourquoi ils en connaîtraient, et pourquoi on étendrait leur juridiction dans les arrondissemens où il y aurait le moins de ces sortes d'affaires, car c'est précisément dans les arrondissemens où il y a peu d'affaires commerciales, qu'il n'a pas été établi de tribunaux de commerce. Ceci complique sans nécessité l'ordre des juridictions.»

La même proposition de comprendre les affaires de commerce dans l'art. 1er, fut de nouveau examinée à la chambre des députés lorsque les changemens et les modifications de la chambre des pairs lui furent soumis; mais elle y subit le même sort. « Votre commission repousse ce système, dit le rapporteur (M. Amilhau); il tend à dénaturer complètement deux institutions, la justice de paix, en l'obligeant à suivre l'esprit et les opérations du commerce qui lui sont étrangers, et le tribunal de commerce, en le chargeant de prononcer sur des jugemens, des nullités, des appels et des questions qui lui lui sont étrangers. En un mot, de deux justices d'exceptions on fait deux tribunaux ordinaires. Mais dans l'application, que d'obstacles doivent se présenter ! »

Ainsi, dès qu'une action formée dans les valeurs de la compétence de l'article 1er, réunira, avec l'action personnelle, même en dernier ressort, des faits et actes de commerce, tels que le paiement d'une lettre de change, d'un billet à ordre, du fret d'un navire, d'achats et ventes entre commerçans, etc., le juge de paix ne sera pas compétent d'en connaître, parce que, dans ce cas, l'action sera mixte. Néanmoins, nous pensons que les juges de paix, par le consentement des parties et en vertu d'une demande expresse, pourraient juger des affaires commerciales jusqu'à la valeur de 100 fr., pourvu qu'elles fussent de nature pures personnelles, parce que, dans ce cas, leur incompétence relative cesse par la volonté des parties, et qu'il n'y a point d'appel de pareilles actions fixées à 100 fr.

ARTICLE DEUX.

« Les juges de paix prononcent, sans appel, jusqu'à la valeur de 100 francs, et à charge d'appel, jusqu'au taux de la compétence en dernier ressort des tribunaux de première instance : — Sur les contestations entre les hôteliers, aubergistes ou logeurs, et les voyageurs ou locataires en garni, pour dépense d'hôtellerie et perte ou avarie d'effets déposés dans l'auberge ou dans l'hôtel;

« Entre les voyageurs et les voituriers ou bateliers, pour retards, frais de route et perte ou avaries d'effets accompagnant les voyageurs;

« Entre les voyageurs et les carrossiers, ou autres ouvriers, pour fournitures, salaires et réparations faites aux voitures de voyage. »

Les différentes actions énoncées dans ce texte furent toujours au rang des actions pures personnelles, quoique les lois antérieures ne les eussent pas désignées et énoncées comme elles le sont ici. Néanmoins, les actions pour avaries causées par les bateliers, et les retards qu'on leur fait éprouver injustement, auraient pu donner lieu, en quelques circonstances, à des actions commerciales, si la loi ne les eût nommément attribuées aux juges de paix. « Il était nécessaire de s'expliquer, a fort bien dit le dernier rapporteur de l'art. 2, afin que son interprétation trop littérale ne portât à renvoyer les actions devant d'autres tribunaux. »

L'ancienne compétence des juges de paix, pour ces actions, est décuplée en première instance (1500 fr.); c'est être entré largement, trop largement peut-être, dans l'esprit d'extension exprimé par la loi du 24 août 1790; mais les parties sont toujours libres d'appeler des jugemens du juge de paix, jusqu'à la somme à laquelle les tribunaux de première instance jugent en dernier ressort. On a considéré que la multiplicité des voyages est un besoin de notre époque, attendu les progrès de l'industrie, et qu'il était important de décider avec promptitude, et avec peu de frais, les différends qui peuvent survenir entre les voyageurs, les voituriers, bateliers, etc.

La même urgence se fait sentir dans les actions entre les hôteliers, aubergistes, logeurs et les voyageurs ou locataires en garni, et entre les carrossiers et autres ouvriers et les voyageurs. Dans les intérêts de tous, ces contestations doivent se juger d'une manière prompte et sommaire. D'ailleurs, il ne s'agit, le plus souvent, que de simples questions de fait, ou de certaines mesures de police.

Il faut observer, cependant, que les dispositions de l'article 2 nécessitent deux degrés de juridiction dans un grand nombre de cas où il n'y en avait qu'un seul sous l'ancienne législation. En effet, toutes les fois que les actions entre les hôteliers, les aubergistes et les voyageurs ou locataires en garni, excédaient une valeur de 100 fr. jusqu'à 1000 f., le tribunal de première instance les jugeait seul et en dernier ressort. A présent, le juge de paix prononcera d'abord en première instance sur ces mêmes actions, et sur l'appel, les juges ordinaires les décideront souverainement.

Mais, quel sera le juge de paix compétent de juger les différentes actions énoncées dans l'article 2? Ce sera, suivant le droit commun, celui du domicile du défendeur. Supposez que l'aubergiste, l'hôtelier ou le batelier retiennent les malles, effets ou marchandises du voyageur, celui-ci les fera citer devant le juge de paix de leur domicile, pour être condamnés à lui remettre ses effets. Supposez, au contraire, que le voyageur ne réclame pas ses malles, et qu'il n'ait pas payé ses dépenses ou ses frais de route aux aubergistes ou aux bateliers, ceux-ci se pourvoiront devant le juge de paix de son domicile, à quelque distance qu'il soit des lieux où les dépenses ont été faites.

Les premières commissions législatives avaient d'abord pensé qu'il fallait donner une juridiction exclusive, dans tous les cas, au juge de paix des lieux, afin que le différend, étant d'une nature urgente, fût décidé à l'instant même. Mais il y aurait de graves inconvéniens, si l'action était dirigée contre un voyageur qui ne serait plus sur les lieux; on l'obligerait d'interrompre son voyage, de retourner fort loin sur ses pas, et d'abandonner des affaires importantes. En vain on objecterait que ce voyageur pourrait confier sa défense à un mandataire; mais il peut n'avoir aucune relation dans le lieu de la justice de paix; et, alors, à qui adressera-t-il son mandat? Et, s'il n'y a pas d'avoués dans ce même lieu, quelle personne se chargera de sa défense? Au reste, il n'y a point, dans cette circonstance, de motifs assez graves pour déroger à l'ordre des juridictions, d'autant plus que les droits de l'hôtelier ou du batelier sont garantis par les effets du voyageur, qu'il a retenus, et qu'il peut faire saisir et gager ; mais rien ne garantit les intérêts de ce dernier, s'il est distrait de son juge naturel, et s'il est incertain de recevoir dans sa route la notification de la demande qui serait formée contre lui par l'hôtelier ou le batelier.

A cet égard, un des législateurs a dit : « Dans l'état actuel des choses, » lorsqu'un débat de cette nature intervient ; lorsqu'un voyageur, descendu dans une auberge, ne retrouve » plus sa malle qu'il avait la veille, et » qu'il est obligé de partir ; lorsque » l'aubergiste vient à exiger de lui une » somme supérieure à celle qui est due, » que se passe-t-il ? De deux choses » l'une : s'il y a un juge de paix, on va » chez lui, et, quoiqu'il n'ait pas d'attribution, il fait en sorte de concilier » les parties. S'il n'y a pas de juge de » paix, on va chez le commissaire de » police. Certainement, il est préférable que l'on établisse un droit » plus étendu, que de le restreindre, » comme on le propose.

» S'agit-il d'un débat qui peut intervenir entre un voyageur et les carrossiers, ou leurs ouvriers, auxquels » il a été obligé d'avoir recours ? Comment ! une voiture se sera brisée en » route, le voyageur la fait raccommoder ; et, lorsque le voyageur a pris » la poste pour aller plus vite, vous » l'obligerez à aller en conciliation, » puis devant les tribunaux, et à attendre deux ou trois mois avant de pouvoir reprendre sa voiture des mains » de l'ouvrier ! Cela n'est pas proposable, et le sentiment de toutes les commissions a été qu'il fallait donner au » juge de paix compétence sur ce point. » Jusqu'à 100 fr. (c'est le dernier ressort), il n'y a aucun inconvénient ; » au-dessus de cette somme, si le juge » de paix décide mal, on a la ressource » de l'appel, qui, loin d'être un mal, » est une faculté nécessaire et utile. »

Ce raisonnement, plein de justesse et de raison, fut néanmoins vivement combattu. M. de Kerbertin proposa un amendement qui modifiait la compétence établie dans le projet, en faveur du juge de paix ; mais, quoique cet amendement fût appuyé par plusieurs orateurs, il fut rejeté par la chambre des députés. Ainsi, l'art. 2 nous est resté tel qu'il est dans la loi, et tel qu'il va être rapporté.

Doit-on appliquer l'article 2 aux entrepreneurs de diligences et messageries ? Il paraît que cela ne peut faire l'objet d'un doute sérieux : on ne peut disconvenir que ces entrepreneurs ne soient des voituriers par terre ; or, ceux-ci sont assujettis, pour la garde et la conservation des choses qui leur sont confiées, aux mêmes obligations que les aubergistes. (Art. 1782, code civil.) Ainsi, les uns et les autres répondent de la perte et des avaries des choses qui leur sont confiées, à moins qu'ils ne prouvent qu'elles ont été perdues et avariées par cas fortuit. (Art. 1784.) Voilà pourquoi la loi oblige les entrepreneurs de voitures publiques, comme les voituriers par terre et par eau, tous indistinctement, à tenir registre de l'argent, des effets et des paquets dont ils se chargent (1785). D'où il suit, que tous doivent être soumis à la même juridiction.

Quand il s'agit d'effets perdus par une messagerie particulière, et d'effets non désignés et évalués par le propriétaire, les tribunaux peuvent, discrétionnairement, évaluer la perte à une somme plus forte que 150 fr. Ils ne sont pas liés par la loi du 25 juillet 1793. (Arrêt du 6 mars 1821, cour de Lyon.)

Les voituriers, entrepreneurs de roulage et autres, doivent être considérés comme dépositaires nécessaires ; car le dépôt est, en général, un acte par lequel on reçoit la chose d'autrui, à la charge de la garder et de la restituer en nature à la première réquisition. Tel est le pacte qui se forme entre les voyageurs et les voituriers, ou entrepreneurs, pour les effets et marchandises confiés à ces derniers ; d'où il suit, que les règles du dépôt leur sont applicables. Ainsi, ils ne peuvent se servir des objets qu'ils ont reçus, sans la permission des voyageurs ou des déposans ; ils doivent au contraire les rendre identiquement, non détériorés par leur fait, à peine de dommages-intérêts ; mais ils ne sont pas responsables de la perte ou des détériorations de ces objets, qui arrivent par force majeure ou cas fortuit, ou par la nature même des choses qu'ils ont reçues.

Quand la responsabilité des logeurs, aubergistes et autres, doit-elle commencer ? C'est, selon nous, du moment où ils ont reçu les choses déposées. Néanmoins, il a été jugé que cette responsabilité a lieu dès le moment de l'arrivée des voyageurs et autres, dans les maisons des aubergistes et logeurs, et qu'elle ne cesse qu'après leur sortie. (Arrêt du 14 août 1824, cour de Rouen.)

ARTICLE TROIS.

« Les juges de paix connaissent sans appel jusqu'à la valeur de cent francs, et à charge d'appel à quelque valeur que la demande puisse s'élever :

« Des actions en paiement de loyers ou fermages, des congés, des demandes en résiliation de baux, fondées sur le seul défaut de paiement des loyers ou fermages ; des expulsions des lieux et des demandes en validité de saisie-gagerie ; le tout, lorsque les locations verbales ou par écrit n'excèdent pas annuellement, à Paris, quatre cents fr., et deux cents francs partout ailleurs.

« Si le prix principal du bail consiste en denrées, ou prestations en nature, appréciables d'après les mercuriales, l'évaluation sera faite sur celles du jour de l'échéance, lorsqu'il s'agira du paiement des fermages. Dans tous les autres cas, elle aura lieu suivant les mercuriales du mois qui aura précédé la demande. Si le prix principal du bail consiste en prestations non appréciables, d'après les mercuriales, ou s'il s'agit de baux à colons partiaires, le juge de paix déterminera la compétence, en prenant pour base du revenu de la propriété, le principal de la contribution foncière de l'année courante, multiplié par cinq. »

Ce texte est absolument nouveau dans la législation des justices de paix ; c'est une innovation totale et absolue qui confère d'importantes attributions. Sous la législation précédente, les actions en paiement de loyers et fermages, de résiliation de baux, etc., ont souvent été le sujet de graves controverses. En général, les juges de paix n'en connaissaient que dans deux cas : 1° lorsque le prix du bail ou du loyer n'excédait pas cent francs ; 2° et lorsque les termes, quartiers ou semestres, pour lesquels la demande était formée, n'excédaient pas la même somme de cent francs, attendu que tel était le maximum de leur compétence en matières d'action pures personnelles.

Cependant une décision ministérielle, du 23 thermidor an IV, reconnaissait la compétence des juges de paix, pour prononcer sur les demandes en validité de congé d'un bail de 400 fr., lorsque ce congé n'était donné que pour un terme de 100 fr. ; mais les tribunaux de première instance ne connaissaient pas moins des demandes dont il s'agit, et la cour de cassation elle-même proposa, dès 1806, d'élever la compétence des juges de paix aux actions en validité de congé des baux de 400 fr. et au-dessous, ce qui était bien reconnaître qu'ils n'avaient pas alors cette compétence.

Il ne peut plus y avoir de difficulté, le texte de l'article 3, que nous venons de rapporter, attribue expressément aux juges de paix la connaissance des demandes en résiliation de baux et de locations, en paiement de loyers et fermages, et en validité de congé, mais seulement dans le cas où les résiliations sont motivées sur le seul défaut de paiement des loyers ou fermages ; ainsi, tous autres motifs sur lesquels ces demandes seraient fondées, tels que la nullité du bail, les dégradations des fermiers ou locataires, l'interprétation des baux ou des conventions et les questions de propriétés, seraient hors de la compétence du juge de paix. Ce serait aux tribunaux ordinaires à prononcer sur ces motifs.

L'opinion générale réclamait depuis long-temps cette nouvelle attribution aux juges de paix, car les frais que les formalités des actions en résiliation de baux et de validité de congé, exigeaient devant les tribunaux de première instance, absorbaient souvent la valeur des loyers médiocres ; et, quand le locataire était peu solvable, la perte du propriétaire était doublée et par celle de ses loyers et par les frais qui restaient à sa charge.

Mais cette élévation de compétence a dû être bornée aux circonstances qui la rendaient nécessaire. Les baux de la valeur de 400 fr., à Paris, et ceux de 200 fr., partout ailleurs, sont les limites dans lesquelles la loi a cru convenable de la renfermer. D'autres distinctions furent cependant proposées pour les villes les plus populeuses, mais on a reconnu beaucoup de difficultés à régler ces distinctions, de manière à ce qu'elles ne soient ni trop restreintes dans plusieurs cas, ni trop étendues dans d'autres.

« Le juge de paix ne prononce sans appel que jusqu'à 100 fr., et c'est là une barrière qui permet un recours utile. Il est à remarquer que les contestations relatives aux loyers appartiendront principalement aux juges de paix des villes, qui connaissent les usages et règles de cette matière; et les questions sur les fermages, plus souvent de fait que de droit, seront dévolues aux juges de paix des cantons ruraux, qui sont sur le lieu du litige, et ont sur ces matières des lumières-pratiques, dont beaucoup de personnes dans les villes se trouvent dépourvues. La conséquence ainsi expliquée n'offre aucun inconvénient. »

« Il ne faut pas se préoccuper de l'idée que plusieurs termes accumulés pourront trop élever la compétence et faire dévier des habitudes de cette juridiction. Ce ne sont que des cas d'exception, dans lesquels même la barrière fixée pour le dernier ressort offre toutes les garanties, et le défendeur ne devra imputer qu'à lui-même une extension qu'il aura rendue nécessaire; autrement, plus le débiteur serait en demeure, et plus il obtiendrait de priviléges et de délais, plus il exposerait le demandeur à des frais considérables presque toujours sans répétition. »

« Les questions de résiliations de baux ne sont que des questions de fait lorsqu'on les fonde uniquement sur le défaut de paiement des loyers et fermages; mais elles offrent des questions de droit qui présentent de grandes difficultés, lorsqu'il s'agit de prononcer sur l'interprétation ou la validité des conventions. Une solution imprudente peut compromettre de grands intérêts, par exemple, la position d'un commerce et le sort d'une industrie : il convient donc de ne pas les laisser dans les attributions du juge de paix. »

Ainsi, ce juge n'est pas compétent de décider sur une clause résolutoire du bail, qui permettrait d'expulser le fermier à défaut du paiement d'un ou plusieurs termes, sur une simple sommation et sans aucune autre procédure; il s'agit, dans ce cas, de l'interprétation du bail, peu importe que la clause soit réputée comminatoire ou non. Or, cette interprétation appartient aux tribunaux ordinaires.

Il en serait autrement si, au lieu d'excepter d'une clause écrite dans le bail, le locataire ou le fermier soutenait qu'il existe des conventions verbales contre la résiliation du bail, ou pour accorder des délais, à raison du paiement. Ces allégations, non justifiées, ne pourraient empêcher le juge de paix de connaître de la résiliation du bail à défaut de paiement; autrement, il serait facile de paralyser sa nouvelle compétence.

De règle générale, tout propriétaire qui voudra profiter de l'avantage de poursuivre, dans les justices de paix, le paiement de ses loyers ou fermages, et d'y obtenir, d'une manière prompte et peu coûteuse, la résiliation des baux, à défaut de paiement, devra se renfermer exactement dans les termes et dans les limites de cette compétence, telle qu'elle est établie par l'article trois, surtout pour la valeur des baux.

On proposa un amendement à cet article, lors de la discussion; il était conçu en ces termes : « *Néanmoins, les » juges de paix cesseront d'être compé- » tens, lorsque les arrérages du loyer » ou du fermage excèderont* 1,500 *fr.* » « La Chambre comprendra, dit M. Martin, qu'il est important de poser une limite au-delà de laquelle le juge de paix ne sera plus compétent, car voici ce qui arrivera : les arrérages de plusieurs années pourront être échus, et la masse de ces arrérages excèdera la compétence des tribunaux de première instance, en dernier ressort; les juges de première instance ne peuvent statuer en dernier ressort, que jusqu'à concurrence de 1,500 fr.; comment feront-ils dans ce cas? » A cela, le président de la Chambre répondit : « Le juge d'appel est toujours souverain. »

M. Moreau, de la Seine, insista et dit : « L'article trois commence ainsi : les juges de paix connaissent, sans appel, jusqu'à la valeur de 100 fr.; » ensuite, le § 2 dit : « qu'ils connaissent également, sans appel, des congés, demandes en résiliation de baux. » Mais s'ils connaissent des résiliations de baux, ils pourront avoir à statuer sur des baux de neuf années, et dès-lors ils jugeront au-delà de 100 fr.; « mais le président, après avoir répété que c'était une chose votée, mit aux voix l'amendement de M. Martin, qui fut rejeté.

Il résulte de cette discussion que les attributions données aux juges de paix par l'article trois que nous examinons, comprennent, en général, tous les baux à ferme ou à loyer, même ceux de neuf ans. Ainsi, les demandes en résiliation de ces baux, à défaut de paiement, non pour d'autres causes, jusqu'à une valeur illimitée, sont dans la compétence des justices de paix.

Il en est de même des demandes en validité du congé, qui se donne dans un temps voisin de la fin des baux.

Si le bail a été fait sans écrit, l'une des parties ne peut donner congé à l'autre qu'en observant les délais fixés par l'usage des lieux; mais lorsqu'il a été fait par écrit, le bail cesse de plein droit à l'expiration du terme fixé, sans qu'il soit nécessaire de donner congé. (Art. 1736 et 1737 code civil.) De cela il suit que le bail verbal ne cesse que par la vertu d'un congé, qui en empêche la continuation; mais, comment doit-il être donné? Point de doute qu'il peut l'être à l'amiable, sans frais, par un écrit privé, si les parties sont d'accord; mais, dans le cas contraire, le congé doit être signifié par acte d'huissier.

On a soutenu, cependant, que le congé pouvait être donné verbalement lorsque le bail n'excédait pas 150 fr., parce que la preuve testimoniale en était recevable dans ce cas. Mais cette preuve est repoussée par l'art. 1715 du code pour tous baux faits sans écrit qui n'ont encore reçu aucune exécution. Or, si le congé se rattache à l'existence du bail, il ne peut être prouvé par témoins sans violer l'art. 1715. D'ailleurs, quel est l'effet du congé ? D'empêcher qu'un nouveau bail se forme par tacite réconduction après l'expiration du premier. Ainsi, de l'accomplissement ou du non-accomplissement du congé, dépend l'existence de ce nouveau bail. Or, comment, sans reconnaître ou anéantir un bail, admettre la preuve testimoniale du congé? Evidemment ce serait admettre une preuve interdite par la loi. Aussi, la cour de cassation, par arrêt du 12 mars 1816, a décidé que le congé doit être signifié, dans tous les cas où il est nécessaire de le donner, « attendu que l'art. 1715 du code civil contient une exception à l'article 1341 ; que le congé se rattache nécessairement au bail dont il opère la résolution, et qu'il doit être conséquemment régi par les mêmes principes; ce qui est d'ailleurs confirmé par les articles suivans du même chapitre, relatifs au contrat de louage.»

Passons à une autre attribution conférée par notre article trois, à la connaissance des demandes en validité de saisie-gagerie; demandes qui étaient jadis toutes dans la compétence des tribunaux ordinaires.

On sait que la saisie-gagerie est celle que le propriétaire, ou le principal locataire, de maisons ou de biens ruraux, fait faire pour sûreté de ce qui lui est dû, sur les meubles, et quelquefois sur les fruits de son locataire ou fermier. Cette saisie peut se faire, en plusieurs cas, 24 heures après le commandement de payer, sans permission du juge; en d'autres cas, la permission est indispensable. Voyez les articles 819 à 825 du code de procédure, pour connaître les formalités de la saisie-gagerie. Voyez aussi nos observations sur l'article dix ci-après, de la loi que nous examinons.

Le privilège, car c'en est un, de saisir et gager les meubles d'un locataire ou d'un fermier, ne peut être accordé au propriétaire qui a cessé de l'être, quoiqu'il s'agisse de droits par lui acquis pendant qu'il l'était encore. (Arrêt du 31 janvier 1831, C. de Nîmes.) La raison en est, que ce privilège ne peut appartenir à la fois à plusieurs personnes, et que le propriétaire réel et actuel le possède dès l'instant qu'il a eu acquis les lieux loués ou affermés. D'ailleurs, la saisie-gagerie est une mesure qui tend à empêcher l'enlèvement des meubles du débiteur, qui sont le gage du propriétaire actuel pendant tout le cours du bail.

Mais remarquons bien que la saisie-gagerie n'est placée dans la compétence du juge de paix que lorsque les baux sont, à Paris, de la valeur de 400 fr., et dans les autres villes, de 200 fr. Les baux au-dessus de ces valeurs restent, pour la saisie-gagerie, comme pour les résiliations à défaut de paiement, dans la compétence des juges ordinaires.

Quant aux baux à colons partiaires, ils ne donnent lieu, le plus souvent, qu'à des questions de fait, surtout pour le paiement des denrées ou prestations. Mais s'il s'agissait de l'interprétation de ces baux, ou de leur régularité, ou de questions sur la propriété du bailleur, le juge de paix ne serait pas compétent d'en connaître.

De même, le juge de paix n'est pas toujours compétent de décider des actions en résiliation des baux à cheptels de diverses sortes. Il en est cependant un grand nombre dont les valeurs sont médiocres, tels que ceux qui n'ont lieu que pour une pièce de bétail. A leur égard, on peut dire que la nature des actions qui en résultent sont pures personnelles ou mobilières, et que, jusqu'à la valeur de 100 fr., le juge de paix doit en connaître en dernier ressort, et de 200 fr. à la charge d'appel. Ces actions rentrent dans la classe de celles énoncées en l'article premier de la loi qui nous occupe.

A l'égard du mode d'évaluation des denrées ou prestations en nature stipulées pour le paiement des fermages, il pourrait peut-être, dans la pratique, présenter quelques inconvéniens; mais, comme cette évaluation n'a pour but que de fixer la compétence du juge de paix, en déterminant si les denrées ou prestations excèdent ou n'excèdent pas le maximum de cette compétence, les législateurs n'y ont vu aucune difficulté. D'ailleurs, ce mode est fort simple, puisqu'il suffit de multiplier par cinq le principal de la contribution foncière qui est pris ici comme une base moyenne.

Au reste, le mode d'évaluation dont s'agit, n'empêche pas que l'on ne doive exécuter les dispositions de l'art. 129 du code de procédure dans les jugemens qui condamnent à des restitutions de fruits, lesquels doivent ordonner qu'elles seront faites en nature pour la dernière année, et pour les années précédentes, suivant les mercuriales du marché le plus voisin, etc.

ARTICLE QUATRE.

« Les juges de paix connaissent, sans appel, jusqu'à la valeur de cent francs, et à charge d'appel jusqu'au taux de la compétence en dernier ressort des tribunaux de première instance : 1° des indemnités réclamées par le locataire ou fermier pour non jouissance provenant du fait du propriétaire, lorsque le droit à une indemnité n'est pas contesté; — 2° des dégradations et pertes, dans les cas prévus par les articles 1732 et 1733 du code civil. »

« Néanmoins, le juge de paix ne connait des pertes causées par incendie ou inondation, que dans les limites posées par l'article premier de la présente loi. »

Remarquons d'abord, que le premier paragraphe de ce texte, loin d'élever la compétence des juges de paix, comme font les précédens articles, la diminue au contraire. En effet, la loi du 24 août 1790 attribuait à ces juges la connaissance, à charge d'appel, jusqu'à une valeur illimitée, des indemnités pour non jouissance réclamées par le locataire ou le fermier; mais le premier § ci-dessus ne leur attribue la même compétence, en première instance, que jusqu'au taux du dernier ressort des juges ordinaires, c'est-à-dire jusqu'à 1,500 fr.

Quels ont été les motifs de cette modification? Les discussions de la loi nouvelle et les rapports de la commission sont silencieux sur ce point. Mais nous verrons dans la suite d'autres innovations du même genre.

Venons aux dégradations et pertes établies par les articles 1732 et 1733 du code civil. Le premier porte : « Il répond (le preneur, fermier ou locataire) des dégradations ou des pertes qui arrivent pendant sa jouissance, à moins qu'il ne prouve qu'elles ont eu lieu sans sa faute. »

Le second dispose ainsi : « Il répond de l'incendie, à moins qu'il ne prouve que l'incendie est arrivé par cas fortuit ou force majeure, ou par vice de construction, ou que le feu a été communiqué par une maison voisine.

Il suit du premier de ces textes, 1° que le fermier ou locataire a un grand intérêt à faire constater l'état des lieux lors de son entrée en jouissance, puisqu'à défaut de cette constatation, il est réputé les avoir reçus en bon état, sauf la preuve contraire (Art. 1731).

2° Que le fermier ou locataire répond des dégradations et des pertes qui arrivent par le fait des personnes de sa maison ou de ses sous-locataires.

Ces pertes, ces dégradations sont non-seulement celles qui ont lieu par des faits illégaux ou par une mauvaise jouissance, mais encore par la négligence des fermiers ou locataires à tenir les lieux comme ils doivent l'être et à faire faire les réparations locatives en temps utile.

C'est la quotité de la somme demandée soit pour l'indemnité réclamée par le fermier ou locataire, soit pour les dégradations alléguées par le propriétaire, qui établit la compétence du juge de paix en premier ou en dernier ressort; mais la somme adjugée ne détermine nullement cette compétence. Ainsi, l'action en paiement d'une somme de 110 fr. pour l'une ou l'autre des causes énoncées dans le présent article quatre, est sujette à l'appel, quand même le juge n'accorde que 100 fr. L'appel a même lieu en faveur des deux parties, l'une parce que sa demande a été réduite, l'autre parce qu'il soutient devoir moins de 100 fr.

Quid juris à l'égard des demandes dont la valeur est indéterminée? Ces demandes ne fixant pas la somme demandée, ne sont point de la compétence du juge de paix, qui est limitée tant en dernier ressort qu'en première instance. On ne peut savoir, en ce cas, si la demande indéterminée se renferme dans les limites légales, ou si elle les excède; elle doit donc être portée au tribunal ordinaire, dont l'attribution indéfinie ne laisse aucun doute sur la compétence. Si, au contraire, elle était portée devant le juge de paix, le jugement qui interviendrait serait nul, quand même il serait reconnu dans la suite qu'il n'était dû au demandeur qu'une somme dont le juge de paix pouvait connaître en première instance. Cette circonstance n'aurait pu conférer une compétence que refusait l'état de la demande.

De même, le juge de paix est incompétent de connaître des indemnités prétendues par le fermier, lorsque le fond du droit est contesté; mais une simple dénégation de ce droit rendra-t-elle le juge incompétent? « Pour peu que l'on » y réfléchisse, dit M. Henrion de Pansey, on sent que telle ne peut pas être » l'intention de la loi, ce serait lui » faire dire que le propriétaire sera » libre de décliner la juridiction du » juge de paix, suivant son caprice ou » son intérêt. Quelle doit donc être la » défense du propriétaire pour que l'on » puisse dire que le fond du droit est » contesté? Je crois qu'il faut que cette » défense soit telle, qu'elle forme une » fin de non-recevoir contre la demande » du fermier, c'est-à-dire qu'il lui réponde : telle est la nature de mes engagemens avec vous, que, quand même » vous n'auriez pas joui intégralement, » ou que votre jouissance eût été interrompue, je ne vous dois aucune indemnité. »

Cette doctrine reçoit son application tout entière sous la loi actuelle, qui ne change rien à l'esprit de celle du 24 août 1790, pour le fond du droit de l'indemnité.

ARTICLE CINQ.

« Les juges de paix connaissent également, sans appel, jusqu'à la valeur de cent fr.; et à charge d'appel, à quelque valeur que la demande puisse s'élever :

1° Des actions pour dommages faits aux champs, fruits et récoltes, soit par l'homme, soit par les animaux, et de celles relatives à l'élagage des arbres ou haies, et au curage soit des fossés, soit des canaux servant à l'irrigation des propriétés ou au mouvement des usines, lorsque les droits de propriété ou de servitude ne sont pas contestés. — 2° Des réparations locatives des maisons ou fermes mises par la loi à la charge du locataire. — 3° Des contestations relatives aux engagemens respectifs des gens de travail, au jour, au mois et à l'année, et de ceux qui les emploient; des maîtres et des domestiques ou gens de service à gages; des maîtres et de leurs ouvriers ou apprentis, sans néanmoins qu'il soit dérogé aux lois et réglemens relatifs à la juridiction des prud'hommes. — 4° Des contestations relatives au paiement des nourrices, sauf ce qui est prescrit par les lois et règlemens d'administration publique, à l'égard des bureaux de nourrices de la ville de Paris et de toutes les autres villes. — 5° Des actions civiles pour diffamation verbale et pour injures publiques ou non publiques, verbales ou par écrit, autrement que par la voie de la presse; des mêmes actions pour rixes ou voies de fait; le tout lorsque les parties ne se sont pas pourvues par la voie criminelle. »

Cette longue disposition est reproduite presqu'en entier de la loi du 24 août 1790, sauf deux exceptions, dont la principale est celle du § relatif au paiement des nourrices. Cependant, dans les autres, on y remarque, soit des additions nouvelles, soit des explications que la jurisprudence rendait nécessaires. Il convient de diviser nos observations par paragraphes.

§ Ier. — *Sur les Dommages aux champs et fruits.*

La loi de 1790 ne comprenait pas, dans les dommages faits aux champs, fruits et récoltes, ceux relatifs à l'élagage des arbres ou haies, au curage des fossés et des canaux servant à l'irrigation des propriétés ou au roulement des usines; mais la loi nouvelle place sagement sur la même ligne tous ces différens dommages; ils sont en effet de même nature. Le juge de paix sera donc compétent de prononcer sur tous dans les limites de sa compétence en dernier ressort, et sans limites dans les autres cas. Ainsi, on ne verra plus, pour de si petites causes, s'introduire de grands procès dans les tribunaux ordinaires.

Le dommage est un tort ou préjudice que l'on cause à autrui. Il est volontaire ou involontaire, direct ou indirect. Dans tous les cas, celui qui en est l'auteur est tenu de le réparer ou d'indemniser la personne lésée. (Articles 1382 et 1383 du code civil.)

La compétence des juges de paix s'étend non-seulement aux faits qui sont immédiats ou nuisibles, occasionés par les hommes ou les animaux, mais encore lorsqu'il s'agit de savoir si ce dommage est un tort, s'il est la violation du droit de celui qui se plaint, ou s'il n'est qu'une simple conséquence de la possession du défendeur; tels sont les termes de deux arrêts de la cour de cassation, des 18 novembre 1817 et 26 janvier 1819, que nous avons rapportés dans la dernière édition de cet ouvrage.

Mais la compétence du juge de paix n'embrasse pas les dommages occasionés par cas fortuits (*de vi majore nemo tenetur*); elle embrasse seulement les actes, les faits et circonstances qui se rattachent à l'article cinq précité et aux articles 1382 et 1383 du code civil. Inutile d'en faire la nomenclature, elle serait à la fois trop longue et incomplète, parce qu'il est, en quelque sorte, impossible de prévoir tous les cas. Cependant, s'il naît de ces faits, de ces actes, de ces conséquences, des questions pétitoires ou mixtes, ou qui tendraient à constater l'altération d'une propriété ou un dommage permanent qui ne pourrait s'apprécier qu'en évaluant le fond autant pour l'avenir que pour le passé, le juge de paix ne serait pas compétent. C'est ce qui est dit en mêmes termes par les arrêts de Cass. des 25 janvier et 3 mai 1827.

Presque tous les faits et dommages dont il s'agit, donnent lieu, à la partie lésée, d'intenter à son choix deux sortes d'actions, l'une civile devant la justice de paix, l'autre criminelle qui, suivant la peine du délit, se forme devant le tribunal de simple police ou devant le tribunal de police correctionnelle. La partie lésée peut directement intenter son action devant ces derniers tribunaux; mais elle ne peut exercer concurremment les deux actions, civile et criminelle, qui, à son égard, tendent au même but, c'est-à-dire à la réparation du dommage qui lui a été causé; il lui suffit donc d'exercer l'une des deux.

Lorsqu'elle poursuit son action par la voie civile, elle ne s'interdit point pour cela de recourir à la voie criminelle, à moins qu'elle n'y ait expressément renoncé. Elle peut déclarer qu'elle abandonne l'action civile, intervenir dans l'instance criminelle formée par le ministère public, pour réclamer son indemnité. Il n'y a point de loi qui empêche de prendre cette voie. D'ailleurs, quand le ministère intente l'action publique, l'exercice de l'action civile de la partie lésée est nécessairement suspendu jusqu'à ce qu'il ait été prononcé définitivement sur l'action criminelle. Ainsi dispose la loi.

Mais, lorsque le juge de paix a été saisi comme tribunal civil, il ne peut ultérieurement dépouiller sa qualité de juge civil, se transformer en tribunal de police et appliquer une peine. (Arrêt de cassation, du 1er avril 1813.)

§ II. — *Sur les Réparations locatives.*

Ces réparations sont à la fois celles dont l'article 1754 du code civil donne la nomenclature, et celles que l'usage des lieux répute telles, en les mettant à la charge des locataires ou des fermiers. La loi du 24 août 1790 plaçait, comme l'article cinq qui nous occupe, ces réparations dans la compétence des juges de paix, mais seulement jusqu'à 50 fr. pour le dernier ressort.

On répute encore réparations locatives, dans l'esprit de la jurisprudence, le défaut de fumage par les fermiers, et le divertissement qu'ils peuvent faire des foins, pailles et engrais au préjudice du propriétaire. Les juges de paix sont donc compétens d'en connaître. C'est ce que dit un arrêt de cassation, du 29 mars 1820.

Toutes réparations, autres que les locatives, ne sont point de la compétence des juges de paix. Cependant, s'il s'agit de réparer les dégradations prévues par l'article 1732 du code civil, pendant la jouissance du fermier, elles sont attribuées, par l'article quatre précédent, aux juges de paix, jusqu'à 100 fr. en dernier ressort, et à charge d'appel jusqu'au taux de la compétence en dernier ressort des juges ordinaires. Il est donc essentiel de distinguer, dans la pratique, ces différentes réparations.

Dans quel délai l'action en paiement des réparations locatives doit-elle être intentée? La loi ne s'en explique nulle part. Mais de deux choses l'une, ou les réparations ont été constatées à la sortie du locataire ou du fermier, ou elles ne l'ont pas été. Au premier cas, la reconnaissance qui aura été donnée de l'existence des réparations, sera une obligation qui ne se prescrira que comme toute autre pure personnelle. Au second cas, le propriétaire ou le principal locataire doit, dans son intérêt même, former, dans un bref délai de peu de jours, sa demande en visite des lieux, et en paiement des réparations, parce que, s'il différait, le locataire sortant pourrait méconnaître les réparations et soutenir qu'elles ne sont pas de son fait, ou qu'elles ont eu lieu depuis sa sortie.

§ III. — *Sur les Contestations entre les Maîtres, Domestiques, Ouvriers*, etc.

La loi de 1790 contenait la même attribution, aussi à quelque valeur que la demande pût s'élever, à charge d'appel, et en dernier ressort jusqu'à 50 fr. seulement; mais la loi nouvelle double le taux du dernier ressort, et donne plus de détail sur les gens de travail qu'elle désigne au jour, au mois, à l'année, et sur les engagemens des maîtres, de leurs ouvriers et apprentis, en réservant sur cette matière ce qui concerne les attributions qui appartiennent à la juridiction des prud'hommes. Cependant, la loi actuelle ne dit point ce qu'il faut entendre par domestiques; ainsi, il faut se conformer aux règles et définitions reçues jusqu'à ce jour. Suivant M. Merlin, les domestiques sont ceux qui reçoivent des gages du maître, et demeurent dans sa maison; tels sont les valets, laquais, portiers. Suivant M. Henrion de Pansey, les domestiques sont de deux sortes : à la première classe appartiennent les bibliothécaires, les précepteurs, les intendans de maisons, les commis, les secrétaires; et dans la seconde classe se placent les cuisiniers, valets, laquais et ceux qui sont attachés aux travaux de la campagne.

Mais, doit-on ajouter à cette double nomenclature les commis des marchands? Oui, suivant un arrêt de la cour de cassation, du 21 avril 1818, attendu, dit cette cour, qu'ils n'ont point d'action pour leur salaire devant les tribunaux de commerce, mais seulement devant les juges de paix. Cependant, la loi nouvelle ne place point les commis des marchands dans le 3me §, ni au rang des domestiques, ni parmi les ouvriers travaillant à l'année; il convient donc de faire une distinction qui nous est fournie par la discussion de la loi même.

A cet égard, M. le garde-des-sceaux s'est expliqué en ces termes : « Cette attribution, généralement faite aux juges de paix, serait trop considérable : il est des commis qui reçoivent de forts appointemens, notamment les caissiers, les teneurs de livres qui ont 5 à 6,000 fr.; il en est d'autres qui sont obligés de rendre comptes aux banquiers et aux négocians qui les emploient, et ces comptes peuvent donner lieu à des actions importantes.... Mais quand il s'agira de 100 fr. entre un commis et un chef de maison, et quand l'affaire ne sera pas commerciale, le juge de paix en connaîtra en dernier ressort, et à 200 fr. en première instance. — Voilà le droit commun pour tout le monde. »

Cette doctrine fut consacrée par la chambre des pairs. En vain M. Tripier demanda que les juges de paix connussent en première instance des contestations entre les commerçans et leurs commis, jusqu'à 1,000 fr., cet amendement fut rejeté

Il est cependant certain que sous la loi du 24 août 1790, les juges de paix connaissaient des actions en paiement des salaires dus aux commis-marchands qui étaient assimilés en ce point à des ouvriers travaillant à l'année. La cour de cassation elle-même avait fait cette assimilation par l'arrêt précité, du 21 avril 1818. « Les juges de paix de Paris jugeaient tous les jours des contestations entre les chefs des maisons de commerce et leurs commis, leurs garçons de boutiques et les gens à leur service. Ces contestations sont extrêmement nombreuses. On avait poussé si loin l'interprétation de l'ancienne loi, qu'on avait été jusqu'à prétendre qu'un commis était un domestique, c'est-à-dire attaché à la maison. » Ainsi s'exprima le rapporteur de la chambre des pairs.

Ce fut d'après ces motifs que la commission proposa de soumettre les contestations de cette dernière nature, très-nombreuses dans les grandes villes, et même dans les campagnes, pour les plus petites sommes, à la juridiction du juge de paix; mais la commission ajouta cette réserve : « Sans néanmoins qu'il soit dérogé aux lois et règlemens relatifs à la juridiction des tribunaux « de commerce et à celle des prud'hommes. »

Mais, ni le rapporteur de la commission ni le projet de celle-ci, ne firent aucune impression sur les législateurs, qui adoptèrent, au contraire, la doctrine de M. le garde-des-sceaux.

C'est cette doctrine qui a été convertie en loi, il faut donc la respecter et lui obéir. Il n'en sera pas moins vrai, cependant, que cette loi, consacrée à élever et à augmenter les attributions des juges de paix, les a diminuées sensiblement en rejetant de la compétence de ces juges les actions des commis-marchands et autres gens de commerce. C'est ce que l'on a déjà remarqué sur le précédent article quatre, et ce qui le sera encore dans la suite.

Voici une autre distinction qui n'est pas moins importante, et qui se rencontre souvent : pour que le juge de paix puisse prononcer sur une demande en paiement de salaires de domestiques ou d'ouvriers, en première instance, à quelque somme qu'elle puisse monter, il faut qu'elle ne soit uniquement motivée que pour des salaires proprement dits, parce que si, aux salaires, il est ajouté des fournitures plus ou moins considérables, l'action devient alors mobilière et personnelle, et le juge de paix ne peut en connaître que dans les limites de la compétence que lui accorde l'article premier de la loi du 25 mai 1838, c'est-à-dire 100 fr. en dernier ressort, et 200 fr. en première instance. Mais si la valeur des fournitures est plus considérable, il doit se déclarer incompétent à cet égard seulement; néanmoins, il prononce sur la partie de la demande qui ne concerne que les salaires.

Il est utile d'observer que toutes les contestations qui s'élèvent entre les maîtres et les domestiques ne sont pas de la compétence des juges de paix, notamment les actions réelles et autres pétitoires; ces juges ne connaissent que des actions relatives aux engagemens respectifs des maîtres, des ouvriers, domestiques et apprentis, et à leurs salaires. Là se borne leur compétence telle que la loi l'a entendue.

« Toutes les fois qu'une contestation « entre les maîtres et les domestiques, « ouvriers et gens de travail, ne porte « pas sur des rapports d'ouvrages ou « de services, le juge de paix est in-« compétent à raison de la matière. « Si donc le défendeur ne demande « pas son renvoi, le juge doit se déclarer d'office incompétent. » (Carré, tom. II, pag. 534, droit français.)

Si les domestiques ou les ouvriers quittent leurs services ou cessent leurs ouvrages avant le temps convenu, ils sont passibles de dommages-intérêts envers les maîtres. Et ceux-ci le sont de même envers leurs domestiques ou les ouvriers, s'ils les renvoient sans les prévenir ou avertir d'avance, à moins qu'ils n'aient des motifs légitimes de les renvoyer sur-le-champ. Néanmoins, la jurisprudence varie beaucoup sur ce point : cela dépend des localités et des usages. A Paris, les maîtres ne sont jamais passibles de dommages-intérêts envers leurs domestiques, par la grande acilité que ceux-ci ont à se placer.

Les maîtres répondent, envers les tiers, des dommages que font leurs domestiques pendant le temps qu'ils sont à leur service, sauf leur recours contre eux. De même les domestiques sont responsables des préjudices qu'ils causent à leurs maîtres, par leurs négligences, maladresse ou faute. Ces derniers ont le droit de retenir, sur les gages des domestiques, la valeur des choses qu'ils ont perdues, détruites ou détériorées. (Pothier, du louage, nº 165.)

Mais devant quel juge de paix doivent se porter les actions respectives des maîtres, de leurs ouvriers et domestiques? Sous la loi du 24 août 1790, il s'est élevé une controverse. Des jurisconsultes ont soutenu que le juge du domicile du maître, est seul compétent, parce que l'expédition et le jugement des affaires y sont plus faciles et plus promptes ; mais d'autres jurisconsultes, en plus grand nombre, enseignent que c'est devant le domicile du défendeur qu'il faut se pourvoir, attendu qu'il s'agit d'actions personnelles simples. C'est l'opinion qui a été professée dans toutes les éditions du Manuel Levasseur, publiées par Roret. Il convient d'y persister, parce que tel paraît être l'esprit de la loi nouvelle, et celui du code de procédure, qui doit faire la règle en ce point.

La compétence des juges de paix, pour connaître des actions dont il s'agit, cesse, dans les villes où sont établis des conseils de prud'hommes, parce que la loi actuelle défère à ceux-ci la connaissance des mêmes actions, entre les maîtres, chefs d'ateliers, ouvriers et apprentis.

De même, les juges de paix ne connaissent pas des infractions aux règlemens qui concernent les livrets des ouvriers. Ces affaires se jugent sommairement, sans formalités ni frais, à Paris, par le préfet de police, et dans les autres villes, par les maires.

Le serment des maîtres fait la règle sur le paiement des salaires des domestiques et ouvriers, sur le temps que ceux-ci ont été à leur service, sur la quotité des gages et sur les à-comptes donnés sur l'année courante. (Art. 1781 du code civil.)

§ IV. — *Des actions en paiement des Nourrices.*

Ces actions paraissent être une attribution nouvelle, en ce que la loi de 1790 ne les exprimait pas nommément ; mais les juges de paix en connaissaient également avant la loi actuelle, parce que ces actions sont pures personnelles de leur nature, et que, d'ailleurs, on les assimile justement aux salaires d'ouvriers. Cependant, la loi actuelle paraît, dit-on, présenter une lacune, en n'attribuant que les actions en paiement des mois de nourrices à la compétence des juges de paix, sans leur conférer en même temps la connaissance des engagemens entre les nourrices et ceux qui les emploient. Mais, de ces engagemens dépend presque toujours le paiement des mois de nourrices : les uns sont la suite et la conséquence des autres; il ne peut donc avoir été dans l'intention du législateur d'établir, pour les contestations à raison des engagemens, des juges différens de ceux qui sont appelés à décider du paiement du salaire de la nourrice. Admettre une pareille supposition, ce serait contrarier ouvertement la règle posée dans le 3me paragraphe de notre article cinq, qui confère la connaissance des engagemens respectifs entre les maîtres et leurs domestiques, *ou gens de service à gages, au mois ou à l'année.* Or, les nourrices sont certainement des personnes de service au mois, cela est incontestable.

Dans quel temps ces personnes doivent-elles former leur action en paiement? Nous pensons qu'elles doivent agir dans six mois, comme des ouvriers et gens de service au mois (Art. 2271, cod. civ.), auxquels on doit les assimiler. Ces six mois courent du jour qu'elles ont remis leurs nourrissons, car il n'y a point de prescription tant que ces enfans sont entre leurs mains.

Ce que nous venons de dire ne s'applique point aux nourrices de la ville de Paris, et autres qui obtiennent leurs nourrissons des bureaux publics. Il existe des règlemens spéciaux pour le paiement de ces nourrices et l'exécution de leurs engagemens. C'est aux administrateurs à faire exécuter ces règlemens, les juges de paix n'ont aucune compétence à cet égard. Néanmoins, si les administrateurs ne pouvaient, par les moyens que la loi leur confère, contraindre des nourrices à restituer ce qu'elles auraient trop perçu, ou à rendre les effets qui leur auraient été confiés, etc.; il paraît qu'ils pourraient, facultativement, agir par action personnelle devant le juge de paix du domicile des nourrices.

§ V. — *Sur les actions civiles, pour injures et diffamations*

Par ces actions, on ne demande que des dommages-intérêts, par forme de réparations civiles des outrages ou diffamations; mais on ne requiert point l'application des peines que les lois attachent à ces injures, soit qu'elles constituent une contravention, soit qu'elles constituent un délit. Voilà pourquoi ces actions sont purement civiles et réputées personnelles. Cependant, la loi du 24 août 1790 n'attribua aux juges de paix, que celles qui auraient lieu pour injures verbales; mais le 5me paragraphe, sur lequel nous écrivons, y ajoute les actions pour injures publiques ou non publiques, écrites ou verbales. Cette addition est importante et aplanit des controverses sérieuses. « Ici on tente une grande épreuve, en cherchant à civiliser les procès correctionnels. Nous n'hésitons pas à penser qu'elle sera utile. Devant le juge de paix, ces sortes de discussions exciteront moins les passions; il y aura moins de publicité, moins de scandale, et, par suite, la décision n'engendrera pas des haines implacables qui produisent de fâcheux résultats. Toutes les fois que la diffamation aura un caractère de gravité qui méritera une répression sévère, on peut s'en reposer sur l'impression de la personne outragée; elle aura recours à la voie criminelle; si, au contraire, elle ne tient qu'à la nature de celles qui encombrent les tribunaux correctionnels, c'est un bien d'avoir renvoyé à la justice de paix. Les tribunaux correctionnels deviendront désormais plus sévères, parce qu'on ne leur présentera que des causes dignes de leur examen. »

Ainsi s'exprima le dernier rapporteur de la loi nouvelle, M. Amilhau. Ajoutons que les juges de paix se feront un devoir, pour les injures et diffamations, de faire usage de la prérogative que la loi leur donne, d'empêcher qu'il ne soit donné aucune citation avant d'avoir mandé et entendu préalablement les parties pour les concilier, et étouffer ainsi, dès leur naissance, des affaires souvent plus fâcheuses que celles qui n'ont lieu que pour un seul intérêt d'argent.

C'est devant le juge de paix du domicile du défendeur que s'introduisent les actions dont il s'agit, et non devant celui où l'injure et la diffamation ont été proférées, parce qu'il ne s'agit pas de punir l'une ou l'autre par les pénalités que les lois prononcent contre ces sortes de délits ou contraventions; il s'agit seulement d'accorder des dommages-intérêts à l'offensé, par forme de réparations civiles.

Quoique l'article cinq ne parle pas des rixes, voies de fait et violences légères, elles demeurent également dans la compétence du juge de paix, parce que tous les faits qualifiés ainsi ont le caractère d'injures ou de diffamation; les dommages-intérêts qui s'ensuivent doivent donc être accordés par le même juge.

Mais que faut-il entendre par diffamation? L'article 13 de la loi du 17 mai 1819 qualifie diffamation : « Toute allégation ou imputation d'un fait qui porte atteinte à l'honneur ou à la considération de la personne ou du corps auquel le fait est imputé. » Ainsi, il suffit que cette imputation puisse nuire aux personnes qui en sont l'objet, soit dans leur honneur, soit dans leur fortune, pour qu'elle soit répréhensible. Peu importe que les imputations soient fausses ou calomnieuses. Dans tous les cas, la diffamation est un outrage moins grave que la calomnie, et plus grave que la simple injure verbale ou écrite.

L'un des législateurs, M. Parant, proposa d'assimiler l'injure commise par la voie de la lithographie ou de l'imprimerie, à l'injure écrite, publique ou non publique; c'est-à-dire qu'il serait permis à l'offensé de saisir le juge de paix par une simple demande en dommages-intérêts; mais on répondit : « Les injures commises par la voie de la presse ne sont, à cause de leur publicité, comparables à aucune autre,

Les délits par la voie de la presse ont plus de portée, plus de malice, et produisent un effet plus fâcheux. Il ne s'agirait pas seulement de simples pamphlets, mais des ouvrages les plus longs, des journaux publiés chaque jour : les juges de paix auraient sans cesse à décider si un ouvrage sérieux et de longue haleine contient des injures. Les injures adressées par un tel moyen de publication ne peuvent être renvoyées devant une juridiction aussi inférieure que celle du juge de paix. »

M. Lavielle ajouta : « On suppose que le juge de paix ne pourra jamais connaître des faits de la presse, poursuivis civilement; c'est une erreur : il le pourra, au contraire, toutes les fois que l'individu qui se prétendra injurié ou diffamé, voudra réduire son action civile à 100 fr. ou 200 fr.; alors, le juge de paix sera compétent, d'après les dispositions de l'article 1er qui comprend toutes actions personnelles n'excédant pas ces chiffres. Mais le juge de paix ne peut être compétent pour les injures publiées par la voie de la presse, à quelque valeur que la somme demandée puisse monter. Ce serait dépouiller les cours royales, ou, pour mieux dire, le jury, de toutes les questions de la presse; ce serait renverser indirectement la loi du mois de mars 1819, et les autres lois de la presse. »

Nous partageons entièrement cette dernière opinion.

Au reste, pour la répression des injures et diffamations, c'est-à-dire, pour l'application des peines et la jurisprudence des cours, voyez le chapitre II ci-après, § Ier, no 11.

ARTICLE SIX.

« Les juges de paix connaissent en outre, à charge d'appel : 1o des entreprises commises, dans l'année, sur les cours d'eau servant à l'irrigation des propriétés et au mouvement des usines et moulins, sans préjudice des attributions de l'autorité administrative, dans les cas déterminés par les lois et par les règlemens; des dénonciations de nouvel œuvre, complaintes, actions en réintégrandes et autres actions possessoires, fondées sur des faits également commis dans l'année. — 2o Des actions en bornage, et de celles relatives à la distance prescrite par les lois, les règlemens particuliers et l'usage des lieux, pour les plantations d'arbres ou de haies, lorsque la propriété ou les titres ne sont pas contestés. — 3o Des actions relatives aux constructions et travaux énoncés dans l'article 674 du code civil, lorsque la propriété ou la mitoyenneté du mur ne sont pas contestées. — 4o Des demandes en pension alimentaire n'excédant pas cent cinquante francs par an, et seulement lorsqu'elles seront formées en vertu des articles 205, 206 et 207 du code civil. »

Nous diviserons nos réflexions sur cet article, en quatre paragraphes, suivant qu'il est lui-même divisé.

§ Ier. — *Des Actions possessoires.*

Observons d'abord que ce même article enlève aux juges de paix l'attribution en dernier ressort, jusqu'à 50 f., que la loi primitive leur conférait dans toutes les actions possessoires sans exception. Ainsi, ils n'en peuvent plus connaître qu'en première instance. Le motif de cette diminution de compétence n'est point nettement expliqué dans les discussions de la loi; mais il est fâcheux qu'elle ait été adoptée pour des affaires qui sont souvent d'un minime intérêt. Un sillon mal à propos labouré, quelques épines ou plantes renversées, une légère empiétation de terrain, voilà, le plus souvent, les causes des actions possessoires dans les cantons ruraux; causes pour lesquelles le juge de paix n'accorde, dans beaucoup de circonstances, que les dépens pour tous dommages-intérêts. Il est vrai que ces dépens ne sont que trop considérables, par les visites des lieux, les estimations d'experts, les enquêtes et contre-enquêtes, et quelquefois les arpentages que les actions possessoires exigent; mais, loin de diminuer les frais, en soumettant toutes ces actions à l'appel, on les augmentera considérablement. Il faut cependant se conformer à la loi.

Toutes les actions possessoires que notre article six énonce, étaient déjà dans la compétence des juges de paix, par la loi du 24 août 1790, mais elles y étaient moins bien expliquées et précisées.

De tous les faits que l'art. six énonce, il résulte trois différentes actions possessoires : la complainte, la dénonciation de nouvel œuvre et la réintégrande. Donnons, sur chacune, des définitions et des éclaircissemens convenables.

1° La complainte est une action qui tend à la maintenue de la possession annale, dans laquelle on a été troublé, d'un champ, d'une maison, d'une prairie et de toute autre chose immobilière, par un voisin, qui, par des faits d'empiétation, de destruction ou autres, aura porté atteinte aux droits du possesseur ou à sa possession.

La maintenue qui a lieu en vertu de la complainte, produit des effets importans pour faire respecter la jouissance des propriétés. Cependant, cette maintenue ne préjuge rien pour la propriété qui peut être réclamée par l'auteur du trouble, après même sa condamnation possessoire ; mais, pour la réclamer, il faut un titre positif, ou une possession de 30 ans, et exécuter, avant tout, le jugement possessoire.

La règle *melior est causa possidentis* paraît être le premier principe de l'action en complainte, parce que la possession légale fait réputer légitime possesseur celui qui détient la chose litigieuse.

Entre deux possesseurs d'un même fonds, qui réclament tous deux la maintenue de leurs possessions, le juge de paix ne se décide point par la priorité de la possession ; il doit examiner quel est celui des deux possesseurs qui représente mieux le vendeur ou l'ancien propriétaire, et qui est réputé avoir possédé par lui, ou à sa suite.

Si les deux possesseurs excipent l'un et l'autre d'un acte de vente différent, le juge peut apprécier ces actes pour savoir lequel des deux a réellement transféré la propriété, et, dans ce cas, il y a lieu de renvoyer les parties au pétitoire, sauf l'établissement d'un séquestre. (Arrêt du 16 janvier 1821.)

Dans les cas douteux, ou lorsque les parties ont en leur faveur, respectivement, des faits de possession vraisemblables, on doit adjuger la recréance ou jouissance provisoire à celui qui présente le plus de garantie, ou le droit le plus apparent. (Arrêts des 19 juillet 1830 et 14 novembre 1832.) On peut aussi, dans les mêmes cas, établir un séquestre.

2° La dénonciation de nouvel œuvre est une demande qui tend à faire cesser les travaux qu'un voisin fait exécuter sur son terrain, par le motif qu'il en résulte un changement dans l'état des lieux possédés par le demandeur. Cette demande peut être formée aussitôt que les travaux sont commencés, sans qu'il soit nécessaire de faire, comme autrefois, une sommation préalable ; demande qui a pour but, ou de se conserver sur l'héritage voisin des droits acquis, que le nouvel ouvrage compromettrait, comme les servitudes de vue, de passage, d'égoût ; ou d'éloigner de son propre fond un dommage dont il est menacé par le résultat de l'ouvrage commencé.

Cinq conditions sont nécessaires pour former la dénonciation de nouvel œuvre : 1° qu'il y ait un ouvrage commencé ; car, sans cela, il n'y a ni dommage ni changement de l'état des lieux ; 2° que l'ouvrage commencé soit joint et adhérent au sol, parce que, autrement, la propriété du voisin pourrait bien ne pas être atteinte ni par le sol ni par ses adhérences ; 3° que l'ouvrage ne soit pas encore achevé, parce que la dénonciation du nouvel œuvre serait sans but si l'ouvrage était terminé, puisqu'elle ne tend qu'à l'interrompre et à le faire suspendre ; 4° que l'ouvrage commencé, ou nouvel œuvre, produise, au préjudice du voisin, une innovation ou changement dans l'état des lieux ; autrement, ce voisin serait sans intérêt et sans action ; 5° enfin, que le nouvel œuvre ne soit pas de ceux qui ne souffrent aucun retard ni suspension, comme toutes les opérations qui intéressent la sûreté publique.

Le demandeur en dénonciation doit être possesseur *animo domini*, et il doit porter son action devant le juge des lieux où est situé le nouvel œuvre. Cette action s'instruit et se juge comme les autres actions possessoires. Les visites des lieux, les avis d'experts, les enquêtes, y sont, le plus souvent, ordonnés avant le jugement définitif.

Par ce jugement, le juge de paix peut-il ordonner la démolition du nouvel œuvre ? Il a existé, sur cette question, une controverse sérieuse, mais elle nous paraît complètement aplanie par cinq arrêts de la cour de cassation, des 29 mars 1821, 12 avril 1822,

2 décembre 1825, 28 avril 1827 et 14 juillet 1828. Dans tous ces arrêts, la cour a professé cette règle, qu'il n'y a point de réparation suffisante du trouble ou de l'empiétation, sans les démolitions du nouvel œuvre, qui sont indispensables, comme une suite de la demande.

Néanmoins, si le nouvel œuvre était achevé avant la demande, il n'y aurait pas lieu d'en ordonner la démolition, parce que l'action en dénonciation ellemême ne serait pas recevable.

L'action en dénonciation du nouvel œuvre s'exerçait autrefois par une simple sommation à l'auteur du trouble de cesser son entreprise, et cet acte suffisait pour l'obliger à suspendre ses travaux ; ainsi le voulaient les lois romaines. Si l'auteur du trouble contestait la validité de la sommation, on présentait une demande en cessation de nouvel œuvre devant le juge des lieux, mais sous la condition que l'entreprise serait suspendue. Si, au mépris de la sommation, le défendeur avait fait continuer le nouvel œuvre, toute audience lui était déniée jusqu'à ce qu'il eût remis les choses dans l'état où elles étaient au moment de la sommation. En tout cas, et sans examiner si cette opposition était bien ou mal fondée, le juge ordonnait la démolition des travaux continués après ladite sommation. Mais cette ancienne jurisprudence n'est plus suivie ; elle ne le fut pas même autrefois généralement en France.

La dénonciation du nouvel œuvre appartient à toute personne qui a intérêt de prendre cette voie, même à l'usufruitier. Elle peut être intentée nonseulement contre le voisin immédiat, mais encore contre un arrière-voisin, lorsque le nouvel ouvrage de celui-ci nuit, ou peut nuire à l'auteur de la dénonciation. Il suffit que cette action soit faite à celui qui entreprend l'ouvrage, quoiqu'il ne soit pas propriétaire du fonds ; mais elle doit être formée à la requête de tous les propriétaires de l'immeuble auquel le nouvel ouvrage porte préjudice, si cet immeuble est indivis entre plusieurs cointéressés ou copropriétaires. En ce cas, la dénonciation serait irrégulière, si elle n'était formée qu'à la requête d'un seul.

3° La réintégrande est l'action qui tend à se faire remettre ou rétablir dans la possession d'une chose immobilière dont on a été effectivement dépossédé, car un simple trouble ne suffirait pas pour exercer la réintégrande.

Cette action se forme devant le juge de paix des lieux contentieux, elle n'a d'autre but que celui de conserver la possession de l'objet dont on a été dépossédé par violence, voie de fait ou autrement ; elle ne préjuge ni le fond, ni n'est relative à la propriété ; elle s'instruit et se juge comme les autres actions possessoires ; mais, à la différence de celles-ci, elle emporte la contrainte par corps.

La réintégrande peut-elle aussi se demander devant les juges criminels, lorsque l'exproprié porte plainte, devant eux, des voies de fait ou des violences qui ont été exercées envers lui ? Quelques auteurs ont enseigné l'affirmative en se fondant sur l'ordonnance de 1667, qui avait sur ce point des dispositions expresses ; mais d'autres auteurs ont démontré que les choses sont changées, parce que nul autre que les juges de paix n'ont l'attribution d'ordonner la réintégrande ni de prononcer sur les matières possessoires, et que les juges criminels ont seulement le droit de statuer sur les dommages-intérêts réclamés par les parties. D'ailleurs, la réintégrande se prescrivant par une année, on ne pourrait, après ce temps, la demander devant les juges du délit qui peut être poursuivi pendant cinq, dix ou vingt ans, suivant sa nature. Enfin, sur une demande en réintégrande, le défendeur peut élever une question de propriété, et alors, sans l'examiner, les juges criminels sont obligés de renvoyer les parties devant les juges ordinaires.

Il est deux règles générales et absolues pour intenter l'action possessoire, de quelque nature qu'elle soit, complainte, dénonciation de nouvel œuvre, ou réintégrande : 1° il faut être en possession, au moins annale, de l'objet pour lequel on agit, et cette possession doit avoir été publique, paisible et *animo domini*. Ainsi, celui qui n'a qu'une possession clandestine ou produite par la violence, ou qui n'a eu lieu qu'à titre de précaire, ne peut intenter la complainte. Sa possession est nulle.

Mais qu'entend-on par titre précaire ? On entend celui qui ne donne la jouissance que pendant un temps déterminé, après lequel les détenteurs doivent rendre l'objet dont ils ont joui; tels sont le fermier, le locataire, le colon, le dépositaire.

La preuve de la possession annale se fait aussi bien par témoins que par titres, notamment par les baux à ferme ou à loyers. Il résulte de cette possession une présomption que le possesseur est le véritable propriétaire. Cependant, cette présomption cesse lorsque la possession n'est point exclusive, ou lorsque la preuve de la propriété est admise en faveur d'un autre que le possesseur.

2° Toutes actions possessoires doivent être intentées dans l'année du trouble, sinon elles sont prescrites. Cette prescription est très-courte, mais si elle eût été plus longue, l'ordre public eût pu être troublé. D'ailleurs elle fut toujours reconnue suffisante par les diverses législations, tant anciennes que nouvelles.

Mais, qu'est-ce qu'un trouble? « Il a lieu de deux manières, dit judicieusement le célèbre Merlin, ou par fait ou par paroles : par fait, lorsque le possesseur est illégalement dépouillé d'un immeuble en tout ou partie; par paroles, quand, dans quelque acte ou exploit, on se qualifie propriétaire d'un titre ou d'un droit. En ce cas, on prend l'acte ou l'exploit pour le trouble, et on forme l'action en complainte ou en réintégrande, suivant les circonstances. »

Il faut dire aussi qu'aux termes de l'art. de 2244 du code civil, une interruption civile, notamment une citation, une saisie, un commandement, est réputée un trouble de droit. Cependant, l'allégation d'un trouble à la possession annale d'un terrain dont plusieurs ont joui en commun, n'autorise pas l'action en complainte de la part de l'un d'eux lorsqu'on lui oppose que le fait qu'il qualifie trouble, n'est que l'exécution d'une convention faite entre les parties. C'est ce que la cour de cass. a jugé par arrêt du 29 juin 1824.

Les actions possessoires relatives à des cours d'eau n'ont-elles lieu qu'à raison de ceux qui servent à l'irrigation des prés? Cette question a été controversée sous la loi du 24 août 1790, dont on interprétait les dispositions dans un sens restrictif pour établir la négative. Mais la jurisprudence de la cour de cassation ne se prêtait point à ce système; loin de cela, elle a décidé, par plusieurs arrêts, que les entreprises sur les cours d'eau ou rivières navigables ou flottables, relativement aux prises d'eau des riverains, étaient une action possessoire de la compétence des juges de paix. Voyez notamment les arrêts des 9 juillet 1806 et 23 août 1819.

Cependant, s'il s'agissait de régler la hauteur des eaux d'une rivière, ou d'un autre cours d'eau, auquel auraient droit plusieurs riverains, le juge de paix ne serait point compétent, parce que ce règlement serait dans la nature des attributions municipales. Il en est ainsi lorsque l'on forme une action à raison de la distribution des eaux, ou des heures pendant lesquelles elle doit durer, ou à raison de prétendus préjudices occasionés par des mesures de police des eaux. Ces diverses actions ne sont pas des actions possessoires; elles sont uniquement du domaine de l'autorité administrative, qui seule peut faire droit aux plaintes, réparer les dommages et changer les règlemens qu'elle a faits, s'il y a lieu. (Arrêt du 3 juin 1835.)

Enfin, par un autre arrêt, la cour de cassation a reconnu « que la loi du 24 août 1790, loin de restreindre aux cours d'eau servant à l'arrosement des prés, la compétence des juges de paix, l'étend au contraire à toutes les actions possessoires. » Mais à présent, tous les doutes, s'il en restait encore, doivent cesser d'après la loi nouvelle qui ne fait aucune exception ni distinction des cours d'eau pour les actions possessoires. Loin de cela, elle désigne, non-seulement ceux spécialement destinés aux irrigations, mais encore les cours d'eau servant au mouvement des usines et des moulins.

Ainsi, l'action possessoire peut être intentée à raison des entreprises sur les eaux qui coulent le long des propriétés particulières ou qui les traversent, lorsque les propriétaires sont en possession d'user de ces eaux. C'est ce qui a été jugé par un grand nombre d'arrêts de la cour suprême.

La possession annale d'une eau courante, nécessaire pour autoriser l'action en complainte, en cas de trouble, résulte, au profit du propriétaire du fonds inférieur, de cela seul, que l'eau, en suivant son cours naturel, arrive à sa propriété, et de l'obligation qui est imposée par la loi au propriétaire du fonds supérieur, de la rendre à son cours ordinaire à la sortie de son héritage.

Il est défendu à ceux qui introduisent les actions possessoires, aux magistrats qui les jugent, de cumuler le possessoire avec le pétitoire, c'est-à-dire tout ce qui se rapporte à la propriété. Ce cumul s'opère principalement de quatre manières : 1° par le demandeur en prenant des conclusions relatives tant à la possession qu'à la propriété ; 2° par le juge du possessoire lorsqu'il statue à la fois sur l'une et sur l'autre, même indirectement à l'égard de la propriété ; 3° par celui qui a été dépossédé, lorsqu'il intente d'abord une action en revendication, et ensuite, sans se désister, une action en complainte ; 4° enfin, par les juges d'appel qui, sur une action possessoire, soumise d'abord au juge de paix, prononcent à la fois sur la possession et la propriété. Plusieurs autres circonstances se rencontrent où ce cumul peut s'opérer ; mais elles se rapportent toutes aux quatre espèces que nous venons d'indiquer.

Les cas, les faits, les motifs pour lesquels les actions possessoires sont intentées, sont si nombreux, que l'on pourrait aisément en former un volume. Voyez les questions possessoires de Guichard et le recueil général de Biret. Nous ne pouvons donc les rapporter toutes, et il convient de se borner aux principales espèces.

1° Des labours, semences, empiétations par un voisin ou autres, sur le terrain d'autrui, depuis moins d'une année, autorisent la complainte ;

2° La coupe des bois taillis et autres, la tonsure des arbres, la coupe des premières ou secondes herbes dans les prairies ou les champs possédés par autrui, autorisent aussi la complainte ;

3° Toutes usurpations de terres, arbres, haies, fossés, commises dans l'année, usurpations qu'il ne faut pas confondre avec les simples dommages des mêmes objets ;

4° La spoliation ou la dépossession d'un immeuble ou d'un héritage, commise dans l'année ;

5° Toutes constructions, tous travaux qui changent l'état des lieux au préjudice d'un voisin ;

6° Le trouble commis contre la possession de celui qui jouit en vertu d'un titre emphytéotique ;

7° Tous faits quelconques qui peuvent être caractérisés comme des troubles de possession, soit de fait, soit de droit, soit direct ou indirect ;

8° Les obstacles, entraves ou oppositions apportées au libre exercice des servitudes légales, continues et apparentes, qui sont prescriptibles ; mais non à l'égard de celles qui sont imprescriptibles ;

9° Les déplacemens de bornes, qu'il ne faut pas confondre avec le bornage ;

10° Les troubles apportés à l'exercice des droits de pâtures vives ou grasses, appartenant soit à des communes, soit à des particuliers ; mais il faut excepter la vaine pâture ;

11° La dépossession d'un usufruitier, ou les obstacles à la jouissance de son droit.

Tous ces motifs, ces faits, ces causes, donnent généralement lieu aux actions possessoires, soit la complainte quand on réclame une maintenue ; soit la réintégrande quand on veut se faire rétablir dans la chose dont on jouissait ; soit la dénonciation du nouvel œuvre quand il s'agit d'empêcher ou de suspendre une construction nuisible et illégale.

Une seule de ces actions ne peut être valablement introduite, si le demandeur n'a pas la possession annale de l'objet pour lequel il s'agit ; nous l'avons déjà observé. Mais on a prétendu que cette possession n'est pas nécessaire pour intenter la réintégrande. Une controverse a eu lieu entre plusieurs jurisconsultes sur ce point, et les cours elles-mêmes ont jugé la question de diverses manières. Sans rapporter les doctrines opposées, nous dirons avec Merlin, Toullier, Carré et Biret, qu'il est impossible de nier que la réintégrande ne soit une action possessoire. Or, toutes les lois de la matière, sans exception, exigent la possession annale pour former une action possessoire, telle qu'elle soit ; nous dirons aussi, avec la cour suprême, que la réintégrande n'est pas admise à raison des faits qui ne peuvent faire acquérir la possession. Donc, sans possession, point de réintégrande; au reste, le demandeur en réintégrande qui allègue la possession annale, doit la prouver, sinon être débouté de sa demande. Voyez les arrêts des 16 mai 1827, 5 mars et 11 juin 1828, et 10 mars 1829.

Dans la précédente édition (*Roret*), il a été donné une assez longue notice des arrêts rendus en toutes matières possessoires, tant dans la forme qu'au fond, soit en dernier ressort, soit en première instance. Nous ne reproduirons point ici cette notice par deux motifs. D'abord, un grand nombre de ces arrêts ont été rendus sur des actions possessoires jugées en dernier ressort, et à présent, d'après la loi nouvelle, aucune de ces actions ne sera jugée ainsi par les juges de paix. En second lieu, une autre partie des mêmes arrêts se rapporte à l'instruction ou à la procédure des actions possessoires, dont nous parlerons dans la suite. Il est au moins inutile de se répéter. Voyez le Chapitre XVIII, *des jugemens possessoires*.

§ II. — *Sur les Actions en bornage et les Plantations d'arbres.*

On sait que le bornage est l'action de borner, de fixer en terre des pierres, des bois qui forment des signes visibles, pour limiter ou séparer des terrains contigus ou joints ensemble.

Le bornage, sous les législations précédentes, anciennes et modernes, fut placé au rang des actions pétitoires, en ce qu'il produit une espèce de division des propriétés, ou du moins une délimitation. (*Leg. de oblig. quæ ex quasi contractu nascuntur.*) Aussi, la loi de 1790 ne l'avait point compris dans les attributions possessoires du juge de paix. Cependant, lorsque le bornage était dépendant, ou une suite de l'action possessoire, le juge de paix en connaissait; il en connaissait aussi, lorsque les deux parties le réclamaient au possessoire, pour prévenir de nouvelles empiétations. (Arrêt du 26 février 1825, C. de cassation.)

A présent, le juge de paix est compétent de statuer sur les actions en bornage, comme il l'est et le fut toujours de juger les déplacemens de bornes. Ces deux sortes d'actions sont réputées d'une même nature possessoire par la loi actuelle. Cependant, il faut admettre une grande différence entre elles. Le bornage n'est dans la compétence du juge de paix, que lorsqu'il s'agit de la possession des objets contigus, et non lorsque la propriété en est contestée en tout ou partie. Le déplacement des bornes, au contraire, est toujours dans la même compétence, car il n'est, par lui-même, qu'un fait ou une voie de fait qui trouble le possesseur. Ainsi, dans les cas de revendication de propriété ou de contestations sur les titres dont il faut faire l'application au terrain, le juge de paix est incompétent pour statuer sur le bornage.

En procédant à ce bornage, le juge de paix peut éviter beaucoup de frais aux parties, notamment les opérations d'un géomètre ou des experts; il a le pouvoir de faire lui-même toutes les vérifications, recherches et plantations que les circonstances exigeront. C'est dans cet esprit que le § II de l'art. six de la loi nouvelle fut admis.

Quant aux actions relatives à la distance prescrite pour les plantations d'arbres ou de haies, c'est une nouvelle attribution que, depuis longtemps, on désirait voir passer aux juges de paix. Des frais considérables avaient le plus souvent lieu pour des affaires d'un très-médiocre intérêt qui résultaient de ces distances et de ces plantations.

Mais disons un mot de ces distances: l'article 671 du code civil dit : « Il n'est permis de planter les arbres de haute tige qu'à la distance fixée par les règlemens particuliers actuellement existans, ou par les usages constans et reconnus, et à défaut de règlemens et d'usages, qu'à la distance de la ligne séparative des deux héritages pour les arbres de haute tige, et à la distance d'un demi-mètre pour les autres arbres et les haies vives. »

L'usage existant à l'époque du code civil, dans le ressort du parlement de Paris, était d'observer la loi 13, D, *finium regundorum*, à défaut de règlemens particuliers; en voici les termes: *oleum aut ficum ab alieno ad novem pedes plantato, cæteras arbores ad pedes quinque.*

C'est d'après cette loi que la cour de Paris décide « qu'une distance de cinq pieds, entre les arbres que l'on plante et le terrain du voisin, est suffisante dans tous les lieux où cette loi a formé l'usage; et que les deux mètres prescrits par l'art. 691 ne font la règle que dans les lieux où il n'existe point d'usage spécial. » (Arrêt du 2 décembre 1810.)

Quand des arbres sont plantés depuis moins de 30 ans, à une distance moindre que celle qui est prescrite, le voisin lésé peut demander qu'ils soient arrachés. (Art. 672, code civil.)

Au reste, il existe sur la distance pour la plantation des arbres, une foule d'usages particuliers qui ne sont observés que dans certaines localités; usages qui nous sont restés de nos anciennes coutumes et de la diversité qui existait entre elles. Il serait donc difficile de poser une règle générale et uniforme, et cette difficulté augmente encore si l'on consulte les anciens règlemens des parlemens. Souvent même les usages locaux ne sont point écrits, ils n'existent que par des traditions antiques, verbales et incertaines. D'où il suit que les juges sont souvent embarrassés pour reconnaître les véritables usages et en faire l'application. Mais lorsque l'usage est constant et reconnu, il faut s'y conformer, encore qu'il serait contraire à l'article 671; il faut s'y conformer surtout, lorsque la plantation des arbres est faite de manière à ne pouvoir nuire aux propriétés voisines. Alors, celui qui se plaint est sans intérêts. Voir Fournel, *du voisinage*, *verbo* arbres, § Ier.

« Si ce sont des racines qui avancent sur l'héritage du voisin, il a droit de les couper lui-même, sans formalités. (Art. 672 cod. civ.)

« Les arbres qui se trouvent dans la haie mitoyenne, sont mitoyens comme la haie, et chacun des deux propriétaires a droit de requérir qu'ils soient abattus. » (Art. 673 cod. civ.)

Celui qui coupe un arbre par voie de fait, peut-il être poursuivi par voie de complainte? C'est là une usurpation qui est mise au rang des actions possessoires lorsqu'elle est commise dans l'année; mais en est-il de même des actions pour le simple élagage des arbres? Non, celles-ci ne sont ni possessoires ni pétitoires, elles sont pures personnelles, pourvu que la propriété des arbres ne soit pas contestée. C'est ce que la cour de cassation a jugé le 9 décembre 1817, en déclarant que celui auquel les branches des arbres causent du dommage, peut traduire le propriétaire en justice de paix pour le faire condamner à élaguer lesdites branches. Mais, par un second arrêt, la même cour a décidé que la demande d'élaguer les arbres ne peut être confondue avec les dommages faits aux champs, lorsqu'elle est fondée sur des titres allégués par le défendeur. (Arrêt du 29 décembre 1830.)

§ III. — *Sur les constructions ou travaux énoncés dans l'article* 674 *du code civil.*

C'est ici une attribution nouvelle à la justice de paix, dont le besoin s'est fait sentir depuis long-temps dans les contestations de ce genre, afin d'éviter des frais souvent considérables pour des intérêts médiocres; mais cette attribution cesse dès l'instant que la propriété ou la mitoyenneté du mur sont contestées; alors il s'ensuit des questions pétitoires ou réelles dont la connaissance n'appartient pas aux juges de paix.

Mais en quoi consistent les travaux et constructions dont s'agit? L'article 674 du code civil porte : « Celui qui fait creuser un puits ou une fosse d'aisance près d'un mur mitoyen ou non; celui qui veut y construire cheminée ou âtre, forge, four ou fourneau, y adosser une étable; ou établir contre ce mur un magasin de sel ou amas de matières corrosives, est obligé à laisser la distance prescrite par les règlemens et usages particuliers sur ces objets, ou à faire les ouvrages prescrits par les mêmes règlemens et usages pour éviter de nuire au voisin. »

Un décret du 10 mars 1808 contient plusieurs dispositions trop étendues pour être rapportées ici. Seulement, nous dirons que l'article 19 statue: « Que dans toutes les constructions de fosses d'aisance, actuellement existantes, toutes les fois qu'il y aura lieu à reconstruire les murs auxquels sont adossés les tuyaux de chutes, le propriétaire sera tenu de faire établir un tuyau d'évent. » Une autre disposition porte : « Que le fond des fosses sera établi en pavé ordinaire sur forme de chaux et ciment, et qu'il est défendu d'y employer de la brique. » Voyez ce décret lui-même pour le surplus de ses autres dispositions.

§ IV. — *Sur les pensions alimentaires.*

C'est encore ici une attribution nouvelle que le gouvernement avait cependant repoussée par le motif que les contestations en matières d'alimens devaient servir d'exemple aux mœurs publiques, et qu'un jugement rendu sans appareil, sans formalité ni publicité, par un seul magistrat, n'aurait aucune influence dans la société. Mais les chambres législatives en ont pensé autrement. Elles ont fait une distinction sage ; elles ont laissé dans la compétence des juges ordinaires les pensions alimentaires qui seraient d'une assez forte valeur, mais elles ont conféré à la prudence des juges de paix les petites pensions de 150 fr. et au-dessous, pour lesquelles il y a célérité, et nécessité d'éviter des frais, auxquels des parties indigentes ou peu aisées sont hors d'état de subvenir.

« Faut-il, disait le rapporteur Renouard, que l'intensité même des besoins qu'éprouvent de malheureux parens, et l'impossibilité d'avancer les frais de justice, ferme l'accès des tribunaux ? Faut-il, par l'addition de ces frais, aggraver la position de ceux à qui ces alimens sont demandés ? Nos campagnes offrent souvent de douloureux spectacles de vieux parens chassés par des enfans ingrats, lorsque la perte de leur force ne leur permet plus de contribuer aux dépenses communes ; ce scandale deviendra plus rare, si une comparution devant le juge de paix peut y mettre fin. »

Ajoutons : que ce juge, par la nature de ses diverses fonctions, est plus rapproché des justiciables que les tribunaux ordinaires ; que, dans une foule de circonstances, il connaît les personnes, leurs mœurs, leurs facultés, et a sur elles une influence immédiate qui donne à ses conseils pacifiques l'autorité de la confiance. Souvent ce magistrat connaît les secrets des familles et il en délibère même avec les parens assemblés en conseil sous sa présidence. En un mot, le juge le plus naturel en matière d'alimens, est le juge de paix. Sous le point de vue pécuniaire, sa justice est la moins dispendieuse ; sous le point de vue moral, cette justice, toute paternelle, a le moins de retentissemens et évite le plus de scandale.

Mais quelles sont les personnes qui ont le droit de se demander des alimens ? Les enfans doivent des alimens à leurs père mère et autres ascendans qui sont dans le besoin. — Les gendres et belles-filles doivent également, et dans les mêmes circonstances, des alimens à leurs beaux-pères et belles-mères. De même, les pères et mères doivent des alimens à leurs enfans nécessiteux ; mais cette obligation cesse, 1° lorsque la belle-mère a convolé à de secondes noces ; 2° lorsque celui des époux qui produisait l'affinité, et les enfans issus de son union avec l'autre époux, sont décédés.

De règle générale, les alimens ne sont accordés que dans la proportion du besoin de celui qui les réclame, et de la fortune de celui qui les doit. Cette règle doit être, constamment, la base des décisions du juge de paix. C'est à ce magistrat d'étendre ou de resserrer l'obligation de fournir des alimens, suivant les circonstances, en se renfermant dans les limites de la loi.

ARTICLE SEPT.

« Les juges de paix connaissent de toutes les demandes reconventionnelles ou en compensation, qui, par leur nature ou leur valeur, sont dans les limites de leur compétence, alors même que, dans les cas prévus par l'article 1er, ces demandes réunies à la demande principale, s'élèveraient au-dessus de 200 fr. Ils connaissent en outre, à quelques sommes qu'elles puissent monter, des demandes reconventionnelles en dommages-intérêts, fondées exclusivement sur la demande principale elle-même. »

Cette disposition rend la compétence des juges de paix plus fixe et plus précise qu'elle ne le fut sous la loi du 24 août 1790. Des controverses sérieuses et trop longues se sont élevées à ce sujet, mais on peut les regarder comme aplanies. Néanmoins, il fut proposé un amendement qui était loin de lever toutes les difficultés, et qui était conçu en ces termes : « Lorsque la demande reconventionnelle excédera les limites de la compétence du juge de paix, il devra renvoyer les parties à se pourvoir sur le tout devant le tribunal de première instance. » (Moniteur du 24 avril 1838.)

Mais M. le rapporteur répondit : « Il est impossible d'admettre l'amendement, sans retrancher la disposition introduite relativement aux demandes reconventionnelles, et sans dénaturer les attributions données aux justices de paix, car l'amendement ne tend à rien moins qu'à donner la faculté d'éluder indéfiniment la compétence du juge de paix.

« Pourquoi avons-nous introduit cette disposition dans la loi? C'est en vue des nouveaux articles votés. Lorsqu'il s'agit d'une demande d'alimens, d'une demande en paiement de frais de nourrice, ou d'une demande en paiement de salaires d'ouvriers, admettez-vous que le défendeur puisse, par une demande reconventionnelle, éluder l'action dirigée contre lui, jusqu'à ce que les tribunaux ordinaires aient prononcé? Admettez-vous qu'il puisse obtenir un délai de trois, quatre ou cinq mois, et neutraliser une demande légitime qui a pour but un paiement nécessaire à l'ouvrier pour vivre, et faire vivre sa famille; nécessaire à la nourrice pour qu'elle puisse subsister? Nous ne l'avons pas cru : nous avons pensé qu'il fallait diviser la compétence, et plutôt briser un principe que de commettre une injustice ; nous avons pensé qu'il y avait lieu à prononcer sur la demande principale, et à renvoyer, pour la demande reconventionnelle, devant le juge ordinaire. Il n'y a à cela aucun inconvénient. »

« L'objection, tirée de la compensation, ne peut être réelle que quand le mérite des deux demandes est reconnu; si le mérite de l'une d'elles est contesté, l'objection ne peut s'appliquer, car la compensation est mise en question. »

L'amendement fut rejeté.

Sous la loi du 26 août 1790, il était généralement admis que la valeur de la demande déterminerait la compétence du juge de paix; mais que devait-on comprendre dans cette expression : demande? La réponse à cette question a fait soutenir des opinions bien opposées. Cependant, on était arrivé à reconnaître les propositions suivantes : 1° La demande s'entend non-seulement de ce qui est consigné dans la citation introductive de l'instance, mais aussi de toutes les réclamations formées incidemment pendant cette instance. 2° Elle s'entend non-seulement aussi de celles consignées dans la procédure du demandeur, mais encore de toutes celles reconventionnellement formées par le défendeur; c'est-à-dire, de tout ce qui se trouve soumis à la décision du juge sur les dernières conclusions des parties.

Cette jurisprudence n'est point entièrement passée dans l'article sept qui nous occupe.

Mais que doit-on entendre par demande reconventionnelle, dans le sens de la loi actuelle? C'est tout simplement une demande formée incidemment par le défendeur, en comparaissant sur l'action principale, soit pour défense à cette action, soit pour opposer une compensation au demandeur. Elle est réputée une défense, lorsqu'elle est d'une valeur supérieure à l'action principale. Or, le juge de paix qui connaît de celle-ci, doit aussi connaître de l'autre; autrement on porterait atteinte au droit sacré de la défense.

La reconvention est réputée une compensation, lorsqu'elle est égale ou inférieure à la valeur de la demande principale. Or, le juge de celle-ci l'est nécessairement de la compensation.

La compensation a lieu de plein droit, par la seule force de la loi, quand les créances du demandeur et du défendeur sont prouvées claires et liquides; mais, lorsque la créance prétendue par le défendeur n'est pas justifiée, ou qu'elle est contestée, c'est un litige comme un autre, que le juge décide ainsi que de droit, suivant les lois. Au reste, les règles de la compensation sont généralement connues; inutile de les répéter ici. Voyez les articles 1289 et suivans jusqu'à 1299 du code civil.

Cependant il convient de dire ici que, dans les justices de paix, le défendeur n'est point obligé, pour former une demande reconventionnelle, d'agir contre le demandeur par une requête ou par une citation nouvelle; il lui suffit de prendre à l'audience des conclusions incidentes, ou en compensation, pour l'objet qu'il réclame reconventionnellement. Toute instruction écrite sur les demandes principales comme sur les exceptions ou les incidens, n'est point exigée en justice de paix, même sous la loi actuelle. Il suffit de bien expliquer et de justifier les demandes et les réclamations.

ARTICLE HUIT.

« Lorsque chacune des demandes principales, reconventionnelles ou en compensation, sera dans les limites de la compétence du juge de paix en dernier ressort, il prononcera sans qu'il y ait lieu à l'appel. — Si l'une de ces demandes n'est susceptible d'être jugée qu'à charge d'appel, le juge de paix ne prononcera sur toutes qu'en premier ressort. — Si la demande reconventionnelle, ou en compensation, excède les limites de sa compétence, il pourra, soit retenir le jugement de la demande principale, soit renvoyer, sur le tout, les parties à se pourvoir devant le tribunal de première instance, sans préliminaire de la conciliation. »

Cet article n'aplanit pas moins de controverses que le précédent. M. Henrion de Pansey enseignait que, lorsque la justice de paix était saisie d'une action principale en dernier ressort, la demande reconventionnelle devait être jugée de même, encore qu'elle fût de plus forte valeur que le dernier ressort. Mais, d'autres auteurs soutenaient, qu'en ce cas la justice de paix était prorogée par la reconvention et devenait nécessairement une juridiction de première instance. « La compétence du premier ou du dernier ressort, disait la cour de cassation, ne s'établit pas seulement par la demande principale, mais elle se compose encore de la défense, quand elle est accompagnée de conclusions reconventionnelles. » Voyez les arrêts des 4 floréal et 16 thermidor an VIII, 18 vendémiaire an XII et 22 juillet 1806.

Ces arrêts sont parfaitement dans l'esprit des deux premiers paragraphes de l'article huit que nous examinons; mais d'autres arrêts, des 25 février 1818 et 28 février 1821, présentaient des distinctions et des variations qui donnaient lieu à des interprétations diverses.

A présent, la règle est simple et uniforme. Si Pierre demande à Paul 100 fr., et si Paul réclame à Pierre pareille somme de 100 fr., le juge de paix prononcera en dernier ressort sur les deux demandes principales et reconventionnelles, pourvu qu'elles soient de la nature de celles qui lui sont attribuées. Cependant, si la demande reconventionnelle, par sa nature ou sa valeur, est susceptible d'appel, la demande principale le devient aussi, parce que les deux demandes sont réunies en un seul procès qui doit se juger par un même jugement; alors, une partie de ce procès ne peut pas être jugée d'une manière différente de l'autre, c'est-à-dire en dernier ressort, quand l'autre ne sera jugée qu'en première instance; il y a donc lieu à l'appel pour le tout.

Mais, ce qui est plus difficile à régler, c'est lorsque la demande reconventionnelle excède totalement la compétence du juge de paix, même en première instance, tandis que la demande principale dont ce juge est saisi, est toute dans ses attributions. Plusieurs difficultés graves auraient pu être agitées, trop souvent même, sans la disposition fort sage du 3me § de notre article huit qui, dans ce cas, s'en rapporte à la prudence du juge. Ce magistrat appréciera donc les motifs de la demande reconventionnelle formée par le défendeur. Si elle ne lui paraît pas de bonne foi, ni fondée en titres, ou si elle ne lui paraît destinée qu'à prolonger la contestation, et à occasioner des frais dont un demandeur peu fortuné pourrait faire difficilement l'avance, alors il disjoindra les causes, prononcera sur l'action principale, et renverra la demande reconventionnelle devant les juges ordinaires. Néanmoins, s'il lui paraissait utile, dans l'intérêt des parties, de ne pas séparer les causes, il les renverrait à se pourvoir sur le tout devant le tribunal de première instance.

C'est là de l'arbitraire, dira-t-on: on, n'en peut disconvenir, mais il est une foule de circonstances où le législateur est obligé de s'en rapporter à la prudence des juges, et de leur donner un pouvoir discrétionnaire. Au reste, c'est le seul moyen qui fut approuvé par la commission de la chambre des députés, pour accorder les divers systèmes qui étaient présentés sur ce point.

Mais, quand la reconvention doit-elle être formée? En tout état de cause, soit que la preuve en existe par écrit, soit qu'elle repose sur de simples faits. Le défendeur a donc la faculté de choisir le moment qui lui convient pour conclure incidemment contre le demandeur, ou dès la première audience, ou dans le cours de l'instruction, ou enfin après un jugement par défaut, un préparatoire, un interlocutoire.

ARTICLE NEUF.

« Lorsque plusieurs demandes formées par la même partie seront réunies dans une même instance, le juge de paix ne prononcera qu'en premier ressort, si leur valeur totale s'élève au-dessus de cent fr., lors même que quelqu'une de ces demandes serait inférieure à cette somme. Il sera incompétent sur le tout, si ces demandes excèdent, par leur réunion, les limites de sa juridiction. »

Ainsi, lorsque différens chefs de demandes sont compris dans une même citation, on ne doit point considérer la valeur individuelle de chacun pour régler la compétence des uns ou des autres.

Plusieurs controverses se sont élevées sur ce point de droit, pendant la législation précédente, et ces controverses ont subsisté dans les projets, les examens et les discussions de la loi actuelle. Une première commission voulait qu'on s'en rapportât à la jurisprudence, sans rien écrire dans la loi. Une autre commission pensait que ce silence serait interprété dans un sens restrictif, et comme réglant la compétence par la somme totale des différens chefs de demandes. Plusieurs cours ont manifesté la même opinion, mais d'autres, et surtout la cour de cassation, ont démontré que le silence de la loi consacrerait, comme une règle, l'application isolée de chacun des chefs de demande.

Cette application isolée serait certainement logique, et peut-être plus conforme aux principes généraux du droit, que la solution la plus restrictive de la compétence, celle qui ne forme qu'un seul tout des divers chefs de demandes réunis; cependant, c'est ce système qui forme la règle et qui est devenu loi. En voici les motifs : « Décider autrement, a dit M. Renouard, ce serait autoriser une extension démesurée de compétence; ce serait s'exposer à ce que le juge de paix, cédant trop facilement à un désir de justice transactionnelle, sacrifiât quelquefois à des considérations de fait, la stricte application du droit. On soumettrait au juge de paix des questions souvent difficiles, sur la divisibilité des demandes, et l'on ferait naître des procès préjudiciels sur la question de savoir si ces demandes proviennent ou non de causes différentes. En règle générale, c'est la prétention du demandeur qui détermine la compétence; s'il a réuni ensemble plusieurs demandes, on doit en conclure qu'il a voulu les confondre en une seule. »

Ce raisonnement n'est pas sans mérite, mais il n'empêche point que l'article neuf semble mettre à la discrétion ou au caprice d'un demandeur le choix de ses juges. Qu'il forme, par la même citation, deux, trois ou quatre chefs d'actions personnelles ou mobilières, dont les valeurs réunies formeront un total de plus de 200 francs, il éludera la juridiction du juge de paix, parce que, d'après le principe posé en l'article neuf, ce juge est incompétent sur tous les chefs réunis, quoiqu'il soit le juge naturel de chacun, pris en particulier.

Si les diverses créances qui forment des chefs particuliers proviennent de plusieurs causes, ou si elles n'ont eu lieu qu'à des époques différentes, la règle établie par l'article neuf leur sera-t-elle également applicable? Sans contredit : il suffit que leurs valeurs particulières, réunies ensemble, excèdent la somme de 200 fr., pour rendre le juge de paix incompétent. Ce qui peut, dans plusieurs circonstances, rendre illusoire la disposition de l'article premier de la loi du 25 mai 1838, que nous examinons.

On a cependant dit que plusieurs sommes provenant de causes différentes quoique réunies, peuvent être jugées séparément, parce qu'elles l'eussent été de même si la partie en eût fait autant d'actions séparées, et qu'ainsi la différence des causes conserve leur divisibilité.

C'est, selon nous, une erreur que notre article neuf repousse formellement ; il dispose, en effet, *pour toutes demandes* formées par une même partie, et réunies dans une même instance; il ne distingue ni les différentes natures des actions, ni leur divisibilité ou indivisibilité; ainsi, il ne faut pas excepter quand il n'y a pas d'exceptions admises, il n'y en a pas même ici de sous-entendues. C'est donc bien le cas de dire : *Ubi lex nón distinguit, non distinguere debemus.*

ARTICLE DIX.

« **Dans les cas où la saisie-gagerie ne peut avoir lieu qu'en vertu de permission de justice, cette permission sera accordée par le juge de paix du lieu où la saisie devra être faite, toutes les fois que les causes rentreront dans sa compétence.** »

« **S'il y a opposition de la part des tiers pour des causes et pour des sommes qui, réunies, excéderaient cette compétence, le jugement en sera déféré aux tribunaux de première instance.** »

Déjà, sur l'article trois, nous avons défini la saisie - gagerie en observant qu'elle peut se faire, en plusieurs cas, sur un simple commandement, et en d'autres, en vertu de la permission du juge. Ces derniers cas sont ceux dans lesquels la saisie-gagerie est faite à l'instant même, tandis que lorsqu'elle se fait en vertu du commandement, il doit s'être écoulé un délai de vingt-quatre heures après la date de cet acte, et alors la permission du juge n'est pas nécessaire.

Cette permission, aux termes de l'article 819 du code de procédure, se donnait pour toutes sommes, sans exception, par le président du tribunal de l'arrondissement dans lequel étaient les meubles qui devaient être saisis et gagés; mais notre article dix divise cette compétence; c'est à présent au juge de paix du canton du lieu où la saisie sera faite, à la permettre, mais seulement pour des créances dont il est compétent de connaître. Au-delà, et pour de plus fortes valeurs, le juge de paix est sans attribution.

Il l'est aussi lorsque d'autres créanciers forment une ou plusieurs oppositions à la saisie-gagerie pour des sommes dont la réunion excède le maximum de la compétence conférée par l'article trois (400 fr. à Paris, et 200 fr. ailleurs). C'est une juste limite donnée à cette même compétence; les oppositions peuvent avoir pour causes des créances considérables ; elles peuvent entraîner l'examen et l'application de titres, soulever des questions de propriété ou de droit, et présenter de graves difficultés. Ces matières ne pouvaient être laissées dans les attributions du juge de paix, quelque désir que l'on eût à les élever. Ainsi, les tribunaux ordinaires en connaîtront.

Mais ils ne connaîtront point de toutes les oppositions aux saisies-gageries indistinctement ; il n'est pas dans l'esprit, et encore moins dans la lettre du présent article dix, que l'on puisse éluder la juridiction du juge de paix par des oppositions de petite valeur ou pour des revendications de peu d'intérêt ; autrement, il n'y aurait que peu ou point de saisies-gageries dont le juge de paix connaîtrait, parce que certains plaideurs et certains créanciers manqueraient rarement de former des oppositions et des revendications pour des objets d'une minime valeur. Mais la loi écarte sagement ces chicanes, en ne déclarant le juge de paix incompétent que lorsque la valeur totale des revendications et oppositions excèdera les limites de sa compétence.

La saisie-gagerie se fait dans la même forme que la saisie-exécution; le saisi pourra être constitué gardien, et s'il y a des fruits, elle sera faite dans la forme établie par le titre IX du livre V. (Art. 821 du code de procédure.)

Le saisissant sera gardien des effets, s'ils sont en ses mains, sinon il sera établi un gardien spécial. Il ne pourra être procédé à la vente sur les saisies dont s'agit, qu'après qu'elles auront été déclarées valables. Au surplus, l'on doit observer pour la vente et la distribution des sommes qui en proviendront, les formalités relatives à la saisie-exécution. Mais il faut bien remarquer que ces formalités ne peuvent être pratiquées dans les justices de paix que lorsqu'il n'y a point d'opposans, ou que la valeur totale de leurs oppositions n'excède pas la compétence de ces justices. D'ailleurs, on ne peut y pratiquer aucune des formalités qui exigent le ministère d'avoué.

Mais, ne peut-on aussi introduire, en ces justices, une demande en validité d'une saisie faite sur les effets et marchandises d'un débiteur forain? L'art. 822 du code de procédure attribue bien au juge de paix l'autorité de permettre cette saisie, sur la requête de tout créancier, même de celui qui n'est pas fondé en titre; mais il paraît que là s'arrête cette compétence; la loi n'y ajoutant rien, il n'est pas permis d'y ajouter. On s'attendait, avec raison, que les législateurs auraient rempli cette lacune par une disposition analogue à celle qu'ils ont portée pour la saisie-gagerie, mais il n'en a rien été, soit par omission, soit à dessein. Ainsi, les choses restent dans leur ancien état.

Un auteur connu, même estimé, a enseigné que la saisie-gagerie pouvait être formée pour les loyers à échoir comme pour les *loyers échus*; mais cette opinion est absolument contraire à la loi, qui ne permet aux propriétaires et principaux locataires de faire saisir et gager seulement pour *les loyers échus*. (Art. 819 cod. de procéd.) Donc elle ne le permet pas pour les loyers à échoir. *Qui de uno dicit, de altero negat*. En effet, le propriétaire n'a aucun droit acquis pour les loyers à échoir qui ne sont ni dus ni exigibles. Rien n'empêche le locataire de s'en libérer, quand il en sera débiteur, nul ne peut l'obliger auparavant, ni même préjuger qu'il ne remplira pas son obligation. Mais cette doctrine est une des nombreuses erreurs de M. Carré dans son droit français; on peut voir comment elles ont été relevées dans le recueil général des justices de paix, 3me édition.

ARTICLE ONZE.

« L'exécution provisoire des jugemens sera ordonnée dans tous les cas où il y a titre authentique, promesse reconnue, ou condamnation précédente, dont il n'y a point d'appel. — Dans tous les autres cas, le juge pourra ordonner l'exécution provisoire, nonobstant appel, sans caution, lorsqu'il s'agira de pension alimentaire, ou lorsque la somme n'excédera pas 300 fr., et avec caution, au-dessus de cette somme. — La caution sera reçue par le juge de paix. »

Cette disposition reproduit l'article 17 du code de procédure, mais elle est plus étendue et mieux précisée. Les jugemens de la justice de paix étaient, d'après cet article 17, exécutoires par provision jusqu'à la valeur de 300 fr., sans qu'il fût nécessaire de donner caution; mais cette caution était indispensable lorsque l'exécution provisoire était ordonnée pour des sommes excédant 300 fr.

Suivant l'article onze ci-dessus, l'exécution provisoire doit absolument être ordonnée lorsque le jugement est rendu en vertu d'un titre authentique, promesse reconnue ou condamnation précédente, passé en force de chose jugée; la disposition est impérative et sans limites d'aucune somme. C'est là sa différence avec l'article 17 précité.

Peut-être pourrait-on dire avec un célèbre jurisconsulte : « Sans doute, la présomption est en faveur du jugement; mais il ne faut pas donner trop d'effet à cette présomption. » Les nouveaux législateurs n'ont pas cru aller trop loin, en prescrivant impérieusement l'exécution provisoire dans les cas où le jugement est fondé sur un titre, et ils n'ont point laissé alors un pouvoir facultatif aux juges de paix. Cependant, ce pouvoir leur est donné pour les condamnations à une pension alimentaire, ou qui n'excèdent pas 300 fr. Dans ces cas, il n'y a point de caution à donner; mais si, pour des sommes plus fortes, l'exécution provisoire est ordonnée, elle ne peut l'être qu'à la charge de donner caution. Voilà ce qui rentre absolument dans le sens de l'art. 17 précité.

Le juge de paix peut donc, suivant sa prudence, ordonner ou n'ordonner pas l'exécution provisoire de ses jugemens, dans les cas où elle est facultative; il peut la refuser alors, si elle n'est ni urgente, ni nécessaire à l'intérêt du créancier, et si le débiteur condamné paraît solvable. Néanmoins, le juge ne doit pas perdre de vue que l'exécution provisoire est établie pour concilier tous les intérêts, pour secourir le plaideur de bonne foi, et prévenir un appel téméraire. C'est principalement dans le cas où le jugement est fondé en titre, que l'appel peut être téméraire ; et c'est sans doute le motif pour lequel l'exécution provisoire est ordonnée impérativement. Il n'y a point alors encore d'exception pour aucune cause.

On a dit que l'exécution provisoire était rigoureuse ; qu'un jugement exécuté provisoirement, est, par cela même, exécuté définitivement, d'où il peut résulter une extension beaucoup trop forte du pouvoir du juge de paix.

Mais on a répondu : « Les intérêts qui se produisent devant ce juge sont de nature à ne pas être laissés en souffrance. On ne doit déclarer l'appel suspensif, que lorsque le préjudice, résultant de l'exécution, est irréparable. Autrement, c'est enlever le bienfait d'une justice sagement expéditive ; il paraîtrait assez extraordinaire qu'au moment où l'on propose l'extension de la compétence des juges de paix, on la restreindrait, en supprimant une disposition qui, depuis 1807, n'a offert aucun inconvénient. Le système contraire tendrait à provoquer des appels indiscrets et toujours fort coûteux, dans le but unique d'obtenir un délai. »

Mais, pourrait-on, dans la justice de paix, comme on le peut devant les tribunaux ordinaires, ordonner l'exécution provisoire nonobstant l'opposition, dans les cas où il y a péril en la demeure? Non sans doute ; cette attribution exhorbitante ne peut être rendue commune aux justices de paix ; elle n'est ni dans la lettre des lois qui leur sont spéciales, ni dans l'esprit de leur compétence. Loin de cela, l'article onze, sur lequel nous écrivons, n'accorde l'exécution provisoire que nonobstant appel. Ainsi, l'opposition doit avoir tout son effet et suspendre entièrement le jugement par défaut.

A l'égard des cautions, la loi de 1790 ne disait point par qui elles seraient reçues, et c'était une lacune que l'art. onze remplit heureusement. Ainsi, il ne s'élèvera plus de contestations sur la compétence du juge de paix à décider des réceptions de cautions, réceptions qui lui ont été contestées plus d'une fois, sous prétexte qu'il ne connaît pas de l'exécution de ses jugemens. Cependant, le plus grand nombre des juges de paix ne s'arrêtaient pas à cette misérable chicane; ils distinguaient avec raison les mesures d'exécution, par suite d'instance ou d'instruction, d'avec les voies d'exécution définitive. En conséquence, ils connaissaient des réceptions de caution comme un dernier acte d'instruction de la cause qu'ils avaient jugée.

Pour faire recevoir une caution, la partie qui a obtenu le jugement, cite celle qui est condamnée, devant le juge paix, pour accepter ou contester la caution qui se présente au jour indiqué. Si sa solvabilité est reconnue, elle est admise et fait sa soumission de répondre de l'exécution du jugement. Si, au contraire, cette solvabilité est méconnue, le poursuivant doit en justifier par titres, ou autrement, sinon la caution est rejetée, et le poursuivant doit en fournir une autre. Enfin, lorsque celle-ci est admise, le poursuivant fait exécuter le jugement.

Cependant, après toutes ces formalités remplies, l'exécution provisoire peut encore être arrêtée ou suspendue par des défenses que les juges d'appel peuvent faire, d'après la réquisition de l'appelant, lequel doit, à cet effet, établir qu'il n'est ni urgent, ni nécessaire ou utile de procéder à cette exécution; mais ces défenses sont rarement accordées, surtout quand le jugement du juge de paix est rendu sur un titre ou en vertu d'un titre.

Terminons ces observations par une courte analyse de la discussion qui eut lieu, dans les chambres, sur l'exécution provisoire des jugemens.

« Ordonner l'exécution provisoire de plein droit, *et dans tous les cas*, a dit un législateur, c'est porter en réalité la compétence en dernier ressort à 300 fr. Ce serait souvent le terme du procès et la ruine des parties. »

« En effet, l'exécution provisoire de plein droit est une chose qui ne doit pas être ordonnée, s'il n'y a obligation, reconnaissance ou promesse, car, remarquez que cette exécution de plein droit s'applique aux cas où il y a appel. Eh bien ! si le jugement était infirmé, il en résulterait que celui qui aurait été dépouillé par une demande légèrement accueillie, ruinerait à son tour le créancier présumé, en le poursuivant pour les sommes payées indûment, et pour les dommages-intérêts causés par cette malheureuse exécution. »

« Ce n'est pas tout : en étendant la compétence des juges de paix, il peut se faire que vous leur transportiez quelques questions difficiles, et qu'ils soient arrêtés par la solution; alors, les juges de paix hésiteront à prononcer l'exécution de plein droit; ils ne voudront pas ordonner une mesure qui aurait des suites irréparables. Il faut respecter les scrupules d'une conscience droite et timorée. »

« Au contraire, si on adopte la proposition de l'exécution provisoire de droit, dans tous les cas, il en résulte une règle aveugle plus meurtrière que les bienfaits de la loi ne sont utiles. Je ne demande pas qu'on montre plus de défiance que le code pour les juges de paix; je leur attribue, au contraire, plus de confiance; je ne veux l'exécution qu'après la décision et l'examen du juge de paix, quand il la croit indispensable pour assurer de véritables droits mis en péril par un retard calculé dans des intentions d'éluder le paiement. »

En répondant à ces raisonnemens, on a dit : « Les deux présentations du projet de loi par le gouvernement ont établi constamment que l'exécution provisoire serait *toujours* de droit... Puisqu'on a élevé la compétence du juge de paix, il faudrait, pour être conséquent, que l'exécution fût obligatoire, non-seulement jusqu'à concurrence de 300 fr., mais dans une proportion graduée avec l'extension de cette nouvelle compétence. Au contraire, l'on restreint une portion de cette compétence, on ne leur concède même pas, dans une limite moindre de 300 fr., le droit de l'exécution obligatoire. »

On a dit à cela, qu'il y aurait de graves inconvéniens, attendu que cette compétence s'étendrait à des matières très-graves. Mais, quelles sont donc ces matières? Il me semble qu'elles ressortent toutes de celles qui, précédemment, avaient été attribuées aux juges de paix. Eh bien! on ne comprend pas pourquoi, dans ces cas-là, les jugemens ne seraient pas exécutoires de droit par provision.

M. le rapporteur a dit que les cours royales se sont opposées à ce système; mais les avis ont seulement été partagés. Une moitié a voté pour le maintient de l'art. 17 du code de procédure, l'autre, pour le retrancher ou modifier, et c'est ce que le gouvernement a fait, en se référant à l'art. 135. C'est une dangereuse innovation; car il est obligé d'introduire ici une disposition empruntée aux tribunaux ordinaires; c'est-à-dire que l'exécution provisoire sera obligée, lorsqu'il y aura titre authentique, promesse reconnue ou condamnation précédente, dont il n'y aura pas eu appel.

« Ainsi, le juge de paix, simple juge du fait, sera obligé d'apprécier la valeur et l'existence d'un acte; de trancher souvent les difficultés qui ont divisé les tribunaux. Il faudra souvent qu'il examine et décide des questions de droit. Souvent il y aura un nouveau procès pour reconnaître la valeur et le caractère des actes pour lesquels il y aura eu contestation, et qui auront donné lieu au jugement duquel on demandera l'exécution provisoire. Si vous maintenez cette disposition, il y aura deux procès pour un, il faut le reconnaître. En outre, vous placez le juge de paix sur la même ligne que le juge de première instance.... Vous voulez que les décisions soient promptes, rapides, enlevez aux chicaneurs, aux hommes de mauvaise foi, les moyens d'éterniser les procès. Vous n'y parviendrez pas avec l'exécution facultative. Le juge de paix ne l'ordonnera jamais, ou que bien rarement, et alors les appels se multiplieront. »

Ainsi raisonnait M. Tesnière; mais son avis fut repoussé; et, comme on l'a vu par l'article onze rapporté ci-devant, l'exécution provisoire des jugemens sera divisée en obligatoire ou forcée, et en facultative, dans les cas prévus. Nous pensons que les juges de paix ne seront ni aussi timides ni aussi incertains que l'orateur l'a pensé, et qu'ils sauront bien se pénétrer de l'esprit de la loi dans tous les cas, même dans ceux où l'exécution provisoire est facultative, c'est-à-dire laissée à leur prudence.

ARTICLE DOUZE.

« S'il y a péril en la demeure, l'exécution provisoire pourra être ordonnée sur la minute du jugement avec ou sans caution, conformément aux dispositions de l'article précédent. »

En prenant cette disposition à la lettre, on pourrait croire qu'avant la loi actuelle, l'exécution provisoire des jugemens n'était pas ordonnée sur les minutes, dans les justices de paix, tandis qu'elle l'est toujours ainsi, depuis le code de procédure. En effet, les jugemens des justices de paix s'inscrivent tous, à la suite les uns des autres, sur le plumitif (Art. 18, C. de proc.), qui sert de minute pour tous; il n'en est jamais rédigé aucun séparément. Or, les jugemens sont écrits sur cette minute générale, tels qu'ils sont rendus, rédigés et expédiés, et l'exécution provisoire est toujours ordonnée à la fin du jugement sur la même minute, avant la signature du juge et du greffier, mais jamais elle ne l'est sur l'expédition; il n'est pas au pouvoir du juge d'ajouter de nouvelles dispositions à ses jugemens, après qu'ils sont prononcés, parce qu'alors il n'a plus de juridiction, son autorité est cessée; autrement, il commettrait un excès de pouvoir. Cela est si vrai, que l'article 136 du code de procédure statue que, si les juges ont omis d'ordonner l'exécution provisoire par le jugement définitif, ils ne pourront l'ordonner par un second jugement.

Ainsi, l'article douze ne change rien, ni n'ajoute rien à ce qui s'observe dans les justices de paix; il est vrai que les législateurs ont voulu y introduire l'article 821 du code de procédure, relatif aux référés; mais les choses et les juridictions sont bien différentes. Il restera du moins pour certain que, dans les justices de paix, l'exécution provisoire *se fera sur minute* à l'avenir; c'est tout ce qu'il faut voir dans l'article douze. Cependant cela ne sera point sans difficultés, parce qu'il faudra remettre la minute à l'huissier, sans laquelle il ne pourrait faire d'exécution provisoire. Mais quelle minute lui remettre? Sera-ce une minute particulière et séparée du plumitif, qui contiendra le seul jugement qui devra être exécuté sur minute? Mais cela paraît contraire à l'art. 18 du code de procédure, qui veut que toutes les minutes soient inscrites sur la feuille d'audience, et qui, par conséquent, exclut les minutes séparées. Sera-ce la remise du plumitif qui sera faite à l'huissier? La minute du jugement qu'il s'agit d'exécuter, ne peut, en effet, en être séparée ni détachée. Ainsi, on lui confiera, en ce cas, toutes les minutes qui sont inscrites sur le plumitif, et qui sont autant de titres pour les justiciables. Cela sera-t-il sans inconvénient? Le greffier, qui est responsable de ces minutes, sera-t-il obligé d'y consentir? Si on nous dit qu'on évitera cet inconvénient en faisant une expédition, nous demanderons que deviendra, en ce cas, l'art. douze, qui n'a pour but, en permettant d'ordonner l'exécution provisoire sur la minute, que d'éviter les retards que l'expédition occasionne. Au reste, la disposition de l'art. douze recevra rarement, très-rarement même, son application, car ce n'est pas seulement d'une circonstance urgente dont il s'agit, mais d'un fait si imminent, que la plus légère demeure ou retard dans l'exécution, serait dans le cas de nuire à celui qui a obtenu le jugement.

Voilà pourquoi l'huissier qui sera chargé de l'exécution provisoire, pourra se dispenser de faire enregistrer le jugement, avant d'avoir agi; mais il devra le présenter à l'enregistrement en même temps que ses actes et procès-verbaux, encore que le délai pour faire enregistrer le jugement ne fût pas écoulé. Nous pensons même que le juge de paix pourrait imposer cette condition à l'huissier de la partie, condition qui mettrait la responsabilité du greffier à couvert, à l'égard de l'enregistrement.

ARTICLE TREIZE.

« L'appel des jugemens des juges de paix ne sera recevable, ni avant les trois jours qui suivront celui de la prononciation des jugemens, à moins qu'il n'y ait lieu à exécution provisoire, ni après les trente jours qui suivront la signification, à l'égard des personnes domiciliées dans le canton. — Les personnes domiciliées hors du canton auront, pour interjeter appel, outre le délai de trente jours, le délai réglé par les articles 73 et 1033 du code de procédure civile. »

On sait que l'appel est l'acte par lequel on se pourvoit contre une ordonnance ou jugement qui n'est pas en dernier ressort, attendu les préjudices qui en résultent pour l'appelant. Cet appel se fait par un acte particulier, qui contient toutes les formalités des exploits et ajournemens. Quelques huissiers ont écrit l'appel au pied du jugement, lorsqu'ils ont été chargés de le signifier à la partie condamnée; mais c'est une faute grave qui entraîne la nullité de l'acte. C'est ce qui a été jugé, précisément pour les justices de paix, par arrêt de cassation du 14 février 1832. L'appel est nul aussi, s'il ne contient, avec les griefs de l'appelant, assignation devant les juges de première instance de l'arrondissement, et constitution d'avoué.

L'article 16 du code de procédure portait : « L'appel des jugemens de la justice de paix ne sera pas recevable après les trois mois, à dater du jour de la signification faite par l'huissier de la justice de paix, ou tel autre, commis par le juge. »

On voit par l'art. treize qui précède, que la disposition de l'article 16 n'existe plus, puisque l'appel est recevable après les trois jours de la prononciation du jugement, et qu'il ne l'est plus après les trente jours qui suivent la prononciation du jugement.

Quels ont été les motifs de cette innovation? Le rapporteur, M. Renouard, a dit à cet égard : « Le délai pour les appels avait toujours paru trop long, eu raison de la nature des contestations sur lesquelles il y avait à prononcer. Le pauvre a des intérêts qui ne sauraient demeurer long-temps en suspens : sans cela il y a perturbation; cette disposition, qui réduit à trente jours le délai de l'appel, a été admise sans difficulté. »

Un autre rapporteur a dit : « Evidemment, trois mois ne sont pas nécessaires pour délibérer sur la sentence du juge de paix, et donner à la partie condamnée le temps de prendre une détermination définitive. Ce terme est réduit à trente jours. C'est encore ici l'une des innovations du premier projet, dont le principe n'a pas éprouvé de contradiction. »

L'appel doit être signifié à la personne ou au domicile de l'intimé; mais cette signification peut-elle être faite aussi bien à un domicile élu qu'au domicile réel? La question est controversée : cinq arrêts de cours royales et un sixième de la cour de cassation ont jugé que l'appel est nul s'il est signifié au domicile élu; mais cinq autres arrêts de cours royales ont jugé le contraire pour différentes circonstances, notamment lorsqu'il paraît que l'élection de domicile n'a pas été faite seulement pour les actes de la procédure.

« Que résoudre d'après une telle jurisprudence, se demande un jurisconsulte connu? Nous pensons qu'il est prudent de ne signifier l'acte d'appel des jugemens de la justice de paix, qu'au domicile réel de l'intimé, excepté dans deux circonstances : la première, s'il y a un domicile élu pour recevoir l'appel; la seconde, s'il y a un commandement à fin de saisie-exécution, contenant élection de domicile. »

Quant au délai de l'appel, deux observations se présentent : la première est que l'interdiction de l'interjeter avant les trois jours de la prononciation du jugement, reçoit une exception dans le cas où le jugement est exécutoire par provision; on ne peut alors empêcher la partie condamnée de faire son appel, de suite, afin de demander aux juges d'appel des défenses contre l'exécution provisoire; la seconde est que le délai de trente jours, pour faire appel, doit être franc, c'est-à-dire que le jour de la signification ne doit pas être compté. Mais celui de l'échéance, qui est le trentième jour, doit-il ne pas l'être aussi? Avant la loi actuelle, cela ne faisait point de difficulté, ni le jour de la signification du jugement, ni celui qui terminait le délai n'étaient comptés. L'art. 1033 du code de procédure, ainsi que la règle *dies termini non computentur in termino*, étaient observés à l'égard de l'appel des jugemens de la justice de paix. Plusieurs arrêts l'avaient décidé ainsi. Mais l'art. treize paraît faire une innovation, il dit que l'appel ne sera pas recevable *après les trente jours de la signification*. Cela ne veut-il pas dire que l'appel doit être fait dans les trente jours? et qu'ainsi il n'est plus recevable le trente-unième jour? Au reste, le délai est augmenté d'un jour par trois myriamètres de distance pour les personnes domiciliées hors du canton; et quand il y a lieu à voyage ou envoi et retour, l'augmentation est du double. (Art. 1033 *ibidem*.)

Si un appel était nul par défaut de formalités, l'appelant pourrait s'en désister et en former un nouveau, pourvu qu'il fût encore dans le délai de trente jours. Voyez, pour complément, le § 1er du chapitre XX ci-après.

ARTICLE QUATORZE.

Ne sera pas recevable l'appel des jugemens mal-à-propos qualifiés en premier ressort, ou qui, étant en dernier ressort, n'auraient point été qualifiés. »

« Seront sujets à l'appel, les jugemens qualifiés en dernier ressort, s'ils ont statué, soit sur des questions de compétence, soit sur des matières dont le juge de paix ne pouvait connaître qu'en premier ressort. »

« Néanmoins, si le juge de paix s'est déclaré compétent, l'appel ne pourra être interjeté qu'après le jugement définitif. »

On voit, dans les deux premiers paragraphes de ce texte, les dispositions des articles 453 et 454 du code de procédure, que les législateurs actuels ont appliquées aux justices de paix; mais, depuis plus de 30 ans, la jurisprudence les avait devancés. Elle jugeait, en effet, que le jugement de la justice de paix, qualifié mal à propos en dernier ressort, était sujet à l'appel; elle jugeait aussi, que, dans tous les cas, les jugemens qui décident de la compétence sur les déclinatoires ou demandes en renvoi de l'une des parties, sont sujets à l'appel, encore que la matière soit dans les termes du dernier ressort de la justice de paix. (Arrêt du 22 avril 1811, cour de cassation.)

Il fut toujours de principe, qu'un juge inférieur ne peut prononcer sur sa compétence qu'à charge d'appel, parce que le déclinatoire est une question principale, « et le droit d'avoir un juge plutôt qu'un autre, dit fort bien Henrion de Pansey, ne tombe pas en évaluation. » Mais lorsque le juge est compétent de prononcer en dernier ressort sur le fond de la cause, le jugement qu'il aura rendu sur sa compétence sera-t-il également susceptible d'appel? Cela ne peut faire aucun doute, la raison est la même dans les deux cas. Cependant, lorsque le juge de paix s'est déclaré compétent, l'appel ne peut être interjeté qu'après le jugement définitif; c'est ce que dispose le 3me § de notre article quatorze; c'est aussi ce qui avait lieu auparavant dans les tribunaux ordinaires, et par suite, dans les justices de paix. En ce cas, l'appel du jugement de compétence et du jugement définitif se fait par un seul et même acte.

L'appel des jugemens par défaut, de la justice de paix, n'est permis qu'après l'expiration du délai, pour y former opposition. Les parties n'ont donc pas, pendant ce délai, la faculté de choisir entre l'opposition et l'appel. Il n'y a point de milieu, il faut former l'opposition avant l'appel, ou celui-ci après le délai dont il est susceptible. (Arrêts des 7 novembre 1820 et 31 décembre 1821, cour de cassation.)

Quant aux jugemens interlocutoires ou préparatoires, l'appel en est toujours permis, à moins qu'on n'y ait acquiescé formellement; mais on ne peut appeler des jugemens préparatoires qu'après le jugement définitif et conjointement avec l'appel de celui-ci. Un jugement est préparatoire lorsque, sans rien préjuger, il ordonne une mesure d'instruction, ou autre, qui tend à mettre le procès en état de recevoir un jugement définitif. (Article 452, code de procédure.) Mais l'interlocutoire préjuge au contraire le fond, en ordonnant une preuve, une vérification ou une instruction, dans le sens de la demande, ou contre elle.

On a prétendu que le dernier paragraphe de l'article quatorze, que nous examinons, présentait beaucoup d'inconvéniens, en ce qu'il donnait aux juges de paix le droit extraordinaire de décider sur des matières qui ne sont pas de leur compétence.

Voici la réponse qu'il faut faire à cette objection : « Il n'y a ici aucune extension de compétence; on n'attribue aux juges de paix que le droit qu'ils ont eu jusqu'à présent. Tout juge devant lequel une demande est formée, est le premier juge de sa compétence, c'est-à-dire de la question de savoir si la demande doit être portée devant lui. Eh bien! dans le cas où un juge de paix aura décidé qu'une demande qui n'est pas de sa compétence, devra cependant lui être soumise, l'article admet le recours (l'appel). Dans le cas où la demande sort de sa compétence, il a mal jugé, et son jugement sera infirmé. Si on procédait autrement, il faudrait aller devant le tribunal de première instance pour faire juger la compétence d'abord, et ensuite, si la compétence du juge de paix était reconnue, il faudrait revenir devant lui pour faire juger le fond. » (Discours du rapporteur de la commission.)

Non-seulement, le 3me § est conforme aux principes, mais encore, dans la pratique, il ne peut en résulter d'inconvénient, du moins très-rarement. Voici comment les choses se passent : dès la première audience, tout peut être terminé; le défendeur décline la compétence, le demandeur la soutient, et le juge de paix se déclare compétent, ou il se reconnaît incompétent. Au premier cas, il ordonne en même temps que le défendeur défendra au fond. Si celui-ci obéit, il approuve la juridiction du juge de paix, et l'incompétence disparaît si elle est *ratione personnæ*. Si au contraire le défendeur refuse de défendre au fond, le juge de paix donne défaut contre lui et prononce définitivement sur la demande du demandeur, par un seul et même jugement. Il n'y a donc aucun inconvénient. Si l'incompétence proposée est *ratione materiæ*, elle ne se couvre point par les défenses au fond, mais l'on procède de la même manière, et, sur l'appel, on juge à la fois l'incompétence et le fond, comme a fait le juge de paix, par un seul jugement.

ARTICLE QUINZE.

« Les jugemens rendus par les juges de paix ne pourront être attaqués par la voie du recours en cassation, que pour excès de pouvoir. »

Ce texte présente à la fois une confirmation et une abrogation dans la procédure des justices de paix : une confirmation, en ce qu'il permet le recours en cassation pour excès de pouvoir, déjà autorisé par l'article 77 de la loi du 27 ventôse an VIII ; une abrogation, en ce qu'il n'ouvre pas ce recours pour cause d'incompétence, qui était admise par le même article 77. Cependant, la disposition nouvelle se rapproche de la loi du 1er décembre 1790, qui, par son article 3, interdisait tout recours en cassation, pour quelque cause que ce fût, contre les jugemens en dernier ressort des juges de paix. Heureusement, il reste l'excès de pouvoir pour les faire casser, lorsqu'ils sont infectés de ce vice; vice grave, qui entraînerait des abus considérables, puisque, s'il n'était réprimé, il serait difficile de faire respecter les règles et les limites de la compétence dans les justices de paix. Un jugement en dernier ressort aurait plus de force qu'un arrêt même.

Mais quels sont les motifs qui ont fait supprimer le recours en cassation pour cause d'incompétence? Le premier qui se présente à la simple lecture du précédent article (14), est, que les jugemens en dernier ressort, ou qualifiés tels, peuvent être attaqués, pour cette même cause d'incompétence, par la voie de l'appel, et qu'alors les juges supérieurs décident si l'incompétence existe ou n'existe pas. Si elle existe, ils infirment le jugement du juge de paix. En ce cas, plus de recours en cassation contre lui.

Un second motif paraît être, que les tribunaux d'appel étant, comme nous venons de le dire, appelés à juger l'incompétence, auront le plus souvent, par la voie de l'appel, à connaître du fond des procès, et qu'ainsi ils pourront réformer les jugemens qu'ils désapprouveront. Dans ce cas encore, plus de recours en cassation.

Mais il était difficile de ne pas le conserver pour les excès de pouvoirs, parce que tous troublent plus ou moins l'ordre légal. « L'annulation du jugement illégal ne peut être demandée à une autorité trop élevée, a dit M. le garde-des-sceaux. » Ajoutons que devant la cour suprême, on est jugé par une jurisprudence souveraine et uniforme, qui fixe nettement les questions de droit, et souvent d'une manière irrévocable.

Dans la discussion de la loi, un orateur dit que la limite entre l'excès de pouvoir et l'incompétence, était fort difficile à tracer. (Moniteur du 5 avril 1837.) Mais il nous semble que cette différence est dans la nature des choses. Par exemple, l'incompétence résulte des personnes ou des matières : des personnes, lorsque des défendeurs sont cités devant un juge qui n'est pas celui de leur domicile; des matières, quand une action de certaine nature est introduite devant un juge qui n'a pas attribution pour en connaître. Telle serait une action réelle portée devant un juge de paix, ou une action purement civile intentée devant un tribunal de commerce.

Mais l'excès de pouvoir est bien autre chose : il y a excès de pouvoir, 1° lorsque le juge décide, dans une contestation, par des dispositions générales ou des mesures réglementaires (Art. 5 cod. civ.); 2° lorsque, par des arrêtés, ordonnances ou jugemens, il s'immisce dans l'exercice de la puissance législative, ou du pouvoir exécutif; ou lorsqu'il porte atteinte aux attributions et aux droits de l'autorité administrative; 3° enfin, lorsqu'il crée des peines, ou en applique arbitrairement d'autres que celles qui sont déterminées par les lois.

Ajoutons à cela différens exemples d'excès de pouvoir, qui nous sont présentés par la jurisprudence.

Un juge de paix qui dispose, à l'égard de la divagation des pigeons, au temps des moissons, par voie de prohibition générale, commet un excès de pouvoir. (Arr. du 28 janv. 1824, cass.)

Un tribunal de commerce qui, sans réquisition d'aucune partie, ni par conséquent sans qu'il y ait litige, prend une délibération, même provisoire, sur la validité ou la spécialité d'un mandat pour représenter les parties, commet un excès de pouvoir. (Arrêt du 19 juillet 1825, cass.)

Une cour royale ne peut défendre l'exercice de différentes mesures de précaution et de surveillance attribuées par les lois au ministère public, en matière de faillite, sans commettre un excès de pouvoir. (Arrêt du 20 août 1812.)

Un tribunal ne peut décider, par voie réglementaire, qu'aux avoués seuls appartient le droit de plaider en certaines matières. (Arrêt du 25 janvier 1828, cass.)

Un tribunal ne peut aussi enjoindre ni requérir le ministère public de faire des informations ou recherches sur des faits dont il désire être éclairé avant de statuer sur une contestation, parce qu'une telle injonction ou réquisition assujettirait le ministère public à des soins qui blesseraient son indépendance. (Arrêt du 17 avril 1832.)

Pour se pourvoir en cassation, la première formalité qui doit être observée, c'est la consignation de l'amende, qui est fixée pour les jugemens des justices de paix à 75 fr.

Après la consignation, on présente à la cour de cassation un mémoire ou une requête qui n'est assujettie à aucune formalité ; il suffit qu'elle contienne les conclusions du demandeur et les moyens sur lesquels il appuie la cassation du jugement attaqué. Cette requête est signée d'un avocat à la cour de cassation, dont le ministère est nécessaire.

Cet avocat est chargé d'observer toutes les formalités qui sont prescrites devant la cour, jusqu'à l'arrêt définitif. Il serait inutile de retracer ici ces formalités; ainsi, il suffit de dire au lecteur, voyez les lois des 24 octobre 1793, 2 brumaire an IV, 27 ventôse an VIII et 1er décembre 1814.

Les jugemens en première instance, rendus par les juges de paix, ne sont point susceptibles du recours en cassation; la voie de l'appel est celle qu'il faut prendre pour les faire réformer. Voyez ce qui a été dit à cet égard sur le précédent article (14).

Tout ce que nous venons de dire sur le recours en cassation ne s'applique qu'aux jugemens civils du juge de paix. Quant à ses jugemens en matière de police, ce sont d'autres règles et formalités qu'il faut observer pour la cassation; elles seront examinées dans le titre second ci-après.

ARTICLE SEIZE.

« Tous les huissiers d'un même canton auront le droit de donner toutes les citations et de faire tous les actes devant la justice de paix. Dans les villes où il y a plusieurs justices de paix, les huissiers exploitent concurremment dans le ressort de la juridiction assigné à leur résidence. Tous les huissiers du même canton seront tenus de faire le service des audiences et d'assister le juge de paix, toutes les fois qu'ils en seront requis. Les juges de paix choisiront leurs huissiers audienciers. »

C'est ici la plus sérieuse innovation dans les attributions des juges de paix; c'est aussi celle contre laquelle il s'est élevé le plus de réclamations. L'article seize enlève à ces juges une prérogative importante et à 3000 huissiers leur état presque tout entier. On peut donc dire ici : *Dura lex sed lex.*

Depuis la loi du 19 vendémiaire an IV, jusqu'à la loi actuelle, les juges de paix avaient toujours eu le droit exclusif de nommer et révoquer leurs huissiers, qu'ils choisissaient cependant parmi les huissiers des tribunaux de première instance. « Il n'est point de circonstances, disait un célèbre jurisconsulte (à la fois magistrat et législateur), qui puissent rendre inexécutable la volonté de la loi, ni empêcher les juges de paix de choisir leurs huissiers. » En effet, si les juges de paix n'ont pas sur leurs huissiers une grande autorité, leur pouvoir est affaibli, l'ordre établi dans leurs justices devient incertain, le service n'y est plus assuré ni garanti de manière à ce que le cours de la justice ne soit pas interrompu. Aussi, le projet de l'article seize fut rejeté par la chambre des pairs, et le rapporteur (M. Gasparin) disait positivement, qu'on rendrait les fonctions des juges de paix impossibles, en les privant de leurs huissiers; que quand ils requerraient l'assistance d'un autre huissier, celui-ci prétexterait, ou de n'avoir pas reçu l'acte à temps, ou d'être alors absent, ou employé à des actes qui ne pourraient se discontinuer. Mais ces raisons, quoique toutes puissantes, ne firent nulle impression sur la chambre des députés, qui rétablit l'article seize, lequel fut enfin adopté par celle des pairs pour ne pas empêcher l'adoption de la loi tout entière.

Ainsi, à présent, toutes les citations, et tous les actes qui, en justice de paix, sont du ministère des huissiers, peuvent être faits en concurrence par tous les huissiers d'un même canton; tous sont rendus capables d'exercer près les justices de paix, à raison de ces actes, la loi n'admet plus aucune différence entre eux à cet égard, et leur ministère est forcé dans ces justices comme dans les tribunaux ordinaires.

Mais si tous profitent des émolumens, tous doivent aussi en supporter les charges, c'est-à-dire, faire le service des audiences, s'ils sont désignés comme audienciers; tous doivent aussi assister le juge de paix lorsqu'il les requerra; ils ne peuvent s'en dispenser qu'en cas d'empêchement valable et reconnu tel; autrement ils encourent une interdiction temporaire, des dommages-intérêts envers les parties lésées, et des peines disciplinaires, suivant les circonstances. Voyez l'article dix-neuf ci-après.

Les juges de paix peuvent cependant choisir leurs audienciers, dont le nombre n'est pas limité; mais nous pensons qu'il ne doit pas excéder celui qui est prescrit par la loi du 28 floréal an X. Au reste, les juges de paix sont libres, parce que la loi, en leur donnant le droit de nommer leurs audienciers, n'en fixe point le nombre.

Mais quelles seront les rétributions de ces audienciers? Indépendamment du salaire des actes et citations qu'ils seront appelés à faire par la confiance des parties, ils auront droit, 1° aux appels des causes; 2° aux significations des jugemens par défaut pour lesquels le juge doit commettre un huissier, aux termes de l'art. 156 du code de procédure. Il est d'usage, dans les tribunaux, de commettre l'huissier qui fait le service de l'audience. 3° Enfin, ils auront, a dit le dernier rapporteur de la loi, « les bénéfices que la confiance du juge assure en les désignant ainsi d'avance au choix de l'opinion publique. » Nous pensons même que la bienveillance du juge les désignera aux parties qui le consulteront sur le choix d'un huissier.

Si des huissiers résidant dans un autre canton font des citations à une justice de paix près de laquelle ils ne sont pas appelés à exercer concurremment avec ceux qui y résident, leurs actes seront-ils nuls? Non, mais ils seront passibles d'une amende : il faut, à cet égard, suivre la législation et la jurisprudence qui ont précédé la loi actuelle. Or, la nullité de tels actes n'est point prononcée par le code de procédure. Loin de cela, il dispose (art. 1030) que les huissiers seront condamnés, pour irrégularités, omissions, ou *contraventions*, à une amende de 5 fr. au moins, et de 100 fr. au plus. C'est sur cette disposition que la cour régulatrice a jugé, par quatre arrêts des 2 frimaire an XIII, 6 juillet 1814, 23 mai 1817 et 5 décembre 1822, que les citations faites en justices de paix par des huissiers qui n'y étaient pas attachés, n'étaient pas nulles, mais que ces huissiers avaient encouru l'amende de 5 à 100 fr.

ARTICLE DIX-SEPT.

« Dans toutes les causes, excepté celles où il y aurait péril en la demeure, et celles dans lesquelles le défendeur serait domicilié hors du canton ou des cantons de la même ville, le juge de paix pourra interdire aux huissiers de sa résidence de donner aucune citation en justice, sans qu'au préalable il n'ait appelé, sans frais, les parties devant lui. »

Ainsi, lorsqu'il y a péril en la demeure, ou qu'un défendeur est hors du canton ou des cantons de la même ville, ce qui arrive assez rarement, les huissiers pourront citer devant le juge de paix, sans que ce magistrat ait employé l'avertissement préalable, puisqu'il n'a le pouvoir d'empêcher les citations que dans les cas ordinaires, autres que ceux d'extrême urgence ou de l'éloignement, hors du canton, du domicile du défendeur. D'ailleurs, ce n'est qu'aux huissiers de la résidence même du juge, que des défenses ou interdictions peuvent être faites; l'article dix-sept le dit clairement.

Mais, qui décidera s'il y a urgence ou péril en la demeure? Si cette appréciation est laissée à l'arbitrage de la partie demanderesse ou à celui de l'huissier qu'elle a choisi, il est à craindre que la mesure salutaire de l'avertissement soit souvent éludée. Si c'est toujours le juge de paix qui décide de l'urgence, il pourra se présenter des cas où, avant d'avoir obtenu sa décision, le péril en la demeure sera irréparable. Ces réflexions ont peut-être déjà été faites par M. le garde-des-sceaux, car, dans l'instruction qu'il a publiée le 6 juin 1838, il dit : « Tantôt, » le magistrat lui-même sera juge de » l'urgence, si l'huissier a eu le temps » de le consulter; tantôt, si le temps » lui a manqué, la justification de ce » dernier sera dans les faits mêmes qui » caractérisent cette urgence; ce sera à » lui de la bien apprécier, et de n'engager qu'avec discernement sa responsabilité. » En effet, l'huissier ne devra pas agir légèrement, car, pour gagner la modique rétribution de la citation, il pourrait s'exposer à une interdiction temporaire qui lui causerait des préjudices de plus d'un genre.

Depuis l'institution des juges de paix, presque tous ces magistrats sont dans l'usage d'adresser des invitations aux parties, avant la citation; usage aussi louable que bienfaisant, et qui a toujours produit de nombreuses conciliations. Mais ces invitations n'obligent pas les parties, les unes peuvent refuser d'en faire usage, et les autres refuser d'y obéir sous différens prétextes, surtout en déniant de les avoir reçues. Le juge de paix, aussi, a la faculté de refuser des invitations, suivant qu'il le croit convenable dans sa sagesse; mais cela arrive rarement, parce que ce magistrat n'oublie jamais que le plus grand bienfait de son institution est la conciliation. Tout est cependant facultatif à l'égard de l'interdiction énoncée dans notre article dix-sept, le mot *pourra* qu'il emploie, ne permet pas d'en douter.

Il est vrai qu'autrefois on avait voulu rendre cette mesure obligatoire, et plusieurs juges de paix défendaient expressément à leurs huissiers de donner aucune citation, pour quelque cause que ce fût, avant que les parties eussent reçu des avertissemens préalables. Les parties elles-mêmes devaient recourir à ces avertissemens avant tout. Mais des arrêtés de juges de paix, qui disposaient en ce sens, furent cassés par la cour suprême, comme contenant un excès de pouvoir et une atteinte à l'ordre public. Voyez notamment l'arrêt de cassation du 7 juillet 1817.

Cependant, on a voulu encore, jusque dans la discussion de la loi actuelle, que les avertissemens du juge de paix fussent obligatoires pour les parties; mais le dernier rapporteur (M. Amilhau) démontra fort bien, « qu'en laissant facultatif ce qu'on voudrait rendre obligatoire, on aurait tous les avantages de cette mesure sans en avoir les inconvéniens. C'est dans ce sens que l'article dix-sept fut adopté. »

Néanmoins, dans la pratique, il pourra se présenter plus d'un inconvénient. Quel est l'officier qui délivrera les billets d'invitation? Le juge de paix? il eût pu s'en charger sans doute, si le nombre de ses attributions, de ses actes et jugemens, n'était plus que doublé par la loi actuelle. Le greffier? mais nulle loi ne lui impose l'obligation de délivrer *gratuitement* une foule d'invitations à tous ceux qui en demanderont, et même à ceux qui seraient disposés à s'en passer. La commission du projet de loi, présenté en 1835, avait établi un article qui chargeait le greffier de délivrer les invitations, moyennant une rétribution de *quinze centimes* par chacune. Mais ce projet n'a pas été reproduit, et la loi actuelle ne dit pas un seul mot à cet égard. Faut-il conclure de cela que le greffier n'aura aucune rétribution, s'il délivre les invitations? Nous ne pensons pas que ce soit là l'esprit de la loi; mais il faut y voir plutôt une liberté entière, laissée au juge de paix, de délivrer ses invitations lui-même, ou d'en charger le greffier. Dans ce dernier cas, il est juste qu'il reçoive une indemnité pour le papier et les frais d'impression qu'il sera obligé de payer, et même pour son travail, qui ne sera pas médiocre.

Cette indemnité sera une concussion, a-t-on déjà dit. Nous ne le pensons pas. La concussion, aux termes de la loi pénale, est, ou une perception illicite d'une chose qui n'est pas due, ou une exaction forcée dans le paiement d'un droit fixé. Mais, ni l'un ni l'autre de ces caractères ne peut se rencontrer dans une indemnité extrêmement modique, de *deux ou trois sous*, dont la cause principale est un déboursé.

Mais comment le juge de paix fera-t-il connaître sa volonté aux huissiers de sa résidence? La loi ne s'explique point là-dessus; d'où il suit, que ce magistrat est libre de prendre telle mesure qu'il lui plaît. Il peut donc, soit par un arrêté qu'il rendra commun à tous les huissiers, soit par des avis particuliers, leur interdire de citer devant lui, avant que les parties aient été invitées sans frais.

ARTICLE DIX-HUIT.

« Dans les causes portées devant la justice de paix, aucun huissier ne pourra, ni assister comme conseil, ni représenter les parties en qualité de procureur fondé, à peine d'une amende de 25 fr. à 50 fr., qui sera prononcée sans appel par le juge de paix. — Ces dispositions ne seront point applicables aux huissiers qui se trouveront dans l'un des cas prévus par l'artcile 86 du code de procédure civile. »

Le premier paragraphe de ce texte reproduit, à l'égard des huissiers, les prohibitions de la loi du 26 octobre 1790, qui interdisait à tous ceux qui étaient attachés à l'ordre judiciaire, de représenter les parties en justices de paix; il reproduit encore les dispositions de l'arrêté du 18 thermidor an II, qui faisaient les mêmes défenses aux huissiers, dont les fonctions étaient déclarées incompatibles avec celles de défenseur officieux.

Les prohibitions de la loi d'octobre 1790 avaient été abolies, et le sont encore, par le code de procédure, qui n'interdit à aucune personne de se présenter, ni de plaider pour les parties, soit en justices de paix, soit au bureau de conciliation. Ainsi, il est libre aux parties de se faire assister par des avoués, des avocats, et tous autres qu'il leur plaira, à l'exception des huissiers, non-seulement ceux du canton de la justice de paix, mais encore tous autres. Ces officiers sont en général privés ou exclus du droit de plaider, de défendre et de comparaître pour les parties, depuis l'arrêté du 18 thermidor an II, qui a été reproduit par une instruction ministérielle, du 18 juin 1821.

Le but de l'exclusion des huissiers est de favoriser les moyens de conciliation que ces officiers sont présumés de vouloir empêcher par leur propre intérêt.

« D'ailleurs, comment supporter la pensée que les huissiers plaident devant le juge, sans blesser en rien ces sentimens de déférence et de discipline si nécessaires dans cette juridiction? Comme huissiers, ils doivent obéir; comme défenseurs, ils voudront tracer au juge ses décisions. Ce n'est pas tout, le rôle de l'huissier est celui de la neutralité, son ministère est forcé, comment pourra-t-il l'exercer envers la partie dont il est le procureur fondé, ou même son adversaire, à moins qu'après avoir cité une partie, il ne vienne plaider contre celui à la requête duquel il aura cité, ou qu'il n'exécute celui qu'il aura défendu. En précisant qu'ils ne pourront exploiter dans les causes en lesquelles ils seront procureurs fondés, on peut craindre que les procureurs ne soient des recors ou des gens sans aveu. Mais le juge a, dans son autorité, les moyens d'arrêter les parties qui seraient assez imprudentes pour choisir de tels mandataires. Pour complément de ces dispositions, il était utile d'armer le juge de paix d'un pouvoir disciplinaire, l'autorité du magistrat et la considération dont il a besoin exigeaient que sa décision fût sans appel. »

Ainsi s'est exprimé le dernier rapporteur de la loi, M. Amilhau.

Mais, du moins, l'huissier qui a donné la citation, ne pourra-t-il en donner une simple lecture à l'audience, et faire un exposé des faits? Un orateur a proposé d'accorder cette faculté pour écarter les praticiens de village qui pourront former un barreau processif et hargneux. Mais cette proposition, loin d'être admise, ne fut pas même appuyée, et on répondit que l'exposition des faits rentrerait dans la plaidoirie interdite à l'huissier, qui d'ailleurs ne manquerait pas de soutenir son acte dès qu'il aurait la parole à l'audience.

Si, en repoussant les huissiers, on ouvrait la lice à des hommes ignorans ou sans moralité, ou à des recors qui ne seraient que les prête-noms des huissiers, le juge de paix aurait plusieurs moyens de les écarter : 1° il pourrait observer aux parties que leurs intérêts exigent qu'elles choisissent d'autres défenseurs; 2° il aurait le droit d'interdire la parole à ceux-ci, lorsque la passion ou l'inexpérience les rendrait incapables de plaider convenablement (Art. 85 du code de procédure); 3° enfin, il pourrait ordonner la comparution personnelle des parties en toute circonstance, et déclarer la cause entendue après leur audition, sans permettre aux prétendus défenseurs de rien ajouter. La comparution personnelle est un moyen légal qui est essentiellement dans l'esprit de la loi, et l'expérience a prouvé qu'elle est le plus souvent efficace, soit pour discerner plus sûrement la vérité, soit pour opérer une conciliation. Il ne tiendra donc qu'au juge, toutes les fois qu'il le croira utile, d'ordonner la comparution personnelle pour le jour qu'il indiquera, et auquel les parties seront tenues de se présenter elles-mêmes.

Comment l'huissier sera-t-il en contravention à l'article 18? De trois manières : la première, en se présentant devant le juge de paix, muni d'un pouvoir notarié, ou sous seing-privé enregistré, de l'une des parties; la seconde, en plaidant pour une partie présente, mais alors le juge doit refuser *de l'entendre;* la troisième, en assistant la partie de ses conseils, à l'audience ou par écrit. Mais s'il ne donne qu'un conseil verbal et hors de l'audience, il ne paraît pas qu'il contreviendra à la loi. Il serait d'ailleurs difficile de prouver l'existence d'un conseil semblable.

Cependant, les huissiers peuvent plaider, dans les tribunaux de paix, leurs causes personnelles et celles de leurs femmes, parens ou alliés en ligne directe et de leurs pupilles; la loi leur réserve cette faculté qui appartient à tous les autres citoyens. (Art. 86, code de procédure.)

ARTICLE DIX-NEUF.

« En cas d'infraction aux dispositions des art. 16, 17 et 18, le juge de paix pourra défendre aux huissiers du canton, de citer devant lui, pendant un délai de quinze jours à trois mois, sans appel et sans préjudice de l'action disciplinaire des tribunaux et des dommages-intérêts des parties, s'il y a lieu. »

On voit tout d'abord, ici, que le législateur n'autorise pas le juge de paix à interdire l'huissier pour tous actes qu'il peut faire dans l'étendue de son arrondissement, et qui sont de son ministère. Un tel pouvoir eût été exhorbitant entre les mains de ce juge qui n'a de juridiction que dans son canton. L'autorité donnée par cet article, consiste simplement à retirer temporairement, à l'huissier contrevenant, le droit de faire des citations et autres actes de la justice de paix, pour le punir de sa désobéissance ou contravention.

Ce n'est d'ailleurs qu'une faculté que la loi donne au juge de paix de réprimer les infractions aux articles désignés; elle dit en effet qu'il *pourra* défendre, mais elle ne dit point impérieusement : *il défendra*. Il peut donc, soit ne pas punir l'infraction lorsqu'elle lui paraît excusable, soit modérer ou augmenter le temps de l'interdiction, suivant les circonstances d'atténuation ou de gravité qui se rencontreront dans la faute ou la négligence de l'huissier.

Le projet du présent article dix-neuf permettait à l'huissier réprimé de faire appel du jugement, mais les législateurs ont pensé que l'on devait accorder aux juges de paix assez de confiance pour s'en rapporter à eux. « La faculté d'appel, a dit fort bien le rapporteur (M. Renouard), ébranlerait leur autorité que l'on doit plutôt craindre d'affaiblir, parce qu'ils n'auront plus le droit de choisir leurs huissiers. » La peine d'ailleurs est légère, mais l'action disciplinaire peut l'augmenter s'il y a lieu. Cette action s'introduit par le ministère public près les tribunaux ordinaires, dans tous les cas où un huissier est en contravention aux articles 16, 17 et 18. Le juge de paix peut cependant la provoquer si les circonstances sont graves.

« Lorsqu'une ville est divisée en plusieurs justices de paix, l'interdiction de citer, qui sera prononcée par l'un des juges de paix, ne pourra s'appliquer à toutes les autres justices du même lieu ; elle ne sera exécutée que dans le territoire pour lequel elle a été prononcée; mais elle produira toujours dans les autres l'effet moral qui est attaché à de pareilles décisions. Si la répression ne paraissait pas suffisante, ce serait le cas alors de recourir au pouvoir plus rigoureux qui est réservé, c'est-à-dire à l'action en discipline, telle qu'elle est regardée par le droit commun. » Ainsi s'expliqua M. le garde-des-sceaux, lors de la discussion de notre article dix-neuf.

Mais dans quels cas les huissiers sont-ils passibles des dommages-intérêts que la loi réserve aux parties ? Ils le sont : 1° lorsqu'ils refusent de faire des citations ou autres actes de la justice de paix, dès qu'ils en sont requis, ou qu'ils ne les font pas en temps utile; 2° lorsqu'en refusant d'assister le juge de paix, ou de faire le service des audiences, il en résulte des préjudices, des démarches ou des voyages réitérés pour les parties; 3° lorsqu'ils se permettent de faire, avant l'avertissement préalable à la partie, une citation sur laquelle le juge renverrait à statuer à une autre audience, afin d'employer dans l'intervalle la voie de l'avertissement. En ce cas, ils seraient en outre passibles des frais, si le juge les déclarait frustratoires ; 4° enfin, les huissiers seraient passibles de dommages-intérêts, si, en se présentant en vertu d'un mandat pour une partie absente, le juge de paix donnait défaut contre cette partie, en la déclarant non représentée.

Si des huissiers, après avoir été interdits par le juge de paix à raison d'une ou de plusieurs infractions, sont reconnus en récidive, quel juge en devra connaître? Le même juge de paix, sans contredit, puisque la loi n'établit point de juridiction pour la récidive. Loin de cela, le projet de notre article ayant attribué aux juges de première instance la connaissance des récidives, la commission s'empressa de supprimer cette attribution, parce qu'elle présentait plusieurs inconvéniens, surtout celui de mettre le juge de paix en présence de l'huissier qui aurait, en démentant le procès-verbal du magistrat, obligé celui-ci à justifier son acte ; à produire des témoins et à devenir en quelque sorte sa partie adverse. Tout cela aurait été intolérable, la dignité du juge en eût beaucoup souffert.

Un amendement fut proposé à notre article dix-neuf, qui, s'il eût été adopté, en aurait fait le judicieux complément. M. le comte Portalis le formula ainsi : « Dans les procès soumis » au préliminaire de la conciliation, » les parties devront comparaître elles- » mêmes devant le juge de paix, et » sans pouvoir se faire représenter, » à moins qu'il ne soit justifié qu'elles » en sont empêchées par maladie ou » par un éloignement de plus de cinq » myriamètres. Faute de comparution » et de justification suffisantes, le juge » de paix devra prononcer, contre la » partie défaillante, l'amende portée » en l'article 58 du code de procédure » civile, et ordonner qu'elle sera réassignée à ses frais. Si la partie qui » n'a pas comparu en personne per- » siste en son refus, il en sera fait » mention, comme dit l'article 58 du » code déjà cité, et l'amende pronon- » cée par le juge pourra être portée » à 50 fr. »

Quoique cet amendement ne fût (dit lui-même M. Portalis) que l'une des observations de la cour de Paris, il fut rejeté par divers motifs.

ARTICLE VINGT.

« Les actions concernant les brevets d'invention seront portées, s'il s'agit de nullité ou de déchéance des brevets, devant les tribunaux civils de première instance; s'il s'agit de contrefaçon, devant les tribunaux correctionnels. »

On s'est étonné que dans une loi dont le but essentiel est d'élever la compétence des juges de paix, il ait cependant été introduit de graves modifications à cette compétence. Les actions relatives aux contrefaçons étaient attribuées aux juges de paix par les lois des 21 janvier 1791 et 25 mai suivant, parce qu'elles ne sont autre chose que des actions possessoires d'une espèce particulière; tous les jurisconsultes les ont qualifiées ainsi, et on ne pouvait les considérer autrement, puisque l'article 10 de la loi du 25 mai 1791 déclare positivement qu'elles sont telles, et qu'elles n'ont lieu que sur un *trouble* éprouvé par le propriétaire d'un brevet d'invention. Mais, déjà les législateurs actuels avaient modifié la compétence des juges de paix sur les actions possessoires, en ne leur en attribuant la connaissance qu'à la charge d'appel (Art. 6 ci-devant), tandis qu'ils les jugeaient auparavant jusqu'à 50 fr. en dernier ressort. On peut donc regarder le présent article comme la suite du système de diminution de la compétence possessoire des juges de paix.

Mais quels motifs ont donné lieu à cette suppression? On a dit que ces matières présentaient de grandes difficultés dans les jugemens; que la valeur pouvait en être très-élevée, quand les parties demandaient respectivement des dommages-intérêts; que le juge de paix se défiant de ses lumières, était forcé de nommer des experts qui devenaient les véritables juges.

Il serait facile de répondre à ces motifs : 1° Toutes les actions possessoires sont dans le cas de présenter de sérieuses difficultés dans les jugemens, surtout quand les deux parties se complaignent respectivement; quand il s'agit d'apprécier des titres, ou de les appliquer au terrain; quand deux possessions sont alléguées et paraissent d'un mérite égal; quand enfin il s'agit de distinguer le possessoire d'avec le pétitoire. Faut-il pour cela en retirer la connaissance aux juges de paix? 2° La valeur considérable des dommages-intérêts demandés respectivement, peut se rencontrer dans plusieurs des attributions de la loi actuelle : ce motif ne les a cependant point empêchées. 3° Ce n'était point par défiance de ses lumières que le juge de paix nommait des experts, mais bien parce que les lois des 21 janvier et 25 mai 1791 lui en faisaient un devoir. Et loin de se plaindre de ces nominations d'experts, on devait y applaudir, parce que le juge de paix s'entourait de savans, d'artistes et de gens spéciaux sur la matière, qui levaient les doutes et découvraient facilement la fraude. Au reste, on n'a pu penser qu'en rendant les juges ordinaires compétens à la place du juge de paix, les contrefaçons seraient jugées sans le concours des experts, puisque la loi ordonne expressément les vérifications et les expertises. Mais il est inutile de prolonger ces réflexions, la loi a parlé, il faut se taire et obéir.

ARTICLE VINGT-UN.

« Toutes les dispositions des lois antérieures, contraires à la présente loi, sont abrogées. »

Le projet du gouvernement contenait plusieurs énonciations des lois qui se trouvaient abrogées par la loi actuelle, une commission de la chambre des députés y avait ajouté l'énonciation des articles 16 et 17 du code de procédure, comme étant aussi frappés d'abrogation. Mais la commission de la chambre des pairs trouva du danger dans ces énonciations, attendu que la loi nouvelle ne se bornait pas à modifier les articles qui y sont cités; qu'elle touchait aussi à beaucoup d'autres dispositions législatives. En conséquence, elle proposa de se borner au mode d'abrogation générale, employé dans un grand nombre de lois, et de déclarer simplement que *toutes les dispositions des lois antérieures, contraires à la présente, sont abrogées*. Cette opinion a fait la loi, et cela doit, peut-être, se regretter, parce que nulles personnes, mieux que les législateurs eux-mêmes, ne pourront dire dans quel esprit ont été faits tels changemens ou telles additions, ou telles suppressions, ni quelle est toute l'étendue des dispositions nouvelles, ni les atteintes plus ou moins formelles, directes ou indirectes, qu'elles ont portées aux lois antérieures. Des énonciations, des explications données sur ces points, par les législateurs eux-mêmes, auraient fait une règle positive, utile et invariable, tandis que la forme d'une abrogation générale laisse libre aux plaideurs de mauvaise foi, de faire des interprétations artificieuses, suivant leur intérêt ou l'esprit de chicane qui les anime. Il est vrai que ces interprétations seront appréciées par les juges, mais elles ne le seront pas toujours dans une parfaite uniformité, qui est si désirable en jurisprudence.

Je ne sais si ces réflexions ont été faites par les commissions, mais le dernier rapporteur n'a vu des inconvéniens que dans une nomenclature des abrogations. « Il y a toujours, dit-il, inconvénient dans les nomenclatures; c'est que, quelle que soit la science des commissions ou des assemblées, une ou plusieurs omissions peuvent avoir lieu. Eh bien! l'omission d'une disposition, résultat d'une inadvertance, la laisse en vigueur. »

Non, la disposition omise ne serait pas laissée en vigueur toutes les fois que, soit dans sa lettre, soit dans l'esprit, elle se trouverait inconciliable ou contradictoire avec la loi nouvelle; en ce cas, elle serait abrogée de plein droit. (Avis du conseil d'état du 4 nivôse an VIII.) Non, elle ne serait pas en vigueur, parce que l'ancien système auquel tiendrait cette disposition omise, serait remplacé, par la loi nouvelle, par un système nouveau ou plus complet (Arrêt du 20 mars 1822); non, enfin, elle ne serait pas réputée en vigueur, parce que la loi nouvelle est réputée dérogatoire aux lois anciennes. *Posteriora prioribus derogant.*

Quant aux dispositions abrogées, on peut dire, sans crainte de se tromper, que les articles 9 et 10 de la loi du 24 août 1790, l'article 12 de la loi du 25 mai 1791, la loi du 19 vendémiaire an IV, l'article 5 de la loi du 28 floréal an X, les art. 16, 17 et 819 du code de procédure, et l'article 28 du décret du 14 juin 1813, sont abrogés par la nouvelle, qui, d'ailleurs, porte plus ou moins atteinte à beaucoup d'autres dispositions législatives que nous ne citons pas.

ARTICLE VINGT-DEUX ET DERNIER.

Les dispositions de la présente loi ne s'appliqueront pas aux demandes introduites avant sa promulgation.

Toutes les lois ne doivent disposer que pour l'avenir; c'est une règle fort ancienne, aussi générale qu'elle est incontestée. Néanmoins, son application n'est pas toujours facile, et nous voyons dans les jurisprudences ancienne et moderne, de nombreuses questions, des controverses mêmes qui ont été agitées sur l'application de cette règle.

Ainsi, il suffira qu'une demande ou action soit formée, en justice de paix, ou devant les tribunaux ordinaires, avant la promulgation de la présente loi, pour qu'elle soit instruite et jugée par différens juges, suivant les formalités et les principes des lois précédentes.

Cependant, d'après un arrêté du gouvernement du 9 fructidor an IX, tout ce qui était relatif à l'instruction des causes ou demandes, tant qu'il n'y était pas fait droit, se réglait par les dispositions de la loi nouvelle survenue depuis l'introduction des demandes. Ainsi, voilà encore une abrogation que la loi actuelle produit expressément.

Mais ne faudrait-il pas distinguer dans les cas où il y aurait des droits acquis aux parties, soit par l'introduction de la demande avant la promulgation de la loi, soit par celle-ci avant le jugement de la cause? Nous ne le pensons pas, car cette loi est réputée non avenue pour les affaires antérieures, elle ne peut donc nullement s'y appliquer. Ce sont les termes mêmes de notre dernier article.

Ici se termine notre commentaire sur la loi nouvelle. Le temps et l'expérience décideront si elle produira tous les avantages qu'on s'en est promis, et si elle ne laisse rien à désirer; mais on peut, dès à présent, dire avec certitude qu'elle a produit d'importantes améliorations, que les vœux du public éclairé appelaient depuis long-temps.

CHAPITRE VI.

Des Attributions des Juges de Paix en matière de douanes.

« Les procès-verbaux des préposés des douanes seront affirmés véritables, dans les 24 heures de la clôture, devant le président ou un juge du tribunal du lieu, et, à son défaut, devant le juge de paix ou devant le maire. » (Article 18, titre X de la loi du 22 août 1791.) « Avant de recevoir l'affirmation, le juge donnera lecture du procès-verbal aux préposés, il signera avec eux l'acte d'affirmation qui sera inscrit à la suite du procès-verbal. » (Art. 19 *ibid.*) Il suffit que deux des préposés saisissans fassent cette affirmation, quoique un plus grand nombre ait concouru au procès-verbal.

L'affirmation doit-elle être faite devant le juge de paix du domicile du saisi, ou devant celui du domicile de la saisie? Il est indifférent qu'elle ait lieu devant l'un ou l'autre juge; mais c'est toujours devant le juge du canton où est situé le bureau le plus voisin de la saisie, qu'il faut citer le contrevenant. (Lois des 4 germinal an II, de floréal an VII et 17 décembre 1814.)

Les registres des préposés, receveurs et autres employés des douanes, sont côtés et paraphés par premier et dernier feuillet, sans frais, par le juge de paix.

Les saisies, confiscations et même les demandes en péremption, sont jugées en première instance par les juges de paix. Les dispositions des art. 12, 13 et 18 du titre VI de la loi du 4 germinal an II, ne permettent pas d'en douter. Le premier de ces articles statue en ces termes : « Sur les rapports de toutes contraventions et saisies, la partie saisie, nommée ou inconnue, sera sommée de comparaître devant le juge de paix du lieu le plus prochain. »

Le second (le 13e) dispose que ce juge entendra le saisissant sur le fait de la saisie. Enfin, l'article 18 ordonne au receveur du bureau des douanes de faire appel des sentences des juges de paix, si l'appel n'est pas déclaré valable.

Par l'article 10 de la loi du 14 fructidor an III, la compétence de ces juges fut agrandie en ces termes : « Les tribunaux de paix, qui connaissent en première instance des saisies, jugeront également de cette manière les contestations concernant le refus de payer les droits, le non-rapport des acquits-à-caution et les autres affaires relatives aux douanes. » Cette loi du 14 fructidor modifie plusieurs dispositions de celle du 4 germinal an II. Voyez l'une et l'autre, pour les comparer, pages 91 et 94 de notre 3e partie ci-après.

D'autres dispositions sur les rapports ou procès-verbaux des douanes, sur les saisies, les nullités, les citations et jugemens, furent données par la loi du 9 floréal an VII. Pour éviter des répétitions, voyez cette loi, page 130 de la 2e partie.

Après ces dispositions, il faut parler de celles de la loi du 17 décembre 1814. Par son article 16 elle dispose :

« Que le juge de paix du lieu du bureau où l'objet de la contrebande aura été déposé, sera seul compétent de connaître des contraventions énoncées en l'article 15, » c'est-à-dire de l'introduction ou de tentative d'introduction par terre ou par mer, de toutes marchandises prohibées. » Cependant, si cette introduction est commise par une réunion de trois individus ou plus, il y a lieu à l'arrestation des contrevenans et à leur traduction devant le tribunal correctionnel. (Art. 17.)

Cette disposition de l'article 15 fut abrogée par l'article 41 de la loi du 28 avril 1816; mais les législateurs, par l'article 12 de celle du 27 mars 1817, déclarèrent « que ledit article 15 était remis en vigueur en ce qui concerne les importations frauduleuses tentées sur les côtes. » Néanmoins, la loi du 28 avril 1816 a laissé subsister les compétences des juges de paix pour les contraventions, et elle y a ajouté par l'article 15 du titre v, « que les mêmes compétences auront lieu pour les saisies faites dans les bureaux des côtes ou frontières, par suite de déclaration. » Voyez, page 143 de la 2me partie, un extrait de la loi du 17 décembre 1814; et, à la page 145, un autre extrait de celle du 27 mars 1817.

Le 21 avril 1818, le législateur ordonna que les juges de paix « continueraient de connaître des fraudes » commises ou tentées dans les ports » de commerce par des navires dont » le manifeste aurait été fourni, ainsi » que de celles découvertes par suite » des visites des douanes; ils appliqueront à ces fraudes les peines déterminées par les lois des 22 août » 1791 et 4 germinal an II. »

Voyez l'article 35 de celle du 21 avril 1818, page 146 de la troisième partie.

Il est convenable de comparer entre elles les lois précitées, du 28 avril 1816 et du 27 mars 1817, afin de connaître ce que les modifications faites par la dernière ont laissé subsister de la première. Nous pensons qu'il reste en vigueur de la loi du 28 avril 1816, toutes les dispositions relatives aux droits des douanes et à la compétence des juges de paix. Deux arrêts de la cour de cassation, des 23 juin 1823 et 30 juillet 1826, ont décidé en ce sens.

Enfin, les juges de paix sont compétens de connaître en première instance de toutes les contraventions à la loi du 24 avril 1806, c'est-à-dire aux droits imposés sur les sels, et à tous autres réglemens intervenus à cet égard. Voyez les articles 29 et 31 de la loi du 17 décembre 1814, page 145 de la 2me partie.

Nous ne rapporterons point ici les pénalités (amendes et emprisonnemens) qui sont imposées en matières de douanes et de sels; nous ne parlerons pas même des formalités des procès-verbaux des saisies, des citations, des jugemens et de leur exécution, attendu que, dans notre deuxième partie, les textes des lois sur ces différens points étant rapportés, on peut facilement se pénétrer de leurs dispositions et s'y conformer devant les juges de paix.

Il est cependant convenable de rapporter plusieurs principes généraux et quelques arrêts remarquables.

1° Les juges de paix connaissent des actions civiles concernant les douanes, encore qu'elles n'aient lieu que par exception et sur opposition à des contraintes visées par le juge de paix, lequel n'a point épuisé sa juridiction par son visa. (Arrêt du 8 décembre 1810.)

2° Ces juges sont compétens pour statuer sur la question de savoir quel tarif doit être appliqué à une perception de droit de douanes. C'est lors de l'entrée des marchandises en France, et non lors de leur mise en circulation, que le droit à percevoir est irrévocablement fixé. (Arrêt du 29 janvier 1828, cass.)

3° Aux termes de l'article 14 du titre VI de la loi du 4 germinal an II, toutes condamnations prononcées en vertu des lois relatives aux douanes, entraînent la contrainte par corps tant contre les condamnés que contre leurs cautions.

4° Les juges de paix sont exclusivement compétens de connaître des actions en restitution de sommes trop perçues par les receveurs des douanes, lorsque ces actions sont intentées personnellement contre les receveurs.

Peu importe que l'administration des douanes soit intervenue pour demander le renvoi devant le tribunal civil. (Arrêt du 9 novembre 1827.)

5° La loi du 4 germinal an XI dispose qu'après l'expiration des délais de l'appel et de ceux fixés pour la vente, les demandes ou répétitions des choses saisies et confisquées sont éteintes ou prescrites, encore que les délinquans seraient inconnus. Avant cette loi, celle du 22 août 1791 avait décidé que les mêmes demandes étaient péries après un mois de l'affiche du jugement qui déclarait valables les saisies des objets de contrebande ou de contravention. Voyez, pour les autres espèces de prescription en matière de douanes, les articles 50 du titre III, et 25 du titre XIII de la loi du 22 août 1791, et article 3, titre VII de celle du 4 germinal an II.

6° Le dépôt fait dans un autre bureau que celui qui est le plus voisin du lieu où une saisie s'est opérée, n'emporte point attribution de juridiction, lorsqu'il est fait sans motifs valables, parce que c'est toujours le juge de paix du bureau le plus voisin qui doit connaître de la validité de la saisie. (Arrêt du 3 décembre 1817, rejet.)

7° De l'article 16 du titre IV de la loi du 9 floréal an VII, il résulte que lorsqu'un procès-verbal régulier établit une contravention positive aux lois des douanes, le juge de paix est tenu d'appliquer la peine que la loi détermine pour le même fait. D'où il suit que le contrevenant n'est pas recevable à excepter de sa bonne foi. C'est d'ailleurs ce qui a été jugé par la cour régulatrice, le 6 décembre 1821.

8° Lorsqu'un fabricant d'horlogerie, habitant dans le rayon de la ligne des douanes, déclare à un bureau les objets qu'il dit fabriquer dans ses ateliers, afin d'obtenir un passavant, et que, sur le défaut de papiers propres à justifier que ces produits sont de fabrique nationale, la saisie en est opérée, la validité de cette saisie doit être soumise à la juridiction civile du juge de paix, et non aux tribunaux correctionnels. (Arrêt du 3 janvier 1829, cour de cassation; gazette des tribunaux du 4 du même mois.)

CHAPITRE VII.

Des Attributions des Juges de Paix en matière d'octroi.

Ces attributions sont de deux sortes : les unes purement civiles, les autres de police. Il est donc convenable de diviser ce chapitre en deux paragraphes.

§ Ier. — *Des attributions civiles.*

L'article Ier de la loi du 2 vendémiaire an VIII dispose : « Que les contestations qui pourront s'élever sur l'application du tarif ou sur la quotité des droits exigés par les receveurs des octrois municipaux et de bienfaisance, établis par les lois existantes, ou qui pourront être créés dans les diverses communes, etc., seront portées devant le juge de paix de l'arrondissement (canton), à quelque somme que le droit contesté puisse s'élever, pour être par lui jugées sommairement et sans frais, soit en dernier ressort, soit à la charge de l'appel, suivant la quotité de la somme. »

Le 27 frimaire suivant, le législateur trouva convenable de réitérer cette compétence en ces termes : « Les actions relatives à l'application du tarif ou à la quotité des droits exigés par les receveurs d'octroi, seront portées devant le juge de paix. » (Art. 13.)

Mais une autre disposition porte souvent obstacle à cette compétence : « Lorsqu'il y aura contestation sur l'application du tarif ou sur la quotité des droits, le porteur d'objets soumis à l'octroi sera tenu de consigner entre les mains du receveur le droit exigé; il ne pourra être entendu qu'en rapportant au juge la quittance de ladite consignation. » (Art. 3, même loi du 2 vendémiaire, et art. 81 de l'ordonnance du 9 décembre 1814.)

Cette disposition ne paraît pas juste, puisque les parties contestantes doivent payer tout d'abord ce qu'on leur demande, avant même de pouvoir agir et faire connaître leurs droits. Combien d'actions légitimes peuvent être empêchées par ce paiement forcé!

Il est une attribution spéciale, faite aux juges de paix de Paris, en matière d'octroi; c'est de connaître des contestations qui pourront s'élever sur la perception de la taxe établie à raison du passage sur trois nouveaux ponts. (Art. 9 de la loi du 9 ventôse an x.)

Depuis cette loi, plusieurs autres ponts ont été établis dans la capitale, sur lesquels le passage est soumis à une taxe. Les juges de paix, par une juste et nécessaire assimilation, doivent, chacun dans son arrondissement, connaître des contestations relatives à cette taxe, qui est un véritable octroi.

Les juges de paix connaissent aussi des contestations qui s'élèvent entre les adjudicataires et les particuliers pour la perception des droits d'octroi. La loi ne fait aucune distinction de personnes. Mais ces juges sont-ils compétens de connaître de la contestation qui s'élève sur l'application d'un tarif d'octroi aux objets dont les matières premières ont payé le droit à l'entrée? Sans contredit, parce que cette contestation est de la même nature de celles qui sont ou peuvent être agitées sur l'exécution ou l'application du tarif à tous autres objets soumis aux droits, contestations dont les juges de paix connaissent sans exception; ce n'est point ici une contestation sur une contravention, attribuée aux tribunaux répressifs.

Les juges de paix ont le pouvoir de vérifier si les tarifs ou les règlemens d'octroi sont revêtus de l'autorisation légale, sans laquelle ils ne seraient point obligatoires. (Loi du 5 ventôse an VIII, article 2; arrêt du 8 nivôse an x.) Mais lorsque ces tarifs sont approuvés par le gouvernement, les juges doivent s'y conformer et les faire exécuter. Cependant ils peuvent les interpréter. « Ils ont, à leur égard, le même droit qu'ils ont en cas d'obscurité des lois et des conventions, pour en expliquer le sens ou en faire une application juste et naturelle. » (Art. 4 code civil.)

Mais la compétence du juge de paix ne cesse-t-elle pas lorsqu'un contribuable de l'octroi, ou prétendu tel, soutient ne pas y être assujetti? On a dit que l'administration doit, en ce cas, décider si la partie est soumise ou non au droit; mais un décret du 10 avril 1809 a proscrit cette prétention, parce qu'elle est contraire à la loi qui attribue aux juges de paix, sans aucune exception, toutes les contestations relatives à l'application du droit.

Les oppositions formées aux contraintes décernées pour le paiement des octrois, contre les régisseurs, fermiers, receveurs et autres, doivent être jugées par les juges de paix, parce que ces oppositions sont toujours des contestations qui s'agitent, ou sur l'application du tarif, ou sur la quotité des droits. (Arrêt du 2 janvier 1819.) Cependant, s'il y avait sur ces oppositions un litige qui s'étendrait à la fois sur les octrois et sur les droits réunis, ce serait aux tribunaux ordinaires qu'il appartiendrait de décider. (Art. 164 du règlement du 17 mai 1809.)

Mais les juges de paix ne sont point compétens de restreindre ou de suspendre l'exécution des règlemens de l'octroi, ni même de prononcer sur des restrictions qu'ils contiennent. La raison en est que, dans ces différentes circonstances, il peut y avoir lieu à modifier un acte administratif; ce qui ne doit être fait que par l'autorité administrative.

Nous avons déjà dit que les juges de paix ont le droit de vérifier si les tarifs sont réguliers et revêtus des formes légales; disons à présent quelles sont ces formalités. Un arrêté du gouvernement, du 13 thermidor an VIII, dispose : « Article 1er. Le ministre de l'intérieur vérifiera et approuvera les tarifs et les règlemens présentés par les conseils municipaux, sauf les modifications qu'il jugera convenables. »

« Article 2. Le ministre de l'intérieur est chargé de présenter, chaque mois, les tarifs et règlemens aux consuls qui prononcent définitivement. »

« Article 3. En attendant, l'autorisation du ministre sera, provisoirement, considérée comme décision du gouvernement. »

Ce provisoire fait encore la règle; il ne paraît point que des dispositions nouvelles l'aient abrogé ou modifié. Voyez cependant l'art. 147 de la loi du 28 avril 1816.

§ II. — *Des Attributions du Juge de Paix comme juge de police, à l'égard des octrois.*

« Tout porteur ou conducteur d'objets de consommation, compris dans le tarif annexé à la présente loi, sera tenu d'en faire la déclaration au bureau de la recette et d'en acquitter les droits, avant de pouvoir les faire entrer dans la commune. Toute contravention à cet égard sera punie *du double droit.* » (Loi du 27 vendémiaire an VII, art. 10.) Mais cette peine fut fixée à une amende égale à la valeur de l'objet soumis au droit par la loi du 27 frimaire an VIII, laquelle ajouta : « Que la même amende serait encourue par les fabricans et autres débiteurs des droits d'octroi perceptibles dans l'intérieur de la commune, faute par eux d'avoir fait leur déclaration dans les délais ou à l'époque déterminée par les règlemens. »

Quoique la peine du double droit fût remplacée par l'amende d'égale valeur à l'objet assujetti, elle ne fut pas moins appliquée pendant plusieurs années ; une instruction ministérielle, du 4 germinal an X, fut jugée nécessaire pour faire cesser les controverses qui s'étaient élevées sur ce point. Mais, depuis un arrêt de la cour régulatrice, les difficultés se sont aplanies, et il est reconnu généralement que l'amende de la valeur de l'objet soumis à l'octroi est la seule peine légalement applicable.

Néanmoins, les juges de paix sont incompétens de l'appliquer, lorsque la contravention comprend un objet qui est à la fois passible des droits d'octroi et des droits réunis. Dans ce cas, c'est au tribunal correctionnel à prononcer. (Art. 164 du décret du 17 mai 1809.)

Enfin, la loi du 19 décembre 1814 (art. neuf) ajoute : « L'action résultant des procès-verbaux en matière d'octroi, et les questions qui pourront naître de la défense du prévenu, seront de la compétence exclusive, soit du tribunal de police, soit du tribunal correctionnel, du lieu de la rédaction du procès-verbal, suivant la quotité de l'amende encourue. »

Aux termes des articles 58 et 75 de l'ordonnance du 9 décembre 1814, les contraventions ou fraudes aux droits d'octroi, se constatent par des préposés, âgés de 21 ans accomplis, qui ont prêté serment devant le tribunal civil du lieu où ils exercent, ou devant le juge de paix, à défaut de ce tribunal.

Ces procès-verbaux, qui peuvent être rédigés par un seul préposé, doivent contenir les énonciations et les formalités prescrites par les articles 58, 75, 76 et 78 de l'ordonnance du 9 décembre 1814. Voyez-les dans la 2me partie. Au reste, ces procès sont affirmés, dans les 24 heures de leur date, devant le juge de paix du lieu de la saisie, à peine de nullité; alors ils font foi jusqu'à inscription de faux. (Article 75 de l'ordonnance du 9 décembre 1814.) Par conséquent, les juges de paix ne peuvent admettre aucune preuve contraire au contenu de ces actes.

De même, on ne peut admettre contre eux aucune nullité, si elle n'est expressément prononcée par la loi.

Le défaut de lecture du procès-verbal aux contrevenans, le défaut de signature de ceux-ci, ou la non-énonciation qu'ils ne savent pas signer, sont-ils des causes de nullité? Non, à la différence d'un procès-verbal des employés des douanes et des droits réunis, qui doit contenir ces énonciations, à peine de nullité. Cette différence résulte de ce que les lois relatives aux octrois n'exigent pas de pareilles mentions dans les procès-verbaux. (Arrêts des 22 mai 1807 et 9 juin 1808.)

Lorsqu'un procès-verbal est annulé, le prévenu n'est point acquitté par ce seul motif, si l'administration, ou le préposé qui la représente, justifie la contravention par écrit ou par témoins. Ainsi, toutes les fois qu'une preuve en est offerte, en ce cas, le juge doit l'autoriser.

CHAPITRE VIII.

De la Compétence des Juges de Paix relativement aux Mines.

L'article 27 du titre premier de la loi du 22 juillet 1791 dispose : « Que » les contestations relatives aux mines,

» les demandes en règlement d'indemnité des terrains et des dommages-intérêts pour dégâts, seront portées devant le juge de paix, ou le tribunal de première instance, suivant l'ordre de leurs compétences. »

Cette disposition donnait aux tribunaux des attributions qui pouvaient paraître extraordinaires, puisqu'ils prononçaient sur les règlemens d'indemnités des terrains, auxquels l'autorité administrative devait concourir. Aussi, des lois postérieures ont réduit ces attributions en donnant aux conseils de préfecture le droit de statuer sur beaucoup d'actions relatives aux mines. Néanmoins, tous les faits qui rentrent dans la classe des dommages faits aux champs, ne déterminent que des actions personnelles, et paraissent être restés dans la compétence des juges de paix, encore qu'ils aient lieu à l'occasion des mines. Voyez les lois des 28 pluviose an VIII et 21 avril 1810.

Mais l'action possessoire n'est-elle pas admissible pour les faits ou les dommages occasionés par les hommes, dans les mines ou leurs dépendances? Sans examiner si le droit du concessionnaire est immeuble, il est une raison particulière qui met le possessoire des mines hors de la compétence judiciaire. Les mines sont un objet d'administration, et on ne peut les exploiter sans la concession du gouvernement. La maintenue en possession d'une mine est, par ce motif, du ressort de l'autorité administrative, ainsi qu'on le voit par le décret donné dans les circonstances suivantes :

Un sieur Calmuth se prétend seul concessionnaire de la mine de fer, dite Inbreith, et il est en contestation avec les propriétaires du terrain. Le 8 germinal an XIII, le juge de paix de Gemund le maintient en possession de la mine; mais, le 31 janvier 1806, un décret déclare ce jugement nul et non avenu, sauf aux parties à se pourvoir devant l'autorité administrative, « attendu qu'en maintenant Calmuth en possession de ladite mine, le juge de paix de Gemund a excédé ses pouvoirs, puisqu'il a, de fait, créé une concession qui ne peut être accordée que par l'autorité administrative.

CHAPITRE IX.

Des Demandes, Citations et Cédules devant la justice de paix.

§ Ier. — *Des Cédules.*

La loi actuelle ne parle pas des cédules, mais elle ne les abroge point, et par cela seul elle les laisse subsister dans tous les cas où elles sont indispensables ou nécessaires.

Sous l'empire de la loi du mois d'octobre 1790, la cédule était le seul acte introductif des actions, dans la justice de paix; mais les lois postérieures ne l'ont conservée que dans six circonstances : 1° Dans les cas urgens, le juge de paix permet, par une cédule, de citer devant lui, dans le jour même, ou d'heure à autre. (Art. 6, code de procédure.) Cette cédule doit contenir tout ce qui s'énonce dans les citations. Voyez ce qui sera dit sur cela dans le § II de ce chapitre. Au pied de la cédule, l'huissier écrit son acte de notification à la partie citée ou appelée, et il fait enregistrer le tout; mais l'enregistrement peut, sans inconvénient, n'avoir pas lieu avant le jugement; il suffit que cette formalité soit remplie dans les quatre jours de la date de la cédule. (Décision ministérielle du 13 juin 1809.)

2° On délivre aussi une cédule pour nommer des experts et procéder à l'estimation d'un dommage avant l'audience.

3° Le juge de paix délivre une cédule pour faire une enquête déléguée par une cour ou un tribunal : par cette cédule il indique les jour et heure auxquels il lui plaît d'appeler les témoins et les parties; il doit d'ailleurs remplir les formalités que contiendrait une ordonnance pour indiquer le jour de l'enquête.

4° Conformément à l'article 39 du code de procédure, le juge de paix délivre une cédule pour faire citer les témoins, les experts et les parties sur le terrain qui est l'objet du litige. Cette cédule énonce les faits sur lesquels portera l'enquête et la visite des lieux, afin que les témoins ne soient pas embarrassés pour déposer sur les faits qui divisent les parties. La cédule contient d'ailleurs les formalités ordinaires.

5° La cédule est nécessaire lorsqu'un

garant est domicilié hors de la justice de paix saisie de l'action principale, parce qu'alors il faut commettre l'huissier du canton dans lequel le garant est domicilié. (Articles 4 et 32 code de procédure.)

6° Enfin on délivre une cédule pour convoquer le conseil de famille lorsqu'il ne se réunit pas spontanément ou sur l'invitation du juge. Par cette cédule, le juge indique les jour, lieu et heure de l'assemblée; les noms des parties requérantes, ceux des mineurs, et les parens paternels et maternels qui doivent composer le conseil.

Toutes ces cédules doivent être notifiées par un huissier, qui écrit son acte au bas des cédules, comme on l'a déjà dit au n° 1er ci-dessus.

§ II. — *Des Citations.*

La citation est une assignation ou un ajournement qui énonce la demande formée en justice de paix; il en est de plusieurs sortes, mais nous ne devons parler ici que de celle qui introduit les actions civiles. Voici ce qu'elle doit contenir :

« Elle énonce la date des jours,
» mois et an, les nom, profession et
» domicile du demandeur, les nom,
» demeure et immatricule de l'huissier,
» les nom et demeure du défendeur;
» elle dit sommairement l'objet et les
» moyens de la demande, indique le
» juge de paix qui en doit connaître,
» et les jour et heure de la comparu-
» tion. » (Article 1er du code de procédure).

Elle contient aussi les formalités de l'ajournement, suivant l'article 61 du même code. Ces formalités et celles de la citation ont les mêmes causes et le même but. D'où il suit que les effets et les vices de la citation sont les mêmes que ceux de l'ajournement. S'il en était autrement, il ne se concevrait pas que l'un fût régulier et l'autre irrégulier, par les mêmes motifs, ou dans telle ou telle partie, suivant qu'il changerait son nom en citation ou en ajournement. C'est cependant ce qui arriverait si la citation n'était pas nulle, comme on l'a soutenu, pour l'inobservation de telles formalités, tandis que l'ajournement est tel, pour omission des mêmes formalités.

« En matière purement personnelle ou mobilière, la citation sera donnée devant le juge du domicile du défendeur; s'il n'a pas de domicile, devant le juge de sa résidence. » (Article 2 du code de procédure.) Néanmoins, la citation peut se donner à un domicile élu, soit général, soit spécial. (Article 111 code civil).

La résidence n'étant que l'habitation momentanée dans un lieu quelconque, ne constitue pas le domicile, et par conséquent n'est point attributive de juridiction. Ainsi, celui qui est cité à sa résidence devant le juge du lieu, peut demander son renvoi devant le juge de son domicile, dont le demandeur doit s'assurer. Celui-ci n'est donc point excusable par l'ignorance, qu'il allègue, du domicile. (Arrêt du 10 juin 1811.)

Mais, la citation se donne devant le juge des lieux contentieux, dans les actions pour dommages faits aux fruits et récoltes; pour les déplacemens de bornes, les usurpations de terre, d'arbres, de haies, fossés et autres clôtures, commises dans l'année; pour les entreprises sur les cours d'eau et différentes autres actions possessoires énoncées dans l'art. 3 du code de procédure et dans l'article 6 de la loi du 25 mai 1838; pour les actions en bornage, celles relatives aux plantations d'arbres ou de haies, et celles qui ont lieu pour constructions et travaux énoncés dans l'article 674 du code civil.

« La citation est notifiée par l'huissier de la justice de paix du défendeur; en cas d'empêchement, par celui qui est commis par le juge. » C'est ce que disait le premier § de l'art. 4 du code de procédure; mais, à présent, il faut dire que tous les huissiers d'un même canton ayant le droit de donner les citations en justice de paix, la partie pourra s'adresser à tel autre qu'il lui plaira, en cas d'empêchement du premier qu'elle avait choisi. Il n'est plus nécessaire de commettre un huissier en pareil cas.

« Copie de la citation est laissée à la personne du défendeur ou à son domicile, et s'il ne se trouve personne à ce domicile, la copie est laissée au maire de la commune, ou adjoint, qui vise l'original sans frais. » (Art. 4, cod. de proc.)

Un huissier ne peut instrumenter

pour ses parens en ligne directe, ni pour ses frères, sœurs et alliés au même degré : ce sont des obstacles positifs qui tendent à empêcher l'huissier de servir ou de favoriser une partie au préjudice de l'autre. Mais ces empêchemens sont-ils les mêmes, lorsqu'il s'agit de faire des actes contre les parens de l'huissier? Un arrêt du 10 juillet 1810 a décidé qu'un exploit fait par un huissier contre ses parens, n'était pas nul; il paraît cependant que l'on doit faire de justes exceptions; il serait immoral de tolérer un huissier instrumenter contre ses père, mère, enfans, petits-enfans, frères et sœurs. « Tout ce que l'opinion publique, a dit M. Biret, répute illicite pour tous, et même pour telle ou telle classe de personnes, doit être repoussé pour le maintien des bonnes mœurs. »

Les citations destinées aux communes, sont données aux maires, qui en sont les représentans légaux, et qui visent l'original. Si les maires sont absens, la copie en est remise, non aux adjoints, ni au plus ancien membre du conseil municipal, mais au juge de paix qui en vise l'original. (Art. 69, § v, code de procédure; arrêts des 6 juin et 7 juillet 1828.)

Si le maire, quoique présent, refusait de viser l'original de la citation, l'huissier devrait constater ce refus sur l'original même, et remettre la copie au procureur du roi. (Art. 1039, § 2 *ibid.*)

Mais si la partie est domiciliée dans la distance de trois myriamètres, la citation à comparaître le 4 doit être notifiée le 2 au plus tard (art. 5); elle ne serait pas valablement notifiée le 3, quand même il y aurait un intervalle franc de vingt-quatre heures.

Lorsque la partie est domiciliée au-delà de trois myriamètres, il doit être ajouté au délai, un jour de plus pour trois myriamètres. (Art. 5.) En conséquence, de 3 à 6 myriamètres, il faut au moins deux jours d'intervalle entre la citation et la comparution; de 6 à 9 myriamètres, il en faut trois; de 9 à 12, il en faut quatre, et ainsi de suite.

Ces délais ne peuvent être abrégés dans les cas urgens, comme on abrège les délais ordinaires par une cédule. (Voyez ce qui a été dit au précédent § sur cette cédule.)

La distance dont il est question ici, est celle qui se trouve entre le domicile du défendeur et le lieu de la comparution, soit au siége du tribunal, soit sur le lieu contentieux.

Le délai est réglé en raison du domicile : ainsi, quand même le citoyen domicilié à plus de 3 myriamètres serait cité en parlant à sa personne trouvée au lieu où siège le tribunal, ou dans l'étendue de 3 myriamètres, on ne doit pas moins lui accorder le délai légal, à raison de l'éloignement de son domicile. Tous ces délais doivent être francs.

Dans le cas où le délai de la loi n'a pas été observé, le défendeur, au jour indiqué, comparaît ou ne comparaît pas. S'il se présente, sa comparution prouve qu'il a été averti à temps pour pouvoir se défendre de la demande qui lui est faite. Cette comparution couvre donc le défaut du délai légal. S'il ne comparaît pas, le juge ordonne d'office qu'il sera réassigné, et les frais de la première citation restent à la charge du défendeur. (Même art. 5.)

Plusieurs auteurs ont soutenu que les citations ne sont pas susceptibles de nullité, parce que la loi ne prescrit point les formalités qu'elle lui impose, à peine de nullité. Déjà nous avons dit que la citation et l'ajournement sont deux actes semblables dont les effets et les vices sont les mêmes. Ainsi, il suffirait d'ajouter que les nullités prononcées pour les ajournemens, par l'article 61, sont applicables à la citation, pour les omissions ou non observations prévues dans ledit article. C'est ce que d'autres auteurs ont fort bien démontré. Ils ont dit, d'ailleurs : « Les formalités constitutives de la » citation, établies par l'article 1er du » code de procédure, ne peuvent être » omises ou violées sans détruire l'en» semble et même la nature de la ci» tation. En effet, si ces formalités » ne sont pas obligatoires, à peine de » nullité, on pourra donner des cita» tions sans date, ni sans signature » d'huissier; sans énonciation des » nom et demeure du demandeur, ni » sans indication des jour et heure de » la comparution; enfin, sans motifs » de la demande. Et de tels actes s'ap-

» pelleraient une citation? Non sans » doute. » (Recueil général.)

Si donc les formalités de la citation tiennent à sa substance, les omissions ou violations de ces formalités entraînent des nullités substantielles. C'est dans cet esprit que la cour de cassation annule toutes les violations qui tiennent à l'essence d'un acte. (Arrêts des 3 novembre 1818 et 13 février 1819.)

Mais d'autres arrêts, spéciaux aux citations, ont décidé qu'elles sont susceptibles d'être annulées comme les ajournemens. (Voyez notamment les arrêts des 21 floréal an x, 21 mai 1828, 6 juin et 7 juillet même année.)

CHAPITRE X.

Des diverses Comparutions des Parties devant le Juge de Paix; du Déclinatoire et autres incidens; de la Tenue des Audiences.

§ Ier. — *De la Comparution volontaire, sans citation.*

L'article 7 du code de procédure porte: « Les parties pourront toujours se présenter volontairement devant le juge de paix, auquel cas il jugera leur différend, soit en dernier ressort, si les lois ou les parties l'y autorisent, soit à charge d'appel, encore qu'il ne fût le juge naturel des parties, ni à raison du domicile du défendeur, ni à raison de la situation de l'objet litigieux. La déclaration des parties qui demanderont jugement, sera signée par elles, ou mention sera faite si elles ne peuvent signer. »

Cette disposition offre une triple faculté aux parties, celle de se choisir un juge, celle d'élever ou de proroger sa compétence, et celle de le saisir de leur différend sans citation préalable. La première déroge au droit commun qui ne permet pas de changer l'ordre des juridictions, mais c'est en faveur de la justice de paix seulement. Quant à la prorogation de compétence, elle ne peut ni ne doit avoir lieu que dans les mêmes matières dont la loi confère l'attribution au juge de paix; ainsi, on ne pourrait pas lui déférer le jugement d'une action réelle ou mixte, parce qu'il ne connaît légalement que des actions personnelles, mobilières et possessoires. Cette prorogation, d'ailleurs, peut avoir lieu tant en première instance qu'en dernier ressort.

Pour comparaître volontairement devant le juge de paix, et proroger sa juridiction, il faut être capable de contracter et avoir le libre exercice de ses actions. C'est dans ce sens que l'art. 7 précité fut adopté. D'où il suit que les mineurs, les interdits, les femmes mariées et non autorisées par leurs maris, ne peuvent profiter des facultés données par ledit article 7. Les tuteurs, les administrateurs et autres gérans n'ont pas même le droit d'acquiescer, sans une autorisation, à la prorogation dont s'agit.

La comparution volontaire des parties doit être consignée sur le registre des audiences. On y exprime leur demande d'être jugées sans citation, en premier ou en dernier ressort, sur la contestation qui les divise, et dont on exprime les motifs sommairement. Enfin, les parties signent leur déclaration ou déclarent qu'elles ne savent signer. Le juge de paix entend ensuite les parties dans leurs moyens respectifs, et rend son jugement si la cause n'exige pas d'autre instruction. Dans le cas contraire, il ordonne telles mesures préparatoires ou interlocutoires qu'il croit nécessaires, et renvoie les parties à une prochaine audience pour les juger définitivement.

§ II. — *De la Comparution sur citation, et de divers incidens.*

L'article 9 du code de procédure dispose ainsi: « Au jour fixé par la citation, ou convenu entre les parties, elles comparaîtront en personnes ou par leurs fondés de pouvoirs, sans qu'elles puissent faire signifier aucune défenses. »

Cependant rien n'empêche que les parties puissent lire elles-mêmes, à l'audience, ou faire lire par le greffier ou par une personne de leur choix (autre qu'un huissier), les mémoires, consultations ou notes qu'elles ont écrits ou fait écrire; elles peuvent même en faire la remise au juge de paix qui en donne communication à la partie adverse.

Le principal effet de la citation est d'obliger le cité à comparaître en personne, ou par fondé de pouvoir, à l'audience indiquée, sinon il est condamné par défaut. Néanmoins, ce défaut peut n'être pas prononcé dans deux circonstances ; la première, lorsque le juge ne trouve pas la demande assez justifiée; alors il peut ordonner telle preuve ou vérification convenable. La seconde, lorsque les délais pour comparaître n'ont pas été observés par la citation ; en ce cas, il ordonne que le défendeur sera réassigné, et les frais de la première citation restent à la charge du demandeur ou de son huissier.

Les parties, comme on vient de le dire, comparaissent en personne, ou, en cas d'empêchement, par un fondé de procuration. Il est dans l'esprit de l'institution de la justice de paix, que la comparution personnelle ait toujours lieu, autant que cela est possible, tellement que le juge peut ordonner cette comparution, encore que les parties soient représentées par un mandataire.

L'intérêt de la vérité et l'espoir d'une conciliation sont des motifs suffisans pour entendre une partie par sa propre bouche.

Les mandataires peuvent être choisis parmi toutes personnes capables. Cependant, il est à désirer qu'ils soient instruits et d'une bonne réputation, tels que des avocats, des avoués, des notaires; mais la loi actuelle interdit aux huissiers de représenter les parties et même de les assister en aucun cas dans les justices de paix, sous peine d'une amende de 25 à 50 fr. Voyez ce qui a déjà été dit à ce sujet au chapitre V, art. 18.

La loi ne s'explique point sur la nature du pouvoir de la partie qui se fait représenter. Ainsi, elle peut, à son choix, donner une procuration notariée, ou un mandat sous seing-privé, enregistré. Néanmoins, deux jurisconsultes ont enseigné que le mandat notarié doit être préféré, parce que l'écriture de la partie n'est pas toujours connue du juge de paix ; mais ce serait ajouter à la loi et occasioner des frais inutiles et frustratoires. D'ailleurs, il est un moyen simple de donner certain degré de confiance à la signature du mandant, c'est de la faire légaliser par le maire de son domicile, et de la faire certifier par le mandataire.

« Les parties sont entendues contradictoirement ou leurs fondés de pouvoirs. La cause sera jugée sur-le-champ ou à la première audience; le juge, s'il le croit nécessaire, se fera remettre les pièces. » Ainsi dispose l'article 13 du code de procédure.

Entendre contradictoirement les parties, c'est les entendre l'une en présence de l'autre dans leurs moyens ou plaidoiries réciproques. C'est d'après ces débats qu'il intervient un jugement contradictoire dès la première audience; mais ce jugement n'est pas toujours définitif, parce qu'il peut être d'abord agité plusieurs incidens. Le premier est le déclinatoire que le défendeur propose, lorsqu'il prétend que le juge de paix est incompétent de connaître de la cause, soit parce qu'elle n'est pas dans la nature de ses attributions, soit parce qu'il n'est pas le juge du domicile du défendeur. Celui-ci, en proposant son déclinatoire, a la faculté de demander son renvoi devant un autre juge qu'il reconnaît compétent; mais il n'a point la faculté de proposer aucune exception ni défenses avant le déclinatoire, lequel doit être fait avant toute instruction, c'est-à-dire *in limine litis*, même avant une exception de nullité ou une fin de non-recevoir; autrement, ces exceptions couvriraient l'incompétence du juge de paix, et on reconnaîtrait sa juridiction.

Néanmoins, si le déclinatoire était proposé pour une incompétence à raison de la matière, aucun acte, aucune défense ne serait capable de faire cesser cette incompétence, parce qu'elle est d'ordre public. Les consentemens respectifs des parties ne pourraient même donner une juridiction à un juge qui n'en aurait pas sur telle ou telle matière. Voilà pourquoi l'incompétence, à raison de la matière, est proposable en tout état de cause. Le juge doit même la reconnaître d'office.

Toutes les fois que le déclinatoire proposé est recevable, le juge de paix renvoie les parties devant qui de droit, sans désigner le juge ou le tribunal compétent; mais si au contraire, en rejetant le déclinatoire, le juge de paix retient la cause, et se déclare compétent, il entend les parties dans leurs autres exceptions, et prononce le fond.

Le second incident, qui peut être

agité, est la proposition d'une nullité contre la citation ou contre le titre du défendeur. Si celui-ci défendait au fond, avant d'avoir excepté de la nullité, elle serait couverte, sans qu'il lui fût permis de la proposer ensuite. (Article 173, code de procédure.)

Le troisième incident est une fin de non-recevoir que le défendeur peut opposer pour toute défense au demandeur, en le soutenant non-recevable à former son action, soit à défaut de qualité, soit parce qu'il a agi prématurément; le fond de la cause ne doit nullement être discuté en proposant cette exception.

Après ces incidens, il peut en survenir plusieurs autres, notamment les demandes reconventionnelles, la mise en cause d'un garant, la visite des lieux contentieux, les enquêtes, etc.; nous parlerons de chacun dans les chapitres ci-après. Cependant, voyez, pour les demandes reconventionnelles, ce que nous avons dit ci-devant, au chapitre V, articles 7 et 8.

Tous ces incidens doivent être vidés par le juge de paix avant de prononcer définitivement sur la demande principale, ce qui exige plusieurs remises ou renvois de la cause à différentes audiences.

§ III. — *Des Audiences de la Justice de Paix.*

« Les juges de paix indiqueront au moins deux audiences par semaine. Ils pourront juger tous les jours, même ceux de dimanches et fêtes, le matin et l'après-midi. Ils pourront aussi juger chez eux en tenant les portes ouvertes. » (Art. 8, code de procédure.)

De ces mots, *pourront juger chez eux*, on a tiré la conséquence que dans quelque lieu que fût leur domicile, les juges de paix pourraient prononcer leurs jugemens; mais cette opinion est contraire à la loi organique du 29 ventôse an IX, qui prescrit au juge de paix de donner ses audiences au chef-lieu de canton lorsqu'il n'y demeure pas. Le code de procédure n'a pu abroger cette loi, et s'il dit qu'ils pourront juger chez eux, en tenant les portes ouvertes, il sous-entend évidemment que c'est lorsqu'ils habitent au chef-lieu. Une décision ministérielle, du 11 avril 1807, et un arrêt de cassation du 18 janvier 1806, ont expliqué dans ce sens l'article 8 précité.

Les audiences du juge de paix sont nécessairement publiques, ils doivent, dans tous les cas, faire respecter le grand principe de la publicité; c'est pourquoi la loi leur prescrit de tenir ouvertes les portes de leur domicile lorsqu'ils y donnent audience. Néanmoins, dans les cas prévus par l'article 87 du code de procédure, ils peuvent, comme les autres juges, tenir audience à huis-clos, pourvu qu'ils en rendent compte au procureur du roi.

Les juges de paix ont seuls la faculté de juger les jours de dimanches et de fêtes, mais cela ne leur arrive que rarement, et lorsqu'il y a urgence ou péril en la demeure.

« Les parties seront tenues de s'expliquer avec modération devant le juge et de garder en tout le respect qui est dû à la justice. Si elles y manquent, le juge les y rappellera d'abord par un avertissement; en cas de récidive, elles pourront être condamnées à une amende qui n'excédera pas dix francs, avec affiches du jugement, dont le nombre n'excédera pas celui des communes du canton. » (Article 10, code de procédure.)

Cette disposition conserve toute sa force, ni le code d'instruction criminelle, ni la loi du 17 mai 1819, ne l'ont point modifiée ou abrogée; mais il en est autrement de l'article 11 du code de procédure, qui n'est plus applicable d'après les articles 504 et 505 du code d'instruction dont voici les termes :

L'art. 504 dit d'abord : « Lorsqu'à une audience, ou tout autre lieu où se fait publiquement une instruction judiciaire, l'un ou plusieurs des assistans donneront des signes publics, soit d'approbation, soit d'improbation, ou exciteront du tumulte, de quelque manière que ce soit, le président ou le juge les fera expulser. S'ils résistent à ses ordres, ou s'ils rentrent, le président ou le juge ordonnera de les arrêter et conduire dans la maison d'arrêt; il fera mention de cet ordre dans son procès-verbal; et, sur l'exhibition qui en sera faite au gardien de la maison d'arrêt, les perturbateurs y seront retenus pendant vingt-quatre heures.»

Et l'article 505 ajoute : « Lorsque le tumulte aura été accompagné d'injures ou de voies de fait donnant lieu à l'application des peines correctionnelles ou de police, ces peines pourront être prononcées séance tenante, et immédiatement après que les faits auront été constatés, savoir : celles de simple police sans appel, de quelque tribunal ou juge de police qu'elles émanent; et celles de la police correctionnelle à la charge d'appel, si la condamnation a été portée par un tribunal sujet à l'appel ou par un juge seul. »

Ces deux articles augmentent les attributions des juges de paix, ont fort bien dit MM. Legraverend et Bourguignon, « puisqu'ils sont autorisés à prononcer des peines de police sans appel, et des peines correctionnelles à charge d'appel. »

Ce n'est que pendant la tenue de leurs audiences que les juges de paix peuvent réprimer l'injure et les outrages qui leur sont faits, et alors ils appliquent l'article 222 du code pénal. (Arrêts des 26 mars 1813 et 17 mars 1820.) Mais les offenses qu'ils pourraient recevoir hors de l'audience, dans l'exercice de leurs fonctions ou à raison de ces fonctions, doivent être constatées par des procès-verbaux qui sont remis au procureur du roi, pour en faire les suites convenables.

CHAPITRE XI.

Des Jugemens par défaut en justice de paix, et de leurs suites.

« Si, au jour indiqué par la citation, l'une des parties ne comparaît pas, la cause sera jugée par défaut, sauf la réassignation dans les cas prévus par le dernier *alinéa* de l'article 5. » (Article 19 du code de procédure.)

Lorsque c'est le demandeur qui ne comparaît pas, le juge de paix donne défaut contre lui, et, pour le profit, le déboute de sa demande. Cependant, la cause pourrait être renvoyée à la prochaine audience, du consentement du défendeur, si le juge connaissait un empêchement de se présenter, de la part du demandeur.

Si c'est au contraire le défendeur qui ne comparaît pas, le juge de paix donne aussi défaut contre lui et adjuge les conclusions du demandeur, avec dépens, s'il y a lieu; nous disons s'il y a lieu, parce que si le juge trouve la demande déraisonnable, il peut la rejeter, quoique le défendeur ne se présente pas pour le contredire. De même, si la demande a besoin d'être justifiée, le juge doit en ordonner la preuve.

Quand deux défendeurs sont cités à la même audience, si l'une comparaît tandis que l'autre fait défaut, que doit-il être décidé? La cause est jugée également comme si les deux défendeurs comparaissaient, après que celui qui est présent a été entendu. Néanmoins, le juge de paix donne défaut contre l'absent, et déclare son jugement commun avec lui. C'est dans ce sens que l'article 13 précité dit, que si *l'une* des parties ne comparaît pas, la cause sera jugée au jour indiqué par la citation. Ainsi, tout doit être alors décidé, c'est l'ordre établi pour les justices de paix. « Il n'est donc pas permis, dit la cour de cassation, d'appliquer en ces justices l'article 153 du code de procédure, c'est-à-dire de donner seulement défaut contre le défaillant, de joindre ce défaut au fond et de le notifier avec citation à une autre audience. (Arrêt du 13 septembre 1809.)

Peu importe que le jugement qui sera rendu, soit à la fois contradictoire contre une partie, et par défaut contre une autre. Celle-ci pourra y former opposition si elle est condamnée; mais si elle a gagné son procès sur l'audition ou les défenses de la partie comparante, point d'opposition, ni pour l'une ni pour l'autre.

Néanmoins, si la cause n'était pas jugée définitivement à la première audience, et s'il était rendu un jugement qui ordonnerait une expertise ou une visite des lieux, il serait nécessaire de le notifier à la partie défaillante, avec sommation de comparaître à l'opération ordonnée.

Le jugement par défaut peut être attaqué, dans les trois jours de sa signification, par une opposition de la partie condamnée, et cette opposition produit l'effet de remettre les choses au même état qu'elles étaient avant le jugement, pourvu qu'elle contienne les moyens de l'opposant et assignation à la plus prochaine audience, en observant néanmoins les délais prescrits pour les citations. Ainsi le veut l'article 20 du code de procédure.

C'est par un huissier, commis par le juge de paix, que la signification du jugement par défaut doit être faite; autrement elle est nulle, à moins qu'elle n'ait été faite par l'huissier du juge, à présent l'huissier audiencier. Il en est de même de l'opposition. Un arrêt de cassation, du 6 février 1810, décide positivement que l'opposition faite par un huissier non commis, est annulable, encore que la nullité n'en soit pas prononcée par la loi. Néanmoins, un autre arrêt du 6 juillet 1814 déclare que l'opposition peut être signifiée par le premier huissier requis, si elle contient citation.

Le délai de trois jours, accordé pour former l'opposition, n'est pas franc, l'article 20 précité prescrit de la former *dans* les trois jours de la signification du jugement, et non après les trois jours, ce qui ne permet pas d'appliquer la règle *dies termini non computantur in termino*; cependant le jour de la signification du jugement ne doit pas être compté. Ainsi, cette signification étant faite le premier de juillet, l'opposition est valablement formée le quatre.

Au délai de trois jours, il faut ajouter le délai de distance à raison de trois myriamètres par jour, toutes les fois que le défendeur est domicilié hors le canton de la justice de paix où il est appelé. Voyez l'article 1033 du code de procédure.

Mais, sans attendre l'expiration du délai dont il s'agit, le défendeur ne peut-il pas former son opposition auparavant? Sans contredit, il lui est libre de faire usage du délai ou d'y renoncer.

« Si le juge de paix sait par lui-même, ou par les représentations qui lui seraient faites à l'audience par les proches voisins ou amis du défendeur, que celui-ci n'a pu être instruit de la procédure, il pourra, en adjugeant le défaut, fixer, pour le délai de l'opposition, le temps qui lui paraîtra convenable; et dans le cas où la prorogation n'aurait été ni accordée d'office, ni demandée, le défaillant pourra être relevé de la rigueur du délai, en justifiant qu'en raison d'absence ou de maladie grave, il n'a pu être instruit de la procédure. » (Art. 21, code de procéd.)

Voilà un pouvoir discrétionnaire que la loi accorde au juge de paix, mais qui n'est conféré nulle part, en même cas, à aucun autre magistrat. Ce pouvoir peut être exercé sans formalités, sans discussions ni réquisitions, la volonté et la prudence du juge suffisent. Nous pensons même qu'il pourrait proroger le délai de former opposition, dans le cas où il y aurait impossibilité qu'elle le fût dans les trois jours, par exemple, dans le cas d'une inondation que l'on doit assimiler à ceux de maladie et d'absence. « Alors le juge suivra l'esprit de la loi, lors même qu'il ne la suivra pas à la lettre. » (*Exposé des motifs de l'article* 20.) Mais, comment le défendeur, condamné par défaut, doit-il agir pour se faire relever de la déchéance de former opposition? La loi ne prescrit aucune formalité : il suffit donc qu'il s'adresse au juge de paix pour obtenir permission de citer le demandeur pour voir ordonner qu'il sera reçu opposant.

« Et l'opposition doit contenir sommairement les moyens de la partie et citation au prochain jour d'audience, en observant toutefois les délais prescrits; elle indique le jour et l'heure de la comparution. Sa notification est sujette aux mêmes règles que la citation. » (Art. 20 cod. de procéd.)

Les jugemens par défaut de la justice de paix, rendus en première instance, ne sont susceptibles d'appel qu'après les délais de l'opposition. Un appel interjeté auparavant serait nul.

On a prétendu que les jugemens par défaut devaient, comme ceux des tribunaux ordinaires, être exécutés dans les six mois, sous peine d'être réputés non avenus; mais ce fut une erreur, très-bien réfutée par M. Merlin dans son réquisitoire qui précéda un arrêt du 13 septembre 1809. « Dans le premier livre du code de procédure, disait ce savant magistrat, pas un mot qui puisse faire soupçonner que l'intention du législateur ait été d'assujettir les jugemens par défaut de la justice de paix à la péremption dont l'article 156 frappe les jugemens par défaut des tribunaux d'arrondissemens ; mais il suffit de comparer l'article 20 avec l'article 158, pour se convaincre que le premier est contraire à une pareille idée. L'article 20 porte que la partie condamnée pourra former opposition dans les trois jours de la signification du jugement. De là il suit que ces trois jours une fois écoulés, la voie de l'opposition est fermée pour toujours à la partie condamnée par défaut. En est-il de même d'un jugement rendu contre une partie qui n'a pas constitué avoué ? Non, l'article 158 porte qu'en ce cas l'opposition sera reçue jusqu'à ce qu'il soit exécuté. Cet article 158 est donc intimement lié avec l'article 156 qui répute le jugement par défaut non avenu, à défaut d'exécution dans les six mois de sa date. Or, la disposition de l'article 20 ne peut s'amalgamer ou se coordonner avec le système de ces deux articles. Ainsi, on ne peut pas étendre leurs dispositions aux justices de paix. »

Si la partie opposante ne comparaît pas au jour indiqué par elle pour soutenir son opposition, elle en est déboutée et condamnée aux dépens par un second jugement par défaut, qui n'est plus susceptible d'opposition.

Cependant, tous jugemens par défaut peuvent être attaqués par l'appel, aussitôt que les délais pour y former opposition sont expirés. Voyez l'art. 13 de la loi du 25 mai 1838, au chapitre V ci-devant.

CHAPITRE XII.

De la Récusation du Juge de Paix, et de la prise à partie.

§ Ier. — *De la Récusation.*

Le juge de paix peut être récusé toutes les fois qu'il est présumé ne pouvoir agir avec l'impartialité qui caractérise un magistrat et préside à ses décisions. Le code de procédure détermine cinq cas différens où il peut être récusé : 1° quand il a un intérêt personnel à la contestation (Art. 44) ; cela est évident. 2° Quand il est parent ou allié de l'une des parties, jusqu'au degré de cousin issu de germain, inclusivement. (*Ibid.*) 3° Si, dans l'année qui a précédé la récusation, il y a eu un procès criminel entre lui et l'une des parties, ou son conjoint, ou ses parens et alliés en ligne directe.

Dans cette disposition on comprend la partie, ses père, mère et autres ascendans, le second conjoint de l'un des ascendans de la partie, les descendans de la même, les conjoints des descendans, le conjoint de la partie, les ascendans du conjoint de la partie, le second conjoint de l'un des ascendans de la personne unie avec la partie par les liens du mariage, les descendans du conjoint de la partie, les conjoints des descendans de la personne unie avec sa partie par les liens du mariage.

Toutes les fois que dans l'année il y a eu procès criminel entre l'une de ces personnes et le juge de paix, celui-ci peut être récusé. Il en doit être de même lorsque, dans l'année qui a précédé sa récusation, il y a eu procès criminel entre l'une des personnes et l'épouse du juge de paix. La loi ne le dit cependant point, mais c'est évidemment son esprit, et le juge est tout aussi affecté du procès fait à son épouse, que s'il eût été poursuivi lui-même.

Le quatrième cas de récusation est quand il y a un procès civil, existant actuellement entre le juge de paix et l'une des parties ou son conjoint. (Même art. 44.)

Enfin, le cinquième cas de récusation est lorsque le juge a donné un avis *écrit* dans l'affaire (*ibid*). On entend par avis écrit, les missives ou lettres, les avertissemens du juge de paix, par lesquels il a fait connaître son opinion en faveur de l'une des parties. Mais un avis que ce juge aurait donné verbalement ne pourrait être une cause de récusation, car la loi n'admet que l'avis écrit.

« La partie qui veut récuser un juge de paix est tenue d'en former la demande et d'en exposer les motifs par un acte rédigé en forme d'exploit, qui est assujetti à des formalités particulières. Il est notifié au greffier du juge de paix, et celui-ci en vise l'original qui est signé, ainsi que la copie, par la partie récusante ou par son fondé de pouvoir spécial. » (Art. 45.) Il ne suffirait donc pas que l'huissier déclarât par son acte que le récusant ne sait signer, puisque, lorsqu'il ne le sait pas, il doit être représenté par un fondé de pouvoir, la loi le veut ainsi.

L'acte de récusation doit être notifié

par le premier huissier requis, qui délaisse copie de son acte au greffe. Dès ce moment, le juge récusé ne peut passer outre au jugement de la cause, et il est tenu de donner, dans les deux jours de la récusation, et au pied de cet acte, sa réponse. S'il refuse de s'abstenir, il en donne les motifs; s'il acquiesce au contraire à la récusation, il est remplacé par son premier suppléant qu'il appelle lui-même à la première audience, afin de juger la contestation.

Dans les trois jours de la réponse du juge qui refuse de s'abstenir, ou, faute par lui de répondre, expédition de l'acte de récusation et de la déclaration du juge, s'il y en a, est envoyée par le greffier, sur la réquisition de la partie la plus diligente, au procureur du roi près le tribunal de première instance, dans le ressort duquel la justice de paix est située. (Art. 46.)

Dans la huitaine de la remise des pièces au procureur du roi, celui-ci donne ses conclusions, et la récusation est jugée en dernier ressort par le tribunal. Il n'est pas nécessaire d'appeler les parties à ce jugement, mais il leur est libre de se présenter à l'audience et d'y proposer leurs moyens verbalement; car elles ne doivent signifier aucunes écritures, la loi ne les autorise pas.

Il ne convient pas que le juge essuie un procès personnel pour soutenir son droit de juger la contestation. Ainsi, il ne doit être appelé qu'autant que le tribunal le jugerait nécessaire, dans le cas où le juge de paix aurait gardé le silence sur la récusation, ou que sa réponse exigerait quelques explications, mais jamais il ne doit être appelé comme partie.

Inutile de dire que, jusqu'au jugement de la récusation, l'instance principale doit rester suspendue. Le juge de paix ne peut pas en connaître tant que la récusation n'est pas jugée, eût-il même gardé le silence; car l'article 47 du code veut que ce silence soit jugé; à la différence de la loi du 14 octobre 1790, qui réputait le silence du juge comme un acquiescement.

Mais, quand la récusation doit-elle être faite? Avant la première audience indiquée par la citation, parce que si le défendeur comparaissait et proposait ses exceptions ou défenses, il accepterait le juge de paix pour juge; il renoncerait donc tacitement à le récuser.

Néanmoins, tant que le récusant n'a pas comparu à l'audience, il doit être admis à faire sa récusation, en tout état de cause; la loi n'ayant fixé aucun délai pour cet acte, pourvu qu'il soit fait hors de l'audience et avec les formalités que nous avons indiquées. Une récusation faite verbalement à l'audience ne remplirait pas le vœu de la loi (art. 45, code de procéd.), et serait d'ailleurs peu respectueuse. Il a cependant été jugé que lorsque le juge est récusé en face, à l'audience et verbalement, il doit s'abstenir jusqu'au jugement de cette récusation. (Arrêt du 15 février 1811, cour de cassation.) Mais cet arrêt est contraire à un autre du 15 brumaire an XII, qui a décidé que le juge de paix n'est pas tenu de déférer à une récusation faite sans les formalités exigées par la loi. C'est l'opinion de plusieurs jurisconsultes. (*Berriat de St.-Prix*, *Carré*, *Daubenton*, *Guichard et Hautefeuille*.)

Lorsqu'un juge de paix a acquiescé à la récusation, peut-il ensuite la contester et demander à rester juge? Non, si les choses sont dans le même état; mais si des faits ou des évènemens postérieurs à l'acquiescement, ou alors inconnus au juge, avaient changé l'état des choses, on pourrait croire qu'il serait permis à ce juge, tant que la récusation ne serait pas jugée, de rétracter son acquiescement et de faire connaître ses motifs au tribunal, qui y ferait droit en même temps que sur la récusation et par un même jugement, ce qui n'occasionerait aucun retard.

Indépendamment des causes de récusation que nous venons de rapporter, tout juge de paix qui connaît en sa personne un motif de récusation, doit s'abstenir, encore qu'il ne soit pas récusé par la partie: par exemple, s'il est propriétaire d'un champ sur lequel a été commis une contravention qu'il doit juger. (Arrêt de cassation du 14 octobre 1824.)

§ II. — *De la prise à partie du juge de paix.*

L'article 505 du code de procédure dispose ainsi : « Les juges peuvent être pris à partie dans les cas suivans : 1° s'il y a dol, fraude ou concussion, qu'on prétendrait avoir été commis soit dans le cours de l'instruction, soit lors des jugemens ; — 2° si la prise à partie est expressément prononcée par la loi ; — 3° si la loi déclare les juges responsables, à peine de dommages-intérêts ; — 4° s'il y a déni de justice. »

Les articles 506 et 507 ajoutent : « Il y a déni de justice lorsque les juges refusent de répondre les requêtes, ou négligent de juger les affaires en état et en tour d'être jugées. — Le déni de justice sera constaté par deux réquisitions faites aux juges en la personne des greffiers, et signifiées de trois jours en trois jours au moins, pour les juges de paix et de commerce, et de huitaine en huitaine pour les autres juges. Tout huissier requis sera tenu de faire ces réquisitions, à peine d'interdiction. »

Cela ne suffit pas cependant pour exercer de suite la prise à partie contre les juges ; il faut en obtenir auparavant la permission de la cour royale du ressort ; cette permission se demande par une simple requête signée de la partie, ou de son fondé de procuration authentique et spéciale. La procuration se joint à la requête avec les pièces justificatives s'il y en a, et le tout est communiqué au ministère public. Voyez, pour connaître la procédure et les formalités qui doivent s'observer sur la prise à partie, les articles 508 à 516 du même code.

Mais, dans quels cas la loi déclare-t-elle les juges de paix passibles de dommages-intérêts envers les parties ? 1° Dans le cas où, par la faute du juge, l'instance est périmée (Article 15 du code de procédure) ; 2° lorsqu'il procède à une levée de scellés avant le temps fixé par l'article 928 du même code ; 3° enfin, lorsque le juge de paix ordonne illégalement la contrainte par corps.

CHAPITRE XIII.

Des Garans et de leur mise en cause.

« Si, au jour de la première comparution, le défendeur demande à mettre un garant en cause, le juge de paix accordera délai suffisant à raison de la distance du domicile du garant ; la citation donnée au garant sera libellée, sans qu'il soit besoin de notifier le jugement qui ordonne sa mise en cause. » (Article 32 du code de procédure.)

Puisqu'il n'est pas besoin de notifier le jugement, il ne l'est pas également de signifier la demande principale au garant. Une simple citation libellée suffit, c'est-à-dire, qu'elle soit énonciative des moyens qui légitiment l'action en garantie. Elle doit, au surplus, contenir les mêmes formalités que la citation principale.

Le délai, pour appeler le garant, doit être tel, que le défendeur puisse commodément aller ou envoyer sur le lieu charger quelqu'un de faire, en temps utile, la citation dans laquelle les délais prescrits par la loi soient observés.

Ce délai se compose de deux parties, l'une, fixée par la loi, qui comprend le temps du voyage, le jour de la citation et l'intervalle entre la citation et la comparution ; l'autre, variable à l'arbitrage du juge, qui renferme le temps nécessaire pour se procurer la commodité d'aller ou d'envoyer sur les lieux. Cette seconde partie du délai est plus courte pour les endroits proches, et avec lesquels les communications sont faciles ; elle est plus longue pour les autres.

Un exemple suffira : il sera aisé d'appliquer à d'autres cas la règle qui vient d'être établie.

Supposons que le garant demeure à 14 myriam. (28 lieues) : entre le jugement qui autorise la mise en garantie et le jour qu'il indique pour la nouvelle comparution, il faut au moins treize jours, savoir : cinq pour le voyage nécessaire pour aller ou envoyer sur les lieux charger l'huissier, à raison de trois myriamètres par jour, conformément à l'article 1033 ; — 2° le jour de la citation ; — 3° cinq jours pour le délai accordé au défendeur pour comparaître, à raison pareillement de trois myriamètres par jour (article 5) ; en tout onze jours. A ces onze jours, il faut ajouter au moins deux jours et quelquefois davantage, parce qu'on trouve rarement sur-le-champ une occasion pour partir soi-même, ou envoyer à quatorze myriamètres. Si le jugement est rendu le premier du mois, le jour de la nouvelle comparution doit être fixé au quinze, et quelquefois reculé à un terme plus éloigné, en cas de mauvais chemins ou de défaut de communication.

Si le demandeur s'oppose au délai pour appeler le garant, soit parce qu'il soutient que le défendeur ne veut que retarder le jugement de l'action principale, soit parce qu'il prétend que la garantie lui est étrangère, le juge de paix doit néanmoins accorder le délai autorisé par l'article 32, parce que cette disposition est impérative, et qu'il suffit, pour obtenir ce délai, de le demander à la première audience.

Mais, « si à cette même audience le défendeur ne requiert pas la mise en cause du garant, ou si, après l'avoir demandée et obtenue, il ne le fait pas citer dans le délai fixé, il est procédé sans délai au jugement de l'action principale. » (Art. 33 *ibid.*) En ce cas, il est privé de la faculté de faire joindre l'instance en garantie à l'instance principale; mais il conserve celle de faire statuer séparément sur sa demande en garantie. (Art. 35 du code de procédure.)

Cette demande devient alors une action principale ordinaire, qui doit être formée devant le juge de paix du domicile du défendeur; il ne peut plus en être distrait. On a cependant enseigné que, dans ce cas même, le juge saisi de l'action principale doit également connaître de la garantie, quoique le garant ne soit pas appelé dans les délais, parce que cette garantie est une suite de l'action principale. Mais c'est une erreur, car cette dernière action ne peut avoir de suite quand elle a cessé d'exister, quand elle est jugée définitivement. Néanmoins, suivant MM. Rogron, Carré et Biret, si, lors de la citation tardivement donnée au garant, les choses étaient encore entières, c'est-à-dire que l'action principale ne fût pas jugée, rien n'empêcherait que le juge de paix ne fît droit à la fois par le même jugement sur les deux demandes originaire et en garantie. C'est d'ailleurs la disposition positive de l'article 184 du code de procédure, que plusieurs auteurs appliquent avec raison aux justices de paix.

Mais, lorsque le défendeur à l'action principale a fait citer son garant dans les délais, il se trouve trois parties dans la cause : le demandeur originaire, le défendeur au principal, demandeur en garantie, et le défendeur à cette garantie. Dans cet état, si, à l'audience indiquée, le défendeur au principal est renvoyé de la demande originaire, l'action en garantie s'évanouit, et le demandeur principal est condamné aux dépens envers les deux autres parties. Si au contraire il succombe, il faut faire droit sur la garantie.

S'il y a lieu à faire droit sur la demande en garantie, en même temps que sur l'action principale, l'assigné en garantie comparaît ou ne comparaît pas. Dans ce dernier cas, il est donné défaut contre lui, et il est condamné à indemniser le garant, si la demande formée contre lui paraît fondée.

Dans le premier cas, le juge entend l'assigné en garantie, et son audition instruit ou n'instruit pas suffisamment le magistrat pour faire droit sur l'action en garantie. S'il est assez instruit, il fait droit, par le même jugement, et sur la demande principale et sur la garantie. S'il n'est pas assez instruit, il prononce seulement sur la demande principale dont le jugement ne doit pas être retardé par la contestation incidente.

Quant à l'incident, il faut distinguer suivant que la demande en garantie formée par action principale, serait ou ne serait pas de la compétence du même juge de paix, à raison du domicile du défendeur en garantie. Au premier cas, il prononce l'interlocutoire nécessaire; au second, il renvoie le demandeur en garantie à se pourvoir devant les juges qui en doivent connaître.

CHAPITRE XIV.

Des Jugemens qui ne sont pas définitifs.

Ces jugemens sont de deux sortes, ou préparatoires ou interlocutoires. Les premiers sont ceux qui sont rendus pour l'instruction de la cause et qui tendent seulement à mettre le procès en état de recevoir un règlement définitif. Les seconds sont qualifiés d'interlocutoires, parce que, avant *de dire droit*, ils ordonnent une instruction, une preuve, une opération qui préjuge le fond. Ces définitions sont celles de la loi elle-même (Art. 452 cod. de proc.); définitions qui ont aplani plusieurs difficultés et controverses de l'ancienne jurisprudence; nous en parlerons au chapitre de l'appel. Mais donnons ici différens exemples de ces deux espèces de jugemens.

Celui qui autorise un défendeur principal à appeler un garant dans un délai déterminé, est un simple préparatoire, parce que son but est de mettre la garantie en état d'être jugée avec la demande originaire.

Ce sont encore des préparatoires, ceux qui donnent acte de la dénégation de l'écriture d'un titre, d'un billet ou promesse; ceux qui ordonnent la comparution pure et simple des parties, ceux qui ordonnent une preuve testimoniale d'office ou non contestée.

Quant aux interlocutoires, leur différence entre les préparatoires n'est pas souvent facile à reconnaître, parce que, dit M. Berriat de Saint-Prix, « les clauses *avant de dire droit*, dont les tribunaux caractérisent les interlocutoires, ne font point cesser l'embarras, en ce qu'il ne dépend pas des juges de donner à leurs jugemens un caractère que les résultats peuvent démentir. » (Page 246, 2e édition.)

« Sans doute, répond M. Biret, les qualifications données par les tribunaux ne déterminent pas irrévocablement la nature des jugemens, mais il est une règle générale, née de leurs définitions mêmes, qui rend facile la distinction des interlocutoires. D'après cette règle, tout jugement qui n'est ni définitif sur le fond, ni un simple préparatoire, est nécessairement un interlocutoire, lorsqu'il préjuge le fond, ou qu'il révèle quelle sera l'opinion du juge en définitive, ou enfin lorsqu'il statue sur un point de la contestation.»

Par exemple, un jugement qui ordonne la visite des lieux contentieux, pour en faire dépendre la décision de la cause, surtout si la visite a été contestée, est un véritable interlocutoire.

De même, le jugement qui ordonne une opération par des experts, ou par des personnes d'arts, dans le but de faire admettre une demande, est aussi un interlocutoire quand le mérite de cette action est préjugé. Enfin, un jugement qui ordonne qu'une partie accordera ou déniera tels faits ou telles conventions, peut être réputé un interlocutoire quand l'aveu de ces faits, ou de ces conventions, entraîne la condamnation de la partie, parce que alors le fond est préjugé.

Plusieurs autres différences existent entre les jugemens interlocutoires et préparatoires. 1° Les premiers doivent être motivés comme les jugemens définitifs, mais les autres qui ne préjugent rien sont par là même dispensés d'énoncer les motifs de la décision qu'ils contiennent. (Arrêt de cassation du 3 décembre 1817.) 2° L'interlocutoire est sujet à l'appel avant que le jugement définitif soit rendu, mais le préparatoire ne peut être attaqué par la voie de l'appel, qu'après le jugement définitif et conjointement avec celui-ci. (Article 31, code de procédure.) 3° L'exécution pure et simple d'un préparatoire ne préjuge rien contre la partie qui en a rempli les dispositions, mais l'exécution d'un interlocutoire, faite par une partie, sans protestation ni réserve, la rend non recevable à contester la mesure ou l'opération qu'elle a exécutée elle-même.

Malgré ces différences, les préparatoires et les interlocutoires produisent un effet commun, lorsque leur exécution est refusée par celle des parties qui en a été chargée. Ce refus est une désobéissance à l'autorité du juge, qui empêche soit la justification de la demande, soit l'instruction de la cause; ce refus peut aussi établir un aveu tacite d'un fait d'abord contesté. D'où il suit que le juge doit peser les conséquences du défaut d'exécution, et par suite déclarer ou la demande non recevable faute de justification, ou condamner le défendeur comme tacitement présumé débiteur. Ces applications ne sont cependant que facultatives, parce que nulle déchéance, nulle peine n'est prononcée par la loi pour le défaut d'exécution d'un jugement non définitif. Le juge lui-même n'est pas lié par un tel jugement, qui peut être modifié et même considéré non avenu par le jugement définitif. (Arrêts des 12 avril 1810 et 14 juillet 1818.)

Les jugemens qui ne sont point définitifs ne sont pas expédiés quand ils sont rendus contradictoirement et prononcés en la présence des parties. Cette prononciation vaut signification; en conséquence, en cas de remise, elle emporte citation à l'audience indiquée.

Dans les cas où ces jugemens ordonnent une opération à laquelle les parties doivent assister, ils indiquent le lieu, le jour et l'heure, et dans ce cas encore la prononciation vaut citation à l'effet de s'y trouver. Il n'est pas nécessaire, comme sous la loi de 1790, que les parties soient averties par le juge que la prononciation vaut citation.

Le fait que le jugement a été prononcé en présence des deux parties, ne pouvant se prouver que par le prononcé du jugement, il est nécessaire qu'il y soit consigné, quoique la loi ne le dise pas en termes précis.

Lorsque le jugement non définitif est rendu par défaut contre l'une des parties, ou lorsqu'après s'être défendue contradictoirement, elle n'a pas été présente à la prononciation du jugement, il est indispensable de le citer à la partie en l'absence de laquelle il a été prononcé, afin qu'elle soit avertie des jour, lieu et heure de l'opération ordonnée, à laquelle on lui fait sommation de se trouver.

Si le jugement ordonne une opération par des gens de l'art, le juge délivre, à la partie requérante, cédule de citation pour appeler les experts. (Art. 29.) Elle fait mention du jour, de l'heure, du lieu où se fera l'opération, et contient le dispositif du jugement.

Par la même cédule, le juge permet de citer les témoins aux mêmes jour, lieu et heure, tant ceux de la partie demanderesse, que ceux du défendeur s'il entreprend de faire une preuve contraire.

Toutes les fois que le juge de paix se transporte sur les lieux contentieux, soit pour en faire la visite, soit pour entendre les témoins, il est assisté du greffier qui apporte la minute du jugement qui ordonne l'opération. Cet apport de la minute est nécessaire pour préciser l'objet de la visite ou celui de l'enquête : il doit en être fait lecture aux gens de l'art et aux témoins. Mais n'anticipons pas sur la visite des lieux contentieux, qui sera bientôt l'objet d'un chapitre spécial.

CHAPITRE XV.

Des diverses Enquêtes qui se font devant les Juges de Paix.

PREMIÈRE ESPÈCE D'ENQUÊTE.

« Si les parties sont contraires en faits, de nature à être prouvés par témoins, et dont le juge trouve la vérification utile et admissible, il ordonne la preuve et en fixe l'objet précisément. » (Art. 34 du code de procédure.)

Deux conditions résultent de ce texte : la première, que les parties soient contraires en faits; la seconde, que le juge reconnaisse que la preuve de ces faits est utile, nécessaire ou admissible. La loi du 26 octobre 1790 exigeait, outre ces deux conditions, que le juge avertit les parties qu'il y avait lieu de procéder à une enquête, en les interpellant de déclarer si elles voulaient entreprendre la preuve de leurs faits; mais cette formalité est réputée abrogée par le code de procédure, qui n'en parle pas. Les deux conditions de l'article 34 suffisent donc pour que le juge puisse admettre les parties à la preuve testimoniale. Il peut même l'ordonner d'office sans qu'elle lui soit demandée; l'article 254 ne permet aucun doute à cet égard, mais il faut du moins que les faits sur lesquels elle doit porter soient contestés; autrement elle serait inutile et ne prouverait rien.

Le jugement qui ordonne la preuve testimoniale énonce les faits qui y donnent lieu. Ces faits doivent être pertinens, c'est-à-dire avoir un rapport particulier avec la demande ou la défense, ou les questions à juger. (Art. 34 *ibid.*) Ce jugement doit encore permettre la preuve contraire, c'est-à-dire une contre-enquête; néanmoins, s'il ne la réservait pas au défendeur, celui-ci pourrait la faire également, parce qu'elle est de droit; on doit d'ailleurs la regarder toujours comme sous-entendue. (Art. 256 code de procéd.)

Mais quels sont les faits de nature à être prouvés testimonialement? L'article 1341 du code civil répond à cette question en ces termes : « Il doit être passé acte devant notaires, ou sous signature privée, de toutes choses excédant la somme ou valeur de 150 fr., même pour dépôts volontaires; et il n'est reçu aucune preuve par témoins contre et outre le contenu aux actes, ni sur ce qui serait allégué avoir été dit avant, lors, ou depuis les actes, encore qu'il s'agisse d'une somme ou valeur moindre de 150 fr. Le tout, sans préjudice de ce qui est prescrit dans les lois relatives au commerce. »

Ainsi, celui qui a formé une demande excédant 150 fr., ne peut être admis à en faire la preuve testimoniale, même en restreignant sa demande. (Art. 1343 *ibid.*) Cette preuve ne peut encore être admise pour une somme moindre de 150 fr., lorsqu'elle est déclarée être le restant ou faire partie d'une créance au-dessus de 150 fr., qui n'est point justifiée par écrit. (Art. 1344 *ibid.*) Enfin, la preuve vocale est interdite pour plusieurs demandes ayant des causes diverses et étant réunies dans une même contestation, lorsque leur valeur totale excède 150 fr. (Art. 1345.) Cependant, si celui qui offre la preuve testimoniale représentait une pièce que l'on devrait considérer comme un commencement de preuve par écrit, la preuve par témoins pourrait être admise au-dessus de 150 fr. (Art. 1347.)

Pour parvenir à l'enquête, il est dit, par le second § de l'article 29 du code de procédure, que le juge de paix délivrera une cédule qui fera mention de la date du jugement, du lieu, du jour et de l'heure auxquels l'enquête sera faite. Cette cédule n'est point prescrite à peine de nullité, mais elle est regardée comme indispensable, étant le premier acte de l'enquête en justice de paix, et justement assimilée à l'ordonnance d'ouverture d'enquête que l'article 260 du code de procédure exige, dans les tribunaux ordinaires, de signifier aux témoins, à peine de nullité. Aussi, cette cédule est généralement délivrée depuis long-temps, surtout depuis le 24 janvier 1817, date d'un arrêt de la cour de cassation, qui a décidé que les formalités prescrites pour les enquêtes en justice de paix sont de rigueur.

La cédule est notifiée aux témoins par le premier huissier requis, qui en dresse acte au pied de la cédule, dans la forme ordinaire des citations. Il n'y a point de notification aux parties, parce que la prononciation, en leur présence, du jugement qui ordonne l'enquête, les oblige à comparaître. Néanmoins, si le jugement avait été prononcé par défaut contre l'une d'elles, la notification de la cédule devrait lui être faite comme aux témoins et dans la même forme.

« Au jour indiqué pour l'enquête, les témoins comparaissent, déclarent leurs prénoms, noms, professions, âges et demeures; ils font le serment de dire vérité, et s'ils sont parens ou alliés des parties et à quel degré; s'ils sont leurs serviteurs ou domestiques. » (Art. 35 *ibid.*) Ensuite ils sont entendus séparément en présence des parties comparantes à l'audience. (Art. 36.) Néanmoins, si le juge a décidé que la vue du lieu peut être utile pour l'intelligence des dépositions des témoins, ceux-ci y sont cités et entendus avec les mêmes formalités qu'à l'audience. A cet effet, le juge de paix s'y transporte avec les parties qui y sont également citées. Nous dirons, dans le chapitre suivant, dans quel cas le transport sur les lieux peut être ordonné. (Voir l'art. 38.)

Si l'une des parties ne comparaît pas, soit à l'audience, soit sur les lieux, le juge de paix donne défaut contre elle et passe outre à l'enquête. Si cette partie a fait citer des témoins, son absence n'est point un obstacle à ce qu'il soit procédé à leur audition, la loi veut que les témoins cités soient entendus, tant en absence qu'en présence des parties. (Article 462 cod. de proc.) Peu importe que ce soit le demandeur qui ne se présente pas, parce qu'une enquête se fait pour découvrir la vérité dans l'intérêt de toute partie et pour éclairer le juge dans sa décision. Enfin, la partie qui ne comparaît pas à l'enquête, peut former opposition au jugement par défaut donné contre elle, et cette opposition remet les choses au même état qu'elles étaient auparavant. De là, la nécessité d'entendre les témoins de la partie défaillante, afin qu'elle puisse invoquer leurs dépositions en comparaissant sur son opposition.

Mais si les témoins eux-mêmes ne comparaissent pas, que doit-il être fait?

La partie du code de procédure consacrée aux justices de paix, contient une lacune sur ce point; mais il est facile de la remplir en observant les formalités prescrites par les articles 263 et 264 du même code. Le premier dispose que les témoins défaillans seront condamnés, par ordonnance du juge, à une somme qui ne pourra être moindre de 10 fr. envers la partie, à titre de dommages-intérêts; et que, de plus, ils pourront être condamnés à une amende qui ne pourra excéder cent francs. Les témoins défaillans seront réassignés à leurs frais.

L'art. 264 ajoute : « Si les témoins réassignés sont encore défaillans, ils seront condamnés, et par corps, à une amende de 100 fr.; le juge pourra même décerner un mandat d'amener contre eux. »

Mais si les témoins non comparans font présenter des excuses valables dès la première audience, le juge de paix ne prononce ni indemnité ni amende contre eux; il ordonne seulement qu'ils seront réassignés; et si les témoins comparaissent sur la réassignation, ils sont déchargés de l'amende et des frais auxquels ils ont été condamnés à la première audience, pourvu qu'ils justifient qu'il leur a été impossible de s'y présenter. (Art. 266 du cod. de proc.)

Nous avons dit que les témoins doivent prêter serment de dire la vérité; il faut ajouter, à peine de nullité de l'enquête. La loi ne prononce cependant pas cette peine pour les justices de paix; mais il faut remarquer deux choses : la première, que les formalités des enquêtes sont de rigueur, même dans ces justices (Arrêt du 24 janvier 1817, cour de cass.); la seconde, que le serment est une formalité substantielle de l'enquête; or, toute omission ou violation d'une telle formalité est une nullité de droit qui existe malgré le silence de la loi, à la différence de la simple nullité de procédure. (Même arrêt.) Ces principes sont maintenus pour les justices de paix, par trois autres arrêts des 12 décembre 1812, 7 mars 1817 et 4 février 1826, lesquels ont positivement jugé que le serment des témoins est de rigueur, et que sa non-énonciation, ou son énonciation imparfaite dans les jugemens des justices de paix, est une nullité substantielle.

Après le serment prêté, chaque partie peut fournir ses reproches, si elle en a, contre un ou plusieurs des témoins de son adversaire ; mais elle doit les proposer et signer avant les dépositions commencées, autrement elle n'y serait plus recevable, à moins que les reproches ne fussent justifiés par écrit. Si elle ne sait signer, elle le déclare par l'acte de reproches. Mais quels reproches sont proposables en justice de paix? Ici il existe encore une lacune dans le code de procédure, qu'il faut remplir par l'art. 283, que l'on regarde généralement comme le complément obligé de l'art. 36. Voici le texte du premier :

« Pourront être reprochés, les parens ou alliés de l'une ou de l'autre des parties, jusqu'au degré de cousin issu de germain inclusivement; les parens et alliés des conjoints au degré ci-dessus, si le conjoint est vivant, ou si la partie ou le témoin en a des enfans vivans. En cas que le conjoint soit décédé et qu'il n'ait pas laissé de descendans, pourront être reprochés les parens et alliés en ligne directe, les frères, beaux-frères, sœurs et belles-sœurs. »

« Pourront aussi être reprochés, le témoin héritier présomptif ou donataire; celui qui aura bu ou mangé avec la partie et à ses frais, depuis la prononciation du jugement qui a ordonné l'enquête; celui qui aura donné des certificats sur les faits relatifs au procès; les serviteurs et domestiques; le témoin en état d'accusation; celui qui aura été condamné à une peine afflictive ou infamante, ou même à une peine correctionnelle pour cause de vol. »

Il est encore d'autres causes de reproches, parce que l'article 283 n'est point limitatif; on peut donc reprocher les témoins pour les faits admis par la jurisprudence et la loi 3, D. *de testibus*, notamment si les témoins ont intérêt à la contestation, s'ils sont impubères, s'ils sont en procès avec la partie contre laquelle ils déposent, ou s'ils sont mal famés.

Les reproches proposés, le juge de paix y fait droit à l'instant, ou il les joint au fond pour y statuer par le jugement définitif. S'il admet les reproches, il ordonne que la déposition du témoin reproché sera réputée non-avenue en jugeant; si au contraire il les rejette, il passe outre à l'audition du même témoin. Dans tous les cas, ce témoin doit être entendu, la loi dit positivement qu'il fera sa déposition quoique reproché. (Art. 284 cod. de procéd.) Cela est nécessaire en justice de paix, dans les causes qui sont jugées à charge d'appel, parce que l'on ne peut priver les juges supérieurs des lumières que les dépositions des témoins peuvent donner, et parce qu'encore ces juges peuvent déclarer mal fondés des reproches qui auraient été déclarés valables par le juge de paix. Néanmoins, nous pensons que, dans les causes en dernier ressort, il est facultatif au juge de paix d'entendre ou de ne pas entendre le témoin contre lequel il aura reconnu des reproches valables. (Arrêt du 3 juillet 1820, rejet.)

Mais comment se fait l'audition des témoins? Ils sont entendus en présence des parties, séparément les uns des autres. (Art. 36.) Les parties ne doivent pas interrompre les témoins dans leurs dépositions; seulement, lorsqu'elles sont terminées, elles peuvent leur faire adresser par le juge des questions ou des interpellations qu'elles croient utiles à leurs intérêts. Le juge lui-même peut d'office, pour éclaircir des doutes, faire aux témoins des interpellations. (Art. 37.)

« Dans les causes sujettes à l'appel, le greffier dressera procès-verbal de l'audition des témoins. Cet acte contiendra leurs noms, âges, professions et demeures, leur serment de dire vérité, leur déclaration s'ils sont parens, alliés, serviteurs ou domestiques des parties, et les reproches qui auraient été fournis contre eux. Lecture de ce procès-verbal sera faite à chaque témoin pour la partie qui les concerne; il signera sa déposition, ou mention sera faite qu'il ne sait ou ne peut signer. Le procès-verbal sera en outre signé par le juge de paix et par le greffier. Il sera procédé immédiatement au jugement, ou, au plus tard, à la première audience. »

Ainsi s'exprime l'art. 39 du code de procéd. Mais, outre les formalités qu'il prescrit pour le procès-verbal d'enquête, cet acte doit énoncer, comme il sera dit dans nos différentes formules d'enquêtes, pages 5 et 7 de notre deuxième partie, 1° la non-comparution d'une partie, si elle a lieu, ou celle des témoins qui ne se présentent pas; 2° la lecture aux témoins du jugement qui ordonne l'enquête; 3° la mention que les témoins ont été entendus séparément; 4° enfin la réassignation que le juge de paix peut avoir ordonnée d'un témoin non comparant, l'amende et les dommages-intérêts auxquels il l'a condamné, etc.

Si le greffier avait omis de rapporter un procès-verbal d'enquête, les juges d'appel pourraient annuler le jugement qui aurait été rendu sur les simples notes tenues par le greffier; ils ne seraient point obligés de faire une nouvelle enquête, parce que ce n'est pas une nullité de procédure, mais bien une nullité substantielle.

Le jugement définitif doit en général être rendu aussitôt après l'enquête, ou, au plus tard, à l'audience suivante. Mais cette règle n'est point absolue ni sans exception, il peut se présenter des circonstances ou s'élever des incidens qui retardent le jugement définitif, par exemple, si le demandeur n'a pu compléter sa preuve à la première audience, il peut demander une prorogation d'enquête, qui doit lui être accordée comme elle l'est devant les tribunaux ordinaires, d'autant plus que la loi ne fixe aucun délai pour terminer l'enquête devant les juges de paix, d'où l'on a conclu « qu'elle se continue de droit jusqu'à ce qu'elle soit complète, et que l'obligation de juger immédiatement l'enquête, ou, au plus tard, à l'audience suivante, ne commence qu'à cette époque. » (Biret, Carré.) Au reste, l'indication du jour de l'enquête peut être changée, en justice de paix, et renvoyée à tel jour convenable au juge. (Arrêt du 19 juin 1832, C. de cass.)

« Dans les causes de nature à être jugées en dernier ressort, il ne sera point dressé de procès-verbal; mais le jugement énoncera les noms, âges, professions et demeures des témoins, leur serment, leur déclaration s'ils sont parens, alliés, serviteurs ou domestiques des parties, les reproches et le résultat de leurs dépositions. » (Art. 40, code de proc.)

DEUXIÈME SORTE D'ENQUÊTE EN JUSTICE DE PAIX.

Aux termes de l'article 1035 du code de procédure, les cours et tribunaux ont la faculté de déléguer leur autorité aux juges de paix pour procéder à des enquêtes, à des interrogatoires sur faits et articles et autres opérations, lorsque les parties ou les lieux contentieux seront trop éloignés du chef-lieu judiciaire.

Ces enquêtes, ainsi déléguées, doivent-elles être faites suivant les formalités prescrites pour les justices de paix, ou doit-il y être procédé, au contraire, conformément aux dispositions du titre XII du livre II du code de procédure? Cette question est controversée et même jugée de différentes manières. Il a été publié une dissertation sur ce sujet dans le Correspondant des juges de paix, tome 3, page 1re. En voici l'analyse abrégée.

« Pour dispenser le juge de paix d'observer les formalités d'une enquête ordinaire, lorsqu'il procède en vertu de commission rogatoire, on a dit :

« 1° Que les articles 255 et 1035, en donnant aux cours et tribunaux la faculté de commettre un juge de paix, ont pour but d'éviter des frais dans l'enquête déléguée; qu'ainsi le juge de paix ne doit y procéder que suivant les formalités instituées pour les enquêtes qui se font dans sa justice, autrement le but de la loi serait manqué. » (Arrêts des 18 avril 1810, Rennes, et 10 nov. 1807, Caen.)

« 2° Que si le juge de paix commis était obligé d'observer les formalités multipliées et compliquées des enquêtes ordinaires, on introduirait le ministère des avoués dans les justices de paix où il est formellement interdit. »

3° « Qu'il n'existe aucune disposition législative prescrivant, dans le cas d'un juge de paix commis, des formalités spéciales à suivre pour l'opération déléguée; que dès-lors l'ordre tracé pour le juge de paix, est le seul à suivre régulièrement. » (Arrêt de Rennes, du 5 avril 1808.)

« 4° Qu'enfin, donner à un juge d'exception des attributions qui sortent du cercle qui lui est tracé, c'est empiéter en quelque sorte sur la puissance législative, puisque c'est rendre ce juge capable d'observer ou de faire observer des formalités qui ne sont instituées que pour les tribunaux ordinaires uniquement. »

« Ces motifs paraissent avoir quelques fondemens, mais il en est d'autres plus puissans, les voici :

« En premier lieu, le juge de paix commis par une cour ou un tribunal, n'est pas un simple juge de paix pendant l'opération déléguée, il est alors commissaire de la cour ou du tribunal déléguant; il est donc investi des mêmes pouvoirs et d'une égale autorité que les magistrats qu'il représente. Ainsi il est soumis comme eux aux mêmes devoirs et aux mêmes formalités. » (Arrêt du 4 juillet 1827, C. de Limoges.)

« En second lieu, si le ministère des avoués est interdit dans les justices de paix, il ne l'est point devant le commissaire d'une cour ou d'un tribunal civil, procédant à une enquête ordinaire et non sommaire; loin de cela, le ministère des avoués est obligé dans une telle enquête, qui ne change point de nature parce qu'un juge de paix délégué y procède. »

« En troisième lieu, il est vrai que nulle loi n'établit des dispositions uniquement spéciales aux enquêtes déléguées par les cours et tribunaux; mais c'est précisément par le défaut de règles spéciales, qu'il faut suivre celles qui sont établies pour les mêmes matières à raison desquelles la délégation a lieu. La nature des choses le veut ainsi et repousse tout ordre contraire. Le juge délégué ne pourrait même être dispensé des formalités de l'enquête ordinaire, par la cour ou le tribunal déléguant, encore qu'il déclarerait, par un second jugement, qu'il n'a entendu demander au juge de paix commis par le premier jugement, que de simples renseignemens, attendu que ce juge ne peut, *dans aucun cas*, faire, sur une délégation, un procès-verbal d'enquête, qu'en suivant les formalités exigées par l'article 413 du code de procédure. » Tels sont les termes d'un arrêt de la cour de cassation, du 22 juillet 1828.

« Enfin, et en quatrième lieu, dire qu'en imposant au juge de paix commis, des attributions qui sortent du cercle de celles qui lui sont tracées, on porte atteinte à la puissance législative, c'est faire une fausse application des principes; c'est continuer le développement d'une erreur évidente, en présentant toujours un juge de paix qui opère comme tel, tandis que ce juge ne paraît nulle part, ni dans les actes ni dans sa qualité. Encore une fois, on ne peut voir dans le magistrat qui fait une enquête par commission rogatoire, que le délégué d'une cour ou d'un tribunal assujetti aux mêmes devoirs et formalités que celui dont il tient sa mission. »

« Et loin que la loi soit muette, ou que l'on puisse empiéter sur la puissance législative dans la circonstance, il résulte au contraire, et nécessairement, des articles 255 et 1035 du code de procédure, que la délégation des cours et tribunaux emporte autorisation au juge commis de procéder comme il est prescrit pour ceux-ci, par cela seul que ces articles ne changent pas la nature des actes qu'ils permettent de déléguer, et qu'ils ne transforment pas des enquêtes ordinaires en celles très-sommaires de la justice de paix. »

« Nous pensons que ces motifs sont tous péremptoires, et nous pourrions, s'il en était besoin, invoquer à leur appui la doctrine de MM. Demiau de Crousilhac, page 206, et Carré, page 75, qui est conforme à la nôtre. Enfin, nous dirons que la cour de Rennes elle-même a changé sa jurisprudence par un troisième arrêt du 19 juillet 1811, par lequel elle a prescrit à un juge de paix commis pour faire une enquête, d'y observer les formalités prescrites par le titre XII du livre II du code de procédure. »

Pour remplir ces formalités, il faut principalement que l'avoué de la partie qui poursuit l'enquête, présente au juge de paix l'expédition de l'arrêt ou du jugement portant sa commission ou délégation, et l'original de la signification qui en a été faite à la partie adverse; que, sur le vu des pièces, il demande au juge de lui délivrer une ordonnance pour assigner les témoins dans le délai de la loi, et pour déclarer ouvert le procès-verbal d'enquête.

Au pied de la réquisition, le juge déclare cette ouverture et rend séparément l'ordonnance pour appeler les témoins devant lui aux jour, lieu et heure qu'il indique. Cette ordonnance est signifiée tant aux témoins qu'à la partie, au domicile de son avoué, par le premier huissier requis. Voyez pour connaître les délais en matière d'enquête ordinaire, les art. 257, 258 et suivans du code de procédure.

Au jour fixé par l'ordonnance, le juge de paix commis reçoit, sur son procès-verbal, la comparution des parties, leurs dires et réquisitions, et, sur le vu de l'original de la signification de son ordonnance, il entend les témoins séparément en présence desdites parties. D'abord, il procède à l'audition des témoins du demandeur, et ensuite à celle de ceux du défendeur, si celui-ci fait une contre-enquête. La déposition de chacun est écrite au procès-verbal d'enquête avec les énonciations et formalités qui sont prescrites par les articles 269, 270 jusqu'à 277. Ce procès-verbal doit surtout faire mention, à peine de nullité, de l'observation du contenu aux articles 269 à 274, et il est terminé par les signatures du juge, du greffier et des parties, si elles peuvent ou veulent signer. Au reste, voyez dans la procédure complète des justices de paix, page 250, 4e édition, un modèle de procès-verbal d'enquête sur commission rogatoire, adressée à un juge de paix.

TROISIÈME SORTE D'ENQUÊTE EN JUSTICE DE PAIX.

Celle-ci a lieu devant le juge de paix jugeant en police simple; nous ne ferons que l'indiquer ici, parce que ses formalités seront exprimées au chapitre II du titre II, section III ci-après.

CHAPITRE XVI.

De la Visite des lieux contentieux et des appréciations.

Lorsqu'il s'agit soit de constater l'état des lieux, soit d'apprécier la valeur des indemnités et dédommagemens demandés, le juge de paix ordonne que le lieu contentieux sera visité par lui en présence des parties. (Art. 41, code de procédure.)

Si l'objet de la visite ou de l'appréciation n'exige que des connaissances familières au juge de paix, il peut procéder lui-même aux visites et expertises ordonnées. Si, au contraire, l'objet de la visite ou de l'appréciation exige des connaissances qui lui soient étrangères, il ordonne que des gens de l'art feront la visite avec lui, et lui donneront leur avis. (**Art. 42.**) Les gens de l'art sont nommés par le jugement même qui ordonne la visite, et ils prêtent serment de bien s'acquitter de leurs fonctions; ils signent le procès-verbal du juge, et s'ils ne le savent ou ne le peuvent faire, ils le déclarent, et mention en est faite. (Articles 42 et 45.)

La loi dit que les experts donneront leur avis; ce n'est donc pas une règle pour le juge de paix; il peut, au contraire, adopter ou rejeter cet avis, suivant ses lumières et sa prudence. *Dictum expertorum numquam transit in rem judicatam.* Cette maxime est consacrée par le code de procédure, art. 232, qui est applicable aux justices de paix.

Mais dans quel état de la cause la visite des lieux doit-elle être ordonnée? La loi ne s'explique point à cet égard, et il est d'usage général de ne l'ordonner qu'après avoir entendu contradictoirement les parties à la première audience, parce qu'alors le juge connaît mieux la nécessité de la visite. Néanmoins, il arrive quelquefois, dans des cas très-urgens, que cette visite est ordonnée avant l'audience par une cédule qui contient à la fois la réquisition de la visite et les conclusions principales du demandeur. Une procédure semblable a été maintenue par arrêt de la cour de cassation du 4 février 1829.

Le juge de paix, avant ou après la visite ordonnée, peut être récusé: alors, doit-il se conformer à l'article 172 du code de procédure, qui défend aux juges de réserver une telle exception pour la joindre au fond? Il peut, sans violer cet article, ordonner une vérification des lieux pour se mettre à même de connaître avec exactitude l'objet de la demande, et s'éclairer sur sa compétence. (Arrêt du 1er juin 1830, cour de cassation.)

Si, en ordonnant la visite des lieux, le juge de paix a aussi ordonné une expertise ou une enquête, il délivre une cédule, aux termes de l'article 29, pour faire appeler les experts et les témoins sur le lieu contentieux, aux jour et heure qu'il indique ou qui ont déjà été indiqués par le jugement. Mais si la visite n'est suivie ni d'une enquête ni d'une expertise, la cédule est inutile, parce que les parties sont tenues de comparaître d'après la simple prononciation du jugement. Néanmoins, si l'une d'elles était absente, la cédule serait nécessaire pour faire connaître à la partie défaillante les opérations ordonnées, et pour la citer à y assister.

Quand la visite est faite par le juge seul et sans être suivie d'une enquête, il en dresse procès-verbal, si la cause ne doit être jugée qu'en première instance. Cet acte contient sa date, les comparutions des parties, ou le défaut qui est prononcé contre celle qui ne se présente pas; l'état et la vérification des lieux contentieux, les empiètemens, usurpations, dommages ou voies de fait qui ont été commis, les incidens qui peuvent survenir, et les décisions qui s'ensuivent. Enfin, sur le vu de cet acte, le jugement définitif est prononcé séparément, si toutefois le juge trouve la cause en état d'être jugée sur le lieu contentieux; sinon il renvoie les parties à la première audience.

Si la visite est suivie d'une enquête et d'une contre-enquête, l'une et l'autre sont mentionnées sommairement dans le procès-verbal du juge, au pied de la visite. Les témoins sont entendus avec les formalités que nous avons exprimées dans le chapitre précédent.

Si enfin cette visite a lieu par des experts qui assistent le juge, il faut se conformer à l'article 42 du code de procédure dont nous avons déjà donné les principales dispositions. Ajoutons que l'avis des experts est inséré au procès-verbal du juge; ils le signent avec lui. Cependant, si les experts opéraient seuls, ils feraient un rapport spécial de leurs opération, visite ou estimation, qui serait rédigé par le greffier dans le cas où ils ne sauraient écrire; et si les experts étaient divisés d'opinion, on exprimerait séparément celle de chacun d'eux, sans nommer ni l'un ni l'autre.

Mais, avant que les experts agissent, ils peuvent être récusés par les parties pour les différentes causes que l'on reproche les témoins. Voyez l'article 283 rapporté au précédent chapitre. La récusation des experts n'a cependant lieu, en général, que lorsqu'ils sont nommés d'office par le juge; c'est ainsi qu'en dispose l'article 308. Mais si, depuis la nomination des experts, il survenait des causes de récusation, ils pourraient être récusés, encore qu'ils ne seraient pas nommés d'office.

Comment se juge la récusation? Par le juge de paix, suivant les faits allégués ou les pièces présentées; il n'est point obligé d'ordonner une enquête sur les faits de la récusation.

Nous avons dit que les experts doivent prêter serment; mais comment cet acte se fait-il en justice de paix? Si les experts sont présens au moment de leur nomination, ils font leur serment, soit qu'ils assistent le juge, soit qu'ils doivent opérer seuls, et mention en est faite par le jugement. Si, au contraire, ils sont absens, et s'ils doivent assister le juge, ils font leur serment sur les lieux contentieux devant le juge qui en fait mention sur le procès-verbal de visite; mais s'ils doivent agir seuls, leur serment se fait par un acte particulier, séparé de leur rapport. Au reste, les experts sont, dans tous les cas, appelés sur les lieux par une cédule qui leur est notifiée, conformément à l'article 29 du code de procédure. Cette cédule fait mention du lieu, du jour, de l'heure de l'opération, du fait, des motifs et de la disposition du jugement.

Il doit être nommé trois experts ou un seul dans les justices de paix, comme dans les tribunaux ordinaires; la loi ne fait aucune différence à cet égard, et la raison est la même dans tous les cas, parce que l'avis des experts doit toujours se former à la majorité.

C'est au juge qu'il appartient de décider s'il possède les connaissances suffisantes pour se dispenser de nommer des experts; et s'il est, dans le cas de faire seul l'opération ordonnée. L'article 42 s'en rapporte à sa prudence, et ne permet, dans aucun cas, de discuter les connaissances du juge, ce qui serait très-inconvenant et peu respectueux. Néanmoins, nous pensons que les parties peuvent demander que le juge nomme des experts; la loi ne s'y oppose pas.

CHAPITRE XVII.

De la Péremption d'instance.

« Dans le cas où un interlocutoire aurait été ordonné, la cause sera jugée définitivement, au plus tard, dans le délai de quatre mois, du jour de l'interlocutoire. Après ce délai, l'instance sera périmée de droit. Le jugement qui serait rendu sur le fond sera sujet à l'appel, même dans les matières dont le juge de paix connaît en dernier ressort, et sera annulé sur la requête de la partie intéressée. Si l'instance est périmée par la faute du juge, il sera passible de dommages-intérêts. » (Art. 15 du code de procédure.)

Plusieurs exceptions sont admises à cette disposition; nous les empruntons au code annoté des justices de paix.

1º « La péremption n'est point applicable quand le juge de paix est incompétent. Tout acte fait sans caractère est absolument réputé non avenu. Ainsi, un interlocutoire incompétemment rendu ne fait pas courir la péremption. » (Arrêt du 24 frimaire an IX.)

2º « En matières de douanes, la péremption est acquise si le juge n'a pas prononcé son jugement au jour indiqué pour la comparution ou dans les trois jours suivans. En ce cas, l'administration des douanes ne peut recommencer son action; il y a déchéance. » (Arrêt du 5 prairial an XI, cass.)

3º « Quoique la partie demanderesse ait empêché le juge de prononcer sur le fond de la contestation dans le délai de 4 mois, à défaut de faire ses diligences ou autrement, l'action est également périmée. Le délai de la péremption est de rigueur, nul n'a le droit de le proroger. (Arrêt du 16 germinal an XI.)

4º « On peut induire, par une conséquence de l'article 397 du code de procédure, que le décès de l'une des parties interrompt la péremption pendant six mois. (Arrêt du 17 mai 1810, cour de Riom.)

5º La dénégation d'écriture ou l'inscription de faux suspend nécessairement le jugement du principal jusqu'à ce qu'il soit fait droit sur l'incident

Ainsi, le délai de quatre mois pour la péremption ne court pas du jour de l'interlocutoire, mais seulement du jour où il a été statué sur la dénégation de l'écriture ou l'inscription de faux.

6° Si, après le jugement interlocutoire, il est exercé des récusations contre les experts, ou s'il a été élevé d'autres incidens qui ont empêché le demandeur d'obtenir un jugement définitif dans les quatre mois de l'interlocutoire, la péremption n'est point acquise dans ce délai. (Arr. du 4 février 1807.)

7° La péremption ne s'acquiert pas également dans le même délai lorsque, sur une action en complainte, le défendeur a élevé une question de propriété préjudicielle, et que le juge de paix lui a ordonné de faire décider cette question dans six mois. (Arrêts des 31 août 1813 et 12 février 1822.)

8° Enfin, lorsqu'il n'a été rendu qu'un jugement préparatoire, ce n'est pas le cas d'appliquer l'article 15 précité, qui exige un interlocutoire. (Arr. du 22 février 1822.)

Ainsi, sans un tel jugement point de péremption, qui ne court plus du jour de la citation comme sous l'empire de la loi du 14 octobre 1790. Des jurisconsultes ont cependant dit le contraire; mais, pour prouver leur erreur, il suffit de rappeler les motifs de l'adoption de l'article 15. « Un membre » observa que cet article ne concernait » que le cas extraordinaire où il serait » prononcé un interlocutoire auquel la » partie n'aurait pas satisfait. M. le pré» sident lui répondit qu'il était impos» sible de s'y méprendre. Enfin, lors de » la délibération, M. le président dit » qu'il maintenait l'article, parce que » ses effets se réduisaient au seul cas » où il y avait un interlocutoire. » (Locré, pages 48 et 50, tom. 1er.)

Mais, si une affaire avait été jugée en dernier ressort dans le délai de quatre mois, « et si, pour y parvenir, le juge » de paix avait précipité sa décision » outre mesure et sans une instruction » suffisante de la cause, les parties pour» raient-elles se pourvoir par appel? » Non, il n'y a en ce cas que le re» cours en cassation contre tout juge» ment en dernier ressort, à moins qu'il » ne fût mal à propos qualifié tel; alors » l'appel serait recevable. » (Code annoté, page 91; arrêt du 6 avril 1807.)

La péremption a lieu contre les mineurs, les interdits et autres incapables, à la différence de la prescription qui ne court que contre les parties capables d'agir et d'exercer leurs droits. Mais quel effet produit la péremption en justice de paix? Le même qu'elle opère dans les tribunaux de première instance; elle n'éteint pas l'action, mais seulement les actes de la procédure. Ainsi, le demandeur peut former une nouvelle action si son droit n'est pas prescrit, mais il ne peut, dans aucun cas, se servir des actes de procédure faits sur sa première demande; il faut donc recommencer ces actes, même les enquêtes, les visites des lieux, les estimations qui auraient pu avoir lieu. Telle est la nouvelle jurisprudence. Voyez les art. 397 et suiv. du code de procédure.

On a vu, par l'article 15 précité, que la loi ne distingue pas si c'est par la faute des parties qui n'ont pas mis la cause en état, ou si c'est par la faute du juge, que le jugement définitif n'a pas été rendu dans les quatre mois de l'interlocutoire; la péremption a donc lieu dans les deux cas, mais au second où l'instance est périmée par la faute du juge, il est passible de dommages-intérêts. Pour les faire prononcer, il faut intimer le juge de paix sur l'appel, cela est évident; par conséquent il faudra en obtenir la permission du tribunal où l'appel sera porté dans les formes prescrites pour la prise à partie, car la demande tendant à des dommages-intérêts en est une véritable.

CHAPITRE XVIII.

Des Jugemens définitifs, de leurs suites ou exécutions, et des frais et dépens.

§ Ier. — *Règles communes à tous les jugemens.*

Nous avons donné au § III du chapitre X, les règles qui concernent les diverses comparutions des parties qui demandent jugement, et celles qui doivent s'observer pour le bon ordre et la police des audiences; il serait inutile de se répéter. Ce sont donc d'autres règles qu'il faut tracer ici.

1° Toute affaire qui ne pourra être jugée à l'audience indiquée, devra être renvoyée à la première audience suivante, avec injonction aux parties de s'y présenter. Ce renvoi ne doit cependant être ordonné qu'après que l'affaire est appelée. Par ce moyen, les parties ne peuvent ignorer que leur contestation n'a pas été jugée; elles sont au contraire averties de se présenter de nouveau à l'audience prochaine, sans qu'il soit besoin d'une nouvelle citation. Néanmoins, si le demandeur ne comparaissait pas dès la première audience, point de remise, le juge de paix donne défaut contre lui en le déboutant de sa demande.

2° Dans toute cause qui est introduite devant lui, le juge de paix a la faculté d'ordonner que les pièces ou actes dont les parties se sont servies respectivement pour leurs défenses, soient produites et déposées entre ses mains pour les examiner et en délibérer. (Art. 15, code de procédure.) Il n'est plus astreint, comme sous l'empire de la loi du 14 décembre 1790, à vider le délibéré sur-le-champ; il peut remettre le jugement de la cause à la première audience.

3° Tout jugement par défaut ou contradictoire, interlocutoire, définitif ou provisoire, en première instance ou en dernier ressort, doit contenir les noms du juge de paix et de l'officier qui remplit le ministère public (s'il s'agit d'un jugement de police); l'exposition sommaire des points de fait et de droit, les motifs et le dispositif. Ainsi le veut l'article 141 du code de procédure qui est applicable et appliqué chaque jour dans les justices de paix.

Mais cet article est-il obligatoire à peine de nullité? Il ne prononce point cette peine, et l'on a induit de son silence et des dispositions de l'article 1030, que la nullité ne doit pas être prononcée. A cela, MM. Biret et Carré ont répondu que, sous l'empire de la loi du 24 août 1790, on a toujours jugé que les énonciations semblables à celles de l'article 141, ne pouvaient être omises ou violées, à peine de nullité; qu'ainsi, ce même article 141 reproduisant absolument les dispositions de la loi du 24 août, la pénalité continuait; que d'ailleurs les différentes parties qui concourent à la rédaction des jugemens constituent leur essence et sont autant de formalités intrinsèques, dont l'absence vicie le jugement d'une manière radicale; qu'enfin, la cour de cassation a déclaré solennellement, par sept arrêts consécutifs, que l'inobservation des formalités prescrites par l'article 141, emporte nullité des jugemens. (Arrêts des 11 juin 1811, 28 juin 1819, 27 décembre suivant, 13 mars 1820, 17 avril 1821, 23 mai suivant, 23 mai 1822 et 23 avril 1829.)

Ces arrêts sont, il est vrai, rendus à l'égard des jugemens des tribunaux ordinaires, mais les formalités substantielles de l'article 141 sont communes à tous les jugemens, nous l'avons déjà dit : ajoutons d'ailleurs que la même cour de cassation les applique spécialement aux jugemens des justices de paix. Voyez notamment les six arrêts des 12 décembre 1812, 7 mars 1817, 4 février 1826, 21 janvier 1827, 16 décembre 1826 et 20 juin 1828.

4° Au commencement du jugement, il faut énoncer 1° les prénoms, nom, profession et demeure du demandeur avec ses conclusions; faire mention de l'exploit de citation qui les contient et de son enregistrement; 2° les prénoms, nom, profession et demeure du défendeur avec ses conclusions; il est quelquefois à propos de rédiger sommairement les dires des parties pour l'intelligence de la cause; 3° viennent ensuite les motifs : lorsque la cause est un peu compliquée, il est commode d'énoncer séparément les motifs tirés du fait et ceux tirés du droit, ce qui se fait ordinairement en ces termes : Considérant, dans le fait..... Considérant, dans le droit....... 4° Le dispositif contient la décision du tribunal, la liquidation des frais adjugés, le nom du juge qui l'a rendu, et la date du jugement. (Voyez nos modèles dans la 2me partie.)

5° Aucun jugement ne doit être rendu sur ou en vertu d'actes non enregistrés ou non timbrés, à peine, contre les juges et suppléans, d'être personnellement responsables des droits. (Art. 47, loi du 22 frimaire an VII.) Toutes les fois qu'une condamnation est rendue, ou une mesure d'instruction ordonnée en vertu d'un acte enregistré, le jugement doit énoncer le montant du droit payé, la date du paiement, le bureau de l'enregistrement et la signature du receveur. (Art. 48 *ibid.*)

6° Tout jugement du juge de paix peut être réputé par défaut contre le défendeur, quoique présent à l'audience, s'il a déclaré ne pas vouloir se défendre. Le seul fait de présence ne suffit pas pour attribuer au jugement un caractère contradictoire.

7° Tout jugement doit contenir la mention qu'il a été rendu en audience publique, même lorsqu'il est prononcé sur le lieu contentieux. (Art. 8, code de procéd., et 153, code d'instruct. crim.)

8° Enfin, les motifs et le dispositif des jugemens de la justice de paix doivent être prononcés publiquement, à peine de nullité. (Art. 7 de la loi du 20 avril 1810, et arrêt de cass., du 23 avril 1829.)

§ II. — *Du Jugement définitif.*

Il en est de plusieurs sortes : les uns règlent définitivement les contestations des parties, soit qu'elles consistent en plusieurs chefs de demande, principales ou reconventionnelles, soit qu'il n'y ait qu'un seul chef; ils font droit sur toutes les conclusions; les autres ne décident qu'un incident ou une exception sans statuer sur le principal.

Nous venons de dire, dans le § précédent, que le jugement définitif doit contenir, comme tous les autres, les différentes parties énoncées dans l'article 141 du code de procédure; mais il doit aussi contenir plusieurs autres formalités.

Il doit taxer les dépens de la cause sur toute espèce de contestation, encore que la partie qui a succombé ne serait condamnée qu'à une partie des frais.

Ceux qui sont admis en taxe sont, pour les matières civiles, exprimés par le tarif du 16 février 1807, et, pour toutes les matières de police, par le décret du mois de juin 1811.

Il est de principe que la partie qui est condamnée au principal, doit l'être aussi, et nécessairement, aux dépens qui en sont la suite. (Art. 1030 du code de procédure.) Cependant, le juge peut, en plusieurs circonstances, compenser les dépens (Art. 131, code de procéd.), c'est-à-dire que chaque partie paiera les siens, ou qu'ils seront payés par moitié, après qu'il en aura été fait masse; ou que telle partie ne paiera que le tiers ou le quart des frais, et l'autre partie les deux tiers ou les trois quarts. Cela dépend du plus ou moins de fondement des diverses demandes des parties, et, quelquefois, du degré de parenté qui existe entre elles. « Mais, dans toutes compensations de dépens, le juge de paix ne doit jamais omettre de décider par qui le coût du jugement sera supporté. » (Pigeau, tome 1er, page 521.)

Si le juge avait omis de prononcer sur les dépens, il n'y aurait pas d'autre moyen de réparer l'erreur que de faire appel du jugement s'il était en première instance, ou de se pourvoir en cassation s'il était en dernier ressort.

Lorsque le jugement définitif donne à la partie condamnée un délai pour se libérer, il doit être fixé d'une manière précise. Ce délai ne s'accorde qu'avec beaucoup de prudence pour ne pas nuire aux intérêts du demandeur. (Art. 1244 code civil.) Il court du jour du jugement, lorsqu'il est contradictoire, et du jour de sa signification s'il est par défaut.

Quand le juge de paix défère le serment à une partie, il doit exprimer clairement les faits sur lesquels il doit être prêté. Cette énonciation est nécessaire pour éviter des doutes, des difficultés, des réticences mêmes. (Toullier, tom. x, pag. 505 et 613.)

Enfin, le jugement définitif doit contenir l'énonciation de son exécution provisoire, si elle a été ordonnée par le juge, soit à charge de donner caution, soit sans caution. Voyez, pour les cas, les conditions et les formalités de l'exécution provisoire, l'article 11 de la loi du 25 mai 1838, au chapitre V ci-devant. Si cette exécution provisoire avait été omise dans la rédaction du jugement, on ne pourrait la rétablir par un second jugement, la juridiction du juge étant épuisée par le premier.

§ III. — *Suite ou exécution des Jugemens de la Justice de Paix.*

« Nul jugement ni acte ne pourront être mis à exécution s'ils ne portent le même intitulé que les lois, et s'ils ne sont terminés par un mandement aux officiers de justice. » (Art. 545 code de procéd.)

Point de doute; cette disposition est applicable aux justices de paix : les termes généraux dans lesquels elle est conçue ne permettent pas d'en douter ; aussi elle est ponctuellement observée dans ces justices.

Inutile de rapporter mot à mot l'intitulé et le mandement dont il s'agit. Voyez l'article 146 du code de procéd.

Les juges de paix ne connaissent point de l'exécution de leurs jugemens. Néanmoins, suivant M. Locré, les législateurs du code de procédure voulurent donner à cet égard aux juges de paix une juridiction égale à celle des autres juges, tellement que la proposition d'enlever aux juges de paix la connaissance de l'exécution de leurs jugemens fut expressément repoussée. (*Esprit du code, tome* 1er, *page* 79.)

Mais la disposition attributive n'ayant pas été insérée dans le code de procédure, la jurisprudence des cours s'est manifestée en sens contraire ; elle a établi en principe que les juges de paix, comme juges d'exception, n'ont plus d'autorité lorsqu'ils ont rendu leurs jugemens.

Cette jurisprudence est devenue uniforme et incontestée depuis trente ans, et à présent elle est consacrée par les législateurs de la nouvelle loi organique des justices de paix. Néanmoins, la première commission qui fut chargée de l'examen de cette loi, avait proposé d'attribuer à ces justices la connaissance des contestations qui s'élèveraient sur l'exécution des jugemens qui en émaneraient, à l'exception des incidens relatifs à la contrainte par corps, à la saisie des rentes et à la saisie immobilière ; mais cette proposition fut repoussée par les cours, par le garde-des-sceaux et par la chambre des députés, parce qu'elle était destructive de la règle qui défère aux tribunaux ordinaires l'exécution des jugemens émanés des juridictions extraordinaires, ou d'exceptions, telles que celles des juges de paix et des tribunaux de commerce.

Quant aux mesures pour parvenir à l'exécution des jugemens de ces juges, ce sont les mêmes que celles prescrites pour faire exécuter les jugemens des tribunaux ordinaires et les arrêts des cours ; c'est-à-dire le commandement, la saisie-exécution, la saisie-arrêt, la saisie-brandon, la saisie des rentes, la saisie immobilière, et la contrainte par corps dans quelques cas. Il n'y a point de différence dans les formalités de ces voies d'exécution, lorsqu'elles son employées en vertu d'un jugement de justice de paix; il faut les observer aussi exactement que pour faire exécuter les arrêts et autres jugemens. Voyez les titres VII, VIII, IX, X, XI, XII, XIII, XIV et XV du liv. V du cod. de procéd.

Les voies pour attaquer un jugement de la justice de paix sont au nombre de cinq. La première est l'opposition dont nous avons parlé au chapitre des jugemens par défaut; la seconde est l'appel, qui a été examiné aux articles 13 et 14 du chapitre V; la troisième est la voie de cassation déjà établie à l'article 15 du même chapitre ; les quatrième et cinquième sont la requête civile et la tierce-opposition, qui seront traitées dans le chapitre XXI ci-après.

§ IV. — *Des Frais, Dépens et Vacations en justice de paix.*

Déjà, dans le présent chapitre, § II, nous avons tracé plusieurs règles relatives à la condamnation des dépens ; mais il faut ajouter ici plusieurs principes.

La partie qui succombe n'est pas la seule qui soit condamnée aux dépens. 1° « Les procédures et actes nuls ou frustratoires, ou qui auront donné lieu à une condamnation d'amende, seront à la charge des officiers ministériels qui les auront faits, lesquels, suivant l'exigence des cas, seront en outre passibles des dommages-intérêts de la partie. » (Art. 1031, cod. de procéd.) Ainsi, dans les cas dont s'agit, les huissiers sont passibles des frais.

2° « Les huissiers qui auront excédé les bornes de leur ministère, les tuteurs, curateurs, héritiers bénéficiaires ou autres administrateurs qui auront compromis les intérêts de leur administration, pourront être condamnés aux dépens, en leur nom et sans répétition, même aux dommages-intérêts, s'il y a lieu, sans préjudice de l'interdiction contre les huissiers, et de la destitution contre les tuteurs et autres, suivant la gravité des circonstances. » (Article 132 *ibidem.*)

3º Les maris qui plaident en leur nom personnel dans les instances introduites par leurs femmes, au lieu de les autoriser simplement, peuvent aussi être condamnés aux dépens sans répétition.

Il est de principe que les dépens ne sont point solidaires. Néanmoins, lorsque la loi ou les conventions établissent une solidarité entre les débiteurs, ou lorsque les condamnations principales sont prononcées solidairement contre plusieurs obligés à une même dette, ou contre des cohéritiers, ou des sociétaires, les condamnations aux dépens sont aussi prononcées solidairement.

Les dépens sont taxés par le jugement définitif dans les justices de paix, et non par un acte ou exécutoire séparé. Nous l'avons déjà dit.

La loi du 14 octobre 1790 avait, par le titre IX, réglé et tarifé les dépens et vacations dans les justices de paix; mais cette loi est abrogée par le décret du 16 février 1807, qui depuis a toujours fait la règle.

Ce décret, donné en forme de tarif, contient, dans le premier livre qui comprend les articles 1er à 26, la taxe des vacations des juges de paix, des greffiers et des droits de greffe; la taxe des actes des huissiers, des indemnités aux témoins, aux experts et les frais de garde-scellés. Voyez, pages 182, 183 et 184 de la seconde partie, les textes de ces 26 articles.

Ainsi, sans répéter ici ces textes, nous ferons simplement quelques observations.

1º *Sur les vacations des juges de paix.* — L'article 1er ne s'applique point aux scellés que ces magistrats apposent sur les effets dépendant d'une cure ou d'un évêché, ni sur ceux qu'ils apposent comme officiers de police judiciaire; il ne leur est rien dû ni pour les uns ni pour les autres.

Le temps des vacations se constate en indiquant, à chaque séance, l'heure de son commencement et celle de sa fin (Article 1er du décret du 10 brumaire an XIV); et si l'opération est continuée à une autre heure ou à un autre jour, on fait la même indication. (Article 2 *ibidem.*) Il ne peut être exigé par le juge de paix d'autres et plus forts droits que ceux fixés par les articles 1er, 2 et 3, pour les scellés.

Les vacations pour assistance à tout conseil de famille sont fixées à deux au plus, quelle que soit la durée de l'assemblée ou de la délibération; mais le règlement ne dit point quand ce maximum sera exigé; il faut donc s'en rapporter à la prudence du juge.

Il n'est point dû de vacations pour les actes d'adoption, les émancipations, la nomination d'un conseil à la mère survivante, et la désignation d'un tuteur par le dernier mourant des père et mère. Mais deux de ces actes, l'émancipation et la nomination d'un tuteur, sont toujours suivis d'un conseil de famille pour nommer soit un curateur, soit un subrogé-tuteur; alors il est dû des vacations au juge pour son assistance à ces conseils.

D'après la note qui termine l'article huit du tarif de 1807, il paraît que les vacations du juge, pour les visites des lieux et les enquêtes sur le terrain contentieux, dépendent de la réquisition des parties, puisque sans cela, et surtout s'il n'est pas fait mention au procès-verbal de la réquisition, il n'est point dû de vacations. Au reste, cet article huit et sa note s'appliquent aux enquêtes, visites et autres opérations que le juge de paix est chargé de faire en vertu d'une commission rogatoire des cours et tribunaux.

2º *Sur la taxe des droits du greffier.* — L'article onze n'accorde aucun droit au greffier, ni pour la déclaration des parties qui demandent volontairement, et sans citation, à être jugées, ni même pour le papier du plumitif. Il est juste cependant que ce papier lui soit remboursé. En vain on a dit que, d'après l'article 16 de la loi du 21 ventôse an VII, les greffiers doivent le fournir à leurs frais parce qu'ils en sont indemnisés par les remises que les lois leur attribuent. Mais cette loi ne concerne que les greffiers des tribunaux de première instance, car les greffiers des justices de paix ne reçoivent aucune remise dans aucun cas. On a dit aussi que le papier du plumitif est une charge des greffiers, comme celui de leurs répertoires; mais on a répondu judicieusement, « qu'il n'y a » aucune analogie entre le répertoire » et la feuille d'audience. Le réper- » toire est un registre personnel au » greffe, c'est le tableau de ses écri- » tures et actes ; la feuille d'audience, » au contraire, appartient à tous les » justiciables qui peuvent demander » des expéditions ou extraits des ju- » gemens qui y sont transcrits; pour- » quoi ne paieraient-ils pas le papier » des minutes, comme ils paient celui » des expéditions? » (*Correspondant des juges de paix.*)

L'article 15 du tarif, en accordant au greffier les deux tiers des vacations allouées aux experts, lorsqu'il écrit leur rapport, ne dispose pas pour les expertises en justice de paix, mais bien pour celles qui ont lieu dans les tribunaux ordinaires ; on ne peut en douter, puisque l'on y cite l'article 317 du code de procédure qui n'est applicable qu'aux opérations d'experts ordonnées par les tribunaux de première instance. Ainsi, ce sont les deux tiers des vacations allouées dans ces tribunaux qui doivent être perçus par le greffier rédacteur du rapport.

Les extraits dont parle l'article 16, § II, c'est-à-dire ceux des procès-verbaux d'apposition et de levée de scellés, se paient par rôles, comme toute autre expédition du greffe, suivant le nombre de lignes et de pages indiquées par l'article neuf.

Pour parvenir au recouvrement des droits de greffe et des vacations, « les » greffiers en dressent des états qui » sont vérifiés et visés par le juge de » paix. Ces états sont inscrits au pied » des expéditions, et, à défaut de celles- » ci, il est fait des états séparés. » (Article 1er de l'ordonnance du 17 juillet 1825.)

Si la partie débitrice des frais, ou celle qui en doit faire l'avance, refuse de les payer, le greffier la fait citer devant le premier suppléant, attendu que le juge de paix ayant droit aux vacations, est intéressé dans la cause et ne peut en connaître. Lorsque le greffier a obtenu un jugement de condamnation, il le fait exécuter par les voies ordinaires; mais il doit être remplacé par un commis-greffier tant à l'audience qu'à l'expédition du jugement.

Au surplus, « les greffiers doivent, » sur un registre spécial, coté et para- » phé par le juge de paix, inscrire par » ordre de date et sans aucun blanc, » toutes les sommes qu'ils reçoivent » pour leurs déboursés et émolumens, » sans exception. » (Article 2, même ordonnance.) Ce registre est vérifié par le juge de paix, qui l'arrête une fois par trimestre, ou plus souvent s'il le croit convenable; il dresse procès-verbal de cette vérification qu'il envoie au ministère public. (Article 3 *ibidem.*)

3° *Sur la taxe des huissiers.*—L'article 21 du tarif qui fixe les émolumens des différens actes du ministère des huissiers, dans les justices de paix, est à présent applicable aux huissiers des tribunaux de première instance, toutes les fois qu'ils font des citations, sommations, oppositions et autres actes des justices de paix, parce que ces actes étant taxés spécialement, ne peuvent être payés comme ceux qui sont semblables dans les tribunaux ordinaires.

De même, on applique à tous huissiers, indistinctement, l'article 28 du tarif qui fixe les droits des copies des actes dont il s'agit. Ces copies doivent être lisibles et exactes, sinon elles n'entrent pas en taxe, et l'huissier qui les a signifiées encourt une amende de 25 francs. (Décret du 28 août 1813.)

Le droit accordé aux huissiers des tribunaux de première instance, pour se transporter près des maires, adjoints et greffiers, afin d'obtenir leur visa sur différens actes, ne cesse-t-il pas d'être dû sur les citations et autres exploits qu'ils font en justice de paix? Nous le pensons ainsi, parce que, en faisant ces actes, ils agissent comme huissiers de la justice de paix, et que l'article 23 refuse positivement à ceux-ci tout droit pour requérir le visa de leurs actes.

Mais devant quels juges les huissiers des tribunaux ordinaires poursuivront-ils le paiement des actes qu'ils font dans la justice de paix? Dans celle-ci, sans contredit, sans égard pour leur qualité ni pour le domicile du défendeur. L'article 60 du code de procédure dispose expressément que les demandes formées pour frais, par les officiers ministériels, seront portées au tribunal où les frais ont été faits.

4° *Sur la taxe des témoins et des experts.* — La valeur de la journée de travail se réglait autrefois par le préfet. (Loi du 6 octobre 1791.) A présent, elle est fixée d'une manière graduée, suivant l'importance des populations locales, par la loi du 26 mars 1831. (Voyez-la à sa date dans la deuxième partie.)

Il n'est rien dû aux témoins qui ne sont pas cités, aux termes de l'art. 33 du règlement du 18 juin 1811.

Quant aux experts, « l'extrême modicité de la rétribution qui leur est accordée, met souvent le juge de paix dans la nécessité d'accorder une double journée de travail ; autrement il trouverait difficilement des experts intelligens qui voudraient opérer en sa justice. Heureusement, cela est laissé à sa prudence par l'art. 24. Ainsi, il n'est point obligé, pour la régularité de la taxe, de faire justifier aux experts qu'ils se font remplacer dans leur profession.» (Recueil général.)

CHAPITRE XIX.

Des Jugemens et de la Procédure en matières possessoires.

Déjà, dans le § I de l'art. 6 du chap. V, nous avons parlé des actions possessoires ; de leurs différentes espèces ; des circonstances qui s'y rattachent ; des conditions pour les intenter ; des effets qu'elles produisent ; de la possession annale des objets contentieux, sans laquelle les actions possessoires ne sont plus recevables ; de la nécessité de les former dans l'année du trouble ; de la règle qui défend de cumuler le possessoire avec le pétitoire ; enfin des principaux faits, troubles ou voies de fait qui donnent lieu aux actions possessoires. Il nous reste à tracer ici, 1° quelques principes qui tiennent plus à la procédure sur ces actions qu'au fond du droit ; 2° l'instruction qui les suit et les formalités des jugemens définitifs ou non, qui interviennent en ces matières.

§ Ier. — *Principes relatifs à la Procédure du Possessoire.*

1° Celui qui ne jouit pas *animo domini*, mais seulement d'une manière précaire, de l'objet contentieux, n'est pas recevable à intenter l'action possessoire en complainte. Ainsi, un fermier qui ne jouit ou ne possède que pour le propriétaire, et le possesseur qui n'a que la simple détention *actuelle*, par une possession naturelle, ne peuvent intenter ni la complainte ni la réintégrande, parce qu'ils n'ont ni jouissance civile, ni saisine, ni possession légale.

Mais, l'usufruitier qui est considéré comme possédant *animo domini*, est fondé à exercer la complainte même contre le nu-propriétaire, en cas de trouble ou d'obstacle à l'usufruit. (Art. 599 cod. civ.) De même, un cohéritier peut intenter la même action contre un ou plusieurs de ses cohéritiers. (Arrêts des 6 avril 1824 et 27 juin 1829, rendus contre la doctrine de M. Henrion de Pansey.) De même encore, les communistes ont le droit d'agir possessoirement contre un de leurs communistes qui changerait l'état naturel des choses, ou qui jouirait seul de la chose commune. (Arrêts des 27 juin 1827 et 2 décembre 1828.) Enfin, les communes exercent aussi les mêmes actions, soit contre un ou plusieurs de leurs membres, soit contre des particuliers étrangers qui les troublent dans leurs jouissances ; mais, avant d'intenter l'action possessoire, les communes doivent-elles y être autorisées ? Un avis du conseil d'état, du 3 juillet 1808, les dispensait de cette autorisation ; mais la cour de cassation jugeait au contraire que l'autorisation devait être obtenue, à peine de nullité. (Arrêts des 24 décembre 1828 et 19 mars 1829.) A présent, plus de controverse, la loi du 18 juillet 1837 permet aux communes (Article 55) d'intenter l'action possessoire sans autorisation.

Mais d'autres personnes sont tenues de se faire autoriser pour exercer des actions possessoires : 1° les femmes mariées qui doivent l'être par leurs maris ; 2° les mineurs émancipés qui doivent être assistés de leurs curateurs. (Art. 482 cod. de proc.)

Le demandeur au pétitoire n'est plus recevable à agir au possessoire. (Art. 26 cod. de procéd.) Exemple : Pierre forme sa demande contre Paul, au pétitoire, devant le tribunal civil; depuis il intente, en la justice de paix, action au possessoire contre Paul, soit sans s'être désisté de la première, soit après s'en être désisté. Paul se présente devant le juge de paix et justifie de la demande précédemment formée contre lui au pétitoire; Pierre doit être déclaré non recevable par le juge de paix.

Il en est de même de celui qui, après avoir été condamné au pétitoire par jugement passé en force de chose jugée, a cependant intenté une action possessoire, sous prétexte que depuis le jugement il a possédé pendant an et jour l'objet contentieux; mais cette possession est contraire à l'autorité de la chose jugée; elle ne peut donc produire aucun effet, étant incapable d'opérer la prescription. (Arrêt du 10 juin 1809, cass.)

Mais le demandeur au possessoire, qui a été débouté de son action, ou qui s'en est désisté, est-il recevable à agir au pétitoire? Sans contredit; néanmoins, il ne le peut qu'après avoir satisfait aux condamnations prononcées contre lui. Si néanmoins, la partie qui les a obtenues était en retard de les faire liquider, le juge du possessoire pourra fixer pour cette liquidation un délai après lequel l'action au pétitoire sera reçue. (Art. 27, code de procédure.) Cette disposition est commune au défendeur qui a succombé au possessoire.

Dans quel temps doit se former l'action possessoire? Nous l'avons déjà dit au chapitre V, c'est dans l'année du trouble; mais il nous reste à dire de quel jour elle commence. « Ce n'est pas, disent plusieurs jurisconsultes, du jour où le demandeur a pu être instruit de la voie de fait, mais bien de celui du trouble, soit de fait, soit de droit. » (Henrion de Pansey, Berriat de St.-Prix.) En effet, il résulte de l'article 23 du code de procédure, que le délai court, dans tous les cas, du jour du trouble. (Arr. du 12 octobre 1814, cour de cass.) Néanmoins, la même cour a décidé que, dans le cas où le défendeur a commis plusieurs troubles à raison du même objet, c'est à partir du dernier que le délai doit courir; « sans » qu'on puisse opposer au demandeur » les premiers faits qu'il a ignorés ou » dont il n'a pas eu à se plaindre. » (Arrêt du 7 janvier 1829.)

L'année du trouble court contre toutes sortes de personnes, mineurs, interdits ou autres, sans espérance de restitution.

Celui qui est troublé en sa possession a, pendant l'année du trouble, le choix de se pourvoir ou au pétitoire, ou au possessoire; mais quand il a pris le premier parti, il ne peut plus varier ni revenir à la demande en complainte. Au contraire, celui qui a formé la demande en complainte peut l'abandonner pour se pourvoir au pétitoire.

Si l'auteur du trouble avait, pour prévenir la complainte, formé la demande au pétitoire, la partie troublée qui voudrait se faire maintenir, devrait, sans fournir aucunes défenses, intenter l'action possessoire devant le juge de paix, et alors, sur le vu de la citation, il faudrait suspendre l'instruction du pétitoire jusqu'après le jugement du possessoire.

Les actions possessoires, de quelque espèce qu'elles soient, s'intentent devant le juge de paix des lieux contentieux, par une citation ordinaire, qui contient, outre les formalités prescrites par l'art. 1er du code de procédure, la désignation, situation, étendue et confrontation de l'objet dont il est cas. Toutes ces choses sont nécessaires pour libeller ou expliquer convenablement la demande, et éviter toutes contestations.

Par la même citation, on doit exprimer les conclusions du demandeur, conclusions qui varient suivant la nature de l'action. Si c'est une demande en réintégrande qui est formée, il faut conclure à ce que l'auteur de la voie de fait soit expulsé des lieux dont il s'est emparé par violence ou voie de fait; en conséquence, que le demandeur soit rétabli entièrement dans sa possession et qu'il lui soit accordé des dommages-intérêts, proportionnés au préjudice qu'il a souffert. Si c'est une demande en complainte, c'est à la maintenue dans sa possession que le demandeur doit conclure, aux réparations du trouble et de l'usurpation, à des dommages-intérêts et aux dépens. Enfin, s'il s'agit de former une dénonciation de nouvel œuvre, il faut conclure à l'interruption des ouvrages commencés, à leur démolition, et à des dommages-intérêts, pour les changemens ou les dégâts occasionés par le nouvel œuvre.

Mais ce n'est pas tout; on doit encore exposer les faits qui donnent lieu aux conclusions, c'est-à-dire, le procédé ou les voies de fait du défendeur, les empiétations qui ont été commises; les changemens dans l'état des lieux, s'il y en a, les entreprises illégales qui ont été pratiquées, les violences qui ont pu être exercées; enfin, il faut exprimer, dans la citation, la possession annale du demandeur, le mode de la jouissance et l'époque du trouble.

L'action possessoire peut se juger à la première audience, comme toute autre demande, lorsqu'elle est en état, et que le défendeur ne disconvient ni des faits pris pour trouble, ni de la possession du demandeur. Mais, si l'un ou l'autre sont déniés, le juge doit ordonner une enquête qui ne pourra jamais porter sur le fond du droit, mais seulement sur les faits déniés, soit de possession, soit du trouble. (Article 24, code de procédure.)

Si le défendeur ne comparaît pas, le juge peut également ordonner une enquête si la demande exige une preuve; il pourra même, en donnant défaut contre le défendeur, le renvoyer de la demande si elle lui paraît mal fondée ou déraisonnable. (Art. 150 du code de procédure.)

Par le même jugement qui ordonne l'enquête, le juge de paix peut aussi ordonner la visite des lieux, si elle lui paraît nécessaire, ou si elle est requise par les parties.

Lorsque le résultat de l'enquête du demandeur ne prouve pas les faits qu'il a soutenus par sa demande, il doit en être débouté et condamné aux dépens. Néanmoins si, sans être dénuée de preuve, l'enquête exigeait un certain complément, le juge pourrait proroger l'enquête et permettre au demandeur d'appeler de nouveaux témoins, s'il le requérait.

Si, au contraire, l'enquête établit une preuve suffisante de la demande, le défendeur doit être condamné; mais, dans tous les cas, il a la faculté de faire une contre-enquête, pour établir la preuve contraire à celle du demandeur. Cette contre-enquête se fait en même temps que l'enquête.

Mais que doit-on décider, si les enquêtes respectives établissent que les deux parties ont l'une et l'autre une possession légale? « Quand le juge, » saisi d'une contestation possessoire, » dit la cour de cassation, est dans l'im» possibilité de reconnaître lequel des » deux contendans est le véritable pos» sesseur, il doit renvoyer les parties à « se pourvoir au pétitoire. »(Arrêt du 17 mars 1819.)

§ II. — *Des Formalités et du Contenu des jugemens possessoires.*

Soit que le juge de paix prononce son jugement définitif sur les lieux, soit qu'il renvoie à l'audience pour faire droit sur l'action possessoire, lorsqu'il désire entendre plus amplement les parties ou leurs défenseurs, ou que celles-ci requièrent ce renvoi, le jugement définitif du possessoire doit contenir, comme tout autre, les différentes parties ou dispositions que l'article 141 du code de procédure prescrit; il énonce donc les faits, les conclusions, les moyens et les défenses des parties, le résultat sommaire de l'enquête et de la preuve contraire, s'il y en a eu; les reproches des témoins et la décision qui s'en est suivie, soit pour les admettre ou les rejeter; il contient enfin les motifs et le dispositif par lequel il est définitivement fait droit sur la demande possessoire, sur la maintenue de la possession, les réparations du trouble, les dommages-intérêts et les dépens.

Si le jugement définitif est rendu après une visite des lieux, le juge de paix doit y faire mention du résultat de l'avis des experts, de l'assistance des parties à cette opération, ou du défaut prononcé contre celles qui seraient défaillantes; enfin, de la réquisition de la visite par lesdites parties. Toutes ces énonciations paraissent être rigoureusement exigées, puisqu'un arrêt de cassation, du 11 juin 1830, a décidé que le jugement qui ne les contient pas est nul, quoique la nullité ne soit pas prononcée par l'art. 141.

Lorsque le défendeur agite, dans le

cours de l'instruction, notamment pendant la visite des lieux, une question de propriété, le juge de paix doit se borner, par le jugement définitif, à statuer sur les chefs qui constituent le possessoire, sauf à réserver la voie de droit sur l'exception du défendeur. Si ce magistrat agissait autrement, en décidant quelque chose que ce fût sur cette exception, il cumulerait le pétitoire avec le possessoire, ce qui est expressément défendu, et son jugement serait annulable. (Arrêts des 25 février 1814 et 10 juin 1816, cour de cassation.)

« Mais, dit un jurisconsulte connu, » en serait-il ainsi, si la question de » propriété était agitée par le demandeur lui-même; si, par exemple, il » se prétendait à la fois possesseur et » propriétaire, et concluait à être maintenu dans ces deux qualités? Certes, » les choses ne changeraient pas, parce » que le juge de paix n'est jamais que » celui du possessoire, et il ne dépendrait pas d'une partie ni même des » deux de proroger sa juridiction pour » le rendre compétent au pétitoire. » Cette prorogation ne peut se faire » par cela seul que la compétence » n'existe point pour la propriété dans » la personne du juge. » (Recueil général.)

Le jugement définitif, s'il fait droit sur une demande en réintégrande, doit-il prononcer la contrainte par corps contre la partie condamnée à restituer l'indue possession qu'elle avait envahie, et qu'elle a refusé d'abandonner? Il y a division sur cette question : ceux qui soutiennent l'affirmative se fondent sur le terme réintégrande employé dans l'art. 2060 du code civil; or, la réintégrande est une action possessoire qui n'a aucun trait à la propriété. Ceux qui sont pour la négative invoquent le terme propriétaire, employé dans le même article, d'où ils concluent qu'il n'y a que celui qui a la propriété qui puisse demander la contrainte par corps.

Cette question se décide en peu de mots : le code dit que la contrainte par corps a lieu en matière de réintégrande: donc il l'admet pour l'action possessoire, cela est indubitable, car dans l'article suivant il parle du pétitoire et l'admet encore. Ainsi, point de contestation raisonnable; il est évident que la contrainte par corps est une mesure coërcitive pour faire exécuter la réintégrande, le juge du possessoire peut donc l'ordonner.

CHAPITRE XX.

Des Minutes et Expéditions de la Justice de Paix, de leur enregistrement, et des Répertoires.

Suivant la loi du mois d'octobre 1790, tit. VIII, art. 3, le greffier de la justice de paix devait tenir, pour chaque affaire, une minute détachée et particulière, en forme de cahier, sur lequel étaient écrits successivement, et à leur date, tous les jugemens préparatoires, interlocutoires et définitifs. Dans les affaires sujettes à l'appel, étaient pareillement écrits, sur un même cahier, tous les actes d'instruction, de manière que le cahier présentait, avec le jugement définitif, le tableau de l'instruction qui l'avait précédé. Il n'en est plus de même à présent : le greffier de la justice de paix tient une feuille d'audience sur laquelle sont portées les minutes de tous les jugemens qui y sont rendus. (Article 18, code de procédure.) Elles sont signées par le juge qui a tenu l'audience et par le greffier.

Quant aux minutes des actes ou procès-verbaux du juge de paix, elles sont écrites sur des feuilles séparées et signées par les parties, le juge et le greffier. Toutes ces minutes se déposaient d'abord au greffe des tribunaux ordinaires, mais ensuite, la loi du 26 frimaire an IV disposa, par son art. 3, qu'elles seraient déposées dans les archives de l'administration municipale.

Cette loi paraît tombée en désuétude ; du moins, presque tous les greffiers de justices de paix conservent et sont eux-mêmes dépositaires des minutes; ils se fondent, avec raison, sur l'article 1030 du code de procédure, qui dispose formellement que les greffiers gardent les minutes des jugemens pour en délivrer expédition lorsqu'ils en sont requis. Ainsi, voilà une règle nouvelle, simple et conforme à la nature des choses, règle qui s'observe depuis des siècles dans les tribunaux ordinaires, et que l'on ne peut se dispenser d'observer aussi dans les justices de paix.

Les greffiers ne peuvent délivrer des expéditions des actes, jugemens et procès-verbaux des juges de paix, s'ils n'ont d'abord été signés par lui, à peine de faux, encore qu'il n'y aurait pas d'intention frauduleuse. (Arrêt du 22 août 1817, cour de cassation.)

Lorsqu'il y a appel d'un jugement rendu en première instance, le greffier en délivre une expédition sur le papier à ce destiné. Autrefois, il délivrait avec ce jugement une expédition de tous les actes d'instruction qui l'avaient précédé, c'est-à-dire, des jugemens préparatoires, des enquêtes et des procès-verbaux de visite. (Loi d'octobre 1790, article 6.) Mais à présent, ces actes et préparatoires ne s'expédient point, la loi dispose qu'ils ne seront pas levés.

Les expéditions des actes de la justice de paix se paient, par chaque rôle, cinquante centimes à Paris, et quarante centimes dans les autres villes ; pourvu qu'elles contiennent vingt lignes à la page et dix syllabes à la ligne. (Art. 9 du décret du 16 février 1807.)

Tous actes, jugemens et procès-verbaux de la justice de paix sont enregistrés, sur les minutes, dans les vingt jours de leur date. (Lois des 27 frimaire an VII, article 20, et 28 avril 1816, article 38, titre VII.) A défaut de remplir la formalité dans le délai fixé, les greffiers encourent une amende d'une somme égale au droit dû sur les actes non enregistrés. (Art. 35, *ibid.*) Les droits d'enregistrement sont avancés par les greffiers, sauf leur recours contre les parties. (Art. 7, loi du 27 frimaire.) Cependant, ils ne sont point obligés de faire l'avance des droits qui se perçoivent sur les jugemens rendus à l'audience; mais ils doivent, dans le mois, donner aux receveurs de l'enregistrement un extrait, certifié par eux, des jugemens dont les droits ne leur auront pas été déposés par les parties, à peine d'une amende de dix francs par chaque dix jours de retard, disait la loi du 27 frimaire; mais à présent, cette amende n'est plus que de dix francs, une fois payés, quelle que soit la durée du retard. (Loi du 16 juin 1824.)

Les greffiers sont encore passibles d'autres amendes. 1° Ils encourent celle de 50 fr. (réduite à 10) lorsqu'ils font un acte en vertu ou par suite d'un premier qui n'a point été enregistré, avant que le second soit signé du juge et du greffier. Cependant, si le délai d'enregistrement du premier acte n'était point encore écoulé, le greffier, en énonçant sa date dans le second, serait recevable à déclarer que l'un et l'autre seraient présentés à l'enregistrement dans le délai de la loi. (Art. 56, titre VII, loi du 28 avril 1816.)

2° Les greffiers encourent pareille amende lorsqu'ils délivrent des expéditions des actes de leur justice, qui n'ont pas encore reçu la formalité de l'enregistrement; ou lorsqu'ils délivrent des extraits ou des expéditions des actes sous signatures privées, ou des actes passés en pays étrangers, annexés à leurs minutes avant qu'ils soient enregistrés. (Article 41, loi du 22 frimaire an VII.)

3° Aux termes des articles 49 et 50 de la même loi, les greffiers doivent tenir un registre sur papier timbré, coté et paraphé par le juge de paix, sur lequel ils inscrivent jour par jour, dans six colonnes : 1° la date des actes de la justice; 2° le numéro de chacun; 3° sa nature; 4° les noms et prénoms des parties et leur domicile; 5° l'indication des biens, leur situation et le prix, lorsqu'il s'agira d'actes qui auront pour objet la propriété, l'usufruit ou la jouissance des biens-fonds; 6° la relation de l'enregistrement.

Les greffiers sont tenus de représenter, tous les trois mois, leurs répertoires au receveur de l'enregistrement de leur résidence, qui y appose son visa. Ils doivent faire cette présentation dans les dix premiers jours du mois qui commence chaque trimestre, janvier, avril, juillet et octobre, à peine d'une amende de dix francs pour chaque dix jours de retard, suivant la loi précitée du 27 frimaire an VII ; mais cette amende est réduite, par la loi du 16 juin 1824, à dix francs seulement, quelle que soit la durée du retard.

4º Pareille amende est imposée aux greffiers lorsqu'ils refusent de communiquer, à toute réquisition, aux employés de l'enregistrement, leurs répertoires, indépendamment de la communication à chaque trimestre. (Article 51 de la même loi du 27 frimaire.)

CHAPITRE XXI.

De l'Appel et de la Cassation.

§ Ier. — *De l'Appel des Jugemens de la Justice de Paix.*

Déjà, au chapitre V, article 13, page 41, en rapportant la disposition de la loi nouvelle (25 mai 1838), nous avons examiné les modifications qui ont été faites au délai dans lequel l'appel doit être interjeté; nous y avons aussi rapporté les principales règles et les formalités de cet acte. De même, dans l'article 14 du même chapitre, on a traité de l'appel des jugemens mal à propos qualifiés en dernier ressort, et de ceux qui statuent sur des matières de compétence. Voyez donc ce qui a été dit sur lesdits articles 13 et 14, chapitre V.

Ainsi, il ne nous reste que peu de choses à dire ici.

La loi nouvelle (Article 13), en interdisant tout appel des jugemens des juges de paix, avant trois jours de la prononciation, veut éviter que les plaideurs, irrités par une condamnation, ne se livrent, sans réflexion, à former un appel mal fondé. Cependant, l'opinion du garde-des-sceaux était de permettre cet appel avant le délai de trois jours, lorsque le jugement était exécutoire par provision; il paraît que cette opinion n'a point prévalu, puisque la loi ne l'énonce pas. D'ailleurs, l'appel n'arrête point l'exécution provisoire, autrement celle-ci serait parfaitement inutile. Il ne reste, en ce cas, à la partie condamnée, qu'à demander aux juges d'appel un sursis à l'exécution provisoire; mais pour l'obtenir, elle doit justifier qu'il n'y a ni nécessité ni utilité de procéder à cette exécution; elle doit surtout justifier d'une entière solvabilité.

Quant à l'article 14 dont on a parlé, il ne fait qu'appliquer aux justices de paix des principes sur lesquels se sont jadis élevées des controverses sérieuses; mais le code de procédure les avait aplanies, et la jurisprudence avait déjà fait la même application à ces justices. A cet égard, l'un des rapporteurs de la loi a dit : « L'observation des juridictions est d'ordre public. Quand il s'agit de faire décider si l'on aura tel juge plutôt qu'un autre, le litige ne porte pas sur un point qui, en lui-même, puisse être évalué. Le jugement sur la compétence sera donc susceptible d'appel, quand même au fond la contestation devrait être jugée en dernier ressort...

En justice consulaire, lorsqu'un déclinatoire a été proposé et rejeté, il peut n'être rendu qu'un seul jugement, mais divisé en deux dispositions, l'une pour la compétence, l'autre sur le fond. Par analogie, le projet (Article 14) veut que l'appel sur la compétence ne soit déclaré qu'après le jugement définitif. Ainsi, la partie condamnée sur le déclinatoire ne sera pas exposée, par un appel trop hâtif, à devancer la décision définitive qui peut lui être favorable; et si elle se défend au fond, elle ne sera pas censée avoir acquiescé à une décision qui ne pouvait encore faire l'objet de son appel. D'un autre côté, un moyen dilatoire, dont l'esprit de chicane est trop souvent disposé à faire usage, est enlevé au plaideur qui serait tenté d'y recourir. »

§ II. — *De la Cassation des Jugemens de la Justice de Paix.*

Au chapitre V, article 15, page 44, nous avons signalé l'innovation que la loi actuelle a introduite dans les recours en cassation, recours qu'elle a réduits à une seule cause, celle des excès de pouvoirs qui peuvent se rencontrer dans les jugemens des justices de paix. Nous y avons développé les motifs et les effets de cette innovation et indiqué les formalités que l'on doit observer dans le recours en cassation; il nous reste à rapporter ici les dernières opinions des rapporteurs des deux chambres.

Celui de la chambre des pairs a dit : « Le projet de loi actuel renvoie devant les tribunaux civils l'appel des questions de compétence, il ne réserve à la cour de cassation que les cas d'excès de pouvoir..... Il est bien évident que si, mal à propos, le juge de paix a qualifié de jugement en dernier ressort, une décision qui excède sa compétence, il doit y avoir appel contre ce jugement, et que le tribunal civil peut alors ressaissir sa compétence propre. On ne fait qu'étendre ici ce que le code de procédure, article 454, prescrit pour les tribunaux civils eux-mêmes. »

« Quant aux excès de pouvoir, ces actes dans lesquels le juge sort non-seulement des limites de sa compétence, mais de celles même du pouvoir judiciaire auquel il appartient, où il prononce par exemple, par voie réglementaire, où il s'immisce dans l'administration, on conçoit qu'une autorité supérieure et régulatrice peut avoir seule droit de les casser pour faire rentrer le juge dans le cercle de ses attributions, et qu'il y aurait péril si tous les nombreux tribunaux répartis sur tous les points de la France pouvaient, par un jugement, atténuer les bases mêmes de la constitution. »

Le dernier rapporteur de la chambre des députés s'exprima ainsi :

« Nous savons les distinctions et les subtilités qui ont été présentées sur l'étroite limite qui sépare la compétence de l'excès de pouvoir : les plus grands jurisconsultes ont été divisés d'opinion sur ces questions, et si l'on ne s'arrêtait qu'aux frais énormes qu'entraîne un pourvoi, aux lenteurs inévitables qui en font un projet dangereux, peut-être vaudrait-il mieux condamner les plaideurs à subir l'erreur du juge, que de les autoriser à s'en plaindre. Cependant, une grande pensée d'ordre public a dû faire maintenir le principe. Les excès par lesquels le juge sort non-seulement des limites de sa compétence, mais de celles même du pouvoir judiciaire auquel il appartient, lorsqu'au lieu de juger les contestations individuelles, il usurpe les pouvoirs de l'administration, ceux du législateur, et que des empiétemens peuvent ainsi se produire sur tous les points de la France et atténuer les bases mêmes de la constitution, il importe que l'autorité régulatrice puisse avoir seule le droit de casser les décisions. Quant à l'incompétence, on n'a fait qu'appliquer aux justices de paix l'article 454 du code de procédure. »

CHAPITRE XXII.

De la Tierce-Opposition, et de la Requête civile.

§ Ier. — *De la Tierce-Opposition.*

« Une partie peut former tierce-opposition à un jugement qui préjudicie à ses droits, et lors duquel, ni elle ni ceux qu'elle représente n'ont été appelés. » (Art. 474 code de procédure.) La tierce-opposition, formée par action principale, sera portée au tribunal qui aura rendu le jugement attaqué. La tierce-opposition incidente à une contestation dont le tribunal est saisi, sera formée par requête à ce tribunal, s'il est égal ou supérieur à celui qui a rendu le jugement. (Art. 475 *ibid.*)

La tierce-opposition peut valablement être exercée en justice de paix. Cependant, cette proposition a été controversée, mais l'affirmative ne paraît plus faire de difficulté; voici les motifs qui l'établissent : 1° la tierce-opposition appartient à toute partie. « Or, si un tiers, lésé par un jugement de la justice de paix, dans lequel il n'a été ni partie ni appelé, ne pouvait attaquer ce jugement par la tierce-opposition, cette règle serait violée, même anéantie dans les justices de paix. » (Favard de Langladé, tome 5, page 594, et Carré, pag. 420.)

2° Il n'est pas permis de former la tierce-opposition devant d'autres juges que ceux qui ont rendu le jugement attaqué. (Art. 475 *ibid.*) Donc, elle doit l'être, dans la justice de paix, contre les jugemens qui en émanent. Dire le contraire, ce serait dire que ces jugemens seraient d'une nature privilégiée et inattaquables par des tiers qui en seraient lésés.

3° Les dispositions relatives à la tierce-opposition sont établies dans le code, par des dispositions générales qualifiées *des voies extraordinaires pour attaquer les jugemens*, sans exception.

La tierce-opposition principale se forme par une simple citation dans les formes ordinaires, contre les personnes qui ont été parties dans le jugement attaqué. Cette voie n'empêche cependant point que le jugement ne soit exécuté, s'il est passé en force de chose jugée. « Dans les autres cas, dit l'article 478, les juges pourront suspendre l'exécution. » Mais il n'est point dit quelles sont ces circonstances, c'est donc à la prudence des magistrats à les admettre ou à les rejeter.

La tierce-opposition incidente se forme par la simple intervention du réclamant, dans la cause où le jugement est invoqué. Néanmoins, aux termes de l'article 476, « Si le tribunal saisi n'est égal ou supérieur à celui qui a rendu le jugement, la tierce-opposition incidente est portée par action principale à celui qui a rendu le jugement. » Ainsi, on ne peut, devant les juges de paix, former de tierce-opposition qu'aux jugemens rendus par ces juges. Mais, quels sont ceux qui sont autorisés à les intenter? L'article 474 précité désigne les tiers qui sont lésés par le jugement attaqué, et qui n'ont pas été mis en cause. A cela, la cour de cassation ajoute qu'il ne suffit pas de n'avoir point été mis en cause, mais qu'il faut encore que l'on ait dû y être appelé. (Arrêts des 21 février 1816, 19 août 1818, et 28 février 1822.)

Aucun délai n'est fixé, pour former une tierce-opposition, par le code de procédure; les six articles qu'il consacre pour disposer sur cette voie, sont absolument silencieux sur ce point. « Il est naturel, dit M. Berriat de St.-Prix, de n'assujettir le droit de former la tierce-opposition qu'à la prescription ordinaire, à moins que, pendant cet intervalle, celui qui a obtenu le jugement n'ait prescrit la chose réclamée. » Pigeau, page 573, tome 1er, et Biret, tome 1er, page 252, professent la même opinion.

Quels sont les effets de la tierce-opposition? Si elle est admise, elle adjuge les conclusions du tiers-opposant, lesquelles tendent, non au rapport du jugement qu'il attaque, mais seulement à ce que son exécution ne puisse lui préjudicier et qu'il en soit ainsi ordonné par un nouveau jugement, sauf à donner pleine et entière exécution au premier jugement contre la partie condamnée. (Arrêt du 12 janvier 1814.) Si, au contraire, la tierce-opposition est rejetée, celui qui l'a formée est condamné aux dépens, à une amende de 50 fr. et aux dommages-intérêts des parties, si elles ont éprouvé du préjudice par la tierce-opposition.

§ II. — *De la Requête civile.*

Cette voie ne peut être employée que contre les jugemens contradictoires rendus en dernier ressort, et les jugemens par défaut aussi en dernier ressort, qui ne sont plus susceptibles d'opposition. Il y a lieu d'autoriser la requête civile dans dix cas, savoir: « 1° s'il y a eu dol personnel; 2° si les formes prescrites à peine de nullité ont été violées; 3° s'il a été prononcé par le jugement attaqué sur des choses non demandées; 4° s'il a été adjugé plus qu'il n'a été demandé; 5° s'il a été omis de prononcer sur l'un des chefs de demande; 6° s'il y a contrariété de jugement en dernier ressort entre les mêmes parties, sur les mêmes moyens, dans les mêmes cours et tribunaux; 7° si, dans un même jugement, il y a des dispositions contraires; 8° si, dans le cas où la communication au ministère public était prescrite, elle n'a pas eu lieu; 9° si l'on a jugé sur des pièces reconnues fausses depuis le jugement; 10° si, depuis le jugement, il a été recouvré des pièces décisives qui auraient été retenues par le fait de la partie. »

Ainsi s'exprime l'article 480 du code de procédure.

Mais la requête civile est-elle autorisée en justice de paix? Non, suivant MM. Merlin, Pigeau, Pardessus et Delvincourt, « parce que cette voie n'est admise que contre les jugemens de première instance et d'appel, et que les justices de paix ne sont pas les tribunaux de 1re instance que la loi désigne. » Mais cette doctrine n'est qu'une erreur suivant la jurisprudence de la cour suprême, et suivant plusieurs jurisconsultes.

Citons d'abord M. Henrion de Pansey : « Il est étonnant que dans » l'ouvrage le plus remarquable de » notre époque (répertoire de M. » Merlin), on ait professé l'opinion » que la requête civile n'est pas rece- » vable en justice de paix. On ne peut » se le dissimuler, fermer la requête » civile dans ces justices, ce serait » sanctionner le vol et commettre la » plus criante des injustices. Aussi, » voyons-nous que l'art. 480 est conçu » dans les termes les plus généraux et » les plus absolus. »

« Refuser, dit un autre jurisconsulte, la requête civile contre les nombreux jugemens en dernier ressort des justices de paix, ce serait créer une classe à part de jugemens, où la surprise, l'impéritie, la collusion et la fraude seraient irréparables. »

« Nulle part, ajoute le savant professeur Carré, on ne voit la moindre trace, dans l'intention des législateurs, de changer, par l'art. 480, l'ancienne jurisprudence qui admettait la requête civile dans tous les tribunaux, même ceux d'exception. »

Quant à la cour de cassation, par deux arrêts des 14 mai 1811 et 24 août 1818, elle a décidé que la requête civile peut être formée contre tout jugement en dernier ressort, et que les tribunaux de commerce sont compétens d'en connaître : or, ces tribunaux n'ont, comme les justices de paix, qu'une juridiction d'exception ; pourquoi donc les uns pourraient-ils juger la requête civile, tandis que les autres ne le pourraient pas ?

C'est par une simple citation, ou par une requête que l'on introduit, dans les justices de paix, la requête civile ; l'un et l'autre acte est valable, suivant deux arrêts des 19 juin 1814 et 3 juillet 1816. Elle est formée contre ceux qui, par le jugement attaqué, ont gagné leur procès, ou contre leurs héritiers ou ayant cause ; elle est signifiée, à la requête de ceux qui ont été condamnés par le même jugement, dans les trois mois de sa signification ; et, par le même acte, on cite devant le juge les parties, pour voir statuer sur la requête civile.

Au reste, voyez, pour les formalités qui doivent être observées, les articles 483, 484, 485, 486 et suivans du code de procédure.

CHAPITRE XXIII.

Du Bureau de Conciliation.

Nous examinerons successivement, 1° pour quelles affaires il faut passer au bureau de conciliation ; 2° la citation à donner ; 3° le procès-verbal à dresser.

Pour quelles affaires faut-il passer au bureau de conciliation ? Dans toutes les matières qui excèdent la compétence du juge de paix, il forme un bureau de paix et de conciliation. La loi des 16-24 août 1790, titre X, art. 1er, avait réglé qu'il formerait ce bureau avec deux assesseurs. Maintenant, il n'y a plus d'assesseurs, le juge de paix remplit seul les fonctions de conciliateur. (Loi du 29 ventôse an VII, art. 2.)

Règle générale. — « Aucune demande principale, introductive d'instance entre parties capables de transiger, et sur des matières qui peuvent être la matière d'une transaction, ne doit être reçue, dans les tribunaux de première instance, que le défendeur n'ait été préalablement appelé en conciliation devant le juge de paix, ou que les parties n'y aient volontairement comparu. » (Art. 48, code de procéd.)

Le législateur a voulu prévenir les procès en ordonnant la comparution préliminaire au bureau de paix. Mais elle devient superflue toutes les fois que la conciliation n'est pas possible. En conséquence, pour qu'il y ait lieu à la citation, il faut, comme on vient de le voir dans l'article cité, la réunion de trois circonstances.

1° Que la demande soit principale et introductive d'instance. Il n'y a pas lieu de prévenir une instance qui subsiste déjà.

2° Que la demande projetée ait lieu entre parties capables de transiger. Celui qui en est incapable, proposerait vainement de se concilier, il n'offrirait aucune sûreté à son adversaire. Mais quels sont ceux qui ont la capacité de transiger ? Ce sont les majeurs jouissant de leurs droits, non les mineurs en tutelle; les interdits, les femmes mariées non autorisées, et autres personnes qui ne peuvent valablement contracter; or, pour transiger, il faut pouvoir s'obliger. On cite cependant en conciliation les femmes mariées avec leurs maris pour les autoriser, parce que l'article 49 du code de procédure ne les dispense point de la conciliation.

3° Que l'objet de la contestation puisse être la matière d'une transaction, c'est-à-dire, toutes les choses qui sont dans le commerce et dont les parties peuvent librement disposer. Néanmoins, on ne peut transiger dans les causes sujettes aux conclusions du ministère public (Voyez l'article 83 du code de procédure), ni sur les demandes en séparation de corps ou de biens; sur celles tendantes à des alimens et autres qui présentent des questions d'état.

« Sont exceptées du préliminaire de la conciliation, 1° les demandes qui intéressent l'état et le domaine, les communes et les établissemens publics, les mineurs, les interdits, les curateurs aux successions vacantes; 2° les demandes qui requièrent célérité; 3° les demandes en intervention ou en garantie; 4° les demandes en matière de commerce; 5° les demandes de mise en liberté, celles en matière de saisie ou opposition, en paiement de loyers, fermages ou arrérages de rentes ou pensions; les demandes des avoués en paiement de frais; 6° les demandes formées contre plus de deux parties, encore qu'elles aient le même intérêt; 7° les demandes en vérification d'écriture, en désaveu, en règlement de juges, en renvoi, en prise à partie; les actions contre un tiers-saisi, et en général, sur les saisies, les offres réelles, la remise des titres, les séparations de biens, les tutelles et curatelles; et, enfin, toutes les causes exceptées par les lois. »

Tel est le texte de l'article 49, sur lequel plusieurs observations se présentent.

Sur le premier §, il faut remarquer qu'une partie des choses pour lesquelles l'état, le domaine et les établissemens publics peuvent former des demandes, ne sont pas dans le commerce, et que les administrateurs sont sans pouvoir pour consentir une conciliation qui emporte toujours arbitrage ou transaction. Néanmoins, si dans une même cause il y a des parties majeures et d'autres mineures, les premières ne sont point dispensées de la conciliation, à moins que l'action ne soit indivisible; en ce cas, le majeur suit le sort du mineur. (Arrêt du 30 mai 1814, cour de cassation.)

Sur le second §, il suffit de dire que la célérité exigée par la nature de telle ou telle action, serait interrompue par le préliminaire de la conciliation, et qu'alors les parties pourraient en souffrir.

Sur le troisième §, on remarque aisément que les interventions ne sont pas introductives d'instance, et que dès-lors elles ne sont pas atteintes par l'article 48 précité.

Sur le quatrième §, il faut remarquer que les termes de la loi sont généraux, et qu'ils comprennent toutes les demandes en matière de commerce; d'où il suit qu'il ne faut en excepter aucunes, soit celles qui s'intentent devant les tribunaux de commerce, soit celles qui sont portées devant les juges civils, à défaut de tribunaux de commerce.

Sur le cinquième §, il suffit de dire un seul mot, c'est que tout y est urgent, et que l'on ne doit pas différer d'un instant le jugement d'une mise en liberté, d'une main-levée, etc.

Sur le sixième §, il n'est pas à présumer que trois personnes, ou plus, puissent s'accorder sur-le-champ à une conciliation, encore qu'elles aient le même intérêt; le refus d'une seule paralyse le consentement des autres. Mais si les parties n'avaient pas le même intérêt, devraient-elles être citées en conciliation? Un arrêt de la cour de cassation, du 27 mars 1817, a décidé l'affirmative.

Enfin, sur le septième §, nous observerons que le plus grand nombre des actions qu'il excepte de la conciliation, ne peuvent se décider par le seul consentement des parties, l'autorité de la justice seule doit régler les renvois, les prises à parties, les désaveux, les séparations entre époux. Ainsi, la conciliation est inutile dans ces sortes de causes, car les conventions des parties ne produiraient rien. Il en est ainsi des demandes sur les tutelles et curatelles : la surveillance des biens des mineurs intéresse l'ordre public, *et privatorum parcis jure publico derogari nequit*. Par conséquent, point de conciliation possible.

Quant aux causes exceptées nommément de la conciliation par les lois, il faut renvoyer aux articles 320, 345, 566, 570, 718, 839, 856 du code de procédure.

Il est aussi d'autres exceptions spéciales admises par la jurisprudence des cours, par exemple : 1° une demande qui reproduit une première action frappée par la péremption. (Arrêt de Grenoble, du 26 mars 1826.) 2° Une demande tendant au paiement des sommes dues à la femme séparée de biens, par son mari. (Arr. du 14 août 1811, C. de cass.) 3° Une action qui serait formée en vertu des mêmes titres qu'une autre demande qui aurait été soumise à une tentative de conciliation. (Arrêt du 16 août 1811, C. d'Aix.) 4° La loi des 6–27 mars 1791 dispensait du préliminaire de la conciliation, le créancier demandeur en paiement, lorsque le défendeur manquait de payer à l'époque convenue devant le bureau de paix. Quoique cette disposition ne soit pas répétée dans le code de procédure civile, elle est de droit, parce qu'il y a eu originairement comparution devant le bureau de paix où la dette a été reconnue.

Dans tous les cas où il n'y a pas lieu à citer au bureau de conciliation, la non-comparution de celui qui y serait appelé, ne peut donner lieu à l'amende.

« Le défendeur sera cité en conciliation, 1° en matières personnelles et réelles, devant le juge de paix de son domicile ; 2° s'il y a deux défendeurs, devant le juge de l'un d'eux, au choix du demandeur... » (§ Ier de l'art. 50 du code de proc.)

Le sens de la loi n'est pas en matière *personnelle et réelle* tout à la fois, mais il faut entendre en matière personnelle et en matière réelle.

En matière réelle, l'ajournement se donne devant le tribunal de la situation de l'objet litigieux ; en matière mixte, il est donné devant le juge de sa situation ou devant celui du domicile; néanmoins, dans ces deux cas, la citation en conciliation doit être donnée devant le juge de paix du domicile du défendeur.

Lorsqu'il y a deux défendeurs, il faut nécessairement les citer devant le même bureau de paix. Il n'y a que la comparution simultanée de toutes les parties intéressées qui puisse amener la conciliation. Cette citation devant le même bureau de paix ne souffre aucune difficulté, lorsque tous les défendeurs demeurent dans le même canton; mais lorsqu'ils sont domiciliés dans des cantons différens, on ne peut les réunir tous en citant chacun devant le juge de paix de son domicile. Dans ce cas, la loi permet de les citer tous au bureau du domicile de l'un d'eux, au choix du demandeur.

« En matière de société, autre que celle de commerce, tant qu'elle existe, le défendeur sera cité devant le juge du lieu où elle est établie. » (§ II de l'art. 50.)

Observez que cela n'a lieu que pour les demandes formées contre le corps de la société en nom collectif. A l'égard de celles qui n'intéressent que quelqu'un des associés, individuellement, il faut le citer devant le juge de son domicile.

La loi dit, autre que celle de commerce, parce que, en matière de commerce, il n'y a pas lieu à citer en conciliation. La loi ajoute : tant que la société existe ; donc, lorsqu'elle est dissoute, la citation en conciliation contre les différens associés suit les règles communes.

« En matière de succession, la citation en conciliation est donnée devant le juge de paix du lieu où la succession est ouverte, 1° sur les demandes entre héritiers jusqu'au partage, inclusivement ; 2° sur les demandes qui seraient intentées par les créanciers du défunt avant le partage ; 3° sur les demandes relatives à l'exécution des dispositions à cause de mort, jusqu'au jugement définitif. » (§ III, même art. 50.)

Les règles pour la citation en conciliation sont les mêmes que pour les ajournemens devant les tribunaux civils; hors les trois cas ci-dessus indiqués en matière de succession, on suit la règle générale. La citation doit contenir tout ce qui est prescrit par l'article 1er du même code, mais elle doit de plus énoncer sommairement l'objet de la conciliation. (Art. 52.)

Quant au délai qui doit être donné par cette citation, il est de trois jours au moins (Art. 51) ; mais il doit être franc, et il faut y ajouter un jour par trois myriamètres de distance du domicile de la partie citée, lorsqu'elle demeure hors du canton. (Art. 1033, code de proc.) Le premier huissier requis, domicilié dans la justice de paix, est capable de faire cet acte, d'après l'attribution de la loi nouvelle, qui par conséquent abroge le 1er § de l'article 52 du code de procédure, lequel voulait que l'huissier du juge de paix fût chargé exclusivement de la citation.

« Les parties comparaîtront en personne ; en cas d'empêchement, par un fondé de pouvoir. » (Art. 53.)

« Le vœu du législateur est ici nettement exprimé, c'est la comparution personnelle des parties qu'il prescrit essentiellement ; c'est elle qu'il ordonne comme la plus propre à aplanir les difficultés, à écarter tout incident et à opérer une heureuse conciliation. Ainsi, la comparution personnelle est la règle principale si elle n'est la règle unique.... Ce n'est donc que par exception à cette règle que le législateur autorise la représentation par mandataire, dans le seul cas d'empêchement, cas qui doit être prouvé s'il est contesté, parce que tout empêchement prévu par la loi ne peut être allégué sans preuve. » (*Correspondant des juges de paix.*)

Ajoutons que c'est au juge de paix qu'il appartient de décider s'il y a réellement empêchement, si l'excuse est justifiée, si la partie elle-même ne doit pas, sur son ordre, venir exposer ses raisons.

Il est vrai qu'un savant professeur a dit : « Le conciliateur n'a aucune juridiction, il n'a que le pouvoir de concilier, il ne peut donc pas ordonner la comparution personnelle des parties. » Mais on a fort bien répondu : « C'est précisément parce qu'il a le pouvoir de concilier, qu'il a une autorité certaine ; autrement l'institution de la conciliation serait sans force et sans règle. Ici la loi accorde aux actes du conciliateur, foi en justice ; là, c'est le droit et le devoir que la loi lui donne d'examiner, d'admettre ou de rejeter le pouvoir ou le mandat d'une partie, suivant qu'il est régulier ou irrégulier, suffisant ou insuffisant, surtout lorsque la cause de l'empêchement est déniée. Ailleurs, c'est une juridiction positive que la loi lui accorde, en lui conférant une grande autorité, celle de recevoir un serment solennel. Et l'on voudrait, au mépris de toutes ces attributions, que le juge conciliateur fût sans pouvoir !! Comment s'exécuterait l'article 55, s'il ne pouvait ordonner la comparution personnelle? Sans la présence de la partie, point de serment prêté. » (*Correspondant.*)

Ainsi, ce n'est que lorsqu'il y a un empêchement certain, et justifié en cas de contestation, que le défendeur peut se faire représenter par un mandataire. Mais la liberté de se faire représenter par toute personne n'existe plus comme sous le code de procédure. La défense faite aux huissiers d'assister et de représenter les parties devant les juges de paix, s'applique aussi bien aux affaires soumises à la conciliation qu'à celles qui doivent être jugées ; les expressions de la loi sont générales et ne font point d'exception.

Le pouvoir donné à la partie qui ne comparaît pas en personne, doit être suffisant à l'effet de transiger; autrement la comparution du fondé de pouvoir serait inutile. Le pouvoir général le plus étendu ne confère le droit de transiger qu'autant qu'il contient une mention expresse du mot transiger ou autre équivalent. Le pouvoir spécial doit contenir une autorisation particulière de se concilier et de transiger sur l'affaire dont il s'agit. L'un ou l'autre de ces pouvoirs est suffisant ; il doit être notarié, ou sous seing-privé, au choix de celui qui le donne; mais s'il est sous seing-privé, il doit être enregistré, certifié par le fondé de pouvoir, et au besoin légalisé par le maire du domicile du mandant, afin de donner au juge conciliateur l'assurance que la signature du mandataire est véritable. Cela n'empêche cependant point que la partie adverse puisse dénier cette signature, et en ce cas le juge de paix procède comme il est prescrit en l'article 14.

« Lors de la comparution devant

le conciliateur, le demandeur pourra expliquer, même augmenter sa demande, et le défendeur former celles qu'il jugera convenables ; le procès-verbal qui en sera dressé, contiendra les conditions de l'arrangement s'il y en a; dans le cas contraire, il fera sommairement mention que les parties n'ont pu s'accorder. — Les conventions des parties énoncées au procès-verbal auront force d'obligation privée. » (Article 54, code de procédure.)

Ce texte ne donne point au juge de paix le droit de faire subir un interrogatoire aux parties, mais il l'autorise à faire des interpellations ou des propositions qui tendent à rapprocher les parties, à modifier respectivement leurs prétentions, ou à s'en désister en tout ou partie; enfin à composer, à transiger et à terminer à l'amiable leur contestation.

« S'il y a conciliation, le juge, par son procès-verbal, énonce l'arrangement et les conditions ; dans le cas contraire, il déclare que les parties n'ont pu s'accorder. » (Article 54.) Le procès-verbal est signé des parties, ou si elles ne le savent pas, il en est fait mention. Cependant, nous voyons dans un arrêt de rejet, du 11 février 1824, que le procès-verbal de conciliation constate suffisamment le compromis qu'il énonce, encore qu'il ne soit pas signé des parties; mais nous pensons au contraire que la signature seule peut donner force d'obligation aux engagemens, ou conventions, qui ont été pris en conciliation; toutes difficultés d'ailleurs sont levées ou arrêtées par cette signature.

Mais, le juge de paix doit-il aussi énoncer dans son procès-verbal, les déclarations, les exceptions ou moyens que les parties ont employés de part et d'autre? Pigeau enseigne qu'il ne le peut pas, parce que la loi du 24 août 1790, qui l'exigeait par son article 3 du titre x, est abrogée par le code de procédure. Mais Toullier répond que, « cette loi, loin d'être abrogée, conserve toute sa force, parce » qu'elle est une loi de compétence que » le code de procédure n'a pu abroger; » que l'on peut obtenir, par l'insertion » des dires des parties au procès-verbal, plus facilement la vérité, et » qu'ainsi le juge peut et doit même » les exprimer sommairement. »

A cela, M. Favard de Langlade ajoute : que, « refuser l'insertion des dires des parties, c'est refuser à celle qui n'a pas de titre l'avantage de profiter des aveux faits par son adversaire devant le conciliateur. » Cela est incontestable.

Les conventions des parties, insérées au procès-verbal, ont force d'obligation privée ; mais cette obligation n'a pas la vertu des obligations notariées ; elle ne peut ni être délivrée en forme exécutoire, ni être exécutée sans condamnation préalable, ni donner hypothèque ; encore que celle-ci serait stipulée. Dans l'origine cependant, les transactions en bureau de paix conféraient l'hypothèque générale que la législation d'alors faisait résulter des actes reçus par des fonctionnaires publics.

Mais les choses sont changées depuis long-temps, et déjà, sous le règne de la loi du 26 octobre 1791, la question de savoir si les conventions des parties en bureau de paix avaient la force authentique, était controversée. Cette controverse dure encore : Pigeau, tome 1er, page 43, et Tarrible, répert., tome 5, page 905, enseignent que le procès-verbal du juge de paix est un acte authentique. Mais M. Berriat de Saint-Prix soutient le contraire, parce que, dit-il, le juge de paix n'a pas le droit de recevoir des actes volontaires. Si cela était exact, on pourrait demander comment il faudrait qualifier des conventions librement et spontanément consenties devant un juge de paix? Certes la liberté et la spontanéité caractérisent des actes volontaires.

Il est vrai que la loi ne donne au procès-verbal de conciliation que la force des obligations privées. Mais pourquoi? M. Treilhard, dans son exposé des motifs, l'a dit nettement, c'est pour ne pas nuire aux intérêts des notaires. Néanmoins, pour être privé de la force exécutoire, le procès-verbal du juge de paix n'est pas moins un acte authentique. En effet, qu'est-ce qu'un acte authentique? C'est, aux termes de l'article 1317, celui qui a été reçu par un officier public ayant le droit d'instrumenter dans le lieu où l'acte est rédigé, et avec les solennités requises. Tel est le procès-verbal de conciliation ; il est reçu par un officier public compétent et capable de rédiger les conventions arrêtées ; il contient les solennités requises, il est donc authentique. « Tous les actes publics, dit M. Merlin, ont cela de commun qu'ils sont authentiques et méritent foi jusqu'à inscription de faux. » (Tome 1er, page 84, Répert.) Ajoutons qu'il n'a jamais existé un seul jugement ou arrêt qui ait refusé à un procès-verbal de conciliation la vertu de faire foi jusqu'à inscription de faux.

Concluons : Ce procès-verbal est incontestablement un acte authentique ; mais, par une exception unique dans la jurisprudence, les aveux, promesses ou engagemens qu'il contient, n'ont que la force des actes privés ; néanmoins, la cour de cassation leur reconnaît de plus la force des aveux judiciaires. (Arrêts des 6 décembre 1808, 22 juin 1809 et 6 décembre 1810.)

Du principe que le procès-verbal de conciliation est authentique, il en résulte trois conséquences qui mettent cet acte fort au-dessus de l'acte privé. 1° La mention du juge de paix, que l'une des parties a déclaré ne savoir ou ne pouvoir signer, vaut signature, ce qui ne peut avoir lieu dans un acte sous seing-privé. 2° Un seul original du procès-verbal suffit parce qu'il reste dans un dépôt public, tandis qu'il faut faire autant de doubles de l'acte privé qu'il y a de parties ayant un intérêt différent. 3° Les signatures du procès-verbal sont authentiques ; ainsi, point de reconnaissance d'écriture à laquelle l'acte privé est soumis.

« Si l'une des parties, paraissant au bureau de paix, défère le serment à l'autre, le juge de paix le recevra ou fera mention du refus de le prêter. » (Art. 55, code de procédure.)

Lorsque le serment est prêté devant un juge compétent, il détermine le gain de la cause pour celui qui le fait. Lorsqu'il est refusé, il entraîne la condamnation de celui qui ne veut pas le faire. Mais le juge de paix ne peut prononcer, il doit seulement constater les faits ; il faut toujours traduire celui qui a refusé le serment, devant le tribunal compétent, lequel en décide après avoir entendu les parties et fait telle instruction que de droit. Ce qui s'est passé devant le juge de paix n'enchaîne point la conscience de ce tribunal. Si la partie qui a prêté le serment au bureau de paix, ne l'invoque point, et que l'autre ne le défère plus, l'affaire doit s'instruire et se juger, sans égard à ce serment. Mais si le serment a été refusé au bureau de paix, celui qui l'a refusé peut-il demander à le prêter devant le tribunal ? Oui, dit fort bien M. Toullier, parce qu'on a pu refuser le serment comme on a pu refuser la conciliation. (Tome X, n° 633.) D'ailleurs, ce n'est pas le cas d'appliquer au refus du serment, devant le conciliateur, l'article 1361 du code civil, parce que la condamnation ne peut être prononcée que par les juges de première instance, et lorsque le refus du serment est fait devant eux.

En effet, le juge de paix n'a point de caractère pour rendre irrévocable le refus du serment dans une affaire où il n'est que conciliateur. C'est ce qui a été jugé par la cour régulatrice, le 10 décembre 1823, attendu que l'article 1361 ne peut s'appliquer qu'au serment déféré et refusé devant un juge compétent de statuer sur la contestation.

« Si l'une des parties ne comparaît pas en conciliation, elle sera condamnée à une amende de dix francs, et toute audience lui sera refusée jusqu'à ce qu'elle justifie de la quittance. » (Article 56, code de procéd.)

Les tribunaux peuvent, sur les conclusions du procureur du roi, refuser l'audience au défendeur qui ne représente pas la quittance de l'amende encourue, faute de comparaître au bureau de paix, même après qu'il y a eu des conclusions prises au fond. (Arrêt du 25 novembre 1828, rejet ; D. jur. gén., page 32.)

Si celui qui n'a pas comparu en conciliation, fait appel d'un jugement rendu contre lui en première instance, et ne se présente pas devant la cour sur son appel, l'arrêt, qui fait droit par défaut sur le principal, doit aussi condamner à l'amende le défaillant. C'est ce qui a été décidé par le ministre de la justice, le 31 juillet 1808.

Cependant, si le défendeur prouve qu'il a été dans l'impossibilité de comparaître devant le juge conciliateur, il doit être déchargé de l'amende et des poursuites, s'il en a été fait.

« La citation en conciliation interrompt la prescription et fait courir les intérêts ; le tout, pourvu que la demande soit formée dans le mois, à dater du jour de la non-comparution ou de la non-conciliation. » (Art. 57 *ibid.*)

« L'effet de la citation en conciliation, d'interrompre la prescription, a lieu, même au cas où l'action à intenter n'est pas soumise au préalable de la conciliation. » (Arrêt de rejet, du 9 novembre 1809.)

Mais cet effet n'est point produit par la comparution volontaire des parties devant le conciliateur, parce que la loi n'attache cet effet qu'à la citation même. D'ailleurs, on voit par l'art. 2244 du code civil, que l'interruption civile ne s'opère que par vertu d'un acte judiciaire.

Anciennement, sans aucun préliminaire nécessaire, on pouvait former la demande tel jour que l'on voulait, même le dernier jour que la prescription aurait pu s'accomplir. Il n'en est pas de même à présent, parce que l'ajournement doit être précédé d'une citation au bureau de paix. Cette citation n'est pas une demande, elle n'est qu'un projet de demande. Ainsi, de sa nature, elle ne suffit pas pour interrompre la prescription. C'est pourquoi le législateur a décidé qu'elle ne l'interrompra que lorsqu'elle sera suivie d'ajournement dans le mois.

Lorsque cet ajournement n'a pas lieu, de deux choses l'une, ou le cité a reconnu la demande devant le bureau de paix, où il ne l'a pas reconnue. Au premier cas, la reconnaissance du cité anéantit toute prescription; au second cas, le défaut d'ajournement fait présumer que la demande est abandonnée, et alors la citation ne peut seule interrompre la prescription.

Par la même raison, les intérêts ne courent pas du jour de la citation, à défaut d'ajournement dans le mois.

« En cas de non-comparution de l'une des parties au bureau de paix, il en est fait mention sur le registre du greffe de la justice de paix, et sur l'original ou la copie de la citation, sans qu'il soit besoin de dresser procès-verbal. » (Article 58 *ibidem.*)

Lorsque c'est le citant (demandeur) qui fait défaut, la citation devient caduque, et, s'il veut intenter sa demande, il doit donner une nouvelle citation, parce qu'il n'a pas rempli, par la première, le vœu de la loi, sa non-comparution ayant été un obstacle à l'essai de la conciliation qu'il était obliger de tenter.

CHAPITRE XXIV.

Des Conseils de famille, de leurs attributions, organisations et actes; des Tutelles et du Tuteur; du Subrogé-Tuteur; de l'émancipation et du Curateur; des dispenses, des incapacités et des exclusions de la tutelle.

§ Ier. — *Des Conseils de famille et de leurs attributions.*

Le conseil de famille est institué dans l'intérêt des mineurs pour veiller à leurs personnes, à la conservation et à l'administration de leurs biens; pour délibérer sur les principaux points de la tutelle et nommer les tuteurs, curateurs, subrogés-tuteurs; les révoquer ou destituer, etc. Un conseil de famille se compose des six parens les plus proches des mineurs, savoir : trois parens paternels et trois parens maternels, ou, à leur défaut, d'un même nombre d'amis dans chaque ligne. Ces parens, réunis en assemblée, sont présidés par le juge de paix, qui est membre-né du conseil, et qui y a voix délibérative et prépondérante; mais il n'a aucune juridiction sur les objets soumis aux délibérations du conseil de famille.

Sous la loi du 24 août 1790, le juge de paix était étranger à ces délibérations; il ne pouvait y coopérer; sa mission se bornait à les recevoir et à les rédiger. Ses attributions actuelles, dans les conseils de famille, lui ont été données par le code civil. (Art. 406, 407 et suiv.) Le juge de paix est tellement membre essentiel de tous les conseils de famille, que s'il se contentait d'y présider sans y voter, leurs actes seraient nuls; tellement encore, que si une délibération, à laquelle il a déjà pris part, est annulée, le fond peut être soumis de nouveau à une assemblée convoquée et présidée par lui. (Arrêt de la cour de Paris, du 6 octobre 1814.)

Le greffier de la justice de paix est présent aux conseils de famille, mais il n'en est pas membre, ni ne peut l'être. Il y assiste le juge de paix; il en écrit le procès-verbal sous la dictée du juge, ou il le rédige du consentement et sous l'inspection du magistrat; il le signe avec lui, et en délivre des expéditions aux parties, après en avoir fait enregistrer la minute.

Les attributions du conseil de famille sont nombreuses : nous devons les indiquer ici avec quelques observations; c'est ce que nous allons faire dans l'ordre où elles sont établies par le code civil, qui les contient presque toutes.

La première est écrite dans les articles 141 et 142 de ce code, qui, en cas de disparition du père des mineurs et de décès de la mère, avant que l'absence du premier soit déclarée, confèrent au conseil de famille le droit de déférer aux ascendans les plus proches, ou à un tuteur provisoire, la tutelle des mineurs qui, dans ce cas, sont orphelins. Néanmoins, l'art. 143 veut que cette tutelle ne soit déférée que six mois après la disparition.

La seconde attribution est établie par l'art. 159, dont voici les termes : « L'enfant naturel qui n'a point été » reconnu, et celui qui, après l'avoir » été, a perdu ses père et mère, ou dont » les père et mère ne peuvent mani- » fester leur volonté, ne pourra, ayant » l'âge de 21 ans révolus, se marier » qu'après avoir obtenu le consente- » ment d'un tuteur *ad hoc* qui lui sera » nommé. »

Ce tuteur se nomme, conformément aux articles 405 et 406; mais le conseil de famille, à qui appartient cette nomination, ne peut être composé que d'amis; l'enfant naturel étant sans parens dans la circonstance.

La troisième attribution a lieu en vertu de l'art. 160 du code civil, qui exige le consentement du conseil de famille pour le mariage des fils ou filles, mineurs de 21 ans, qui n'ont ni père, ni mère, ni aïeuls, ni aïeules.

La quatrième réside dans le texte de l'article 175, qui impose au tuteur, voulant former opposition au mariage de son pupille, l'obligation de s'y faire autoriser préalablement par le conseil de famille.

La cinquième est dans l'art. 318, qui exige la nomination d'un curateur *ad hoc* à l'enfant désavoué par le mari ou ses héritiers. Un arrêt de la cour de cassation, du 25 août 1806, a refusé aux parens du désavouant le droit de paraître au conseil de famille, auquel les parens maternels seuls doivent être convoqués.

La sixième est la nomination du tuteur officieux. (Article 361.)

La septième est la dation de la tutelle aux enfans naturels reconnus; tutelle qui, selon nous, n'est point légale. La question, néanmoins, est controversée.

La huitième est la nomination d'un curateur au ventre de la femme qui se trouve enceinte au décès du mari. Voyez l'art. 393 du code.

« On ne visite point la femme qui se dit enceinte, pour s'assurer de la vérité de sa déclaration, comme cela se pratiquait sous la législation romaine. Cette visite serait contraire aux bonnes mœurs. La fonction du curateur au ventre, est de veiller à la simulation de la grossesse, à la naissance de l'enfant, et de faire, comme le dit fort bien M. Locré, tous les actes d'administration qui ne peuvent se différer jusqu'à la naissance de l'enfant. » (*Esprit du cod. civ.*, *tome* 6, *page* 46.)

La neuvième attribution est la dation de la tutelle, lorsque la mère des mineurs la refuse. (Art. 394 *ibid.*)

La dixième est la maintenue dans la tutelle de la mère qui veut se remarier. (Voyez les art. 395 et 396.) Le conseil de famille, qui refuse la tutelle dans cette circonstance, n'est pas obligé de motiver sa décision. (Arrêt du 17 novembre 1813; journal du p., tome 15, page 606.)

La onzième attribution est la confirmation du tuteur choisi par la mère qui a passé à de secondes noces. (Article 400.)

La douzième est celle que confère l'art. 405, pour nommer un tuteur à un enfant orphelin non émancipé, et n'ayant pas d'ascendans appelés ou capables d'être tuteurs.

La treizième attribution est celle de la nomination d'un protuteur dans les cas prévus par l'article 417. Ce protuteur doit-il être nommé dans le cas de la tutelle légale, comme dans celui de la tutelle dative? Il y a controverse; mais la question est décidée affirmativement par la déclaration royale du 1er février 1743.

La quatorzième est la nomination d'un subrogé-tuteur, qui, aux termes de l'art. 420, est nommé en toute tutelle. Ses fonctions consistent principalement à agir pour les intérêts du mineur, lorsqu'ils sont en opposition avec ceux du tuteur.

La quinzième est le remplacement dans la tutelle, de ceux qui ont été appelés à des services, fonctions ou missions qui dispensent de la tutelle, postérieurement à leur acceptation. (Article 431.)

La seizième est le droit conféré au conseil de famille de prononcer la destitution d'un tuteur et de le remplacer, en cas d'incapacité, de malversation, ou d'immoralité notoire, ou d'exclusion survenue depuis sa nomination. (Art. 446 et 447.)

La dix-septième résulte du 3me § de l'art. 450, qui exige l'autorisation du conseil de famille, au subrogé-tuteur, pour consentir le bail des biens des mineurs au tuteur.

La dix-huitième est l'attribution donnée au conseil de famille de régler par aperçu, au commencement de la tutelle, la dépense annuelle du mineur. (Art. 454 cod. civ.)

La dix-neuvième est dans la délibération qui doit être prise pour déterminer l'emploi de l'excédant des revenus sur la dépense. (Art. 455 cod. civ.)

La vingtième est l'autorisation que tout tuteur doit demander au conseil de famille pour aliéner les biens des mineurs, dans les cas où la loi le permet. (Voyez les art. 457 et 458.)

La vingt-unième est déterminée par l'article 461, relativement à l'autorisation qui doit être donnée pour accepter ou répudier une succession échue à un mineur.

La vingt-deuxième est celle d'autoriser l'acceptation d'une donation faite à un mineur (Art. 463) ou à un sourd-muet majeur. (Art. 936.)

La vingt-troisième se trouve dans l'article 464, ainsi conçu: « Aucun tuteur ne peut introduire en justice une action réelle ou immobilière, ou même mixte, ni acquiescer à une action de cette nature, sans l'autorisation du conseil de famille. » (Voyez l'article 465, pour provoquer un partage.)

La vingt-quatrième est la délibération que le conseil de famille doit prendre, pour autoriser un tuteur à transiger au nom d'un mineur. (Art. 467.) Ces transactions doivent être homologuées, autrement elles n'auraient aucun effet.

La vingt-cinquième est l'autorisation qu'un conseil de famille peut donner, pour parvenir à la réclusion d'un mineur qui est d'une inconduite grave.

La vingt-sixième est la nomination d'un curateur à un mineur émancipé par son père ou sa mère. Voyez les articles 477 et 480.

La vingt-septième consiste dans l'émancipation que le conseil de famille est appelé à conférer à un mineur âgé de plus de 18 ans, qui n'a ni père ni mère. Si le conseil refuse l'émancipation, il n'est point obligé de motiver son avis. Voyez les articles 478 et 479.

La vingt-huitième consiste à autoriser ou à refuser, soit aux tuteurs, soit aux mineurs émancipés, soit aux interdits, la faculté d'emprunter et d'hypothéquer leurs biens. (Art. 457 et 483 *ibid.*)

La vingt-neuvième comprend les délibérations que le conseil de famille doit prendre pour autoriser un mineur émancipé à faire d'autres actes que ceux de simple administration. (Article 484.)

La trentième attribution est déterminée par l'article 485, relatif à la remise en tutelle d'un mineur émancipé, c'est-à-dire, à la révocation de l'émancipation. Il ne faut cependant pas y comprendre l'émancipation par mariage.

La trente-unième est la délibération que l'article 494 exige sur l'état de celui dont on demande l'interdiction. Ceux qui provoquent cette interdiction ne peuvent participer à la délibération. (Art. 495.)

La trente-deuxième est la nomination d'un tuteur et d'un subrogé-tuteur à l'interdit. (Voir les articles 505, 506 et suivans.)

La trente-troisième consiste dans le règlement de la dot et des conventions matrimoniales du mariage d'un enfant d'un interdit. (Art. 511.) Ce règlement est soumis à l'homologation du tribunal, autrement il reste sans effet.

La trente-quatrième résulte de l'article 512 pour la délibération sur la cessation de l'interdiction.

La trente-cinquième est le pouvoir de nommer des curateurs *ad hoc*, ou spéciaux à des mineurs qui ont des intérêts opposés dans un partage pour y procéder. (Article 838 code civil.)

La trente-sixième attribution est la nomination d'un tuteur à une substitution, quand il n'en a pas été nommé par le donataire ou le testateur. (Article 1048 et 1049.)

La trente-septième résulte de l'article 2143, qui permet au tuteur de faire réduire l'hypothèque légale que son pupille a sur ses biens; mais cette réduction ne peut avoir lieu si elle n'est consentie par un conseil de famille.

La trente-huitième attribution est la nomination d'un curateur aux condamnés contradictoirement, à une peine qui emporte l'interdiction légale. (Article 471, code d'instruction criminelle.)

La trente-neuvième est écrite dans l'article 2144 du code, qui attribue à une assemblée de famille le droit de consentir à la réduction de l'hypothèque générale et légale de la femme, sur les biens du mari, en la restreignant sur des immeubles suffisans.

§ II. — *De l'Organisation et des Actes du Conseil de Famille; de l'autorité du Juge de paix en cette matière.*

« Le conseil de famille est convoqué à la diligence et sur la réquisition des parens du mineur, de ses créanciers ou autres parties intéressées, soit même d'office par le juge de paix du domicile du mineur. Toute personne pourra dénoncer à ce juge de paix le fait qui donnera lieu à la nomination d'un tuteur. » (Article 406, code civil.)

« Le conseil de famille sera composé, non compris le juge de paix, de six parens ou alliés, pris tant dans la commune où la tutelle sera ouverte, que dans la distance de deux myriamètres, moitié du côté paternel, moitié du côté maternel et en suivant l'ordre de proximité dans chaque ligne. »

« Le parent sera préféré à l'allié du même degré, et, parmi les parens de même degré, le plus âgé, à celui qui le sera le moins. » (Art. 407 *ibid.*)

Lorsque le juge de paix s'est conformé, pour la composition du conseil de famille, à la disposition ci-dessus, il ne peut pas être contraint par des parens plus proches, mais domiciliés hors du rayon déterminé par cet article, de les admettre au conseil de famille.

Les dispositions de l'article 407 sont-elles obligatoires à ce point qu'elles entraînent la nullité du conseil de famille, composé d'une manière contraire à celle qui est prescrite? Oui, et il a été jugé par deux arrêts des cours d'Angers et de Bruxelles, des 29 mars 1821 et 4 janvier 1811, que les juges peuvent annuler les délibérations d'un conseil de famille, pour contravention aux règles de sa composition et de sa convocation, telles qu'elles sont déterminées par l'article 407.

C'est, comme on vient de le voir par l'article 406, le juge de paix du domicile du mineur qui convoque le conseil de famille. Mais quel est ce domicile? Voici la doctrine de la cour de cassation : « On doit entendre par le domicile naturel du mineur, celui qu'il a acquis au moment de l'ouverture de la tutelle, et non pas le domicile de son tuteur, tellement que l'article 408 désigne, pour la composition du conseil de famille, des parens, alliés ou amis pris dans la commune où la tutelle est ouverte; autrement l'on pourrait soustraire les tuteurs à la surveillance des légitimes conseils de famille. » (Arrêt du 25 mars 1819, Sirey, tome 19, 1re partie, page 325.)

Le domicile acquis au mineur est sans contredit celui qu'avait le dernier décédé de ses père et mère. Si donc la mère est décédée la dernière, c'est devant le juge de paix du domicile de celle-ci qu'il faut convoquer le conseil de famille pour toutes les opérations de la tutelle, sans exception, et pendant toute sa durée. Il n'est pas permis de faire aucune convocation ni délibération devant un autre juge, parce qu'il serait incompétent, ce qui entraînerait la nullité des actes auxquels il aurait concouru. Cette nullité est si formelle, que la cour régulatrice décide qu'elle ne serait point couverte par une nouvelle assemblée de famille réunie devant le juge de paix compétent, laquelle approuverait ce qui aurait été fait devant le juge incompétent. (Arrêt du 13 mai 1811.)

Lorsqu'un conseil de famille a délibéré au nombre de plus de six parens, ou dans un nombre inférieur, la délibération est nulle ainsi que tout ce qui s'en est suivi ; mais il faut en excepter le cas des frères germains, prévu par l'article 408 dont voici les termes :

« Les frères germains du mineur et les maris des sœurs germaines sont seuls exceptés de la limitation de nombre posée en l'article précédent. — S'ils sont six ou au-delà, ils seront tous membres du conseil de famille, qu'ils composeront seuls avec les veuves d'ascendans et les ascendans valablement excusés, s'il y en a. S'ils sont en nombre inférieur, les autres parens ne seront appelés que pour compléter le conseil. »

Doit-on réputer nulle, une délibération de famille à laquelle les plus proches parens n'auraient pas été appelés, ou dans l'ordre déterminé par la loi? La question a été jugée affirmativement et négativement. On a dit, pour la négative, que les articles 407 et 408 ne prononçaient pas la peine de nullité, mais on a répondu que les formalités prescrites par ces articles sont substantielles, et qu'ils ne donnent d'attribution qu'aux parens désignés, non à d'autres plus éloignés; d'où il suit que ceux-ci sont sans pouvoir devant les parens plus proches. Néanmoins, si ces plus proches se trouvaient dans les cas d'exclusion et d'incapacité prévus par les articles 442 et suivans, le juge de paix pourrait faire citer au conseil de famille les parens à des degrés plus éloignés, suivant l'ordre de proximité de chaque ligne.

« Lorsque les parens ou alliés de l'une ou l'autre ligne se trouveront en nombre insuffisant sur les lieux ou dans la distance désignée par l'article 407, le juge de paix appellera, soit des parens ou alliés domiciliés à de plus grandes distances, soit, dans la commune même, des citoyens connus pour avoir eu des relations habituelles d'amitié avec le père ou la mère du mineur. » (Article 409.)

« Le juge de paix peut même, lorsqu'il y aurait sur les lieux un nombre suffisant de parens ou alliés, permettre de citer, à quelque distance qu'ils soient domiciliés, des parens ou alliés plus proches en degré ou de même degré que les parens ou alliés présens. — De manière toutefois que cela s'opère en retranchant quelques-uns de ces derniers, et sans excéder le nombre prescrit par l'article 407. »

Il n'appartient qu'au juge de paix de désigner des amis à défaut des parens. Ni les parties qui requièrent un conseil de famille, ni l'époux survivant, ne peuvent contrarier les désignations ou les choix du juge. « Et même celui qu'il appelle comme ami, ne peut s'excuser sous le prétexte qu'il ne l'est point. » « On doit penser, dit M. Locré, que le juge de paix a pris à cet égard les renseignemens nécessaires, et que celui qui entend s'excuser ne propose qu'un prétexte afin d'être écarté du conseil de famille. Cependant, si le juge de paix avait affecté d'écarter des amis qui affectionnent le mineur, ou toute autre personne qui peut donner lieu à la convocation, pour leur substituer des hommes indifférens, ou peut-être gagnés, une telle prévarication dont le motif ne saurait être innocent, pourrait donner lieu à contester la nomination du tuteur : le dol et la fraude infectent de nullité tout ce qu'ils produisent. » (Esprit du code civil, tome 5, page 72.)

Le conseil de famille peut se réunir volontairement devant le juge de paix, ou sur une simple invitation de ce magistrat ; mais les membres doivent toujours être choisis par lui, non par les parens ni par les parties intéressées.

Si les parens ou les amis indiqués par le juge ne se présentent pas volontairement, il est délivré une cédule à la requête de celui qui demande l'assemblée de la famille, par laquelle on énonce les noms et demeures des membres du conseil, les jour, lieu et heure de la comparution, et les motifs qui exigent la convocation. Cette cédule se notifie à présent par le premier huissier requis. Cependant, nous pensons que le juge de paix pourrait commettre celui qui lui conviendrait.

Il doit être donné, par la cédule, un délai suffisant pour que chacun des appelés puisse comparaître. Ce délai est fixé par l'article 411 à trois jours au moins pour les parens et amis qui résident dans la commune ou dans la distance de deux myriamètres. Quant aux personnes domiciliées au-delà de cette distance, l'intervalle sera augmenté d'un jour par par trois myriamètres. Le juge de paix déterminera dans sa cédule le jour de la réunion, mais il le réglera de manière que le citant puisse observer les délais qui sont fixés.

Si tous les convoqués sont domiciliés dans l'étendue de la commune ou dans la distance de deux myriamètres, il laissera, entre la cédule et la réunion, un intervalle au moins de quatre jours francs, savoir : le lendemain pour donner la citation, et les trois jours à accorder à chaque convoqué.

S'il y en a qui demeurent au-delà de deux myriamètres de la commune, le juge de paix laissera, entre la cédule et la réunion, outre les quatre jours, autant de fois deux jours qu'il y aura de distances de trois myriamètres, savoir : un jour de plus pour envoyer sur les lieux, et un autre jour pour l'augmentation du délai à accorder au convoqué, ce qui fait un intervalle de six jours, si l'un des convoqués demeure à trois, quatre ou cinq myriamètres de la commune.

« Les parens, alliés ou amis ainsi convoqués, seront tenus de se rendre en personne, ou de se faire représenter par un mandataire spécial. Le fondé de pouvoir ne peut représenter plus d'une personne. » (Art. 412.)

Le mandataire doit être majeur; les mineurs et les femmes étant exclus des conseils de famille, ne peuvent y paraître ni pour eux ni pour un mandant.

Quant au mandat, il n'exige d'autre ormalité que celles du timbre, de l'enregistrement et de la signature, s'il est sous signature privée; mais s'il est donné devant un notaire, il doit contenir les formalités des actes publics. Dans l'un et l'autre cas, cependant, il n'est pas indispensable d'y énoncer le vote ou la volonté du mandant.

Tout parent, allié, ou ami convoqué, et qui, sans excuse légitime, ne comparaît pas, encourt une amende de 50 fr., que le juge de paix prononce sans appel. (Art. 413.)

Si celui qui est condamné à l'amende produit des excuses suffisantes, le juge peut l'en décharger; mais ces excuses doivent être produites au moment de la tenue du conseil, parce que les pouvoirs du juge cessent aussitôt que le conseil n'est plus assemblé. Il faut observer d'ailleurs que ce n'est que le parent convoqué par une cédule qui encourt l'amende à défaut de comparaître, car celui qui n'est qu'invité ou averti de se présenter au conseil, n'est pas mis régulièrement en demeure, et ne peut être par conséquent puni s'il refuse.

Dans le cas d'excuse suffisante, et qu'il convienne, soit d'attendre le membre absent, soit de le remplacer, en ce cas, comme en tout autre où l'intérêt du mineur semblera l'exiger, le juge de paix pourra ajourner l'assemblée ou la proroger. (Art. 414.)

Cela dépend de la prudence du juge, en ce qui concerne le remplacement ou l'attente du parent absent et excusé. « La loi est sage, dit M. Locré, elle n'ordonne rien de positif, et elle pourvoit à tous les cas, par cela seul qu'elle autorise le juge à agir suivant l'intérêt du mineur. »

Mais l'ajournement est indispensable toutes les fois que les membres présens ne sont pas en nombre suffisant pour délibérer.

Ce nombre est fixé par l'article 415, qui dit : La présence des trois quarts, au moins, *des membres convoqués*, sera nécessaire pour qu'elle délibère (l'assemblée). Que faut-il entendre par membres convoqués ? Ce sont ceux que le juge de paix a fait citer judiciairement, ou, à l'amiable, par invitation, mais non le juge lui-même, parce que, non-seulement il n'est pas convoqué, mais il est membre né.

Aussi, il n'est pas compté dans la supputation des trois quarts ; la commission de la deuxième chambre législative (le tribunat) le déclara nettement lors de la discussion de l'article 415. Depuis, l'un des législateurs a dit : « Les trois quarts de six membres seraient difficiles à trouver; il en résulte donc qu'il doit y avoir cinq membres présens pour qu'il puisse y avoir délibération. » (M. Demalleville.)

« Pour prévenir toute méprise sur ces cinq membres, on ajouta, d'après la demande du tribunat, à l'art. 415, ces mots : *Membres convoqués*, ce qui ne comprend pas le juge de paix. » (Locré, Esprit du cod. civ., tom. 5, pag. 95.)

Néanmoins, dans le cas où le conseil de famille se compose de six frères germains et de veuves, ou d'ascendans valablement excusés, la présence de cinq membres ne suffirait pas, attendu que le nombre des convoqués pourrait être porté jusqu'à sept ou huit; il faudrait alors que six fussent présens.

Le conseil de famille se tient de plein droit chez le juge de paix, ou dans son prétoire, à moins qu'il ne désigne lui-même un autre local. (§ Ier, même art. 415.) Mais cette désignation n'a ordinairement lieu que dans les cas de maladie grave d'un parent, ou de père ou de la mère des mineurs, que l'on ne veut pas remplacer. On a même prétendu que le juge de paix n'avait plus la faculté de désigner un local d'après l'article 1040 du code de procédure qui ordonne que tous les actes et procès-verbaux du ministère du juge seront faits au lieu où siége le tribunal; mais il ne paraît pas que cela s'applique aux conseils de famille, parce que le code de procédure ne contient aucune disposition à leur égard, si ce n'est pour l'homologation des délibérations.

Tout conseil de famille est présidé par le juge de paix, et il y a voix délibérative; il est même tenu de voter avec les autres membres du conseil, à peine de nullité de la délibération. En cas de partage, sa voix est prépondérante. (Art. 416.) Supposons, par exemple, un conseil de famille composé de cinq parens et du juge de paix, pour la nomination d'un tuteur. Trois parens sont d'avis de nommer Philippe, les deux autres et le juge de paix votent pour Barthélemi; c'est ce dernier qui sera tuteur, à cause de la voix prépondérante du juge de paix.

Les formalités des procès-verbaux des délibérations de famille sont de deux sortes, générales et particulières. Les premières consistent à énoncer la date de l'acte, la comparution de la personne qui requiert la délibération, les motifs de cette réquisition, l'énonciation de la cédule de convocation, la signature du requérant ou sa déclaration qu'il ne sait signer. Si le conseil est convoqué d'office, le juge énonce les causes qui y ont donné lieu.

Après la comparution du requérant, ou la déclaration que le conseil est convoqué d'office, on exprime la présence ou la comparution de tous les membres convoqués, leur consentement à délibérer et la déclaration du juge par laquelle il les constitue en conseil de famille sous sa présidence. Vient ensuite la délibération de l'assemblée, que l'on doit exprimer clairement, et, surtout, dire si elle a été prise à l'unanimité, ou à telle majorité. S'il s'agit de nommer un tuteur, on exprime sa nomination et son acceptation. Enfin, la clôture du procès-verbal et sa lecture aux délibérans doivent être énoncées, ainsi que les signatures ou les déclarations de ceux qui ne savent pas signer.

« Toutes les fois que les délibérations ne sont pas unanimes, l'avis de chacun des membres doit être exprimé dans le procès-verbal. (Art. 883, cod. de procéd.) Le tuteur, subrogé-tuteur ou curateur, même les membres de l'assemblée, pourront se pourvoir contre la délibération; ils formeront leur demande contre les membres qui auront été d'avis de la délibération. »

Lorsque les délibérations de famille sont sujettes à homologation, il faut agir conformément aux art. 885, 886, 887 et suivans du code de procédure.

Quant aux formalités particulières des procès-verbaux, ce sont celles qui résultent de la nature des délibérations; par exemple, les énonciations, les conditions, les opérations que la loi exige spécialement d'insérer; les distinctions qu'il y a lieu de faire entre certains actes de la tutelle légale et ceux de la tutelle dative, testamentaire ou officieuse; par exemple encore, l'énonciation des causes d'une dispense de tutelle, les motifs de la destitution du tuteur, dont l'omission rendrait la délibération irrégulière, les règlemens ou autorisations relatifs à l'administration du tuteur, etc.

§ III. — *Des Tutelles et du Tuteur*.

« La tutelle est l'autorité ou les fonctions dont est revêtu le tuteur, c'est-à-dire celui qui est établi pour veiller à la défense des personnes trop peu avancées en âge pour se défendre elles-mêmes. » C'est la définition de M. Merlin. Il nous paraît qu'il faut ajouter que la tutelle est aussi la surveillance et l'administration des biens des mineurs.

Depuis le code civil, principalement, il y a eu en France trois sortes de tutelle. La première est celle que l'on appelle légale, et que l'on qualifie aussi de légitime parce qu'elle a lieu par la seule force de la loi, et qu'elle appartient exclusivement à certaines personnes. C'est celle des père et mère ou des ascendans à défaut de père et mère. Elle peut se déléguer, par le survivant des époux, par un acte testamentaire.

La seconde est celle que l'on nomme dative, parce qu'elle doit être donnée; c'est aux parens appelés par la loi qu'il appartient de la conférer. La troisième est la tutelle officieuse, qui s'appelle ainsi parce que celui qui l'exerce est libre de la constituer ou non; elle n'est qu'un acte de bienfaisance qui conduit à l'adoption, mais il oblige aussitôt qu'il est formé.

Dans toutes ces tutelles, le conseil de famille a des attributions positives et même indispensables. C'est ce conseil qui les régularise. Par exemple, la tutelle légale n'est parfaite et régulière, que lorsque le conseil de famille s'est assemblé et a nommé un subrogé-tuteur ou tuteur légal; dans la tutelle dative, c'est ce conseil qui lui donne l'être; car, avant la nomination qu'il fait d'un tuteur et d'un subrogé-tuteur, cette tutelle n'existe qu'en théorie dans les dispositions de la loi. Enfin, dans la tutelle officieuse, le conseil de famille intervient pour donner ou refuser son consentement à ces conditions, quand le mineur n'a ni père ni mère.

Mais déjà, dans le premier paragraphe du présent chapitre, nous avons rapporté sommairement les diverses attributions du conseil de famille en toute tutelle; attributions qui indiquent les obligations diverses des tuteurs, mais qui ne les font pas connaître d'une manière suffisante; c'est ce qu'il faut compléter ici.

Dès son entrée en exercice de la tutelle, tout tuteur, excepté le père ou la mère, est obligé de faire régler par aperçu, et suivant l'importance des biens régis, la dépense annuelle du mineur et celle de l'administration des biens. C'est le conseil de famille qui procède à ce règlement, et, par le même acte, il peut autoriser le tuteur à s'adjoindre un gérant ou administrateur dont il est responsable.

Tout tuteur doit prendre soin de la personne et des biens du mineur, et le représenter dans tous les actes civils. Cependant, le conseil de famille, lors de la nomination du tuteur, peut séparer la surveillance, l'éducation et les soins à donner au mineur, de l'administration de ses biens, si son intérêt l'exige. (Arrêt du 8 août 1815, cour de cass.) Et même, dans différentes circonstances, le conseil de famille peut régler tout ce qu'il convient pour l'éducation des enfans, lorsque le tuteur néglige ou remplit mal cette importante partie de ses fonctions.

Tout tuteur encore doit administrer les biens de son pupille en bon père de famille, à peine de dommages-intérêts, mais il ne peut ni acheter les biens du mineur, ni les prendre à ferme, à moins que le conseil de famille n'autorise le tuteur à lui en passer bail; ni accepter la cession d'aucun droit ou créance contre son pupille.

Il est d'ailleurs de principe général que tous actes qui excèdent la simple administration confiée au tuteur, ne peuvent être faits valablement par lui, s'il n'y est d'abord autorisé par le conseil de famille.

Dans les dix jours qui suivront celui de sa nomination, le tuteur doit faire lever les scellés, s'ils ont été apposés, et procéder immédiatement à l'inventaire des meubles du mineur, en présence du subrogé-tuteur. Il doit de même, dans le mois de la clôture de l'inventaire, faire vendre publiquement aux enchères et après affiches ou publications, les meubles de son pupille, autres que ceux dont le conseil de famille aurait autorisé la conservation en nature. Cette conservation n'est ordonnée que suivant l'intérêt du mineur, intérêt qui doit être la règle unique du conseil, pour accorder ou refuser en ce cas.

Les père et mère, tant qu'ils ont la jouissance propre et légale des biens de leurs enfans, sont dispensés de vendre les meubles s'ils préfèrent de les garder en nature, mais en ce cas ils doivent se conformer à l'article 453 du code civil. Cependant il a été jugé que cet article ne s'applique point aux marchandises, et qu'elles doivent être vendues, ou que du moins le survivant doit fournir caution de leur valeur, nonobstant les dispositions de l'article 601.

Aux termes de l'article 455, le conseil de famille, en réglant, dès le commencement de la tutelle, la dépense annuelle du mineur, doit aussi déterminer positivement la somme à laquelle commencera, pour le tuteur, l'obligation d'employer l'excédant des revenus du mineur sur sa dépense; faute de quoi, le tuteur doit les intérêts de toute somme non employée.

Le tuteur, même le père ou la mère, ne peut emprunter pour le mineur ni aliéner ou hypothéquer ses biens immeubles, sans y être autorisé par un conseil de famille, qui indiquera les biens qui devront être aliénés ou hypothéqués. Cette autorisation ne peut être accordée que dans les cas d'avantage évident ou de nécessité absolue; le tuteur doit d'abord fournir un compte sommaire de sa gestion, qui établira la nécessité de vendre. Au surplus, l'autorisation ne peut avoir aucun effet si elle n'est d'abord homologuée suivant l'article 458.

Il est interdit au tuteur d'accepter ou de répudier une succession échue au mineur, sans une autorisation préalable du conseil de famille. L'acceptation ne peut, dans aucun cas, être autorisée que sous bénéfice d'inventaire.

De même, la donation faite au mineur ne pourra être acceptée par le tuteur qu'avec l'autorisation du conseil de famille. Etant ainsi autorisée, la donation produit son effet, tant à l'égard du mineur qu'envers le majeur. (Art. 463.) Néanmoins, le père ou la mère et autres ascendans, quoiqu'ils ne soient ni tuteurs ni curateurs du mineur, peuvent accepter pour lui une donation sans se faire autoriser par un conseil de famille, attendu que l'article 935 déroge à l'article 463 en faveur de l'affection présumée des père et mère et ascendans. (Arrêt du 25 juin 1812, Sirey, tom. 12, pag. 400, Ire part.)

« Aucun tuteur ne pourra introduire en justice une action relative aux droits immobiliers du mineur, ni acquiescer à une demande relative aux mêmes droits, sans l'autorisation du conseil de famille. » (Art. 464.) Les tuteurs légaux sont aussi assujettis à cette autorisation. Cependant, elle n'est exigée que dans l'intérêt du mineur, et on ne peut lui opposer le défaut de l'autorisation dans les cas mêmes où elle est impérieusement exigée. (Arrêts des 24 août 1813 et 4 juin 1818, cour de cass.)

Enfin, le tuteur ne peut transiger au nom de son mineur qu'après y avoir été autorisé par le conseil de famille, sur l'avis de trois jurisconsultes désignés par le procureur du roi. La transaction n'est valable qu'autant qu'elle est homologuée sur les conclusions du ministère public. (Art. 467.) Ces formalités sont, comme celles énoncées en l'article 464, toutes dans l'intérêt du mineur. Aussi, les majeurs qui transigeraient avec lui sans que le conseil de famille y eût donné son consentement, ne seraient point recevables à attaquer la transaction, par le défaut de cette formalité qui ne produit qu'une nullité relative; il en est ainsi de l'homologation de la transaction. Mais le mineur peut opposer cette nullité aux majeurs.

Tout ce que nous venons de dire est applicable à la tutelle des interdits, qui, pour leurs personnes et leurs biens, sont entièrement assimilés aux mineurs. Les lois relatives aux uns sont communes aux autres. Mais le conseil de famille ne peut donner son avis sur l'état mental de celui dont l'interdiction est demandée, qu'après que le tribunal, saisi de l'action, a expressément ordonné que le conseil serait assemblé. Alors, l'assemblée a lieu, tant pour la convocation que pour la délibération, suivant les formalités énoncées aux articles 406, 407 et suivans ; ce serait une erreur de croire que le conseil pourrait valablement délibérer devant le président du tribunal civil ; aussi, un arrêt de la cour de Paris qui avait approuvé une pareille délibération fut cassé.

Pour ce qui concerne la destitution du tuteur ou ses réclamations contre sa nomination, voyez la fin du § VI et le § VII du présent chapitre.

§ IV. — *Du Subrogé-Tuteur.*

Les fonctions du subrogé-tuteur consistent principalement à agir pour les intérêts du mineur, lorsqu'ils sont en opposition avec ceux du tuteur.

C'est immédiatement après la nomination de celui-ci, que le conseil de famille, dans les tutelles datives, nomme le subrogé-tuteur. (Art. 422.) Mais, dans les tutelles légales, il en est autrement : avant d'entrer en fonctions, le tuteur légal doit convoquer le conseil de famille pour nommer un subrogé-tuteur. « S'il s'est ingéré dans l'administration de la tutelle sans avoir rempli cette formalité, le conseil de famille, convoqué sur la réquisition des parens, ou d'office par le juge de paix, peut lui retirer la tutelle s'il y a eu dol ou fraude, sans préjudice des intérêts du mineur. » (Art. 421.)

Dans aucun cas, le tuteur ne vote pour la nomination du subrogé-tuteur, lequel est pris, hors le cas des frères germains, dans celle des deux lignes à laquelle le tuteur n'appartient point. (Art. 423.) Néanmoins, le tuteur n'est point obligé de se retirer du conseil pendant la nomination du subrogé-tuteur, il suffit qu'il s'abstienne de voter. Si alors il ne restait pas cinq membres convoqués, le juge de paix devrait appeler un autre parent ou ami, et même ajourner l'assemblée si cela était nécessaire, pour la compléter.

Celui qui n'est point parent du mineur ne peut être nommé subrogé-tuteur, lorsqu'il existe un parent capable et non excusable dans la ligne à laquelle le tuteur n'appartient pas. (Arrêt du 20 août 1811, Bordeaux.)

De règle générale, le subrogé-tuteur ne peut être choisi dans la même ligne où se trouve le tuteur. Le juge de paix doit y veiller et refuser les votes contraires à la règle. Cependant, il y a une exception dans le cas où le tuteur est un frère germain du mineur ; il est nécessairement parent des membres qui appartiennent aux deux lignes ; peu importe alors dans quelle ligne on choisit le subrogé-tuteur. C'est ce qui arrive dans le cas où le conseil est uniquement composé de frères germains. (Art. 408.)

La première fonction du subrogé-tuteur est d'assister à l'inventaire des meubles du mineur et d'y surveiller ses intérêts. Si le tuteur négligeait, retardait, ou refusait de faire procéder à cet acte, le subrogé-tuteur pourrait y faire procéder lui-même, après en avoir obtenu du tribunal compétent une autorisation. Il pourrait même assembler le conseil de famille pour délibérer sur la révocation du tuteur, s'il y avait dol ou fraude dans le refus de faire inventaire. C'est dans cette circonstance que se trouve le premier cas d'opposition entre les intérêts du tuteur et du subrogé-tuteur, car celui-ci est déclaré solidairement responsable, avec le tuteur, de toutes les condamnations qui peuvent intervenir au profit des mineurs par le défaut d'inventaire. (Art. 1442, § II.)

Le subrogé-tuteur doit encore agir, lorsque le mineur se trouve le copartageant du tuteur dans une succession indivise, ou son cointéressé dans une société ; il doit, dans l'une et l'autre circonstance, défendre pour le mineur à l'action en partage qui est formée par le tuteur, ou former lui-même cette action quand les intérêts du mineur l'exigent ; mais il doit d'abord en obtenir une autorisation du conseil de famille.

Il doit aussi, sous sa responsabilité personnelle, et sous peine de tous dommages-intérêts, veiller à ce que les inscriptions ordonnées par la loi soient prises sans délai sur les biens du tuteur, pour raison de sa gestion ; il doit même les prendre par le seul fait du retard ou de la négligence du tuteur. (Art. 2137, code civil.)

Toutes les fois qu'il y a lieu à une destitution du tuteur, le subrogé-tuteur est obligé de convoquer le conseil de famille pour en délibérer ; autrement il peut être déclaré responsable des malversations du tuteur. La destitution du tuteur serait même annulable si elle avait été prononcée par des parens qui se seraient assemblés spontanément devant le juge de paix, sans être convoqués par le subrogé-tuteur, ou d'office par le juge de paix, et sans avoir ni appelé ni entendu le tuteur. (Arrêt du 8 novembre 1818, Colmar.)

Dans le cas où le tuteur réclame contre sa destitution, c'est le subrogé-tuteur qui est obligé de poursuivre l'homologation; mais si le subrogé-tuteur ne remplit pas ce devoir, les parens doivent le suppléer, ils doivent même convoquer le conseil de famille pour faire opérer la destitution, si le subrogé-tuteur ne le fait pas.

Lorsque la tutelle devient vacante, le subrogé-tuteur n'est pas tuteur de plein droit, mais il est obligé de convoquer sans retard un conseil de famille pour nommer un nouveau tuteur; autrement il est responsable des pertes qui en pourraient résulter au préjudice du mineur. (Art. 424.)

§ V. — *De l'Émancipation et du Curateur.*

Il est deux sortes d'émancipations: la première se fait par le père, ou la mère à défaut du père, sans le concours du conseil de famille, mais elle ne peut avoir un plein effet que lorsqu'il est donné un curateur au mineur émancipé, et ce curateur ne peut être nommé que par le conseil de famille. La seconde se fait par ce conseil lui-même, légalement convoqué sous la présidence du juge de paix.

« Lorsque le mineur est resté sans père ni mère, et qu'il a atteint l'âge de dix-huit ans accomplis, il peut être émancipé si le conseil de famille l'en juge capable. En ce cas, l'émancipation résulte de la délibération qui l'autorise, et de la déclaration que fait le juge de paix, comme président du conseil, par le même acte, que le mineur est émancipé. »

« Lorsque le tuteur, ajoute l'article 479, n'aura fait aucune diligence pour l'émancipation du mineur, dont il est parlé dans l'article précédent, et qu'un ou plusieurs parens ou alliés de ce mineur au degré de cousin germain, ou à des degrés plus proches, le jugeront capable d'être émancipé, ils pourront requérir le conseil de famille pour délibérer à ce sujet. Le juge de paix devra déférer à cette réquisition. »

Les mineurs émancipés ne peuvent demander la reddition du compte de tutelle s'ils ne sont assistés et autorisés d'un curateur aux causes, nommé par le conseil de famille. En vain, seraient-ils autorisés d'un curateur qui aurait été désigné par leur père ou leur mère, en conférant l'émancipation, le compte de tutelle ne serait pas moins nul, parce que les père et mère sont sans droit ni qualité de conférer une curatelle; tout leur droit se réduit à donner l'émancipation. (Arrêt du 2 janvier 1821, Limoges; Sirey, tome 21, page 322, 2me partie.)

Si les parens croient prudent de refuser l'émancipation, ils ne sont point obligés de motiver leur refus; la loi ne les y oblige point.

« Dans l'usage, ces motifs ne sont
» point dissimulés, lorsqu'ils ne résul-
» tent que de la faiblesse corporelle du
» mineur ou du défaut d'éducation;
» mais, s'ils pouvaient compromettre
» la réputation du mineur ou dévoiler
» des secrets de famille, ils ne de-
» vraient pas être exprimés. Au sur-
» plus, nous pensons qu'en refusant
» l'émancipation, les parens pronon-
» cent comme des jurés et qu'ils ne
» doivent compte qu'à leur conscience
» des motifs qui les déterminent. Il n'y
» a donc pas lieu d'attaquer leur déli-
» bération par défaut de motifs. » (Recueil général, tome 2, page 21, 3me édition.)

Tout mineur émancipé de l'un et de l'autre sexe, âgé de 18 ans accomplis, qui voudra profiter de la faculté que lui accorde l'art. 487, de faire le commerce, ne pourra en commencer les opérations, ni être réputé majeur, quant aux engagemens par lui contractés pour faits de commerce, s'il n'a été préalablement autorisé par son père, ou par sa mère en cas de décès, d'interdiction ou d'absence du père, ou, à défaut du père et de la mère, par une délibération du conseil de famille homologuée par le tribunal civil. Ce conseil est convoqué et organisé suivant les dispositions des articles 407 et 408 du code civil.

Le mineur émancipé ne peut faire

d'emprunt, sous aucun prétexte, sans y être autorisé par une assemblée de famille; il ne peut aussi, sans la même autorisation, vendre ou aliéner ses immeubles, ni faire d'autres actes que ceux de pure administration, sous peine de rentrer en tutelle. Au surplus, les autorisations dont il s'agit doivent être homologuées par le tribunal sur les conclusions du procureur du roi.

Tout mineur dont les engagemens auraient été réduits par les tribunaux, pourra être privé du bénéfice de l'émancipation, laquelle lui sera retirée, en suivant les mêmes formes que celles qui auront eu lieu pour la lui conférer, c'est-à-dire, qu'il sera convoqué un conseil de famille pour le faire rentrer en tutelle, si c'est par un conseil de famille qu'il a été émancipé.

Mais ce conseil doit-il être convoqué, lorsqu'il y a lieu d'émanciper un mineur âgé de 18 ans, le dont père est décédé et la mère remariée, sans avoir été maintenue dans sa tutelle? Non, la mère reste capable de conférer l'émancipation; en se remariant sans être confirmée dans la tutelle, elle n'a perdu d'autre droit que celui de la tutelle, mais elle a conservé la puissance paternelle. Or, c'est de cette puissance que découle le droit d'émanciper; il ne dépend nullement de la tutelle.

§ VI. — *Des dispenses, des incapacités et des exclusions de la Tutelle.*

L'article 427 du code civil dispense de la tutelle les personnes désignées dans l'acte constitutionnel du 18 mai 1804, où l'on trouve les ministres, les maréchaux de France, les pairs, les conseillers d'état, les députés, les présidens-conseillers, procureurs-généraux et avocats-généraux à la cour de cassation, les préfets, sous-préfets et les fonctionnaires qui exercent une fonction publique dans un département qui n'est pas celui de la tutelle. Il faut ajouter les présidens et tous les membres de la cour des comptes, qui jouissent des mêmes prérogatives que la cour de cass. (Art. 7 de la loi du 16 septembre 1807.)

« Sont également dispensés, les militaires en activité de service et tous les autres citoyens qui remplissent, hors du royaume, une mission du roi. » (Art. 428.) Néanmoins, si la mission est contestée et si elle n'est pas authentique, la dispense ne sera accordée qu'après la représentation du certificat du ministre dans le département duquel se placera la mission articulée comme excuse. » (Art. 429.)

Les conseils de famille ne peuvent donc nommer tuteurs ni même subrogés-tuteurs, les personnes désignées dans ces diférens textes; les juges de paix doivent avoir l'attention d'en avertir les votans. Cependant, si ces personnes acceptaient la tutelle postérieurement à l'acceptation de leurs fonctions, services ou missions, elles ne pourraient s'en faire dispenser; mais il en serait autrement si lesdites fonctions ou services ne leur étaient conférés qu'après leur nomination à la tutelle, alors elles pourraient s'en faire décharger, pourvu qu'elles fissent convoquer, dans un mois, le conseil de famille qui serait tenu de les remplacer.

« Les conseils de famille doivent aussi s'abstenir de nommer aux fonctions de tuteur, de curateur, de subrogé-tuteur, tous ceux que la loi dispense de la tutelle pour cause d'infirmité, d'âge avancé, de non-parenté et autres motifs indiqués dans les articles 432, 433 jusqu'à 436. Voyez-les. La nomination de ceux qui sont dispensés devient inutile et fait supporter des frais aux mineurs, parce que les personnes nommées, qui ont des dispenses légales, ne manquent jamais de les faire valoir.

Cependant, si ces personnes sont présentes à leur nomination, elles doivent sur-le-champ proposer leurs excuses, autrement la loi en prononce la déchéance. Mais, si elles sont absentes du conseil, la loi leur accorde un délai de trois jours à partir de la notification de leur nomination, à condition qu'elles convoqueront, dans ce délai, le conseil de famille pour délibérer sur leurs excuses.

Si le conseil était convoqué plus tard, ou si les excuses proposées n'étaient pas au nombre de celles que la loi admet, elles devraient être rejetées; mais, si le conseil les reconnaît valables, il procède de suite, et par la même délibération, au remplacement de celui qu'il vient de dispenser. (Voyez les art. 438 et 439.) Au reste, celui dont les excuses ou dispenses sont rejetées, peut se pourvoir devant le tribunal civil pour les faire admettre, mais il est tenu d'administrer provisoirement (Art. 440); et, s'il parvient à se faire dispenser, les membres du conseil qui auront rejeté ses excuses pourront être condamnés aux dépens. (Art. 441.)

Ne peuvent être tuteurs ni membres des conseils de famille : 1° les mineurs, excepté le père ou la mère; 2° les interdits; 3° les femmes autres que la mère et les ascendantes; 4° tous ceux qui ont, ou dont les père et mère ont, avec le mineur, un procès dans lequel l'état de ce mineur, sa fortune, ou une partie notable de ses biens sont compromis. (Art. 442.)

Voilà de véritables incapacités; mais on ne peut en reconnaître aucune autre, la disposition de l'article 442 est limitative. Les conseils de famille ne devraient donc pas s'arrêter à de prétendues incapacités non exprimées par la loi. On a cependant soutenu qu'une mère était incapable d'être tutrice de son fils, par le motif qu'à des époques encore récentes elle avait éprouvé des accès de démence; mais cette prétention fut rejetée, parce que la mère n'avait pas été interdite, et qu'elle paraissait jouir de toute sa raison lors de l'ouverture de la tutelle. (Arrêt du 3 juillet 1808, C. de Paris.)

Mais voici plus que des incapacités; voici des exclusions expresses de la tutelle. La condamnation à une peine afflictive ou infamante emporte, de plein droit, exclusion; elle emporte même la destitution dans le cas où il s'agirait d'une tutelle déférée antérieurement. (Art. 443.) Pour connaître ces peines, voyez les articles 7, 8, 28, 42, 43, 335, 401, 406, 408 et 410 du code pénal.

« Sont aussi exclus de la tutelle, et même destituables, s'ils sont en exercice, les gens d'une inconduite notoire; ceux dont la gestion attesterait l'infidélité ou l'incapacité. » (Art. 444.) Cette disposition est, comme celle de l'article 442, absolument limitative; néanmoins, on pourrait remarquer une autre cause d'exclusion dans l'art. 421 qui permet de retirer la tutelle au père ou à la mère, en cas de dol ou de fraude dans leur gestion. Cette cause doit d'autant plus être admise que l'article 445 repousse du conseil de famille toute personne qui aura été exclue ou destituée de la tutelle.

Néanmoins, si le père ou autre ascendant avait renoncé volontairement à la tutelle légale, il n'y aurait point, pour cette cause, lieu à l'exclure du conseil de famille. Il y a une grande différence entre une destitution et une simple renonciation. D'ailleurs, les seuls cas d'exclusion du conseil de famille qui puissent être admis, sont ceux énoncés aux articles 442 et 443 précités. Ainsi, la mère non maintenue ou déchue de la tutelle par un second mariage, n'est pas dans le cas de l'exclusion.

Si un ou plusieurs parens ou alliés du mineur, au degré de cousin germain ou à des degrés plus proches, requièrent la convocation du conseil de famille pour délibérer sur la destitution du tuteur pour des motifs suffisans, le juge de paix ne peut se dispenser d'assembler le conseil et d'y appeler le tuteur, qui doit être entendu dans sa défense. Le subrogé-tuteur peut aussi requérir la convocation pour le même objet; ce n'est même qu'à son défaut que le juge de paix agit d'office. Dans le cas où la délibération prononce l'exclusion ou la destitution du tuteur, elle doit être motivée (Art. 446, 447); elle doit d'ailleurs être homologuée si le tuteur n'y adhère pas. Voyez les art. 448 et 449 pour connaître les formalités prescrites pour parvenir à cette homologation. Voyez aussi le § qui suit.

§ VII. — *Des Voies pour faire exécuter les délibérations des Conseils de Famille.*

Le plus souvent, ces délibérations s'exécutent à l'amiable, même celles qui sont sujettes à l'homologation des tribunaux civils.

Ce n'est point par la voie de l'appel que l'on attaque ces délibérations, mais par une simple requête présentée au président du tribunal, ou par un simple ajournement notifié aux membres du conseil qui ont été d'avis de la délibération. Voici ce qui est disposé sur cette matière par le code de procédure.

L'art. 882 dit : « Lorsque la nomination d'un tuteur n'aura pas été faite en sa présence, elle lui sera notifiée à la diligence du membre de l'assemblée qui aura été désigné par elle : ladite notification sera faite dans les trois jours de la délibération, outre un jour par trois myriamètres de distance entre le lieu où s'est tenue l'assemblée et le domicile du tuteur. »

Que le tuteur accepte ou n'accepte pas la tutelle, il n'en reste pas moins chargé à compter du jour de la notification. (Art. 418.)

Toutes les fois que les délibérations du conseil de famille ne seront pas unanimes, l'avis de chacun des membres qui la composent sera mentionné dans le procès-verbal. — Le tuteur, subrogé-tuteur ou curateur, même les membres de l'assemblée, pourront se pourvoir contre la délibération; ils formeront leur demande contre les membres qui auront été d'avis de la délibération, sans qu'il soit nécessaire d'appeler en conciliation. (Art. 883.) — La cause sera jugée sommairement. (Art. 884.)

Ce sont les membres convoqués, et non le juge de paix, qui doivent être cités sur la demande de celui qui attaque la délibération, lorsqu'ils l'ont votée; c'est pourquoi la loi veut que l'avis de chacun des délibérans soit exprimé au procès-verbal. La cour de cassation décide que le juge de paix ne peut être appelé pour voir réformer son avis. (Arrêt du 29 juillet 1812.)

Dans tous les cas où il s'agit d'une délibération sujette à homologation, une expédition de la délibération sera présentée au président, lequel, par ordonnance au bas de ladite délibération, ordonnera la communication au ministère public et commettra un juge pour en faire le rapport à jour indiqué. (Art. 885. (— Le procureur du roi donnera ses conclusions au bas de ladite ordonnance; la minute du jugement d'homologation sera mise à la suite desdites conclusions, sur le même cahier. (Art. 886.)

Le jugement doit être rendu en la chambre du conseil. (Art. 458, code civil.) La commission de législation proposa néanmoins de rendre ce jugement en séance publique; « mais, dit M. Locré, la publicité, qui est utile dans les contestations, aurait des inconvéniens dans les homologations; elle ferait connaître la situation du mineur, ce qui peut lui nuire en plusieurs circonstances.» (Esprit du code civ., page 239, tome 5.)

Mais quelles délibérations doivent être homologuées? Ce sont celles relatives à la destitution d'un tuteur, mais seulement dans le cas où celui-ci attaque la délibération. (Art. 448, code civil.) Ce sont aussi celles qui autorisent à emprunter pour les mineurs en tutelle, pour les mineurs émancipés et pour les interdits; à hypothéquer leurs biens, ou à les aliéner et vendre (Art. 457, 458 et 509, cod. civ.); celles qui autorisent à traiter et transiger pour les mêmes (Art. 467); enfin celles qui déterminent la dot et autres conventions du mariage de l'enfant d'un interdit. (Art. 511.)

Si le tuteur ou autre, chargé de poursuivre l'homologation, ne le fait dans le délai fixé par la délibération, ou, à défaut de fixation, dans le délai de quinzaine, un des membres de l'assemblée pourra poursuivre l'homologation contre le tuteur et aux frais de celui-ci, sans répétition. (Art. 887.)

Ceux des membres de l'assemblée qui croiront devoir s'opposer à l'homologation, le déclareront, par acte extrajudiciaire, à celui qui est chargé de la poursuivre; et s'ils n'ont pas été appelés, ils pourront former opposition au jugement. (Art. 888.)

Les jugemens rendus sur délibérations du conseil de famille, seront sujets à l'appel. (Art. 889.)

Le conseil de famille a le droit d'attaquer, par la voie de la tierce-opposition, un jugement du tribunal de première instance, qui, en homologuant une délibération du même conseil, ajoute d'office des conditions à la vente des biens des mineurs, que la délibération ne contenait pas. Peu importe que le tuteur ne réclame point. (Arrêt du 11 avril 1822.)

CHAPITRE XXV.

Des différentes Fonctions et Attributions non contentieuses du Juge de Paix, en matières civiles, commerciales, fiscales, douanes, octrois, etc., etc.

Ces attributions consistent presque toutes dans des opérations particulières et des actes isolés. Il faut cependant en excepter les délibérations de famille dont l'ensemble forme les règles des tutelles; les appositions et levées de scellés, dont les suites et les formalités tiennent à un système de procédure; il en est de même des matières de la conciliation.

Nous ne parlerons donc point ici de ces trois choses; nous avons déjà, d'ailleurs, suffisamment traité des délibérations de famille et du préliminaire de la conciliation. Les appositions et levées des scellés seront la matière d'un chapitre spécial. Mais nous allons commencer celui-ci par l'adoption, la tutelle officieuse et les actes de notoriété. Viendront ensuite les actes isolés, qui sont très-nombreux.

§ Ier. — *De l'Adoption.*

« L'adoption n'est permise qu'aux personnes de l'un ou de l'autre sexe, âgées de plus de cinquante ans, qui n'auront, à l'époque de l'adoption, ni enfans ni descendans légitimes, et qui auront au moins quinze ans de plus que les individus qu'elles se proposent d'adopter. » (Art. 343, code civil.)

« Hors le cas de l'article 366, nul époux ne peut adopter, sans le consentement de son conjoint. (Art. 344.) Ce cas est celui du tuteur officieux. »

« La faculté d'adopter ne pourra être exercée qu'envers l'individu à qui l'on aura, dans sa minorité, et pendant six ans au moins, fourni des secours et donné des soins non interrompus, ou envers celui qui aurait sauvé la vie à l'adoptant, soit dans un combat, soit en le retirant des flammes ou des flots. Il suffira, dans ce deuxième cas, que l'adoptant soit majeur, plus âgé que l'adopté, sans enfans ni descendans légitimes; et, s'il est marié, que son conjoint consente à l'adoption. » (Art. 345.)

« L'adoption ne pourra, en aucun cas, avoir lieu avant la majorité de l'adopté. Si l'adopté, ayant encore ses père et mère ou l'un des deux, n'a point accompli sa vingt-cinquième année, il sera tenu de rapporter le consentement donné à l'adoption par ses père et mère, ou par le survivant; et, s'il est majeur de vingt-cinq ans, de requérir leur conseil. » (Article 346.)

« La personne qui se proposera d'adopter, et celle qui voudra être adoptée, se présenteront devant le juge de paix du domicile de l'adoptant pour y passer acte de leurs consentemens respectifs. » (Art. 353.)

Avant de recevoir cet acte, le juge de paix doit vérifier si les parties se trouvent dans le cas d'adopter et d'être adoptées, et si toutes les conditions exigées par les textes que nous venons de rapporter ont été remplies; autrement, il peut se refuser à rédiger procès-verbal de l'adoption.

Cependant, le juge de paix n'a aucune juridiction contentieuse. Sa mission se borne à constater d'une manière authentique les déclarations des parties. Il n'a point le droit d'examiner la validité ou l'invalidité de leurs motifs; il est, pour ce cas, simple officier de la juridiction volontaire. Mais, que doit contenir l'acte du juge de paix? Nous verrons, par la formule qui sera donnée dans la deuxième partie, qu'il doit contenir d'abord les motifs de l'adoption, la déclaration de la conférer qu'en fait l'adoptant, et l'acceptation de l'adopté; les consentemens des père et mère de ce dernier, qui sont donnés, soit en personne, soit par fondé de pouvoir spécial et authentique, lorsqu'il n'a pas vingt-cinq ans accomplis; le consentement de l'époux de l'adoptant, s'il est marié; l'acte respectueux fait par l'adopté à ses père et mère, lorsque ceux-ci ont refusé leur consentement à l'adoption, ou la mention de leurs actes de décès, s'ils sont décédés; enfin, on doit énoncer, dans l'acte d'adoption, que l'adoptant est âgé de plus de cinquante ans, et l'adopté de moins de quinze ans que l'adoptant. Les actes de naissance de l'un et de l'autre doivent être représentés. L'acte est terminé par la signature des parties, du juge de paix et de son greffier. Il en est ensuite délivré une expédition à la partie qui la demande la première; le greffier ne peut la refuser à la plus diligente.

On a demandé si l'adoptant, ou l'adopté, peut se faire représenter par procureur? Dans le droit romain, cela ne se pouvait, parce que l'adoption était un acte solennel de la loi; mais dans notre droit, qui ne connaît pas ces subtilités rigoureuses, rien n'empêche d'agir en cette circonstance par un fondé de pouvoir, pourvu que la procuration soit authentique et spéciale. Dans ce cas, la procuration doit être annexée à la minute de l'acte d'adoption, après avoir été signée par le mandataire, et il faut en délivrer expédition à la suite de l'acte.

La loi dit que l'adopté rapportera le consentement de ses père et mère, ou celui du survivant; mais il n'est pas nécessaire que ce consentement soit donné par un acte séparé de l'adoption, lorsque les père et mère comparaissent devant le juge de paix avec l'adoptant et l'adopté. Alors, le juge de paix énonce leur consentement, et cela suffit. Quant à l'acte de réquisition du conseil des père et mère, sur le refus de ceux-ci de consentir à l'adoption, il doit être fait avec les mêmes formalités que l'acte respectueux tendant au mariage; une seule réquisition suffit, et il faut l'annexer au procès-verbal du juge de paix. Mais cette réquisition doit-elle être faite aux ascendans, à défaut de père et de mère, la loi ne l'exige point, et par là même elle en dispense.

L'adoptant doit, pour éviter toute difficulté devant le tribunal ou la cour qui doit confirmer l'adoption, justifier qu'il est de bonnes mœurs, par un acte de notoriété délivré par le juge de paix, sur l'attestation de sept témoins. (Arrêt du 1er février 1826, C. de Bordeaux.)

§ II. — *De la Tutelle officieuse.*

« Tout individu, âgé de plus de 50 ans et sans enfans ni descendans légitimes, qui voudra, pendant la minorité d'un individu, se l'attacher par un titre légal, pourra devenir son tuteur officieux, en obtenant le consentement des père et mère de l'enfant ou du survivant d'entre eux, ou, à leur défaut, d'un conseil de famille, ou enfin, si l'enfant n'a point de parens connus, en obtenant le consentement des administrateurs de l'hospice où il a été recueilli, ou de la municipalité du lieu de sa résidence. » (Art. 361, code civil.)

Un époux ne peut devenir tuteur officieux qu'avec le consentement de l'autre conjoint. Cette tutelle ne peut avoir lieu qu'au profit d'enfans âgés de moins de quinze ans. Elle emporte avec elle, sans préjudice de toutes stipulations particulières, l'obligation de nourrir le pupille, de l'élever, de le mettre en état de gagner sa vie.

Le juge de paix du domicile du tuteur reçoit l'acte de la tutelle officieuse par un procès-verbal qui contient les déclarations, consentemens, acceptations et conditions faites par les parties. Mais ici, le juge est moins magistrat que notaire, car sa mission se borne à rédiger ou à faire rédiger l'acte par son greffier, qui doit l'assister.

Si l'enfant est mineur, n'ayant ni père ni mère, comme alors le consentement à la tutelle officieuse doit être donné par le conseil de famille, le juge de paix, comme président de ce conseil, devient en quelque sorte l'une des parties contractantes; mais cela ne l'empêche pas de recevoir ensuite l'acte constitutif de la tutelle. Voyez une formule de cette tutelle dans la deuxième partie.

Les parties peuvent faire telles conventions que bon leur semble, et le juge de paix doit les insérer toutes dans son procès-verbal. L'obligation principale et essentielle, résultant de la tutelle officieuse, est, de la part de celui qui la reçoit, de nourrir, entretenir et élever l'enfant et de le mettre en état de gagner sa vie par son travail. Il résulte de là que le tuteur ne peut plus, dès qu'une fois il a accepté la tutelle, s'en affranchir sans avoir satisfait à cette obligation. Si, par exemple, le tuteur officieux était trop dur à l'égard de l'enfant, ou s'il le laissait manquer des choses nécessaires, ceux qui auraient consenti la tutelle pourraient faire ordonner que l'enfant serait mis dans une pension et que le tuteur serait tenu de fournir à son entretien.

L'autorité des tribunaux n'est pas nécessaire pour consommer la tutelle officieuse, elle est parfaite par le seul procès-verbal du juge de paix et les consentemens des contractans ; la raison en est que les choses sont bien différentes que dans l'adoption ; il y a dans celle-ci un changement d'état en la personne de l'adopté, mais il n'y en a point dans la tutelle officieuse.

« Si le tuteur officieux, après cinq ans révolus depuis la tutelle et dans la prévoyance de son décès avant la majorité du pupille, lui confère l'adoption par acte testamentaire, cette disposition sera valable, pourvu que le tuteur officieux ne laisse point d'enfans légitimes. (Art. 366.) Dans cette circonstance, le ministère du juge de paix n'est nullement nécessaire. Mais, si à la majorité du pupille son tuteur officieux veut l'adopter, et que le premier y consente, il sera procédé à l'adoption selon les formes prescrites au chapitre précédent, et les effets en seront en tous points les mêmes. » (Art. 366.)

Ainsi il faut, dans ce cas, procéder suivant les dispositions de l'article 353, pour constater l'adoption, c'est-à-dire, qu'il en sera dressé un procès-verbal par le juge de paix, sur les consentemens des parties intéressées. Voir ce qui a été dit dans le précédent paragraphe sur ce sujet.

Dans les trois mois qui suivent la majorité du pupille, si son tuteur officieux ne lui a point conféré l'adoption, il est autorisé à lui en faire une réquisition formelle, réquisition qui n'est autre chose qu'une sommation faite à la requête du pupille devenu majeur, au tuteur officieux, de comparaître tels jour et heure indiqués devant le juge de paix de son domicile, pour lui conférer l'adoption.

Si cette sommation reste sans effet, et si le pupille se trouve hors d'état de gagner sa vie, le tuteur officieux pourra être condamné à indemniser le pupille de l'incapacité où celui-ci pourrait se trouver de pourvoir à sa subsistance (Voyez les articles 369 et 370 du code civ.); surtout s'il est justifié que le tuteur n'a donné aucune éducation au pupille.

§ III. — *De l'Acte de Notoriété.*

Il en est de plusieurs sortes, dont les uns sont reçus par les notaires, et les autres par les juges de paix. Nous ne devons parler que de ces derniers.

1° Lorsque la personne qui veut se marier est dans l'impossibilité, par quelque cause que ce soit, dûment constatée, de se procurer son acte de naissance, il y est suppléé par un acte de notoriété que lui délivre le juge de paix du lieu de sa naissance, ou celui de son domicile. (Art. 70, cod. civ.)

Cet acte de notoriété doit contenir la déclaration, faite par sept témoins de l'un ou de l'autre sexe, parens ou non parens, des prénoms, nom, profession et domicile du futur époux, et de ceux de ses père et mère, s'ils sont connus. (Art. 71, *ibidem*.) La déclaration désignera le lieu et, autant que possible, l'époque de sa naissance, et les causes qui empêchent d'en rapporter l'acte. Les témoins doivent signer l'acte de notoriété avant le juge de paix. S'il en est qui ne puissent ou ne sachent signer, il en est fait mention.

L'acte de notoriété dressé devant le juge de paix seul, suffisait, avant le code civil, pour suppléer au défaut d'acte de naissance. Il n'en est plus de même maintenant. Le législateur a senti combien il était dangereux de suppléer un acte authentique rédigé au moment de la naissance, par la preuve testimoniale, sans prendre les précautions nécessaires pour bien apprécier les dires des témoins : en conséquence, l'acte de notoriété doit être présenté au tribunal de première instance du lieu où se célébrera le mariage, pour être homologué s'il y a lieu. Ce tribunal, après avoir entendu le procureur du roi, donne ou refuse son autorisation, selon qu'il trouve suffisantes ou insuffisantes les attestations des témoins et les causes qui empêchent de rapporter l'acte de naissance.

Mais il faut bien observer que l'acte de notoriété n'a pas d'autre vertu que celle de suppléer l'acte de naissance manquant ; il ne pourrait, par exemple, suppléer un acte de décès ou celui d'un mariage. (Arrêt du 21 juin 1816, C. de cass.)

Les témoins qui doivent concourir à l'acte de notoriété peuvent être pris indistinctement parmi les parens, les amis, les domestiques des parties. La loi ne permet aucun reproche contre eux, on doit les réputer des témoins nécessaires, à raison des faits particuliers et de famille qu'ils sont dans le cas de connaître mieux que des étrangers; mais ils doivent jouir des droits civils, du moins être français et majeurs.

2° « En cas d'absence de l'ascendant, auquel eût dû être fait l'acte respectueux, il sera passé outre à la célébration du mariage, en représentant le jugement qui aurait été rendu pour déclarer l'absence, ou, à défaut de ce jugement, celui qui aurait ordonné l'enquête, ou, s'il n'y a point encore eu de jugement, un acte de notoriété délivré par le juge de paix du lieu où l'ascendant avait son dernier domicile. L'acte contiendra la déclaration de quatre témoins appelés *d'office* par le juge de paix. » (Art. 155, code civil.)

« Il ne faut pas regarder comme ab-
» sent, a dit l'orateur qui a exposé les
» motifs de l'article précité, l'ascen-
» dant qui, pour ses affaires ou d'au-
» tres motifs, se serait éloigné de son
» domicile sans avoir laissé ignorer le
» lieu où l'on peut le trouver, car, sous
» prétexte d'un simple éloignement, on
» ne peut autoriser un enfant de fa-
» mille à se soustraire à un devoir
» essentiel. »

L'acte de notoriété dont il s'agit ici, contient la déclaration des faits relatifs à l'absence présumée de l'ascendant, qui sont déclarés par les témoins appelés d'office. Cette déclaration doit être circonstanciée, signée des attestans, du juge et du greffier.

3° Un décret du 18 septembre 1806 attribue au juge de paix la délivrance d'un acte de notoriété, pour constater la qualité du conjoint survivant, de l'héritier ou légataire universel d'un pensionnaire de l'état décédé, ou d'un titulaire d'office aussi décédé. Cet acte est délivré sur l'attestation de deux témoins français, mâles et majeurs, et il doit y être établi quels droits ont le conjoint ou l'héritier dans les arrérages de la pension, ou dans les intérêts du cautionnement du décédé.

Si après son décès il avait été fait un inventaire, ce serait au notaire rédacteur de cet acte qu'il appartiendrait de délivrer l'acte de notoriété, et non au juge de paix, la loi le décide ainsi formellement.

4° En vertu de la loi du 28 floréal an VII, sur l'attestation de trois témoins jouissant des droits civils, le juge de paix délivre aux héritiers d'un prêtre décédé, un acte de notoriété qui constate leur qualité, afin de toucher les arrérages échus de leur traitement ou pension.

5° Suivant la loi du 1er mars 1808, art. 9, les juges de paix, sur l'attestation de sept notables de l'arrondissement, délivrent, en concurrence avec les notaires, des actes de notoriété pour constater la commune renommée des biens, dont le propriétaire se propose de former un majorat, à défaut de baux qui établiraient cette valeur pendant 27 années consécutives.

6° Aux termes d'une ordonnance du 1er mai 1825, le juge de paix du domicile du réclamant, ou de la situation des biens vendus, sur l'attestation de sept témoins, délivre un acte de notoriété pour constater l'identité du propriétaire émigré, dont les biens ont été vendus au profit de l'état. Les juges de paix attestent aussi l'identité des anciens colons de Saint-Domingue ou de leurs héritiers, en vertu d'une ordonnance du 9 mai 1826.

§ IV. — *Des Actes particuliers ou isolés attribués aux Juges de Paix.*

1er. Les juges de paix reçoivent les affirmations des procès-verbaux des préposés des douanes et de l'octroi; nous l'avons déjà dit ailleurs. Ces magistrats reçoivent aussi les affirmations des procès-verbaux des employés des contributions indirectes, qui doivent remplir cette formalité dans les trois jours de leur acte, devant le juge du lieu de la saisie. (Art. 25 et 26 du décret du 1er germinal an XIII.)

2me. Dans les 24 heures de leurs procès-verbaux, les gardes-champêtres et forestiers affirment la sincérité de ces actes devant le juge de paix du lieu du délit, ou, à défaut du juge, devant le maire ou son adjoint.

Les actes de toutes ces affirmations énoncent que les affirmans déclarent, sous serment, que leurs procès-verbaux, dont lecture doit toujours leur être faite, contiennent vérité. L'énonciation de la lecture est indispensable, à peine de nullité. (Arrêts des 9 février et 29 mars 1811, cour de cassation.) Voyez, pour les gardes-champêtres, la loi du 28 floréal an II, et pour les gardes forestiers, l'article 165 du code forestier, et l'article 182 de l'ordonnance d'exécution de ce code.

3me. Le juge de paix reçoit le serment que les gardes-champêtres sont tenus de prêter avant d'entrer en fonctions. Ce serment, aux termes de la loi du 6 octobre 1791, titre 1er, art. 5, consiste à jurer de veiller à la conservation de toutes les propriétés qui sont sous la foi publique, et autres dont la garde leur a été confiée par l'acte de leur nomination. Mais ce serment ne peut être aujourd'hui qu'une addition au serment général qui est imposé à tout fonctionnaire public par la charte constitutionnelle. Celui-ci doit être toujours prêté par les gardes-champêtres.

4me. Les registres des employés des douanes contenant déclarations, paiemens des droits, soumissions des redevables et de leurs cautions, décharges des acquits-à-caution et autres, doivent être cotés par premier et dernier, et paraphés, sans frais, par l'un des juges du tribunal civil, ou par le juge de paix.

5me. Les juges de paix reçoivent, en concurrence avec les juges du tribunal civil, le serment d'installation des employés des impositions indirectes. Voyez l'article 20 du décret du 1er germinal an XIII. Ces magistrats assistent aux visites et perquisitions que les agens supérieurs de l'administration autorisent chez des particuliers non débitans. Les mêmes juges nomment des experts pour vérifier le jaugeage des employés de l'administration. Voyez l'article 146 de la loi du 28 avril 1816. Enfin, les juges de paix apposent les scellés sur les effets et papiers des comptables de la régie, sur la réquisition d'un agent principal. Voyez ce qui sera dit là-dessus au chapitre des appositions de scellés.

6me. Les juges de paix certifient l'attestation de bonne conduite donnée par les maires à ceux qui aspirent aux places de commissaires-des-guerres. (Art. 6, tit. 7, de la loi du 14 octobre 1791.)

7me. Les employés de la régie de l'enregistrement sont autorisés, lorsqu'ils ne résident pas dans la commune où siége le tribunal civil de première instance, à prêter leur serment devant le juge de paix du canton dans lequel ils exercent leurs fonctions. (Loi du 16 thermidor an IV, article 1er.)

8me. Le juge de paix délivre des exécutoires aux maires et adjoints qui ont fait, d'office, écheniller les arbres contre les propriétaires négligeant ou refusant de faire cette opération. Voyez la loi du 26 ventôse an IV, art. 6.

9me. Le juge de paix peut exiger que le citoyen qui étale des marchandises dans un lieu quelconque, lui exhibe sa patente. (Loi du 1er brumaire an VII.) C'est ce qui n'arrive que fort rarement, les juges de paix laissent faire cette représentation par les commissaires de police.

10me. La loi du 22 frimaire an VII charge, par son article 18, le juge de paix de nommer un tiers-expert, quand deux experts, nommés par la régie de l'enregistrement pour apprécier la valeur d'un immeuble, ne peuvent s'accorder sur cette nomination.

11me. Le juge de paix délivre aux officiers chargés par la loi de faire l'avance des droits d'enregistrement, des exécutoires contre les parties à la charge desquelles sont ces droits; mais on ne comprend jamais, dans le montant de l'exécutoire, les droits des officiers (Même loi du 22 frimaire an VII, art. 30), ni l'intérêt des déboursés et avances qu'ils ont faits. (Arrêt du 15 avril 1830, cass.)

Les héritiers des officiers ministériels peuvent aussi requérir de semblables exécutoires. Ces actes ont la force des jugemens et donnent l'hypothèque, pourvu que les expéditions soient délivrées avec l'intitulé qui commence et termine les jugemens et arrêts. S'il y a opposition à ces exécutoires, la connaissance en appartient au tribunal de première instance, devant lequel les parties procèdent sans frais et sur simples mémoires. (Art. 65, même loi.)

12me. Lorsqu'un citoyen a besoin d'avoir un extrait des registres du préposé de l'enregistrement, relativement à un acte qui ne le concerne ni lui ni ses auteurs, il est obligé de prendre une ordonnance du juge de paix, qui l'autorise à se faire délivrer l'extrait qu'il désire. (Art. 58 *ibid.*)

13me. A la réquisition des auteurs, compositeurs, peintres ou dessinateurs, leurs héritiers ou cessionnaires, les juges de paix sont tenus, dans les lieux où il n'y a pas de commissaire de police, de saisir ou faire saisir les exemplaires des éditions imprimées ou gravées sans la permission formelle et par écrit des auteurs. (Art. 1er, loi du 25 prairial an III.)

14me. Les perquisitions tendantes à découvrir la postulation frauduleuse, ou la rédaction des actes d'avoués par des personnes qui n'y ont aucun droit, ne peuvent être faites qu'en présence d'un juge de paix, ou, à son défaut, d'un commissaire de police, lequel saisit les pièces de contravention, après les avoir détaillées, cotées, etc., paraphées; de tout quoi il dresse procès-verbal.

15me. En cas de saisie-exécution, lorsqu'il y a refus d'ouverture de portes ou résistance, le juge de paix est le premier officier que l'huissier doit requérir pour l'assister et l'autoriser à faire faire les ouvertures. Ce n'est qu'à son défaut que l'huissier peut s'adresser au commissaire de police. Le juge de paix doit déférer à la réquisition de l'huissier; mais il n'en dresse point procès-verbal, il signe seulement celui de l'huissier qui fait mention de ses ordres ou ordonnances. Le juge de paix peut, en cas de besoin, requérir la force armée. (Voyez l'art. 587 du cod. de proc.)

16me. En matière d'impositions indirectes, la contrainte décernée par le directeur ou le receveur de la régie contre les redevables en retard, doit être visée et déclarée exécutoire, sans frais, par le juge de paix du canton où le bureau est établi. (Art. 44, décret du 1er germinal an XIII.)

17me. Il en est de même des contraintes délivrées pour la perception des droits de douanes, de timbre et d'octroi. (Art. 64, loi du 22 frimaire an VII.) Le visa du juge de paix se donne sans frais, et il est toute l'attribution de ce magistrat à l'égard de ces contraintes, excepté celles qui sont décernées pour les droits de douanes, parce que, à raison de ces droits, les juges de paix sont compétens de connaître de toutes affaires qui s'y rattachent, sans exception. (Art. 10, loi du 14 fructidor an XI.) Ils connaissent donc par conséquent des oppositions aux contraintes décernées pour droits de douanes. (Arr. du 8 décembre 1810, C. de cass.)

18me. Le juge de paix, assisté de son greffier, reçoit la nomination que fait un père, d'un conseil spécial à la mère survivante et tutrice, pour l'assister dans tous les actes de la tutelle, ou seulement dans quelques-uns. (Art. 392, code civil.)

19me. Le juge de paix doit aussi recevoir la déclaration par laquelle le dernier mourant des père et mère choisit, pour ses enfans mineurs, un tuteur, parent ou même étranger. Mais si le tuteur n'est pas au nombre des personnes que le conseil de famille aurait pu nommer, il n'est point tenu d'accepter. (Art. 397, 401 *ibid.*)

20me. Les greffiers de la justice de paix, les préposés de l'octroi, les experts nommés par le subrogé-tuteur et autres, prêtent serment devant le juge de paix, qui en dresse procès-verbal, et en fait en outre mention sur la commission des préposés.

21me. Les art. 985 et 986 du code civil chargent les juges de paix de recevoir les testamens qui sont faits en temps de peste ou d'autres maladies contagieuses; mais ces testamens ne sont plus valables six mois après que la maladie a cessé, ou que les communications sont rétablies dans le lieu où le testateur se trouve.

22me. Les portatifs, registres, répertoires et autres livres destinés aux employés des impositions indirectes, des octrois, des directeurs de messageries, des débitans de boissons, des greffiers et huissiers, sont cotés et paraphés par le juge de paix.

23me. « En cas de saisie d'animaux et ustensiles servant à l'exploitation des terres, le juge de paix pourra, sur la demande du saisissant, le propriétaire et le saisi entendus ou appelés, établir un gérant à l'exploitation. » (Art. 594, cod. civil.)

Les principes relatifs à la nomination des gardiens sont applicables à celle du gérant.

24me. Les juges de paix font ouvrir les ballots, malles, caisses et paquets qui auraient été laissés aux bureaux des douanes, messageries et du roulage, sans avoir été réclamés dans les six mois de leur arrivée. Il est ensuite fait, en présence du juge de paix, un inventaire des objets contenus dans lesdits ballots, malles, caisses, etc.

25me. Aux termes des articles 571 et 572 du code de procédure, le juge de paix du domicile d'un tiers-saisi est chargé de recevoir sa déclaration, lorsqu'il n'est pas sur les lieux où l'action est pendante. Voyez ces articles et le 573me.

26me. D'après l'article 2199, le juge de paix, sur la réquisition des parties intéressées, dresse procès-verbal des retards ou des refus des conservateurs des hypothèques à transcrire les actes de mutations, ventes, donations, ou les inscriptions hypothécaires.

27me. Les juges de paix, sur la délégation du procureur du roi, assistent à l'inventaire du mobilier des absens déclarés, dont les héritiers ont obtenu l'envoi en possession provisoire de ses biens. Cet inventaire se fait, soit à la requête desdits héritiers, soit à celle de l'époux présent. (Art. 126, code civil.

28me. « Tout armateur français, en présentant le congé et les titres de propriété du bâtiment, sera tenu de déclarer, en présence du juge de paix, et de signer sur le registre des douanes, qu'il est propriétaire du bâtiment ; qu'aucun étranger n'y est intéressé directement ni indirectement, et que sa dernière cargaison, arrivée des colonies ou des comptoirs français, n'est point un armement en commission ni propriété étrangère. (Loi du 21 septembre 1791.) Un procès-verbal est rédigé par le juge de paix, sur la déclaration de l'armateur, et l'on y exprime le contenu du certificat du jaugeage du navire par les employés de la douane, les nom et demeure du maître ou patron du navire, ceux de l'armateur, le lieu de construction du bâtiment, sa longueur, largeur, profondeur, etc.

29me. La reconnaissance d'un enfant naturel peut être faite devant le juge de paix, dont tous les actes portent le caractère d'authenticité. Or, la loi prescrit de faire cette reconnaissance par acte authentique. Il a même été jugé que le greffier est capable de recevoir cet acte. (Arrêt du 2 avril 1821.)

30me. Dans les cinq premiers jours de chaque mois, le juge de paix est tenu de faire, en comparant le répertoire avec les minutes du greffe et la feuille d'audience, le récolement et l'état des actes qui ont été faits, tant par lui que par le greffier, dans le mois précédent. (Art. 3 de l'ordonnance du 5 novembre 1823.) Procès-verbal de cette opération est rédigé et envoyé dans les cinq jours suivans au procureur du roi.

31me. Si un prévenu, contre lequel il aura été décerné un mandat d'amener, ou de dépôt, ou d'arrêt, est trouvé hors de l'arrondissement du juge d'instruction qui aura délivré le mandat, ce prévenu doit être conduit devant le juge de paix du lieu de son domicile, ou, en son absence, devant son suppléant. L'un ou l'autre vise le mandat, et aussitôt l'huissier, chargé de son exécution, peut y procéder. (Art. 98, code d'instr.)

32me. L'article 109 du même code charge le juge de paix de viser le procès-verbal que rédige le porteur d'un mandat d'arrêt, à raison de l'absence du prévenu de son domicile.

33me. Dans le cas où les cours et les tribunaux, attendu l'éloignement des parties, des témoins ou des experts, commettent un juge de paix pour recevoir un serment, faire une enquête, un interrogatoire, etc., ce magistrat doit y procéder dans les formes ordinaires qui sont observées dans les cours et tribunaux, parce qu'il représente ceux qui l'ont commis, et il a la même autorité pour les actes délégués. (Art. 326 et 1035, code de procéd.)

34me. Les juges de paix sont tenus aussi de remplir les délégations qui peuvent leur être faites en matière criminelle. 1° Dans les cas prévus par les art. 32 et 46 du code d'instruction criminelle, le procureur du roi leur délègue les recherches, visites, perquisitions, interrogatoires, informations, etc. 2° Aux termes de l'art. 8 du code d'instruction, le juge de paix, commis par un juge d'instruction, entend les témoins qui résident dans son canton, et non au chef-lieu d'arrondissement. 3° Le juge de paix entend aussi les témoins qui sont éloignés des lieux où siégent les tribunaux militaires, sur la délégation de ceux-ci.

35me. Les experts qui sont nommés dans les circonstances indiquées par les art. 17, 18 et 19 de la loi du 22 frimaire an VII, prêtent serment de remplir fidèlement leur commission devant le juge de paix des lieux. (Art. 1er de la loi du 15 novembre 1808.)

36me. Les veuves de militaires qui prétendent une pension en vertu de la loi du 17 août 1822, doivent déclarer et affirmer, devant le juge de paix de leur domicile, quels étaient leurs revenus au décès de leurs maris; et, si elles n'en avaient pas, quels étaient leurs moyens d'existence; elles doivent joindre, à l'appui de leur déclaration, les extraits d'inventaires et autres documens authentiques qui peuvent servir à la vérifier. Le juge de paix dresse procès-verbal de la déclaration et du serment, et y annexe les pièces à l'appui. En cas de fausse déclaration, la pension inscrite est rayée, et la veuve poursuivie en restitution des arrérages indûment reçus. (Art. 1er de l'ordonnance du 16 octobre 1822.) Voyez les art. 2, 3 et 4.

37me. Les juges de paix sont tenus d'assister les gardes-champêtres et forestiers dans les maisons, bâtimens et dépendances des délinquans présumés, pour y rechercher les choses enlevées en délit. (Loi du 6 octobre 1791, art. 161, code forestier.) Les juges de paix ne peuvent refuser leur assistance, autrement les gardes dressent procès-verbal du refus, et le transmettent au procureur du roi. En cas d'absence des juges de paix, les suppléans et les maires sont appelés à ces recherches et perquisitions.

38me. Les médecins, chirurgiens et officiers de santé qui donnent des certificats de maladie à ceux qui sont appelés aux fonctions de juré, doivent affirmer la sincérité de ces actes devant le juge de paix de leur domicile. (Circulaire du ministre de la justice, du 22 septembre 1818.)

39me. S'il est rendu au tribunal de police des jugemens contre des membres de la légion-d'honneur, les juges de paix sont chargés d'envoyer copie, certifiée par eux, au procureur du roi, de ces jugemens. (Circ. min. du 24 juin 1808.)

40me. Dans le cas où un garde-champêtre ne sait pas écrire, le juge de paix, s'il en est requis, ne peut refuser de rédiger les procès-verbaux des contraventions constatées. (Loi du 25 décembre 1790.) Il ne peut même charger son greffier de les rédiger, autrement ils ne feraient pas foi en justice. (Arrêt de cass. du 26 juillet 1821.)

41me. La main-levée provisoire des choses saisies par les gardes forestiers, peut être donnée par les juges de paix, à la charge du paiement des frais de séquestre, et moyennant bonne et valable caution; à la charge encore d'en donner avis à l'agent forestier des lieux. Voyez les articles 165, 168 du code forestier, et le 184me de l'ordonnance d'exécution de ce code.

42me. Le juge de paix, sur la réquisition de l'agent forestier, ordonne la vente des animaux saisis par les gardes forestiers, lorsqu'ils ne sont pas réclamés dans les cinq jours, ou s'il n'a pas été fourni caution de leur valeur, en conséquence de la main-levée provisoire. (Art. 169, code forestier.) Les frais de séquestre et de vente sont taxés par le juge de paix, et prélevés sur le produit de la vente.

43me. Les gardes forestiers conduisent les délinquans inconnus, saisis en flagrant délit, devant les juges de paix, qui leur font subir interrogatoire, et les envoient, s'il y a lieu, en état d'arrestation devant le procureur du roi. (Art. 163, code forestier.)

44me. Les arrêtés du préfet, portant fixation des chemins vicinaux, attribuent définitivement au chemin le sol compris dans les limites qu'ils déterminent. — Le droit des riverains se résout en une indemnité qui sera réglée à l'amiable par *le juge de paix*, sur le rapport d'experts nommés l'un par le propriétaire réclamant, et l'autre par le sous-préfet. (Art. 15 et 17, loi du 21 mai 1836.)

45me. Les juges de paix, requis par commission rogatoire, vérifient et constatent le contenu des livres de commerce, dont la représentation est requise ou ordonnée, lorsque ces livres se trouvent dans un lieu trop éloigné du tribunal de commerce.

46me. A défaut du président du tribunal de commerce, les juges de paix nomment des experts pour vérifier l'état des marchandises transportées, lorsqu'il y a contestation pour leur réception. Cette nomination se fait par une simple ordonnance, sur la requête de la partie réclamante.

47me. A défaut du tribunal de commerce, le juge de paix autorise le capitaine d'un navire à emprunter, sur le corps et quille de son navire, la somme nécessaire pour le faire radouber ou pour achat de victuailles, pourvu que les besoins du navire soient constatés par un procès-verbal dressé suivant l'art. 234 du code de commerce.

48me. Le juge de paix, à défaut du tribunal de commerce, reçoit les rapports que tout capitaine de navire doit faire à son arrivée d'un voyage, aux termes de l'art. 242 du code de commerce. Ce rapport est envoyé, sans délai, au président du tribunal de commerce le plus voisin.

49me. En cas de relâche d'un navire dans un port français, le capitaine est tenu de déclarer les causes de sa relâche au juge de paix du lieu, dans le cas où il n'y a point de président du tribunal de commerce. La même déclaration doit être faite en cas de naufrage. (Art. 245, 246 *ibidem.*)

50me. En cas de jet en mer par la tempête, ou par la chasse de l'ennemi, l'état des pertes est fait, dans le lieu du déchargement, par des experts qui sont nommés par le juge de paix, à défaut du président du tribunal de commerce. (Art. 414, code de commerce.)

51me. Le juge de paix, commis par le tribunal de commerce, reçoit les déclarations des parties dans les cas prévus par les art. 427 et 428 du même code.

52me. Les juges de paix, sur la réquisition des parties intéressées, sont tenus de saisir et confisquer les éditions et ouvrages contrefaits; mais ils n'ont cette attribution que dans les lieux où il n'y a pas de commissaires de police. (Lois des 19 juillet 1793 et 13 juin 1795.)

53me. Les juges de paix sont appelés à former le jury de révision de la garde nationale. Pour connaître les fonctions qui leur sont conférées à ce sujet, voyez les art. 23, 24 et suivans de la loi du 22 mars 1831.

54me. Les juges de paix reçoivent les actes d'émancipation des enfans orphelins, qui sont placés dans les hospices sous la tutelle des administrations. Voyez l'art. 4 de la loi du 15 pluviose an XIII ou 4 février 1808.

55me. Les récolemens et les vérifications prescrits par les ordonnances du 5 novembre 1823, relatives aux minutes de la justice de paix, et du 17 juillet 1825, pour les émolumens à percevoir par les greffiers, doivent être faits par les juges de paix, conformément à ces ordonnances.

56me. Les certificats des maires, délivrés aux enrôlés volontaires, sont visés par le juge de paix. (Art. 10 de l'instruction officielle, du 20 mai 1818.)

57me. Enfin, les juges de paix font tous les actes spéciaux qui leur sont attribués par le code d'instruction criminelle. Voyez, ci-après, le *titre de la police judiciaire.*

CHAPITRE XXVI.

De l'Apposition des Scellés en matières civiles et de commerce.

§ Ier. — *Des cas et motifs de cette Apposition. De ceux qui ont le droit de la requérir, et des officiers qui y procèdent.*

Les juges de paix, ou, en cas d'absence ou d'empêchement, leurs suppléans, sont les seuls qui ont l'autorité d'apposer les scellés en matière civile; mais ils n'ont aucune juridiction à cet égard. Néanmoins, ils ont le droit de briser ou de croiser des scellés qui seraient apposés par d'autres officiers. Le ministre de la justice l'a formellement décidé ainsi le 4 avril 1791, et cette décision a toujours fait la règle, parce qu'elle n'est que la conséquence nécessaire de la loi du 24 août 1790, surtout de l'article 907 du code de procédure, qui ne reconnaît qu'aux juges de paix seuls, ou à leurs suppléans, le droit d'apposer les scellés en matières civiles. Si les quartiers-maîtres ont le droit d'apposer les scellés sur les effets des militaires décédés à leurs corps ou dans les hôpitaux, ils n'ont ce droit que lorsque leurs régimens sont hors du royaume, mais nullement dans l'intérieur. Il suffit, pour en être bien persuadé, de lire l'article 123 du titre III de l'instruction ministérielle du 15 novembre 1809.

Le juge de paix se sert, pour apposer les scellés, d'un sceau particulier, aux armes du royaume, qui reste entre ses mains, et dont l'empreinte est déposée au greffe du tribunal de première instance. Mais le juge de paix ne peut apposer les scellés que dans l'étendue de son canton; au-delà, il est sans pouvoir pour faire aucun acte de justice; et l'on ne reconnaît plus le droit de suite, qui a occasioné autrefois des frais énormes et frustratoires : il fut supprimé par l'article 7 de la loi du 6 mars 1791, reproduit par l'article 912 du code de procédure. Ainsi, lorsque dans une succession il y a des effets mobiliers situés en plusieurs cantons, chacun des juges de paix les appose sur les meubles qui sont dans le sien.

Cette différence de territoire doit être observée, même dans le cas où une maison limitrophe du canton aurait des dépendances sur le canton voisin, comme une grange, un cellier, qui n'en seraient séparés que par la cour dans laquelle passerait la ligne de démarcation des deux cantons.

La manière dont s'apposent les scellés est généralement connue. On applique sur les portes des meubles ou des chambres, justement au travers de l'entrée des serrures pour les couvrir, un fil assez fort, ou un ruban en soie, ou en coton, ou une bande de papier; l'un des bouts de la bande ou du ruban est posé sur la porte du meuble, et l'autre au-delà, mais auprès; à chaque bout on appose le sceau, dont l'empreinte porte moitié sur le meuble, et l'autre sur la bande ou le ruban. Avant tout, on ferme la porte à clef, qui est retirée et déposée entre les mains du greffier.

Il arrive quelquefois que l'opération des scellés est inutile. « Par exemple, » s'il n'y a aucun meuble dans la succession, alors un procès-verbal de » carence est le seul qu'on puisse » dresser. De même, si les effets mo» biliers sont nécessaires aux habi» tans de la maison, ou s'ils ne peu» vent être renfermés sous les scellés. » Dans ces deux cas, un procès-verbal » de description sommaire suffit à leur » conservation. » (Discours de l'orateur du tribunat, deuxième chambre législative d'alors, pages 231 et 233.)

Cette doctrine est passée tout entière dans la loi. Voyez l'article 924 qui la contient presque littéralement.

Si les scellés sont brisés ou rompus avant leur reconnaissance et levée, il y a un délit que la loi punit, soit qu'il ait eu lieu par simple négligence, soit qu'il ait été commis par dol, fraude ou malice. (Art. 249 et suiv., code pénal.) Le juge de paix doit donc le constater dans tous les cas, même d'office; à cet effet, il rapporte un procès-verbal des faits et des circonstances qui lui sont déclarés, ou qui résultent des choses ou des lieux; il énonce l'état du bris des scellés ou des ruptures, il fait mention des effractions, il ouvre le meuble sur lequel les scellés ont été rompus, il constate son état intérieur et les effets qui s'y trouvent. S'il est vide, il le déclare, et reçoit les déclarations du gardien et des parties, s'il en est qui soient présentes. Enfin, le juge de paix joint à son procès-verbal, comme formant le corps du délit, les lambeaux des bandes rompues ou des empreintes du sceau; il doit même les envelopper et cacheter, et faire mention, sur l'enveloppe, de ce qu'elle contient; mention qu'il signe et fait signer aux gardien et personnes présentes.

Tout cela se fait par un seul procès-verbal, lorsque le bris de scellés est constaté avant la reconnaissance et levée requise ou ordonnée dans les cas ordinaires. Alors, le juge de paix doit même réapposer le scellé pour remplacer celui qui a été rompu, jusqu'à la levée légale. Mais si le bris de scellés n'est découvert que pendant cette même levée, comme elle est définitive, on ne réappose pas le scellé; mais il est nécessaire de faire deux procès-verbaux séparés, l'un pour constater le bris de scellés avec les formalités que nous venons d'exprimer, l'autre pour la reconnaissance et levée de tous les scellés qui ont été apposés, et le récolement des effets laissés en évidence pour les besoins de la maison, ou autrement. Ces deux actes sont indépendans l'un de l'autre, ils ont des effets différens et tendent chacun à un but particulier. D'ailleurs, le procès-verbal d'un délit, avec les pièces de conviction, ou qui forment le corps du délit, sont envoyés au ministère public, tandis que celui de reconnaissance et de levée des scellés doit rester en minute au greffe de la justice de paix. Si l'article 926 dit que ce dernier procès-verbal énonce l'altération des scellés, il n'entend parler que du fait matériel et non des formalités qui constituent ou commencent une instruction criminelle que le juge de paix, comme officier de police judiciaire, est tenu de faire. Cela est si vrai que le même article ajoute : *sauf à agir ainsi qu'il appartiendra, pour raison des altérations.* Au reste, le juge de paix ne peut procéder à la levée des scellés que comme juge civil, et il ne peut constater un délit qu'en qualité d'officier de police judiciaire, qualité bien différente de l'autre.

Venons aux personnes qui ont le droit et même le devoir de requérir ou provoquer l'apposition des scellés.

L'apposition des scellés pourra être requise, 1° par tous ceux qui prétendent droit dans la succession ou dans la communauté; 2° par tous créanciers fondés en titres exécutoires ou autorisés par une permission, soit du tribunal de première instance, soit du juge de paix du canton où le scellé doit être apposé; 3° et en cas d'absence, par le conjoint survivant, par les héritiers du décédé ou l'un d'eux, par les personnes qui demeuraient avec le défunt, et par ses serviteurs ou domestiques. (Art. 909, code de procédure.)

Cette disposition est imitée des articles 819 et 820 du code civil. Cependant, le premier donne au procureur du roi de l'arrondissement où est situé le domicile du décédé, le droit de requérir l'apposition des scellés dans le cas d'absence ou de minorité de l'un ou de plusieurs des héritiers.

Il faut observer que la loi dit ici, par ceux qui prétendent droit *dans* la succession, et ne dit point par ceux qui prétendent droit à la succession. Ainsi, la faculté de requérir l'apposition est accordée non-seulement aux héritiers qui prétendent droit à la succession, mais encore aux donataires et aux légataires, soit à titre universel, soit à titre particulier. Il en est de même des créanciers qui, pour le paiement de leurs créances, ont droit *dans* la succession. Mais en requérant les scellés, ils doivent justifier de leurs créances au juge de paix, si ce magistrat l'exige. Les légataires doivent aussi justifier de leurs legs; mais, à défaut de l'expédition ou de l'extrait du testament, ils peuvent demander que le juge fasse la perquisition du testament même, qu'ils invoquent, ce qui ne doit pas leur être refusé. (Voyez l'art. 917 du code de procéd.)

Quand le créancier n'a qu'un titre privé, il est nécessaire qu'il obtienne, pour l'apposition du scellé, une autorisation du président ou du juge de paix, qui l'accorde ou refuse, suivant que le titre obligatoire lui paraît valable.

La cour de Nancy a jugé par arrêt du 9 janvier 1817, que les créanciers personnels d'un cohéritier n'ont pas droit, comme ceux de la succession, de requérir l'apposition des scellés; mais cet arrêt fait une exception arbitraire que la loi ne fait point; elle dispose au contraire en termes généraux, elle dit : *tous créanciers porteurs de titres exécutoires ou autorisés, etc.;* elle n'en excepte donc aucun. Telle est l'opinion de M. Merlin, répertoire, VERBIS *succession et créancier;* de Pigeau, tom. 2, pag. 282, et de Toullier.

A ces autorités respectables, il faut ajouter que l'article 1166 permet à tous créanciers d'exercer les droits de leur débiteur. Or, nul doute qu'un cohéritier peut requérir l'apposition des scellés.

« Les prétendans droit, et les créanciers mineurs émancipés, pourront requérir l'apposition des scellés sans l'assistance de leur curateur. S'ils sont mineurs non émancipés, et s'ils n'ont pas de tuteur, ou s'il est absent, elle pourra être requise par un de leurs parens. » (Art. 910 *ibid.*) Ajoutons qu'en ce dernier cas la loi fait un devoir au juge de paix d'apposer les scellés d'office, comme nous le dirons bientôt.

Les personnes nommées dans l'article 909 précité ne sont pas les seules qui doivent requérir l'apposition des scellés : 1° Les exécuteurs testamentaires les font apposer, s'il y a des héritiers mineurs, interdits ou absens. (Article 1031 code civ.) — 2° Le conjoint survivant et l'administration des domaines, qui prétendent droit à la succession, sont tenus de faire apposer les scellés et de faire faire inventaire dans les formes prescrites. (Art. 769 *ibid.*)

Mais voici une autre manière de provoquer l'apposition des scellés : « Dans chaque commune, le maire, ou, à son défaut, son adjoint, est tenu de donner avis au juge de paix, sans aucun délai, de la mort de toute personne qui laisse pour héritiers des pupilles, des mineurs ou des absens. Les maires et adjoints qui négligeront cette partie de leurs devoirs seront dénoncés à l'administration centrale pour être procédé à leur égard conformément à l'article 193 de l'acte constitutionnel. » Tels sont les termes des articles 1 et 2 de l'arrêté du gouvernement, du 22 prairial an v.

L'apposition des scellés a lieu dans les cas suivans : 1° Lorsque le juge de paix en est requis par une ou plusieurs des personnes qui ont droit de la demander, ou par une déclaration du décès, faite par ceux auxquels la loi confère cette obligation.

2° Cette apposition peut être faite d'office par le juge, sans aucune réquisition, 1° s'il y a un mineur sans tuteur et que le scellé ne soit pas requis par un parent; 2° si l'un des conjoints ou les héritiers sont absens, ou l'un d'eux. (Article 911 cod. de proc.)

L'absence dont il est ici question, est à la fois celle qui est présumée ou déclarée, et celle qui est qualifiée absence de lieu, c'est-à-dire le défaut de présence du conjoint ou de l'héritier au lieu de l'ouverture de la succession. Mais, si l'un ou l'autre était représenté par un fondé de pouvoir, il serait réputé présent.

3° Si le défunt était dépositaire public, auquel cas le scellé ne sera apposé que pour raison de ce dépôt sur les objets qui le composent. (Même art. 911.)

Aux termes d'une décision circulaire du ministre de la justice, du 28 avril 1828, cet article 911 ne laisse pas au juge de paix la faculté, mais lui impose l'obligation d'apposer d'office les scellés dans les cas qu'il prévoit, lorsqu'il n'en a pas été requis par les héritiers ou autres parties intéressées, et que cette apposition lui paraît un acte conservatoire dans l'intérêt de tous.

Quant aux scellés chez les dépositaires publics, nous avons vu qu'ils ne doivent s'apposer que sur les objets du dépôt. Néanmoins, si un héritier ou un créancier, ou un légataire, requérait les scellés non-seulement sur l'objet du dépôt, mais encore sur tous les meubles de la succession, le juge de paix ne pourrait se dispenser d'opérer sur le tout.

4° Le ministère public a le droit de requérir l'apposition des scellés, non-seulement sur les dépôts publics et dans les autres cas exprimés par l'art. 911, mais encore sur les successions des militaires.

A l'égard de celles-ci, les lois prescrivent des formalités et des opérations particulières, tant pour l'apposition des scellés que pour leur levée. D'abord, voici ce qui est prescrit pour l'apposition : « Immédiatement après que les scellés ont été apposés sur les effets et papiers des père et mère défenseurs de la patrie et autres parens dont ils sont héritiers, le juge de paix en donne avis auxdits défenseurs et au ministre de la guerre. Copies de ses lettres sont transcrites au pied du procès-verbal avant qu'il soit enregistré. (Art. 1er de la loi du 11 ventôse an II.)

Les articles 2 et 3 de cette loi seront rapportés au chapitre des levées de scellés, § IV. Tous concernent les militaires qui décèdent à leurs corps, sans distinction de grade.

Mais voici d'autres dispositions qui ne concernent que les officiers généraux ou supérieurs : « Aussitôt après le décès d'un officier général, d'un officier supérieur de toute arme, d'un intendant militaire, les scellés seront apposés sur les papiers, cartes, plans et mémoires militaires, autres que ceux dont le décédé est l'auteur, par le juge de paix du lieu du décès, en présence du maire de la commune ou de son adjoint, lesquels sont respectivement tenus d'en instruire de suite le général commandant la division. »

Ces dispositions prescrivent des opérations différentes pour lesquelles il faut observer, chacune à son égard, tout ce que la loi ordonne, sans préjudice des formalités ordinaires des appositions de scellés.

Mais continuons d'établir les autres cas de ces appositions.

5° Les scellés s'apposent après une faillite, dans trois circonstances, savoir : d'office, par le juge de paix, ou sur la réquisition d'un ou plusieurs créanciers du failli ou des syndics de la faillite, enfin, sur le jugement du tribunal de commerce qui ordonnera cette apposition. (Art. 457, 468, *loi sur les faillites et banqueroutes*.)

D'après les dispositions du code de commerce, il était adressé au juge de paix, pour le mettre en demeure d'agir, une expédition du jugement qui prescrivait d'apposer les scellés; mais les choses sont simplifiées par l'article 457 de la nouvelle loi précitée, il suffit que le greffier donne avis dudit jugement, et sur ce simple avis le juge doit faire son opération.

Les scellés sont apposés sur les magasins, comptoirs, caisses, portefeuilles, livres, papiers, meubles et effets du failli. (Art. 458, *ibidem*.)

En cas de faillite d'une société en nom collectif, les scellés seront apposés, non-seulement dans le siége principal de la société, mais encore dans le domicile séparé de chacun des associés solidaires. (Même article.)

Dans tous les cas, le juge de paix donnera, sans délai, au président du tribunal de commerce, avis de l'apposition des scellés. (*Ibid.*)

Il faut observer que la loi ne prescrit l'apposition, dans la demeure séparée des associés solidaires, que lorsqu'il s'agit d'une société en nom collectif, et non lorsque la société est en commandite. Ainsi, point de scellés chez les commanditaires, encore qu'ils seraient connus.

Si l'un ou plusieurs des associés en nom collectif avaient leur domicile dans un canton autre que celui de l'établissement principal de la société, les scellés devraient être apposés par les juges de paix de chaque canton, chacun pour les maisons et objets qui le concerne. Autrefois, il était de règle que l'officier qui apposait les scellés dans le domicile principal, devait les apposer dans tous les autres lieux dépendant de la société, par un certain droit de suite, ce qui occasionait des frais considérables, et ce qui a heureusement été abrogé par la législation actuelle.

L'apposition des scellés est un acte conservatoire dans les intérêts de tous les créanciers de la faillite; cependant cet acte ne peut empêcher la vente des meubles et effets qui ont été saisis et exécutés avant cette apposition, à la requête spéciale de l'un ou de plusieurs des créanciers, attendu que ceux-ci ont des droits acquis sur les choses saisies, à compter du jour de l'exécution. C'est ce qui a été jugé par plusieurs cours. Voyez les arrêts de celle de Paris, des 19 octobre 1808 et 12 décembre 1811, et un autre de Bruxelles, du 15 août 1811.

Ne pourrait-on pas observer sur ces arrêts, que si la saisie-exécution qui a précédé l'apposition des scellés était faite dans les dix jours avant la faillite, elle ne pourrait produire aucun effet? La loi dispose que nul créancier ne peut acquérir un privilège sur les biens du failli dans les dix jours qui précèdent l'ouverture de la faillite. (Art. 443, code de commerce.) Si l'on objecte que cette disposition s'applique principalement aux privilèges hypothécaires, nous dirons que cette distinction n'est point établie par la loi, et que l'article précité dispose en général pour *tous privilèges*. C'est ce qui a paru évident à la cour de cassation, lorsqu'elle a appliqué ce principe aux choses mobilières. Par un premier arrêt, du 12 février 1810, elle a décidé que, dès que la faillite est ouverte, ou dans les dix jours qui la précèdent, il ne peut s'opérer de compensation entre les sommes dues au failli et celles dont il est lui-même débiteur. Par un second arrêt, du 17 février 1823, la même question a été décidée dans le même sens.

Mais revenons à l'apposition du scellé.

Si cette opération n'avait point eu lieu avant la nomination des syndics de la faillite, ils requerront le juge de paix d'y procéder; ce qui doit être fait alors sans aucun retard. (Art. 468, *Loi sur les faillites.*)

Par leur réquisition, les syndics, s'ils en ont obtenu préalablement l'autorisation du juge-commissaire de la faillite, pourront demander au juge de paix de ne pas placer sous les scellés : 1° Les vêtemens, hardes, meubles et effets nécessaires au failli et à sa famille, et dont la délivrance sera autorisée par le juge-commissaire, sur l'état que lui en remettront les syndics (Art. 468 *ibid.*) ;

2° Les objets sujets à dépérissement prochain, ou à dépréciation imminente (*Ibid.*) ; tels sont les fruits et les marchandises qui ne peuvent se conserver, ou qui perdent de leur valeur dans certaines circonstances ;

3° Les objets servant à l'exploitation du fonds de commerce, lorsque cette exploitation ne pourra être interrompue sans préjudice pour les créanciers. (Même article 468.)

Ces trois paragraphes sont des dispositions nouvelles qui n'existaient ni dans le code de commerce, ni dans la législation précédente. Cependant, elles étaient observées dans la pratique ; les juges de paix, sur la demande des agens de la faillite, ou même sur celle du failli, ne refusaient point de remettre à celui-ci ses vêtemens, habillemens et autres objets dont il avait journellement besoin ; ils remettaient aussi à la disposition des personnes de la maison, les meubles nécessaires pour le service et les besoins du ménage ; mais ils chargeaient les uns et les autres d'en rendre compte, et d'en faire la représentation lors de la levée des scellés. C'est pourquoi ils faisaient, sur le procès-verbal d'apposition, une description sommaire de tous les objets qu'ils confiaient à ces personnes.

La loi nouvelle dispose dans le même esprit ; elle veut que les objets qui, sur la réquisition des syndics autorisés par le juge-commissaire, ne seront pas placés sous les scellés, soient inventoriés *de suite*, avec prisée par lesdits syndics, en présence du juge de paix, qui signera le procès-verbal. Ainsi, ce n'est plus le juge qui constate la remise des effets au failli ; il en est dressé de suite un inventaire par les syndics, et cet inventaire est indépendant de celui des autres meubles, marchandises et effets qui se trouvent sous les scellés.

Mais, si les scellés étaient apposés avant la nomination des syndics, ceux-ci pourraient-ils demander que les mêmes effets dont il s'agit fussent extraits ou retirés de dessous les scellés ? Sans contredit, pourvu qu'ils en eussent obtenu l'autorisation du juge-commissaire qui est chargé de surveiller les opérations de la faillite et de les diriger.

Les syndics peuvent aussi requérir que les livres du failli soient extraits des scellés, et que remise leur en soit faite par le juge de paix ; mais ce magistrat, avant de remettre ces livres, doit les arrêter, et constater sommairement, par son procès-verbal, l'état dans lequel ils se trouveront (Art. 471, *Loi sur les faillites*) ; c'est-à-dire, s'ils sont écrits dans leur entier, ou s'ils ne le sont qu'en partie. Dans ce dernier cas, les feuillets écrits doivent être comptés, ainsi que ceux qui restent en blanc. Si dans les feuillets écrits il y a des intervalles en blanc, le juge doit les bâtonner, ou arrêter les passages écrits. (Voyez l'article 963 du code de procédure.)

Les effets de portefeuille à courte échéance, ou susceptibles d'acceptation, ou pour lesquels il faudra faire des actes conservatoires, seront aussi extraits des scellés par le juge de paix, décrits et remis aux syndics pour en faire le recouvrement. (Même article 471.)

Autrefois, ces extractions, ces remises de meubles, d'effets de commerce et autres, se faisaient aux agens de la faillite, sur leurs réquisitions. (Art. 463, 464 du code de commerce.) Mais à présent, les syndics seuls pourront exiger ces remises, soit par une levée de scellés partielle, s'ils ont été apposés avant leur nomination, soit au moment de l'apposition, si elle n'a eu lieu qu'après cette même nomination.

Nous avons dit que les scellés s'apposaient d'*office* sur la notoriété acquise de la faillite, mais ce n'était point une obligation imposée au juge de paix par le code de commerce ; il ne résultait au contraire de ses dispositions qu'une faculté ; encore, pour en faire usage, fallait-il que la notoriété de la faillite fût incontestable ; mais elle n'était réputée telle, 1° que lorsqu'il y avait une déclaration formelle de faillite ; 2° quand le failli avait fermé ses magasins, s'était retiré de son domicile, et avait cessé ses paiemens. Il a même été jugé, sous l'empire du code de commerce, que ces trois circonstances devaient concourir pour établir la notoriété.

En est-il ainsi, d'après la loi nouvelle du 20 mai 1838? Non, le juge de paix peut même, avant un jugement du tribunal de commerce, apposer les scellés d'office, mais seulement dans le cas de disparition du débiteur, ou de détournement de tout ou partie de son actif. Ainsi, il n'est plus question de notoriété acquise ou incontestable, ni des autres circonstances exigées autrefois pour l'apposition d'office.

6° Au décès d'un évêque ou d'un curé, lorsqu'il existe des effets qui dépendent de la cure ou de l'évêché, les scellés sont apposés d'office, sans frais (autres que ceux de timbre et d'enregistrement), sur ces effets, sans y comprendre les meubles qui étaient la propriété du décédé; à moins que les scellés ne seraient requis par ses héritiers, créanciers ou ayant droit, ou qu'il y aurait lieu de les apposer d'office, en cas d'absence des héritiers. Dans ce cas, le procès-verbal d'apposition doit distinguer les meubles particuliers du titulaire décédé, de ceux de la cure ou de l'évêché. (Art. 16, 37 et 38 du décret du 6 novembre 1813.)

7° En cas de disparition des personnes désignées aux articles 141, 142 et 143 du code civil, les scellés peuvent être apposés, soit sur la réquisition des personnes qui en ont le droit, soit d'office par le juge de paix, lorsque l'une des circonstances prévues par l'art. 911 du code de procédure se rencontre.

8° Si un employé comptable de la régie des impôts indirects se trouve en déficit de ses recettes, ou s'il doit un reliquat de compte, et que dans l'un et l'autre cas une contrainte soit décernée contre lui, les scellés peuvent être apposés sur ses meubles, effets, registres, papiers et caisse, mais seulement sur la réquisition d'un employé principal. Voyez l'article 40 du décret du 1er germinal an XIII. Le juge de paix, dans une semblable opération, doit observer deux choses : 1° se faire représenter la contrainte avant d'ordonner les scellés; 2° ne pas comprendre sous ces scellés les livres et registres qui sont journellement nécessaires à l'employé comptable pour l'exercice de ses fonctions.

9° Enfin, on peut apposer les scellés sur la réquisition d'une femme qui poursuit sa séparation de corps, lorsqu'elle a obtenu une ordonnance qui l'autorise à faire tous actes conservatoires, en vertu de l'art. 869 du code de procédure. Cette ordonnance est la même qui permet à la femme de plaider sous l'autorité de justice.

Mais, dans tous les cas que nous venons d'indiquer, les scellés ne peuvent être apposés après qu'il a été fait un inventaire régulier de la totalité des meubles et effets de la succession, parce qu'alors leur conservation est assurée; ainsi, les scellés seraient sans objet. Néanmoins, s'il n'y avait qu'une partie des meubles inventoriés, le droit d'apposer le scellé sur cette partie serait le même que pour le tout.

Le scellé peut aussi être empêché par la représentation faite au juge de paix d'un testament authentique, contenant un legs universel; mais seulement dans le cas où le testateur ne laisse point d'héritiers à réserve, c'est-à-dire des enfans ou descendans auxquels la loi réserve une portion de la succession; car, s'il existe de tels héritiers, le scellé peut être apposé malgré la représentation du testament, parce que la saisine légale leur appartient. (Art. 724 et 1004, cod. civ.) Il en est ainsi dans le cas où le testament authentique n'a pas été notifié aux héritiers collatéraux, lorsque le défunt n'en laisse pas d'autres. (Arrêt du 7 mai 1806, cour d'Amiens.) Enfin, la représentation du testament authentique n'empêcherait pas les scellés si les héritiers s'étaient inscrits en faux contre le testament ou en avaient demandé la nullité, attendu que les héritiers ne perdent point leur qualité pendant l'instance. (Arrêts des 27 décembre 1810, Nîmes, et 9 mars 1811, cour de Bruxelles.)

§ II. — *Des Formalités requises pour l'apposition des Scellés, qui doivent être observées par le procès-verbal du juge de paix.*

« Le procès-verbal d'apposition contiendra, dit l'art. 914 du code de procédure, 1° la date des an, mois, jour et heure ; » — 2° « les motifs de l'apposition ; » c'est-à-dire si elle est requise par un héritier, un légataire, un créancier, ou si elle est faite d'office en cas d'absence, de minorité, etc. ; — 3° « les nom, prénoms, profession et demeure du requérant, s'il y en a, et son élection de domicile dans la commune où le scellé est apposé, s'il n'y demeure ; » cette élection est nécessaire pour l'activité des poursuites ou les oppositions des personnes intéressées, et pour éviter des frais. Après les nom, profession et demeure du requérant, on doit énoncer sa qualité d'héritier, de créancier, de donataire ou de légataire, ses titres, s'il en a, surtout lorsque c'est un créancier, et ensuite sa réquisition formelle d'apposer les scellés. — 4° « S'il n'y a pas de partie requérante, le procès-verbal énoncera que le scellé a été apposé d'office, ou sur le réquisitoire, ou sur la déclaration de l'un des fonctionnaires dénommés dans l'article 911 ; » c'est-à-dire, sur la requête du procureur du roi, ou la déclaration du maire ou de son adjoint. Ces déclarations ou réquisitions sont annexées au procès-verbal. — 5° « Cet acte contiendra aussi l'ordonnance qui permet le scellé, » ordonnance qui s'écrit au pied de la réquisition de la partie, elle en est la suite nécessaire ; en conséquence, le juge y déclare qu'il se transportera sur-le-champ dans le domicile du décédé, pour procéder à l'opération requise, tant en présence qu'en absence du requérant, qui n'est point obligé d'y assister s'il ne le veut. — 6° « Les comparutions et dires des parties sont aussi énoncés au procès-verbal. » Ce sont celles qui ont lieu lorsque le juge de paix est dans la maison où doivent s'apposer les scellés, et lorsqu'il a fait connaître le sujet de son transport. S'il s'élève des difficultés ou des incidens, le juge procède comme nous le dirons dans le paragraphe suivant, qui traitera des oppositions aux scellés et des référés. — 7° « Le procès-verbal contient la désignation des lieux, bureaux, coffres, armoires, sur les ouvertures desquels le scellé a été apposé. »

La désignation doit même comprendre les effets qui ne dépendent pas de la succession, sauf à statuer sur la réclamation des tiers, lors de la levée des scellés.

Les clefs des meubles sont remises au greffier, et, si avant de les avoir fermés et scellés, le juge est requis de mettre à la disposition des personnes qui habitent la maison, les denrées, linges et argenteries dont elles ont besoin pour leur usage, il en fait la description et en charge ceux qui les reçoivent, pour les représenter à la levée des scellés.

8° « Le procès-verbal contient aussi la description sommaire des effets qui n'ont pas été mis sous les scellés. » Tels sont les meubles, ustensiles, tables, fauteuils, glaces et autres dont le volume est trop considérable pour être placés sous les scellés. — 9° « Le serment, lors de la clôture de l'apposition, par ceux qui demeurent dans la maison, qu'ils n'ont rien détourné, ni vu ni su qu'il ait été rien détourné, directement ni indirectement. » Ce serment doit être exactement exigé et prêté, parce qu'il peut conduire à la découverte des soustractions. Les parties intéressées peuvent le requérir de ceux qui ne l'auraient point prêté. — 10° Enfin, on énonce au procès-verbal l'établissement du gardien présenté, s'il a les qualités requises ; sauf, s'il ne les a pas, ou s'il n'en a pas été présenté, à en établir un d'office par le juge de paix.

Aux termes de l'art. 598 du code de procédure, on ne peut établir gardien le saisissant (requérant), son conjoint, ses parens et alliés jusqu'au degré de cousin germain, inclusivement, et ses domestiques; mais le saisi, son conjoint, ses parens alliés et domestiques, peuvent être établis gardiens, de leur consentement et de celui du saisissant.

Un décret de l'assemblée constituante, du 16 vendémiaire an III, déclara les femmes incapables d'être gardiennes ; mais cette incapacité doit cesser d'après l'art. 598 que nous venons de rapporter, lequel admet le conjoint du saisi à être gardien, sans distinguer si ce conjoint est l'épouse ou l'époux ; il admet aussi les parens du même, sans en excepter les femmes ; il exige seulement le consentement du saisissant. Donc ce consentement valide la nomination de l'épouse ou des parentes du saisi.

Telles sont les principales énonciations et formalités que doit contenir le procès-verbal d'apposition de scellés. Néanmoins, on doit y ajouter, si l'opération se continue pendant plusieurs vacations, ou si elle est interrompue par des incidens, qu'elle est renvoyée à telle heure ou à tel jour fixé par le juge de paix. Ces énonciations, exigées par l'art. 1er de la loi du 10 brumaire an IV, ont pour but d'établir le nombre des vacations, dont chacune est de trois heures au moins. Voyez l'art. 1er du tarif des dépens, dans la 2e partie, ci-après.

Le procès-verbal étant terminé, le greffier doit le faire enregistrer dans le délai fixé par la loi; il doit aussi, dans les 24 heures de la clôture, faire, au greffe du tribunal de première instance, la déclaration exigée par l'art. 925 du code de procédure. Néanmoins, cette déclaration n'est pas requise dans les villes qui ne contiennent pas 20 mille âmes.

§ III. — *Des Incidens, des Oppositions et des Référés qui peuvent avoir lieu à raison de l'apposition des scellés.*

« Si les portes sont fermées, s'il se rencontre des obstacles à l'apposition des scellés, s'il s'élève des difficultés avant ou pendant le scellé, il y sera statué en référé par le président du tribunal. A cet effet, il sera sursis et établi, par le juge de paix, garnison extérieure, même intérieure, si le cas y échet; et il en référera sur-le-champ au président du tribunal. Pourra néanmoins, le juge de paix, s'il y a péril dans le retard, statuer par provision, sauf à en référer ensuite au président du tribunal. » (Art. 921, code de procéd.)

Cette disposition ne peut s'appliquer qu'à l'apposition des scellés et non à leur levée. Ainsi, s'il y avait des difficultés ou des oppositions lors de cette levée, le juge de paix n'est pas obligé de surseoir ni d'en référer au président, à peine de nullité. (Arrêt de cassation, du 17 avril 1828.)

La garnison que le juge de paix établit, quand les portes sont fermées, ne peut être établie qu'extérieurement; mais si elles sont ouvertes, il faut établir la garnison au dedans, parce que les soustractions intérieures sont plus à craindre et plus faciles que les autres.

Les cas d'urgence dans lesquels le juge doit statuer provisoirement, se rencontrent souvent; il est presque toujours nécessaire d'empêcher les fraudes, les soustractions que les obstacles et les résistances ne favorisent que trop. Alors le juge de paix peut lui-même faire ouvrir les portes, et procéder à l'apposition des scellés. A l'égard des autres obstacles, difficultés ou oppositions, le juge procède de même, en cas d'urgence, provisoirement; mais aussitôt son opération terminée, il en réfère au président dans le jour ou le lendemain, en sommant les parties d'assister au référé.

Les parties sont entendues respectivement dans le référé, et le juge de paix fait son rapport des faits, des circonstances et de ses opérations provisoires, dont il explique les motifs. Sur cela il arrive de deux choses l'une, ou que l'opération du juge de paix est confirmée par le président, et alors ce qui a été fait ou ordonné par le juge de paix devient définitif; ou le président rejette les mesures provisoires de ce juge, et, en ce cas, ce qu'il a fait est annulé. Si le président ordonne que les scellés seront levés, le juge de paix y procède sans description ni formalités.

Lorsque le juge de paix ne croit pas convenable de faire ouvrir les portes, ni d'apposer provisoirement les scellés, il ordonne qu'il en sera référé au président en présence des parties, et ce qui est ordonné par ce magistrat fait la règle, à moins qu'il n'y ait appel de l'ordonnance du référé; mais dans tous les cas d'opposition ou autres qui tendent à empêcher ou suspendre les scellés, le juge de paix ne doit jamais oublier d'établir, pendant le référé, garnison soit intérieure, soit extérieure.

Il y a deux sortes d'oppositions aux scellés, l'une qui tend à empêcher entièrement l'opération, l'autre qui ne tend qu'à la conservation des droits que les opposans prétendent *dans* la succession ou *à la* succession. La première exige qu'il en soit référé au président du tribunal, mais l'autre n'étant qu'un simple acte conservatoire, est écrite par le greffier au procès-verbal d'apposition, après quoi le juge de paix continue son opération. Cette dernière opposition peut aussi être faite par un acte d'huissier; en ce cas, elle contient toutes les formalités des exploits. Mais de quelque manière qu'elle soit faite, par huissier, ou par le procès-verbal des scellés, elle doit contenir, à peine de nullité, 1° élection de domicile dans la commune ou dans l'arrondissement de la justice de paix où le scellé est apposé, si l'opposant n'y demeure pas; 2° l'énonciation précise de la cause de l'opposition. (Art. 927, code de procédure.)

Pour former ces oppositions, doit-on avoir un titre? Non, elles sont permises sans titre ni ordonnance. (Art. 821 du code civil.) Le juge de paix ne peut donc refuser de les recevoir sur son procès-verbal; seulement les parties intéressées ont le droit de faire toutes protestations et réserves de droit.

« Si, pendant l'apposition des scellés, il est trouvé un testament ou autres papiers cachetés, le juge de paix en constatera la forme extérieure, le sceau et la suscription s'il y en a, paraphera l'enveloppe avec les parties présentes, si elles le savent ou le peuvent, et indiquera les jour et heure où le paquet sera par lui présenté au président du tribunal de première instance; il fera mention du tout sur son procès-verbal, lequel sera signé des parties, sinon mention sera faite de leur refus. » (Art. 916 *ibid.*)

« Sur la réquisition de toute partie intéressée, le juge de paix fera, avant l'apposition du scellé, la perquisition du testament dont l'existence sera annoncée, et s'il le trouve, il procédera ainsi qu'il est dit ci-dessus, c'est-à-dire à l'article 916.

Mais avant de procéder à la perquisition, on doit énoncer au procès-verbal la réquisition de celui qui la demande, ses nom, prénoms, qualités, demeure et élection de domicile, les faits ou les motifs qui annoncent l'existence du testament, et faire signer le tout par le réclamant, ou déclarer qu'il ne le sait faire.

Alors de deux choses l'une, ou le testament est découvert, ou il ne l'est pas. Au premier cas, le juge procède suivant l'article 916 lorsque le testament est reconnu cacheté. Dans le second cas, il enjoint au réclamant de se retirer, et il appose les scellés, s'il y a lieu. Mais si le testament est trouvé ouvert, le juge de paix se conforme à l'article 920 qui renvoie en partie à l'article 916.

« Aux jour et heure indiqués, sans qu'il soit besoin d'assignation, les paquets trouvés cachetés sont présentés par le juge de paix au tribunal de première instance, lequel en fera l'ouverture, en constatera l'état et en ordonnera le dépôt si le contenu concerne la succession. » (Art. 918.)

« Si les papiers cachetés paraissent, par leur suscription ou par quelque autre preuve écrite, appartenir à des tiers, le président du tribunal ordonnera que ces tiers seront appelés dans un bref délai qu'il fixera, pour que ces tiers puissent assister à l'ouverture; il la fera au jour indiqué, en leur présence ou en leur absence; et si les papiers sont étrangers à la succession, il les leur remettra sans en faire connaître le contenu, ou les cachetera de nouveau pour leur être remis à leur première réquisition. » (Art. 919 *ibid.*)

« Dans tous les cas où il en sera référé par le juge de paix au président du tribunal, soit en matière de scellé, soit en autre matière, ce qui sera fait et ordonné sera constaté sur le procès-verbal dressé par le juge de paix; le président signera ses ordonnances sur ledit procès-verbal. » (Article 922 *ibid.*)

CHAPITRE XXVII.

Des différentes Levées des Scellés.

§ Ier. — *Des Levées définitives en matières civiles.*

Le scellé ne peut être levé que trois jours, au plus tôt, après l'inhumation, s'il a été apposé auparavant, et trois jours après l'apposition si elle a été faite depuis l'inhumation. (Art. 928 *ibid.*) Ces trois jours sont francs et doivent être observés, à peine de nullité des procès-verbaux de levée des scellés, et de dommages-intérêts contre ceux qui les auront faits et requis auparavant.

Néanmoins, en cas d'urgence, ces

délais peuvent être abrégés par le président du tribunal, qui motivera son ordonnance. Dans ce cas, si les parties qui ont droit d'assister à la levée ne sont pas présentes, il est appelé pour elles un notaire nommé d'office par le président.

« Si les héritiers, ou quelques-uns d'eux, sont mineurs non émancipés, il ne doit pas être procédé à la levée des scellés avant qu'ils aient été pourvus de tuteurs ou émancipés. » (Art. 929.)

« Les formalités pour parvenir à la levée des scellés, sont : 1° une réquisition à cet effet, consignée sur le procès-verbal du juge de paix ; 2° une ordonnance du même juge, indicative des jour et heure où la levée sera faite ; 3° une sommation d'assister à cette levée, tant au conjoint survivant qu'aux héritiers présomptifs, à l'exécuteur testamentaire, aux légataires universels et à titre universel, s'ils sont connus, et aux opposans. Il n'est pas besoin d'appeler les intéressés demeurant hors de cinq myriamètres ; mais on appellera pour eux un notaire nommé d'office par le président du tribunal de première instance. Les opposans sont appelés au domicile par eux élu. » C'est en ces termes que dispose l'article 931.

Toutes les personnes qui ont le droit ou la faculté de requérir l'apposition des scellés, n'ont pas le droit d'en demander la levée, car les domestiques du décédé et les personnes qui demeuraient avec lui, doivent se borner à provoquer l'apposition. (Art. 930 *ibid.*) Il n'y a donc que les héritiers présomptifs, le conjoint survivant, les créanciers, les légataires et l'exécuteur testamentaire, qui puissent requérir la levée des scellés, soit purement et simplement, sans inventaire, soit avec inventaire à la suite. La levée peut être pure et simple quand il n'y a point de créanciers opposans, ni de mineurs, ni d'absens, et lorsque tous les intéressés l'ont demandée, ou que les causes de l'apposition sont cessées. Dans les autres cas, la levée des scellés ne doit être faite qu'à charge d'inventaire ; elle doit l'être aussi quand le décédé laisse des enfans issus de deux mariages, dont les derniers sont mineurs, ou quand un seul héritier s'oppose à la levée pure et simple, ou ne se porte héritier que sous bénéfice d'inventaire.

Sur la réquisition tendant à la levée, le juge rend son ordonnance par laquelle il indique les jour et heure où l'opération sera faite ; il donne acte aux parties des nominations des notaires, commissaires-priseurs ou experts, qu'elles ont dû faire pour procéder à l'inventaire, par leur même réquisition. Enfin, il ordonne que les personnes dénommées dans l'art. 931 seront sommées d'assister à la levée des scellés et à l'inventaire. Cette sommation est faite par le premier huissier requis, dans la forme ordinaire des exploits.

On a vu, par le même art. 931, qu'il doit être appelé un notaire pour les intéressés domiciliés au-delà de cinq myriamètres ; mais, doit-on également faire commettre et appeler un notaire pour représenter un héritier absent de son domicile depuis plusieurs années, et à l'égard duquel il n'y a pas eu de déclaration d'absence, légalement prononcée ? La question est controversée : les jurisconsultes sont, aussi bien que les cours, divisés sur sa solution. Ceux qui sont pour la négative, et qui, par conséquent, ne veulent pas faire représenter l'absent non déclaré, invoquent l'article 136 du code de procédure, portant : « que, lorsqu'il s'ouvre une succession à laquelle est appelé un individu *dont l'existence n'est pas reconnue*, elle est dévolue exclusivement à ceux avec lesquels il aurait eu le droit de concourir, ou à ceux qui l'auraient recueillie à son défaut. » Mais, ceux qui sont pour l'affirmative, soutiennent que l'art. 136 n'est point applicable à l'absent non déclaré, puisqu'il ne règle que les choses qui suivent la déclaration d'absence, après laquelle il est placé ; il ne s'applique donc qu'à l'absent déclaré tel ; s'il en était autrement, il y aurait contradiction manifeste entre l'art. 113 et l'art. 136 du code.

Cette doctrine est fondée sur plusieurs arrêts ; mais l'opinion contraire a aussi pour elle de semblables autorités. Nous dirons cependant avec le consul Cambacérès, « que, si l'absent présumé était incapable de succéder, on ne pourrait conserver dans la loi les dispositions relatives à la manière de recueillir les successions qui s'ouvrent à son profit. » Nous dirons, avec le procureur général Mourre, « que, dans le langage de la loi, l'existence ne cesse d'être reconnue que lorsqu'il y a déclaration d'absence; jusque-là, il n'y a pas d'absence proprement dite; il n'y a qu'une simple présomption qui doit exciter seulement la sollicitude des magistrats pour la conservation des droits du présumé absent, mais qui ne peut jamais autoriser des tiers à se mettre en possession à son préjudice. »

Nous dirons encore avec le célèbre Portalis : « Après la déclaration d'absence, la vie de l'absent n'est pas plus probable que sa mort; mais, tant que l'absence n'est pas légalement reconnue, *l'absent est réputé vivant, par la loi.*

Nous dirons enfin, avec les cours de cassation de Paris et de Poitiers, « que la déclaration d'absence est un *préalable nécessaire, exigé par la loi;* que, lorsqu'un individu absent de fait, *mais non déclaré tel*, est appelé à une succession, ses cohéritiers ne peuvent pas empêcher qu'il soit nommé un notaire pour le représenter. »

Quels sont ceux qui ont droit d'assister à la levée des scellés, pendant toute sa durée? Ce sont, aux termes de l'art. 932, le conjoint, l'exécuteur testamentaire, les héritiers, les légataires universels et ceux à titre universel; mais les opposans ne peuvent y assister, soit en personne, soit par un mandataire, qu'à la première vacation. Ils sont tenus de se faire représenter, aux vacations suivantes, par un seul mandataire dont ils conviendront pour tous, sinon il sera nommé d'office par le juge de paix. (Même article 932.)

Si, parmi ces mandataires, se trouvent des avoués du tribunal de première instance du ressort, ils justifieront de leurs pouvoirs par la représentation du titre de leur partie. (*Ibid.*) L'avoué, le plus ancien suivant l'ordre du tableau, des opposans fondés en titre authentique, assistera de droit pour tous les opposans. Si aucun des créanciers n'est fondé en titre authentique, l'avoué le plus ancien des opposans, fondé en titre privé, assistera. L'ancienneté sera définitivement réglée à la première vacation. (*Ibid.*)

« Si l'un des opposans se trouve avoir des intérêts différens de ceux des autres, ou des intérêts contraires, il peut assister en personne, ou par un mandataire particulier, à toutes les vacations, mais alors c'est à ses frais. » (Art. 933 *ibid.*)

« Les opposans en sous-ordre, pour la conservation des droits de leur débiteur, ne peuvent assister à aucune vacation; ils ne peuvent pas même assister à la première, ni concourir au choix d'un mandataire commun. » (Art. 934.)

Avant ces assistances, « le conjoint, commun en biens, les héritiers, l'exécuteur testamentaire et les légataires universels, ou à titre universel, doivent être convenus du choix d'un ou de deux notaires, ou d'un ou deux commissaires-priseurs ou experts, pour procéder à l'inventaire. S'ils n'en convenaient pas, il serait procédé, suivant la nature des objets, par un ou deux notaires, commissaires-priseurs ou experts nommés d'office par le président du tribunal de première instance. Les experts prêtent serment devant le juge de paix. » (Art. 935.)

« Le procès-verbal de levée contiendra : 1° la date, 2° les nom, profession, demeure et élection de domicile du requérant; 3° l'énonciation de l'ordonnance délivrée pour la levée; 4° l'énonciation de la sommation à l'effet de s'y trouver, qui doit avoir été faite par la partie qui a requis les scellés, aux personnes désignées dans l'article 931, dont nous avons déjà parlé; 5° les comparutions et dires des parties; 6° la nomination des notaires, commissaires-priseurs ou experts qui doivent opérer; 7° la reconnaissance des scellés, s'ils sont sains et entiers; s'ils ne le sont pas, l'état des altérations, sauf à se pourvoir ainsi qu'il appartiendra, pour raison desdites altérations; 8° les réquisitions à fin de perquisition; le résultat desdites perquisitions et toutes les autres demandes sur lesquelles il y aura lieu de statuer. » (Art. 936 *ibid.*)

Ces formalités appartiennent particulièrement au procès-verbal de la levée des scellés, qui est suivie d'un inventaire; mais celui de la levée pure et simple exige moins de formalités et d'énonciations. Il suffit d'y observer ce qui est prescrit par les paragraphes 1er, 2, 3, 5 et 7 de l'article 936 ci-dessus. Mais il n'y a ni sommation à énoncer, parce que tous les intéressés comparaissent volontairement, ni nomination de notaires et d'experts, parce qu'il n'y a pas d'inventaire, ni mention des perquisitions, parce qu'il n'en est pas requis, toutes parties étant d'accord et majeures.

La sommation n'est pas également nécessaire lorsqu'il y a un inventaire à la suite de la levée des scellés, dans le cas seulement où toutes les parties intéressées, même les opposans s'il y en a, ont requis l'opération et promis de s'y trouver volontairement, sans frais.

Dans toutes les autres levées de scellés, il faut exactement observer les formalités ci-dessus exprimées. (936.) Rien n'en peut dispenser. Mais il en est d'autres qui sont tout aussi nécessaires à remplir et à énoncer au procès-verbal. 1° Dès que la première vacation est accomplie, il faut régler la représentation des opposans, suivant les dispositions des art. 932 et 933 précités; 2° le temps de chaque vacation doit être exprimé par l'heure de son commencement et celle de sa fin; 3° le juge fait la reconnaissance et levée des scellés successivement, à fur et à mesure de la confection de l'inventaire, et il réappose les scellés à la fin de telle ou telle vacation, s'il y a lieu; 4° il constate la remise d'objets étrangers trouvés dans la succession, aux tiers qui les ont réclamés; cependant, s'il y avait opposition à cette remise, le juge replacerait lesdits objets sous les scellés et réserverait aux parties à se pourvoir ainsi que de droit; 5° il reçoit par son procès-verbal, même jusqu'à la clôture, les oppositions de créanciers qui réclament des créances et la conservation de leurs droits. 6° Il fait le récolement des effets en évidence qui n'ont pu être placés sous les scellés lors de leur apposition; 7° il fait représenter les linges, argenteries et autres objets qu'il a confiés aux habitans de la maison par le procès-verbal des scellés. 8° Enfin, il décharge le gardien de la garde des scellés et le greffier de celle des clefs.

§ II. — *Des Levées provisoires et partielles de Scellés.*

Indépendamment des levées de scellés pures et simples, et des levées à charge d'inventaire, qui sont définitives, il en est d'autres qui ne sont que provisoires et partielles.

La première de ce genre a lieu en vertu de l'art. 1er de la loi du 6 pluviose an II, dont voici les termes : « Les citoyens dont les titres, sentences ou procédures, confiés aux notaires publics, avoués, défenseurs officieux, huissiers fondés de pouvoirs, agens d'affaires et autres détenteurs, se trouvent sous les scellés, pourront requérir le juge de paix de les lever de suite pour leur remettre les pièces qu'ils réclament. »

Art. 2. « Le juge de paix qui, étant requis, ne déférerait pas promptement à cette réquisition, sera responsable des dommages-intérêts qu'aura occasionés sa négligence ou son refus. »

Sur une pareille réquisition, le juge de paix rend une ordonnance pour la levée partielle des scellés et l'extraction des papiers réclamés; il indique les jour et heure qu'il y procédera, et ordonne qu'il sera fait sommation de s'y trouver, à toutes les parties intéressées. Néanmoins, cette sommation peut être évitée si les parties promettent de comparaître volontairement à l'opération.

S'il n'y a aucune contestation, soit sur la levée provisoire, soit sur la remise des titres et pièces requises, le juge de paix lève seulement les scellés qui sont apposés sur ces papiers, en fait la remise aux réclamans, en présence des parties intéressées, et réappose les scellés. Mais s'il y a opposition, le juge de paix ordonne qu'il en sera référé au président du tribunal de première instance, et enjoint aux parties de se présenter devant ce magistrat, aux jour, lieu et heure qu'il indique.

La seconde levée de scellés provisoire et partielle était autorisée par l'article 463 du code de commerce, qui était ainsi conçu : « Les livres du failli seront extraits des scellés et remis par le juge de paix aux agens après avoir été arrêtés par lui; il constatera sommairement par son procès-verbal l'état dans lequel ils se trouveront. Les effets à courte échéance, ou susceptibles d'acceptation, seront aussi extraits des scellés par le juge de paix, décrits et remis aux agens pour en faire le recouvrement. » Mais, cet art. 463 est remplacé par l'art. 471 de la loi du 28 mai 1838, relative aux faillites et banqueroutes, lequel porte : « Que les livres du failli seront extraits des scellés et remis par le juge de paix aux syndics, après avoir été arrêtés par lui ; il constatera sommairement, par son procès-verbal, l'état dans lequel ils se trouveront. Les effets à courte échéance, ou susceptibles d'acceptation, ou pour lesquels il faudra faire des actes conservatoires, seront aussi extraits des scellés par le juge de paix, décrits et remis aux syndics pour en faire le recouvrement..... »

Ainsi, ces extractions, ces remises ne peuvent être exigées que par les syndics de la faillite.

Remarquons d'abord que la levée provisoire des scellés, dont il s'agit, n'a lieu que dans deux cas : 1° lorsque les scellés ont été apposés avant la nomination des syndics de la faillite; 2° lorsque ces syndics n'ont pas assisté aux scellés, ou s'ils ont omis de demander la remise des livres et des effets dont il s'agit, avant l'apposition.

En faisant cette extraction, il est bien essentiel de constater l'état des livres, leur tenue, le nombre des pages en blanc et celui des pages écrites, que le juge cote et paraphe par première et dernière ; il écrit son visa, *ne varietur*, au-dessous de la dernière ligne de cette dernière page, ce qui arrête les livres. S'il y a des lacunes ou des blancs dans les pages écrites, il les bâtonne. (Art. 943, § 6, cod. de procéd.) Il en fait de même des pages non écrites, ajoute M. Carré ; cependant nous pensons que cela est inutile. On ne peut pas craindre qu'il soit ajouté des écritures sur les pages laissées en blanc après l'arrêté du juge sur la dernière page écrite; les fraudes et les additions seraient trop sensibles. « Il suffit donc de bâtonner les intervalles qui sont laissés en blanc, soit à la fin des pages écrites, soit entre les écritures. D'ailleurs, le juge doit adopter de préférence le mode qui présente à la fois simplicité, célérité et sûreté, et tel est celui que présente la loi. » (Recueil général, tom. 2, pag. 138 et 139.)

Au reste, la levée provisoire se termine par la réapposition des scellés et la mention, au procès-verbal du juge de paix, de toutes les formalités que nous venons d'indiquer, procès-verbal qui est signé par les syndics et le failli s'ils y assistent.

§ III. — *De la Levée définitive des Scellés apposés après faillite.*

Elle ne se fait qu'après trois jours de la nomination des syndics provisoires et à leur requête, en présence du failli, ou lui dûment appelé. (Art. 479, *Loi sur les faillites.*)

Il est procédé à cette levée en la forme prescrite par le code de procédure civile, et à mesure de l'inventaire qui se fait des effets, titres et papiers du failli; mais ce sont les syndics eux-mêmes qui procèdent à cet inventaire. Ils ne sont tenus d'appeler ni notaires, ni commissaires-priseurs pour l'estimation des effets. Ils peuvent la faire faire par qui bon leur semble. C'est une exception accordée par la loi en faveur du commerce et pour épargner des frais. Le juge de paix rend cet acte authentique par sa présence et sa signature à chaque vacation. Ainsi, cet inventaire doit être fait sur papier timbré, puisqu'un officier public doit le signer pour le rendre régulier.

Cet acte doit même être fait en double minute par les syndics, à mesure que les scellés sont levés. Ces doubles sont également signés par le juge à chaque vacation. L'un d'eux est déposé, aussitôt sa clôture, au greffe du tribunal de commerce; l'autre reste entre les mains des syndics, qui sont libres de se faire aider pour la rédaction de cet acte par qui ils jugent convenable.

Au surplus, les syndics doivent, à la fin de l'inventaire, faire un récolement des effets, meubles, habillemens, marchandises et autres objets qui n'auraient pas été mis sous les scellés, ou en auraient été extraits par le juge de paix à la réquisition des syndics. (Art. 468, *Loi sur les faillites.*)

Cette loi prescrit bien d'appeler le failli à la levée des scellés, mais elle n'ordonne point d'y appeler les créanciers opposans ou autres. La raison en est qu'en cette matière il est inutile de former opposition, et le juge de paix ne doit point en recevoir. Tous les créanciers sont opposans de droit, ils sont légalement représentés par les syndics. Par la même raison, les créanciers n'ont pas le droit d'assister à la levée des scellés, et le juge de paix ne doit recevoir aucun dire de personne, autre que du failli ou des syndics au procès-verbal de reconnaissance et levée; mais il doit veiller à ce que l'inventaire soit fait exactement et fidèlement, il est le conservateur des intérêts de toutes les parties.

Nous venons de dire que tous les créanciers sont légalement représentés par les syndics, et qu'ils n'assistent pas en personne à la levée des scellés; mais il faut admettre une exception pour les créanciers ou les déposans qui revendiquent des marchandises étant en nature sous balles, cordes ou caisses, ou autres objets simplement déposés. Ces réclamans ou opposans peuvent, non-seulement se présenter à l'inventaire et y assister tant que leur intérêt l'exige, mais encore former telles oppositions que de droit : s'il s'élève des contestations sur les oppositions et revendications, le juge de paix se borne à consigner les dires des parties sur son procès-verbal, et à ordonner un sursis à l'inventaire, s'il a lieu, en réservant à chaque partie de se pourvoir devant les juges de commerce, ou même devant le juge-commissaire de la faillite. Enfin, le juge de paix réappose le scellé. Voyez, à la fin du § suivant, une autre levée de scellés en matière de faillite.

§ IV. — *De diverses Levées de Scellés particulières.*

1° Voici ce qui est prescrit par l'arrêté du gouvernement, du 13 nivôse an X, pour la levée de scellés apposés après le décès des officiers généraux ou supérieurs.

Article deux. « Si les scellés n'ont été apposés que sur les papiers, cartes, plans et mémoires appartenant au gouvernement, après le décès d'un officier général ou supérieur, ils ne peuvent être levés qu'en présence d'un officier nommé par le général commandant la division, pour y assister. »

Article trois. « Lors de la levée, les objets qui seront reconnus appartenir au gouvernement, et ceux que l'officier assistant pourrait réclamer, seront inventoriés séparément et remis audit officier sur son reçu. Néanmoins, il sera rendu compte au ministre de la guerre de ceux de ces objets qui appartiendront en propre au décédé. L'estimation en sera faite, et la valeur en sera acquittée à qui de droit sur les fonds affectés au dépôt de la guerre. Le surplus desdits objets provenant du défunt sera délivré de suite et sans frais à ses héritiers ou ayant droit; copies de l'inventaire et du reçu de l'officier seront adressées au ministre de la guerre qui veillera à ce que les objets ainsi recouvrés ou acquis soient remis sans délai dans les dépôts respectifs qui les concernent. »

Ajoutons que si les héritiers de l'officier général ou supérieur sont sur les lieux, il est nécessaire de les appeler à l'inventaire des cartes, plans et autres objets réclamés par l'officier qui représente le gouvernement. Cet inventaire se fait par une simple description sur le procès-verbal du juge de paix.

Si les scellés avaient été apposés à la fois sur les effets appartenant à l'état et sur tous les meubles de la succession, ils ne pourraient être levés qu'en observant non-seulement les formalités que nous venons d'exprimer, mais encore celles ordinaires prescrites par les articles 931 et suivans, 936 et suivans.

2° Des officiers généraux ou supérieurs, passons aux autres militaires sans distinction.

« Lorsqu'un militaire appartenant à un corps viendra à décéder sur le territoire français, le juge de paix de l'arrondissement en sera aussitôt prévenu, il mettra les scellés sur les effets du décédé. Le scellé sera levé dans le plus bref délai, en présence d'un officier chargé par le conseil d'administration d'y assister et de signer le procès-verbal de désignation des effets. La vente en sera faite avec les formalités requises par les lois, et le produit, déduction faite des frais constatés, sera remis au conseil d'administration qui le déposera dans la caisse du corps, et restera responsable envers les héritiers du montant de la succession. » Tels sont les termes d'une instruction du ministre de la guerre, du 15 novembre 1809, article 123, approuvée par le souverain.

Ainsi, point d'inventaire ni de représentation d'héritiers en personnes ou par mandataires lors des levées des scellés dont il s'agit. La présence de l'officier nommé par le conseil d'administration suffit. Nous pensons cependant que si les héritiers du militaire décédé étaient présens, ils pourraient assister à la levée des scellés, mais sans pouvoir empêcher que l'officier délégué remplisse ses fonctions, ni changer l'ordre de procéder par description des effets.

3° Nous avons vu, au précédent chapitre, que lorsque des successions sont échues en tout ou partie à des militaires étant à leurs corps ou absens, le juge de paix en donne avis tant à ces militaires qu'au ministre de la guerre : « Après un mois expiré de la date de ces lettres, si l'héritier militaire ne donne pas de ses nouvelles ou n'envoie pas de procuration, l'agent national (le maire) de la commune dans laquelle les père et mère sont décédés, convoquera sans frais, devant le juge de paix, la famille, ou, à son défaut, des voisins et amis, à l'effet de nommer un curateur à l'absent. » (Art. 2 du décret du 11 ventôse an II.) Cette convocation peut et doit se faire à présent par le juge de paix, d'office, en vertu de l'article 911 du code de procédure.

L'article 3 du même décret, porte : « Ce curateur provoquera la levée des scellés, assistera à leur reconnaissance, pourra faire procéder à l'inventaire et vente des meubles, en recevoir le prix, à la charge d'en rendre compte soit au militaire absent, soit à son fondé de pouvoir. »

Telles sont les formalités particulières que l'on doit observer pour lever des scellés apposés sur les meubles des successions où des militaires sont intéressés. Mais le décret du 11 ventôse an II n'est-il pas modifié ou abrogé par la loi du 13 janvier 1817, relative aux militaires absens? Non, cette loi ne concerne que l'envoi en possession des héritiers des militaires absens de leurs corps, et la manière de faire constater leurs décès, tandis que celle du 11 ventôse concerne les militaires vivans, étant à leurs corps, et les successions qui leur sont échues. Ainsi, la dernière de ces lois ne change rien à l'ordre établi par la première, qui continue d'avoir toute sa force. C'est ce que la cour de cassation a jugé deux fois, les 9 mars 1819 et 19 mars 1824.

4° Aux termes de l'article 39 du décret du 6 novembre 1813, les scellés apposés après le décès d'un évêque ou archevêque, sont levés, soit à la requête du commissaire qui doit administrer la mense épiscopale pendant la vacance du siége, soit des héritiers présomptifs en présence des uns et des autres, de tous intéressés à la succession, créanciers, opposans, légataires, etc. Ainsi, l'on doit observer à la levée de ces scellés toutes les formalités prescrites par le code de procédure.

Mais ce n'est pas tout : l'article 46 du même décret du 6 novembre 1813 dispose : « Que lorsque le successeur de l'évêque ou de l'archevêque est mis en possession, le juge de paix rédige le procès-verbal de prise de possession, par lequel il fait une description des meubles, effets et papiers qui appartiennent à la mense épiscopale, et y énonce qu'il a arrêté les registres du commissaire. »

5° Pour ce qui concerne les scellés apposés après le décès d'un curé, les articles 18 et 19 du décret précité prescrivent qu'ils seront levés à la requête, soit du trésorier de la fabrique, soit des héritiers ou ayant cause, en présence de tous les intéressés dans la succession, ou eux dûment appelés; ils prescrivent aussi au juge de paix de faire un récolement ou vérification des effets appartenant à la cure, dont avait été chargé le curé décédé. Si le trésorier de la fabrique est le requérant, il peut demander une expédition du récolement, qui lui est délivrée de suite et sans frais, excepté ceux de timbre et d'enregistrement.

6° « Les scellés apposés après le décès d'un titulaire de majorat, ne peuvent être levés, ni l'inventaire fait, sans que le juge de paix se fasse représenter le certificat constatant la notification du décès, et il en est fait mention dans l'intitulé du procès-verbal de levée de scellés, à peine d'interdiction. » Ainsi dispose l'article 12 du décret du 4 mai 1809.

La notification dont la loi parle ici, est celle qui se fait dans le mois de l'acte du décès, au procureur général du sceau des titres, tant par les maires que par les officiers désignés dans la même loi du 4 mai. Un certificat est délivré de cette notification par le procureur général, et il est ensuite présenté au juge de paix, lors de la réquisition, pour faire lever les scellés.

Au reste, cette levée de scellés doit être faite avec toutes les formalités ordinaires.

7º En cas d'annulation ou de résolution d'un concordat passé entre le failli et ses créanciers, les syndics qui sont nommés par le tribunal de commerce, sur le vu de l'arrêt portant condamnation pour banqueroute, ou annulation du concordat, pourront et devront même faire mettre les scellés, que le juge de paix apposera dans les formes ordinaires.

Les syndics procéderont ensuite sans aucun retard, avec l'assistance du juge de paix, sur l'ancien inventaire, au récolement des valeurs, actions et papiers; ils procéderont de même, s'il y a lieu, à un supplément d'inventaire. Ces actes seront faits en double minute, dont l'une sera déposée au greffe du tribunal de commerce, et l'autre restera entre les mains des syndics. (Art. 522, *Loi sur les faillites.*)

TITRE SECOND.

Des attributions criminelles et de police des Juges de Paix.

NOTIONS PRÉLIMINAIRES.

Les fonctions criminelles des officiers de la justice de paix, sont les fonctions relatives à la police judiciaire et au tribunal de police simple.

Les juges de paix ont siégé longtemps aux tribunaux correctionnels ; mais depuis la loi du 7 ventôse an VIII, ces tribunaux sont tenus par les membres du tribunal civil de première instance.

CHAPITRE PREMIER.

Fonctions du Juge de Paix relatives à la police judiciaire.

La police est instituée pour maintenir l'ordre public, la liberté, la propriété, la sûreté individuelle. Elle se divise en police administrative et police judiciaire. La police administrative a pour objet le maintien de l'ordre public, dans chaque lieu et dans chaque partie de l'administration en général ; elle tend principalement à prévenir les délits. La police judiciaire recherche les délits que la police administrative n'a pu empêcher de commettre, en rassemble les preuves, en livre les auteurs aux tribunaux chargés par la loi de les punir. (Art. 8, code d'instr. crim.)

La loi distingue les différens délits en trois classes : les délits de chacune sont réprimés par des tribunaux différens. La première classe comprend les faits que l'on qualifie contraventions, qui ne donnent lieu qu'à de modiques amendes et à un emprisonnement de trois jours au plus. Ils sont réprimés par les tribunaux de police correctionnelle.

La seconde classe comprend les faits plus graves qui participent du dol, de la fraude, du dessein de nuire, et qui donnent lieu à des peines plus sévères, sans être cependant ni afflictives ni infamantes. Ces faits sont qualifiés délits, et réprimés par les tribunaux correctionnels.

La troisième classe comprend les faits atroces qui blessent directement les règles de l'ordre social, en attaquant la propriété ou la vie des citoyens, leur liberté ou leur honneur, et autres faits qui ont toujours été connus sous la désignation de crimes qualifiés, et qui emportent peines afflictives ou infamantes. Ils sont réprimés par les cours d'assises.

La police judiciaire est exercée par les commissaires de police, les gardes-champêtres et forestiers, les juges de paix, les capitaines et lieutenans de la gendarmerie ; par les maires des communes et leurs adjoints, par les procureurs du roi et leurs substituts, par les commissaires généraux de police et par les juges d'instruction.

Le code d'instruction met aussi au nombre des officiers de police judiciaire les préfets des départemens, et à Paris, celui de police ; mais il leur permet de commettre à leur place les autres officiers. Ainsi, le juge de paix peut être requis par eux, et il doit déférer à cette réquisition, en faisant tous les actes qui lui seront délégués.

SECTION PREMIÈRE.

De quelles opérations le Juge de Paix est chargé en matière de police judiciaire.

Les fonctions du juge de paix relatives à la police judiciaire étaient autrefois très-étendues. Il était en cette partie un officier principal chargé de dresser des procès-verbaux, d'entendre les témoins, de recueillir les preuves par écrit, de rassembler les pièces de conviction, et en outre de faire amener le prévenu devant lui et de lui faire subir interrogatoire. Il avait, après cet acte, la faculté la plus étendue de prononcer sur le sort du prévenu; il pouvait, suivant les circonstances, le mettre en liberté, le renvoyer au tribunal de police, décerner contre lui le mandat de comparution ou un mandat d'arrêt.

Il n'en est plus de même à présent. Le code d'instruction ne laisse au juge de paix, dans la police judiciaire, que des fonctions préliminaires et d'urgence, et quelques actes particuliers. Nous allons en discourir par des paragraphes séparés.

§ Ier. — *De la Dénonciation officielle.*

Toute autorité constituée, tout fonctionnaire ou officier public qui, dans l'exercice de ses fonctions, acquiert la connaissance ou reçoit la dénonciation d'un délit, est tenu de le dénoncer pour en provoquer la poursuite et la punition : c'est la dénonciation officielle que l'article 29 du code d'instruction criminelle établit.

Autrefois, et suivant le code de brumaire an IV, elle pouvait se faire, soit au juge de paix, soit au substitut du procureur général près la cour criminelle. Le juge de paix était celui de l'arrondissement dans lequel le délit avait été commis, ou dans lequel résidait le prévenu. Le dénonçant transmettait au juge de paix tous les renseignemens, procès-verbaux et actes qui étaient relatifs au délit dénoncé. Le juge de paix en accusait la réception le jour suivant. S'il se trouvait dans ces pièces des preuves ou des présomptions contre des personnes indiquées comme auteurs ou complices du délit, le juge de paix décernait aussitôt un mandat à l'effet de faire conduire le prévenu devant le substitut du procureur général près la cour criminelle.

Maintenant, la dénonciation officielle ne peut plus être faite au juge de paix, parce qu'il n'est plus officier d'instruction. C'est au procureur du roi, qui est le poursuivant principal et essentiel de tous les crimes et délits.

Ainsi, le juge de paix, comme tous les autres fonctionnaires, ne peut dénoncer officiellement que les crimes et délits dont il acquiert la connaissance dans l'exercice de ses fonctions. C'est à ce cas seul que se réduit à son égard la dénonciation officielle; elle se fait, soit par un simple avis, ou voie d'autorité, soit par un acte public, tel qu'un jugement, une délibération ou un arrêté, suivant la constitution ou le pouvoir de l'officier qui dénonce.

Hors de là, tous les officiers publics, quels qu'ils soient, autres que ceux chargés de faire les actes d'instruction, peuvent et doivent avertir du délit dont ils ont connaissance, par une simple dénonciation privée. Celle-ci, comme la dénonciation officielle, se fait toujours au procureur du roi dans l'arrondissement duquel le délit a été commis, ou à celui dans le ressort duquel le prévenu est trouvé.

Il y a cependant des différences entre ces deux dénonciations. La première est que le fonctionnaire qui dénonce officiellement, doit avoir en quelque sorte les preuves du délit, ou du moins de fortes présomptions; mais celui qui fait une dénonciation privée, la fait à ses risques, sans être obligé de la prouver complètement; il suffit qu'il indique des indices suffisans. La seconde différence est que la dénonciation officielle n'impose aucune responsabilité au dénonçant, à moins qu'il n'y aurait lieu à prise à partie, par malice, dessein de nuire ou calomnie; mais la dénonciation privée donne toujours lieu à des dommages-intérêts contre le dénonçant, en cas de calomnie, ou supposition des faits.

Il est essentiel d'observer que le juge de paix ne peut faire une dénonciation officielle d'un crime, que lorsqu'il n'est pas obligé d'en faire lui-même les premières poursuites, c'est-à-dire dans les cas de flagrant délit ou de réquisition d'un chef de maison, parce qu'il doit alors faire les actes d'instruction attribués au procureur du roi.

§ II. — *De la Dénonciation privée.*

« Tout citoyen qui a été témoin d'un attentat, soit contre la liberté, la vie, ou la propriété d'un autre, soit contre la sûreté publique ou individuelle, est tenu d'en donner avis aussitôt au procureur du roi ou à un officier de police judiciaire. » (Art. 30 *ibid.*)

Il y a deux sortes de dénonciateurs : les dénonciateurs volontaires et les dénonciateurs nécessaires. Ceux-ci sont les gardes forestiers et champêtres, qui sont tenus de dénoncer à la justice les crimes dont ils ont connaissance, même d'arrêter les prévenus, s'ils le peuvent, dans le moment où le crime est commis. Il faut ranger dans la même classe les autorités constituées et les officiers qui acquièrent la connaissance de quelques crimes dans l'exercice de leurs fonctions.

Quant aux simples particuliers qui ont été témoins d'un crime, ils ne peuvent être réputés que dénonciateurs volontaires, quoique la loi dise qu'ils *sont tenus*. Le mot tenus ne doit pas être pris ici à la rigueur. Aussi, aucune peine n'est imposée à l'inexécution de ce précepte. Il n'y a que quelques cas dans lesquels on est véritablement obligé à la dénonciation. Tel est celui où l'on a été témoin d'un crime, ou instruit d'un complot qui intéresse la sûreté publique et le gouvernement. (Voyez les art. 103 et suiv., 136 et suiv. et 144 du code pénal de 1810.) Dans les cas ordinaires, la dénonciation est libre; elle peut être faite à tout officier de police judiciaire, et par conséquent au juge de paix du lieu où le crime a été commis, ou dans le canton duquel le prévenu se trouve.

Il ne faut pas accueillir indistinctement et sans examen toutes les dénonciations. On ne doit point, par exemple, recevoir celle d'une personne vile, surtout si elle est dirigée contre des hommes généralement estimés ou élevés en dignité, ni celle des vagabonds et gens sans aveu, ni d'un fils contre son père, ou de celui-ci contre son fils, ni des époux l'un contre l'autre, ou de frères et sœurs entre eux, sauf au ministère public à se conduire, en ces cas, suivant les règles de la prudence. Il ne faut pas aussi recevoir aveuglément la dénonciation de personnes notoirement insolvables ou repris de justice; du moins, on doit agir avec beaucoup de précaution sur de pareilles pièces. Enfin, on ne doit point recevoir des dénonciations anonymes. Tous ceux qui se dérobent aux regards de la justice ne méritent aucune confiance. On peut cependant, dans les cas graves, prendre pour un simple renseignement une dénonciation anonyme.

Si une dénonciation était attaquée par le motif qu'elle aurait été adressée ou reçue par un officier de police judiciaire incompétent, devrait-elle être annulée ? Non sans doute, pourvu qu'il aurait été procédé par juges compétens à l'instruction et au jugement. (Arrêt de la cour de cassation, du 8 prairial an XI.)

§ III. — *De la Réception et des formalités de la Dénonciation privée.*

« Les juges de paix...., etc., recevront les dénonciations des crimes ou délits commis dans les lieux où ils exercent leurs fonctions habituelles. » (Art. 48 *ibid.*)

Remarquons tout d'abord que la loi borne cette attribution au territoire dans lequel les juges de paix exercent leurs fonctions habituelles, c'est-à-dire dans l'étendue de leur canton. Ainsi, un juge de paix serait incompétent de recevoir la plainte ou la dénonciation d'un crime ou délit commis hors de son canton; autrement tout ce qu'il aurait fait serait nul. Néanmoins, cette règle souffre une exception dans le cas de flagrant délit, auquel le juge de paix doit faire tous les actes préliminaires de la poursuite du délit, lorsque le prévenu est trouvé dans son canton ou qu'il y réside. (Art. 23, *ibid.*) Peu importe que le délit n'y ait pas été commis.

La dénonciation est rédigée par le dénonciateur ou par le juge de paix, s'il en est requis. (Art. 31.) Le dénonciateur signe sa dénonciation, ou déclare qu'il ne sait ou ne peut écrire, et il en est fait mention. La dénonciation est signée à chaque feuillet par le juge de paix et par le dénonciateur, s'il le sait, sinon on énonce son ignorance.

Le juge de paix ne doit négliger aucune de ces formalités; autrement il pourrait s'exposer à des dommages-intérêts envers les parties. Indépendamment de ces formalités, la dénonciation doit être datée et contenir les nom, qualités et demeure du dénonciateur, les nom et demeure du dénoncé, s'il est connu, et l'énonciation précise des faits et circonstances du crime.

Le dénonciateur n'est point obligé d'agir en personne, il peut se faire représenter par un fondé de pouvoir. La loi n'exigeant pas que le pouvoir soit authentique, il peut, par conséquent, être donné sous signature privée, mais il doit être spécial, c'est-à-dire énoncer expressément les faits et les circonstances du crime qu'il s'agit de dénoncer. Le juge de paix doit n'admettre ce pouvoir qu'après en avoir fait affirmer la sincérité par le porteur, qui doit le signer et parapher. Dans tous les cas, soit que la procuration pour dénoncer soit authentique ou sous seing-privé, elle doit être annexée à la dénonciation.

La dénonciation étant faite et signée, le juge de paix doit en faire l'envoi, sans délai, au procureur du roi. (Art. 53 *ibid.*) Cependant, dans les cas de flagrant délit, ou de réquisition d'un chef de maison, le juge de paix qui a reçu la dénonciation doit procéder de suite aux actes d'instruction qui sont attribués au procureur du roi et à ses auxiliaires; nous l'avons déjà dit. Ce n'est qu'après que le tout est terminé qu'il en fait l'envoi à ce magistrat.

Le dénonciateur n'a-t-il pas, comme sous le règne de la loi du 3 brumaire an IV, la faculté de retirer sa dénonciation dans les vingt-quatre heures? Le code d'instruction actuelle ne dispose rien à cet égard, mais il ne s'ensuit pas de ce silence, que le dénonciateur ne puisse pas se désister; c'est du moins notre opinion, qui est suivie dans la pratique. Il nous paraît évident que l'on doit assimiler la dénonciation à la plainte qui peut être retirée dans les vingt-quatre heures; l'article 65 dit expressément que les formalités de la dénonciation seront communes aux plaintes.

Le désistement du dénonciateur n'empêche pas le ministère public de faire valoir la dénonciation comme un renseignement ou un indice, et même de rendre plainte, s'il le juge à propos. Néanmoins, quand le désistement est fait avant que le procureur du roi ait fait aucune poursuite en vertu de la dénonciation, il a l'effet de soustraire le dénonciateur à toute responsabilité; mais si la poursuite est engagée avant le désistement donné après les 24 heures, il reste assujetti à toutes les suites de la dénonciation, si elle est reconnue fausse ou calomnieuse.

Le délai de 24 heures court depuis le moment de la clôture de la dénonciation jusqu'à celui du désistement.

Quant aux formalités de ce dernier acte, il est reconnu qu'elles ont lieu de deux manières, ou par une simple déclaration devant le juge de paix, ou par un acte extrajudiciaire notifié au greffier du juge, par le premier huissier requis, dans la forme ordinaire des exploits. Mais cet acte doit être signé par le désistant ou son fondé de procuration spéciale, soit authentique, soit privée; procuration qui s'annexe à l'original de l'exploit, et que l'on transcrit en tête de la copie laissée au greffier.

Lorsqu'un dénonciateur refuse de signer sa dénonciation, après l'avoir faite, qu'en résulte-t-il? L'article 93 de la loi du 3 brumaire an IV disposait que la dénonciation non signée était nulle, si le dénonciateur savait signer. MM. Carnot et Bourguignon enseignent que cette nullité doit encore être prononcée. (Traité de légis. crim., tom. 1er, page 193; jurisp. des codes crim., tom. 1er, page 136.) Nous partageons cette opinion, parce que l'acte non signé de la partie qui l'a fait, est censé ne pas exister légalement.

§ IV. — *De la Plainte.*

« Toute personne qui se prétend lésée par un délit emportant, par sa nature, peine afflictive ou infamante, peut en rendre plainte et se constituer partie civile devant le juge d'instruction, soit du lieu du crime ou du délit, soit du lieu de la résidence du prévenu, soit de celui où il pourra être trouvé. » (Art. 63 cod. d'instr. crim.)

L'article 64 ajoute : « Les plaintes qui auraient été adressées au procureur du roi, seront par lui transmises au juge d'instruction, avec son réquisitoire; celles qui auraient été présentées aux officiers auxiliaires de police, seront par eux envoyées au procureur du roi et transmises par lui au juge d'instruction, aussi avec son réquisitoire. » (Art. 64 *ibid.*)

En combinant ces deux articles, on

ne peut douter de l'attribution faite au juge de paix, de recevoir les plaintes des personnes lésées par un délit. Les actes peuvent encore être faits relativement aux délits de police correctionnelle, mais la partie lésée peut aussi, sans rendre plainte, s'adresser directement au tribunal correctionnel. (Art. 64.)

Mais s'il s'agissait d'une plainte pour une simple contravention, le juge de paix ne devrait point la recevoir; la loi veut que les rapports, dénonciations et plaintes des contraventions soient faites devant les commissaires de police, ou les maires ou leurs adjoints. (Art. 11, cod. d'instr. crim.) Ce sont aussi ces officiers qui constatent, par des procès-verbaux ou rapports, les diverses contraventions, même celles qui sont sous la surveillance spéciale des gardes-champêtres et forestiers. La raison qui a fait donner ces attributions à d'autres officiers qu'aux juges de paix, est sensible, c'est que ces derniers sont les juges naturels des contraventions, et qu'ils ne peuvent à la fois les rechercher, constater et juger.

Quant aux plaintes des délits et crimes, elles doivent contenir les nom, profession et demeure du plaignant, les nom, qualité et demeure du prévenu, s'il est connu; la nature du crime, le lieu où il a été commis, dans quel temps et en quelle circonstance; la déclaration que le plaignant se rend ou ne se rend pas partie civile; les noms et demeures des témoins; la date, l'heure, le jour, le mois et l'an; la signature du plaignant et du juge de paix, au pied de la plainte et à la fin de chaque feuillet, le tout suivant l'art. 65 qui est déclaré commun aux plaintes.

Ces actes sont rédigés, soit par le plaignant, soit par le juge ou l'officier qui les reçoit, ou par son greffier, en présence du juge.

Les plaintes doivent être envoyées sans délai au procureur du roi. Cependant, si le flagrant délit existait au moment de la réception de la plainte, ou s'il était fait au juge de paix une réquisition par un chef de maison, tendant à la recherche et à la constatation du délit, le juge de paix suspendrait l'envoi de la plainte et procéderait immédiatement, comme auxiliaire du procureur du roi, aux actes d'instruction qui sont attribués à ce magistrat par les articles 32 et suiv.; et dès que ces actes seraient terminés, il les enverrait sans retard, avec la plainte, au procureur du roi, qui les examinerait et les transmettrait au juge d'instruction, avec tel réquisitoire que de droit. (Art. 53.)

Le plaignant peut se désister de sa plainte dans les vingt-quatre heures qui la suivent, sans distinction si le lendemain est un jour férié ou non férié, parce que les dimanches et fêtes n'empêchent pas de vaquer aux affaires criminelles. (Arrêt du 27 août 1807, cass.)

Mais le désistement peut-il être partiel? La cour de Paris a jugé que lorsqu'il y a plusieurs prévenus, le plaignant peut se désister à l'égard des uns, et continuer ses poursuites à l'égard des autres.

« On peut rendre plainte et exercer l'action qui naît d'un délit commis envers nous ou envers les personnes dont la sûreté est aussi précieuse que celle de notre propre individu. Ainsi, le père peut rendre plainte, en son nom, du délit commis envers son fils; le mari, de celui commis envers sa femme; le tuteur, de celui commis au préjudice de son mineur; et le maître, de celui commis envers son domestique ou son ouvrier, lorsque ce délit peut nuire au maître. Ce qui n'exclut pas la plainte du fils, de la femme, du mineur et de l'ouvrier, personnellement offensés. » (Bourguignon, tom. Ier, pag. 171, jurisp. des cod. crim.)

« Le mineur émancipé peut poursuivre, sans autorisation, la réparation du délit commis à son préjudice; mais la femme mariée n'est dispensée d'autorisation que lorsqu'elle est poursuivie en matière criminelle ou de police, en sorte qu'elle ne peut rendre plainte sans être autorisée. » (Le même.)

§ V. — *Du Flagrant Délit, et de la Réquisition d'un chef de maison.*

« Le délit qui se commet actuellement ou qui vient de se commettre, » est un flagrant délit; seront aussi » réputés flagrans délits, le cas où le

» prévenu est poursuivi par la clameur » publique, et celui où le prévenu » est trouvé saisi d'effets, armes, » instrumens ou papiers faisant pré- » sumer qu'il est auteur ou complice, » pourvu que ce soit dans un temps » voisin du délit. » Ainsi s'exprime l'art. 41 du cod. d'inst. crim.

Mais, que faut-il entendre par les mots : *ou qui vient de se commettre*, et par ceux-ci : *un temps voisin du délit?* MM. Carnot et Bourguignon ont répondu ainsi à ces questions : « Il faut entendre le délit qui a été commis dans un temps assez rapproché pour que les choses n'aient pu changer de nature, au point de compromettre des personnes qui n'auraient aucun reproche à se faire. On avait proposé de fixer ce terme à 24 heures, à partir du moment où le crime a été commis, mais il fut reconnu que le temps devait varier suivant les circonstances. Supposons qu'un cheval ayant été volé dans une écurie à l'aide d'effraction, la nuit qui a précédé la foire ou le marché aux chevaux, il soit saisi dans les 24 heures, conduit par un propriétaire revenant de la foire, où il déclare l'avoir acheté d'un inconnu, certes on ne saurait trouver dans ces circonstances le caractère du flagrant délit. » (*Carnot, traité de légis. crim.; Bourguignon, jurispr. des cod. crim., tom.* Ier, *pag.* 151.)

Le dernier de ces jurisconsultes, en rapportant l'opinion de M. Legraverend, tom. Ier, pag. 183, nous dit, à l'égard des armes et autres objets saisis sur le prévenu : « Il ne suffit pas que » les objets saisis sur la personne » soient propres à faire présumer qu'il » est l'auteur d'un délit quelconque ; » il faut que cette présomption se rap- » porte à un délit particulier, à un » fait connu, c'est-à-dire que les ef- » fets saisis désignent celui qui s'en » trouve porteur, comme auteur ou » complice d'un délit constant et con- » nu, qui se commet actuellement » ou qui vient de se commettre. » (Jurispr. des cod. crim., pag. 150, tom. Ier.)

Comme nous venons de le voir, quatre cas de flagrant délit sont bien désignés dans l'article 41 précité, mais il en est un cinquième, par assimilation, dans l'article 46, dont voici les termes : « Les attributions ci-dessus, faites au procureur du roi dans les cas de flagrant délit, auront lieu aussi toutes les fois que, s'agissant d'un crime ou délit, même non flagrant, le chef de cette maison requerra le procureur du roi de le constater. »

Point de doute que cette attribution ne soit commune aux juges de paix, comme officiers auxiliaires du procureur du roi. (Art. 49.)

« Par les mots *chef de maison*, il faut entendre *chef de famille*; car, suivant l'esprit de la loi, il y a dans chaque maison autant de chefs qu'elle contient de familles ou de locataires particuliers. » (Jurisp., cod. crim., pag. 155, tom. 1er.)

Il suffit, pour la validité de la réquisition du chef de maison, que le fait qu'il dénonce, soit 1° un crime ou un délit, encore qu'il ne fût pas flagrant; 2° qu'il ait été commis dans l'intérieur d'une maison dont le requérant en est le chef.

Dans les différens cas de flagrant délit que nous venons d'exprimer, le juge de paix, qui en est averti par la clameur publique, par un des témoins du crime ou par la réquisition du chef de la maison où le crime a été commis, doit sur-le-champ se transporter sur les lieux, et faire, suivant les circonstances, tous les actes exprimés par les art. 32 et suiv., ainsi que nous l'expliquerons dans le paragraphe qui va suivre.

Voici plusieurs questions qui ont été agitées relativement aux juges de paix procédant comme auxiliaires du procureur du roi.

1° Ce juge peut-il entendre des témoins et en faire citer à comparaître devant lui? Sur la première partie de cette question, il n'y a aucun doute dans le cas de flagrant délit; le juge doit entendre tous les témoins qui ont connaissance des faits ou des renseignemens à donner, ou qui se présentent d'eux-mêmes; mais il en est autrement sur la seconde partie de la question. Si le juge de paix a pu faire citer des témoins devant lui, d'après les lois antérieures, il ne le peut plus à présent; il est obligé de s'en tenir aux actes d'instruction que le code actuel lui permet; or, il ne lui permet pas de faire citer des témoins, même au cas de flagrant délit, il l'autorise seulement à entendre ceux dont nous venons de parler.

2° En cas de délit puni d'une peine afflictive, le juge de paix peut-il mettre en liberté le prévenu amené devant lui? On peut donner des raisons pour et contre. En pareil cas, dira-t-on d'un côté, la loi autorise le juge de paix à faire conduire en prison le prévenu contre lequel il y a des indices suffisans. Donc, s'il n'y a pas de tels indices, il ne peut pas le faire détenir; donc il doit le renvoyer en liberté.

Mais, d'un autre côté, on dit: cette décision est contraire à la loi, qui n'accorde aucune juridiction au juge de paix. C'est lui en donner une, que de lui laisser la faculté de mettre le prévenu en liberté. Le prévenu, une fois saisi, doit être conduit en prison.

Dans ce combat entre la lettre et l'esprit de la loi, c'est à son esprit qu'il faut s'arrêter. Il est certain que le juge de paix n'a point de juridiction; il ne lui est permis que d'ordonner des mesures provisoires. S'il ne juge pas devoir constituer le prévenu en état d'arrestation, il ne peut pas non plus le mettre en liberté, il faut alors l'envoyer au juge d'instruction ou au procureur du roi avec les pièces. Si, cependant, l'innocence du prévenu était évidente et qu'il fût domicilié, le juge de paix pourrait, je pense, le renvoyer sous mandat de comparution. Mais s'il n'y avait ni dénonciation, ni plainte, ni indices contre lui, le juge de paix devrait se dispenser de le constituer prisonnier.

A cet égard, M. Bourguignon a dit: « S'il est reconnu positivement que la personne prétendue assassinée est périe par un suicide, ou que les objets prétendus volés n'étaient qu'égarés, et sont retrouvés, nul doute que le procureur du roi (ou son auxiliaire) ne doive faire cesser l'arrestation provisoire du prévenu, et le mettre en liberté. » (Jurisp. des cod. crim., pag. 150, tom. 1er.)

3° On a douté plusieurs fois si le juge de paix pouvait interroger le prévenu. Il faut répondre que tout doute n'est pas permis devant la lettre de la loi. Le code d'instruction criminelle dit formellement que l'officier de police judiciaire procédera en cas de flagrant délit, interrogera le prévenu, etc. Mais, si celui-ci n'était pas présent lorsque le délit emporte peine afflictive, le juge de paix pourrait-il faire amener devant lui le prévenu? Oui, sans doute, mais seulement dans le cas de flagrant délit. Il est évident que, sans ce pouvoir, l'officier qui procède ne pourrait souvent compléter les opérations nécessaires, ni acquérir les preuves que l'on recherche. Mais, lorsque le fait n'est pas de nature à mériter une peine afflictive ou infamante, le juge de paix ne doit point faire amener le prévenu, car il n'y a pas lieu à arrestation.

4° Le juge de paix peut-il procéder à des visites domiciliaires, d'après sa seule ordonnance? Il y avait controverse sous la loi du 7 pluviose an IX, mais le code d'instruction fait cesser toute difficulté; il accorde formellement à l'officier de police qui procède en cas de flagrant délit, le pouvoir de se transporter au domicile du prévenu pour y faire perquisition. Le juge de paix peut et doit même y faire conduire le prévenu s'il est saisi. Il rend à cet effet une ordonnance qui s'exécute sur-le-champ, car il doit faire toute la procédure sans désemparer et sans remise, autrement le flagrant délit n'existerait plus, et le juge de paix ne pourrait plus opérer; il n'est pas nécessaire que cette ordonnance soit signifiée au prévenu, ni par conséquent expédiée, on la lui notifie verbalement au moment qu'on l'exécute.

SECTION II.

En quels lieux le juge de paix exercé-t-il la police judiciaire?

Les juges de paix ne peuvent exercer la police judiciaire que dans leurs cantons respectifs, et pour raison des délits qui y sont commis, ou dont les auteurs y ont leur résidence habituelle ou momentanée. (Art. 48, cod. d'instr. crim.)

Ainsi, trois circonstances autorisent le juge de paix à exercer la police judiciaire pour la poursuite d'un délit: 1° la circonstance qu'il a été commis dans son canton; 2° la circonstance que le prévenu y a sa résidence habituelle; 3° et la circonstance que le prévenu y a sa résidence momentanée.

Au cas de concurrence entre différens juges de paix qui auraient procédé pour raison du même délit, le code des délits et des peines du 3 brumaire an IV (Art. 77) voulait que l'instruction demeurât à celui qui avait, le premier, délivré le mandat d'amener. Il n'y a plus lieu maintenant d'appliquer cette disposition aux juges de paix, parce qu'ils n'ont plus le droit de faire d'autre instruction que celle qui est nécessaire au cas de flagrant délit.

La procédure criminelle peut avoir lieu devant les tribunaux français, pour des crimes commis dans les pays étrangers, dans les cas désignés par les articles 5, 6 et 7 du cod. d'instr. crim. Alors, les juges de paix de la résidence habituelle ou momentanée du prévenu, sont également compétens pour recevoir la plainte du dénonciateur.

Dans les villes où il existe plusieurs juges de paix, il est assigné à chacun d'eux un arrondissement particulier. Ces arrondissemens, en ce qui concerne la police judiciaire, nè limitent ni ne circonscrivent leurs pouvoirs respectifs, ils indiquent seulement les termes dans lesquels chacun d'eux est plus spécialement astreint à un exercice constant et régulier de ses fonctions.

Le juge de paix ne pouvait précédemment être remplacé dans les fonctions de police judiciaire par l'un de ses assesseurs. Plusieurs arrêts de la cour de cassation, entre autres ceux des 1er germinal an V et 14 vendémiaire an VI, ont cassé des actes de police faits par des assesseurs et les jugemens qui s'en étaient suivis. Dans l'ordre actuel, les suppléans peuvent-ils remplacer le juge de paix dans ses fonctions d'officier de police judiciaire? On peut faire la même question pour la tenue du tribunal de police que les assesseurs ne pouvaient présider. Il est à propos de joindre ces deux questions ensemble, et de demander si les suppléans peuvent remplacer le juge de paix dans ses fonctions criminelles comme dans ses fonctions civiles.

Nul doute pour l'affirmative. Le suppléant remplace de droit, dans toutes ses fonctions, celui qu'il supplée. Son titre de suppléant lui en confère la faculté et même le devoir. La loi du 29 ventôse an IX, qui a institué les suppléans des juges de paix, ne contient aucune exception à cet égard. Loin de cela, l'article 3 de cette loi s'exprime de la manière la plus générale : « En cas de maladie, absence ou autre empêchement du juge de paix, ses fonctions seront remplies par un suppléant. » Ainsi, les suppléans du juge de paix le remplacent dans ses fonctions criminelles comme dans ses fonctions civiles.

SECTION III.

De l'Instruction à faire par le Juge de Paix.

Cette instruction consiste à dresser des procès-verbaux, à entendre des témoins, à recevoir l'interrogatoire du prévenu et à faire d'autres actes qui sont dans les attributions du procureur du roi, au cas de flagrant délit.

§ Ier. — *Des Procès-Verbaux et des Témoins.*

Lorsqu'il a été commis un crime dont l'existence peut être constatée, et qu'il y a flagrant délit, le juge de paix doit se transporter, aussitôt qu'il en est instruit, sur les lieux pour y constater le délit avec toutes ses circonstances et tout ce qui peut servir à la manifestation de la vérité. (Art. 32.) Il se fait accompagner, au besoin, d'une ou deux personnes présumées, par leur art ou profession, capables d'apprécier la nature et les circonstances du délit. (43.) — S'il s'agit d'un meurtre ou d'une mort dont la cause est inconnue ou suspecte, le juge de paix se fait assister d'un ou deux médecins ou officiers de santé. Dans ce cas, le cadavre ne peut être inhumé qu'après la clôture du procès-verbal. (Art. 44.) Les personnes appelées par le juge de paix, prêtent serment devant lui de donner leur avis en leur âme et conscience. Ces personnes ne peuvent être que des médecins et chirurgiens reçus suivant les lois. (Loi du 19 ventôse an XI, art. 27.)

Le juge de paix peut défendre que qui que ce soit, jusqu'à la clôture du procès-verbal, ne sorte de la maison ou s'éloigne du lieu où il opère. Tout contrevenant à cette défense peut être saisi sur-le-champ. (Art. 34.)

Le juge de paix fait comparaître tous ceux qui peuvent donner des renseignemens sur le délit ou la mort violente, notamment les parens et les voisins du mort et ceux qui étaient à son service, ou qui se sont trouvés avec lui le jour ou la veille de son décès. (Art. 33.) Les déclarations de ces personnes sont consignées sommairement sur un acte séparé du procès-verbal, et signées par elles si elles le savent, sinon mention est faite qu'elles ne savent signer. La rédaction de ces déclarations sur un cahier séparé est nécessaire, parce qu'elles ne doivent pas être mises sous les yeux des jurés, ainsi le veut la loi.

A l'exception de ces déclarations, tout ce que nous venons de dire doit être énoncé au procès-verbal de constatation d'un délit flagrant; mais plusieurs autres choses doivent y être énoncées aussi.

Indépendamment des médecins ou des chirurgiens dont le juge de paix se fait assister, il doit l'être encore du commissaire de police de la commune dans laquelle le crime ou le délit aura été commis, ou du maire, ou de l'adjoint du maire, ou de deux citoyens domiciliés dans la même commune. (Art. 42, *ibid.*) Néanmoins, le juge de paix peut rédiger son procès-verbal sans assistance de témoins, lorsqu'il n'y aura pas possibilité de s'en procurer tout de suite. L'assistance, ou le défaut d'assistance, s'exprime au procès-verbal qui est signé, tant à la fin qu'au bas de chaque feuillet, par le juge de paix et les personnes qui l'ont assisté.

Les témoins assistans ne doivent pas être pris dans une autre commune que celle où le délit a été commis; ils ne doivent pas également être pris parmi ceux du fait qu'il s'agit de constater, afin qu'ils soient plus libres de déposer. Au reste, les témoins qui assistent le juge de paix sont réputés des témoins instrumentaires; par conséquent, on ne peut les choisir parmi les femmes.

Mais est-il nécessaire de faire prêter serment aux témoins assistans? A l'égard du maire, de l'adjoint ou du commissaire de police, comme ils ont serment en justice, ils ne doivent point le prêter dans cette circonstance. Quant aux simples particuliers, la loi n'exigeant pas le serment à peine de nullité, cette peine ne pourrait être prononcée lors même que le serment ne serait pas prêté. C'est donc une formalité qui n'est pas indispensable.

Il n'y aurait pas même nullité du procès-verbal qui serait rédigé par le juge de paix sans assistance de témoins, par la même raison que la loi ne prononce pas cette peine; mais, peut-être le procès-verbal n'inspirerait pas la même confiance dans ce cas, et l'on pourrait admettre contre lui des dénégations ou des preuves contraires.

Si le prévenu est présent, le juge peut le faire saisir lorsqu'il s'élève contre lui des indices graves : il lui fait aussitôt subir interrogatoire. Mais, si le prévenu ne se présentait ou n'était amené devant le juge de paix qu'après la clôture de son procès-verbal, il devrait se borner à le faire conduire devant le procureur du roi. Néanmoins, tant que dure le procès-verbal, le juge de paix peut rendre contre le prévenu absent un mandat d'amener; et, lorsque ce mandat est exécuté, le juge interroge sur-le-champ le prévenu.

Dès que le corps du délit est constaté, le juge de paix se saisit des armes et de tout ce qui paraît avoir servi ou avoir été destiné à commettre le crime ou le délit, ainsi que de tout ce qui paraîtra en avoir été le produit; enfin, de tout ce qui pourra servir à la manifestation de la vérité. Il interpellera le prévenu de s'expliquer sur les choses qui lui seront présentées; il énoncera et détaillera le tout dans son procès-verbal qui sera signé par le prévenu, ou mention sera faite de son refus.

Les objets saisis seront clos et cachetés, si faire se peut; ou, s'ils ne sont pas susceptibles de recevoir des caractères d'écriture, ils seront mis dans un vase ou dans un sac sur lequel le juge de paix attachera une bande de papier qu'il scellera de son sceau. (Art. 38.)

Si, parmi les objets saisis, il se trouve des papiers, le juge de paix doit les examiner, les énoncer par détail en son procès-verbal, les coter et parapher, les faire parapher par le prévenu, s'il est arrêté.

Quand ces papiers sont présentés par des voisins ou par des gendarmes ou autres personnes qui ont arrêté le prévenu sur la clameur publique, il faut les entendre tout d'abord comme témoins, sur un cahier séparé du procès-verbal, et ajouter à leur déposition ce qui suit : « Et à l'instant, il nous » a été représenté par ledit..... (*tels* » *effets*) qu'il a déclaré avoir trouvés » en la possession du prévenu (ou dans » sa maison). Desquels effets nous » nous sommes saisi, pour être dépo- » sés au greffe, comme pièces de con- » viction. Lesquels effets consistent » 1°...., (*ici on les détaille*); 2°......, » etc. Nous avons présenté lesdits pa- » piers au prévenu qui a déclaré les » reconnaître pour lui appartenir...... » ou qui a déclaré ne pas les connaître, » etc. ». Enfin, il faut faire signer au prévenu ses réponses, et aux témoins ou gendarmes leur représentation.

Toutes les opérations, dont nous venons de parler, sont faites en présence du prévenu, s'il a été arrêté; et, s'il ne veut ou ne peut y assister, en présence d'un fondé de pouvoir qu'il pourra nommer. Les objets lui seront présentés à l'effet de les reconnaître et de les parapher, s'il y a lieu; et, au cas de refus, il en sera fait mention au procès-verbal. (Art. 39.)

La disposition qui permet au prévenu de nommer un fondé de pouvoir est nouvelle; elle n'existait pas dans les lois précédentes. Mais le prévenu pourrait-il, étant présent, nommer un fondé de pouvoir? Il n'y a aucune difficulté à répondre affirmativement, car la loi dit : S'il ne peut ou ne veut y assister. Il s'ensuit que, même présent, il peut refuser de concourir personnellement aux opérations, et s'y faire représenter. Il peut alors donner son pouvoir par le procès-verbal qu'il doit signer en cet endroit, s'il le peut, où il faut faire mention de son impuissance à signer.

Il y a encore un cas où le prévenu peut refuser d'assister : c'est lorsque, étant domicilié, il n'y a contre lui qu'une simple dénonciation. Il peut refuser de se représenter (Art. 40), et donner un pouvoir. Ce pouvoir peut être sous seing-privé, et il doit être annexé au procès-verbal après avoir été certifié véritable, signé et paraphé par le porteur.

Enfin, un troisième cas où il doit donner un pouvoir, est celui où il ne peut, en effet, assister à l'opération, comme s'il est malade ou blessé.

Aussitôt que le procès-verbal du juge de paix est terminé, ainsi que les autres actes qui lui sont attribués au cas de flagrant délit, il doit les envoyer au procureur du roi ou au juge d'instruction, avec tous les papiers, effets, armes et instrumens qu'il a saisis, soit sur le lieu du crime, soit dans le domicile du prévenu, pour être procédé ainsi que de droit. Et cependant, le prévenu restera sous la main de la justice en état de mandat d'amener. (Art. 45.) Cette dernière phrase veut dire que le juge de paix n'a pas le droit de décerner le mandat de dépôt, qui ne peut l'être que par le juge d'instruction.

§ II. — *Des Visites et Perquisitions.*

Si la nature du crime ou du délit est telle que la preuve puisse vraisemblablement être acquise par les papiers ou autres pièces et effets en la possession du prévenu, le procureur du roi (ou son auxiliaire le juge de paix) se transportera de suite dans le domicile du prévenu pour y faire la perquisition des objets qu'il jugera utiles à la manifestation de la vérité. (Art. 36 *ibid.*)

Mais il faut que tout cela puisse se faire dans la même séance. Si les papiers sont trop nombreux et que l'examen ne puisse pas s'en faire promptement, le juge doit apposer les scellés, qui seront ensuite levés, en présence du prévenu, par le magistrat, qui procédera à l'examen. Le juge de paix ne doit donc point emporter les papiers pour les examiner à loisir, il n'en a pas le droit et il pourrait être soupçonné d'en avoir ajouté ou soustrait.

L'inventaire de ces papiers se fait avec la plus scrupuleuse exactitude; ils doivent être détaillés, décrits et paraphés de manière que les juges ne puissent concevoir, ni l'accusé élever aucun doute raisonnable.

Le prévenu n'est point tenu, lors de la visite de son domicile, de produire aucunes pièces contre lui, *nemo tenetur edere contra se*. Le juge de paix, loin de l'y contraindre, doit inventorier les pièces qui tendraient à la décharge du prévenu, s'il s'en rencontre. De même, si l'accusé présente des pièces qu'il prétend faire servir à sa justification, le juge doit les comprendre dans son procès-verbal et constater son dire, sans examiner s'il est bien ou mal fondé, car il n'est pas le juge de ses moyens de défense.

Mais, les visites et perquisitions doivent-elles être faites aussi bien à raison d'un simple délit que pour un crime? L'article 36 précité paraît en quelque sorte autoriser l'officier qui opère au cas de flagrant délit, à faire des visites domiciliaires dans les deux cas; mais il faut se rappeler que le mot délit, dans le langage du code d'instruction criminelle, est complexe. « Pour savoir, dit M. Bourguignon, comment doit être entendu le mot délit, employé dans l'article 36, il faut se reporter à l'article 32, suivant lequel, dans le cas de flagrant délit, le procureur du roi ne doit se transporter sur les lieux à l'effet de constater le corps du délit, que *lorsque le fait est de nature à entraîner une peine afflictive ou infamante*; et, comme l'article 36 n'est que la suite et le développement de l'article 32, il est bien évident que, pour que le crime ou le délit mentionné dans l'article 36 puisse autoriser le procureur du roi à faire une perquisition domiciliaire, il faut qu'il soit flagrant et de nature à entraîner une peine afflictive ou infamante. »

Cette perquisition doit être faite sans aucun retard, puisque la loi dit : « Le procureur du roi (ou son auxiliaire le juge de paix) se transportera *de suite* dans le domicile du prévenu. Mais peut-elle être faite la nuit? Oui, dit le savant Carnot, sur l'article 36, les mots *de suite* s'appliquent aussi bien au jour qu'à la nuit. Mais non, disent MM. Legraverend et Bourguignon, parce que l'article 36 ne déroge pas expressément à l'article 76 de la loi du 11 frimaire an VIII, qui déclare la maison de tout citoyen inviolable pendant la nuit; nul n'a le droit d'y entrer que dans les cas d'incendie, d'inondation ou de réclamation faite dans l'intérieur de la maison. Cependant, si une visite domiciliaire était commencée le jour, ne pourrait-elle pas se continuer pendant la nuit? Ce qui porte à le croire, c'est que ces sortes d'opérations ne doivent pas être interrompues, et que d'ailleurs, en la renvoyant au lendemain, le flagrant délit cesserait, et le juge de paix ne pourrait plus la continuer.

Que faut-il entendre par la nuit? Voyez l'article 1037 du code de procédure pour les matières civiles. Quant aux matières criminelles, il faut dire, aux termes de trois arrêts de la cour de cassation, des 12 février, 17 et 23 juillet 1813, que dans le sens des lois pénales, la nuit est le temps compris entre le coucher et le lever du soleil; qu'ainsi, un délit ou un crime, commis dans cet intervalle, est atteint de la circonstance aggravante de la nuit.

« S'il existe, dans le domicile du prévenu, des papiers ou effets qui puissent servir à conviction ou décharge, le procureur du roi (ou ses auxiliaires) en dressera procès-verbal et se saisira desdits effets ou papiers. » (Art. 37.)

Mais, avant de s'en saisir, il doit en avoir fait l'examen et l'inventaire par son procès-verbal, ainsi que nous l'avons déjà dit. Après cela il envoie les papiers cachetés au juge d'instruction ou au procureur du roi. L'enveloppe de ces papiers est signée ou au moins paraphée par l'officier qui a procédé à la visite, et par le prévenu s'il est présent, ou son fondé de pouvoir.

Il arrive quelquefois que des particuliers rapportent d'eux-mêmes, pendant l'opération, des papiers ou effets appartenant au prévenu : le juge de paix doit les recevoir, en faire l'ouverture en présence de celui qui les rapporte, en faire le détail par son procès-verbal, et ordonner que l'envoi en sera fait immédiatement au procureur du roi. Si le prévenu est présent, il doit être interrogé sur ces effets, qui lui sont représentés. Il en est de même des lettres qui pourraient être écrites par l'accusé, ou lui être adressées. Le juge doit en ordonner l'ouverture, et si elles offrent quelques charges contre lui, en ordonner le dépôt au greffe après les avoir paraphées et fait parapher par le prévenu.

Le code d'instruction criminelle ne parle point des perquisitions à faire dans les maisons tierces; cependant il peut être nécessaire d'y procéder, soit pour arrêter le prévenu qui est caché dans une maison autre que le sienne, soit pour y chercher les effets volés qui ont été mis en dépôt; mais cette mesure ne paraît pas être attribuée au procureur du roi ni à ses auxiliaires, elle ne l'est qu'au juge d'instruction. (Art. 88.) Cependant, il n'arrive que trop souvent, au cas de flagrant délit, de voir certains officiers entrer dans des maisons particulières, de leur propre autorité, pour y rechercher le prévenu ou des pièces de conviction. Mais les savans criminalistes Carnot et Legraverend s'élèvent contre ces procédés abusifs, et démontrent fort bien que le procureur du roi ni un officier auxiliaire ne peuvent, *sans excès de pouvoir*, se permettre une perquisition dans un domicile étranger, parce que l'article 36 ne leur donne cette autorisation qu'à l'égard du domicile du prévenu. Cependant, si un juge de paix ou autre officier de police judiciaire était délégué par le juge d'instruction pour faire une visite domiciliaire dans des maisons étrangères au prévenu, il procéderait régulièrement.

§ III. — *Du Mandat d'amener.*

Le juge de paix, au cas de flagrant délit, peut, comme le procureur du roi, décerner le mandat d'amener contre le prévenu qui n'est pas présent, à l'effet de le faire comparaître. Mais la dénonciation seule ne suffit pas pour décerner ce mandat contre un individu ayant domicile. (Art. 40.)

D'où il suit que la dénonciation est suffisante contre les vagabonds et gens sans aveu. *Qui de uno dicit de altero negat.* Il est évident que l'on ne doit pas les mêmes égards à ces individus qui ne tiennent à rien, dont la disparition est si facile, et que l'on ne peut ensuite trouver que difficilement. On peut d'ailleurs, sans injustice, les soupçonner plus que personne, par leur inconduite, leur immoralité, leur coupable industrie, qui les font regarder communément comme les ennemis de la société.

Il résulte, en second lieu, de la disposition de l'article 40, qu'à l'égard des personnes domiciliées, la simple indication par la rumeur publique ne suffit pas pour délivrer le mandat d'amener, qui ne doit l'être que par la réunion de trois circonstances: 1° qu'il y ait flagrant délit; 2° que le fait soit de nature à entraîner une peine afflictive ou infamante; 3° qu'il y ait contre le prévenu des indices graves, surtout lorsqu'ils sont acquis par suite des opérations.

Puisque la dénonciation ne suffit pas pour délivrer le mandat d'amener, la plainte peut encore moins l'autoriser, parce que le plaignant est dirigé par son intérêt personnel. Aussi, il a été jugé par la cour de cassation, le 18 avril 1816, que, hors les cas prévus par les art. 42 et 46, le procureur du roi n'est point autorisé à faire arrêter un prévenu ni à décerner le mandat d'amener. Par conséquent, il en est de même de son auxiliaire le juge de paix; néanmoins, on voit dans les art. 34 et 100, que le procureur du roi peut faire détenir provisoirement, par forme de simple dépôt, un prévenu, non en prison, mais dans la maison d'arrêt.

Mais quelles personnes sont domiciliées ou réputées telles? Ce sont celles qui ont une résidence constante et connue, non-seulement dans le lieu où le crime a été commis, mais partout ailleurs dans le royaume. Le domicile est le lieu où le citoyen a établi le siége de sa fortune et de ses affaires, où il a coutume de demeurer, en sorte que, quand il en est absent, il est présumé être en voyage, et de retour quand il y revient. En matière criminelle, on considère comme domicile toute demeure habituelle.

Lorsque le mandat d'amener est exécuté, le prévenu doit être interrogé sur-le-champ par le juge de paix qui dresse un acte séparé de cet interrogatoire. Mais, pour cela, il faut que le prévenu soit amené devant le juge de paix avant la clôture de son procès-verbal, autrement ses pouvoirs seraient cessés avec le flagrant délit, et il devrait se borner alors à envoyer le prévenu devant le procureur du roi, en état de mandat de comparution.

Le prévenu qui refusera d'obéir au mandat d'amener, ou qui, après avoir déclaré qu'il est prêt à obéir, tentera de s'évader, devra y être contraint. Le porteur du mandat d'amener emploiera au besoin la force publique du lieu le plus voisin : elle sera tenue de marcher sur la réquisition contenue dans le mandat d'amener. (Art. 99.) Pour cet effet, le porteur du mandat adresse au chef de la force armée une réquisition par écrit, pour sa responsabilité.

Quelles sont les formalités du mandat d'amener ? Il doit contenir les nom, prénoms, qualité et demeure du juge de paix qui le délivre ; l'article de la loi qui l'autorise; les nom, profession, qualité, demeure du prévenu, et son signalement autant que possible ; l'injonction à tous exécuteurs des mandemens de justice d'amener le prévenu devant le juge de paix ; une réquisition à tous dépositaires de la force publique de prêter main-forte en cas de besoin. Enfin, le mandat est daté, signé et scellé par l'officier qui opère.

Toutes les fois qu'un prévenu, contre lequel il y a un mandat de dépôt ou d'arrêt, est trouvé hors de l'arrondissement de l'officier par lequel le mandat a été délivré, il faut le conduire devant le juge de paix dans le canton duquel il a été trouvé. Ce juge vise le mandat dont il ne peut, au reste, empêcher l'exécution. (Art. 98.)

§ IV. — *De la Réquisition d'un chef de maison.*

« Dans les cas de flagrant délit, ou *dans les cas de réquisition de la part d'un chef de maison*, ils dresseront (les juges de paix) les procès-verbaux, recevront les déclarations des témoins, feront les visites et les autres actes qui sont, auxdits cas, de la compétence des procureurs du roi... » (Art. 49.)

Il suit de là que, soit qu'il y ait un délit flagrant, soit qu'il n'y ait qu'un délit non flagrant, le juge de paix peut le constater dès qu'il en est requis par le chef de la maison où il a été commis. Mais il suit de là aussi que, hors le cas de flagrant délit, le juge de paix, non plus que les autres officiers de police judiciaire, ne peut point entrer dans une maison particulière, sans le consentement et même la réquisition du maître de cette maison.

Remarquez que par les termes *chef de maison*, il faut entendre *chef de famille*. Le mot maison est pris ici, comme il arrive très-fréquemment dans notre langue, dans la même acception que celui *familia*. Ainsi, si dans une maison il demeure plusieurs ménages, le juge de paix peut entrer dans l'appartement de l'un d'eux à la réquisition du chef, sans être tenu d'avoir le consentement du locataire principal, ou du propriétaire, s'ils demeurent dans la maison. Le juge de paix peut, dans ce cas, opérer comme pour le flagrant délit.

Tant que ce chef ne se plaint pas et ne demande rien, personne n'a le droit d'entrer chez lui, sous prétexte du délit qu'on prétendrait y avoir été commis, à moins qu'il ne soit flagrant ou permanent, c'est-à-dire laissant des traces extérieures ; mais, dans cette dernière hypothèse, il faut que le transport soit ordonné par le juge.

Il est aussi une autre circonstance dans laquelle on peut entrer dans une maison ou appartement, malgré celui qui en est le chef, c'est quand il est jeté des cris de détresse de l'intérieur, invoquant des secours, comme ceux-ci : *à l'aide! au secours! à l'assassin! au feu!* Dans ce cas le juge de paix et autres officiers de police, même les particuliers, peuvent pénétrer dans la maison, même pendant la nuit, en faire ouvrir les portes pour empêcher la consommation d'un crime s'il en est temps encore, ou faire arrêter les coupables et constater les faits. Voyez sur cela l'art. 131 de la loi du 28 germinal an VI et l'art. 15 du décret du 15 novembre 1811.

Sur la réquisition d'un chef de maison, le juge de paix ne se borne pas à constater le crime ou délit commis dans son appartement, il fait, à cet égard, les recherches, auditions de témoins, interrogatoires et tous autres actes d'instruction attribués au procureur du roi par l'article 32.

§ V. — *De la Délégation aux Juges de Paix.*

Les juges de paix peuvent être commis, soit par les procureurs du roi, pour opérer à leur place dans le cas de flagrant délit, ou pour faire seulement quelques-unes des opérations nécessaires (Art. 52), soit par les juges d'instruction pour certains actes. Voyez ce qui a été dit pour les délégations en matières civiles, au chapitre XXIV, nº 34.

Les juges de paix peuvent aussi être commis, 1º par le magistrat qui fait l'instruction, pour entendre un ou plusieurs témoins qui, à raison de maladie ou autrement, ne peuvent se rendre auprès de lui; 2º par le juge d'instruction requis d'entendre un témoin qui n'est pas domicilié dans son arrondissement. (Art. 84.)

Le juge d'instruction qui commet un juge de paix pour procéder à l'audition d'un témoin hors d'état de se transporter, doit lui envoyer la plainte avec les notes et instructions nécessaires pour que l'information puisse être bien faite. (Art. 83, § Ier.) Le juge de paix ne peut refuser ces commissions, il est obligé de les exécuter, autrement il serait répréhensible, à moins qu'il n'eût quelque empêchement légitime, dont alors il doit faire part sur-le-champ au magistrat par lequel il a été commis.

Quoique le juge de paix se transporte auprès du témoin pour l'entendre, celui-ci ne doit pas moins être assigné, et le juge doit se faire représenter l'assignation. Il faut, au reste, procéder dans la forme ordinaire et en dresser procès-verbal. Cet acte est ouvert par l'énonciation et la date de la commission; il exprime ensuite les nom, âge, profession, domicile du témoin; sa déclaration s'il est parent, allié, serviteur ou domestique, soit du prévenu, soit du plaignant s'il y en a un; la mention qu'il a été donné lecture de la plainte; et enfin, la déposition du témoin, qui est écrite exactement, telle qu'elle a été faite. Lecture doit être donnée de la déposition, et mention en est faite, ainsi que de l'interpellation que le juge doit faire au témoin si sa déclaration contient vérité, s'il y persiste, ou s'il veut y changer, ajouter ou diminuer. La déposition est signée à toutes les pages par le témoin, le juge et son greffier. S'il y a des ratures, il faut les approuver, ainsi que les renvois et additions qui sont écrits en marge, et signés par le juge et le greffier. Cette déposition est envoyée en minute, close et cachetée, au greffe du juge d'instruction déléguant.

Si, en procédant à l'audition du témoin, le juge de paix reconnaît qu'il n'était pas dans l'impossibilité de se rendre auprès du juge d'instruction, devant lequel il était assigné, la loi prescrit de décerner contre ce témoin et contre l'officier de santé signataire du certificat d'empêchement, un mandat de dépôt. Il ne faut cependant pas prendre le mot impossibilité, dont se sert la loi, dans le sens absolu et grammatical, mais *lato sensu;* il y a impossibilité quand le témoin ne peut pas se transporter sans un danger probable, ou sans s'incommoder d'une manière grave.

Plusieurs jurisconsultes enseignent que le mandat de dépôt contre le témoin et l'officier de santé, ne doit pas être délivré par le juge de paix commis, mais seulement par le juge-instructeur qui a délégué, attendu que lui seul peut prononcer l'amende infligée en ce cas. Nous croyons qu'il est prudent de se conformer à cette opinion qui paraît fondée sur les art. 84, 85 et suivans du code d'instruction. Ainsi, le juge de paix, au lieu de délivrer le mandat contre le témoin non empêché et l'officier de santé, peut se borner à constater le non empêchement du témoin.

Pour les autres cas de délégations qui peuvent être adressés à un juge de paix, voyez les articles 88, 89, 90 du code d'instruction criminelle. Mais, terminons par une disposition générale : « Dans tous les cas où les procureurs du roi et les présidens sont autorisés à remplir les fonctions d'officier de police judiciaire ou de juge d'instruction, ils pourront déléguer au juge d'instruction et au juge de paix, même d'un arrondissement communal, voisin du lieu du délit, les fonctions qui leur sont respectivement attribuées, autres que les pouvoirs de délivrer les mandats d'amener, de dépôt et d'arrêt contre les prévenus. » (Article 283 *ibidem.*)

§ VI. — *Mesures pour garantir la Liberté individuelle.*

« Tout juge de paix, tout officier chargé du ministère public, tout juge d'instruction, est tenu, d'office, ou sur l'avis qu'il en aura reçu, sous peine d'être poursuivi comme complice de détention arbitraire, de s'y transporter aussitôt (au lieu de la détention arbitraire), et de faire mettre en liberté la personne détenue, ou, s'il est allégué quelque cause légale de détention, de la faire conduire sur-le-champ devant le magistrat compétent. Il dressera du tout son procès-verbal. » Ainsi dispose l'art. 616 du code d'instruction. D'ailleurs, voyez l'article 88 du tarif du 18 juin 1811, et l'art. 119 du code pénal.

« Il rendra au besoin une ordonnance dans la forme prescrite par l'article 95 du présent code. » (Art. 617.) C'est-à-dire qu'il décernera un mandat de comparution, ou d'amener, contre l'auteur ou les auteurs de la détention arbitraire. Le mandat sera signé par lui et scellé de son sceau; le prévenu y sera nommé ou désigné le plus clairement qu'il sera possible.

« En cas de résistance, il pourra se faire assister de la force nécessaire, et toute personne requise est tenue de prêter main-forte. » (*Ibidem.*)

Ainsi, la loi met au pouvoir du juge de paix de faire cesser à l'instant la détention arbitraire; point de doute, par conséquent, que ce magistrat ne puisse faire ouvrir les portes des lieux où peut se trouver le détenu, afin que sa mise en liberté n'éprouve aucun obstacle. Mais toutes ces opérations doivent-elles être faites par le juge de paix, sans assistance de témoins? M. Carnot pense qu'il doit se faire assister par le maire ou son adjoint, en cas de résistance, et telle est notre opinion, qui est fondée sur l'article 42.

« Tout gardien qui aura refusé, ou de montrer au porteur de l'ordre de l'officier civil ayant la police de la maison d'arrêt, de justice ou de la prison, la personne du détenu, sur la réquisition qui lui en sera faite, ou de montrer l'ordre qui le lui défend, ou de faire au juge de paix l'exhibition de ses registres, ou de lui laisser prendre telle copie que celui-ci croira nécessaire de partie de ses registres, sera poursuivi comme coupable ou complice de détention arbitraire. » (Article 618.)

Je pense que cette disposition doit se combiner avec l'article 120 du code pénal; du moins, celui-ci explique les cas d'application du 618e; il est ainsi conçu :

« Les gardiens et concierges des maisons de dépôt, d'arrêt, de justice ou de peine, qui auront reçu un prisonnier sans mandat ou jugement, ou sans ordre provisoire du gouvernement; ceux qui l'auront retenu, ou auront refusé de le représenter à l'officier de police ou au porteur de ses ordres, sans justifier de la défense du procureur du roi ou du juge d'instruction, etc., seront punis de six mois à deux ans d'emprisonnement. »

Il faut bien observer que, dans les cas prévus par l'art. 618, le juge de paix ne peut agir d'office, comme il le doit faire dans le cas de l'art. 616. Les choses sont bien différentes. Ainsi, il doit attendre une réquisition expresse pour se transporter dans la maison d'arrêt; réquisition qu'il doit d'ailleurs communiquer au procureur du roi pour reconnaître et vérifier les causes de la détention que l'on prétend illégale, ou portant atteinte à la liberté individuelle.

TITRE III.

Du Tribunal de Police simple.

CHAPITRE PREMIER.

Des Officiers composant le tribunal de police, de son Organisation et de ses Compétences diverses.

§ Ier. — *Composition et Organisation.*

Il y a un tribunal de police dans l'arrondissement de chaque administration municipale. Ce tribunal était originairement tenu par le juge de paix et deux de ses assesseurs; ensuite il a été tenu par le juge de paix seul ou par l'un de ses suppléans, en cas d'absence, de maladie ou autre empêchement. A présent, le juge de paix et le maire sont des juges de police simple, l'un dans son canton, l'autre dans sa commune, suivant les attributions séparées qui leur sont faites spécialement, dont nous parlerons dans les paragraphes suivans.

Le tribunal principal de police est, sans contredit, celui qui est présidé par le juge de paix. Lorsqu'il y a plusieurs juges de paix dans l'arrondissement de l'administration municipale, chacun d'eux fait le service du tribunal de police par tour, en commençant par le plus ancien. Dans ce cas, il y a un greffier particulier pour le tribunal de police. (Art. 142, code d'instr.)

Quand il n'y a qu'un juge de paix, le service du tribunal de police se fait par son greffier et les huissiers audienciers qu'il a choisis d'après la loi actuelle (25 mai 1838). L'huissier que le juge de paix pouvait choisir autrefois, pour faire exclusivement tous les actes de la justice de police, n'a plus ce privilège; tous les huissiers du même canton exercent, en concurrence, aussi bien dans la justice de paix civile qu'au tribunal de police; la loi ne fait point d'exception.

Les fonctions du ministère public près les tribunaux de police sont remplies par les commissaires de police dans les lieux où il en est établi, et, à leur défaut, par les maires, qui peuvent se faire suppléer par leurs adjoints. S'il y a plusieurs commissaires de police, celui d'entre eux qui est chargé de remplir ce ministère est désigné par le procureur du roi. Dans la capitale, il a même le titre de procureur du roi près le tribunal de police; ce qui ne l'empêche pas d'être le subordonné du procureur du roi près le tribunal de première instance, et de faire, comme tel, parvenir à ce magistrat l'état de toutes les contraventions de police commises dans l'arrondissement du tribunal de police; ce qu'il fait tous les dix jours. (Voyez les articles 4, 5 et 6 de l'arrêté du 4 frimaire an V.)

Le juge de paix règle le nombre et les jours d'audience du tribunal de police. En cas d'absence, de maladie ou d'empêchement, il est remplacé par le premier suppléant, et de même, celui-ci par le second. L'article 178 prescrit aux juges de paix et aux maires de transmettre au procureur du roi l'extrait des jugemens de police qui auront été rendus dans le trimestre précédent, et qui auront prononcé la peine d'emprisonnement. Cet extrait sera délivré par le greffier. Le procureur du roi le déposera au greffe du tribunal correctionnel. Il en rendra un compte sommaire au procureur général près la cour royale.

Ainsi, il n'est pas nécessaire d'envoyer au procureur du roi un extrait des jugemens qui ne prononcent que des amendes.

Les tribunaux de police connaissent des faits qui, d'après le 4e livre du code pénal, peuvent donner lieu à 15 francs d'amende au plus, ou à cinq jours d'emprisonnement.

§ II. — *Du Tribunal de police du Maire, et de sa Compétence.*

« La juridiction de police du maire est exceptionnelle, a dit judicieusement

Dufour; celle du juge de paix est à la fois principale et ordinaire. » Ajoutons qu'elle est aujourd'hui inusitée. D'ailleurs, si elle était organisée, chacun serait libre de n'y pas recourir, et de donner la préférence à celle du juge de paix.

L'article 166 du code d'instruction dispose ainsi : « Les maires des communes, non chefs-lieux de canton, connaîtront, concurremment avec les juges de paix, des contraventions commises dans l'étendue de leur commune par des personnes prises en flagrant délit, ou par des personnes qui résident dans la commune ou qui y sont présentes, lorsque les témoins y sont aussi résidens ou présens, et lorsque la partie présente conclura à des dommages-intérêts, à une somme déterminée qui n'excédera pas 15 francs. »

De ce texte, il résulte que trois conditions sont imposées à la compétence du maire. La première, que la commune ne soit pas un chef-lieu de canton; que les contraventions soient commises dans la commune non chef-lieu, et que le demandeur ne réclame que des dommages-intérêts de 15 fr. ou au-dessous. Mais une quatrième condition est imposée par l'art. 139, qui attribue aux juges de paix, à l'exclusion expresse du maire, plusieurs espèces de contraventions désignées nommément, telles que les injures verbales, les contraventions forestières, etc., etc. Voyez cet article. Ainsi, le maire n'en peut connaître.

Le maire, saisi le premier de l'action ou plainte d'une contravention, n'est point obligé de renvoyer au juge de paix, ni sur la demande des parties, ni sur la revendication du juge, parce que, dans ce cas, il y a prévention, et cette prévention est suffisante, puisque l'art. 166 établit une concurrence entre le maire et le juge de paix. D'où il suit que le premier saisi exclut l'autre. Mais, si tous deux étaient saisis en même temps, que faudrait-il décider? Il semble que le juge de paix, étant le juge principal, doit exclure le maire, qui n'est que le juge d'exception.

Le maire prononce, non-seulement sur la peine due au délit, mais encore sur les dommages-intérêts demandés par la partie plaignante, ce qu'il doit faire par un seul et même jugement. Néanmoins, s'il ne se trouvait pas alors assez instruit pour prononcer sur ces dommages-intérêts, il pourrait renvoyer les parties à fins civiles.

Le ministère public est exercé près du maire par l'adjoint. En son absence, ou lorsqu'il remplace le maire comme juge de police, le ministère public est rempli par un membre du conseil municipal, qui est désigné à cet effet, pour une année, par le procureur du roi. (Art. 167 *ibid.*)

« Les fonctions de greffier des maires, dans les affaires de police, seront exercées par un citoyen que le maire proposera, et qui prêtera serment en cette qualité au tribunal correctionnel. Il recevra, pour ses expéditions, les émolumens attribués au greffier du juge de paix. » (Art. 168 *ibid.*)

Aux termes de diverses circulaires du ministre de la justice, le greffier du maire ne peut remplir ses fonctions que dans une seule justice; il n'est point obligé à résider dans la commune même, ni à tenir un répertoire. (Décis. des 8 juin, 5 août, 29 novembre 1811, et 21 février 1812.)

Le ministère des huissiers n'est pas nécessaire devant le maire; les parties sont citées par un avertissement qui annonce au défendeur le fait dont il est inculpé, le jour et l'heure où il doit se présenter (Art. 169); il en est de même des citations aux témoins: elles peuvent être faites par un avertissement qui indique le moment où leur déposition sera reçue. (Art. 170.)

Mais qui doit remettre l'avertissement? La loi présente ici une lacune que l'on a proposé de remplir, en donnant au garde-champêtre, ou au greffier, le soin de porter l'avertissement, et d'en constater la remise. (*Recueil général des justices de paix.*)

Un autre jurisconsulte a dit: Que si après un avertissement, le prévenu se laisse condamner par défaut, il convient que le maire fasse mention, dans le jugement, de son avertissement et de la manière dont il l'a fait parvenir.

Le jugement par défaut, rendu par le maire, est susceptible d'opposition, comme il l'est au tribunal de police du juge de paix; mais l'opposant doit se conformer aux articles 151 et 171 du code d'instruction.

« Le maire donne son audience dans

la maison commune, il entend publiquement les parties et les témoins..» (Art. 171 *ibid.*) Il doit être assisté de son greffier et de la personne qui remplit le ministère public. L'instruction doit être faite publiquement, en présence de ce dernier. Au reste, tout ce qui est prescrit à cet égard au tribunal du juge de paix, s'observe exactement à celui du maire. « Seront au surplus observées, dit le 2e § de l'article 170 précité, les dispositions des articles 149, 150, 151, 153, 154, 155, 156, 157, 158, 159 et 160, concernant l'instruction et le jugement au tribunal du juge de paix. »

« On a demandé pourquoi les articles 152, 161, 162, 163, 164 et 165, n'ont pas été déclarés communs aux tribunaux de police, présidés par les maires ? M. Carnot soutient que les maires n'en sont pas moins tenus d'observer les formalités qu'ils prescrivent, ces articles ne faisant que rapporter les principes généraux de la matière. La seule conséquence que l'on puisse tirer du silence de l'article 171 sur ce point, c'est que l'inobservation de ces formalités, dans les jugemens des maires, ne donne lieu ni à la nullité ni aux amendes prononcées par quelques-uns de ces articles. Observons néanmoins que les motifs exigés par l'art. 163, le sont plus impérieusement encore, et à peine de nullité, par l'article 7 de la loi du 20 avril 1810, qui est commun à tous tribunaux, même à ceux des maires. Les termes de la loi appliquée doivent aussi être insérés dans les jugemens de police municipale, conformément au même article 163. » (Jurisp. des cod. crim., pages 393 et 394.)

§ III. — *Du Tribunal de Police du Juge de Paix, et du ministère public.*

Ce tribunal est la juridiction principale de la police simple. Tous les auteurs sont d'accord sur ce point. Le ministre de la justice a même décidé que celle du maire n'est que facultative, et c'est ce qu'avait dit, en d'autres termes, l'orateur du gouvernement qui exposa les motifs de la loi. « Il est d'ailleurs toujours libre aux parties de saisir le juge de paix, quand elles le croient convenable, sans être arrêtées ni empêchées par la justice du maire. »

La raison en est, que la juridiction du juge de paix est exclusive de celle du maire pour le plus grand nombre des contraventions, et que pour les autres, la prévention est toujours acquise au juge de paix dès qu'il en est légalement saisi.

Voici le texte de l'art. 139, qui établit la juridiction exclusive : « Les juges de paix connaîtront exclusivement, 1° des contraventions commises dans l'étendue de la commune chef-lieu du canton; 2° des contraventions commises dans les autres communes de leur arrondissement, lorsque, hors le cas où les coupables auront été pris en flagrant délit, les contraventions auront été commises par des personnes non domiciliées, ou non présentes dans la commune, ou lorsque les témoins qui doivent déposer n'y sont pas résidens ou présens; 3° des contraventions à raison desquelles la partie demanderesse conclut, pour ses dommages-intérêts, à une somme indéterminée, ou à une somme excédant quinze fr.; 4° des contraventions forestières poursuivies à la requête des particuliers; 5° des injures verbales; 6° des affiches, annonces, ventes, distributions ou débits d'ouvrages, écrits ou gravures contraires aux mœurs; 7° de l'action contre les gens qui font le métier de deviner ou pronostiquer, ou d'expliquer les songes. »

La première observation que ce texte présente, c'est qu'il n'est point absolu et qu'il est loin d'embrasser toutes les contraventions; il se restreint naturellement à celles dont la punition n'est que de 15 fr. d'amende et au-dessous, et de trois jours d'emprisonnement et au-dessous. C'est pourquoi la cour de cassation a annulé plusieurs jugemens de police qui avaient appliqué dans un sens absolu le mot *exclusivement* de l'article 139. (Arrêts des 27 juin et 16 août 1811, et 13 janvier 1824.)

La seconde observation est, que les juges de paix ne peuvent connaître des contraventions forestières, lorsqu'elles sont poursuivies à la requête de l'administration forestière, dont la connaissance exclusive appartient aux tribunaux correctionnels.

A l'égard de toutes autres contraventions commises dans les communes du canton, autres que celles du chef-lieu, le juge de paix en connaît concurremment avec les maires et par prévention. (Art. 140 *ibid.*)

Mais un tribunal de police est incompétent pour statuer sur une demande en dommages-intérêts, dirigée contre la personne civilement responsable, tant qu'il n'est pas saisi de l'action publique pour l'application de la peine. Cette incompétence est absolue et peut être proposée en tout état de cause, même sur l'appel. (Arrêt du 11 septembre 1818, cour de cass.)

Enfin, les juges de paix connaissent, exclusivement aux maires, de toutes les contraventions rurales et autres, qui ne sont pas réglées par le code pénal, mais par des lois et réglemens particuliers. Telles sont les contraventions relatives à la vente et à la salubrité des comestibles, aux poids et mesures, à l'observation des jours fériés, aux attroupemens et tapages nocturnes, aux alimens, aux règlemens de la petite voirie; telles sont aussi les contraventions prévues par la loi du 6 octobre 1791. Néanmoins, si parmi ces contraventions il en est qui soient de même nature de celles établies par l'art. 166, les maires pourraient en connaître, en concurrence avec les juges de paix, pourvu toutefois que les conclusions des plaignans n'excèdent pas 15 fr., ou ne soient pas d'une valeur indéterminée.

Il convient de tracer ici quelques principes qui doivent servir de guides aux juges de police : 1° S'il était porté devant ces juges une action qui serait réputée civile, parce que les faits qui y auraient donné lieu ne constitueraient ni délit ni contravention, ils ne devraient pas en connaître. Néanmoins, l'article 159 leur prescrit, même impérativement, d'annuler la citation et tout ce qui aura suivi, et de statuer par le même jugement sur les demandes en dommages-intérêts. Alors, il reste au demandeur le droit de former une action civile devant le juge compétent. (Arrêts des 7 juin 1812 et 30 avril 1813.)

2° Le juge de police ne peut créer des peines ni en infliger d'autres que celles que les lois imposent, à raison du fait ou de la contravention qui est le sujet de la plainte. Ainsi, en appliquant un règlement de police qui ne contiendrait aucune pénalité, ou qui en établirait d'autres que celles des lois de la matière, le juge devrait d'abord examiner à quelle nature de contravention prévue par les lois, se rattache le fait qui lui est soumis, et prononcer la peine établie.

Si le règlement de police était pris pour l'exécution d'une loi, suivant les attributions municipales déterminées par la loi du 24 août 1790, le juge prononcerait les peines établies par l'art. 3, titre XI de cette loi.

3° Les juges de police sont juges de leur compétence, c'est une règle commune à tous les tribunaux.

4° L'incompétence à raison de la matière est absolue pour les juges de police comme pour tous autres. Elle est proposable en tout état de cause, parce que nulle instruction ne peut couvrir un vice qui provient d'un défaut de pouvoir. (Art. 424, code de procédure; arrêts des 23 juillet 1807 et 20 mai 1829, C. de cass.) Le juge est même obligé de déclarer d'office cette incompétence, si elle n'est invoquée ni par le ministère public, ni par le défendeur.

5° Des excuses peuvent être alléguées par les contrevenans, mais les juges de police ne peuvent en admettre d'autres que celles qui sont reconnues par les lois. Par exemple, la provocation en matière d'injures est une excuse légale. (Art. 471, n° 11, code pénal.)

6° Les juges de police ne peuvent statuer sur les dommages-intérêts réclamés par le plaignant, que par le jugement qui prononce sur la contravention. La raison en est, que leur décision ne peut être divisée, parce qu'ils n'ont plus de juridiction après qu'ils ont appliqué la peine due à la contravention. Cependant, s'ils ont omis de prononcer sur les dommages-intérêts, il reste l'action civile devant les tribunaux ordinaires que la partie civile peut encore intenter. (Arrêts des 2 janv. 1807 et 27 mars même année, C. de cass.)

Venons au ministère public près le tribunal de police du juge de paix :

Ce ministère est indépendant et irresponsable de l'évènement des poursuites qu'il dirige ; mais il est responsable des erreurs graves qui pourraient être assimilées au dol et à la fraude; en ce cas, il peut être pris à partie, après une autorisation spéciale. (Art. 131, code pénal.)

« Les commissaires de police, et, dans les lieux où il n'y en a point, les maires, au défaut de ceux-ci les adjoints de maires, recherchent les contraventions de police, même celles qui sont sous la surveillance spéciale des gardes forestiers et champêtres, à l'égard desquels ils auront concurrence et même prévention. — Ils recevront les rapports, dénonciations et plaintes qui seront relatifs aux contraventions de police. Ils consigneront, dans les procès-verbaux qu'ils rédigeront à cet effet, la nature et les circonstances des contraventions, le temps et le lieu où elles auront été commises, les preuves ou indices à la charge de ceux qui en seront présumés coupables. » (Art. 11 du code d'instr. crim.)

« Considérés comme officiers de police judiciaire, les commissaires de police, maires et adjoints, ne sont soumis qu'à la surveillance et à la juridiction de la cour royale, non à celle des administrations supérieures, ni des tribunaux correctionnels. (Avis du conseil d'état du 19 avril 1806.)

Les commissaires de police, les maires et adjoints rédigent les procès-verbaux des gardes illétrés qui ne savent que signer. (Loi du 5 janvier 1791.) Si ces rapports étaient écrits par des particuliers, même par l'instituteur de la commune, ils pourraient être annulés. (Arrêts des 2 décembre 1819, 26 juillet 1821 et 29 mai 1824.)

Dans les communes divisées en plusieurs arrondissemens, les commissaires de police exerceront leurs fonctions dans toute l'étendue de la commune où ils sont établis, sans pouvoir alléguer que les contraventions ont été commises hors de l'arrondissement particulier auquel ils sont préposés. Lorsque l'un des commissaires de police d'une même commune se trouvera légitimement empêché, celui de l'arrondissement voisin est tenu de le suppléer, sans aucun retard ni sous aucun prétexte. S'il n'y a qu'un commissaire de police, et qu'il soit empêché légitimement, le maire, ou, à son défaut, l'adjoint, le remplace tant que dure l'empêchement.

Trois jours après que les procès-verbaux constatant des contraventions ont été rédigés, les officiers qui les ont rapportés en font l'envoi à celui qui exerce le ministère public au tribunal de police.

En vertu de l'article 21 du même code, lorsque les procès-verbaux ainsi envoyés constatent des contraventions de police, rurales ou autres, le commissaire de police fait les poursuites nécessaires en faisant citer les contrevenans devant le tribunal de police pour être condamnés aux peines établies par la loi. Il suffit de cette citation pour saisir légalement le tribunal, qui condamne ou acquitte le prévenu, suivant qu'il y a lieu.

Avant le jour de l'audience, le ministère public peut requérir le juge de paix d'estimer ou de faire estimer les dommages, dresser ou faire dresser des procès-verbaux, faire ou ordonner tous actes requérant célérité. Cette mesure est abandonnée à la prudence du juge; néanmoins, il est difficile de la refuser lorsqu'il s'agit d'une contravention dont l'amende doit être égale à la valeur du dommage. Cette valeur doit être reconnue pour fixer la compétence du juge.

Le ministère public fait partie intégrante du tribunal qui n'est légalement constitué que lorsqu'il y est présent. Plusieurs arrêts ont jugé qu'il y a violation de l'art. 144, si un tribunal de police décide sans la présence et les conclusions du ministère public. (Arrêts des 8 juillet 1813, 3 mars 1814, 15 octobre 1818 et 11 octobre 1826.)

Mais, n'anticipons pas sur l'instruction des causes devant le tribunal de police; nous en traiterons dans le chapitre suivant.

CHAPITRE II.

Des Contraventions prévues par le code pénal.

§ Ier. — *Des contraventions en général.*

« L'infraction que les lois punissent des peines de simple police est une contravention. (Art. 1er, code pénal.) Les contraventions de police s'étendent à toutes les offenses contre les personnes ou contre les propriétés, qui ne sont pas assez graves pour autoriser des punitions sévères, mais dont la répression importe au bon ordre et à la tranquillité publique. »

« Sont considérés comme contraventions de police simple, les faits qui, d'après les dispositions du 4e livre du code pénal, peuvent donner lieu à 15 fr. d'amende ou au-dessous; qu'il y ait ou non confiscation des choses saisies, et quelle qu'en soit la valeur. » (Art. 137, cod. d'instr. crim.) Mais les faits énoncés au 4e livre du code pénal ne sont pas les seuls qui soient attribués à la juridiction de police; la loi du 6 octobre 1791 lui attribue aussi tous les délits ruraux qui ne sont punis que des peines de simple police, et la loi du 24 août 1790 lui confère les contraventions aux lois et règlemens particuliers.

L'emprisonnement, pour une contravention de police, ne pourra être moindre d'un jour, ni en excéder cinq, selon les classes, distinctions et cas ci-après spécifiés. Les jours d'emprisonnement sont des jours complets de 24 heures. (Art. 465, cod. pén.)

Les amendes, pour contraventions, pourront être prononcées depuis un franc jusqu'à 15 fr., inclusivement, selon les distinctions et classes spécifiées, et seront appliquées au profit de la commune. S'il y a des circonstances atténuantes, le juge de police peut n'appliquer que le *minimum* de la peine; à présent, il peut même réduire ce minimum, lorsque le dommage, causé par la contravention, n'est pas d'une valeur supérieure à 25 fr., et qu'il y a des circonstances atténuantes; mais il faut que les deux circonstances existent. Ainsi dispose la loi du 28 avril 1832. Avant cette loi, il n'était pas permis au juge de police de réduire le minimum des peines.

§ II. — *Première classe de Contravention.*

« Sont punis d'amende, depuis un franc jusqu'à 5 fr., inclusivement, 1º ceux qui auront négligé d'entretenir, réparer ou nettoyer les fours et cheminées ou usines où l'on fait du feu. (Art. 471, §. Ier, cod. pén.) — 2º Ceux qui auront violé la défense de tirer en certains lieux des pièces d'artifice. (§ II *ibid.*) C'est à l'autorité municipale qu'il appartient de désigner les lieux où des feux d'artifice peuvent être tirés.

3º « Les aubergistes et autres qui, obligés à l'éclairage, l'auront négligé; ceux qui auront négligé de nettoyer les rues ou passages, dans les communes où ce soin est laissé à la charge des habitans. (§ III *ibid.*)

« Sont tenus d'avoir une lanterne allumée à la porte de leurs maisons, depuis le coucher du soleil jusqu'à dix heures en hiver, et jusqu'à une heure en été, les teneurs d'hôtel garni, les aubergistes, les cabaretiers, les cafetiers, et généralement les maîtres de toute espèce de lieux ouverts au public, sous les peines portées aux art. 605 et 607 de la loi du 3 brumaire an IV. » Tel est le texte d'un règlement général, du 19 mars 1806, qui s'exécute journellement.

Lorsque l'enlèvement des immondices des rues a été mis en adjudication, les habitans ne sont point dispensés du balayage des rues, à moins que l'adjudicataire n'en fût chargé par une clause spéciale. (Arrêt du 12 novembre 1813.)

4me *Contravention.* « Ceux qui auront embarrassé la voie publique, en y déposant ou y laissant, sans nécessité, des matériaux ou des choses quelconques qui empêchent ou diminuent la liberté ou la sûreté du passage; ceux qui, en contravention aux lois et règlemens, auront négligé d'éclairer les matériaux par eux entreposés, ou les excavations par eux faites dans les rues et places. (§ IV de l'art. 471 *ibid.*)

Si le prévenu alléguait que la voie publique ou prétendue telle, est établie sur sa propriété, il s'ensuivrait une question pétitoire ou préjudicielle, que le juge de police devrait renvoyer devant les juges ordinaires, en ordonnant qu'il serait sursis au jugement de la contravention. Un grand nombre d'arrêts ont jugé dans ce sens. Lorsque les contraventions dont il s'agit sont commises sur une grande route, le juge de paix est incompétent, aux termes de la loi du 29 floréal an X, qui attribue aux conseils de préfecture la connaissance des contraventions en matière de grande voirie, « telles » qu'anticipations, dépôt de fumier » ou autres objets, et toute espèce de » détérioration sur les grandes routes, » sur les arbres qui les bordent, sur » les fossés, ouvrages d'art et maté- » riaux nécessaires à leur entretien, » sur les canaux, fleuves et rivières » navigables, chemins de hallage, etc.» Ce sont les propres termes de la loi.

Ainsi, pour les contraventions commises dans les rues des villes, bourgs et villages, il faut distinguer celles qui sont de la grande voirie et qui font partie des grandes routes, d'avec celles qui ne sont que de la petite voirie. Nul doute que ces dernières ne soient de la compétence du tribunal de police. Il y a cependant deux arrêts qui ont jugé que ce tribunal est compétent de connaître de la contravention relative à un tas de fumier placé devant la maison d'un particulier, dans une rue faisant suite à la grande route. « Tout ce qui résulte, dit un arrêt de la cour de cassation, du 15 juin 1811, de ce que le même terrain sert tout à la fois de rue et de grande route, c'est que les contraventions qui y sont commises peuvent être poursuivies en concurrence, par l'autorité administrative, d'après la loi du 29 floréal an x, et par le tribunal de police en vertu de la loi du 24 août 1790. » Mais un autre arrêt du 7 mai 1822 s'explique autrement; il décide que, lorsque la contravention n'est pas un simple embarras de la voie publique, par un dépôt temporaire ou momentané, mais une dégradation ou usurpation d'un chemin public, le tribunal de police est sans caractère et doit se déclarer incompétent.

Si un prévenu alléguait qu'il est en possession immémoriale de faire des dépôts ou étalage sur la voie publique, la preuve de cette possession devrait-elle être admise? Non, on ne peut prescrire contre la loi. (Arr. du 4 octobre 1823, cass.)

5me *Contravention*. « Ceux qui auront négligé ou refusé d'exécuter les règlemens ou arrêtés concernant la petite voirie, ou d'obéir à la sommation émanée de l'autorité administrative, de réparer ou démolir les édifices menaçant ruine. » (§ V de l'art. 471 *ibid.*)

Le refus d'exécuter un règlement administratif ordonnant l'abattage d'arbres qui gênent la voie publique, est-il une contravention de la compétence du tribunal de police? Décidé affirmativement par arrêt du 7 février 1824.

De même, le refus de démolir un banc placé sur la voie publique, devant la maison d'un particulier, est une contravention de la nature de celles qui sont attribuées au tribunal de police (Arr. du 22 mars 1822, cour de cass.); attendu qu'il ne s'agit pas, dans le fait, d'un objet de grande voirie.

6me *Contravention*. « Ceux qui auront jeté ou exposé au-devant de leurs édifices, des choses de nature à nuire par leur chute, ou par des exhalaisons insalubres. » (§ VI du même article 471.)

Cependant, si des personnes avaient été blessées ou frappées par la chute des choses exposées, la connaissance du fait appartiendrait au tribunal correctionnel. (Arrêt du 20 juin 1812.) Voyez les articles 329 et 330 code pénal.

7me *Contravention*. « Ceux qui auront laissé dans les rues, chemins, places, lieux publics, ou dans les champs, des coûtres de charrues, pinces, barres, barreaux ou autres machines dont puissent abuser les malfaiteurs ou les voleurs. » (§ VII, article 471, *ibidem*.)

« Cette disposition, observe fort bien M. Bourguignon, n'est applicable qu'à raison des instrumens de fer laissés dans les rues, chemins, etc., non à raison des échalas, bûches, abandonnés dans les chemins, dans les champs, etc. »

8me *Contravention*. « Ceux qui auront négligé d'écheniller dans les campagnes ou jardins, où ce soin est prescrit par les lois ou les règlemens. » (§ VIII, *ibidem*.)

Pour complément de ce texte, il faut recourir à la loi du 26 ventôse an IV, dont l'article 7 autorise les maires à faire faire l'échenillage sur les propriétés de ceux qui négligent ou refusent cette opération. « Les frais qui en résulteront seront taxés, sur les quittances des ouvriers, par le juge de paix, qui en délivrera exécutoire contre les propriétaires ou fermiers négligens. »

9me *Contravention*. « Ceux qui, sans

autres circonstances prévues par les lois, auront cueilli ou mangé, sur le lieu même, des fruits appartenant à autrui. » (§ IX, *ibidem.*)

« Les autres circonstances prévues par les lois, sont : l'escalade, la violation des clôtures, les violences, menaces ou effractions, l'enlèvement des fruits avec des paniers ou bêtes de charge, la réunion de plusieurs personnes. Dans ces circonstances le fait devient correctionnel. » (Biret, commentaire de la législation de police; Boucher d'Argis, Bourguignon.)

10me *Contravention.* « Ceux qui, sans autre circonstance, auront glané, râtelé ou grapillé dans les champs non encore entièrement dépouillés et vidés de leurs récoltes, ou avant le moment du lever ou après celui du coucher du soleil. » (§ X, *ibidem.*)

Les maires ont le droit de fixer, par un arrêté, les époques et le mode du râtelage et interdire l'emploi d'instrumens qui pourraient détériorer les racines des prairies artificielles et autres. (Arrêt du 23 décembre 1818.)

Mais le § X ci-dessus abroge-t-il l'article 21 du titre II de la loi du 6 octobre 1791, qui défend le glanage et le râtelage dans les lieux où ils ne sont pas en usage, et dans les clos ou autres lieux fermés? Nous ne le pensons pas : d'abord, il n'y a point, dans ce paragraphe, une abrogation expresse; en second lieu, il n'y a nulle contrariété entre les deux dispositions; en troisième lieu, l'article 484 du code prescrit l'observation des règlemens particuliers non abrogés. Enfin, un arrêt du 18 octobre 1817 a décidé que les articles 21 et 22, titre II, de ladite loi du 6 octobre, sont encore en vigueur.

11me *Contravention.* « Ceux qui, sans avoir été provoqués, auront proféré contre quelqu'un des injures autres que celles prévues depuis l'article 367, jusques et compris l'article 378. »

Ajoutons à cette disposition, que l'article 20 de la loi du 17 mai 1819 statue que les injures qui ne renferment pas l'imputation d'un vice déterminé, ou qui ne sont pas publiques, sont les seules que l'on doive comprendre dans le § ci-dessus.

Avant cette loi, le code pénal a dit, article 376 : « Toutes autres injures ou expressions outrageantes qui n'auront pas eu ce double caractère de gravité et de publicité, ne donneront lieu qu'à des peines de simple police. »

Ainsi, les diffamations, les outrages et les injures qui ont lieu publiquement, soit verbalement, soit par écrit, ne peuvent être déférés aux tribunaux de police.

La nature du lieu où les injures sont proférées, suffit pour établir la publicité; ainsi, les cafés, cabarets, auberges, estaminets, rues et places, sont des lieux qui, par eux-mêmes, donnent le caractère de publicité aux injures que l'on y peut proférer. Deux arrêts de la cour de cassation, des 2 juillet 1812 et 26 mars 1813, ont décidé que les lieux ouverts aux allans et venans sont publics dans le sens de la loi. Ce principe est toujours maintenu par les cours, et nous pourrions en citer de nombreux arrêts; il suffit de rappeler ceux des 4 février 1824, 19 février 1825 et 13 janvier 1832, tous rendus par la cour suprême.

Donc, il ne faut pas induire de l'article cinq de la loi du 25 mai 1838, qui permet de se pourvoir devant le juge de paix pour obtenir des dommages-intérêts à raison des diffamations verbales, des injures publiques ou non publiques, verbales ou par écrit, à l'exception de celles commises par la voie de la presse; il ne faut pas en induire, disons-nous, que la répression de ces injures et diffamations, c'est-à-dire l'application de la peine qui leur est infligée par les lois, puisse être demandée au juge de paix, ni comme juge civil, ni comme juge de police; il n'est ni dans la lettre ni dans l'esprit de la loi nouvelle d'accorder aucune compétence à ce juge sur ce point; elle ne change rien à l'ordre ni aux attributions des tribunaux criminels; seulement cette loi a voulu faire la tentative de diminuer les nombreux procès correctionnels, en permettant ou même en invitant les parties offensées à réduire leurs plaintes à de simples dommages-intérêts, devant un juge civil.

D'où il suit, qu'à l'égard des contraventions prévues par le n° 11, sur lequel nous écrivons, rien n'est changé, et que les juges continueront d'appliquer les peines établies contre les injures verbales et écrites, non publiques.

On leur a cependant contesté leur compétence à l'égard des injures *écrites*; mais écrite ou verbale, l'injure est toujours simple tant qu'elle n'a pas d'autres caractères, c'est-à-dire la publicité et la gravité. Aussi cette chicane a été repoussée par trois arrêts de cassation, des 1er octobre 1815, 10 avril 1817 et 10 novembre 1826. « Attendu, dit le dernier, que les dispositions de l'article 376 du code pénal sont générales et embrassent toutes les injures et expressions qui ne renferment pas l'imputation d'un vice déterminé, ou qui ne seraient pas publiques; — attendu qu'il résulte des dispositions combinées des articles 13 et 20 de la loi du 17 mai 1819, que les *injures écrites* qui n'ont pas le double caractère de gravité et de publicité, doivent continuer à être punies des peines de simple police. »

12me *Contravention*. « Ceux qui, imprudemment, auront jeté des immondices sur quelque personne. » (§ XII, *ibidem.*)

Voyez et distinguez le jet volontaire exprimé dans l'article 475, n° 8.

13me *Contravention*. « Ceux qui, n'étant ni propriétaires, ni fermiers, ni locataires, ni usufruitiers, ni jouissant d'un droit de passage, ou qui, n'étant agens ni préposés d'aucune de ces personnes, seront entrés et auront passé sur ce terrain ou sur une partie de ce terrain, s'il est préparé ou ensemencé. » (§ XIII, *ibid.*)

Les prairies naturelles et artificielles doivent naturellement être assimilées aux terrains préparés et ensemencés (commentaire sur la législation de police; arrêt du 23 mars 1821); mais il ne faut pas assimiler le fait de passer sur le terrain d'autrui au fait de pâturage sur le même terrain. Ces deux faits sont fort différens. (Arrêt du 9 mars 1821.)

Si le prévenu d'un passage illégal, tout en convenant du fait, soutient qu'il n'a usé que de son droit (*feci, sed jure feci*), que doit-il être ordonné par le juge de paix? Il doit surseoir au jugement de la contravention prétendue, pendant un temps qu'il détermine et pendant lequel le prévenu sera tenu de faire juger la question de propriété qu'il allègue, à peine de déchéance de son exception. Néanmoins, le juge doit observer si la question préjudicielle est de nature à faire cesser la contravention, autrement il ne doit pas y avoir égard.

14me *Contravention*. « Ceux qui ont laissé passer des bestiaux, bêtes de trait ou de monture sur le terrain d'autrui, avant l'enlèvement de la récolte. » (§ XIV, *ibid.*)

En expliquant ce texte, l'auteur du commentaire sur la législation de simple police, a dit : « Le passage n'est pas l'action de faire pâturer; il faut distinguer soigneusement ces deux faits. Le n° 14 exprime un passage avant l'enlèvement de la récolte, ce qui suppose que les fruits sont séparés du sol; alors c'est une récolte faite mais non enlevée, à la conservation de laquelle la loi doit veiller, tandis que dans le n° 10 de l'article 475, il s'agit d'un passage qui peut être fait en quelque saison que ce soit sur des terrains ensemencés, même dans les bois taillis. » (*Edition de* 1811.)

Un arrêt de cassation, du 12 décembre 1822, a décidé absolument de la même manière.

15me *Contravention*. La loi additionnelle du 28 avril 1832 a ajouté à l'article 471 du code pénal la disposition suivante : « Sont punis, etc., ceux qui auront contrevenu aux règlemens légalement faits par l'autorité administrative, et ceux qui ne se seront pas conformés aux règlemens ou arrêtés publiés par l'autorité municipale en vertu des articles 3 et 4, titre XI, de la loi du 24 août 1790, et de l'article 46, titre Ier, de la loi du 22 juillet 1791. »

Cette disposition nous paraît conforme à la jurisprudence antérieure.

§ III. — *Des Contraventions de 2me classe.*

« Sont punis d'amende depuis six francs jusqu'à dix francs inclusivement, 1° ceux qui auront contrevenu aux bans de vendanges ou autres bans autorisés par les règlemens. » (Art. 472, § Ier du code pénal.)

Cette disposition est imitée de l'art. 2, sect. V, tit. III de la loi du 26 octobre 1791.

Les mots : *ou autres bans autorisés par les règlemens* ne s'appliquent, suivant M. Merlin (*verbo* Colombier, tom. 15), qu'aux bans de la seconde herbe des prés, et non à ceux de fauchaison et de moisson, qui sont abolis depuis long-temps. C'est ce qui a été jugé par deux arrêts des 29 janvier et 13 août 1813, par la cour de cassation. Mais, avant ces arrêts, la loi du 6 octobre 1791 avait prononcé formellement l'abolition du ban de moisson, en déclarant par l'article 2, section v du titre Ier, que tout propriétaire *est libre de faire sa récolte au moment qui lui conviendra*, pourvu qu'il ne cause aucun dommage aux voisins.

Deux autres arrêts des 26 mai 1820 et 7 novembre 1822, rapportés au bulletin, ont jugé que la contravention au ban de vendange n'est point assimilée, pour la prescription, aux délits ruraux, et qu'ainsi elle n'est prescrite que par une année.

2e *Contravention*. Sont punis, etc., les aubergistes, hôteliers, logeurs ou loueurs de maisons garnies, qui auront négligé d'inscrire de suite et sans aucun blanc, sur un registre tenu régulièrement, les noms, qualité, domicile habituel, les dates d'entrée et de sortie de toute personne qui aurait couché ou passé plus d'une nuit dans leurs maisons. — Ceux d'entre eux qui auraient manqué à représenter ce registre, aux époques déterminées par les règlemens, ou lorsqu'ils en auraient été requis, aux maires, adjoints, officiers ou commissaires de police, ou aux citoyens commis à cet effet, le tout sans préjudice des cas de responsabilité mentionnés en l'art. 73 du présent code, relativement aux crimes ou aux délits de ceux qui, ayant logé ou séjourné chez eux, n'auraient pas régulièrement été inscrits. » (§ II de l'art. 495, code pénal.)

Cette disposition doit-elle s'appliquer aux propriétaires qui louent en garni, à des domiciliés, une partie de leurs maisons? Non, il n'y a rien de commun entre ce propriétaire et le logeur qui est sujet au public et à la surveillance de la police. M. Carnot, page 518, no 6, repousse formellement cette application, et la cour suprême, par trois arrêts successifs des 16 avril, 23 juin 1825 et 3 novembre 1827, a prononcé en faveur des logeurs.

Il faut bien observer que la responsabilité imposée ici aux aubergistes est indépendante de celle à laquelle les articles 1952 et 1953 du code civil les soumettent, 1o pour les dépôts qui leur sont confiés par les voyageurs; 2o pour le vol ou le dommage des effets du voyageur.

3me *Contravention*. Les rouliers, charretiers, conducteurs de voitures quelconques, ou de bêtes de charge, qui auraient contrevenu aux règlemens qui les concernent, etc. Voyez le surplus de cette disposition, qui est le 3me paragraphe de l'article 475, à la page 210 de notre 2e partie ci-après.

L'ordonnance du 4 février 1820 avait porté à 50 francs l'amende contre les rouliers et autres conducteurs de voitures et charrettes, qui ne cèdent pas la moitié du pavé aux voitures des voyageurs; mais une autre ordonnance du 15 mai 1822 a réduit cette amende à la somme fixée par le présent article 475.

4me *Contravention*. Ceux qui ont fait ou laissé courir des chevaux, bêtes de trait, de charge ou de monture dans l'intérieur d'un lieu habité.... etc. Voyez le surplus de cette disposition, page 210 de la seconde partie.

5me *Contravention*. « Ceux qui ont établi ou tenu dans les rues, chemins, places ou lieux publics, des jeux de loterie ou d'autres jeux de hasard. » (§ IV du même article 475.)

6me *Contravention*. Ceux qui auront vendu ou débité des boissons falsifiées... Voyez le surplus de cette disposition, page 210 de notre seconde partie.

Par arrêt du 19 février 1818, il a été jugé que des vins mélangés des deux tiers d'eau, devaient être répandus, indépendamment de l'amende de 6 à 10 francs, prononcée par l'article 475. (Voyez-le au bulletin, page 62.)

Aux termes de la loi du 22 juillet 1791, articles 9 et 13, les commissaires de police, maires et adjoints, ont le droit de faire des visites et vérifications chez les marchands et débitans de liquides, pour reconnaître si les boissons sont falsifiées. Dans l'usage, les officiers qui procèdent à ces vérifications, se font assister de dégustateurs jurés, ou, à leur défaut, d'experts qu'ils choisissent selon leur prudence.

Le juge, en prononçant sur un procès-verbal qui constate une contravention, fait l'office de juré, suivant qu'il a été jugé par la cour régulatrice, le 28 octobre 1814. Cependant, nous pensons que, si la contravention était matériellement constatée par le procès-verbal, le juge n'aurait point à délibérer ni à excuser la fraude par aucune circonstance.

7me *Contravention.* « Sont punis, etc...... Ceux qui ont laissé divaguer des fous ou des furieux étant sous leur garde, etc. (Voir le surplus de ce texte qui est le 7me § de l'article 475 du code pénal, dans notre seconde partie, page 210.)

Si la divagation avait lieu par force majeure indépendante de la volonté des gardiens, il n'y aurait pas contravention. (Art. 64, code pén.)

Un chien est réputé un animal malfaisant, et en état de divagation, lorsqu'étant dans une cour ouverte et accessible à tous les passans, cet animal sort de cette cour sans avoir été provoqué, et mord une ou plusieurs personnes. (Arrêt du 17 janvier 1823, cass.) De même, un chien est en état de divagation, et réputé malfaisant, lorsque, dans une rue, il mord un particulier qui n'a pas exercé envers lui des maltraitemens. (Arrêt du 29 février 1823.)

8me *Contravention.* « Ceux qui auraient jeté des pierres ou d'autres corps durs, ou des immondices contre les maisons, édifices et clôtures d'autrui, ou dans les jardins et enclos, et ceux aussi qui auraient volontairement jeté des corps durs ou des immondices sur quelqu'un. » (§ VIII de l'art. 475, *ibid.*)

Il faut assimiler le fait dont il s'agit ici, à l'action de jeter des ordures sur les portes et fenêtres des maisons. (Arrêt du 13 mars 1831.) Mais il faut distinguer le jet volontaire d'avec le jet involontaire ou accidentel, qui n'est qu'une contravention de 1re classe. (Art. 471, nº 12.) De même, il faut distinguer si le jet volontaire a occasioné des blessures; en ce cas, le fait est correctionnel.

9me *Contravention.* « Ceux qui, n'étant propriétaires, usufruitiers, ni jouissant d'un terrain ou d'un droit de passage, y sont entrés et y ont passé dans le temps où ce terrain était chargé de grains en tuyau, de raisins ou autres fruits mûrs ou voisins de la maturité. » (§ IX, art. 475.)

Cet article a pour but d'empêcher que les passans tracent des sentiers sur les terrains ouverts, ou même qu'ils suivent ceux déjà tracés, lorsqu'ils n'y ont aucun droit de passage. C'est ainsi que l'article est motivé au procès-verbal du conseil d'état, séance du 21 janvier 1809.

10me *Contravention.* « Ceux qui auraient fait ou laissé passer des bestiaux, animaux de trait, de charge ou de monture, sur le terrain d'autrui, ensemencé ou chargé d'une récolte, en quelque saison que ce soit, ou dans un bois taillis appartenant à autrui. » (§ X, *ibid.*)

Il n'y a aucune excuse légale de ce fait; ainsi, lorsqu'il est certain, la peine doit être appliquée. (Arrêt du 5 août 1824, cassation.)

Mais la disposition ci-dessus est modifiée : par ses termes généraux, on pouvait croire qu'elle s'appliquait à tous les bois taillis sans distinction, et, par conséquent, à ceux des communes et des établissemens publics. La cour de cassation l'avait même décidé par arrêt du 31 décembre 1824; mais l'article 171 du code forestier dispose que toutes les poursuites dirigées par l'administration, ou à la requête de ses agens, en réparation de délits ou *contraventions* en matière forestière, seront portées devant les tribunaux correctionnels, lesquels sont seuls compétens d'en connaître. Aussi, il ne reste dans la compétence du tribunal de police, que les contraventions commises dans les bois et forêts des particuliers, dans l'espèce de l'article 139 du code d'instruction criminelle.

11me *Contravention.* « Sont punis....., etc., ceux qui auraient refusé de recevoir les espèces et monnaies nationales non fausses ni altérées, selon la valeur qu'elles ont cours. »

12me *Contravention.* « Ceux qui, *le pouvant*, auront refusé ou négligé de faire les travaux, le service, ou de prêter des secours dont ils auront été requis dans les circonstances d'accidens, tumultes, naufrages, etc. (§ XII, art. 475, *ibid.*) Voir le reste de cette disposition, page 211 de la seconde partie.

Un décret du 22 germinal an IV, dispose que les ouvriers requis par le procureur du roi, qui refuseront de faire les travaux nécessaires pour les exécutions judiciaires, seront condamnés à un emprisonnement de trois jours, et, en cas de récidive, à dix jours au moins, et à trente jours au plus.

13me *Contravention.* « Sont punies...., etc., les personnes désignées aux art. 284 et 288 du présent code. » (§ XIII de l'art. 475, *ibid.*)

L'article 284, indiqué ci-dessus, réduit la peine exprimée en l'art. 283 à celle de simple police, à l'égard des crieurs, afficheurs, vendeurs ou distributeurs qui auront fait connaître la personne de laquelle ils tiennent l'écrit imprimé qui ne contient pas l'indication vraie des noms, profession et demeure de l'auteur ou de l'imprimeur.

Et l'art. 288 réduit aussi aux peines de simple police, celles qui sont prononcées par l'article 287 à l'égard des crieurs, vendeurs ou distributeurs qui auront fait connaître la personne qui leur aura remis l'objet du délit, énoncé au même art. 287, à l'égard de quiconque aura fait connaître l'imprimeur ou le graveur.

Ces peines sont rarement prononcées par le juge de police, parce que les tribunaux correctionnels, en appliquant la peine principale contre l'auteur du délit, ou l'imprimeur, appliquent aussi les peines de police contre les crieurs, afficheurs, distributeurs, etc.

14me *Contravention.* « Sont punis...., etc., ceux qui exposent en vente des comestibles gâtés, corrompus ou nuisibles. » (§ XIV, actuel, de l'art. 475.)

Cette disposition a été prise dans l'article 605 du code de brumaire an IV, et ajoutée au code pénal par la loi additionnelle du 28 avril 1832. La jurisprudence l'a toujours appliquée, à la différence qu'elle prononçait une amende de la valeur de trois journées de travail, et qu'à présent on doit prononcer une amende de six à dix francs, suivant l'art. 475.

Il n'est pas nécessaire, pour qu'il y ait contravention, que les trois circonstances exprimées dans le § XIV se trouvent réunies, c'est-à-dire que les comestibles soient à la fois gâtés, corrompus ou nuisibles, il suffit de l'une de ces trois choses. (Arrêt du 2 juin 1810.)

15e *et dernière Contravention.* « Sont punis....., etc., ceux qui, sans aucune des circonstances prévues par l'article 388, déroberont des récoltes et autres productions utiles de la terre, qui, avant d'être soustraites, n'étaient pas encore détachées du sol. »

Cette disposition termine l'art. 475 du code pénal, dont elle forme le 15e paragraphe; elle a, comme la précédente, été ajoutée par la loi additionnelle.

Voici les circonstances exceptées, et que l'art. 388 établit :

« Quiconque aura volé dans les champs, des chevaux ou bêtes de charge, de voiture ou de monture, gros et menus bestiaux, des instrumens d'agriculture, des récoltes ou meules de grains, faisant partie des récoltes, sera puni de la réclusion. Il en sera de même à l'égard des vols de bois dans les ventes et de pierres dans les carrières, ainsi qu'à l'égard du vol des poissons en étang, vivier ou réservoir. »

Ainsi, il est bien certain que nul de ces faits n'est de la compétence de simple police.

§ IV. — *Des Contraventions de troisième classe.*

« Sont punis d'une amende de 11 à 15 fr., inclusivement, ceux qui, hors les cas prévus depuis l'art. 434 jusques et y compris l'art. 462, auront volontairement causé du dommage aux propriétés mobilières d'autrui. » (§ 1er de l'art. 479, cod. pén.)

« Toute action volontaire, nuisible aux propriétés mobilières d'autrui, qui est commise sans dévastation ni réunion de personnes ou à force ouverte, et qui n'a pas un seul caractère des faits compris dans les art. 434 et suivans, jusqu'au 462e du code pénal, doit être regardée comme une contravention. » (Commentaire de la législation de police, par Biret.) Mais la compétence du juge de police doit se borner à ces faits, et l'on doit laisser aux juges correctionnels ceux plus graves, qui caractérisent des dommages volontaires aux propriétés mobilières d'autrui.

2me *Contravention de 3e classe.* « Ceux qui auront occasioné la mort ou la blessure des animaux ou bestiaux appartenant à autrui, par l'effet de la divagation des fous ou furieux, ou d'animaux malfaisans ou féroces, ou par la rapidité ou la mauvaise direction, ou le chargement excessif des voitures, chevaux, bêtes de trait, de charge ou de monture. » (§ II, article 479 *ibidem.*)

Les faits que cette disposition exprime seraient de la compétence du tribunal correctionnel, si la blessure ou la mort des animaux avait été occasionée par malice, à dessein de nuire, ou avec préméditation. (Arrêt du 5 février 1818.)

Quant aux animaux tués, il faut distinguer si on leur a donné la mort dans un lieu appartenant au propriétaire des bestiaux, ou ailleurs; car si c'était des volailles, il n'y aurait ni délit ni contravention, si elles avaient été tuées sur le lieu du dommage.

3me *Contravention.* « Ceux qui auraient occasioné les mêmes dommages, par l'emploi ou l'usage d'armes sans précaution, ou avec maladresse, ou par jet de pierres et autres corps durs. »

Un particulier, dit M. Bourguignon, voulant s'opposer au passage d'un troupeau, dans un chemin vicinal, fit usage d'un bâton qu'il avait à la main et cassa la jambe d'un agneau, quoiqu'il n'eût pas l'intention de blesser les animaux composant le troupeau. Ce fait caractérise la contravention prévue par le 3e § de l'art. 479.

Il a été rendu un arrêt dans le même sens, le 29 juin 1821.

4me *Contravention.* « Ceux qui auraient causé les mêmes accidens par la vétusté, la dégradation, le défaut de réparation ou d'entretien des maisons ou édifices, ou par l'encombrement et l'excavation, ou telles autres œuvres, dans ou près les rues, chemins, places ou voies publiques, sans les précautions ou les signaux ordonnés ou d'usage. »

5me *Contravention.* Sont punis, etc., ceux qui auront de faux poids ou de fausses mesures dans leurs magasins, boutiques, ateliers ou maisons de commerce, ou dans les halles, foires ou marchés, sans préjudice des peines qui seront prononcées par les tribunaux correctionnels contre ceux qui auraient fait usage de ces faux poids et de ces fausses mesures. (§ V, art. 475.)

Aux termes des arrêtés du gouvernement, des 27 pluviose an VI et 11 thermidor an VII, les poids et mesures anciens et illégaux sont considérés comme faux poids et fausses mesures, lorsqu'ils se trouvent dans les magasins, boutiques, ateliers, maisons de commerce, foires et marchés. On répute aussi mesures fausses et illégales, celles qui n'ont point été poinçonnées, encore qu'elles seraient des mesures du nouveau système. Ainsi l'a décidé plusieurs fois la cour suprême.

Ce sont donc de tels poids dont la simple détention ou possession, par un marchand, est réputée contravention. Peu importe qu'il justifie de n'en faire aucun usage. (Arrêts des 23 juillet 1824, 25 février 1825, 27 janvier 1826 et 9 août 1828; *correspondant des juges de paix.*)

Les procès-verbaux qui constatent des contraventions en matières de poids et mesures, sont rédigés par les commissaires de police, maires et adjoints, sauf aux agens des poids et mesures à y assister. (Lois des 18 germinal an III et 1er vendémiaire an IV.) Mais les gardes-champêtres sont sans attribution pour constater de telles contraventions. Voyez l'article 16 du code d'instruction et l'arrêt du 11 juillet 1828.

6me *Contravention.* Sont punis.... ceux qui emploieront des poids ou des mesures différens de ceux qui sont établis par les lois en vigueur. — Les boulangers et les bouchers qui vendront le pain ou la viande au-delà du prix fixé par la taxe légalement faite et publiée.

La première partie de cette disposition a toujours formé le 6e § de l'art. 479; mais la seconde partie y a été ajoutée par la loi additionnelle du 28 avril 1832. Ce n'est cependant point une disposition nouvelle, car elle n'est que le texte littéral du § VI de l'article 605 du code du 3 brumaire an IV, que la jurisprudence a constamment maintenu et fait exécuter.

Revenons à la première partie : « Elle s'applique d'une manière géné» rale à tous marchés dans lesquels il

» serait fait emploi, sans fraude, de » poids et mesures autres que ceux qui » sont légalement établis, même lors- » que l'emploi en serait fait de gré à » gré entre le vendeur et l'acheteur. » C'est ce qui se trouve très-bien exprimé dans le troisième considérant d'un arrêt rendu par la cour de cass., du 21 mai 1824.

7me *Contravention*. « Les gens qui font le métier de deviner et pronostiquer, ou d'expliquer les songes. »

Avant le code pénal actuel, on appliquait les peines de l'art. 35 de la loi du 22 juillet 1791, aux devins et pronostiqueurs, comme à de véritables escrocs. Cette peine est modifiée ici, mais elle peut être élevée par celle de l'emprisonnement pendant cinq jours, établie facultativement par l'art. 480.

8me *Contravention*. « Sont punis.... etc., les auteurs ou complices des bruits ou tapages injurieux ou nocturnes, troublant la tranquillité des habitans. » (§ VIII *ibid.*)

Dans les faits prévus ici, il faut comprendre tous bruits et tapages nocturnes, de quelque manière qu'ils soient produits, par des instrumens sonores et discordans, ou par des huées, des cris, des sifflemens, des hurlemens, etc. C'est ainsi qu'il est dit dans l'arrêt de la cour régulatrice, du 5 juillet 1822.

Les bruits occasionés par l'exercice des professions bruyantes, ne sont pas compris dans la classe des contraventions; s'ils troublent la tranquillité ou le repos des voisins, pendant la nuit, il n'y a lieu qu'à des dommages-intérêts. (Arrêt du 12 septembre 1822.)

9me *Contravention*. « Ceux qui auront méchamment enlevé ou déchiré les affiches apposées par l'ordre de l'administration. »

Ce paragraphe est une disposition nouvelle ajoutée à l'art. 479, par la loi additionnelle du 28 avril 1832. Mais il ne faut point l'appliquer aux affiches des particuliers, dont il ne parle nullement.

10me *Contravention*. « Ceux qui mèneront sur le terrain d'autrui des bestiaux, de quelque nature qu'ils soient, et notamment dans les prairies artificielles, dans les vignes, oseraies, dans les plants de câpriers, d'oliviers, de mûriers, etc., et autres, faits de main d'homme.

Voilà une disposition littéralement imitée de la loi du 6 octobre 1791, que la loi additionnelle a introduite dans le code pénal pour en former le 10e §. Ainsi, ce n'est plus la première de ces lois que l'on doit appliquer à présent au fait dont il s'agit, mais bien la peine de l'art. 479.

11me *Contravention*. « Ceux qui auront dégradé ou détérioré, de quelque manière que ce soit, les chemins publics ou usurpé sur leur largeur. »

C'est une autre addition au code pénal par la loi de 1832, qui a été reproduite de l'art. 40, titre II de la loi du 6 octobre 1791, et du 605e du code de brumaire an IV, qui réduisait la peine à une amende de la valeur de trois journées de travail; mais à présent, c'est celle de l'art. 479 qu'il faut appliquer, c'est-à-dire une amende de 11 à 15 francs, suivant les circonstances et la prudence du juge.

Il faut observer que ce 11e § ne dispose point relativement aux anticipations sur les chemins publics, qui sont quelquefois des manières de dégrader ou de détériorer. Il ne faut donc pas l'appliquer à ces faits, d'autant plus que la cour de cassation a jugé que les lois précédentes ne donnaient compétence aux juges de paix que pour réprimer les enlèvemens de gazons, les encombremens, les dégradations qui se commettaient sur les chemins publics. (Arrêts des 14 août 1823, 26 août 1825 et 15 février 1828.)

12me *et dernière contravention de 3e classe*. « Sont punis.... etc., ceux qui, sans y être dûment autorisés, auront enlevé des chemins publics les gazons, terres ou pierres; ou qui, dans des lieux appartenant aux communes, auraient enlevé des terres ou matériaux, à moins qu'il n'existe un usage général qui l'autorise. (§ XII, art. 479.)

C'est ici la disposition de l'art. 44, titre II de la loi du 6 octobre 1791, que la loi additionnelle a ajoutée à l'art. 479 du code pénal. Néanmoins, cet art. 44 imposait une amende de 3 à 24 fr. à ceux qui enlevaient les gazons, terres et pierres; mais l'amende fut réduite à la valeur de trois journées de travail, par l'art. 605 du code de brumaire an IV. Ainsi, cette réduction n'existe plus, et la peine est portée à l'amende de 11 à 15 fr., par l'art. 479.

CHAPITRE III.

Contraventions établies par des lois particulières et des règlemens spéciaux.

« Dans toutes les matières qui n'ont » pas été réglées par le présent code, » et qui sont régies par des lois et » règlemens particuliers, les cours et » les tribunaux continueront de les » observer. » Tels sont les termes de l'art. 484 du code pénal.

« Cette disposition était d'absolue » nécessité, a dit l'orateur qui a ex- » posé les motifs de la loi. Sans cela, » quelques lois, des codes entiers, des » règlemens généraux seraient restés » sans exécution. Ainsi, l'art. 484 » maintient les lois et règlemens ac- » tuellement en vigueur, relatifs aux » dispositions du code rural, qui ne » sont point entrées dans le présent » code; ..... aux tarifs, pour le prix » de certaines denrées ou de certains » salaires; ..... aux entreprises de ser- » vice public, comme coches d'eau, » messageries, voitures publiques; .... » à la formation, entretien et conser- » vation des rues, chemins, voies pu- » bliques, ponts et canaux; ..... à la » navigation intérieure, à la police » des eaux, aux pêcheries; ..... au » commerce d'orfévrerie..... des cafe- » tiers, restaurateurs, marchands et » débitans de boissons, cabaretiers et » aubergistes; à la garantie des ma- » tières d'or et d'argent; à la con- » struction, entretien, solidité, aligne- » ment des édifices et aux matières de » voirie; .... au port d'armes; au ser- » vice des gardes nationales. » Ainsi s'est exprimé le conseiller d'état Réal, orateur du gouvernement.

Mais, toutes ces matières ne sont pas les seules dont il peut résulter des contraventions de police; il en existe bien d'autres dans les lois relatives à la police rurale et forestière, aux maisons de jeu, aux loteries non autorisées et autres objets en grand nombre, sur lesquels le code pénal ne dispose que dans quelques points. Tel est l'avis du conseil d'état, du 8 février 1812, rapporté par M. Bourguignon, page 544, tome 3.

Il est nécessaire de retracer ici tous les faits qui sont encore réputés contraventions, d'après les lois et règlemens antérieurs au code pénal. Nous suivrons à cet égard l'ordre établi par le commentaire de la législation de police, 1re édition.

1er *Fait.* — Tout accident, occasioné par négligence, imprudence, impéritie ou maladresse, et qui se rattache aux dispositions des règlemens relatifs à la sûreté publique, au bon ordre et à la police, est réputé contravention, et puni des peines établies par la loi du 24 août 1790, ou par celle de juillet 1791, ou enfin, par l'art. 605 du code des délits et des peines, suivant que le fait se rapporte à l'une ou à l'autre de ces dispositions.

2me *Fait.* — Toute construction et réparation sur des terrains destinés ou employés aux grandes routes, ou qui y sont contigus, est une contravention, à moins que l'on n'en ait obtenu une autorisation de l'autorité administrative. (Loi du 16 septembre 1807.) La peine à infliger à cette contravention, est l'amende portée par l'art. 471 du code pénal. (Arrêt du 26 juillet 1827.)

3me *Fait.* — L'apprenti qui, pendant le cours de son apprentissage, manque de respect à son maître par des paroles injurieuses, est puni d'un emprisonnement d'un à trois jours. (Art. 4 du décret du 30 août 1810.)

4me *Fait.* — Aux termes de la loi du 10 avril 1831, relative aux émeutes, « les personnes qui, après la première des sommations prescrites, continueront à faire partie d'un attroupement, pourront être arrêtées et traduites sans délai au tribunal de police pour y être punies des peines portées au chapitre 1er du liv. IV du code pénal. » (Art 465 et 466.)

5me FAIT. — *Des Aubergistes, Cabaretiers, Limonadiers.*

Un arrêt du conseil d'état, du 4 janvier 1824, fait défenses aux cabaretiers, aubergistes et autres, de recevoir qui que ce soit chez eux, et de leur donner à boire ou à manger après huit heures du soir en hiver, et après dix heures du soir en été. « Plusieurs règlemens locaux ont fixé les mêmes heures; d'autres les ont changées et augmentées; mais telles qu'elles soient déterminées par l'autorité administrative, il faut s'y conformer. (Loi du 24 août 1790.) Autrement, il y a contravention punissable de l'amende infligée par l'article 471 du code pénal. »

6me *Fait.* — Les règlemens relatifs au bon ordre et la décence des bals publics sont obligatoires, à peine de contravention. (Lois des 24 août 1790 et 22 juillet 1791.)

7me *Fait.* — Il en est de même des arrêtés administratifs, relatifs aux jeux de billard, où le public est admis en payant. (Mêmes lois.) Les heures de fermeture des auberges et cabarets, sont communes aux jeux de billard, sous la même peine.

8me *Fait.* — Les afficheurs et distributeurs des imprimés non timbrés sont passibles d'un emprisonnement d'un à trois jours, aux termes de la loi du 28 avril 1816, art. 69, § III.

9me *Fait.* — Un arrêté du gouvernement, du 8 vendémiaire an XI, contient, sur l'exercice de la profession de boucher, des dispositions étendues, qui sont obligatoires à peine de contravention : 1° il est défendu aux bouchers de vendre des viandes ailleurs que dans les lieux désignés par l'autorité locale; 2° d'avoir des étaux dont les dimensions ne seraient pas conformes aux arrêtés municipaux; 3° de vendre leurs viandes à des prix supérieurs à la taxe légalement faite et publiée; 4° de tromper le public sur la qualité des viandes ou en y joignant des os détachés. Il faut se conformer sur tous ces points aux réglemens locaux.

10me *Fait.* — Les peines de simple police sont applicables aux contraventions commises par les rouliers en temps de dégel, soit à raison d'un chargement excessif, soit pour les autres contraventions déterminées par l'ordonnance du 23 décembre 1816. Voyez les art. 7 et 8 de cette ordonnance.

11me *Fait.* — Les boulangers sont en contravention, 1° lorsqu'ils vendent leur pain à faux poids ou lorsqu'ils en exposent en vente dont le poids est infidèle; 2° lorsqu'ils vendent le pain à un prix supérieur à celui de la taxe que l'autorité a le droit de faire en vertu de l'article 30 de la loi du 22 juillet 1791; 3° lorsque, dans la composition du pain, ils font des mixtions nuisibles et autres; 4° lorsque leur pain n'est pas fermenté ou cuit convenablement; 5° lorsqu'ils fabriquent des pains d'un poids différent de ceux qui sont déterminés par les règlemens. Voyez, pour les peines applicables dans ces circonstances, les art. 605 du code de brumaire an IV; 15 et 16 des ordonnances de 1813, 1814 et 1815, pour la profession de boulanger.

12me *Fait.* — Les règlemens qui contiennent des mesures pour prévenir les incendies sont obligatoires, et les contrevenans sont punis des peines prononcées par les art. 606 et 607 du code du 3 brumaire an IV. Autrefois, ceux qui tiraient des armes à feu dans l'intérieur des villes, bourgs et villages, étaient passibles d'une amende de 100 fr. Mais à présent ils n'encourent que l'amende énoncée aux articles précités du code de brumaire, ou celle de l'article 471 du code pénal.

13me *Fait.* — Les marchands de toutes sortes, et ceux qui ont des boutiques, sont tenus de les fermer aux heures déterminées par les règlemens locaux, à peine de contravention et d'amende.

Une ordonnance du 18 novembre 1814 défend aux mêmes d'étaler des marchandises les dimanches et jours fériés; de vendre les mêmes jours, ayant leurs boutiques ouvertes, et de colporter des marchandises. Sont néanmoins exceptés de cette défense, les marchands de vins, débitans de boissons, traiteurs, limonadiers et autres, dans les villes dont la population est de cinq mille âmes et au-dessus.

La même ordonnance défend aux ouvriers de travailler extérieurement et d'ouvrir leurs ateliers, et aux charretiers et voituriers de faire des chargemens dans les lieux publics de leur domicile.

Tout contrevenant est puni d'une amende qui ne peut excéder cinq francs.

14me *Fait.* — Les marchandises et denrées étalées et exposées en vente dans les magasins, boutiques et lieux publics, doivent être inspectées par les officiers de police pour en vérifier la salubrité.

15me *Fait.* — Nul ne peut exercer la profession de brocanteur, s'il n'y est autorisé par la police, à peine de 10 fr.

d'amende et de confiscation des marchandises. Tout brocanteur doit porter sur lui, et en évidence, une médaille qui lui est délivrée par le préfet de police; mais il ne peut la céder ni prêter à une autre personne, à peine de dix francs d'amende.

16me *Fait.* — Les revendeurs, regrattiers, traiteurs et autres débitans qui contreviennent aux défenses faites par les maires, d'acheter dans les marchés publics, avant les heures déterminées, des denrées ou comestibles, sont en contravention.

17me *Fait.* — Les maréchaux-ferrans ne peuvent soigner, médicamenter et ferrer les chevaux dans les rues, sans encourir les peines de simple police; ils ne peuvent de même répandre dans les rues ni devant leurs portes, des cendres, du mâchefer, de la poussière de charbon, etc. (Arrêt de règlement du 30 avril 1663; autre du 30 frimaire an XIII, cass.)

18me *Fait.* — Dans les temps de neige, de gelée ou de verglas, les propriétaires ou locataires sont tenus d'exécuter les arrêtés municipaux qui ordonnent de balayer la neige, de casser la glace au-devant de leurs maisons, boutiques, jardins, et de mettre la neige et la glace en tas; à défaut de le faire, ils sont passibles de l'amende établie par l'art. 471 du code pénal.

19me *Fait.* — Ceux qui contreviennent aux règlemens relatifs au bon ordre et à la police des halles, à la fidélité du débit des denrées et à leur inspection, sont passibles de l'amende portée par l'article 471.

20me *Fait.* — Les contraventions en matière d'octroi sont de la compétence des tribunaux de police. (Art. 78 de l'ordonnance du 9 décembre 1814.) Voyez les lois des 2 vendémiaire et 27 frimaire an VIII, dans le recueil chronologique.

21me *Fait.* — Ceux qui ne se conforment pas aux mesures ordonnées pour les établissemens insalubres ou dangereux, tels que les marchands d'allumettes, d'étempilles, les fabricans de poudre, de chandelle, de cendres gravelées, d'amidon, etc., sont en contravention. Voyez le décret du 15 octobre 1810, l'ordonnance de 1815, celle du 25 juin 1823, et les arrêts de cassation des 25 février 1826, 20 février, 10 avril et 14 mai 1830. Tous ces arrêts ont reconnu la compétence des juges de police.

22me *Fait.* — Il est défendu à tous particuliers, notamment aux blanchisseurs, dégraisseurs, foulons, de placer devant leurs portes et fenêtres, des perches pour y étendre et faire sécher les objets qu'ils ont blanchis, à peine d'amende, qui est celle que l'on applique à ceux qui embarrassent la voie publique.

23me *Fait.* — Plusieurs règlemens défendent de placer au-devant des maisons, sur la voie publique, des bancs de bois ou de pierres, sans une permission de la police.

24me *Fait.* — Le système des poids et mesures étant obligatoire pour toute la France, depuis long-temps, doit être généralement observé par tous ceux qui sont assujettis, à raison de leurs professions, à se servir de poids et mesures. Les arrêtés des préfets déterminent, pour chaque profession, les poids et mesures dont chacun doit être nanti; il faut se conformer à ces arrêtés, sinon on encourt l'amende énoncée en l'article 471. (Arrêts des 9 et 3 septembre 1806, 17 août 1821, et 13 novembre 1828.)

25me *Fait.* Les sages-femmes qui reçoivent chez elles des femmes ou des filles pour y être accouchées, et qui ne tiennent pas un registre pour y inscrire ces personnes, la date de leur entrée et celle de leur sortie, encourent l'amende portée par le 2me § de l'article 475 du code pénal, relatif aux aubergistes, logeurs et autres.

26me *Fait.* — Plusieurs règlemens, notamment celui du conseil d'état, du 11 septembre 1825, interdisent à toutes personnes le rouissage du chanvre et du lin, dans les rivières, mares et ruisseaux, parce que la corruption des eaux en est la suite nécessaire. En cas de contravention, l'amende applicable est celle de l'article 471 du code pénal.

27me *Fait.* — L'article 605 du code de brumaire an IV attribue au juge de police la connaissance des violences légères et voies de fait; mais les lois postérieures, ni le code pénal, n'ont parlé de cette attribution; elle doit également subsister, ainsi que toutes celles qui n'ont pas été prévues par ce code. (Art. 484.) Mais que faut-il entendre par violences légères? « Une règle générale sur ce point pourrait être imparfaite, parce qu'il y a beaucoup de sortes de violences. Un seul fait peut changer, aggraver ou diminuer la violence. » Néanmoins, il faut dire que la violence légère, pour être telle, ne doit être accompagnée ni de coups ni de blessures (Arrêt du 14 avril 1821, cour de cassation); autrement c'est un fait correctionnel.

28me *Fait*. — La loi du 4 thermidor an XIII défend aux prêtres d'inhumer les corps des personnes décédées, sans qu'au préalable l'acte de décès en ait été redigé par l'officier de l'état civil, dont ils devront se faire représenter l'autorisation d'inhumer. La contravention à cette loi doit être réprimée par la peine de l'article 471, no 15, attendu qu'il y a désobéissance à l'autorité administrative.

29me *et dernier Fait*. La loi du 6 octobre 1791, article 12, § III, permet aux propriétaires de tuer, sur leurs terrains, les volailles qui y font du dommage; mais cette destruction n'indemnise pas le propriétaire des dégâts faits par les volailles, ni ne satisfait à la vindicte publique, c'est pourquoi la cour de cassation a jugé, le 27 janvier 1832, que le propriétaire des volailles est passible de l'amende portée par les art. 605 et 606 du code pénal, et d'une indemnité envers le propriétaire.

Il peut exister bien d'autres contraventions qui ne sont pas prévues par le code pénal, parce que l'autorité administrative, en vertu des lois des 24 août 1790 et 22 juillet 1791, peut faire des règlemens sur un très-grand nombre de sujets qui sont relatifs à l'ordre social, à la tranquillité, à la salubrité publique, à la voirie, etc. Tous ces arrêtés sont obligatoires lorsqu'ils sont faits pour l'exécution des lois, ou comme des conséquences de ces lois.

CHAPITRE IV.

Des Contraventions rurales, forestières et autres.

1o L'article 28, titre II, de la loi du 6 octobre 1791, punit d'une amende égale à la valeur des choses détruites, ceux qui coupent ou brisent de petites parties de blés en vert, avec l'intention manifeste de les voler. Ces faits rentrent à présent dans la disposition du § XV de l'art. 475 du code pénal.

2o La loi du 6 frimaire an VII impose une amende de la valeur de trois journées de travail, et un emprisonnement de trois jours aux adjudicataires des bacs et bateaux, et aux mariniers qui exigeraient des passagers des sommes plus fortes que celles qui sont portées au tarif, sans préjudice de l'impression et de l'affiche du jugement aux frais du contrevenant.

Si l'exaction est suivie d'injures, de menaces, violences ou voies de fait, les prévenus seront traduits en police correctionnelle.

Quant aux passagers qui refusent de payer les droits des bacs et bateaux, ou qui cherchent à s'y soustraire sans commettre de violences ni de voies de fait, ils sont seulement passibles d'une amende de la valeur de trois journées de travail.

3o Il est défendu aux pâtres et bergers, dans les pays de parcours, d'introduire les bestiaux dans les champs moissonnés et ouverts, s'il ne s'est écoulé au moins deux jours depuis l'enlèvement total de la récolte, à peine d'une amende de la valeur de trois jours de travail. (Loi du 6 octobre 1791.)

4o Il est aussi défendu de placer dans les rues, chemins et carrefours, des ruches d'abeilles, attendu que ces animaux, quoique très-utiles, peuvent nuire aux passans. (Arrêt de règlement de 1657, art. 604 et 605, code de brumaire.)

5o Les maires ont le droit, en vertu des lois des 6 octobre 1791 et 6 pluviose an VIII, de régler l'exercice du droit de parcours, et de prendre les mesures convenables pour en prévenir ou réprimer les abus. Ceux qui contreviennent à ces règlemens encourent les peines prononcées par les articles 605 et 606 du code de brumaire. Ainsi jugé par arrêt du 25 janvier 1831.

6o Le fait de laisser les bestiaux à l'abandon sur les propriétés d'autrui, est une contravention, d'après l'article 12, titre II, de la loi du 6 octobre 1791. L'amende applicable à ce fait, est celle de l'art. 475 du code pénal, suivant deux arrêts de la cour de cassation, des 31 décembre 1818 et 25 mars 1821.

7° Les maires ont le droit de prendre, pour prévenir les épizooties, ou en empêcher les progrès, toutes les mesures convenables. Ces arrêtés sont obligatoires et rentrent dans les attributions faites à l'autorité municipale par les lois des 24 août 1790, et 6 octobre 1791. Les peines applicables aux contrevenans sont celles des art. 605 et 606 du code de brumaire.

8° Les maires ont aussi le droit de faire des règlemens pour la tenue des foires et marchés, pour réprimer le tumulte, les attroupemens, interdire les jeux de hasard, et surveiller la fidélité du débit des denrées et comestibles. Toute désobéissance à ces règlemens est une contravention. (Arrêt du 4 février 1807.) La peine applicable est celle de l'article 475, n° 15.

9° « Tout voyageur qui déclôra un champ pour se faire un passage dans sa route, paiera le dommage fait au propriétaire, et de plus une amende de la valeur de trois journées de travail, à moins que le juge de paix ne décide que le chemin public ne soit impraticable. » (Art. 41, titre II, de la loi du 6 octobre 1791.)

10° « Toute extraction ou enlèvement, non autorisé, de pierres, sables, minerais, terres ou gazons, tourbes, bruyères, genêts, herbages, feuilles mortes ou vertes, engrais existant sur le sol des forêts, glands, faînes et autres fruits ou semences des bois et forêts, donnera lieu à des amendes qui seront fixées ainsi qu'il suit : 1° par charretée ou tombereau, de 10 à 30 fr. pour chaque bête attelée ; pour chaque charge ou bête de somme, de 5 à 15 fr., et pour chaque charge d'homme, de 2 à 6 fr. » (Art. 144, code forest.)

Les juges de paix ne sont compétens que dans les deux derniers cas de cette disposition ; le premier fixe une amende qui est au-dessus de leur compétence ; ils ne sont compétens aussi que lorsqu'il s'agit des bois des particuliers, parce que, à l'égard de ceux de l'état et des communes, les contraventions sont poursuivies par les agens forestiers devant le tribunal correctionnel.

11° « Quiconque sera trouvé dans les bois et forêts hors des routes et chemins ordinaires avec serpes, cognées, haches, scies et autres instrumens de même nature, sera condamné à une amende de dix fr., et à la confiscation desdits instrumens. » (Art. 146, code forest.)

Cette disposition ne peut, comme la précédente, être appliquée par les juges de police, que lorsqu'il s'agit des bois des particuliers. Il en est de même des articles suivans.

12° L'amende, pour coupe ou enlèvement de bois qui n'auront pas deux décimètres de tour, sera, pour chaque charretée, de 10 fr. par bête attelée ; de 5 fr. par chaque bête de somme, et de 2 fr. par fagot, fouée ou charge d'homme. S'il s'agit d'arbres plantés ou semés dans les forêts depuis moins de cinq ans, la peine sera d'une amende de 3 fr. par chaque arbre, quelle qu'en soit la grosseur, et, en outre, d'un emprisonnement de six à quinze jours. » (Art. 194, code forest.)

Dans ce dernier cas, les juges de police sont incompétens. Ils ne le sont dans le premier, que lorsque l'enlèvement des bois n'est que d'une charretée attelée d'une seule bête, ou lorsque le nombre de charges de bêtes de somme ou d'homme ne donne pas lieu à une amende qui excède 15 fr.

13° « Les propriétaires d'animaux trouvés de jour en délit dans les bois de dix ans et au-dessus, seront condamnés à une amende d'un franc pour un cochon, de deux francs pour une bête à laine, trois francs pour un cheval ou autre bête de somme, quatre francs pour une chèvre, cinq francs pour une vache, un bœuf ou un veau. L'amende sera double si les bois ont moins de dix ans, sans préjudice, s'il y a lieu, à des dommages-intérêts. (Art. 199, *ibid.*) Les amendes sont doubles si les contraventions sont commises la nuit. (Art. 201.)

Toutes les fois que par le nombre des animaux trouvés en délit, ou par le doublement de l'amende, il résultera qu'elle excédera 15 francs, les juges de police seront incompétens, même à l'égard des bois des particuliers.

14° « Les bestiaux morts seront enfouis dans la journée, à quatre pieds de profondeur, par le propriétaire et dans son terrain, ou voiturés à l'endroit désigné par la municipalité, pour y être également enfouis, sous peine, par le délinquant, de payer une amende de la valeur de trois journées de travail. (Art. 23, titre II de la loi du 6 octobre 1791 ; loi du 23 thermidor an IV, article unique.)

13° Il est défendu aux conducteurs de bestiaux, revenant des foires et marchés, ou les conduisant d'un lieu à un autre, de les laisser paître sur les terres des particuliers, ni sur les terrains communaux, sous peine d'une amende de la valeur de trois journées de travail, sans préjudice du dédommagement dû au propriétaire lésé. Voyez le § X de l'art. 479, auquel le fait ci-dessus paraît se rattacher.

CHAPITRE V.

De quelques Contraventions qui ne peuvent être réprimées que par des Juges spéciaux.

Ces contraventions sont établies par des lois qui n'ont qu'un intérêt local. Telles sont celles qui ordonnent la perception d'un ou de plusieurs droits particuliers, à raison de la navigation sur un fleuve, par exemple celui du Rhin. Telles sont encore celles qui établissent de nouveaux ponts dans telles villes ou communes et sur telles rivières, en autorisant la perception de diverses taxes à raison du passage sur ces ponts, soit à pied, soit à cheval ou en voiture. Des ordonnances et des réglemens établissent à la fois ces taxes et les cas de contraventions. Mais il faut distinguer, dans ces matières, le simple refus du paiement du droit, qui ne constitue qu'une action purement civile, d'avec les fraudes et les infractions aux règlemens, qui sont de véritables contraventions.

Les unes et les autres sont jugées comme en matière d'octroi, c'est-à-dire que le refus de paiement, ou la prétention de n'être pas assujetti au droit de passage, est décidée par le juge de paix comme juge civil prononçant sur une action pure personnelle, et que les fraudes et contraventions aux lois de la matière sont jugées par le même magistrat, comme juge de police, en appliquant à chaque fait incriminé la peine que la loi lui inflige. Voyez, pour le jugement des contestations civiles, les articles 9 et 10 de la loi du 27 vendémiaire an VII, 13 et 14 de celle du 27 frimaire an VIII, 81 et 82 de la loi du 9 décembre 1814. Et, pour le jugement des contraventions, voyez ces mêmes lois aux articles relatifs auxdites contraventions.

Il convient de consulter aussi les ordonnances des 15 mars 1801, 3 août 1821, 10 juillet 1822 et autres, portant établissement de nouveaux ponts dans différentes communes.

Mais, la connaissance de ces différentes matières n'est attribuée qu'aux juges de paix locaux, sans égard au domicile des défendeurs ou des contrevenans.

Il ne faut pas confondre les refus de paiement, les contestations et les fraudes des droits dus pour le passage des ponts, avec les contraventions, les exactions ou les non paiemens qui peuvent avoir lieu à raison du passage dans les bacs et bateaux. Ces faits ne sont pas réprimés ni jugés sur la législation des octrois, parce qu'ils ont une législation particulière et pénale qui les régit, et à laquelle il faut se conformer. Cette législation est établie par une loi du 6 frimaire an VII, dont nous avons sommairement analysé les dispositions au précédent chapitre, n° 2.

De même, il ne faut pas confondre la législation relative au passage des ponts, avec celle qui régit la navigation sur le Rhin. Cette dernière contient des dispositions bien différentes de celles de l'autre; elle confère des attributions plus importantes, en élevant fortement la compétence de police de ceux des juges de paix qu'elle qualifie et institue juges de la navigation du Rhin. Enfin, les faits et les contraventions relatifs à cette navigation ne sont point jugés comme en matière d'octroi.

Les juges des droits de navigation du Rhin connaîtront: 1° de toutes les contraventions sur la navigation du Rhin;

2° De toutes les contraventions au sujet du paiement de la quotité des droits de navigation, de grue, de balance, de ponts et de quais sur le même fleuve;

3° De toutes les entraves que des particuliers auraient mises à l'usage des chemins de hallage établis sur le même fleuve;

4° Des plaintes portées contre les propriétaires de chevaux de trait employés à la remonte des bateaux sur le cours dudit fleuve, pour dommages causés aux propriétaires, et généralement de toute autre plainte pour dommages causés par la négligence des conducteurs des bateaux et des trains, pendant leur voyage, ou en abordant.

Ils prononceront les peines encourues conformément aux articles 14 et 15 ci-après.

Ainsi dispose l'article 1er de la loi du 21 avril 1832.

Mais quelles sont les peines dont la loi parle ici? L'art. 14 est ainsi conçu: « Seront punies d'une amende de 100 à 300 francs, les contraventions aux règlemens d'administration publique, qui interdiraient, en certains cas, au patron conducteur qui conduit à la fois plusieurs bateaux, de les attacher l'un à l'autre; de charger des marchandises sur le tillac des navires, ou de les transborder d'un bord à l'autre, et qui prescriraient les précautions nécessaires au transport des poudres à canon : le tout sans préjudice de la responsabilité du patron ou conducteur, pour tout autre dommage causé par la non exécution desdites dispositions. »

Et l'article quinze porte : « Sera punie d'une amende du quadruple des droits fondés, non compris le montant du droit, toute fraude en matière de navigation sur le Rhin. — La même amende sera prononcée contre tout patron ou conducteur qui passerait devant un bureau de perception sans s'y présenter pour le paiement des droits, avec exhibition de son manifeste, ou qui en partirait avant d'avoir effectué ce paiement, hors les cas de force majeure dûment constatés; — contre tout patron ou conducteur dans le manifeste duquel il y aurait omission totale de quelques colis ou autres articles de son chargement, mais seulement à raison des droits auxquels les objets soustraits auraient été soumis. »

On voit, par ces textes, que le maximum de 15 francs, établi pour les amendes de police, par le code d'instruction criminelle, ne limite point la compétence des juges de paix, puisqu'ils peuvent prononcer jusqu'à des amendes de 300 fr. pour des contraventions relatives à la navigation du Rhin; mais les juges de paix qui ont ce pouvoir ne sont que ceux des cantons qui joignent ou bordent le Rhin. « Les fonctions, dit l'article 2 de la loi précitée, de juges des droits de navigation sur le Rhin, seront remplies, en première instance, dans les cantons dont le territoire se trouve contigu au fleuve, par les juges de paix desdits cantons. » Ainsi, tout autre juge ne peut remplir ces fonctions, encore que les contrevenans seraient domiciliés dans son territoire.

Les appels des jugemens de ces juges sont portés au tribunal de Strasbourg, qui en décide civilement ou correctionnellement, suivant la matière. Néanmoins, lorsque les condamnations n'excèdent pas 50 francs, les jugemens sont *définitifs*, et il n'y a lieu à l'appel que pour des valeurs supérieures. (Art. 3 *ibid.*) Mais le recours en cassation est interdit contre tous ces jugemens sans exception.

Quant à la procédure qui a lieu devant les juges de la navigation du Rhin, elle est fort simple. Tous les actes et les jugemens même sont dispensés du timbre, et ils sont enregistrés *gratis* sur papier simple. Les citations, les audiences, les jugemens par défaut ou contradictoires, définitifs ou non, la mise en cause des garans, les enquêtes, les visites des lieux, les estimations ou appréciations d'experts, la récusation des juges de paix, ont lieu, pour les matières civiles, dans les mêmes formes que dans les justices de paix, conformément à ce qui est prescrit aux titres Ier, II, III, jusqu'à IX du code de procédure civile.

Et, à l'égard des matières qui sont réputées contraventions, les actes et l'instruction des causes se font suivant les dispositions des articles 144 et 165 du code d'instruction criminelle, sans qu'il soit nécessaire d'employer l'assistance ou le ministère des avoués. Néanmoins, il n'est pas interdit aux parties d'employer ces officiers, à leurs frais.

Les contraventions dont il s'agit sont constatées, 1° par les maires, les inspecteurs et les employés de la navigation du Rhin, par les agens et préposés de la force publique désignés dans la loi du 29 floréal an x; leurs procès-verbaux feront foi jusqu'à inscription de faux; 2° par les employés des contributions indirectes, les agens forestiers et gardes-champêtres. Leurs procès-verbaux feront foi suivant les règles spéciales à chacun de ces fonctionnaires.

Au reste, voyez ladite loi du 21 avril 1832, dans le recueil chronologique ou le supplément.

CHAPITRE VI.

Des Peines de simple police, l'emprisonnement et l'amende, et des confiscations qui en sont la suite.

« Les peines de police sont l'emprisonnement, l'amende et la confiscation de certains objets saisis. » (Art. 464 du code pénal.)

» L'emprisonnement pour contravention de police ne pourra être moindre d'un jour, ni excéder cinq jours, selon les classes, distinctions et cas ci-après spécifiés. — Les jours d'emprisonnement sont des jours complets de vingt-quatre heures. » (Art. 465 *ibidem.*)

« Les amendes pour contravention pourront être prononcées depuis 1 franc jusqu'à 15 francs inclusivement, selon les distinctions et classes ci-après spécifiées, et seront appliquées au profit de la commune où la contravention aura été commise. » (Art. 466.)

Les amendes sont des peines, et dès-lors il n'est pas au pouvoir des juges d'en faire la remise, ni de les augmenter ou modifier, sauf les cas où il y a lieu d'appliquer le *minimum*. Cependant, depuis la loi additionnelle de 1832, le *minimum* même des peines peut être réduit suivant les circonstances atténuantes, pourvu que la valeur du dommage n'excède pas 25 francs.

Le ministère public est tenu de se pourvoir en cassation ou de faire appel des jugemens qui feraient remise des peines aux délinquans dûment convaincus.

Quant à la gradation des amendes, nous avons déjà vu dans le chapitre II, paragraphes Ier, II et III, qu'elle est formée suivant les classes des contraventions prévues par le code pénal. Ainsi, la première classe est réprimée par une amende de 1 franc à 5 francs (Art. 471); la seconde classe est punie d'une amende de 6 francs à 10 francs, et la troisième classe de contravention est passible d'une amende de 11 à 15 francs. (Art. 479.)

Voilà pour les contraventions prévues par le code pénal; mais à l'égard de celles dont nous avons fait l'énumération dans les deux précédens chapitres, c'est-à-dire celles qui sont prévues par les lois antérieures au code pénal, ou par des règlemens particuliers ou par des arrêtés locaux, il faut leur appliquer, soit les amendes déterminées par la loi du 6 octobre et les art. 605 et 606 du code de brumaire an IV, soit les amendes imposées par les art. 471, 475 et 479, suivant qu'elles se rattachent à la lettre ou à l'esprit de ces articles.

« Tous les individus condamnés pour un même crime ou pour un même délit, sont tenus *solidairement* des amendes, des restitutions, des dommages-intérêts et frais. (Art. 55.) Cette disposition s'applique aux contraventions; elles sont comprises dans le mot délit qui est générique. C'est ce que la cour de cassation a jugé plusieurs fois. Voyez notamment les arrêts des 7 juillet 1827 et 7 février 1830. Ce dernier contient ces expressions remarquables : « Quant à la solidarité, comment le tribunal de police n'a-t-il pas senti la nécessité de condamner solidairement? Le principe contenu en l'article 55 du code pénal *est un principe de droit commun*, qui s'applique aux *contraventions.* »

Le recouvrement des amendes de simple police est confié à l'administration de l'enregistrement, qui décerne des contraintes contre les condamnés; mais si ces individus ne paient pas vingt-quatre heures après la sommation qui leur en est faite en vertu de ces contraintes, ils peuvent être arrêtés et contraints par corps, ainsi le veut l'article 467. Néanmoins, il ajoute que le condamné ne pourra être pour cet objet détenu plus de quinze jours, s'il justifie de son insolvabilité. La preuve s'en fait par un simple certificat d'indigence, délivré par le maire et par une attestation du percepteur de la commune, portant que le condamné n'est point imposé aux rôles des contributions. Muni de ces pièces, il se pourvoit par action civile contre l'administration de l'enregistrement, pour faire prononcer sa mise en liberté s'il est déjà détenu. (Arrêt du 2 avril 1817.) Mais s'il justifiait de son insolvabilité lors de sa comparution devant le juge de police, celui-ci pourrait ordonner que l'emprisonnement, à défaut de paiement de l'amende, ne durerait que quinze jours.

Venons à la peine de l'emprisonnement : cette peine peut être prononcée pendant trois jours au plus, selon les circonstances :

1° Contre ceux qui auront tiré des pièces d'artifices, sans autorisation de l'autorité, dans les rues, places des villes, bourgs et villages (Art. 471, § II) ;

2° Contre ceux qui auront glané, râtelé ou grapillé, en contravention au n° 10 de l'art. 471, c'est-à-dire, dans les champs qui ne seraient pas entièrement dépouillés de leurs récoltes, ou avant le moment du lever, ou après celui du coucher du soleil;

3° Contre les rouliers, charretiers, voituriers et conducteurs, en contravention ;

4° Contre ceux qui auront contrevenu à la loi par la rapidité, la mauvaise direction ou le chargement des voitures ou des animaux ;

5° Contre les vendeurs et débitans de boissons falsifiées;

6° Contre ceux qui auraient jeté des corps durs ou des immondices. (Art. 476 *ibid.*)

Pourra aussi, la peine d'emprisonnement être prononcée pendant cinq jours au plus :

1° Contre ceux qui auront occasioné la mort ou la blessure des animaux ou bestiaux appartenant à autrui, dans les cas prévus par le § III de l'art. 479;

2° Contre les possesseurs de faux poids et de fausses mesures ;

3° Contre ceux qui emploient des poids et mesures différens de ceux que la loi en vigueur a établis;

4° Contre les interprètes de songes;

5° Contre les auteurs ou complices des bruits injurieux ou nocturnes. (Art. 480.)

La peine d'emprisonnement, fixée à trois jours dans les six premières circonstances ci-dessus, et à cinq jours dans les cinq derniers cas, n'est que facultative. Le juge peut ne pas l'appliquer, suivant sa prudence ou les circonstances. Mais, s'il y avait récidive, elle serait toujours et nécessairement appliquée pendant cinq jours.

Dans aucun cas, l'amende n'est facultative, c'est une peine absolue qui doit toujours être prononcée, même lorsque celle d'emprisonnement est appliquée. Ainsi, il y aurait lieu à cassation d'un jugement qui condamnerait à l'emprisonnement sans condamner en même temps à l'amende ; et, lors même qu'il serait présenté des excuses de bonne conduite ou autres, elles ne devraient point être admises pour faire remettre l'amende. (Arrêts des 22 décembre 1811 et 19 décembre 1815, rapportés au bulletin.)

Quant à la confiscation des choses saisies pour contravention, l'art. 470 du code pénal dispose en ces termes : « Les tribunaux de police pourront aussi, dans les cas déterminés par la loi, prononcer la confiscation, soit des choses saisies en contravention, soit des choses produites par la contravention, soit des matières ou des instrumens qui ont servi ou qui étaient destinés à la commettre. »

Si la confiscation n'est pas ordonnée par le jugement, elle ne peut avoir lieu, alors, d'aucune manière. De même, elle ne pourrait avoir lieu si elle n'avait été précédée de la saisie des choses en contravention.

La saisie et la confiscation doivent avoir lieu, 1° des pièces d'artifices dans le cas du n° 2 de l'art. 471; — 2° des coûtres, instrumens et armes mentionnés dans le n° 7 du même art.; — 3° des tables, instrumens, appareils des jeux ou des loteries établis dans les rues, chemins et voies publiques, ainsi que les enjeux, les fonds, denrées, objets ou lots proposés aux joueurs dans le cas de l'art. 475; — 4° des boissons falsifiées, trouvées appartenir au vendeur et débitant; ces boissons seront répandues; — 5° des écrits ou gravures contraires aux mœurs : ces objets seront mis sous le pilon; — 6° des faux poids, des fausses mesures, ainsi que des poids et des mesures différens de ceux que la loi a établis; — 7° des instrumens, ustensiles et costumes servant ou destinés à l'exercice du métier de devin, pronostiqueur, ou interprète de songes. Telles sont les dispositions sommaires des articles 472, 477 et 481 du code pénal.

La vente des objets confisqués par jugement est faite à la diligence du receveur de l'enregistrement, après affiches apposées dans les lieux ordinaires, par les commissaires-priseurs ou autres officiers ayant droit de faire des ventes de meubles. (Art. 40 du décret du 18 juin 1811.)

On peut vendre aussi les choses saisies avant le jugement, lorsqu'il s'agit d'animaux mis en fourrière, qui ne peuvent y rester que pendant huit jours; ou de choses périssables, pourvu que la vente en soit ordonnée par le juge, sur simple requête du ministère public ou de la partie civile. Cependant, si la partie saisie demandait la remise provisoire des animaux ou bestiaux saisis, le juge aurait la faculté de la lui accorder, à la charge de donner caution valable et de payer les frais de fourrière. (Art. 168 du cod. forest.)

« Les restitutions, indemnités et frais qui sont accordés à la partie lésée par le jugement définitif, autoriseront la contrainte par corps, et le condamné gardera prison jusqu'à parfait paiement. Néanmoins, si ces condamnations sont prononcées au profit de l'état, les condamnés pourront jouir de la faculté accordée par l'art. 467, dans les cas prévus par cet article. (Art. 469, cod. pén.)

« En cas d'insuffisance des biens du condamné, les restitutions et les indemnités dues à la partie lésée sont préférées à l'amende. (Art. 468.)

CHAPITRE VII.

Des anciens Règlemens de Police et des nouveaux, ou actuels.

§ Ier. — *Des Règlemens anciens.*

« Ceux antérieurs à la loi du 24 août 1790 sont réputés obligatoires, puisque les lois postérieures les ont maintenus. 1° La loi du 22 juillet 1791, art. 1er du tit. 46, a ordonné aux corps municipaux de les publier et de rappeler les citoyens à leur exécution; 2° l'art. 484 du cod. pén. dispose que, dans toutes les matières non réglées par le même code, et qui sont régies par des lois et règlemens particuliers, les cours et tribunaux continueront de les observer. »

Quelles sont ces matières non réglées? Nous en avons donné une indication détaillée au chap. III de ce second titre, pag. 167, que nous avons empruntée au rapport de l'orateur du gouvernement, le conseiller Réal; inutile de les répéter ici. Ce sont donc sur ces matières que les anciens règlemens sont réputés encore en vigueur; mais, deux conditions sont nécessaires pour en faire l'application : la première, que par leur nature ils se rapportent essentiellement aux attributions qui appartiennent à l'autorité administrative, d'après les lois des 24 août 1790 et 22 juillet 1791; la seconde, qu'ils soient publiés par les maires. Cependant, si ces anciens règlemens étaient en contradiction entre eux, ou opposés à la législation actuelle, ils ne devraient pas continuer à être exécutés. Telle est la décision du conseil d'état, du 4 nivôse an VIII, que plusieurs arrêts ont adoptée.

Mais, la première condition dont nous venons de parler, supprime de fait un grand nombre des règlemens anciens, parce qu'ils sont étrangers aux attributions municipales actuelles, et souvent contraires à notre législation. « Si on voulait fouiller, a dit M. Carnot, dans le dédale des anciennes » lois et des règlemens, il n'y aurait » pas d'action, en apparence, la plus » innocente qu'elle fût, qui ne pût » faire appliquer des peines à son auteur. Avant donc que les juges fassent l'application de ces anciens règlemens, ils doivent s'assurer s'ils » sont en harmonie avec la législation » existante et la forme du gouvernement. »

§ II. — *Des Règlemens nouveaux ou actuels.*

L'article 3, titre XI de la loi du 24 août 1790, dispose en ces termes :

« Les objets confiés à la vigilance et à l'autorité des corps municipaux, sont :

« 1° Tout ce qui intéresse la sûreté

et la commodité du passage dans les rues, quais, places et voies publiques, ce qui comprend le nettoiement, l'illumination, l'enlèvement des encombremens, la démolition ou la réparation des bâtimens menaçant ruine, l'interdiction de rien exposer aux fenêtres ou autres parties de bâtimens, qui puisse nuire par sa chute, et celle de rien jeter qui puisse blesser ou endommager les passans, ou causer des exhalaisons nuisibles ; »

2° « Le soin de réprimer et punir les délits contre la tranquillité publique, tels que les rixes et disputes accompagnées d'ameutemens dans les rues, le tumulte excité dans les lieux d'assemblée publique, les bruits et attroupemens nocturnes qui troublent le repos des citoyens ; »

3° « Le maintien du bon ordre dans les endroits où il se fait de grands rassemblemens d'hommes, tels que les foires, marchés, réjouissances et cérémonies publiques, spectacles, jeux, cafés, églises et autres lieux publics ; »

4° « L'inspection sur la fidélité du débit des denrées qui se vendent au poids, à l'aune ou à la mesure, et sur la salubrité des comestibles exposés en vente publique ; »

5° « Le soin de prévenir par les précautions convenables, et celui de faire cesser, par la distribution des secours nécessaires, les accidens et les fléaux calamiteux, tels que les incendies, les épidémies, les épizooties, en provoquant aussi, dans ces deux derniers cas, l'autorité des administrations de département et de district ; »

6° « Le soin d'obvier ou de remédier aux évènemens fâcheux qui pourraient être occasionés par les insensés ou les furieux laissés en liberté, ou par la divagation des animaux malfaisans ou féroces. »

A ces dispositions, la loi du 22 juillet 1791, art. 46, ajoute : « Le corps municipal pourra, sous le nom de délibération, et sauf la réformation s'il y a lieu, faire des arrêtés sur les objets qui suivent : 1° lorsqu'il s'agira d'ordonner les précautions locales sur les objets confiés à sa vigilance et à son autorité ;.... 2° de publier de nouveau les lois et règlemens de police, ou de rappeler les citoyens à leur observation. »

C'est sur toutes ces matières, et quelques autres, que les maires sont autorisés à faire des arrêtés pour l'exécution des lois, pour la surveillance de l'ordre, de la tranquillité, et pour les mesures de police. Ces arrêtés sont obligatoires pour les citoyens, et les tribunaux doivent les faire respecter, encore qu'ils ne seraient pas approuvés par l'autorité supérieure. (Arrêt du 25 avril 1819, cass.) Néanmoins, les juges peuvent et doivent examiner si les arrêtés administratifs sont pris dans l'exercice légal des attributions de cette autorité, car s'ils étaient contraires aux lois, s'ils établissaient des pénalités inconnues dans les lois, ou différentes de celles qu'elles infligent, les juges ne seraient point tenus d'y déférer ; de tels règlemens ne seraient que de véritables excès de pouvoir qui porteraient atteinte au pouvoir législatif et au pouvoir judiciaire. (Arrêts des 4, 25 mai, 3 août 1818, et 12 novembre 1813, cass. Commentaire de simple police.) Nous pensons qu'en ce cas les tribunaux de police doivent, conformément à l'art. 159 du cod. d'instr. crim., déclarer qu'il n'y a ni délit ni contravention, et annuler la citation. C'est ce que nous avons vu juger en 1821. En vain on se pourvut en cassation, le pourvoi fut rejeté le 24 août même année.

Les arrêtés ou règlemens municipaux ne sont pas exécutoires de plein droit aussitôt qu'ils sont écrits sur les registres ; ils n'obligent les citoyens que lorsqu'ils sont publiés et affichés dans les formes ordinaires. Mais, si au lieu de publications et affiches ils étaient notifiés aux personnes qu'ils concernent, ne seraient-ils pas également obligatoires ? Cette notification supplée, pour ces personnes, à l'affiche et à la publication ; le but de la loi, qui est d'instruire entièrement les citoyens des mesures administratives, se trouve alors rempli. Ces principes ont été adoptés par un arrêt du 31 août 1821.

CHAPITRE VIII.

Des Procès-Verbaux de constatation des Délits et Contraventions.

« Les commissaires de police, et, » dans les communes où il n'y en a

» point, les maires ou leurs adjoints, » rechercheront les contraventions de » police, même celles qui sont sous » la surveillance spéciale des gardes-» champêtres et forestiers, à l'égard » desquels ils auront concurrence et » prévention ; — ils recevront les » rapports, dénonciations et plaintes » qui seront relatifs aux contraven-» tions de police ; — ils consigneront, » dans les procès-verbaux qu'ils rédi-» geront à cet effet, la nature et les » circonstances des contraventions, le » temps et le lieu où elles auront été » commises, les preuves ou indices à » la charge de ceux qui en seront pré-» sumés coupables. » (Art. 11, cod. d'instr. crim.)

Ces procès-verbaux doivent être faits sans assistance de témoins, à la différence de ceux que les commissaires de police rapportent, comme officiers auxiliaires du procureur du roi, sur des matières de police judiciaire. Il suffit, pour être valables, qu'ils soient écrits, datés et signés par les commissaires, et qu'ils contiennent les énonciations prescrites par le § III de l'art. onze ci-dessus. Mais s'ils ne les contenaient pas, seraient-ils nuls? Non, parce que l'observation de ces énonciations n'est pas prescrite à peine de nullité. Ainsi jugé par arrêt du 15 février 1824. Cependant, si un procès-verbal ne désignait pas suffisamment les faits ou les personnes prétendues en contravention; et que la conscience du juge ne fût pas assez éclairée, il pourrait déclarer que la contravention n'est pas justifiée, et renvoyer le prévenu de la plainte. (Arrêt du 14 août 1829, cour de cass.)

Les procès-verbaux des commissaires de police ne sont point soumis à l'affirmation devant les juges de paix ou les maires; ils sont valables sans cette formalité, et font foi jusqu'à preuve contraire seulement, mais non jusqu'à inscription de faux. Cette prérogative n'est attribuée qu'aux procès-verbaux ou rapports des agens forestiers et de quelques autres. Ainsi, le prévenu peut, à la première audience, débattre le procès-verbal du commissaire, et offrir la preuve contraire par témoins, que le juge doit admettre.

Tout ce qui est constaté ou déclaré par le procès-verbal, doit avoir été vu ou reconnu par l'officier qui le rédige, parce que, s'il est fait sur des rapports ou déclarations de simples particuliers, il ne mérite pas la même confiance de la justice; « il est censé, a dit fort bien la cour suprême, être l'œuvre d'un particulier auquel le fonctionnaire n'a fait que prêter son nom.» (Arrêt du 2 janvier 1820.) Mais il en serait autrement si les déclarations étaient faites par des personnes qui auraient serment en justice. On pourrait, en ce cas, pour corroborer ou compléter les déclarations, faire citer des témoins.

Les commissaires de police, et nous l'avons déjà dit, ne sont pas les seuls qui aient le droit de constater les contraventions; les gardes-champêtres, les gardes forestiers et les gendarmes ont la même autorité, mais non d'une manière aussi étendue. Voici d'abord les dispositions qui concernent les gardes : « Ils sont chargés de rechercher, chacun dans le territoire pour lequel ils auront été assermentés, les délits et les contraventions de police qui auront porté atteinte aux propriétés rurales et forestières; — ils dresseront des procès-verbaux à l'effet de constater la nature, les circonstances, le temps, le lieu des délits et des contraventions, ainsi que les preuves et les indices qu'ils auront pu en recueillir; — ils suivront les choses enlevées dans les lieux où elles auront été transportées, et les mettront en séquestre; ils ne pourront néanmoins s'introduire dans les maisons, bâtimens, cours, etc., qu'en présence du juge de paix ou de son suppléant, ou à leur défaut, du maire ou du commissaire de police; et, le procès-verbal qui en sera dressé, sera signé par celui en présence duquel il aura été fait; — ils arrêteront et conduiront devant le juge de paix ou devant le maire, tout individu qu'ils auront surpris en flagrant délit, ou qui sera dénoncé par la clameur publique, lorsque ce délit emportera la peine d'emprisonnement, ou une peine plus grave; — ils se feront donner, pour cet effet, main-forte par le maire ou par l'adjoint du lieu, qui ne pourra s'y refuser. »

Ainsi, les attributions des gardes-champêtres et forestiers se bornent à constater les délits et contraventions qui portent atteinte aux propriétés rurales et forestières, et leurs procès-verbaux, à cet égard, font foi jusqu'à preuve contraire pour ceux des gardes-champêtres, et jusqu'à inscription de faux pour ceux des gardes forestiers. (Art. 176, cod. forest.) Ces différens gardes n'ont donc pas le droit de constater valablement des faits étrangers à leurs attributions, c'est-à-dire, des contraventions de police, telles que la non observation des fêtes et dimanches, la vente de pains ou de denrées à faux poids, les injures verbales, les contraventions des logeurs, traiteurs, aubergistes, limonadiers, etc. Plusieurs arrêts ont décidé, qu'à raison de ces faits les gardes sont sans qualité ni pouvoir.

Les procès-verbaux des différens gardes doivent nécessairement contenir les énonciations prescrites par le § II de l'article 16 précité; autrement ils pourraient être rejetés par les juges de police, comme insuffisans ou incapables de justifier les contraventions; mais on ne pourrait annuler ces procès-verbaux, parce que le garde ne se serait pas conformé à ses instructions, ou parce qu'il n'aurait pas fait mention de la date de sa réception, qu'il n'aurait pas énoncé le port de son signe distinctif, ni donné exactement les confrontations du lieu où le délit a été commis, ni fait connaître positivement les noms et prénoms des délinquans, ni déclaré avoir interpellé ceux-ci d'assister et signer son procès-verbal. Il suffit de les désigner de manière à les faire reconnaître, autant qu'il est possible. Toutes ces énonciations, loin d'être prescrites à peine de nullité, ne sont considérées que comme surabondantes. Voyez les arrêts des 3 septembre 1808, 10 mai 1810, 26 janvier 1816, 18 février et 5 octobre 1820.

Il a même été jugé, par l'un de ces arrêts, que le défaut d'enregistrement d'un procès-verbal d'un garde-champêtre, au moment de l'audience, n'était pas une nullité, sauf au juge à ordonner que le procès-verbal serait enregistré avant de faire droit. (Arrêt du 10 mai 1810.) Cependant, s'il s'agissait d'un procès-verbal de garde forestier, il faudrait dire, avec l'article 170 du code forestier, qu'il y aurait nullité formelle à défaut d'enregistrement dans les quatre jours. Dans tous les cas, soit garde-champêtre, soit garde forestier, il est nécessaire qu'il fasse enregistrer ses procès-verbaux dans les quatre jours; la loi du 27 frimaire an VII le prescrit pour tous, à peine de nullité; voilà la règle. Si la cour de cassation a fait une exception par l'arrêt du 10 mai précité, à l'égard du garde-champêtre, il ne faut pas prendre l'exception pour la règle; c'est celle-ci qu'il faut suivre.

Tous gardes doivent écrire leurs procès-verbaux sur du papier timbré ou visé en débet; ils doivent les écrire et signer, et s'ils ne savaient écrire, ils devraient les faire rédiger par le maire ou son adjoint ou le commissaire de police, ou par le greffier du juge de paix. (Lois des 25 janvier et 27 septembre 1791.) Si ces procès-verbaux étaient écrits par de simples particuliers n'ayant aucun caractère public, ils ne mériteraient pas la confiance de la justice. C'est ce qui a été souvent jugé par les cours royales et par celle de cassation. Voyez notamment les arrêts des 1er juillet 1813, 2 décembre 1819, 26 juillet 1821 et 24 janvier 1827.

Les procès-verbaux des différens gardes doivent tous être affirmés, dans les vingt-quatre heures de leur clôture, devant le juge de paix ou le maire du lieu de la contravention, à peine de nullité. (Lois des 6 octobre 1791, 28 floréal an X et article 165 du code forestier.) Dans l'acte d'affirmation, l'officier qui la reçoit doit énoncer qu'il a préalablement fait lecture au garde de son procès-verbal, à peine de nullité, surtout lorsque celui-ci est illétré et qu'il a fait écrire son acte par une main étrangère. (Même art. 165; arrêt du 17 juin 1830.)

Pour connaître les attributions des gardes forestiers, les différentes formalités de leurs actes, et les poursuites qui s'ensuivent, voyez les articles 160 et suivans du code forestier, jusqu'au 176me.

Les procès-verbaux des gardes-champêtres, lorsqu'ils sont régulièrement affirmés, sont remis dans les trois jours au ministère public près le tribunal de police, qui en fait les poursuites suivant les dispositions du code d'instr. criminelle.

Quant aux gendarmes, la loi du 28 germinal an VI et l'article 179 de l'ordonnance du 29 octobre 1820, leur ont donné le droit de rechercher et constater plusieurs contraventions; mais ils doivent se borner à celles qui sont nommément prévues par ces lois: « Autrement, dit M. Bourguignon, tome 1er, page 168, les rapports des gendarmes qui ne rentrent dans aucun des cas exprimés aux § XV et suiv., art. 125 de la loi du 28 germinal an VI, ne sont qu'une dénonciation officielle, telle qu'elle est ordonnée par l'article 29 du code d'instruction. Aussi n'a-t-il pas besoin d'être affirmé; une seule signature suffit à sa validité. Les gendarmes qui ont rédigé un tel rapport sont de simples témoins, qui, ne se trouvant pas compris dans les exclusions prononcées par l'article 156, doivent être entendus comme dénonciateurs. Ils ne se trouvent pas non plus exclus par l'article 322, n'étant pas récompensés pécuniairement par la loi.»

Cette doctrine est conforme à plusieurs arrêts de la cour suprême, notamment à ceux des 24 février 1820, 24 mai 1821, et 6 juillet même année.

A l'égard des procès-verbaux pour délits de chasse et de port d'armes, qui sont spécialement attribués aux gendarmes par les lois précitées, ces lois, ni aucune autre, ne disent point quelle confiance la justice devra accorder aux actes des gendarmes, d'où l'on a conclu qu'ils ne faisaient pas même foi jusqu'à preuve contraire; mais je pense que c'est une erreur, et que tant que les rapports des gendarmes ne sont pas débattus par la preuve contraire, ils doivent servir de bases aux jugemens de police, autrement le pouvoir qui leur a été donné de constater certaines contraventions serait illusoire. (Arrêts des 25 mars et 2 avril 1830.)

CHAPITRE IX.

De la Demande ou Citation au Tribunal de police, et de l'Instruction qui s'ensuit pour parvenir au jugement.

« Les parties pourront comparaître volontairement et sur un simple avertissement, sans qu'il soit besoin de citation. » (Art. 147, code d'instr. crim.)

Il faut comparer cet article et le combiner avec les art. 17 et 19 de la loi du 25 mai 1838. De cette combinaison, il résultera que l'avertissement sera obligatoire si le juge interdit aux huissiers de citer avant qu'il ait été donné, tandis qu'il ne l'était nullement jusqu'à cette loi. Mais il y aura une grande différence entre le but de l'avertissement en matière civile et celui en matière de police : le premier sera donné non-seulement pour éviter des frais, mais pour concilier et assoupir toute contestation; l'autre, au contraire, ne sera donné que pour juger les parties et appliquer des peines, seulement il évitera les frais de la citation devant le juge de police.

Si le prévenu invité refuse de comparaître devant le juge, ce magistrat n'est point saisi de la contestation; il faut en venir à une citation, sans laquelle il ne peut ni condamner ni absoudre. Cependant, un juge de paix avait pensé qu'il pouvait acquitter le prévenu sur un simple avertissement; mais son jugement fut cassé le 4 mars 1806.

« Les citations pour contravention de police seront faites à la requête du ministère public ou de la partie qui réclame. Elles seront notifiées par un huissier; il en sera laissé copie au prévenu ou à la partie responsable. » Ainsi dispose l'art. 145 du code d'instr. crimin.

Les citations ne peuvent être données à un délai moindre de vingt-quatre heures, outre un jour par trois myriamètres, à peine de nullité, tant de la citation que du jugement qui serait rendu par défaut. Néanmoins, cette nullité ne peut être proposée qu'à la première audience, avant toute exception et défense. Dans les cas urgens, les délais pourront être abrégés, et les parties citées à comparaître, même dans le jour et à heure indiqués, en vertu d'une cédule délivrée par le juge de paix. (Art. 146, *ibid.*)

Quant aux formalités des citations, nous avons dit dans la précédente édition, qu'elles devaient contenir les formalités des exploits à peine de nullité, laquelle est prononcée par le code de procédure; mais il ne faut l'entendre ainsi que des formalités substantielles des citations, parce que le code de procédure ne fait point la règle pour les citations et les poursuites en matière de police, mais bien le code d'instruction criminelle. C'est ce que la cour régulatrice a décidé plusieurs fois, notamment par arrêts des 5 mai 1809, 23 mai 1817, et 20 avril 1819.

Quelles sont ces formalités substantielles? Ce sont les noms et demeure des deux parties, l'objet de la demande ou les conclusions du plaignant, l'immatricule et la signature de l'huissier, l'indication du tribunal saisi, et des jour et heure de l'audience.

Mais tous les vices que peut contenir une citation, même celui du défaut de délai, se couvrent par la comparution du défendeur et son silence sur la nullité. Cependant, s'il se laissait juger par défaut, et qu'il vînt ensuite par opposition, il serait recevable à faire valoir la nullité résultant du défaut de délai. Il a été jugé par la cour de cassation, le 15 novembre 1811, que le tribunal de police peut, même dans le cas où le prévenu fait défaut, prononcer la nullité de la citation, lorsqu'il reconnaît que le délai de l'article 146 n'a point été observé.

Dans quel temps doit être donnée la citation, pour faire réprimer les contraventions de police et autres? Aux termes de l'art. 640 du code d'instruction criminelle, l'action civile et l'action publique se prescrivent par une année pour une contravention de police; mais les contraventions rurales se prescrivent par un mois seulement. (Loi du 6 octobre 1791.) Le délai est de trois mois pour prescrire les contraventions forestières commises dans les bois de l'état, des communes et établissemens publics; mais il n'en est pas ainsi quand elles sont commises dans les bois des particuliers. Alors elles se prescrivent par trente jours (Art. 191, code forest.), dans le cas seulement où elles ont été constatées par des procès-verbaux, et à compter du jour de ces actes, à la différence de celles de simple police qui se prescrivent du jour où elles ont été commises, encore qu'il y ait eu des procès-verbaux de constatation. Cependant, si les prévenus de contraventions forestières n'étaient pas désignés aux procès-verbaux, la prescription ne pourrait s'acquérir que par six mois.

Ainsi, la citation aux prévenus doit exactement être donnée avant que ces prescriptions soient acquises, autrement la demande ne serait pas recevable; le juge pourrait même appliquer d'office la prescription.

Avant le jour de l'audience, le juge de paix pourra, sur la réquisition du ministère public ou de la partie civile, estimer ou faire estimer les dommages; dresser ou faire dresser les procès-verbaux; faire ou ordonner tous actes requérant célérité. (Art. 148.)

Le prévenu comparaît en personne ou par fondé de pouvoir. (Art. 152.) Toute personne, jouissant de ses droits, a pu en représenter une autre au tribunal de police, depuis le code d'instruction jusqu'à la loi du 25 mai 1838; mais pendant le règne du code de brumaire an IV, le prévenu ne pouvait se faire assister d'un conseil ou défenseur officieux. (Art. 161 de ce code.) A présent, depuis la loi du 25 mai, le prévenu ne pourra ni être représenté en vertu d'un pouvoir par un huissier, ni être assisté à l'audience par un tel officier. Cette faculté est expressément interdite aux parties et aux huissiers.

Le pouvoir de celui qui se fait représenter peut être donné par acte sous signature privée, aussi bien que par acte authentique.

A l'audience indiquée par la citation, l'instruction de chaque affaire est publique; elle se fait dans l'ordre suivant : les procès-verbaux, s'il y en a, sont lus par le greffier; les témoins appelés par le ministère public ou par la partie civile sont entendus; le prévenu est aussi entendu dans sa défense : il produit ses témoins, s'il en a amené ou fait citer. (Art. 153, *ibid.*)

Les témoins amenés sont ceux qui ne sont pas cités et qui comparaissent volontairement sur l'invitation du prévenu; mais ces témoins ne sont pas payés.

Après l'audition des différens témoins, le ministère public résume l'affaire, et donne ses conclusions. Enfin, le juge prononce, soit définitivement sur la contravention, soit sur des incidens s'il en est élevé. Il peut cependant renvoyer la cause à la prochaine audience pour prononcer son jugement; dans ce cas les parties doivent y comparaître sans citation.

Il suffit, pour que l'audience soit publique, qu'elle se fasse dans le lieu ordinaire des audiences, les portes ouvertes, en sorte que tout le monde puisse y entrer.

Les témoins produits par la partie civile ou par le ministère public, doivent être cités dans la forme ordinaire, par un huissier. Si un témoin important, ou prétendu tel, ne se présentait pas, et s'il n'avait pas été cité, mais seulement invité par une partie, celle-ci devrait demander le renvoi de la cause à la prochaine audience pour le faire citer.

Les contraventions seront prouvées, soit par procès-verbaux ou rapports, soit par témoins, à défaut de rapports ou procès-verbaux, ou à leur appui. Nul ne sera admis, à peine de nullité, à faire preuve par témoins, outre et contre le contenu aux procès-verbaux ou rapports des officiers de police ayant reçu de la loi le pouvoir de constater les délits ou les contraventions, jusqu'à inscription de faux. Quant aux autres procès-verbaux faits par des officiers qui n'ont pas le droit d'en être crus jusqu'à inscription de faux, ils pourront être débattus par des preuves contraires ou testimoniales, si le tribunal juge à propos de les admettre. (Art. 154, code d'instr.)

Cependant ces procès-verbaux ne feraient aucune foi s'ils n'étaient affirmés devant le juge de paix, ou, à son défaut, devant le maire; ils ne feraient pas foi encore, s'ils n'étaient dressés dans les cas de compétence des officiers qui les ont rapportés, c'est-à-dire s'ils constataient d'autres contraventions que celles dont la loi leur a donné l'attribution. Par exemple, si un garde dresse procès-verbal d'un crime qualifié, son acte ne fera pas foi, quand même il serait affirmé, parce qu'il est sans qualité pour rechercher un tel crime, et qu'il n'a de caractère que pour constater les délits champêtres ou forestiers. Ainsi, dans des cas semblables, il faut faire citer les gardes comme de simples témoins et entendre leurs dépositions.

On peut citer en témoignage toutes sortes de personnes, excepté les ascendans ou descendans du prévenu, ses frères et sœurs, ou alliés en pareil degré, sa femme ou son mari. Ces personnes ne doivent être appelées ni entendues (Art. 156, code d'instr.); cependant, si elles étaient citées, le défendeur devrait s'empresser de s'opposer à leur audition, car il n'y aurait point de nullité s'il les laissait déposer. Mais ces mêmes personnes peuvent se refuser à déposer, attendu leur qualité, quand même personne ne s'opposerait à leur audition.

Il faut aussi faire une exception à l'égard des individus désignés aux articles 28 et 34 du code pénal, qui ne peuvent être entendus que par forme de renseignemens. Aussi, on ne leur fait pas prêter serment. Il en est de même de ceux qui sont interdits de porter témoignage en justice.

La partie plaignante peut-elle faire entendre en sa faveur ses parens ou alliés? Oui, parce que la loi ne s'y oppose pas; mais ils sont reprochables, et le juge ne doit avoir à leurs dépositions que tel égard que de raison.

Tout témoin cité est obligé de comparaître au jour et à l'audience indiqués, quand même il prétendrait être en droit de ne pas déposer, il doit en déduire les raisons; s'il fait défaut, il peut être de suite condamné à l'amende sur les conclusions du ministère public. (Art. 157.) Si le témoin réassigné fait encore défaut, il peut être contraint par emprisonnement de sa personne. Mais quelle amende doit être appliquée? Je pense, avec M. Bourguignon, que le juge de police doit se renfermer dans ses attributions, et en conséquence prononcer une amende d'un franc à quinze francs. Cependant, M. Legraverend enseigne que le juge de police doit prononcer l'amende imposée par l'article 80 du code, comme s'il s'agissait d'un témoin non comparant devant le juge d'instruction. La raison qu'il en donne est que le défaut de comparution des témoins n'est point une contravention, mais une simple désobéissance à laquelle on ne doit pas appliquer les peines des contraventions. Cela peut être, mais en ce cas on est réduit à infliger une peine beaucoup plus forte.

Si le témoin réassigné comparaît,

il peut proposer ses excuses, et obtenir décharge de l'amende prononcée contre lui; cette décharge s'accorde facilement; il peut même, s'il n'est pas réassigné, se présenter volontairement pour faire admettre ses excuses sans qu'il soit obligé d'interjeter appel. (Art. 158.)

Les témoins doivent nécessairement prêter serment de dire la vérité, toute la vérité, avant d'être entendus. Ce serment se prête à l'audience, en présence des parties, à peine de nullité. Chaque témoin doit d'ailleurs déclarer ses noms, âge, profession et demeure, et le greffier tient note du tout; il n'est pas nécessaire d'en dresser procès-verbal. (Art. 155.)

Le serment de dire vérité, toute la vérité, est insuffisant; il faut encore ajouter rien que la vérité, à peine de nullité de la déposition et même du jugement. (Arrêts des 23 juillet 1813, 13 mars 1816, 15 juin 1821 et 8 avril 1824.)

S'il y a des personnes responsables de la contravention, elles doivent être citées avec le prévenu par la même citation, et par laquelle le demandeur conclut, 1° à ce que le prévenu soit déclaré convaincu de la contravention, condamné aux peines portées par la loi et aux dommages-intérêts résultant du préjudice occasioné au demandeur; 2° que le jugement à intervenir soit déclaré commun avec la personne responsable, en ce qui concerne les restitutions, dommages-intérêts et frais auxquels elle sera condamnée solidairement avec le prévenu.

« Toute autre manière de procéder serait irrégulière et contraire à l'esprit des art. 1er et 3 du code d'instruction, car si le responsable était appelé seul et condamné, de même, aux réparations civiles, le prévenu serait bien fondé à dire au responsable, lorsqu'il exercerait une garantie contre lui, qu'il n'a pas été jugé coupable de la contravention, ni même cité, et qu'on ne pouvait cependant le priver du droit sacré de la défense.... » Voyez sur cela le commentaire de la législation de police, page 153.

Cette doctrine a été critiquée par plusieurs auteurs, mais elle a été consacrée vingt-cinq ans après par trois arrêts de la cour de cassation des 16 octobre 1817, 11 septembre 1828 et 24 décembre 1830. Ce dernier est ainsi motivé : « Attendu qu'aux termes des articles 1er et 3 du code d'instruction criminelle, les tribunaux de répression, devant lesquels est poursuivie la punition des délits et contraventions, ne sont compétens pour connaître de l'action civile qui en résulte, que lorsqu'ils se trouvent saisis en même temps de l'action contre le prévenu; que l'article 145 du même code qui permet de laisser copie de la citation au prévenu ou au responsable, ne déroge point à ce principe; que lors donc que ce dernier a été cité seul, le tribunal qui n'a point à prononcer sur l'application de la peine, est par là même incompétent pour statuer sur les dommages-intérêts. Et, attendu, dans l'espèce, que le propriétaire responsable a néanmoins été cité seul au tribunal de police comme civilement responsable;... que cependant la responsabilité ne pouvant le rendre passible que des dépens et dommages, le juge de paix devait surseoir à statuer sur la demande et fixer le délai dans lequel le berger qui a commis la contravention, serait mis en cause,.... casse, etc. »

Mais, quelles sont les personnes responsables? La loi répond : « Les maris, pères, maîtres, tuteurs, entrepreneurs de toute espèce, sont civilement responsables des délits commis par leurs femmes et enfans, pupilles, mineurs n'ayant pas plus de vingt ans et non mariés, domestiques, ouvriers, voituriers ou autres subordonnés. » Tel est le texte de l'art. 7 du titre II de la loi du 6 octobre 1791. Cette disposition est reproduite par l'art. 1384 du code civil, mais avec une modification fort juste, conçue en ces termes : « La responsabilité ci-dessus a lieu, à moins que les pères, mères, instituteurs et artisans, ne prouvent qu'ils n'ont pu empêcher le fait qui donne lieu à cette responsabilité. »

Il faut encore admettre d'autres modifications : le mari est bien responsable pour sa femme des délits et contraventions ruraux et forestiers (Art. 206, § Ier, code forestier), parce que la loi le décide formellement; mais elle ne dispose pas ainsi pour les contraventions de simple police; alors, il faut rentrer dans le droit commun, et dire que les fautes sont personnelles, et que les contrevenans en supportent seuls les peines ou la responsabilité. C'est ce que la cour suprême a jugé en faveur des maris, par deux arrêts des 9 juillet 1807 et 5 juin 1811.

CHAPITRE X.

Des Jugemens de police simple, par défaut, contradictoires ou définitifs, et de leur exécution.

§ Ier. — *Des Jugemens par défaut, et de l'Opposition.*

L'instruction de la cause, détaillée dans le chapitre précédent, étant terminée, le tribunal de police prononce son jugement dans la même audience, ou au plus tard dans la suivante.

Si le prévenu ne comparaît pas, on donne défaut contre lui. (Art. 149, code d'instr.) Mais il ne faut pas moins faire l'instruction, c'est-à-dire, entendre les témoins et le ministère public, faire lecture des procès-verbaux, etc. L'absence du prévenu ne dispense point de vérifier le fondement de l'inculpation; car, si elle se trouvait non justifiée, le prévenu, quoique absent, ne devrait pas moins être acquitté.

Si c'est le plaignant qui ne comparaît pas, on donne aussi défaut contre lui; mais ce défaut ne frappe que sur les réparations civiles, parce que, à l'égard du fait, le ministère public est le contradicteur naturel et le poursuivant légal du prévenu.

Si le fait ne présente ni délit ni contravention, le juge de police déclare la citation et tout ce qui a suivi, nul et de nul effet. Il ne peut statuer sur les dommages-intérêts du prévenu. (Art. 159 *ibid.*) Si, au contraire, le fait excède la compétence du tribunal, c'est-à-dire, s'il donne lieu à une amende excédant 15 fr., ou à un emprisonnement de plus de cinq jours, le juge de police renvoie les parties devant le procureur du roi. (Art. 160 *ibid.*)

Enfin, s'il s'agit d'un fait de police, ou la preuve n'est pas acquise, ou elle est complète. Dans le premier cas, le juge absout le prévenu; dans le second, il applique la peine portée par la loi, et statue, par le même jugement, sur les dommages-intérêts et restitutions (Art. 161 *ibid.*), à quelque somme qu'ils puissent se monter. C'est uniquement la quotité de la peine qui détermine sa compétence. La partie qui succombe est condamnée aux frais (Art. 162 *ibid.*), lesquels sont liquidés par le même jugement.

Tout jugement définitif de condamnation doit être motivé, et il faut insérer les termes de la loi appliquée, à peine de nullité. Cette règle est de rigueur.

Les jugemens préparatoires du tribunal de police n'ont pas besoin d'être motivés. C'est ce qui résulte de la manière dont la disposition est conçue. Mais, dans aucun jugement, on n'y insère les plaidoyers des parties ou de leurs défenseurs, il suffit d'y énoncer bien sommairement les faits ou les moyens.

La loi veut aussi (Art. 163) que le jugement énonce s'il est rendu en première instance ou en dernier ressort. A cet égard, il faut appliquer ici les règles du code de procédure civile, relativement aux jugemens qui sont mal qualifiés, ou dans lesquels le juge ne s'est point expliqué. C'est le montant des demandes qui doit déterminer s'il y a lieu ou non à l'appel.

Le jugement doit être signé par le juge qui a tenu l'audience, dans les vingt-quatre heures au plus tard, à peine de 25 fr. d'amende contre le greffier, et de prise à partie, s'il y a lieu, tant contre le greffier que contre le juge. (Art. 164, code d'instr.) Ainsi, l'inobservation de cette règle ne donne pas lieu à la nullité du jugement, mais seulement à l'amende et à la prise à partie, qui peut être exercée tant par le condamné que par la partie qui a obtenu le jugement. Néanmoins, la prise à partie ne doit avoir lieu que dans le cas où la négligence est accompagnée de dol, de fraude ou d'autres circonstances graves; elle doit être suivie conformément au tit. Ier, partie Ire du code de procédure.

Suivant l'article 408 du code d'instruction, rendu commun aux matières de police par l'article 413, le tribunal de police doit pareillement, à peine de nullité, 1° ordonner l'exécution d'une formalité voulue par la loi, et requise par le prévenu ou le ministère public, quand même elle ne serait pas ordonnée à peine de nullité; 2° prononcer sur toute réquisition du prévenu ou du ministère public. C'est pourquoi la cour de cassation a annulé plusieurs jugemens qui n'avaient pas prononcé sur ces réquisitions.

Le tribunal de police gradue, suivant les circonstances, ou le plus ou le moins de gravité du délit, les peines qu'il est chargé de prononcer, sans qu'elles puissent, en aucun cas, être au-dessous du minimum porté par la loi, ni s'élever au-dessus de 15 fr. d'amende ou de cinq jours d'emprisonnement.

Cependant, d'après la loi additionnelle de 1832, le juge peut réduire le *minimum* même des peines, lorsque des circonstances sont fortement atténuantes, et que les dommages-intérêts demandés ne s'élèvent pas au-dessus de 25 fr. Mais, en matière de délits ruraux ou forestiers, il n'y a pas lieu à la graduation des peines. Pour les premiers, on applique toujours, sans réduction, l'amende de la valeur de trois journées de travail. (Loi du 25 thermidor an IV, article 2.) Et, pour les contraventions forestières, il faut appliquer les amendes prononcées par le code forestier. Voyez ce que nous avons déjà dit à l'égard de ces contraventions, au chap. IV ci-devant, n°s 10 à 13.

Tout jugement de condamnation qui prononce une amende au-dessus de quinze francs, ou un emprisonnement qui excède cinq jours, est en contravention à la loi, il doit être annulé. Tout jugement, aussi, doit faire mention qu'il a été rendu en séance publique, à peine de nullité. Il ne suffirait même pas de dire que l'audience a été tenue dans l'auditoire, il faut encore ajouter *que la séance était publique*. (Arrêt du 6 février 1824.) Les mots *rendu en audience publique*, sont, dit la cour de cassation, *des termes sacramentels* exigés à peine de nullité. (Arrêt du 21 novembre 1828.)

Revenons aux jugemens par défaut du tribunal de police et aux oppositions dont ils sont susceptibles :

Ces jugemens doivent contenir les mêmes élémens et formalités qu'un jugement contradictoire, c'est-à-dire les nom, qualités et demeure de la partie plaignante et ceux du prévenu; leur comparution en personne ou par fondé de pouvoir, l'exposition du fait ou de la contravention; les conclusions du poursuivant et du ministère public; la mention de la lecture du procès-verbal à l'audience; l'énonciation sommaire de la déposition des témoins, s'il en a été produit; la non comparution et le défaut donné contre le prévenu; les questions de droit; les motifs du jugement; la condamnation ou absolution qui s'ensuit, soit pour l'application de la peine, soit pour les dommages-intérêts; le texte de la loi appliquée et la liquidation des dépens. Cependant, si le jugement par défaut n'était qu'un simple préparatoire, on pourrait se dispenser de le motiver; mais s'il était interlocutoire, il devrait l'être. D'ailleurs, dans le jugement préparatoire, on se borne à énoncer les noms, demeures et professions des parties, les conclusions du demandeur et celles du ministère public, le défaut donné contre le défaillant, et le dispositif du jugement.

Un jugement est par défaut : « soit » qu'il ait été rendu contre une personne » qui ne s'est pas présentée sur la ci- » tation, soit qu'il ait été rendu contre » un individu qui, s'étant présenté, » n'a proposé aucune défense ni con- » clusion. » Tels sont les termes d'un arrêt du 7 septembre 1822, qui a déclaré nettement : « que celui qui a » comparu, mais pour lequel il n'y a » eu ni défenses ni conclusions, est » légalement réputé n'avoir pas com- » paru. »

« L'opposition au jugement par défaut pourra être faite par déclaration, en réponse au bas de l'acte de signification, ou par acte notifié dans les trois jours de la signification, outre un jour par trois myriamètres. L'opposition emportera de droit citation à la première audience après l'expiration des délais, et sera réputée non avenue si l'opposant ne comparaît pas. » (Art. 151 *ibid.*)

L'opposition peut être aussi formée avant la signification du jugement par défaut; mais en ce cas il faut se conformer tant à l'article 151 qu'au 187me. Ainsi jugé par deux arrêts des

10 novembre 1808 et 9 juillet 1813. L'opposant n'est point obligé à rembourser les frais du défaut.

Les délais pour former l'opposition ne sont pas francs, parce que la loi prescrit de la former *dans* les trois jours, et c'est pourquoi la cour de cassation juge que l'opposition n'est recevable que jusqu'au 3me jour de la signification, et non le 4me. (Arrêt du 26 mai 1830.)

L'opposition doit être faite dans la forme ordinaire des exploits, lorsqu'elle n'est pas faite au pied de la signification du jugement. Dans tous les cas, elle contient les conclusions libellées de l'opposant, avec citation à la première audience.

« La personne citée doit comparaître en personne ou par fondé de pouvoir à l'audience indiquée.» (Art. 152.) Néanmoins, le juge peut ordonner que la partie qui se fait représenter, comparaîtra en personne.

Tout jugement de police, qui n'est pas contradictoire, est sujet à l'opposition, encore qu'il serait définitif, parce qu'il est alors nécessairement par défaut. Quand l'opposition est reçue, le juge déclare que le jugement attaqué n'aura aucun effet ; mais si l'opposition est rejetée, le jugement est maintenu dans ses dispositions, et son exécution est ordonnée. Enfin, l'opposant est condamné aux dépens.

§ II. — *De l'Exécution du Jugement définitif de police simple.*

Le tribunal de police prononce quatre sortes de condamnations : la confiscation, l'amende, l'emprisonnement et l'indemnité. Les trois premières sont prononcées sur la réquisition du ministère public, qui est chargé de veiller à leur exécution, et de donner les ordres nécessaires. La dernière est prononcée sur la réquisition de la partie lésée, qui en poursuit le paiement.

L'estimation des dommages-intérêts est toujours faite par le juge de paix, d'après ses connaissances personnelles ou sur l'avis des gens de l'art. (Loi du 6 octobre 1791, art. 2, tit. VII.)

L'amende et l'indemnité sont dues solidairement ; nous l'avons déjà dit ailleurs. En cas de concurrence, l'indemnité est toujours préférable à l'amende. Elle est pareillement préférée aux frais adjugés à l'état.

Un jugement définitif ne peut être exécuté que lorsqu'il est mis en forme exécutoire par une expédition signée du greffier, expédition qui ne peut être délivrée que lorsque le juge a signé la minute, à peine de faux contre le greffier. « Le ministère public et la partie civile poursuivent l'exécution du jugement, chacun en ce qui le concerne. » (Art. 165.) Ce qui concerne le ministère public, c'est l'amende et l'emprisonnement ; et ce qui concerne la partie civile, ce sont les dommages-intérêts, les restitutions et frais qui lui sont accordés.

Les tribunaux de police ne peuvent connaître de l'exécution de leurs jugemens ; ils n'ont d'attribution que pour la répression des contraventions soumises à leur compétence ; et s'ils décident sur les dommages-intérêts de la partie lésée, c'est par le même jugement qui applique les peines de la contravention. (Arrêts des 2 janvier 1807, 2 juillet et 27 mars suivans.)

A l'égard des amendes, le recouvrement en est fait par l'administration de l'enregistrement par voie de contrainte ordinaire, décernée par un agent de cette administration, visée par le juge de paix, et signifiée avec commandement. Il en est de même des confiscations et frais adjugés à l'état. (Art. 197, § II.) Si la contrainte ordinaire ne produit pas tout l'effet que l'on s'en était promis, la contrainte par corps peut être exécutée contre le condamné jusqu'à parfait paiement des condamnations prononcées contre lui, ou jusqu'à ce qu'il ait fourni une caution admise par le receveur de l'enregistrement, ou, en cas de contestation de sa part, déclarée valable par le tribunal civil de l'arrondissement. La caution devra s'exécuter dans le mois, à peine de poursuites. (Loi du 17 avril 1832, art. 34.)

Cependant, si le condamné justifie de son insolvabilité, suivant le mode prescrit par l'art. 420 du code d'instr. crim., il sera mis en liberté après avoir subi quinze jours de contrainte, lorsque l'amende et les autres condamnations n'excéderont pas 15 francs ; un mois, lorsqu'elles s'élèveront de 15 à 50 francs; deux mois, lorsqu'elles s'élèveront de 50 à 100 francs; et quatre mois, lorsqu'elles excèderont 100 fr. (Art. 35, même loi.)

Après que la contrainte par corps aura cessé, elle pourra être reprise une seule fois, s'il est jugé que le condamné a acquis, depuis sa mise en liberté, des moyens de solvabilité. (Art. 36, *ibid.*)

La partie civile a aussi la contrainte par corps pour obtenir le paiement de ses dommages-intérêts, restitutions et frais; elle a en outre tous les autres moyens des contraintes autorisées par le code de procédure civile, la saisie-exécution, la saisie-arrêt, la saisie-brandon, la saisie immobilière. Mais, avant d'exécuter la contrainte par corps, elle doit faire faire un itératif commandement au condamné. (Art. 174 et 175 du décret du 18 juin 1811.)

Quant à la peine d'emprisonnement, l'exécution s'en fait après la signification du jugement au débiteur, à la requête du ministère public; elle se fait même après la signification d'un simple extrait du jugement signé par le greffier, visé par le commissaire de police, et revêtu des formules exécutoires. D'ailleurs, en plusieurs autres circonstances que celles des peines de police, les jugemens criminels s'exécutent sur de simples extraits. Voyez et combinez les articles 198, 202, 417, 472 code d'instr.; 36 code pén.; § 11 et 44 du décret du 18 juin 1811.

CHAPITRE XI.

De la Récidive.

La connaissance de la récidive était attribuée aux juges correctionnels, par l'article 607 du code du 3 brumaire an IV; mais le code pénal actuel a conféré cette compétence aux juges de police, par les art. 474, 478 et 482. Il y a cependant une exception qui a été introduite par la loi additionnelle de 1832, laquelle, en ajoutant un § à l'art. 478, statue que ceux qui seront en état de récidive pour avoir établi dans les rues, chemins et places publiques, des loteries ou autres jeux de hasard, seront punis correctionnellement de six jours à un mois d'emprisonnement, et d'une amende de 16 fr. à 200 francs.

Mais, que faut-il entendre par récidive, dans le sens de la loi? L'article 608 du code de brumaire an IV disait: « Pour qu'il y ait lieu à une augmentation de peines pour cause de récidive, il faut qu'il y ait eu un premier jugement rendu contre le prévenu, pour *pareil délit* (ou contravention), dans les douze mois précédens, et dans le ressort du même tribunal de police. »

L'article 483 du code pénal actuel diffère de la précédente disposition; il dit seulement: « Il y a récidive dans tous les cas prévus par le présent livre, lorsqu'il a été rendu contre le contrevenant, dans les douze mois précédens, un premier jugement pour contravention de police, commise dans le ressort du même tribunal. » Ainsi, il ne dit point pour *pareil délit* ni pour pareille contravention.

En supprimant les mots pour *pareil délit*, l'art. 483 dit évidemment qu'il ne sera point nécessaire que les deux contraventions, commises dans l'année, soient de la même nature. Par exemple, deux contraventions au ban de vendange, ou deux contraventions pour avoir proféré des injures; mais qu'il suffira que deux contraventions, indistinctement, aient été commises par la même personne, encore que l'une ne serait ni de même nature ni de même classe que l'autre, et qu'ainsi il y a récidive si le contrevenant a commis une contravention prévue par l'article 471, et une autre prévue par l'art. 479, dans la même année; mais, s'il s'était écoulé plus d'une année entre les deux contraventions, il n'y aurait pas de récidive.

Mais, quelle est la peine de la récidive? Les art. 474, 478 et 482 répondent: « La peine d'emprisonnement contre toutes les personnes mentionnées en l'art. 471, aura toujours lieu, en cas de récidive, pendant trois jours au plus. » — « La peine d'emprisonnement, pendant cinq jours au plus, sera toujours prononcée, en cas de récidive, contre toutes les personnes mentionnées en l'art. 475. » — « La peine d'emprisonnement aura toujours lieu, pendant cinq jours, pour récidive, contre les personnes et dans les cas mentionnés en l'art 479. »

Ainsi, point de difficultés pour les récidives, dans les contraventions exprimées aux art. 475 et 479; la récidive est alors toujours réprimée par cinq jours de prison, dans tous les cas de ces deux articles. Mais si le contrevenant a commis une contravention de troisième classe en premier lieu, et ensuite une contravention de première classe (Art. 471), quelle peine sera applicable à la récidive? Celle de la première étant inférieure à celle de troisième classe, faudra-t-il appliquer une peine moindre pour la récidive que pour la première contravention? Cela paraît répugner aux idées généralement reçues. Néanmoins, un arrêt de la cour de cassation, du 26 avril 1822, a appliqué une amende de 6 fr. à la récidive, tandis que la première contravention avait été punie d'une amende de 12 fr. Un arrêt, du 13 mai 1830, paraît avoir décidé aussi dans le même sens.

Mais, ce qui paraît irrégulier dans ces sortes d'applications sera corrigé par la peine d'emprisonnement, qui a toujours lieu en récidive dans les cas énoncés aux art. 475 et 479, et dans quelques-uns seulement, pour les contraventions de l'art. 471.

Lorsque la peine de récidive doit excéder cinq jours d'emprisonnement, le juge de police ne peut en connaître, et il doit renvoyer la cause en police correctionnelle. Ainsi jugé par la cour de cassation, les 4 juin 1824 et 15 janvier 1825.

Mais, un adjudicataire chargé du nettoiement des rues, lorsqu'il est déclaré en récidive pour négligence à enlever les boues et immondices des rues, est-il passible de la peine d'emprisonnement, comme tout habitant qui serait dans le même cas? Oui, parce qu'il est substitué aux obligations des habitans, et qu'ainsi il encourt les mêmes peines qu'eux pour semblable négligence. (Arrêt du 12 novembre 1813.)

Tout ce que nous venons de dire, et on l'a vu aisément, ne s'applique qu'aux récidives dans les contraventions établies par le code pénal; mais à l'égard des récidives, dans les contraventions rurales prévues par les lois des 6 octobre 1791 et 3 brumaire an IV, et autres établies par des lois antérieures, les juges de police sont-ils compétens d'en connaître? Deux arrêts, des 4 juin 1824 et 15 janvier 1825, ont décidé la négative, attendu que l'art. 607 du même code de brumaire inflige à la récidive des peines doubles, ce qui établit six jours d'emprisonnement, et que les juges de police simple n'en peuvent jamais prononcer que cinq. Mais d'autres arrêts, en plus grand nombre, ont décidé l'affirmative de cette question, attendu que les lois précitées prescrivent seulement de doubler l'amende, en cas de récidive, sans exiger que l'emprisonnement soit prononcé cumulativement avec l'amende. Or, l'amende de la valeur de trois journées de travail, prononcée par ces mêmes lois, peut être doublée aisément, sans excéder le maximum des amendes que le juge de police peut prononcer; car le prix de six jours de travail ne s'élève point à 15 fr. Voir les arrêts des 25 mars et 25 décembre 1827, 5 septembre 1828 et 20 février 1829.

Mais, pour décider s'il y a récidive dans les contraventions rurales et autres, non prévues par le code pénal, doit-on se régler par le principe posé en l'art. 483? Nous ne pouvons mieux répondre à cette question qu'en rapportant la doctrine de M. Debelleyme, alors procureur du roi près le tribunal de la Seine : « Un autre principe doit » être adopté à l'égard des contraventions de police, prévues soit par le » code du 3 brumaire an IV, soit par » les lois qui lui sont antérieures. » C'est évidemment dans les dispositions de l'art. 608 de ce code qu'il » faut chercher la règle à suivre. Or, » il a formellement disposé que, pour » qu'il ait lieu à augmentation de » peine pour cause de récidive, il » faut qu'il y ait un premier jugement rendu contre le prévenu pour » *pareil délit*, dans les douze mois » précédens et dans le ressort du même » tribunal de police. » (Lettre du 28 mai 1827 à MM. les juges de paix de Paris.)

Le même magistrat fait une distinction judicieuse à l'égard des contraventions prévues par des lois ou règlemens particuliers, qui sont intervenus dans l'intervalle écoulé depuis le code de brumaire jusqu'à celui actuel de 1810.

Il dit : « Quant à ces contraventions, il n'y a lieu d'appliquer la peine de récidive qu'autant qu'elle est déterminée par ces lois, et en ce cas leurs dispositions particulières seules servent de règle. D'où il suit, que la circonstance de récidive n'aggravera pas la peine à laquelle elle donne lieu, si ce fait de récidive n'est pas prévu et si cette aggravation n'est pas ordonnée. »

Mais, la récidive des contraventions forestières entraîne toujours le doublement de la peine. « Il y a récidive en ces matières, lorsque, dans les douze mois précédens, il a été rendu contre le délinquant, ou contrevenant, un premier jugement pour délit ou contravention en matière forestière. » (Article 200, code forestier.) Ainsi, la règle du code de brumaire an IV est confirmée ici.

Les douze mois se comptent, en matière forestière, depuis la date du premier jugement jusqu'au jour de la perpétration du second fait, et non jusqu'au jour du jugement de la seconde contravention. (Arrêt du 17 juin 1830, cour de cassation.)

« Les peines seront également doublées, lorsque les délits et les contraventions auront été commis la nuit, ou que les délinquans auront fait usage de la scie pour couper des arbres sur pied. (Article 201, *ibid.*) Les tribunaux ne pourront appliquer, aux matières forestières, les dispositions de l'article 463 du code pénal.

Dans tous les cas, et en toutes matières, lorsque le fait de la récidive est constant, le tribunal de police ne peut se dispenser d'appliquer la peine portée par l'article 483 du même code, la disposition de cet article n'étant pas facultative. C'est ce que la cour de cassation a jugé le 22 août 1822. Il faut dire la même chose des peines prononcées par les articles 474, 478 et 482, qui sont aussi impératifs que l'article 483.

On a pu remarquer, par ce que nous venons de dire en ce chapitre, qu'il existe bien des variations et des différences dans la législation des récidives. Il faut d'abord regarder comme un principe qu'à l'égard des contraventions établies par le code pénal actuel, il y a récidive, quelles que soient la nature et la classe de la contravention, l'article 483 n'exigeant point que la seconde soit semblable à la première. Les juges de paix en connaissent dans tous les cas, excepté la récidive de ceux qui tiennent des loteries et des jeux de hasard dans les chemins et lieux publics, laquelle est attribuée aux juges correctionnels.

Il faut observer ensuite que dans les contraventions rurales, forestières et autres, qui ne sont pas prévues par le code pénal actuel, il n'y a récidive caractérisée, que lorsque les deux contraventions commises dans l'année et dans le ressort du même tribunal de police sont de même nature. Ce qui rétablit, pour ces contraventions, la règle de l'article 607 du code de brumaire an IV.

Enfin, on doit observer que, relativement aux contraventions établies par les lois qui ont été portées depuis l'an IV, jusqu'à 1810, les récidives ne sont susceptibles d'une aggravation de peine, que lorsque ces lois en disposent ainsi spécialement.

CHAPITRE XII.

De l'Appel des Jugemens de Police.

« Les jugemens rendus en matière de police pourront être attaqués par la voie de l'appel, lorsqu'ils prononceront un emprisonnement, ou lorsque les amendes, restitutions et autres réparations civiles excéderont la somme de cinq francs, outre les dépens. » (Article 172, code civil.)

Ainsi, les jugemens dont les condamnations pécuniaires réunies ne sont que de cinq francs et au-dessous, ne sont point sujets à l'appel, pourvu qu'ils ne prononcent pas la peine d'emprisonnement, même pour un seul jour. Alors ils décident en dernier ressort, et ne peuvent être attaqués que par la voie de cassation.

Ainsi encore, les jugemens de police qui acquittent le prévenu, ou qui ne prononcent aucune condamnation, ne sont pas sujets à l'appel; ils sont réputés en dernier ressort.

Ainsi, enfin, il y a, dans l'article 172, une dérogation expresse à la législation précédente, qui interdisait l'appel contre tout jugement de police. « L'appel a été introduit contre ces jugemens par un droit nouveau qui n'a pas d'extension. » Ce sont les propres termes de la cour de cassation dans un arrêt du 19 février 1813, rapporté par M. Bourguignon.

De ce que nous venons de dire, il suit, que lorsqu'un jugement de police ne condamne le défendeur qu'à deux francs d'amende et à trois de dommages-intérêts, il est en dernier ressort, attendu que le maximum de cinq francs pour l'amende et les réparations civiles réunies, n'est point dépassé. (Arrêt du 17 janvier 1823, cassation.)

L'appel est suspensif (Art. 173); cependant, il y a une exception à cette règle, c'est que lorsque des peines de police sont prononcées pour irrévérences ou injures commises à l'audience, d'après les articles 505 et 506 du code d'instruction criminelle, le jugement est exécutoire par provision.

L'appel a lieu pour cause d'incompétence, encore que les condamnations n'excèdent pas cinq francs; c'est une conséquence de l'article 14 de la loi nouvelle, du 25 mai 1838, § 1er. Cette loi doit s'appliquer aussi bien au tribunal de police du juge de paix que dans sa juridiction civile; elle dispose pour tous jugemens *du juge de paix*, sans distinction. Néanmoins, si ce juge s'est déclaré compétent, l'appel n'aura lieu qu'après le jugement définitif. Ainsi, il y a, dans ce point, une dérogation à la jurisprudence de la cour suprême, qui interdisait l'appel pour cause d'incompétence, lorsque le jugement était réputé en dernier ressort. (Arrêts des 29 janvier 1813 et 10 avril 1832.)

Les formalités de l'appel ne sont point déterminées par la loi criminelle, mais il convient de le faire dans la forme ordinaire des appels de la justice de paix; il doit donc contenir les griefs de l'appelant, les moyens de fait et de droit qui sont opposés ou invoqués contre le jugement et la constitution d'avoué, parce que le condamné a besoin du ministère de cet avoué pour prendre ses conclusions, soit contre la partie plaignante, soit contre le ministère public.

« L'appel des jugemens rendus par le tribunal de police, sera porté au tribunal correctionnel : cet appel sera interjeté dans les dix jours de la signification de la sentence à personne ou domicile; il sera suivi et jugé dans la même forme que les appels des sentences des justices de paix. » (Article 174, code d'instruction.)

Mais il n'en est pas ainsi de l'appel des jugemens du tribunal correctionnel: il doit être fait par une simple déclaration au greffe du tribunal qui a rendu le jugement, dix jours au plus tard après celui où il a été prononcé; et si le jugement est rendu par défaut, dix jours au plus tard après celui de la signification faite à personne ou domicile. (Article 203, *ibidem*.)

Peut-on, indistinctement, suivre l'un ou l'autre mode d'interjeter appel d'un jugement de police? « Non, répond M. Bourguignon, l'appel de ce jugement diffère de celui rendu en police correctionnelle, en ce point, que le délai pour le déclarer ne court, en simple police, que du jour de la signification, tandis qu'en police correctionnelle, il commence à courir du jour qui suit la prononciation. »

Non encore, d'après M. Carnot, « par la raison que ce qui est prescrit en matière correctionnelle déroge au droit commun, et que toute dérogation de ce genre doit être renfermée dans les bornes que la loi a prescrites. Ainsi, l'appel du jugement de police doit, comme en *matières ordinaires*, être signifié et non déclaré au greffe. »

Non enfin, suivant deux arrêts de la cour de cassation, dont l'un, du 19 février 1813, décide que c'est du jour de la signification d'un jugement de police, seulement, que le délai pour en appeler commence à courir; et l'autre arrêt, du 22 mars 1821, prononce que les dispositions de l'article 174 font la règle unique pour les appels des jugemens de police, parce que l'article 203 ne s'applique point à ces appels, mais seulement à ceux des jugemens correctionnels.

Néanmoins, un autre arrêt du 6 août 1829 a jugé que si, dans le délai prescrit par l'article 174, une déclaration d'appel est faite au greffe contre un jugement de police, cet appel est valable, pourvu qu'il ait été signifié dans le même délai à personne ou domicile.

Mais, en ce cas, ce n'est plus la simple déclaration énoncée par l'article 203, car la signification qui s'ensuit remplace l'appel ordinaire ; d'ailleurs, le délai est observé.

Lorsque le prévenu est absous, encore que le jugement ne soit pas en dernier ressort, la partie publique ne peut en faire appel, parce qu'il ne prononce aucune condamnation. (Argum. de l'article 172.) Il en est de même de la partie civile ; mais l'une et l'autre peuvent se pourvoir en cassation dans les cas autorisés. Ainsi jugé par arrêts des 10 avril, 29 mai 1812, 29 janvier et 19 février 1813, rapportés par M. Bourguignon. « Le motif de ces arrêts, dit ce criminaliste, est que l'article 172 renferme une dérogation au droit commun, dans laquelle il faut strictement se renfermer. D'ailleurs, lorsqu'un jugement d'absolution viole, soit les règles de compétence, soit les lois pénales, ou, lorsqu'ils ne font pas aux faits prouvés, l'application de ces lois, l'article 177 permet le recours en cassation. »

Ainsi, le droit d'appeler d'un jugement de police n'appartient qu'à la partie condamnée. Néanmoins, à présent, il faut en excepter le cas d'incompétence pour lequel (nous l'avons déjà dit) l'appel est permis à toute partie, en vertu de l'article 14 de la loi du 25 mai 1838.

Mais, pour décider s'il y a lieu à l'appel d'un jugement de police, doit-on combiner l'article 172 avec l'article 166 ; c'est-à-dire, doit-on prendre pour règle unique le montant des condamnations ou le montant des conclusions de la partie? Non, « la disposition de l'article 172 ne peut pas être changée par son rapprochement avec l'article 166, parce que ce dernier n'a pour but que de régler la compétence entre les juges de paix et les maires, et non pas les cas où ils jugent en dernier ressort. Il n'est point permis de recourir à des rapprochemens, toutes les fois que la loi contient une disposition claire et complète. D'où il suit, qu'en recevant l'appel d'un jugement de police, dont les condamnations ne s'élèvent en total qu'à la somme de 5 fr., outre les dépens, le tribunal correctionnel viole les règles de sa compétence et l'article 472... » Tels sont les termes d'un arrêt du 5 septembre 1811. Il en existe plusieurs autres conformes.

Nous avons vu que l'appel doit être interjeté dans les dix jours de la signification du jugement ; mais ces dix jours sont-ils francs? Il est certain que le jour de la signification n'est pas compté ; mais il paraît que celui de l'échéance, c'est-à-dire le dernier jour du délai, doit l'être, parce que la loi dit *dans* les dix jours. Ainsi, il ne doit pas s'en écouler davantage avant l'appel.

Quant à l'instruction et au jugement de cet appel, nous pensons, avec plusieurs jurisconsultes, qu'il doit être suivi et jugé de la même manière que les appels des jugemens des justices de paix. Voyez, sur cela, les articles 404, 405, 447, 453, 455, 456, 467, 473, 543 du code de procédure. « Ce qui ne doit s'entendre, dit fort bien M. Bourguignon, qu'autant que l'instruction sommaire, prescrite pour les justices de paix, peut se concilier avec les formes prescrites par les articles 175, 176, 177, 178 et 179 du code d'instruction. »

CHAPITRE XIII ET DERNIER.

De la Cassation des jugemens de police.

La cassation a lieu contre les jugemens rendus, soit par le premier tribunal en dernier ressort, soit donnés sur l'appel, soit par défaut, lorsque l'opposition ni l'appel ne sont plus recevables. Le condamné a trois jours francs, après celui où son jugement lui a été prononcé, pour déclarer qu'il se pourvoit en cassation : pendant ces trois jours, il est sursis à l'exécution du jugement.

D'après les dispositions du code d'instruction criminelle, il y a ouverture en cassation contre les jugemens qui contiendront violation ou omission des formalités prescrites à peine de nullité, ou une fausse application des lois, ou quand la peine prononcée n'est pas celle qu'elles ont déterminée ; il y a encore lieu à recourir en cassation, tant dans les cas d'incompétence, que lorsqu'il aura été omis ou refusé de prononcer sur une ou plusieurs demandes du prévenu, soit sur une ou plusieurs réquisitions du ministère public, tendant à user d'une faculté ou d'un droit accordé par la loi, bien que la peine de nullité ne fût pas textuellement attachée à l'absence de la formalité dont l'exécution aura été demandée ou requise. (Art 408, 410 et suiv. *ibidem*; article 7 de la loi du 20 avril 1810.)

A présent, le recours en cassation peut-il être exercé pour cause d'incompétence? L'art. 15 de la loi du 25 mai 1838, porte : « Les jugemens rendus *par les juges de paix* ne pourront être attaqués par la voie du recours en cassation, que pour excès de pouvoir. » Quoique cette loi ne dispose généralement que pour les matières civiles, il nous paraît certain que son art. 15 est applicable aux jugemens rendus au tribunal de police, attendu qu'il désigne tous les jugemens des juges de paix. D'ailleurs, la même loi permet l'appel de ces jugemens pour cause d'incompétence, encore qu'ils soient qualifiés en dernier ressort. Ainsi, l'incompétence pourra toujours être attaquée et annulée.

« Le ministère public et les parties pourront, s'il y a lieu, se pourvoir en cassation contre les jugemens du tribunal de police rendus en dernier ressort, contradictoirement ou par défaut. (Art. 177.) Cependant, le recours ne peut être exercé pendant la durée du délai de l'opposition, quand le jugement est par défaut; il ne peut également l'être par le ministère public, après les vingt-quatre heures de la prononciation du jugement, lorsque l'absolution du prévenu est prononcée.

« La déclaration de se pourvoir en cassation sera faite au greffe par la partie condamnée, et signée d'elle et du greffier; et, si le déclarant ne peut ou ne veut signer, le greffier en fera mention. Cette déclaration pourra être faite, dans la même forme, par l'avoué de la partie condamnée ou par un fondé de pouvoir spécial. Dans ce dernier cas, le pouvoir demeurera annexé à la déclaration; elle sera inscrite sur un registre à ce destiné; ce registre sera public, et toute personne aura le droit de s'en faire délivrer des extraits. » (Art. 417 *ibid.*)

Toutes les formalités sont de rigueur pour tous les jugemens de police, correctionnels et criminels. On ne peut y suppléer par des formalités différentes, encore qu'elles pourraient être regardées comme équipollentes. (Arrêt du 28 juin 1811.) Ainsi, une simple déclaration de se pourvoir, faite verbalement au greffier, en l'audience, ou par un exploit notifié au commissaire de police, ou au procureur du roi est irrégulière et ne peut produire aucun effet.

« Cependant, la déclaration de se pourvoir, faite chez un notaire en temps utile, est valable, pourvu qu'il ait été préalablement et légalement constaté qu'il n'y avait personne au greffe, ou que le greffier avait refusé de recevoir la déclaration, mais non autrement. » (Bourguignon, pages 314 et 315, tome 2.) Cette doctrine est celle qui respire dans plusieurs arrêts de la cour suprême.

Le pourvoi étant légalement déclaré au greffe, par le ministère public, ou par la partie civile, doit être notifié à la partie contre laquelle il sera dirigé, dans le délai de trois jours. (Art. 418.) Lorsque cette partie sera actuellement détenue, l'acte contenant la déclaration de recours lui sera lu par le greffier; elle le signera, et si elle ne le peut, ou ne le veut, le greffier en fera mention. Lorsqu'elle sera en liberté, le demandeur en cassation lui notifiera son recours, par le ministère d'un huissier, soit à sa personne, soit au domicile par elle élu; le délai sera, en ce cas, augmenté d'un jour par chaque distance de trois myriamètres. (Même art. 418.)

« La partie civile qui se sera pourvue en cassation, est tenue de joindre aux pièces une expédition authentique de l'arrêt. Elle est tenue, à peine de déchéance, de consigner une amende de 150 fr., ou de la moitié de cette somme, si l'arrêt est rendu par contumace ou par défaut. » (Art. 419 *ibid.*)

Dans l'origine, le condamné qui se pourvoyait en cassation, n'était pas tenu de consigner l'amende; elle n'était exigée qu'en matière civile. Mais les choses changèrent par la loi du 14 brumaire an V, qui exigea la consignation de l'amende sur les recours en cassation des jugemens de police.

La consignation, comme on vient de le voir, peut être réduite à moitié de l'amende, lorsque le jugement attaqué est par défaut; mais le défaut doit être prononcé contre celui qui se pourvoit lui-même, car s'il ne l'était que contre la partie adverse qui serait défaillante, la totalité de l'amende devrait être consignée, à peine de déchéance du pourvoi. C'est ainsi qu'il en a été décidé par arrêt du 14 mai 1813.

S'il y a plusieurs parties qui exercent le recours en cassation, il doit être consigné autant d'amendes qu'il y a de parties, encore que ce soit contre le même jugement. Néanmoins, si toutes n'avaient qu'un même intérêt, par exemple si elles avaient été condamnées solidairement, elles ne devraient consigner qu'une seule amende.

Toutes personnes qui succomberont dans leurs recours, encourront l'amende consignée, à l'exception du ministère public qui n'est pas obligé de faire aucune consignation.

« Sont dispensés de cette consignation, ceux qui joindront à leur déclaration de pourvoi, 1o un extrait du rôle des contributions, constatant qu'elles paient moins de six francs, ou un certificat du percepteur de leur commune, portant qu'elles ne sont pas imposées; 2o un certificat d'indigence à elle délivré par le maire de la commune de leur domicile, ou par son adjoint, visé par le sous-préfet et approuvé par le préfet de leur département. (Art. 420, cod. d'instr.)

Il faut observer que la dispense de consignation n'est pas la remise de l'amende, car si les indigens succombent dans leur pourvoi, ils sont également condamnés à l'amende et soumis à toutes les poursuites et contraintes qui ont lieu pour le recouvrement. (Arr. du 28 novembre 1812, cass.)

Lorsqu'un jugement de police porte condamnation à un emprisonnement, il ne peut être valablement attaqué par le recours en cassation, si, au préalable, le condamné ne s'est constitué en état d'arrestation; à moins qu'il n'ait été mis en liberté sous caution. L'acte de son écrou ou de sa mise en liberté sous caution, sera annexé au pourvoi.

« Si le recourant n'a été condamné qu'à trois ou quatre jours de prison, doit-il se constituer et rester en arrestation pendant toute la durée du pourvoi? Cette question, agitée par MM. Bourguignon et Carnot, est résolue par eux négativement, attendu qu'il serait contraire à la raison et à l'équité de faire subir une détention provisoire plus longue que la condamnation définitive. (Jurispr. crimin., pages 322 et 323, tome 2.)

Il est permis au recourant de joindre à sa déclaration de pourvoi, une requête ou un mémoire adressé à la cour de cassation, pour exposer les faits et les moyens sur lesquels il fonde son pourvoi. Cette formalité est facultative, et la partie n'y est point obligée, si elle pense que les motifs qu'elle a énoncés dans son pourvoi sont suffisans. Ce mémoire est déposé au greffe, au plus tard, dans les dix jours de la déclaration; le greffier en donne récépissé et le remet de suite à l'officier chargé du ministère public, qui en fait l'envoi avec les autres pièces au ministre de la justice. Il doit être fait un inventaire de ces pièces par le greffier, à peine de cent francs d'amende. (Art. 422 et 423, cod. d'instruction.)

FIN DE LA PREMIÈRE PARTIE.

MANUEL
DES
JUSTICES DE PAIX.

SECONDE PARTIE,

CONTENANT LES FORMULES D'ACTES, ET LE TEXTE DES LOIS, DÉCRETS, ORDONNANCES DU ROI, CIRCULAIRES ET INSTRUCTIONS MINISTÉRIELLES RELATIFS A LA JUSTICE DE PAIX, DEPUIS 1789 JUSQU'A 1833.

LIVRE PREMIER.

FORMULES D'ACTES RELATIFS A LA JUSTICE DE PAIX.

CHAPITRE PREMIER.

FORMULES RELATIVES AUX MATIÈRES CIVILES.

Installation du juge de paix.

1. L'AN , le en l'auditoire ordinaire de la justice de paix du présent canton de département de situé en la commune de , N. , (*prénoms et nom du sous-préfet*) sous-préfet du arrondissement du département de dans l'étendue duquel arrondissement se trouve la présente justice de paix, ayant pris séance,

Est comparu par-devant lui, (*prénoms, nom et domicile du comparant*), lequel a dit que, par l'assemblée des citoyens du présent canton, tenue à le , il avait été désigné pour l'un des deux citoyens parmi lesquels le Roi devait choisir pour la place de juge de paix; que, par ordonnance rendue par S. M. le , il avait été choisi pour remplir ladite place, que le il avait prêté serment, en ladite qualité, à l'audience du tribunal civil de première instance, séant à dans l'arrondissement duquel se trouve ce canton; qu'il a précédemment communiqué à M. , sous-préfet, et remet présentement, sur le bureau, expédition de son acte de désignation, délivré par , l'ordonnance de sa nomination, et de son acte de prestation de serment, délivré par ; et qu'en conséquence il prie M. , sous-préfet, de l'installer en qualité de juge de paix ;

Et ledit S. ayant fait, par-devant M. , sous-préfet, le serment de *fidélité au Roi, d'obéissance à la Charte constitutionnelle, et aux autres lois de l'Etat.*

M. , sous-préfet, a déclaré que le S. était reçu juge de paix du présent canton de département de , qu'obéissance lui était due à ce titre et qu'en conséquence il l'installait en ladite place pour en exercer toutes les fonctions dès à présent.

En conséquence, mondit S. juge de paix, étant monté au tribunal, s'y est assis à côté de mondit S. , sous-préfet, et en a pris possession en frappant le bureau de la main droite, ce dont il lui a été donné acte, et de tout ce que dessus j'ai greffier de ladite justice de paix, fait et dressé le présent procès-verbal, qui a été signé par mesdits SS. , sous-préfet, et , juge de paix avec moi greffier, les jour, mois et an que dessus.

Serment du greffier.

2. Par-devant nous juge de paix du canton de département de , séant au lieu ordinaire de nos audiences, assisté du S. , demeurant à , que, vu la vacance, nous avons commis greffier pour le présent, après avoir de lui pris le serment en tel cas requis, qu'il a prêté en nos mains, est comparu le S. (*prénoms, nom, profession et domicile du comparant*) nommé à la place de greffier de la présente justice de paix, par ordonnance royale du qu'il nous a représentée.

Lequel, avant de commencer ses fonctions, a fait, par-devant nous, la déclaration suivante : *Je promets fidélité au Roi, obéissance à la Charte constitutionnelle, et aux autres lois de l'Etat*, et ont, lesdits signé avec nous le présent acte, pour être mis au rang des minutes du greffe.

A , l'an le du mois de

Déclaration des parties, qu'elles demandent jugement.

3. Par-devant nous juge de paix du canton de département de (*si c'est à l'audience, il en sera fait mention*), sont comparus le S. et le S. (*prénoms, nom, profession et domicile des parties comparantes*), lesquels nous ont déclaré qu'ils nous demandaient jugement sur les contestations qui les divisent, et qu'ils vont nous exposer à l'instant, et ont, lesdits et signé la présente déclaration avec nous, et notre greffier.

A , l'an le du mois de

Le jugement qui sera rendu à l'instant même spécifiera l'objet de la demande, ou des demandes respectives.

Cédule pour abréger les délais.

4. Nous, (*prénoms, nom*) juge de paix, (ou *suppléant du juge de paix, avec la qualification de premier ou second suppléant*), du canton de département de

Sur ce qui nous a été exposé par (*prénoms, nom, profession et domicile du demandeur*), qu'il désire faire citer devant nous, à bref délai (*prénoms, nom, profession et domicile du défendeur*), pour voir dire qu'il sera condamné à (*conclusions du demandeur*), et qu'attendu il nous requiert d'abréger le délai ordinaire, mandons à huissier de notre justice de à la requête dudit citer ledit à comparoir le heure de en notre audience qui se tiendra à de ce faire nous lui donnons pouvoir.

Donné à le l'an

(*Signature du juge de paix.*)

Notification de la cédule.

5. Notifié la cédule ci-dessus (1) à (*prénoms, nom, profession et domicile du défendeur*) en sondit domicile, en parlant à (*ou bien* « en parlant à sa personne, trouvée à »), le l'an , par moi soussigné (*prénoms, nom*), huissier près le tribunal de et huissier audiencier près le juge de paix de

(*Signature de l'huissier.*)

Enregistré à

Citation dans les cas ordinaires.

L'an le jour du mois de à la requête de (*prénoms, nom, profession et domicile du citant*). Je (*prénoms, nom et demeure de l'huissier*), huissier au tribunal de et huissier audiencier en la justice de paix ci-après désignée, ai cité (*prénoms, nom, profession et domicile du cité*), demeurant à rue n° en sondit domicile, parlant à à comparoir le heure de à l'audience de la justice de paix du canton de département de tenante à pour voir dire (*conclusion du citant, indication sommaire de ses moyens*), et ai laissé copie du présent audit S. en parlant à sa personne, trouvée à *ou bien*, audit S. en sondit domicile, parlant comme dessus.

(*Signature de l'huissier.*)

Enregistré à

Si l'huissier ne trouve au domicile du cité aucune personne de sa maison, il terminera la citation de la manière suivante.

Et n'ayant trouvé au domicile dudit S. où je me suis transporté, aucune personne de sa maison à laquelle je pusse remettre la copie du présent, je me suis transporté chez M. , maire de ladite commune de auquel j'ai remis ladite copie, et qui a visé le présent original.

(*Signature de l'huissier.*)

Vu le présent original et reçu la copie.

A l'an le

(*Signature du maire.*)

Jugement contradictoire.

6. Entre le S. A (*prénoms, nom, profession et domicile du demandeur*), aux fins de la citation, en date du registrée le tendante à ce que le défendeur B soit condamné à lui payer la somme de 48 fr. à lui due,

---

(1) *Sur la copie en tête de laquelle sera transcrite la cédule, l'on mettra :* « notifié la présente copie à. . . . . »

suivant acte sous seing-privé du enregistré le par qui a reçu ensemble les intérêts de ladite somme, à compter de ce jour, (*ou bien* « tendante à ce que ») comparant en personne, « *ou* par » (*prénoms, nom, profession et domicile du fondé de pouvoir*), son fondé de pou- » voir suivant l'acte du registré à le » d'une part.

Et le S. B (*prénoms, nom, profession et domicile du défendeur*), défendeur aux fins de la même citation, comparant en personne, *ou* « par » (*prénoms, nom, profession et fondé de pouvoir*) son fondé de pouvoir, suivant » l'acte du enregistré à le d'autre part, lequel (*on insé- » rera son dire, s'il est nécessaire*, a dit que et ») a conclu à ce que

Nous, juge de paix, considérant (*s'il est nécessaire, on détaillera les motifs*, « considérant *dans le droit*, 1° » 2° 3° *dans le fait* 1° 2° » 3° »).

Condamnons le S. B à payer au S. A la somme de 48 fr., contenue en son billet sous seing-privé du enregistré à le par qui a perçu pour les droits, ensemble les intérêts de ladite somme, à compter du date de son exploit, (*ou bien* « disons que »).

Condamnons le S. aux frais de la présente instance, liquidés à la somme de , y compris le coût, la délivrance et la signification du présent jugement.

Ainsi jugé (*lorsque le jugement est rendu en matière non sujette à l'appel, on ajoutera* en dernier ressort) par nous , juge de paix du canton de département de

---

Jugement par défaut contre le défendeur.

7. Entre le S. A (*comme ci-dessus*) d'une part, et le S. B non comparant, ni personne pour lui.

Nous après avoir attendu jusqu'à l'heure de (*au moins une heure après celle indiquée pour la comparution*), avons, contre ledit S. B non comparant, ni personne pour lui, donné défaut, et pour le profit, considérant, condamnons ledit S. (*ou* « disons que »).

Il sera ajouté, s'il y a lieu :

Sur ce qui nous a été représenté par voisin du S. B que celui-ci n'a pas pu être instruit de la citation, étant absent depuis quinze jours pour un voyage, et qu'il ne sera de retour que le 20 du présent, nous disons que ledit S. B sera recevable jusqu'au 22 du présent, à former son opposition au présent jugement.

Jugement par défaut contre le demandeur.

8. Entre le S. B (*prénoms, nom, profession et domicile du défendeur*) défendeur aux fins de la citation en date du , tendante à ce que , comparant lequel, attendu la non-comparution du demandeur, a requis d'être renvoyé de la demande.

Et le S. A (*prénoms, nom, profession et domicile du demandeur*) aux fins desdites citation et exploit, non-comparant, ni personne pour lui.

Nous, après avoir attendu jusqu'à l'heure de avons, contre le S. A non comparant, ni personne pour lui, donné défaut; et, pour le profit, avons renvoyé le S. B de la demande formée contre lui par le S. A par la citation sus-énoncée; condamnons le S. A aux dépens liquidés à

Fins des jugemens non définitifs rendus contradictoirement.

9. Prononcé par nous, juge de paix, en présence du S. demandeur, et du S. défendeur.

Si l'une, ou même les deux parties ne sont pas présentes à la prononciation (*ce qui peut avoir lieu lorsqu'il y a un délibéré d'ordonné*), il en sera fait mention, « prononcé en présence du S. et en l'absence du S. » *ou bien*, prononcé en l'absence de toutes les parties. »

Jugement de remise pour avoir des pièces.

10. Entre le S. A (*comme ci-devant*) d'une part;

Et le S. B d'autre part; lequel a dit que la dette que réclame le demandeur contre lui comme héritier pour moitié du S. son père, a été entièrement acquitté par le S. son beau-frère, suivant la quittance que lui en a donnée le S. , père du demandeur, et qu'il serait en état de représenter, sans l'éloignement de son beau-frère, pourquoi requiert délai pour se procurer ladite quittance.

Nous, juge de paix, avons remis la cause à jour auquel le S. B sera tenu de représenter la quittance par lui alléguée; sinon sera fait droit.

Prononcé (*fin des jugemens non définitifs.*)

Jugement de remise pour comparaître en personne.

11. Entre le S. A comparant par d'une part, et le S. B comparant par d'autre part.

Après avoir ouï les fondés de pouvoir des parties en leurs dires respectifs, nous , considérant que le jugement à rendre sur la présente demande dépend de faits dont les parties rendront par elles-mêmes un compte plus exact que leurs fondés de pouvoirs, avons remis la cause au jour auquel les parties seront tenues de comparaître en personne, en notre audience, heure de pour s'expliquer sur les faits de la cause.

Prononcé (*fin des jugemens non définitifs*).

Formules d'expédition de jugement.

12. Justice de paix du canton de département de

Du l'an

« L (*prénoms du* Roi), roi des Français, à tous présens et à venir, » SALUT :

» Le tribunal de paix de la justice du canton de département » de a rendu le jugement suivant : »

(*Ici copier le jugement.*

« Mandons et ordonnons à tous huissiers, sur ce requis, de mettre ledit jugement à exécution; à nos procureurs-généraux et à nos procureurs près les » tribunaux de première instance, d'y tenir la main; à tous officiers de la force » publique de prêter main-forte lorsqu'ils en seront requis.

« En foi de quoi, le présent jugement a été signé par.... (*le juge de paix ou* » *le suppléant qui a tenu l'audience*) et par le greffier. »

Jugement qui donne acte d'une déclaration d'inscription de faux.

13. Entre (*prénoms, nom, profession et domicile du demandeur*) aux fins de la citation du enregistrée le par

qui a reçu tendante à ce que le ci-après nommé soit condamné à lui payer la somme de 90 francs, contenue en son billet, en date du enregistré le par qui a reçu comparant d'une part

Et le S. (*prénoms, nom, profession et domicile du défendeur*) défendeur aux fins de ladite citation, comparant en personne, lequel a requis le renvoi de la demande, attendu que la signature étant au bas du billet représenté n'est pas la sienne, et nous a déclaré vouloir s'inscrire en faux contre le billet, si le demandeur persiste à vouloir s'en servir.

Le S. demandeur, a répliqué que la signature apposée à l'acte sus-énoncé est celle du défendeur, et qu'il entend se servir du billet, comme reconnaissance de la somme par lui demandée, sur quoi

Nous juge de paix, avons donné acte au S. , défendeur, de sa déclaration, qu'il entendait s'inscrire en faux contre le billet sus-énoncé, en date enregistré le nous avons à l'instant paraphé ledit billet qui nous a été représenté : renvoyons les parties a se pourvoir pour l'inscription de faux, devant les juges qui en doivent connaître; et sera sursis au jugement du fonds, jusqu'après le jugement de l'instance, sur l'inscription de faux.

Sur la pièce contre laquelle l'une des parties déclare vouloir s'inscrire en faux le juge de paix mettra son paraphe et écrira ;

Paraphé le présent billet, contre lequel le S. a déclaré vouloir s'inscrire en faux à notre audience de cejourd'hui l'an le

(*Signature du juge de paix*).

Jugement qui donne acte d'une dénégation d'écriture.

14. Entre demandeur aux fins de tendantes à ce que le ci-après nommé, en qualité de seul et unique héritier de Paul son père, soit condamné à lui payer la somme de 40 francs, contenue au billet entièrement écrit de la main dudit Paul, son père, en date du registré le

Et le S. défendeur , lequel a requis d'être renvoyé de la demande, attendu qu'il ne reconnaît pas l'écriture du billet sus-énoncé, ni la signature étant au bas, pour être de la main de son père.

Nous juge de paix, avons donné acte au S. de sa déclaration, qu'il ne reconnaît ni l'écriture ni la signature du billet dont il s'agit, pour avoir été tracées de la main de son père : nous avons à l'instant paraphé ledit billet qui nous a été présenté, renvoyons les parties à se pourvoir, sur la dénégation d'écriture, devant les juges qui en doivent connaître, et sera sursis au jugement de l'instance en paiement du billet, jusqu'après celui à rendre sur l'instance en dénégation d'écriture.

Sur la pièce dont l'écriture sera déniée, le juge de paix mettra son paraphe et écrira :

Paraphé le présent billet, que le S. a méconnu avoir été écrit et signé par son père, à notre audience de cejourd'hui, l'an le

(*Signature du juge de paix*).

Jugement qui ordonne une enquête.

15. Entre le S. A (*prénoms, nom, profession et domicile du demandeur*) demandeur aux fins de la citation du duement enregistrée le par qui a reçu tendante à ce que , comparant d'une part.

Et le S. B (*prénoms, nom, profession et domicile du défendeur*) , comparant d'autre part, lequel a conclu à ce que

Après que le S. A demandeur, a posé et mis en fait 1° 2° 3° et que le S. B défendeur, a au contraire posé en fait, 1° 2° 3°

Nous juge de paix, considérant que les parties sont contraires en faits de nature à pouvoir être prouvés par témoins, que la vérification en est utile et admissible, admettons les S. A et B à faire respectivement la preuve par témoins, et sauf la preuve contraire, savoir 1° 2° 3° à l'effet de quoi il leur sera par nous délivré cédule nécessaire. « Seront les témoins entendus par-devant nous le , heure de » parties présentes en notre audience (*ou bien* au lieu de , commune » de , sur la pièce de terre contentieuse, tenant d'une part ») pour, après ladite enquête, être par nous ordonné ce qu'il appartiendra.

Cédule à l'effet de faire entendre les témoins.

16. Nous juge de paix du canton de département de au désir du jugement par nous rendu cejourd'hui (*ou* tel jour) par lequel nous avons admis le S. ci-après nommé, à faire preuve de différens faits par lui articulés, sur la réquisition de (*prénoms, nom, profession, domicile de la partie qui veut faire citer ses témoins*) mandons à

Citer les SS. , , , et (*prénoms, nom, profession et domicile des témoins que la partie veut faire entendre*) à comparoir le heure de en notre audience tenante (*ou* « à » *bien désigner le lieu contentieux*) pour être entendus sur les faits qui leur seront exposés.

Donné à

Enquête contradictoire, et jugement d'après l'enquête.

17. Entre le S. A demandeur aux fins de la citation originaire du , et le S. B défendeur aux fins de la même citation, comparans l'un et l'autre en notre audience, (*ou bien* « au lieu de » commune de dans l'étendue du canton, sur la pièce de terre qui » donne lieu à la contestation entre les parties, tenant d'un bout à »).

Le S. A a dit qu'aux termes de notre jugement du rendu entre lui et le S. B parties présentes, et de la cédule à lui par nous délivrée le il a, par exploit du enregistré le , par qui a reçu fait citer à comparoir devant nous cejourd'hui, lieu et heure présente, les SS. C , D , E , et F ; lesquels sont ici présens, et requiert qu'ils soient entendus.

Le S. B de son côté, a dit, qu'aux termes du même jugement et de la cédule à lui par nous délivrée le il a, par exploit du enregistré le , par qui a reçu fait citer à comparoir devant nous, cejourd'hui, lieu et heure présente, les SS. G , H , I et K lesquels sont ici présens, et requiert qu'ils soient entendus.

Le S. A a dit qu'il avait reproches à fournir contre le S. K fondé sur ce que : le S. B a répliqué que

Le S. B de son côté, a dit qu'il avait reproches à fournir contre le S. D , fondé sur ce que : le S. A a répondu que

Faisant droit sur les reproches fournis, considérant que.... nous avons jugé pertinens les reproches proposés contre le S. K . En conséquence avons décidé qu'il ne serait pas entendu : nous avons jugé mal fondés ceux proposés contre le S. D . En conséquence, avons décidé qu'il serait entendu.

Ensuite, en présence des S. A et B , il a été procédé à l'audition séparément de chacun des témoins produits de part et d'autre (à l'exception dudit S. K), auxquels il a été fait, en notre présence, par notre greffier, lecture entière du jugement sus-énoncé du qui ordonne l'enquête.

Le S. C a dit se nommer C (*prénoms, nom, âge, profession et domicile du témoin*), n'être parent, allié, serviteur ni domestique d'aucune des deux parties (*ou bien*, suivant les circonstances, être parent, allié de l'une ou de l'autre des parties, à tel degré, etc.), lequel, après serment par lui fait de dire vérité, a déclaré que (*contenu de la déposition*); lecture à lui faite de sa déposition, a dit y persister (*ou bien*, a ajouté que....), et a signé en cet endroit de notre procès-verbal, (*ou bien*, a déclaré ne savoir ou ne pouvoir signer), attendu que

(*Et ainsi successivement de tous les témoins*).

Après laquelle enquête, le S. B a dit qu'il avait reproches à fournir contre le S. F , fondé sur ce que le S. A a répondu

Nous avons décidé que ce reproche fait après la déposition ne pouvait être admis faute d'être justifié par écrit.

Les parties entendues de nouveau en leurs dires respectifs, nous juge de paix, considérant que ; sans avoir égard aux reproches fournis contre les S. D et F , disons que

Donné par nous juge de paix du canton de département de , le l'an (*désigner le lieu sur lequel l'enquête a été faite, et le jugement rendu*).

Jugement sans rédaction par écrit de l'enquête.

18. Entre le S. A , demandeur; et le S. B , défendeur.

Le S. A a dit qu'aux termes

Le S. B , de son côté, a dit qu'aux termes

(*comme ci-dessus*)

Les témoins produits par le S. A sont, 1° le S. C; 2°... 3°.... (*énoncer pour chacun ses prénoms, nom, âge, profession, demeure, sa déclaration, s'il est parent, allié ou serviteur de l'une des parties*) et le serment.

Les témoins produits par le S. B sont

Après avoir pris le serment des témoins produits, reçu leurs dépositions, et entendu les reproches fournis contre eux. (*On ajoutera, si c'est le cas,* « tant avant qu'après leurs dépositions). »

Ayant égard aux reproches fournis contre ; attendu que des dépositions des autres témoins, il résulte que nous juge de paix susdit, prononçant en dernier ressort, disons.

(*la fin comme ci-dessus*).

Extrait du jugement contradictoire, mais prononcé en l'absence de l'une des parties, qui ordonne une enquête.

19. Par jugement rendu le l'an , par le juge de paix du canton de département de , entre le S. A , demandeur, et le S. B , défendeur, sur défenses respectives, mais prononcé en l'absence du S. B

Appert avoir été ordonné ce qui suit : avons admis le S. A à faire preuve par témoins, 1° 2° 3° ; et seront les témoins entendus....

Notification de l'extrait, et sommation d'être présent à l'opération.

20. L'an , le , à la requête du S. A (*prénoms, nom, profession et domicile de celui qui poursuit la confection de l'enquête*), je

(*prénoms, nom et domicile de l'huissier*) huissier près le tribunal de , et encore huissier audiencier près la justice de paix du canton de département de , ai notifié, et avec ces présentes, donné copie au S. B (*prénoms, nom, profession et domicile de celui contre lequel on poursuit la confection de l'enquête*) en sondit domicile, en parlant à de l'extrait ci-dessus du jugement rendu contradictoirement entre les parties, par le juge de paix du canton sus-nommé, le , mais prononcé en l'absence dudit S. B , à ce que, du contenu en icelui, ledit B n'en ignore; lui déclarant qu'au jour, lieu et heure indiqués par ledit jugement, il fera procéder à l'enquête à laquelle il est autorisé par ledit jugement, le sommant d'être présent, si bon lui semble, à ladite enquête, et aud. B parlant comme dessus, laissé copie du présent et dudit extrait. (*Signature de l'huissier*).
Enregistré à le

Enquête par défaut, et jugement d'après l'enquête.

21. Entre le S. A , demandeur aux fins de la citation originaire du , enregistrée le , comparant en personne, et le S. B défendeur aux fins de la même citation, défaillant.

Le S. A a dit qu'aux termes de notre jugement du , rendu entre lui et le S. B sur défenses respectives, mais prononcé en l'absence dudit B auquel extrait dudit jugement a été duement signifié par exploit de en date du enregistré le , contenant sommation d'être présent à l'enquête ci-après, et en vertu de la cédule à lui par nous délivrée le , il a fait citer à comparoir cejourd'hui, lieu présent, heure présente de , les sieurs C , D , E , F , lesquels sont ici présens, ainsi que ledit pour être présent si bon lui semble à ladite enquête, et requiert qu'il nous plaise les entendre, même en l'absence du S. B non-comparant, quoique duement averti.

Et, après avoir attendu jusqu'à l'heure de (*au moins une heure plus tard que celle indiquée*) sans que le S. B soit comparu, ni personne pour lui,

Nous juge de paix, avons procédé à l'audition des témoins produits auxquels il a été fait, en notre présence, par notre greffier, lecture entière du jugement du qui ordonne la présente enquête;

Le S. C (*sa déposition*) et les autres comme en l'enquête contradictoire.

Après laquelle enquête, ouï de nouveau le S. A nous avons, contre le S. B , non-comparant, ni personne pour lui, donné défaut; et pour le profit, considérant , disons que Donné (*la fin comme ci-devant, n° 17*).

Jugement qui ordonne la visite du lieu contentieux.

22. Entre (*prénoms, nom, profession et domicile du demandeur*), demandeur aux fins de la citation du enregistrée le , tendante à ce que , comparant d'une part.

Et (*prénoms, nom, profession et domicile du défendeur*) défendeur aux fins de ladite citation, comparant en personne, d'autre part; lequel a exposé que, devant occuper la maison dont il s'agit pendant l'espace de neuf ans, il a détruit le hangar, et fait abattre le mur dont il s'agit, qu'il offre payer pour le prix de la reconstruction de ces deux objets, la somme de 120 fr., au lieu de celle de 400 francs, réclamée par le demandeur; et a conclu à ce qu'il lui fût donné acte de ses offres de payer ladite somme de 120 francs; au surplus, renvoyé de la demande contre lui formée.

Nous , avant faire droit, avons ordonné que, le heure de , nous nous transporterons en la maison contentieuse, sise en la commune de , rue de , n° , tenant d'un bout , d'autre bout , d'un long , d'autre long à , pour procéder à la visite de ladite maison, et estimer les réparations à faire, provenant du fait du défendeur, au sujet du hangar et du mur dont il s'agit. A laquelle visite nous procéderons en présence du S. C maître maçon, et du S. D maître charpentier (*prénoms, nom et domicile des experts*), experts que nous nommons pour nous donner leur avis sur le montant des reconstructions dont il s'agit, pour, après ladite visite et avis des experts, être par nous ordonné ce qu'il appartiendra : et sera par nous délivré cédule nécessaire pour la citation des experts.

Prononcé par nous juge de paix, en présence de toutes les parties. (*Ou bien* « en présence du S et en l'absence du S. ».) A (1).

Cédule à l'effet de citer les experts.

23. Nous juge de paix du canton de département de

Au désir du jugement par nous rendu le , par lequel il a été ordonné que, le heure de , nous nous transporterions en la maison contentieuse, sise , et estimerions les réparations dont il s'agit en présence des sieurs ci-après nommés, dont nous prendrions l'avis. Mandons à notre huissier, à la réquisition de (*prénoms, nom, profession et domicile de celui qui poursuit la visite*).

Citer à comparoir devant nous, lieu, jour et heure sus-indiqués, pour nous donner leur avis, le S. C , demeurant à , maître maçon, et le S. D , demeurant à , maître charpentier. Donné à le l'an mil

Visite contradictoire, expertise, et jugement d'après l'expertise.

24. Entre le S. A , demandeur aux fins de la citation originaire du , et le S. B , défendeur aux fins de la même citation, comparant l'un et l'autre en personne devant nous , juge de paix en une maison (*désignation de la maison, comme au jugement qui ordonne la visite*).

Le S. A a dit qu'aux termes de notre jugement du , rendu entre lui et le S. B , prononcé parties présentes, et de la cédule à lui par nous délivrée le , il a, par exploit du enregistré le , fait citer à comparoir devant nous cejourd'hui, lieu et heure présente, le S. C maître maçon, demeurant à , et le S. D , maître charpentier, demeurant à pour donner leur avis sur les réparations dont il s'agit; pourquoi requiert qu'il nous plaise procéder à la visite ordonnée, et prendre les avis des experts présens, et de recevoir à cet effet leur serment.

Sur quoi, nous juge de paix, avons procédé à la visite de ladite maison, et nous avons reconnu que . Les experts, de leur côté, après avoir prêté en nos mains serment de bien et fidèlement s'acquitter de leur fonction, ont procédé à l'estimation des réparations dont il s'agit; lecture à eux préalablement faite par notre greffier, de notre jugement du qui a ordonné la présente visite et estimation.

Le S. C maître maçon, a reconnu que (*il fera mettre dans le procès-verbal les détails de son art, nécessaires pour appuyer son avis*) pourquoi il estime que la reconstruction dudit mur coûtera la somme de et a signé

(*Signature du* S. C).

---

(1) *Le jugement portant nomination d'experts doit être enregistré sur la minute.* (Loi du 22 frim. an 7, art. 7.)

Le S. D maître charpentier, a reconnu que (*il fera mettre pareillement dans le procès-verbal tous les détails de son art, nécessaires pour appuyer son avis*) : pourquoi il estime que la reconstruction du hangar coûtera la somme de , et a signé.

(*Signature du* S. D).

Après laquelle visite, et avis à nous donné par les experts nous juge de paix, considérant que, disons

Donné en la maison sus-désignée, par nous juge de paix du canton de département de , le l'an

---

Jugement, sans rédaction par écrit de la visite et de l'expertise.

Le jugement sans rédaction par écrit de la visite et de l'expertise a lieu lorsque l'objet de la contestation étant de 50 fr. ou au-dessous, il n'y a pas lieu à l'appel. Il n'a pas besoin de modèle particulier; il est le même que celui ci-dessus, en supprimant le détail de la visite et de l'expertise.

Extrait du jugement contradictoire, mais prononcé en l'absence de l'une des parties qui ordonne la visite.

25. Par jugement rendu le l'an , par le juge de paix du canton de département de , entre le S. A demandeur, et le S. B défendeur, sur défenses respectives, mais prononcé en l'absence dudit S. B

Appert avoir été ordonné que, le heure de ledit juge de paix se transporterait à la maison contentieuse, sise , pour être procédé à la visite de ladite maison en la présence du S. C et du S. D experts nommés pour donner leur avis sur le montant des reconstructions dont il s'agit.

Pour extrait. (*Signature du greffier*).

La notification de l'extrait contenant sommation sera faite comme ci-devant.

Visite par défaut, et jugement d'après la visite.

26. Entre le S. A demandeur aux fins de la citation originaire du , enregistrée le , comparant en la maison contentieuse, sise commune de

(*désignation de la maison comme au jugement*)

et le S. défendeur aux fins de la même citation, non-comparant ni personne pour lui.

Le S. A nous a dit qu'aux termes de notre jugement du rendu entre lui et le S. B sur défenses respectives; mais prononcé en l'absence dudit S. B par exploit de en date du enregistré le , contenant sommation d'être présent à la visite ci-après; et en vertu de la cédule à lui par nous délivrée le il a, par exploit du enregistré le , fait citer à comparoir devant nous, en ce lieu, cejourd'hui, heure présente de , les S. C et D experts nommés par ledit jugement, lesquels sont ici présens; et requiert qu'il nous plaise procéder à la visite de la maison où nous sommes, et prendre l'avis desdits experts et recevoir leur serment à cet effet.

Et, après avoir attendu jusqu'à l'heure de (*au moins une heure*) sans que le S. B soit comparu ni personne pour lui, nous juge de paix, avons reconnu que . Les experts, de leur côté, après serment par eux fait en nos mains de bien et fidèlement s'acquitter de leurs fonctions, ont procédé à l'estimation des réparations dont il s'agit, lecture à eux préalablement faite. (*Le surplus comme ci-devant, n° 24*).

Jugement de remise pour citer un garant.

27. Entre le S. A demandeur d'une part,

Et le S. B défendeur d'autre part : lequel a dit qu'il a pour garant de l'action que le S. A intente contre lui la personne du S. D (*prénoms, nom et profession du garant*) demeurant en la commune de de ce canton, (ou bien « *hors de l'arrondissement de ce canton, » en la commune de distante de la présente commune, de » myriamètres*) ; pourquoi requiert qu'il nous plaise lui accorder délai suffisant pour faire citer devant nous ledit S. D

Nous avons remis la cause au heure de ; pour lesquels jour et heure le S. B sera tenu de faire citer à comparoir devant nous le S. D en garantie de l'action que le S. A a formée contre lui ; sinon sera fait droit sur la demande principale, sauf au S. B à exercer comme il avisera son action en garantie par demande principale devant les juges qui en doivent connaître . . . .

Citation en garantie au tribunal de paix.

L'an le à la requête de propriétaire, demeurant j'ai, huissier près résidant à patenté pour la présente année sous le n° , soussigné, donné assignation au S. cultivateur, demeurant en la commune de en son domicile, parlant à à comparoir le heure de à l'audience du tribunal de paix du canton de à lieu de ses séances ordinaires, pour voir donner acte au requérant de la dénonciation qu'il fait par ces présentes audit fermier, de la demande formée contre le requérant à la requête du S. afin de réparations des dégradations opérées sur son héritage par la chute du mur de clôture de la cour du requérant ; et attendu que c'est par la faute dudit et par suite de la construction qu'il s'est ingéré d'élever sur ledit mur que lesdites dégradations ont eu lieu, voir dire qu'il sera tenu d'intervenir, faire cesser les causes de ladite demande ; sinon se voir ledit condamner à acquitter, garantir et indemniser le requérant de toutes les condamnations qui pourraient être prononcées contre lui, tant en principal qu'intérêts, dommages et dépens; et je lui ai, en parlant comme dessus, laissé copie tant de l'exploit de demande fait à la requête dudit S. contre le requérant, que du présent.

Jugement de remise pour citer un garant.

Entre le S. demandeur, d'une part, et le S. défendeur, d'autre part, sur ce qui a été dit par le S. qu'il a pour garant de l'action intentée contre lui la personne du S. demeurant en la commune de hors de l'arrondissement de ce canton, distante de la présente commune de myriamètres ; pourquoi il requiert qu'il nous plaise de lui accorder délai suffisant pour faire citer devant nous ledit S. ce qui n'a été empêché par ledit S. demandeur.

Nous avons remis la cause au de ce mois, heure de pour lesquels jour et heure le S. sera tenu faire citer à comparaître devant nous le S. en garantie ; sinon sera fait droit, toutes défenses et dépens réservés.

Jugement qui rejette la demande pour faire citer un garant.

Entre le S. demandeur, d'une part, et le S. défendeur, d'autre part;

Lequel a dit

Nous juge de paix, considérant que le S. a déjà comparu dans la présente instance à l'audience du sans avoir égard à la demande en garantie qu'il vient de former aujourd'hui et sans y préjudicier, faisant droit au principal, condamnons ledit S. à payer au S. la somme de pour réparation du tort qu'il lui a causé, sauf audit S. à exercer son action en garantie contre le S. comme il avisera, par demande principale devant les juges qui en doivent connaître; défenses au contraire réservées.

Jugement sur la demande principale et sur la demande incidente en garantie.

Entre le S. demandeur aux fins de la citation du

Et le S. défendeur aux fins de ladite citation.

Et encore entre ledit S. demandeur en garantie aux fins d'une autre citation du enregistrée le tendant à ce que etc.

Et le S. défendeur aux fins de ladite citation.

Ouï le S. demandeur originaire

Le S. lequel a conclu à être renvoyé de la demande contre lui formée par le S. et à ce que, dans le cas où le tribunal estimerait devoir accueillir en tout ou en partie la demande du S. audit cas le S. fût tenu de l'indemniser aux termes de la demande sus-énoncée.

Et le S. lequel a conclu à être déchargé de la demande en garantie contre lui formée.

Nous, etc. considérant (*Les motifs*).

Condamnons le S. à payer au S. la somme de pour ensemble les intérêts à compter du et les frais liquidés à

Condamnons le S. à acquitter, garantir et indemniser le S. des condamnations prononcées contre lui.

Jugement si la demande en garantie est rejetée.

Entre S.

Nous considérant, etc.

Condamnons le S. à

Renvoyons le S. de la demande en garantie formée contre lui à la requête dudit S. ; condamnons ledit S. aux dépens envers toutes les parties, liquidés, savoir : ceux faits par le S. à la somme de et ceux faits par le S. B à la somme de etc.

Autre jugement.

Entre le S.

Nous juge de paix, considérant que nous ne sommes pas suffisamment instruit sur la demande en garantie, parce que, etc. condamnons le S. envers le S. à la somme de et aux dépens à son égard, liquidés à

Et, pour être fait droit sur la demande en garantie, renvoyons le S. à se pourvoir par demande principale devant les juges qui en doivent connaître, dépens réservés.

Jugement sur la remise demandée à une seconde comparution pour faire citer un garant.

28. Entre le S. A demandeur d'une part,
Et le S. B défendeur d'utre part, lequel a dit (*comme ci-dessus*).
Nous considérant que le S. B a déjà comparu dans la présente instance à l'audience , sans avoir égard à la demande qu'il vient de former cejourd'hui, ordonnons que les partiés s'expliqueront sur l'objet de la demande principale, sauf au S. B à exercer son action en garantie contre le S. D comme il avisera, par demande principale, devant les juges qui en doivent connaître

---

Jugement sur la demande principale, et sur la demande incidente en garantie.

29. Entre le S. A (*prénoms, nom, profession et domicile du demandeur originaire*) demandeur aux fins de la citation du enregistrée le , et le S. B. défendeur aux fins de la même citation.
Et encore entre ledit S. B demandeur en garantie aux fins d'une autre citation du enregistrée le tendante à ce que et le S. D (*prénoms, nom, profession et domicile du défendeur en garantie*) défendeur aux fins de ladite citation.
Ouï le S. A demandeur originaire.
Ouï le S. B , lequel a conclu à être renvoyé de la demande contre lui formée par le S. A , et, dans le cas où le tribunal estimerait devoir accueillir en tout ou en partie la demande du S. A , audit cas, le S. D fût tenu de l'indemniser, aux termes de la demande sus-énoncée.
Ouï le S. D lequel a conclu à être déchargé de la garantie contre lui formée.
Nous considérant 1° 2° 3°
D'une part, condamnons le S. B , à payer au S. A la somme de pour , ensemble les intérêts à compter du , et les frais liquidés à
Et *d'autre part*, condamnons le S. D à acquitter, garantir et indemniser le S. B , des condamnations contre lui prononcées par le présent jugement, en principal, intérêts et frais, et en outre aux frais faits à son égard, liquidés à .

Jugement, si la demande principale n'est pas accueillie.

30. Entre le S. A (*le commencement comme ci-dessus.*)
Nous considérant 1° 2° 3° renvoyons le S. B de la demande contre lui formée par le S. A , et condamnons le S. A aux dépens à son égard liquidés à : en conséquence, disons qu'il n'y a lieu à prononcer sur la demande en garantie formée par le S. B contre le S. D , dépens entre eux compensés.

Jugement, si la demande en garantie est rejetée.

31. Entre le (*le commencement comme ci-dessus*).
Nous , considérant 1° 2° 3°
D'une part, condamnons le S. B à : et *d'autre part*,

renvoyons le S. D de la demande en garantie formée contre lui, à la requête du S. B : condamnons le S. B aux dépens envers toutes les parties, liquidés, savoir : ceux du S. A à la somme de , et ceux du S. à la somme de

---

Jugement dans le cas où le juge de paix, prononçant sur la demande principale, n'est pas suffisamment instruit pour prononcer en même temps sur la demande en garantie.

32. Entre (*commencement comme ci-dessus*).

Nous , considérant 1° 2° que nous ne sommes pas suffisamment instruit sur la demande en garantie, parce que 3° que la demande en garantie formée par demande principale, serait de notre compétence, parce que : condamnons, *d'une part*, le S. A envers le S. B à , et aux dépens. à son égard liquidés à ; et *d'autre part*, avant faire droit sur l'instance en garantie entre le S. B et le S. D , disons dépens entre eux réservés.

(*Ou bien*, « considérant 1° 2° (*comme ci-dessus*) 3° que la » demande en garantie, formée par action principale, ne serait pas de notre » compétence, parce que : condamnons, *d'une part*, le S. A » envers le S. B à et aux dépens, à son égard liquidés » à ; et *d'autre part*, pour être fait droit sur la demande en garantie, » renvoyons le S. A à se pourvoir contre le S. B par demande » principale, devant les juges qui en doivent connaître, dépens entre eux » compensés) ».

Acte de récusation.

33. L'an le du mois de

A la requête de A (*prénoms, nom, profession et domicile du réclamant*) (*on ajoutera, s'il est nécessaire*), poursuite et diligence du S. M son fondé de pouvoir spécial à l'effet du présent, suivant acte du.....) je soussigné (*prénoms, nom, domicile et immatricule de l'huissier*) ai déclaré à M. juge de paix du canton de département de devant lequel le déclarant se trouve en instance avec le S. B introduite par citation du , au greffe de ladite justice de paix, parlant à greffier d'icelle ainsi qu'il m'a dit être, que ledit S. A se trouve dans le cas de récuser mondit S. juge de paix, parce que (*déduire les raisons*) : pourquoi il le prie de s'abstenir du jugement de la cause.

La présente déclaration faite à mondit S. juge de paix en la personne de (*prénoms, nom et domicile du greffier*) greffier de ladite justice de paix, en parlant à la personne dudit S. greffier, auquel j'ai remis copie de la présente déclaration, et qui a visé le présent original.

Laquelle déclaration a été signée sur l'original et la copie par ledit S. A déclarant (*ou bien* par ledit S. M fondé du pouvoir spécial du déclarant).

Signature de la partie ou du fondé de pouvoir et de l'huissier.

Vu le présent original et reçu la copie à l'an le

Signature du greffier de la justice de paix.

Enregistré à....

Au bas de la copie déposée au greffe, le juge de paix fait, dans les deux jours suivans, sa déclaration en ces termes :

J'acquiesce à la récusation ci-dessus, et m'abstiendrai du jugement de la cause à l'an le

Signature du juge de paix.

Ou bien, je ne crois pas devoir m'abstenir du jugement de la cause ci-dessus énoncée par les raisons suivantes (*réponse aux moyens de récusation proposés*) à l'an le *Signature du juge de paix.*

Jugement sur l'incompétence.

34. Entre le S. A demandeur d'une part ;
Et le S. B défendeur d'autre part ; lequel a dit qu'étant assigné en paiement d'une somme de quarante-cinq francs, pour argent prêté, la cause n'est pas de notre compétence, attendu qu'il est domicilié en la commune de hors de l'arrondissement de notre canton ; pourquoi requiert être renvoyé de la demande.

Nous, considérant dans le droit qu'en matière pure personnelle notre compétence est déterminée par le domicile du défendeur, conformément à l'art. 2 du Code de procédure civile ; dans le fait qu'il s'agit d'une matière pure personnelle, et que le S. B défendeur, est domicilié hors de notre canton, disons ne pouvoir faire droit sur la demande, et renvoyons le demandeur à se pourvoir devant les juges qui en doivent connaître.

Quand bien même le demandeur serait défaillant, il y aurait lieu à pareil jugement, et le dispositif serait le même.

Autre jugement sur l'incompétence.

35. Entre le S. A demandeur, aux fins de la citation du tendante à ce que le S. B soit condamné à lui payer la somme de quarante-huit francs pour la valeur d'un chêne qu'il a abattu sur une lisière de bois appartenant au demandeur, sise en la commune de terroir de tenante , comparant d'une part ;

Et le S. B défendeur d'autre part ; lequel a dit que la lisière de bois sur laquelle était le chêne par lui abattu lui appartient comme héritier de son père, pourquoi requiert d'être renvoyé de la demande.

Le S. A a soutenu au contraire que la même lisière lui appartient comme héritier de sa mère.

Nous, considérant que le jugement de la demande en paiement de quarante-huit francs pour valeur du chêne abattu dépend de la question de propriété du terrain dont le tribunal ne peut connaître,

Disons ne pouvoir faire droit sur la demande, et renvoyons le demandeur à se pourvoir ainsi qu'il avisera.

Jugement de retenue de la cause.

36. Entre le S. A demandeur aux fins , tendantes à ce que le S. ci-après nommé soit condamné à lui payer la somme de trente francs, si mieux n'aime à dire d'experts, pour réparations locatives à faire à la maison qu'il tenait à loyer du demandeur, sise en la commune de comparant d'une part ;

Et le S. B défendeur aux fins des mêmes cédule et citation, comparant d'autre part ; lequel a dit que la maison dont il s'agit n'est pas sur le territoire de la commune de dans notre arrondissement, mais sur celui de la commune de dans l'arrondissement du canton de ; pourquoi requiert son renvoi devant le juge de paix dudit canton.

Le S. A a répliqué qu'à la vérité de la maison dont il s'agit il dépend un jardin en face des bâtimens, situé hors du canton ; mais que les bâtimens sont situés en totalité sur la commune de dans notre canton, ainsi qu'il peut en justifier par l'extrait du rôle de la contribution foncière de ladite commune, à lui délivré par qu'il nous représente.

Nous, vu l'extrait du rôle de la commune de de notre canton, pour l'an délivré par duquel il appert que la maison dont il s'agit y est imposée à la contribution foncière; considérant que ladite maison est dans l'étendue de notre arrondissement, retenons la cause, et disons que les parties s'expliqueront sur le fond..........................

Opposition.

37. L'an le à la requête du S. B (*prénoms, nom, profession et domicile de l'opposant*) je soussigné (*prénoms, nom et domicile de l'huissier*) huissier près le tribunal de , et huissier audiencier en la justice de paix ci-après désignée, ai déclaré au S. A (*prénoms, nom, profession et domicile de celui qui a obtenu le jugement*) en sondit domicile en parlant à que ledit S. B est opposant au jugement contre lui surpris par défaut par ledit S. A le en la justice de paix du canton de département de , et à lui signifié le lequel jugement ne peut être maintenu, attendu que (*énoncer sommairement les moyens de l'opposition*), et en même temps lui ai donné assignation à comparoir le heure de à l'audience de la justice de paix du canton de département de tenante à pour voir dire qu'en faisant droit sur son opposition, il sera (*conclusions*) et ai audit S. parlant comme dessus, laissé copie du présent.

(*Signature de l'huissier*).

Enregistré à le

Jugement par défaut rendu sur l'opposition.

38. Entre le S. A (*prénoms, nom, profession et domicile de celui qui a obtenu le jugement par défaut*) demandeur originaire aux fins de la citation du enregistrée le et défendeur aux fins de la citation d'opposition à lui notifiée par exploit du à la requête du S. ci-après nommé, tendante à ce que , comparant d'une part; lequel, attendu la non-comparution de l'opposant, a requis l'exécution pure et simple de notre précédent jugement du

Et le S. B (*prénoms, nom, profession et domicile de l'opposant*) demandeur, aux fins de la même citation d'opposition, non-comparant, ni personne pour lui d'autre part.

Nous , après avoir attendu jusqu'à l'heure de avons contre ledit B , non-comparant, ni personne pour lui, donné défaut, et pour le profit l'avons débouté de son opposition à notre jugement du ; en conséquence, disons que ledit jugement sera exécuté selon sa forme et teneur.

Jugement contradictoire rendu sur l'opposition.

39. Entre le S. B (*prénoms, nom, profession et domicile de l'opposant*) demandeur aux fins de son opposition notifiée par exploit du , enregistrée le tendante à ce qu'il soit reçu opposant à l'exécution de notre jugement du à lui signifié ; (*Si l'opposition est formée après les délais, il sera ajouté*), et ce nonobstant l'expiration du délai de la loi, attendu que, lors du jugement du et de la signification d'icelui le , il était retenu au lit par une maladie grave, ainsi qu'il appert par le certificat du S. , mé-

decin en date du, enregistré le transcrit en tête dudit exploit, faisant droit sur son opposition, il soit ordonné comparant d'une part;

Et le S. A (*prénoms, nom, profession et domicile de celui qui a obtenu le jugement par défaut*) demandeur originaire et défendeur, aux fins de ladite opposition, comparant d'autre part; lequel a requis que le S. B fût déclaré non-recevable ou mal fondé en son opposition; en conséquence notre précédent jugement soit exécuté selon sa forme et teneur.

Nous (*on ajoutera s'il y a lieu*) vu le certificat sus-énoncé donné par le S. , médecin à. en date du enregistré le à nous présenté, par lequel il appert....

Considérant recevons le S. B opposant à notre jugement du ; faisons droit sur son opposition, disons, etc.

Si l'opposition est rejetée, le dispositif sera ainsi conçu :

Nous , considérant déboutons le S. B de son opposition à notre jugement du en conséquence, disons que ledit jugement sera exécuté selon sa forme et teneur.

Prononciations relatives à l'exécution provisoire.

Lorsque la condamnation sera d'une somme déterminée de 300 fr. ou au-dessous, le juge de paix ordonnera l'exécution provisoire en ces termes :

40. Et attendu que la condamnation qui vient d'être prononcée n'excède pas la somme de 300 fr., ordonnons, conformément à l'art. 17 du code de procédure civile, que le présent jugement sera exécuté par provision nonobstant et sans préjudice de l'appel.

Lorsque la condamnation sera d'une somme indéterminée, ou d'une somme déterminée au-dessus de 300 fr., le juge de paix accordera, s'il le juge à propos, l'exécution provisoire en donnant caution.

Considérant que permettons audit de mettre à exécution par provision, nonobstant et sans préjudice de l'appel, le présent jugement, à la charge par lui de donner caution.

Réception de caution à la suite du jugement.

41. Et à l'instant le S. A nous a présenté pour caution du montant des condamnations prononcées en sa faveur, et dont la restitution pourrait être ordonnée au profit du S. B en cas d'appel, la personne du S. M (*prénoms, nom, profession et domicile de la caution*).

Le S. B a dit :

Nous, considérant , recevons la personne du S. M , présent à notre audience, pour caution de la restitution, au cas d'infirmation sur l'appel, du montant des condamnations qui viennent d'être prononcées en faveur du S. A contre le S. B , par le jugement ci-dessus.

Et a ledit S. M déclaré se rendre caution, et a signé.

(*Signature de la caution*).

Si la caution reçue n'est pas à l'audience, le dispositif sera:

42. Recevons pour caution la personne du S. M lequel fera sa soumission au greffe.

Si la caution présentée est refusée, le dispositif sera :

Nous, considérant disons, au cas d'appel, que le S. B ne pourra mettre provisoirement à exécution notre présent jugement, sans auparavant avoir présenté et fait recevoir caution suffisante et solvable, autre néanmoins que la personne du S. M

Soumission de la caution au greffe.

43. L'an le , au greffe de la justice de paix du canton de , département de est comparu le S. M (*prénoms, nom, profession et domicile de la caution*) lequel a dit que, par le jugement de la justice de paix de ce canton, en date du sujet à l'appel, il avait été prononcé en faveur du S. A contre le S. B différentes condamnations ; que le S. A désirant, en cas d'appel, mettre provisoirement à exécution ledit jugement, l'avait présenté et fait recevoir pour caution ; qu'en conséquence il fait présentement sa soumission et se rend caution envers le S. B de la restitution, en cas d'infirmation sur l'appel, du montant des condamnations auxquelles il serait contraint provisoirement de satisfaire en vertu du jugement sus-daté, et a signé le présent avec moi greffier soussigné. (*Signature de la caution et du greffier*).

Possessoire.

44. *C'est la question de la possession seulement.*
Elle peut avoir deux objets, 1°. *de faire cesser le trouble qu'un possesseur éprouve dans sa possession dont il n'est pas privé, et alors elle s'appelle* complainte.

Formule de demande en complainte.

L'an mil le jour de à la requête du S. Anatold Claudu, propriétaire, demeurant à rue n°. pour lequel domicile est élu à en la maison de y sis

J'ai huissier en la justice de paix du canton de , y demeurant à rue n°. soussigné, donné assignation au S. Jean-Urbain Cudery, demeurant à rue n°. en son domicile, parlant à à comparoir le prochain, heure de à l'audience de la justice de paix dudit canton de pour voir dire, qu'attendu que le requérant est en possession publique depuis plus de d'une pièce de pré sise à commune de de la contenance de tenant de et qu'il a été troublé dans ladite possession par ledit S. qui le a fait faucher une partie dudit pré, avec défense audit de l'y troubler en façon quelconque, aux peines de droit, et pour l'avoir fait, se voir condamner en de dommages et intérêts, à la restitution de la somme de pour la valeur du foin par lui fauché et enlevé, si mieux il n'aime à dire d'experts qui seront convenus entre les parties, sinon nommés d'office, et procéder comme de raison, afin de dépens, et à ce que ledit S. n'en ignore, je lui ai, audit domicile et parlant comme dessus, laissé copie du présent, dont le coût est de

---

Jugement qui admet.

Attendu, etc. (*Les motifs*).

Maintenons et gardons le S. en la possession et jouissance des maisons et héritages dont il s'agit ; faisons défenses au S. de plus à l'avenir l'y troubler ni inquiéter ; le condamnons à lui rendre et restituer la somme de montant des loyers qu'il a reçus, et celle de pour la valeur des fruits par lui perçus, si mieux il n'aime les lui payer suivant l'estimation qui en sera faite par experts dont les parties conviendront, sinon par qui, faute par elles d'en convenir, demeureront nommés d'office, ce que ledit S. sera tenu d'opter dans les trois jours de la signification de notre présent jugement ; sinon, et ledit temps passé, en vertu d'icelui, et sans qu'il en soit besoin d'autres, disons que ledit sieur sera contraint purement et simplement au paiement de ladite somme de ; condamnons ledit S. en de dommages-intérêts envers ledit S. et aux dépens. Fait et jugé, etc....

Jugement qui rejette.

Attendu, etc. (*Les motifs*).

Nous déboutons le S. de la demande en complainte par lui formée contre le S. ; donnons acte à celui-ci de sa déclaration, par lui faite à notre audience, qu'il prend ladite demande pour troubler en sa possession : et faisant droit sur les conclusions par lui prises, faisons défense audit S. de le troubler ni inquiéter, et le condamnons aux dépens. Fait et jugé, etc.

Demande en réintégrande.

L'an le jour de à la requête du S. etc. (*Comme ci-dessus*).

Pour répondre sur ce que ledit S. ayant dépossédé par violence (*ou autrement*) le requérant d'une maison et héritages sis à dont il était en paisible possession et jouissait sans trouble depuis long-temps, que ledit S. en a pris et enlevé les grains et fruits, voir dire que le requérant sera réintégré en la possession et jouissance de ladite maison et héritages ; qu'à lui rendre et délaisser ladite possession ledit S. sera condamné et contraint par les voies de droit, avec défense de plus à l'avenir l'y troubler ni inquiéter ; se voir condamné à lui rendre et restituer les grains et fruits par lui enlevés, sinon la somme de pour leur valeur, si mieux il n'aime à dire d'experts, etc. (*Comme au modèle précédent*) ; se voir condamné aux dommages-intérêts du requérant à donner par déclaration, et en outre procéder comme de raison à fin de dépens ; et, à ce que ledit sus-nommé n'en ignore, etc.

Le jugement se rend en la même forme que ci-dessus. Lorsqu'il y a eu voies de fait, le jugement peut condamner à la restitution par corps, si cela est demandé.

An 18

Justice de paix du canton d , *département de*

45. Répertoire ordonné par l'article 3 de la loi du 26 frimaire an 4.

DATES DES ACTES.	NATURE DE L'ACTE.	PARTIES DANS L'ACTE.
2 janvier.	Enquête.	Le S. A demande. Le S. B défend.
2 dudit.	Jugement qui ordonne une visite.	Le S. C demande. Le S. D défend.
2 février.	Jugement définitif.	Le S. E demande. Le S. F défend.
4.	Jugement d'après l'enquête du 1er.	Le S. A demande. Le S. B défend.
6.	Visite et jugement.	Le S. C demande. Le S. D défend.
8.	Jugement qui ordonne une mise en cause.	Le S. G demande. Le S. H défend.
15.	Jugement définitif.	Le S. G demande. Le S. H défend. Le S. I assigné en garantie.

An 18

Justice de paix du canton d , *département*
de

46. Répertoire à colonnes des actes sujets à l'enregistrement sur la minute.

Nos	DATE des ACTES.	NATURE des ACTES.	PARTIE DANS LES ACTES. PRÉNOMS ET NOM.	DOMICILE.	DATE de l'enregistrement.
1.	Janv. 9.	Jugement portant nomination d'experts.	J. B. Germain.	Rouen, rue départem.t de la Seine-Inférieure.	Janv. 11.
			L. F. Michaut.	Beaugency, rue dép.t du Loiret.	
2.	19.	Condamnation sans titre à payer 80 francs.	Benoit le Sueur, demandeur.	Chartres, rue départem.t de	21.
			Henri Bigaut, défendeur.	Paris, 7e arrondissemt, rue	
3.	25.	Émancipation	Joseph Poulain.	Paris, 7e arrondissemt, section rue	
4.	25.	Apposition des scellés.	Après la mort de Jean Desquesnes.	Paris, 7e arrondissemt, section rue	27.
5.	26.	Procès-verbal du bureau de paix.	Joseph le Fort.	Com. de C. de dép. de	
			Germain-Duée.	Paris, 7e arrondissemt, section rue	

6

Procès-verbal de conciliation.

47. Cejourd'hui l'an devant nous juge de paix soussigné, tenant le bureau de paix du canton de département de , s'est présenté le S. A (*prénoms, nom, profession et domicile du citant*) comparant en personne *ou bien* « par le ministère de (*prénoms, nom, profession et* » *domicile du fondé de pouvoir*) son fondé de pouvoir suivant l'acte du » enregistré le par qui a reçu »

Lequel a dit que, par citation du enregistré le il avait fait citer à comparoir, cejourd'hui, devant nous, lieu et heure présens, le S. B pour se concilier, si faire se peut, sur la demande énoncée en ladite citation.

S'est aussi présenté le S. B (*comme ci-dessus pour le citant*),

Lequel a dit

Et après avoir entendu les parties dans leurs dires respectifs, elles sont tombées d'accord de ce qui suit, savoir : le S. A ; et le S. B de son côté : et ont lesdits SS. A et B signé le présent avec nous et notre greffier.

Fait à lesdits jour et an.

(*Signature des S. A et B*).

Procès-verbal de non-conciliation.

48. Cejourd'hui l'an devant nous juge de paix du canton de département de s'est présenté (*la comparution du citant comme ci-dessus*).

S'est aussi présenté le S. B défendeur aux fins de ladite citation.

N'ayant pu concilier les parties, nous les avons renvoyées à se pourvoir devant les juges qui en doivent connaître.

Mention à mettre sur le registre en cas de non-comparution de l'une des parties.

Citation à cejourd'hui, donné le à la requête du S. contre le S. . Défaut du S. , non-comparant.

Mention à mettre audit cas, sur l'original ou la copie.

Le S. , demandeur (*ou défendeur*) aux fins de la présente citation, a fait défaut. Cejourd'hui l'an.

(*Signature du juge de paix.*)

Procès-verbal en cas de serment déféré.

49. S'est présenté le S. A (*la comparution du citant comme ci-dessus*).

S'est aussi présenté le S. B (*prénoms, nom, profession et domicile du cité*).

Lequel a dit qu'il avait souscrit au profit du S. A le billet de cent cinquante francs à lui présenté ; mais que, le il avait payé à compte dudit billet la somme de soixante francs par lui remise au S. M qui s'était chargé de la rendre le même jour au S. A : qu'ainsi il ne devait plus que la somme de quatre-vingt-dix francs qu'il offrait payer présentement, déclarant s'en rapporter au serment du S. A sur le paiement des soixante francs, et a signé.

(*Signature du S. C*).

Et à l'instant, le S. A a juré et affirmé par devant nous qu'il n'avait pas reçu les soixante francs dont il s'agit du S. M ni au jour indiqué, ni depuis, et a signé.

(*Signature du S. A*).

Le S. B s'est déterminé à payer en notre présence la somme entière de cent cinquante francs audit S. A qui le reconnaît, et a signé.

(*Signature du S B*).

Fait à lesdits jour et an.

(*Signature du juge de paix et du greffier.*)

Si le S. A ne veut pas prêter le serment, il en sera fait mention dans le procès-verbal.

Le S. A a refusé de prêter le serment à lui déféré par le S. R et a persisté à réclamer les cent cinquante francs contenus au billet par lui représenté.

N'ayant pu parvenir à concilier les parties....

Autre procès-verbal.

50. L'an mil huit cent , le par-devant nous juge de paix du canton de , tenant le bureau de conciliation en notre auditoire ordinaire, à , est comparu le S. , demeurant à

(*Si c'est un fondé de pouvoir*).

Fondé de pouvoir sous seing-privé du S. , demeurant à par acte du enregistré le par qui a reçu lequel est demeuré annexé à notre registre après avoir été dudit certifié véritable, signé et paraphé ; lequel nous a dit qu'en vertu de notre cedule, en date du notifiée par huissier de notre justice de paix, le il a fait citer devant nous cejourd'hui le S. , demeurant à , pour se concilier, si faire se peut, sur la demande que ledit est dans l'intention de former contre lui, afin de en quoi il persiste et requiert défaut si ledit S. ne comparaît pas ni personne pour lui ; et a signé.

Est aussi comparu ledit S.

(*Si c'est un fondé de pouvoir, on procède comme ci-dessus*).

Lequel a dit que, etc. et a signé ; après que nous avons inutilement employé notre médiation pour accorder les parties, nous les avons renvoyées à se pourvoir par-devant les juges qui en doivent connaître. Fait à les jour, mois et an que dessus.

Si le cité ne comparaît pas, on ne doit point faire de procès-verbal ; on fait seulement mention sur le registre de la non-comparution. Le greffier du juge de paix en donne un simple certificat sur l'original de la citation, et l'on donne alors copie du certificat avec l'assignation.

Procès-verbal de conciliation contenant conventions.

51. L'an mil huit cent , le etc. (*Comme ci-dessus pour la comparution du citant, après quoi on met*) :

Est aussi comparu le S. , demeurant à , lequel a dit qu'il reconnaît être débiteur de la somme de mais non de celle de parce qu'il a déjà payé, tant en argent qu'en fournitures par lui faites audit la valeur d'une somme de ce qui réduit sa dette à celle ci-dessus de ; qu'il n'est pas en état d'acquitter le restant, montant à sur-le-champ ; qu'il prie ledit S. de lui accorder un terme suffisant pour sa libération ; qu'il offre au surplus de s'acquitter en fournitures pareilles à celles qu'il a déjà faites ; à quoi par ledit a été répliqué qu'à la vérité il a reçu une faible somme de en argent et quelques fournitures qui lui ont été faites, mais dont ledit S. porte le prix trop haut, pourquoi il entend persister dans sa demande ; et nous juge de paix avons représenté aux parties que leurs contestations judiciaires entraîneront des longueurs et des frais ; nous avons engagé le S. à accorder un délai convenable, ou à accepter l'offre faite par le S. de se libérer en fournitures pareilles à celles qu'il a déjà faites, en exhortant celui-ci à se relâcher sur le prix qu'il y met; et les parties s'étant rapprochées d'après nos représentations, le S. s'est réduit pour le prix des marchandises par lui fournies à la somme de à raison de par chaque pièce de au moyen de quoi elles sont convenues que la créance dudit S. serait et demeurerait réduite à la somme de pour le tout; et pour acquitter ladite somme, ledit S s'est obligé et a promis de livrer, dans le délai de la quantité de audit qui l'a acceptée; au moyen de quoi, tous procès et contestations demeurent éteints et assoupis, sous la promesse de l'exécution des présentes conventions; de tout quoi nous avons fait et rédigé le présent procès-verbal, dont il a été convenu qu'il serait délivré une expédition à chaque partie, qui en paieraient les frais chacune par moitié; et ont signé avec nous et notre greffier.

Ce procès-verbal n'a que le caractère et la force d'un acte privé, en conséquence, il n'est pas exécutoire; et si l'une des parties manque à ses engagemens, il faut faire assigner et obtenir jugement à l'ordinaire.

Cédule pour convoquer une assemblée de famille.

52 Nous juge de paix du canton de département de

Sur ce qui nous a été représenté par (*prénoms, nom, profession et domicile de celui qui convoque l'assemblée de famille*), que le S. Joseph Benoît, maître maçon, décédé en la commune de dans l'arrondissement de notre canton le dernier, a laissé trois enfans mineurs; 1°. Louis, 2°. Marie-Marguerite, et 3°. Françoise-Julie Benoît, sans leur avoir nommé de tuteur; que Rosalie Lambert, épouse dudit sieur Benoît et mère desdits mineurs, est prédécédée: qu'il ne reste auxdits mineurs aucun ascendant dans l'une ou l'autre ligne; qu'ainsi il importe de convoquer les parens et amis desdits enfans mineurs pour leur être pourvu de tuteur, et même de subrogé tuteur; en conséquence requiert qu'il nous plaise lui délivrer notre cédule à l'effet de faire citer à cet effet à comparoir devant nous, jour, lieu et heure qu'il nous plaira indiquer, les parens desdits mineurs, savoir: 1°. Mathieu Benoît, oncle paternel, demeurant à ; 2°. Barthélemi Michaut, oncle paternel à cause de Nicole Benoît, son épouse, demeurant à ; 3°. Maximilien Benoît, cousin paternel, demeurant à , et du côté maternel; 4°. François Rivard, frère utérin desdits mineurs, demeurant à , 5°. Jean Lambert, oncle maternel, demeurant les cinq sus-nommés dans l'étendue de deux myriamètres de la commune de , où demeurait le défunt Benoît; et à défaut d'un troisième parent maternel, domicilié dans la même étendue; 6°. Philippe Caron, ami, demeurant à mandons à à la requête dudit

Citer les parens et amis sus-nommés des mineurs Benoît à comparoir devant nous en notre demeure, le heure de , à l'effet de délibérer entre eux, conjointement avec nous, sur la nomination d'un tuteur aux mineurs Benoît, même d'un subrogé-tuteur.

Fait à le l'an

(*Signature du juge de paix*).

La notification de cette cédule se fait dans la forme ordinaire.

Cédule pour convocation d'office.

53. Nous juge de paix du canton de département de

Etant informé que le S. Jacques Benoît, maître maçon, (*comme en la précédente*) même d'un subrogé-tuteur. Mandons à à notre réquisition;

Citer à comparoir devant nous, en notre demeure, le heure de à l'effet de délibérer entre eux, et conjointement avec nous, sur la nomination d'un tuteur, même d'un subrogé-tuteur, les parens et amis desdits tuteurs, savoir : 1°. 2°. 3°. etc.

Avis de parens.

54. L'an le jour du par-devant nous juge de paix du canton de département de

Sont comparus en notre demeure, heure de *(S'il y a eu cédule)* » sur la notification à eux faite de notre cédule du par exploit de » en date du enregistré le » les parens et amis de : 1°. Louis, 2°. Marie-Marguerite, et 3°. Françoise-Julie Benoît, tous trois enfans mineurs de feu Joseph Benoît, maître maçon, décédé en la commune de dans l'arrondissement de ce canton ; savoir : 1°. 2°. 3°. 4°. etc.

Lesquels, assemblés en conseil de famille, ont délibéré avec nous sur la nomination d'un tuteur auxdits mineurs.

Nous avons choisi pour tuteur desdits mineurs Mathieu Benoît son oncle paternel; et ce à l'unanimité, à l'exception dudit Mathieu Benoît, qui a déclaré s'en rapporter à la justice, Pourquoi moi, juge de paix, ai proclamé ledit Mathieu Benoît tuteur desdits Mineurs Louis, Marie-Marguerite et Françoise-Julie Benoît.

Ledit Mathieu Benoît, élu tuteur, ne pouvant coopérer à la nomination du subrogé-tuteur, s'est retiré.

Nous, restés au nombre de six et à raison de ce, en nombre compétent pour former le conseil de famille, avons délibéré sur la nomination du subrogé-tuteur.

La majorité des voix s'étant réunie pour le S. Barthélémi Michaut, nous avons observé aux délibérations que le tuteur étant pris dans la ligne paternelle, il fallait choisir le subrogé-tuteur hors de ladite ligne.

Pourquoi procédant à un nouveau choix, les S. Benoît cousin, Lambert et Rivard ont choisi pour subrogé-tuteur le S. Caron, les S. Michaut, Caron et moi juge de paix, avons préféré le S. Lambert, oncle maternel, attendu sa qualité de parent. Les premiers ont dit que *(réduire leurs motifs)*.

Pourquoi moi, juge de paix, attendu la voix prépondérante qui m'est accordée, j'ai proclamé ledit Jean Lambert, oncle maternel, subrogé-tuteur desdits mineurs Benoît, ses neveux.

Lesquels Mathieu Benoît et Jean Lambert, rentrés dans l'assemblée, nous ont déclaré accepter les charges auxquelles ils venaient d'être nommés; et nous avons à l'instant reçu de l'un et de l'autre le serment de bien remplir les devoirs que leur impose la charge qu'ils viennent d'accepter, et ont lesdits Mathieu Benoît, Jean Lambert, et les délibérans sus-nommés, signé avec nous et notre greffier le présent procès-verbal, à l'exception de qui a déclaré ne savoir signer de ce enquis. *(Signature).*

Si le tuteur ou subrogé-tuteur n'est pas présent à l'acte de sa nomination, il prêtera son serment un autre jour, et il en sera dressé à la suite procès-verbal séparé.

Et le suivant, est comparu devant nous juge de paix susdit, le S. *(prénoms, nom, profession et domicile du comparant)* nommé par la délibération ci-dessus, tuteur de

Lequel, après que lecture lui a été faite par notre greffier de ladite délibération, a déclaré accepter ladite tutelle, et à l'instant il a prêté en nos mains le serment de remplir fidèlement les devoirs que lui impose ladite tutelle, et a signé le présent avec nous et notre greffier.

(Signature).

AUTRES FORMULES.

Cédule pour la convocation.

55. Nous juge de paix du canton de à la réquisition du S. mandons à huissier de notre justice de paix, citer le S. A demeurant à B demeurant à C demeurant à D demeurant à E demeurant à et F demeurant à à comparoir et se trouver en notre domicile le heure de prochain, pour composer le conseil de famille de mineur, fils de et de ses père et mère, et délibérer avec nous sur la nomination à faire d'un tuteur et d'un subrogé-tuteur à la personne dudit mineur. Donné en notre domicile, à le

Citation.

56. L'an mil huit cent , le à la requête de j'ai huissier de la justice de paix du canton de demeurant à patenté pour la présente année sous le n° soussigné, cité et fait sommation, en vertu de la cédule de M. le juge de paix du canton de en date du 1° au S. A demeurant à en son domicile, parlant à 2° au S. B demeurant à en son domicile, parlant à 3° au S. C demeurant à en son domicile, parlant à sa personne, ainsi qu'il m'a dit être, 4° au S. D demeurant à en son domicile, parlant à un portier qui n'a dit son nom, de ce sommé; 5° au S. E demeurant à en son domicile, parlant à une fille domestique qui n'a dit son nom; et 6°, enfin au S. F avoué au tribunal de demeurant à en son domicile, parlant à un clerc qui n'a dit son nom, à comparoir et se trouver le heure de prochain, au domicile et par-devant M. le juge de paix du canton de pour composer le conseil de famille du S. mineur, et délibérer avec mondit sieur le juge de paix sur les nominations à faire d'un tuteur et d'un subrogé-tuteur à la personne dudit mineur, leur déclarant que, faute de s'y trouver, ils seront condamnés aux peines de droit; et à ce que lesdits susnommés n'en ignorent, je leur ai, à chacun séparément, en leur dit domicile, et parlant comme dessus, laissé copie tant de ladite cédule ci-dessus datée et énoncée, que du présent, dont acte.

Il doit y avoir au moins trois jours d'intervalle entre cette citation et le jour indiqué; en conséquence, si elle est donnée, par exemple, le premier du mois, le jour de la comparution ne peut pas être fixé avant le cinq.

Délibération.

57. L'an mil huit cent , le par-devant nous juge de paix du canton de en notre domicile, situé à est comparu le S. demeurant à lequel original dûment enregistré par qui a reçu les nous a dit qu'en vertu de notre cédule par nous à lui délivrée le il a fait citer, par exploit de l'huissier de notre justice de paix du dont il nous a représenté l'original dûment enregistré par qui a reçu les S. A B C D E et F à comparoir et se trouver aujourd'hui devant nous pour

composer le conseil de famille, et procéder à la nomination d'un tuteur et d'un subrogé-tuteur à la personne de mineur; que les S. A B C D E sont ici présens, mais que le S. F n'a point comparu; nonobstant quoi, et attendu que les parens et alliés dudit mineur sont en nombre suffisant pour délibérer aux termes de la loi, il nous a requis de constituer le conseil de famille pour procéder aux nominations à faire, et a signé en cet endroit.

Et à l'instant sont comparus le S. A demeurant à frère germain dudit mineur, le S. B demeurant à beau-frère dudit mineur, comme ayant épousé la demoiselle sa sœur germaine; le S. C demeurant à oncle maternel dudit mineur; le S. D demeurant à cousin issu de germain maternel dudit mineur, et le S. E ami dudit mineur, connu pour avoir eu des relations intimes avec ses père et mère; et le S. F n'étant pas comparu, ni personne fondé de ses pouvoirs, après qu'il a été attendu jusqu'à l'heure de nous avons contre lui donné défaut, et l'avons condamné en l'amende de cinquante francs, suivant la loi; et pour le profit nous avons constitué le conseil de famille sous notre présidence, et ordonné qu'il serait procédé par les membres présens avec nous aux nominations à faire; et de suite lesdits parens et amis ayant délibéré, les S. A et B ont été d'avis de nommer tuteur la personne de et les S. C et D la personne du S. A frère germain dudit mineur; et nous étant réunis à cet avis, nous avons dit que le S. A sera et demeurera tuteur à l'effet de régir et administrer les personne et biens dudit mineur.

Et à l'égard du subrogé-tuteur, tous lesdits parens ont été unanimement d'avis de nommer la personne du S. C oncle maternel dudit mineur, et par ledit S. C a été à l'instant représenté qu'étant septuagénaire, son grand âge ne lui permet pas d'accepter cette charge, pourquoi il requiert qu'en admettant son excuse il soit procédé à la nomination d'une autre personne; sur quoi le conseil ayant délibéré, il a été arrêté que l'excuse proposée par le S. C était légitime; en conséquence, il a été arrêté de recevoir son excuse, et le conseil a été d'avis de nommer à sa place, à la charge de subrogé-tuteur, la personne du S. E cousin issu de germain maternel dudit mineur; sur quoi nous disons que ledit S. F est et demeure subrogé-tuteur à la personne dudit mineur.

Et à l'instant lesdits S. A et C ont déclaré accepter les charges à eux déférées, et ont fait en nos mains le serment de bien et fidèlement s'en acquitter; et ont lesdits parens et amis signé avec nous.

Fait en notre domicile, à les jour, mois et an que dessus.

Si la personne nommée n'est pas présente à l'assemblée, il faut lui notifier ce procès-verbal, et lui en donner copie en la forme ordinaire.

Si cette personne a quelque excuse à proposer, elle doit, dans les trois jours de cette notification, requérir la convocation du conseil de famille, et en conséquence obtenir cédule à cet effet, afin de constater l'époque de ses diligences.

Cédule en ce cas.

58. Par-devant nous juge de paix du canton de demeurant à en notre domicile, est comparu le S. demeurant à lequel nous a dit que, par délibération du conseil de famille du S, mineur, tenu devant nous et sous notre présidence, le il a été nommé tuteur aux personne et biens dudit mineur, ainsi qu'il résulte du procès-verbal dudit jour à lui notifié par exploit du dont il nous a représenté la copie; mais qu'il a une excuse légitime à proposer contre ladite nomination; pourquoi il nous requiert de convoquer le conseil de famille dudit mineur, et de lui déli-

vrer notre cédule à l'effet de faire citer les parens et amis dénommés audit procès-verbal, à comparaître devant nous aux jour, lieu et heure qu'il nous plaira indiquer pour délibérer sur l'excuse qui sera proposée, l'admettre et procéder à la nomination d'une autre personne à la charge de tuteur dudit mineur; à quoi obtempérant, mandons à huissier de notre justice de paix, à la requête dudit S. citer les parens et amis dudit mineur dénommés audit procès-verbal, à comparaître et se trouver devant nous, le prochain, heure d en notre domicile, pour entendre ladite excuse, délibérer sur icelle, et procéder, s'il y a lieu, aux fins de la réquisition ci-dessus.

Fait en notre domicile, à le

Cette cédule se signifie avec citation en la forme ci-dessus, et l'on en donne copie à chaque individu.

Au jour indiqué, on donne le procès-verbal comme ci-devant, jusqu'à la constitution du conseil de famille, et alors on continue ainsi qu'il suit :

Et à l'instant est comparu ledit sieur , lequel a représenté qu'il a cinq enfans à sa charge, et qu'en conséquence, aux termes de la loi, il ne peut être forcé d'accepter la tutelle des personne et biens dudit mineur pourquoi il requiert le conseil, en faisant droit sur ladite excuse, de le décharger de la nomination faite, et de procéder à celle d'une autre personne, et à l'instant ledit sieur s'étant retiré, le conseil, délibérant sur la demande, a été unanimement d'avis.

Si l'excuse est admise, on le déclare, et l'on procède à la nouvelle nomination en la forme ci-dessus ; mais si elle est rejetée, on continue le procès-verbal de cette manière :

Le conseil, délibérant sur la demande dudit S. attendu qu'il n'a pas cinq enfans, parce que dans le nombre il y a deux petits enfans, qui, aux termes du Code civil, ne doivent compter que pour une personne du chef de leur père, a été unanimement d'avis de rejeter ladite excuse, et de maintenir la nomination faite dudit S. ; pourquoi, nous juge de paix, sans nous arrêter ni avoir égard à l'excuse proposée par ledit S. , disons qu'il est et demeure tuteur aux personne et biens dudit mineur, en vertu de la nomination faite par le procès-verbal du

Fait en notre domicile, en conseil de famille, les jour, mois et an que dessus; et ont lesdits parens et amis signé avec nous ; et à l'instant ledit S. ayant été appelé, il lui a été donné connaissance de la présente délibération, contre laquelle il a fait toutes protestations et réserves, et a signé.

Cet acte n'est pas un jugement, et n'en a point le caractère; en conséquence, il n'est pas nécessaire d'interjeter appel pour l'attaquer : on doit assigner le subrogé-tuteur à l'ordinaire devant le tribunal de première instance pour voir prononcer sur la validité de l'excuse, et le jugement sera sujet à l'appel.

Ces modèles suffisent pour la convocation du conseil de famille dans tous les cas, et pour le dressé des procès-verbaux de délibération.

Lorsque la délibération du conseil de famille est sujette à homologation, le tuteur chargé de l'obtenir ne doit point donner de requête, mais seulement présenter l'expédition du procès-verbal au président du tribunal de première instance, qui met au bas son ordonnance, portant :

Soit communiqué au Procureur du Roi, pour, sur ses conclusions, être par le tribunal statué ce qu'il appartiendra, au rapport de M. qui est commis à cet effet.

Fait et donné en la chambre du conseil, le

On voit que, pour cette présentation, il n'est pas nécessaire d'employer le ministère d'un avoué. Le tuteur remet ensuite l'expédition portant cette ordonnance au Procureur du Roi, qui donne au bas et ensuite de l'ordonnance les conclusions qu'il croit devoir prendre ; après quoi il remet la même expédition au juge commis, qui fait son rapport à la chambre du conseil, où il intervient jugement.

Jugement.

59. Le tribunal de première instance de vu la délibération prise par le conseil de famille du S. mineur, devant et sous la présidence du juge de paix du canton de le par laquelle ledit conseil a été d'avis qu'il était utile, pour ledit mineur, de vendre une maison située à pour le prix et somme au moins de en observant les formalités requises, et a chargé le S. tuteur dudit mineur, d'en poursuivre l'homologation; vu aussi l'ordonnance de soit-communiqué mise au bas de l'expédition de ladite délibération, le par M. le président dudit tribunal, les conclusions du Procureur du Roi étant ensuite de ladite ordonnance, portant qu'il n'empêche l'homologation de ladite délibération; ouï le rapport de M. l'un des juges dudit tribunal, commis à cet effet par ladite ordonnance de M. le président; tout vu et considéré, le tribunal, approuvant les motifs énoncés en ladite délibération, l'a homologuée et homologue pour être exécutée suivant sa forme et teneur; en conséquence, autorise ledit S. tuteur dudit mineur, à faire procéder à la vente de la maison désignée en ladite délibération, conformément à icelle. Fait et jugé en la chambre du conseil, où étaient, etc. le

Si le tuteur chargé de poursuivre l'homologation le néglige, un autre parent, membre du conseil de famille, peut le faire à sa place; mais alors les frais de l'homologation sont à la charge du tuteur, sans répétition.

Lorsque la délibération n'a pas été unanime, les membres du conseil de famille qui ont été d'avis contraire, ou l'un deux, peuvent s'opposer à l'homologation, et ils doivent le déclarer à celui chargé de la suivre par un acte extrajudiciaire.

Formule.

60. L'an mil huit cent , le à la requête du S. demeurant à ayant fait partie du conseil de famille du S. mineur, convoqué au domicile du juge de paix du canton de le dernier, tant pour lui que pour le S. A autre membre dudit conseil, j'ai, etc. (*le protocole ordinaire des exploits*), soussigné, signifié et déclaré au S. tuteur dudit mineur, chargé de poursuivre l'homologation de la délibération prise ledit jour par ledit conseil, en son domicile, à parlant à que ledit S. audit nom est opposant, comme, par ces présentes, il s'oppose à l'homologation de ladite délibération, protestant de nullité de tout ce qui serait fait au préjudice de la présente opposition; et à ce que ledit S. n'en ignore, je lui ai, audit domicile et parlant comme dessus, laissé copie du présent.

Dans le cas où il survient cette opposition, il faut appeler l'opposant pour voir prononcer avec lui l'homologation de la délibération, autrement il pourrait former opposition au jugement qui interviendrait sans lui.

On doit l'appeler par assignation dans les délais ordinaires, à moins qu'on n'obtienne permission de faire assigner à bref délai: s'il n'y a point de préliminaire de conciliation, il faut, dans ce cas, procéder à l'audience, mais comme en matière sommaire.

Formule d'assignation.

61. L'an mil huit cent , le à la requête du S. demeurant à au nom et comme tuteur aux personne et biens de mineur, j'ai, etc. (*suivant le protocole ordinaire*) soussigné, donné assignation au S. demeurant à en son domicile parlant à et au S. demeurant à en son domicile, parlant à à comparoir dans le délai de la loi (*si on a obtenu permission de faire assigner à bref délai* A TROIS

JOURS) au tribunal de séant à pour voir dire que, sans s'arrêter ni avoir égard à l'opposition formée à la requête desdits S. par acte extrajudiciaire du à l'homologation de la délibération prise par le conseil de famille dudit mineur, dûment convoqué et assemblé au domicile de M. le juge de paix du canton de en date du et pour les causes mentionnées en ladite délibération, elle sera et demeurera homologuée pour être exécutée suivant sa forme et teneur, et en outre se voir lesdits S. condamnés aux dépens et aux dommages et intérêts dudit mineur à donner par déclaration; et j'ai, auxdits SS. à chacun séparément en leurdit domicile, et parlant comme dessus, laissé copie du présent.

Si les assignés constituent procureur, l'avoué du tuteur, sans donner aucunes écritures, doit poursuivre l'audience par un simple avenir.

S'ils ne se présentent pas, il prend défaut au jour de l'échéance, et alors il ne doit point y avoir d'opposition recevable.

Dans le cas du mariage du mineur, le conseil de famille doit être convoqué à la réquisition du tuteur en la forme ci-dessus.

Délibération pour ce cas.

62. L'an mil huit cent , le etc. (*Comme ci-dessus, jusqu'à la constitution du conseil de famille, après quoi on continue*).

Par ledit S. tuteur dudit mineur, a été dit et exposé qu'il se présente un établissement avantageux pour ledit mineur en la personne de la demoiselle âgée de fille de et de ; que la dot proposée est de la somme de savoir, celle de en biens fonds, maisons et terres situées à et celle de en deniers comptans; que le mariage est proposé sous le régime de la communauté; et que les conditions dudit mariage, détaillées dans un projet signé dudit S. tuteur, et par lui à l'instant remis en nos mains; lequel demeurera annexé à la minute des présentes, paraissent très-favorables, pourquoi il requiert le conseil de famille d'approuver lesdites conditions, et de donner son consentement au mariage proposé; ledit tuteur retiré, la matière mise en délibération, les SS. A B C ont été d'avis d'agréer lesdites propositions, et de consentir audit mariage; mais les SS. D E et F ont été d'avis contraire, et ont trouvé les conditions du mariage plus onéreuses que profitables audit mineur; sur quoi, nous juge de paix, après avoir mûrement examiné lesdites conditions, les qualités, les familles et les fortunes des deux personnes dont il s'agit, nous sommes réunis à l'opinion des SS. A B et C ; en conséquence, il a été arrêté, en conseil de famille, que les propositions annoncées par ledit S. tuteur dudit mineur, sont et demeurent approuvées, et que le conseil consent au mariage dudit mineur avec la demoiselle ; autorise ledit tuteur à passer le contrat de mariage suivant le projet par lui remis, et à assister à la célébration dudit mariage, et y consentir pour le conseil de famille, lui donnant à cet effet tout pouvoir, à l'effet de quoi il lui sera délivré expédition du présent. Fait en conseil de famille, en notre domicile, à les jour, mois et an que dessus, et ont lesdits parens signé avec nous, à l'exception des SS. D E et F lesquels ont déclaré ne le vouloir faire.

Cette délibération n'a pas besoin d'être homologuée, et les parens ou amis qui ont été d'avis contraire ne peuvent ni l'attaquer, ni former opposition au mariage.

Apposition des scellés d'office.

63. L'an le jour du heure de Nous juge de paix du canton de département de

étant informé que le S. A (*prénoms, nom, profession et domicile du défunt*) est décédé ce matin, et que son héritier présomptif est le S. B demeurant à département de son (*énoncer la parenté*), lequel n'est pas présentement en ce pays *ou bien* « est le S. B son » mineur, n'ayant pas de tuteur, *ou* servant dans le régiment ») nous, pour la conservation des droits dudit héritier, nous sommes transportés d'office avec notre greffier, à l'effet d'apposer nos scellés sur les meubles et effets du défunt, en sa maison, sise en la commune de rue de n° tenant à

Où étant, (*si l'apposition a lieu avant l'inhumation, on commence par constater la présence du corps*) entrés en « (*désigner la pièce, l'étage, sa vue*) » nous avons trouvé le corps dudit défunt gisant sur un lit. »

Se sont présentés devant nous (*énoncer les personnes trouvées dans la maison, veuve ou autre maître, et les domestiques*) auxquels nous avons fait part du sujet de notre transport, lesquels ont déclaré ne point s'opposer à l'apposition de nos scellés.

Et de suite nous avons apposé nos scellés par plusieurs bandes de papiers scellées en cire rouge, empreintes de notre sceau, ainsi qu'il suit ; savoir :

Dans la chambre à coucher du défunt, sise au premier étage, ayant vue par croisée sur

1°. Une bande de papier sur l'ouverture de chacun des quatre tiroirs, deux grands et deux petits, d'une commode de noyer , fermant tous les quatre avec la même clé ; et, après avoir fermé lesdits tiroirs, avons remis la clé audit notre greffier, pour rester en ses mains jusqu'à la levée.

2°. Trois bandes en haut, bas et milieu, sur les deux battans d'une armoire de fermante à bascule, haut et bas, au milieu une serrure fermante à tour et demi, avec sa clé, que nous avons remise audit notre greffier, pour rester en ses mains jusqu'à la levée.

Dans un cabinet attenant ladite chambre à coucher, ayant vue par deux croisées sur

3°. Trois bandes placées en haut, bas et milieu, à l'intérieur, sur l'ouverture de chacune des deux croisées.

4°. Trois bandes en haut, bas et milieu, placées à l'extérieur sur l'ouverture de la porte du cabinet, donnant dans la chambre à coucher, fermée de deux tours et demi avec la clé, que nous avons remise audit notre greffier, pour rester en ses mains jusqu'à la levée

Dans

5° 6° 7°

Suit la description des effets laissés en évidence :

Dans 1° 2° 3°

Dans 4° 5°

Dans 6° 7° 8°

(Dans les villes « suit l'état du linge donné à la lessive »).

L'argent comptant trouvé monte à la somme de laquelle a été placée dans sous nos scellés, à l'exception de celle de laissée à pour les dépenses courantes de la maison.

Lesquels lieux et effets sus-désignés sont tous ceux qui nous ont été indiqués pour avoir été occupés par le défunt, et pour lui avoir appartenu.

Se sont de nouveau présentés devant nous (*dénommer la veuve, autres maîtres et les domestiques de la maison*), desquels nous avons séparément pris de chacun le serment qu'ils n'avaient rien pris ni détourné ; qu'ils n'avaient rien vu prendre ni détourner, et qu'ils n'avaient pas connaissance qu'on eût rien pris ni détourné des meubles, effets et papiers dépendans de la succession dudit défunt, et ont signé en cet endroit.

Avons établi pour gardien de nos scellés, et des effets laissés en évidence, la personne de qui a déclaré s'en charger, pour les représenter à qui il appartiendra, et a signé en cet endroit.

(*Signature du gardien*).

Fait en ladite maison, lesdits jour et an, depuis l'heure de jusqu'à celle de

(*Signature du juge de paix et du greffier*).

Apposition des scellés sur réquisition.

64. L'an le jour de heure de par-devant nous juge de paix du canton de département de est comparu le S. A (*prénoms, nom, profession et domicile du requérant*). (*On ajoutera, s'il est nécessaire,* « en qualité » de tuteur de fils mineur de ; ledit mineur) habile » à se dire seul et unique héritier *ou* héritier en partie » du S. B (*prénoms, nom, profession du défunt*) décédé le

Lequel, pour la conservation de ses droits, a requis notre transport en la maison du défunt, sise en la commune de de ce canton, rue nº tenante , à l'effet d'apposer nos scellés sur les meubles, effets et papiers dudit défunt, et a signé avec nous et notre greffier.

(*Signature*).

Et à l'instant, nous juge de paix susdit, accompagné de notre greffier, nous sommes transporté avec le S. requérant, en la maison sus-désignée, où, étant arrivé (*l'apposition de scellés comme au précédent procès-verbal. Ce requérant assiste à toute l'opération et signe à la fin*).

Si, pendant l'apposition des scellés, il survient une revendication, il en sera fait mention.

S'est présenté le S. Louis Richard, marchand mercier, demeurant même rue nº , en la maison attenante à gauche à la présente maison; lequel a dit que, dans le nombre des effets du défunt, doivent se trouver six couverts d'argent marqués des lettres L. R. qu'il avait prêtés au défunt huit jours avant sa mort, et qui ne lui ont pas été renvoyés. Nous ont été représentées à l'instant par M. , domestique du défunt, six cuillers et six fourchettes d'argent, marquées desdites lettres L. R., comme étant celles réclamées par le comparant qui les a reconnues pour être les siennes, et ont lesdits Richard et M. signé en cet endroit (*Signatures*).

Sur quoi nous, juge de paix susdit, avons donné au S. Richard acte de sa déclaration, pour lui valoir opposition à la levée des scellés, lors de laquelle il fera valoir sa réclamation : défenses au contraire réservées.

Lorsque la veuve ou l'un des héritiers demande à être autorisé à une gestion provisoire, le juge de paix l'accorde à la fin de son procès-verbal.

Opposition à ce que les scellés soient apposés.

65. S'est présenté le S. D (*prénoms, nom, profession et domicile du comparant*) lequel nous a dit qu'il est habile à se dire seul et unique héritier du défunt, comme étant son cousin issu de germain dans les deux lignes paternelle et maternelle; que le S. A qui a requis l'apposition de nos scellés, parent du défunt du côté paternel seulement, est dans un degré bien plus éloigné que lui comparant, et n'a, par cette raison, aucun intérêt dans la succession ; pourquoi il s'oppose à ce que l'apposition encommencée soit par nous continuée, requiert même la levée de ceux déjà apposés, et a signé.

(*Signature de l'opposant*).

Par le S. A a été répliqué qu'en qualité de parent paternel du défunt, il était habile à se dire son héritier pour moitié ; en conséquence, nous requiert de continuer l'opération encommencée, et a signé.

(*Signature du requérant*).

Sur quoi, nous juge de paix susdit, pour être fait droit sur l'opposition ci-dessus, nous avons ordonné qu'il en serait par nous référé sur-le-champ (*ou* le jour de demain) à M. le Président du tribunal de première instance, séant et jusqu'à l'ordonnance à intervenir sur le référé, nous avons établi pour la conservation des droits de qui il appartiendra dans les lieux sus-désignés, les SS. demeurans, pour empêcher qu'il ne soit soustrait ou enlevé aucun effet, jusqu'à ce qu'il ait été statué sur l'opposition ci-dessus.

(*Signatures du juge de paix et du greffier*).

L'ordonnance rendue en référé est consignée sur le procès-verbal du juge de paix ; il s'y conforme de suite le jour même ou le lendemain.

S'il est ordonné que l'apposition aura lieu.

Et de suite, nous juge de paix susdit, obtempérant à ladite ordonnance et à la réquisition ci-dessus, nous sommes transporté de nouveau, accompagné de notre greffier, avec ledit S. A en la maison du défunt sus-désignée, où étant arrivé, nous avons continué l'opération ainsi qu'il suit :

S'il est ordonné que l'apposition n'aura pas lieu.

Et de suite, nous juge de paix susdit, obtempérant audit jugement et à la réquisition ci-dessus, nous sommes transporté de nouveau, accompagné de notre greffier, avec ledit S. D en la maison du défunt sus-désignée, où étant arrivé (*s'il y a déjà des scellés apposés*, nous avons levé les scellés par nous apposés sur les portes, fenêtres et meubles désignés en notre procès-verbal ci-dessus :) nous avons ordonné aux S. et établis gardiens, de se retirer ; et, (*s'il y a lieu*, après avoir fait remettre audit S. D les clés de dont nous avions chargé notre greffier, nous nous sommes retiré :) et a ledit S. D signé le présent avec nous et le greffier.

(*Signatures*).

Opposition à la levée des scellés.

Ces oppositions sont consignées, à mesure qu'elles sont faites, à la suite du procès-verbal d'apposition.

66. Et le , est comparu devant nous juge de paix susdit, le S. E (*prénoms, nom, profession et domicile de l'opposant*) qui a élu domicile en la maison de , lequel nous a déclaré qu'il est opposant et s'oppose à la reconnaissance et levée de nos scellés pour (*énoncer les causes de son opposition*),

et a signé avec nous et notre greffier.

(*Signatures*).

Ces oppositions peuvent aussi se faire par exploit notifié au juge de paix, en la personne de son greffier ; et alors le juge de paix en fait mention à la suite de son procès-verbal, auquel il joint la copie laissée à son greffier : « du opposition à la requête de qui a élu domicile ».

Cédule à notifier aux opposans pour assister à la levée.

67. Nous juge de paix du canton de département de

Sur ce qui nous a été représenté par le S. A (*prénoms, nom, profession et domicile du comparant*) habile à se dire héritier pour moitié du S. B (*prénoms, nom, profession du défunt*), décédé en sa maison, commune de le dernier, de présent en ce pays, logé en la maison du défunt, comme étant son seul cousin germain paternel : que le il a été par nous procédé à sa requête, à l'apposition des scellés sur les meubles, effets et papiers dudit défunt B trouvés en sa maison; que, pour procéder à la reconnaissance et levée de nos scellés, il est nécessaire de faire citer à comparoir devant nous, en ladite maison, à tels jour et heure qu'il nous plaira indiquer, pour assister, si bon leur semble, à ladite reconnaissance et levée, les parties intéressées; savoir : 1° la dame veuve dudit défunt, demeurant en ladite maison; 2° le S. D demeurant à département de habile à se dire héritier pour un quart dudit défunt, comme étant son cousin germain maternel, étant de présent sur les lieux, logé en la maison du défunt; 3° le S. P notaire à nommé d'office par l'ordonnance de M. le président du tribunal de première instance de pour stipuler les intérêts du S. E demeurant à département de habile à se dire héritier pour le dernier quart dudit défunt, comme son cousin germain maternel, attendu son défaut de présence sur les lieux et son domicile au-delà de cinq myriamètres; et en outre les opposans qui sont 4° 5° etc. Pourquoi il nous requiert de lui délivrer notre cédule à ce nécessaire, et a signé sur quoi, nous juge de paix susdit, mandons à à la requête dudit citer à comparoir devant nous, en la maison du défunt, sise en la commune de de notre arrondissement, rue n° tenante le heure de , tous les sus-nommés, à l'effet d'assister, si bon leur semble, à la reconnaissance et levée de nos scellés.

Donné à le l'an

(*Signature du juge de paix*).

Procès-verbal de reconnaissance et levée des scellés.

68. L'an à la requête de veuve de (*ou bien*, de *tout autre requérant*).

Nous juge de paix du canton de , nous sommes transporté accompagné de notre greffier, en une maison sise où est décédé le feu S. , où étant arrivé heure de

Est comparu devant nous (1) la dame veuve dudit défunt B (*prénoms, nom de la veuve, et prénoms, nom et profession du défunt*).

Laquelle nous a dit qu'aux termes de notre cédule du notifiée par exploit du enregistré le elle a fait citer à comparoir devant nous cejourd'hui, lieu et heure présente, à l'effet d'assister, si bon leur semble, à la présente reconnaissance et levée des scellés; 1° 2° 3° 4° etc.; pourquoi requiert qu'il nous plaise y procéder, tant en leur présence qu'absence, pour la conservation de ses droits, sous la réserve par elle de prendre, après l'inventaire, telle qualité qu'elle avisera, et a signé.

(*Signature de la veuve*).

Sont aussi comparus, 1° le S. A demeurant à département de habile à se dire héritier pour moitié dudit défunt B en qualité de son seul cousin germain paternel; 2° le S. D demeurant à département de et le S. P notaire à nommé d'office par l'ordonnance de M. le président du tribunal de première instance, pour défendre les droits du S. E attendu son défaut de pré-

---

(1) *On nomme successivement toutes les parties comparantes à la levée des scellés; mais il faut énoncer d'abord la comparution de celui qui requiert la levée, soit la veuve, soit un héritier.*

sence sur les lieux et son domicile au-delà de cinq myriamètres, lesdits D et E habiles à se dire héritiers, chacun pour un quart, dudit défunt B, lesquels A, D et P ont dit qu'ils adhèrent à ladite demande à fin de reconnaissance et levée, même la requièrent de leur chef pour la conservation des droits de toutes les parties, sous la réserve, et ont signé.

(*Signatures des héritiers*).

Et est aussi comparu le S. F demeurant en la présente maison, établi gardien de nos scellés par notre procès-verbal des autres parts.

Lequel a déclaré qu'il est prêt à nous représenter tant nos scellés sains en entier, que les effets en évidence confiés à sa garde, par notre procès-verbal des autres parts, et a signé (*ou bien* « a déclaré ne savoir signer »).

Est aussi comparu le S. G, opposant à la présente reconnaissance et levée des scellés, suivant sa déclaration du, consignée des autres parts à la suite de notre procès-verbal d'apposition (*ou bien* « suivant » son exploit d'opposition, à nous notifié en la personne de notre greffier, » le, enregistré le »).

Lequel a dit qu'il était opposant à nos scelles pour les causes énoncées en ladite opposition.

Est aussi comparu le S. Louis Richard, opposant, suivant sa déclaration consignée en notre procès-verbal d'apposition de scellés, lequel a dit que, la veuve et les héritiers étant présens, il n'y avait pas lieu à lui refuser les six couverts par lui réclamés, et a signé.

Signé Richard.

La dame, veuve du défunt, a déclaré que les six couverts en question avaient été prêtés au défunt par le réclamant; que les embarras de la dernière maladie n'avaient pas permis de les lui rendre, qu'elle ne s'opposait pas à la remise, sous la réserve qu'on ne pourrait lui opposer le présent consentement comme une acceptation de qualité, et sauf la réserve des héritiers et des créanciers qui voudraient réclamer, et a signé.

(*Signature de la veuve*).

Les S. A, D et E, en leurs qualités sus-énoncées, ont dit que les couverts en question étant marqués des lettres L. R., initiales des noms de Louis Richard réclamant; que la domestique du défunt les ayant reconnus pour lui avoir été prêtés par ledit Richard lors de l'apposition des scellés; que la veuve les ayant pareillement reconnus pour appartenir au réclamant, ils ne s'opposent pas à ce que, par provision, ils soient remis audit Louis Richard, sous la réserve des droits des créanciers, et que le présent consentement ne pourra leur être imputé comme acceptation de qualité, et ont signé.

(*Signature des héritiers*).

Le S. G, créancier opposant, a déclaré, par les mêmes motifs, ne pas s'opposer à la remise des couverts en question, et a signé.

En conséquence, du consentement de toutes les parties présentes, les six couverts dont il s'agit, pesant ensemble, ont été délivrés à titre de remise provisoire, et, sauf les droits des créanciers qui voudraient réclamer, au S. Louis Richard, qui le reconnaît, et a signé.

Signé Louis Richard.

Nous juge de paix susdit avons donné acte aux parties comparantes de leurs dires et réquisition ci-dessus; et, attendu qu'il est l'heure de, sans que les SS., , , , cités en vertu de notredite cédule du soient comparus, ni personne pour eux, nous avons contre eux donné défaut; et, pour le profit, avons ordonné qu'il serait, en leur absence, procédé à la reconnaissance et levée de nos scellés; ce qui a été exécuté ainsi qu'il suit :

Nous avons d'abord reconnu sains et entiers nos scellés apposés sur et nous les avons levés pour être procédé à l'inventaire par Me notaire, et autres officiers choisis par les parties.

Le juge de paix procède particulièrement à la levée des scellés, à fur et à mesure qu'elle devient nécessaire pour continuer les opérations de l'inventaire; il ne fait remettre au notaire les clés dont il a chargé son greffier qu'à fur et à mesure qu'elles sont nécessaires.

Il réappose, à la fin de chaque séance, les scellés sur les chambres ou armoires dont la description commencée ne serait pas terminée.

Il dresse séparément le procès-verbal de chaque séance; il fait signer les parties.

Le notaire et les officiers de l'inventaire ne signent pas sur son procès-verbal. Pareillement lui et son greffier ne signent pas l'inventaire.

Autre formule d'un procès-verbal d'apposition de scellés.

69. L'an le jour de onze heures du matin, par-devant nous juge de paix du canton de département de

Est comparu le S. demeurant à habile à se dire et porter héritier en partie du S. son aïeul paternel, décédé dans la nuit dernière, à heure du matin, en cette commune,

Lequel nous a dit que le S. son frère, aussi habile à se dire héritier pour partie dudit défunt, étant mineur, il requiert notre transport en la maison du défunt, sise en cette ville, rue n°. à l'effet d'apposer nos scellés sur les meubles, effets et papiers qui s'y trouvent, et a signé en cet endroit avec nous et notre greffier; et à l'instant nous juge de paix susdit, assisté et accompagné de notre greffier, nous sommes transporté avec ledit S. en la maison sus-désignée, où étant, ledit comparant nous a introduit dans une chambre sise au étage de ladite maison, ayant vue sur où nous avons trouvé gisant sur un lit de mort un corps qu'il nous a dit être celui du défunt, et nous a requis de faire l'apposition de nos scellés sur les meubles fermant à clé, et la description de ceux en évidence qui seront trouvés dans les lieux qu'occupait le défunt; et a signé. (1)

Et à l'instant est comparu le S. aussi habile à se dire et porter héritier dudit S.

Lequel nous a déclaré qu'il n'empêche l'apposition desdits scellés; mais, avant d'y procéder, il nous a requis de faire dans les papiers du défunt la recherche d'un testament dont l'existence lui a été assurée par ledit défunt quelques mois avant sa mort, et a signé en cet endroit; sur quoi, nous juge de paix susdit avons donné acte audit S. et audit S. de leurs comparution, réquisition et déclaration; et, avant de procéder à l'apposition, avons ouvert une pièce que ledit S. nous a dit être le cabinet dudit défunt, et, en présence des parties, nous avons cherché dans le tiroir d'un secrétaire placé dans ledit cabinet; et nous y avons trouvé un paquet couvert d'une enveloppe de papier blanc, cacheté de cire rouge, portant l'empreinte d'une tête de femme antique, et sur ladite enveloppe nous avons trouvé une suscription portant ces mots : *Ceci est mon testament*. Nous avons paraphé l'enveloppe dudit paquet, et l'avons fait parapher par lesdits S. et ordonné que ledit paquet, resté provisoirement entre les mains de notre greffier, serait par nous présenté à M. le président du tribunal civil de le heure de midi, auxquels jour, lieu et heure les parties se trouveraient si bon leur semble; et de suite nous avons procédé à la description des effets qui sont en évidence, et à l'apposition de nos scellés sur les meubles fermant à clé et sur les portes, comme il suit :

Premièrement, dans la chambre à coucher dudit défunt s'est trouvé en évi-

---

(1) *Si le requérant demeure hors de la commune où se fait l'apposition des scellés, il faut élire domicile dans cette commune.*

dence etc., et, ne s'étant plus rien trouvé à décrire, nous avons apposé notre sceau aux deux extrémités de trois bandes de papier mises en haut, au milieu et en bas, sur les battans d'une armoire en bois d'acajou, fermant à bascule par le haut et par le bas, placée dans ladite chambre à côté de la porte, à . La clé de cette armoire, après qu'elle a été fermée, a été remise à notre greffier, qui s'en est chargé.

Secondement, étant entré dans le cabinet attenant à ladite chambre à coucher, et ayant vue sur nous avons trouvé sur une table divers papiers que nous avons réunis et renfermés dans les tiroirs d'un secrétaire à cylindre en bois d'acajou, placé dans ledit cabinet; et sur l'ouverture dudit secrétaire nous avons mis trois bandes de papier, arrêtées aux extrémités par l'empreinte de notre sceau. Ledit secrétaire ayant été fermé, la clé est restée entre les mains de notre greffier, qui s'en est chargé; et dans ledit cabinet nous avons trouvé en évidence, outre la table ci-dessus mentionnée etc.; nous avons en outre fermé la porte d'entrée dudit cabinet à deux tours et demi, dont la clé a été remise à notre greffier, qui s'en est chargé; et nous avons sur l'ouverture de ladite porte apposé trois bandes de papier, aux extrémités desquelles nous avons apposé notre sceau.

Troisièmement, dans une chambre éclairée par croisée donnant sur nous avons trouvé en évidence etc, et apposé nos scellés comme dit est sus.

Quatrièmement, dans un cabinet à côté de ladite chambre, et comme nous procédions auxdites opérations, est comparu le S. demeurant dans la même maison que celle où nous opérons, lequel nous a dit que, dans le nombre des effets appartenant au défunt doivent se trouver couverts d'argent, marqués sur des lettres qu'il a prêtés audit défunt jours avant sa mort, lesquels couverts d'argent ne lui ont pas été rendus à l'instant, et qu'il réclame; et a signé. En effet, il nous a été représenté par domestique audit défunt cuillers et fourchettes d'argent marquées sur des lettres qu'elle nous a déclaré être celles réclamées par le comparant, et qu'il a reconnu lui appartenir, et ladite fille a signé en cet endroit; sur quoi nous juge de paix susdit, nous avons donné audit acte de sa déclaration, pour lui valoir opposition à la levée des scellés, lors de laquelle il sera fait droit à sa réclamation.

Et les héritiers nous ayant requis de laisser à leur disposition dépendant de ladite maison, ainsi que les meubles qui y sont placés, comme aussi de leur accorder l'usage du linge de table et de nuit dont ils ont besoin, aux offres de se charger de ces objets en compte, et de les représenter quand et à qui il appartiendra, nous juge de paix susdit, obtempérant à ladite demande, avons laissé à la disposition de savoir: etc.

Desquels effets lesdits se sont chargés pour les représenter à toutes réquisitions, et sans que cette jouissance puisse leur attribuer d'autre qualité que celle qu'ils jugeront à propos de prendre par la suite; et ont signé en cet endroit.

Ce fait, tous les lieux mentionnés ci-dessus étant les seuls que les parties nous aient indiqués comme ayant été occupés par ledit défunt, nous avons des S. de la dame et de fille domestique dudit défunt, pris le serment, qu'ils ont chacun séparément prêté en nos mains, qu'ils n'ont rien détourné ni vu détourner, et qu'ils n'ont aucune connaissance que rien ait été détourné directement ni indirectement des effets et papiers de la succession dudit défunt; et ont lesdits comparans signé en cet endroit.

Et, avant de nous retirer, nous avons établi pour gardien de nos scellés et des effets laissés en évidence la personne du S. qui a déclaré s'en charger pour les représenter à toutes réquisitions, et a signé; de tout quoi nous avons fait et rédigé le présent procès-verbal, auquel il a été vaqué depuis neuf heures du matin jusqu'à trois heures de relevée, en présence des parties comparantes qui ont signé avec nous et notre greffier les jour et an que dessus.

Procès-verbal d'ouverture de testament.

70. Et le du présent du mois de audit an, nous juge de paix du canton de département de assisté de notre greffier, nous sommes rendu et présenté à l'heure de midi à l'audience de M. le président du tribunal civil de tenant les référés, auquel nous avons présenté le paquet trouvé dans le secrétaire dudit S. décédé en la commune de arrondissement de et décrit en notre procès-verbal du à l'effet d'en faire l'ouverture.

Et, en conformité de l'intimation insérée en notredit procès-verbal du sont comparus MM. ; après que lecture a été faite du procès-verbal d'apposition de nos scellés, en ce qui concerne ledit paquet, M. le président a reconnu que le paquet cacheté qui lui est représenté et remis par nous est tel qu'il a été trouvé et décrit.

Et, ayant de suite procédé à l'ouverture dudit paquet, mondit S. le président a trouvé sous l'enveloppe une grande feuille de papier timbré du timbre de sur laquelle est rédigé le testament dudit défunt, commençant par ces mots et finissant par

Le tout écrit sur trois pages entières qui ont été paraphées par mondit S. le président.

Lecture faite dudit testament à haute voix par notre greffier, les comparans ont requis qu'il fût remis et déposé entre les mains de Me , notaire à et ont signé en cet endroit.

Obtempérant à cette demande, mondit S. le président a rendu son ordonnance ainsi qu'il suit :

Nous président du tribunal civil de ordonnons que ledit testament sera remis et déposé entre les mains de Me notaire à pour y rester au nombre de ses minutes et en délivrer expédition aux parties intéressées, et sera notre présente ordonnance exécutée nonobstant l'appel; et signé.

Dont et de tout ce que dessus nous avons dressé le présent procès-verbal, que lesdits comparans ont signé avec nous et notre greffier.

Et le trois du présent mois de audit an, nous juge de paix du canton de département de en présence de héritiers ci-dessus qualifiés et domiciliés; en exécution de l'ordonnance rendue le jour d'hier par M. le président du tribunal civil de et à la réquisition desdits nous avons remis le testament mentionné en ladite ordonnance et ci-dessus écrit audit Me qui s'en est chargé pour le mettre au rang de ses minutes et en délivrer expédition aux parties intéressées ; et a signé.

En foi de quoi nous avons dressé le présent procès-verbal, dont une expédition sera annexée à l'acte déposé ; et ont, lesdits comparans, signé avec nous et notre greffier.

Formule d'opposition à la continuation des scellés.

71. Et comme nous procédions auxdites opérations, s'est présenté le S. demeurant à

Lequel nous a dit qu'il est seul habile à se dire et porter héritier du défunt comme étant et en conséquence son parent le plus proche ; que le S. qui a requis l'apposition de nos scellés, est à un degré très-éloigné, et n'a, par cette raison, aucun intérêt dans la succession; pourquoi il nous a déclaré qu'il s'oppose à ce que l'apposition encommencée de nos scellés soit par nous continuée, et qu'il requiert même la levée de ceux déjà apposés.

Le S. a répondu qu'en qualité de parent du défunt de côté paternel, il était habile à se dire et porter son héritier pour moitié; en conséquence, il nous a requis de continuer l'opération de l'apposition de nos scellés; et a signé.

Sur quoi, nous juge de paix susdit, pour être fait droit sur l'opposition ci-dessus, nous avons renvoyé en référé devant M. le président du tribunal civil de les parties auxquelles nous avons fait délivrer par notre greffier copie du présent procès-verbal; ensuite nous nous sommes retiré, après avoir établi le gardien de nos scellés jusqu'au jugement à intervenir.

Continuation.

Et le audit an, heure de devant nous juge de paix susdit, est comparu le S. ci-dessus nommé, qualifié et domicilié.

Lequel nous a exhibé une ordonnance rendue sur référé le par M. le président du tribunal civil de par laquelle il a été dit qu'il serait passé outre à l'apposition de nos scellés, et signifié ladite ordonnance dûment en forme signée, scellée par le et nous a requis de procéder en vertu de ladite ordonnance, et obtempérant à la réquisition ci-dessus, nous sommes transporté de nouveau, accompagné dudit S. et assisté de notre greffier, en la maison sus-désignée, où, étant arrivé, nous avons continué l'opération de l'apposition de nos scellés ainsi qu'il suit, etc.

Formule de réquisition pour la levée des scellés auxquels il est survenu des oppositions.

72. Et le du mois de mil devant nous juge de paix, s'est présentée la dame veuve et commune en biens du S. décédé en cette ville, en sa maison, rue n° où nous avons apposé nos scellés, et en laquelle ladite dame est encore demeurante.

Laquelle désirant faire procéder à la reconnaissance et levée desdits scellés mis à sa requête, suivant le procès-verbal qui précède, sur les meubles et effets, titres et papiers dépendant de la communauté et de la succession dudit défunt, et sous la réserve faite par ladite dame comparante d'accepter ou de répudier ladite communauté dans les délais de la loi.

Nous a requis de l'autoriser à faire sommer les parties intéressées de se trouver en la maison sus-désignée à tels jour et heure qu'il nous plaira d'indiquer, pour assister, si bon leur semble, à ladite reconnaissance et levée de nos scellés, et a nommé pour procéder à la prisée des effets étant en évidence sous nosdits scellés la personne du S. commissaire-priseur, demeurant à et celle de M[e] , notaire, demeurant à pour faire l'inventaire, sauf aux parties intéressées à faire choix de leur côté des officiers qu'ils jugeront à propos d'appeler pour procéder auxdites opérations, et a signé.

Ordonnance du juge de paix.

Nous juge de paix susdit, faisant droit audit réquisitoire, avons déclaré à ladite dame comparante que nous nous transporterons en la maison sus-désignée le du présent mois, dix heures du matin, pour procéder à la reconnaissance et levée de nos scellés, à l'effet de quoi nous autorisons la requérante à faire sommer, tant les héritiers dudit défunt que les opposans à la levée desdits scellés, pour y assister, si bon leur semble, et aux prisée et inventaire qui seront faits de tous les meubles, effets, titres et papiers dépendant desdites communauté et succession, pour la conservation des droits de toutes les parties intéressées.

Fait à ce mil

Procès-verbal de levée.

73. Et le heure de en vertu de notre ordonnance du nous juge de paix susdit accompagné de notre greffier, nous sommes transporté en la maison sus-désignée, où étant est comparue la dame laquelle nous a dit qu'en vertu de notre dernière ordonnance, et par exploit de en date du elle a fait assigner aux fins d'icelle à ce jour, lieu et heure etc.

Pourquoi ladite dame comparante nous a requis de procéder présentement à la reconnaissance et à la levée de nos scellés, tant en l'absence qu'en présence des sus-nommés, pour la conservation des droits de toutes les parties intéressées, et sous la réserve qu'elle fait de prendre, après l'inventaire qui va être fait à fur et à mesure de la levée desdits scellés, telle qualité qu'elle avisera, et a signé.

Sont aussi comparus le S. et le S. propriétaire, demeurant à tous deux habiles à se dire et porter héritiers, chacun pour moitié, dudit S. leur oncle maternel.

Lesquels ont dit qu'ils adhèrent à la demande, à fin de reconnaissance et levée desdits scellés, même les requièrent de leur chef pour la conservation des droits de toutes les parties, sous la réserve qu'ils font expressément de prendre, après l'inventaire qui va être fait, telle qualité qu'ils jugeront convenable ; et ont signé.

Sont pareillement comparus les SS.

Tous opposans à la levée de nos scellés, suivant leurs déclarations en date des consignés des autres parts à la suite de notre procès-verbal d'apposition desdits scellés, *ou* suivant leurs exploits d'opposition notifiés au S. notre greffier, les et dont les originaux dûment enregistrés nous ont été représentés.

Lesquels ont dit qu'ils comparaissent au désir de sommation qui leur a été faite en exécution de notre ordonnance, et consentent qu'il soit par nous procédé à l'instant à la levée desdits scellés, sous la réserve qu'ils font de tous leurs droits et pour leurs causes énoncées en leursdites oppositions; et ont lesdits comparans signé.

Est aussi comparu le S. opposant suivant sa déclaration consignée en notre procès-verbal d'apposition des scellés.

Lequel a dit que la veuve et les héritiers du S. étant présens, il n'y a pas lieu de lui refuser les six couverts d'argent par lui réclamés comme les ayant prêtés audit défunt ; et a signé.

La dame veuve du défunt, a déclaré que les six couverts d'argent dont est question ont été effectivement prêtés à son mari par le réclamant : que les embarras de la dernière maladie du défunt n'avaient pas permis de les rendre ; qu'elle ne s'oppose pas à la remise qui en est demandée, sous la réserve que l'on ne pourrait lui opposer le présent consentement comme une acceptation de qualité, et sauf les droits des héritiers ou des créanciers qui voudraient réclamer et s'opposer à ladite remise ; et a signé.

Les SS. habiles à se dire et porter héritiers du défunt, ont dit que les six couverts d'argent dont est question étant marqués des lettres initiales des noms du réclamant, que la domestique du défunt les ayant reconnus lors de l'apposition des scellés comme ayant été prêtés audit défunt par ledit ; que la veuve les ayant pareillement reconnus comme appartenant au réclamant, ils ne s'opposent pas à ce qu'ils soient remis provisoirement audit sous la réserve des droits des créanciers, et sans que le présent consentement puisse leur être imputé comme acceptation de qualité de leur part ; et ont signé.

En conséquence, du consentement de toutes les parties présentes, les six couverts d'argent dont est question, pesant ensemble ont été délivrés à titre de remise provisoire, et sauf les droits des créanciers absens qui voudraient réclamer audit qui les reconnaît ; et a signé.

Nous juge de paix susdit avons donné acte aux parties comparantes de leurs dires et réquisitions ci-dessus, et attendu qu'il est midi sonné, sans que les autres opposans appelés en vertu de notre ordonnance ou en vertu de l'ordonnance susdatée de mondit S. le président du tribunal civil de soient comparus ni personne pour eux, nous avons contre défaillans donné défaut.

Est ensuite comparu Me notaire public, résidant à

Lequel, en exécution de l'ordonnance rendue le de ce mois, par M. le président du tribunal civil de nous a dit qu'il comparaît au désir de la sommation qui lui a été faite par exploit du pour assister à l'inventaire qui va être fait en sa présence, à l'effet d'y représenter les absens, de veiller à la conservation de leurs droits, et d'y stipuler leurs intérêts en ladite qualité ; et a signé.

Sont aussi comparus Me et Me notaires publics, résidant à les SS. commissaires-priseurs et les SS. experts,

Lesquels, en exécution de l'ordonnance sus-datée rendue par M. le président du tribunal civil de nous ont dit qu'ils comparaissent au désir de la sommation qui leur a été faite par exploit du et qu'ils sont prêts à procéder à fur et à mesure de la levée de nos scellés, aux inventaire, description, et estimation des meubles, effets, marchandises, etc. ; dépendant de la communauté et de la succession dudit défunt, en présence des comparans et dudit Me notaire commis pour représenter les absens, veiller à la conservation de leurs droits, et stipuler leurs intérêts audit inventaire ; et ont signé.

S'est aussi présenté le S. établi gardien à nosdits scellés,

Lequel a offert d'en faire la représentation comme sains et entiers, tels que nous les avons laissés en sadite garde, ainsi que des effets en évidence, et décrits sur notredit procès-verbal d'apposition dudit jour ; et a signé.

Ladite dame veuve, lesdits héritiers et opposans, nous ayant réitéré leur réquisition, ainsi qu'à mesdits SS. notaires, commissaires-priseurs et experts, de procéder à la reconnaissance et levée de nosdits scellés, et aux description, prisée et inventaire des effets, tant de ceux étant en évidence que de ceux qui sont sous nosdits scellés, et il a été procédé de suite auxdites reconnaissance, levée des scellés et autres opérations, ainsi qu'il suit :

Dans une chambre au rez-de-chaussée ayant vue et ouvrant sur la cour de ladite maison,

Les meubles et effets étant en évidence, s'étant trouvés tels qu'ils ont été décrits, ont été prisés et inventoriés ainsi qu'il est porté audit inventaire.

Et lesdits effets étant inventoriés, nous avons procédé à la reconnaissance et levée de nos scellés étant dans la pièce où nous sommes, ainsi qu'il suit :

Premièrement, après avoir reconnu nos scellés apposés aux deux bouts d'une bande de papier (*ou de ruban de fil*), appliqués sur sains et entiers, nous les avons levés ; et ouverture faite par notre greffier avec la clé dont il était chargé, et qu'il a ensuite laissée audit meuble, les effets, linges et hardes y étant ont été prisés ou inventoriés ainsi qu'il est porté audit inventaire.

Il a été vaqué depuis dix heures du matin jusqu'à celle de de relevée, par double vacation.

Ce fait, les objets prisés et inventoriés ensemble, les scellés subsistans ont été laissés en la garde et possession dudit S. qui le reconnaît, et s'en charge pour les représenter quand et à qui il appartiendra ; et a signé.

Et la vacation pour la continuation du présent procès-verbal a été remise à demain du présent mois, dix heures du matin, en la maison où nous opérons et où toutes les parties ont promis de se trouver ; et ont signé.

Seconde vacation.

74. Et le dudit mois de audit an, suivant l'assignation prise par la clôture de la première vacation ci-dessus,

Nous juge de paix du canton de nous sommes transporté, assisté de notre greffier, en la maison sus-désignée, sise en cette commune, rue n° où étant arrivé à dix heures du matin, nous y avons trouvé les SS. ci-dessus nommés et qualifiés, qui nous ont requis de continuer la reconnaissance et levée de nos scellés, à quoi il a été procédé à l'instant comme il suit :

Dans une chambre au premier étage de ladite maison, éclairée par deux croisées donnant sur la rue.....

Les meubles et effets étant en évidence, s'étant trouvés tels qu'ils ont été décrits en notre procès-verbal d'apposition de scellés, ont été prisés et inventoriés ainsi qu'il est porté à l'inventaire fait et dressé par lesdits notaires.

Et lesdits effets inventoriés, nous avons procédé à la continuation de la reconnaissance et levée de nosdits scellés étant dans ladite pièce où nous sommes.

Et ayant examiné l'un de nos scellés apposés aux extrémités d'une bande de papier sur nous avons remarqué que celui étant à gauche à la partie inférieure est déchiré, ce que nous avons fait observer aux S. tous présens, ainsi qu'à Me X et Z notaires, et autres ; lesquels ont reconnu, ainsi que nous, que ladite altération existait et était telle qu'elle est ci-dessus décrite, lesdits SS. nous ont requis de faire ce qui est de notre ministère pour en découvrir les auteurs ; et ont signé.

Vu laquelle réquisition, nous nous sommes enquis du S. gardien établi à nosdits scellés, s'il savait comment et par qui ladite altération avait été faite ; et, après serment par lui prêté de dire vérité, ledit S. gardien, nous a répondu qu'il ne savait pas comment et par quel moyen ladite altération avait eu lieu, et qu'il ne connaissait pas les personnes qui l'avaient commise ; et a signé.

Et lesdites déclarations ci-dessus reçues, le S. ès-qualités qu'il procède, nous ayant observé qu'il résulte desdites déclarations que l'altération dont est question n'est que l'effet d'un accident involontaire, ou d'une imprudence dont il ne peut résulter le moindre soupçon de mauvaises intentions de la part de celui qui l'a commise, nous a requis de continuer nos opérations et de lever nosdits scellés, ainsi que nous aurions fait s'ils avaient été trouvés sains et entiers ; si toutefois toutes les personnes présentes et intéressées y consentent ; et a signé.

Et lesdits SS. tous ès-noms et qualités qu'ils procèdent, y ayant consenti, nous ont, ainsi que ledit S. requis de reprendre la continuation de nos opérations, et de lever nosdits scellés comme si nous les avions trouvés sains et entiers ; et ont signé.

Vu lesquelles observations, réquisitions et consentement, et en conséquence d'iceux, avons levé nosdits scellés ; et ouverture faite de par notre greffier, avec la clé dont il était chargé, et qu'il a ensuite laissée audit meuble, les effets, linges et hardes y étant ont été prisés et inventoriés ainsi qu'il est porté audit inventaire.

En procédant à la levée de nos scellés, s'est présenté devant nous (*ou est survenu*) le S.

Lequel nous a déclaré qu'en sa qualité de créancier du défunt (*ou bien*), d'un tel, héritier du défunt,

Il s'oppose ; et a signé.

Et à l'instant le S. ci-dessus qualifié et domicilié, nous a dit qu'il est instruit que différens effets de la succession dudit défunt ont été soustraits et emportés de ladite maison où nous opérons;

En conséquence, ledit S. déclarant, requiert que ces différens effets soient à l'instant rapportés ; et, dans le cas où ils ne le seraient pas, il nous a déclaré qu'il s'oppose formellement à la continuation de nos opérations jusqu'à ce qu'il en ait été référé et statué, nous invitant et requérant même de faire en cette circonstance ce qui est de notre ministère pour acquérir autant qu'il nous sera possible, à l'instant et sans désemparer, la preuve des divertissemens, soustractions et détournemens qu'il vient de nous dénoncer ; et a signé.

Clôture générale du procès-verbal.

75. Il a été vaqué à tout ce que dessus, par double vacation, depuis dix heures du matin jusqu'à heures de relevée.

Ce fait, tous les effets, tant ceux en évidence que ceux qui étaient sous nos scellés, ensemble les titres et papiers, ayant été décrits, prisés, inventoriés et compris dans l'inventaire fait par lesdits notaires en notre présence, à fur et à mesure de la levée desdits scellés, tout le contenu audit inventaire, tant en objets mobiliers qu'en papiers, est resté en la garde et possession de ladite dame veuve dudit défunt, qui le reconnaît et s'en charge au lieu et place dudit S. qui en est par conséquent déchargé, pour, par elle les représenter quand et à qui il appartiendra.

En conséquence, nous avons clos et arrêté définitivement le présent procès-verbal, que les parties ont signé avec nous et notre greffier, les jour et an que dessus.

Formule de procès-verbal d'apposition de scellés en cas de faillite.

76. L'an, etc. heure de

Nous, juge de paix du canton de arrondissement de département de en vertu de l'envoi à nous fait d'un jugement du tribunal de commerce de du portant que N, marchand demeurant à rue n° est en faillite ouverte; et que les scellés seront apposés sur ses meubles, effets et papiers.

Nous sommes transporté, accompagné de notre greffier au domicile dudit sus-indiqué, où étant, nous avons trouvé N. auquel nous avons expliqué le sujet de notre transport, et exhibé le jugement susdaté ; lequeldit S. nous a dit qu'il ne s'opposait à l'exécution dudit jugement, et a signé en cet endroit vu laquelle réponse et après serment fait en nos mains par ledit qu'il n'a rien détourné, vu, ni su qu'il ait été rien détourné directement ni indirectement; nous avons procédé à l'apposition de nos scellés, ainsi qu'il suit :

Premièrement, dans une boutique, ouvrant par bas sur la rue nous avons trouvé les livres dudit au nombre de savoir : 1° le livre-journal commençant à la date du au f° 1er et finissant à la date du au f°, lequel a été coté par première et dernière page le et nous a paru tenu régulièrement ; 2°. 3°. (*constater ainsi sommairement l'état de chaque livre*) lesquels livres nous avons fait mettre dans une armoire étant à droite au fond de ladite boutique, fermant à clé, sur laquelle armoire nous avons apposé nos scellés sur les deux bouts d'une bande de ruban de fil blanc, couvrant l'entrée de la serrure que nous avons fermée, et remis la clé à notre greffier qui s'en est chargé pour la représenter toutes fois et quantes; dans ladite boutique sont deux comptoirs ayant chacun deux tiroirs, dans lesquels ne se sont trouvés aucuns deniers comptans, mais plusieurs porte-feuilles que nous y avons laissés, et sur lesdits tiroirs que nous avons fermés et remis les clés à notre greffier, nous avons apposé nos scellés, ainsi qu'il est dit ci-dessus.

Et dans ladite boutique se sont trouvés en évidence les marchandises et effets dont le détail suit :

Secondement, dans une salle étant ensuite de ladite boutique, éclairée par se sont trouvés et à chaque côté de la cheminée une armoire en placard en bois de chêne, fermant à clé, sur lesquelles, après les avoir fermées et remis les clefs à notre greffier, nous avons apposé les scellés ainsi qu'il est dit ci-devant.

Troisièmement, étant monté au premier étage en une chambre éclairée sur par se sont trouvés en évidence un secrétaire en abattant, en bois d'acajou, dans le bas duquel est une caisse, le tout fermant à clé de sûreté, sur lequel secrétaire, après l'avoir fermé et remis les clés à notre greffier, nous avons apposé nos scellés sur les deux bouts de deux bandes de ruban de fil, couvrant les entrées des serrures; plus, une commode aussi en bois d'acajou à trois tiroirs fermant à clé, sur laquelle commode, après que, sur la réquisition de la dame épouse dudit il en a été extrait pour son usage, lesquels lui ont été remis ainsi qu'elle le reconnaît, et dont elle se charge pour les représenter toutes les fois qu'elle en sera requise, et a signé.

Et que ladite commode a été fermée, et la clé remise à notre greffier, nous avons, sur chacun des tiroirs, apposé nos scellés ainsi qu'il est dit ci-dessus; plus, à chaque côté de la cheminée une armoire en placard, en bois de chêne, fermant à clé, sur lesquelles armoires, après les avoir fermées et remis les clés à notre greffier, nous avons apposé nos scellés ainsi qu'il est dit ci-devant.

Et ne s'étant plus rien trouvé qui exigeât l'apposition de nos scellés, nous avons établi à la garde de ceux apposés, la personne de demeurant à lequel s'en est chargé, a promis de veiller à leur conservation et les représenter à toutes réquisitions; et a signé.

Il a été vaqué à tout ce que dessus depuis ladite heure de jusqu'à celle de de tout quoi nous avons fait et dressé le présent procès-verbal que nous avons signé avec notre greffier les jour, mois et an que dessus, et dont une expédition sera adressée au greffe dudit tribunal de commerce.

En cas d'apposition d'office, le procès-verbal s'ouvre ainsi qu'il suit :

77. L'an, etc. nous juge de paix du canton de arrondissement de département de instruit que le S. marchand demeurant à rue n° dans notre canton, est en faillite ouverte, et que même il a disparu de son domicile sans qu'on sache où il est actuellement : nous ordonnons que nous nous transporterons sur-le-champ au domicile dudit et en vertu de notredite ordonnance, nous, juge de paix susdit, accompagné de notre greffier, nous sommes transporté au domicile dudit sus-désigné où étant, nous avons trouvé la porte de sa boutique fermée, et ayant frappé, elle nous a été ouverte par une fille domestique, et étant entré en ladite boutique, nous avons demandé ledit S. à quoi la même fille a dit qu'il n'était pas chez lui,

et ne savait où il était ; ladite fille interrogée de ses nom, prénoms, âge, profession et domicile, a dit s'appeler âgée de native de fille au service dudit depuis laquelle, après serment par elle fait de dire vérité, nous a déclaré que interrogée si elle sait que ledit ait emporté quelque chose, a répondu que non, qu'elle ne lui a rien vu emporter, qui est tout ce qu'elle a dit savoir, et après serment par elle fait entre nos mains qu'elle n'a rien détourné, ni fait détourner, vu ni su qu'il ait été rien détourné, nous avons procédé à l'apposition de nos scellés sur les effets, titres et papiers dudit à la conservation des droits de qui il appartiendra. (*Le reste comme ci-dessus.*)

Formule de levée de scellés à la requête des agens de la faillite, pour leur remettre les livres et les effets à courte échéance.

78. L'an, etc. par-devant nous juge de paix du canton de sont comparus N. demeurant à agens nommés par jugement du tribunal de commerce de du à la faillite du S.

Lesquels, après nous avoir exhibé ledit jugement, nous ont requis de nous transporter au domicile dudit pour reconnaître les scellés que nous y avons apposés par procès-verbal du lever lesdits scellés, à l'effet de remettre auxdits agens les livres du failli, ensemble les effets de porte-feuille à courte échéance, ainsi que ceux qui se trouveraient sujets à acceptation, conformément à l'article 463 du Code de commerce, et ont signé en cet endroit. Sur quoi nous juge de paix susdit disons que, le prochain, heure de nous nous transporterons au domicile dudit pour procéder aux opérations requises, à l'effet de quoi ledit sera cité à se trouver, si bon lui semble, ledit jour à l'heure indiquée en sondit domicile pour être présent auxdites opérations, avec déclaration qu'il y sera procédé tant en absence que présence, et avons signé avec notre greffier.

Et ledit jour heure de en vertu de notredite ordonnance, nous juge de paix susdit, accompagné de notre greffier, nous sommes transporté au domicile dudit sis a rue n° où étant nous avons trouvé lesdits N et ci-dessus nommés, qualifiés et domiciliés, lesquels audit nom, ont requis défaut contre ledit non comparant ni personne pour lui, et que, pour le profit, il soit par nous procédé aux opérations requises; et ont signé et à l'instant est comparu ledit (*ou*) le S. demeurant à fondé de pouvoir dudit par acte sous seing-privé en date du enregistré le par qui a reçu ledit pouvoir spécial à l'effet desdites opérations, lequel, après avoir été dudit S. certifié véritable, signé et paraphé, est demeuré annexé à la minute du présent, lequel dit S. audit nom, nous a déclaré comparaître au désir de notredite ordonnance du signifiée audit par exploit de en date du dûment enregistré, contenant sommation de comparaître à ce jour, lieu et heure, et ne point s'opposer à ce qu'il soit procédé aux opérations requises, et a signé est aussi comparu le S. gardien desdits scellés, établi par notre procès-verbal du lequel nous en a fait la représentation, et déclaré s'en rapporter à justice ; et a signé.

Vu lesquels dires et consentemens, nous juge de paix susdit avons procédé aux opérations requises ainsi qu'il suit :

Premièrement, nous avons reconnu les scellés par nous apposés sur une armoire étant dans le fond à droite de la boutique dudit désignée en notredit procès-verbal du et les ayant trouvés sains et entiers, nous les avons levés, et ayant ouvert ladite armoire avec sa clé qui nous a été remise par notre greffier, s'y sont trouvés les livres décrits en notredit procès-verbal du lesquels ont été par nous remis auxdits agens qui les reconnaissent et s'en chargent, après que lesdits livres ont été par nous arrêtés, signés et paraphés *ne varientur;* ce fait, nous avons refermé ladite armoire avec la clé que nous avons remise à notre greffier, et sur icelle réapposé nos scellés sur les deux bouts d'une bande de ruban de fil couvrant l'entrée de la serrure.

Secondement, sur l'indication dudit nous avons reconnu les scellés apposés sur le premier tiroir du comptoir étant à gauche de ladite boutique, et, les ayant trouvés sains et entiers, nous les avons levés; ouverture faite dudit tiroir avec sa clé qui nous a été remise par notre greffier, il s'y est trouvé un porte-feuille de maroquin noir fermant à clé que ledit a déclaré contenir ses effets actifs, et en effet, il s'est trouvé dans ledit porte-feuille plusieurs effets dont (*décrire les effets que l'on extrait*) lesquels effets dont il a été dressé un bordereau pour M. juge nommé commissaire à ladite faillite ont été remis auxdits agens qui le reconnaissent et s'en chargent. Ce fait, nous avons remis ledit porte-feuille dans ledit tiroir que nous avons refermé avec sa clé qui a été rendue à notre greffier, et sur ledit tiroir réapposé nos scellés ainsi qu'il est dit ci-devant.

Et à tout ce que dessus a été vaqué depuis ladite heure de jusqu'à celle de à la réquisition desdits en présence dudit et après avoir reconnu tous nos scellés sains et entiers, nous les avons remis à la garde dudit et nous sommes retiré avec les parties et notre greffier.

De tout quoi nous avons fait et dressé le procès-verbal qui a été signé avec nous par et notre greffier, les jour, mois et an que ci-dessus.

Si les agens ne trouvent point les scellés mis, ils doivent les faire apposer.

Formule.

79. L'an, etc. à la requête de et de agens de la faillite du S. nommés par jugement du tribunal de commerce de du à nous exhibé, et à l'instant rendu, nous sommes transporté accompagné de notre greffier au domicile dudit sis à rue n° où étant en éclairé sur par nous avons trouvé lesdits N. demeurant à et N. demeurant à agens de ladite faillite, lesquels nous ont dit que, n'ayant point trouvé les scellés apposés sur les meubles-effets, titres et papiers dudit ils nous requièrent de les apposer, pour la conservation des droits des créanciers, à l'exception néanmoins des livres dudit et des effets de porte-feuille à courte échéance ou susceptibles d'acceptation, si aucuns se trouvent, lesquels ils requièrent leur être remis, conformément à l'article 463 du Code de commerce, et ont signé Sur quoi, nous juge de paix susdit, procédant au désir dudit réquisitoire, avons trouvé livre; le premier, intitulé journal, etc. (*décrire sommairement les livres*) lesquels, après avoir été par nous arrêtés, signés et paraphés *ne varientur*, ont été remis auxdits agens qui le reconnaissent et s'en chargent; à l'égard des effets de commerce, il ne s'en est trouvé aucun, (*ou*) se sont trouvés, etc. (*les décrire et en faire la remise comme ci-dessus*).

Ce fait, nous avons, à la réquisition desdits agens, procédé à l'apposition de nos scellés sur les meubles-effets, titres et papiers dudit ainsi qu'il suit:

Premièrement, etc. (*comme ci-devant*).

Formule de procès-verbal de levée des scellés à la réquisition des syndics provisoires.

80. Et le jour de audit an, par-devant nous, juge de paix susdit, sont comparus N. demeurant à et N. demeu-

rant à syndics provisoires de la faillite dudit S. nommé, qualifié et domicilié en notre procès-verbal du nommés à ladite charge par jugement du tribunal de commerce de en date du à nous exhibé et à l'instant rendu, lesquels audit nom nous ont requis de nous transporter aux jour et heure qui seraient par nous indiqués au domicile dudit à l'effet de lever les scellés par nous apposés sur les meubles-effets, titres et papiers dudit et assister à l'inventaire qui sera fait par les requérans desdits effets, titres et papiers, et ont signé Sur quoi, nous juge de paix susdit, disons que, le prochain, heure de nous nous transporterons audit domicile dudit pour procéder en vertu dudit réquisitoire; qu'en conséquence, à la requête desdits syndics, le sera cité à comparaître aux lieu, jour et heure indiqués pour être présent, si bon lui semble, auxdites opérations, avec déclaration qu'il y sera procédé tant en absence que présence, et avons signé avec notre greffier.

Et ledit jour heure de en vertu de l'ordonnance ci-dessus, nous juge de paix susdit, nous sommes transporté, accompagné de notre greffier, au domicile dudit ci-dessus désigné, où étant, nous avons trouvé lesdits syndics provisoires, lesquels nous ont requis défaut contre ledit non-comparant, ni personne pour lui, quoique dûment cité par exploit de en date du dûment enregistré dont l'original nous a été représenté; et, pour le profit, qu'il fût procédé aux opérations requises, et ont signé, et à l'instant est comparu ledit (*ou son fondé de pouvoir comme ci-dessus*) lequel nous a dit qu'il comparaît au désir de notre ordonnance sus-datée, et qu'il n'entend s'opposer à ce qu'il soit procédé conformément à icelle, et a signé ; Est aussi comparu N. gardien de nosdits scellés à ce commis par notredit procès-verbal du lequel nous a déclaré être prêt à nous en faire la représentation, a requis sa décharge, et a signé Desquels dires, consentement et réquisition, avons donné acte à toutes les parties; et, conformément à iceux, il va être par nous procédé à la reconnaissance et levée de nos scellés, à mesure de l'inventaire qui va être fait par lesdits syndics provisoires en notre présence des effets étant sous iceux. La prisée des meubles, marchandises et autres objets susceptibles d'estimation sera faite par demeurant à requis à cet effet par lesdits syndics provisoires, après serment par eux fait en nos mains, de procéder à ladite estimation en leur âme et conscience, et ont signé Et de suite il a été procédé auxdites reconnaissance et levée de scellés, inventaire et prisée en notre présence, ainsi qu'il suit :

Premièrement, dans une boutique par bas, ouvrant sur la rue nous avons reconnu les scellés étant sur une armoire au fond à droite de ladite boutique, et, les ayant trouvés sains et entiers, nous les avons levés; ouverture faite de ladite armoire avec sa clé qui nous a été remise par notre greffier, l'inventaire des effets qui s'y sont trouvés a été fait ainsi qu'il est dit ci-dessus.

Secondement, etc., et attendu qu'il est heures sonnées, remettons la continuation desdites opérations au heure de auxquels jour et heure les parties comparaîtront sans autre sommation. Les effets inventoriés ont été laissés en la garde dudit , gardien des scellés, lequel s'en est chargé, et a signé, et avons signé avec lesdites parties et notre greffier.

Et ledit jour , heure de , il a été continué de procéder auxdites opérations, ainsi qu'il suit, etc., etc.

Et, ne s'étant plus rien trouvé à inventorier, nous avons clos le présent procès-verbal, les effets, marchandises, titres et papiers ont été laissés à la disposition desdits syndics provisoires, qui le reconnaissent et s'en chargent du consentement dudit , failli, à ce présent; en conséquence, disons que le S. , qui avait été établi à la garde de nosdits scellés, demeure quitte et déchargé de toutes choses; de tout quoi nous avons fait et dressé le présent procès-verbal, qui a été signé par toutes les parties comparantes, avec nous et notre greffier, les jour mois et an que dessus.

Acte d'adoption.

81. L'an par-devant nous , juge de paix du canton de , arrondissement de , département de est comparu le S. , demeurant à , rue , n° , lequel a dit que, pour la bonne amitié qu'il porte à N. , fils de et de , auquel il a depuis long-temps donné des soins et rendu des services, il est dans l'intention d'adopter, comme de fait il adopte par ces présentes ledit , pour par lui jouir de tous les avantages résultant de l'adoption aux termes du Code civil.

Est aussi comparu ledit S. , demeurant à , rue , n° , lequel a déclaré consentir à ladite adoption, et en remercier ledit S.

A ce fait sont intervenus et ont été présens le S. demeurant à , rue , n° , et la dame , son épouse, demeurant avec lui, susdite rue , père et mère dudit lesquels ont déclaré consentir à ladite adoption.

De tout quoi nous avons fait rédiger le présent acte, qui a été signé par toutes lesdites parties, par nous et notre greffier, les jour, mois et an que dessus.

Si les père et mère ne sont pas présens, il faut rapporter leur consentement par acte authentique, et alors on dit :

Est aussi comparu ledit S. , lequel, du consentement des sieur et dame , ses père et mère, porté par acte passé le , devant et son confrère, notaires royaux à la résidence de , dont une expédition dûment en forme est demeurée annexée à la minute des présentes, après avoir été dudit certifiée véritable, signée et paraphée, a déclaré agréer ladite adoption, et remercier ledit S. , etc. (*Le reste comme dessus*).

Si les père et mère refusent leur consentement, il faut le requérir en la même forme que pour le mariage, et en rapporter l'acte qui s'annexe.

Est aussi comparu le S. etc., lequel, après avoir requis le consentement des sieur et dame , ses père et mère, ainsi qu'il en justifie par l'original de l'acte respectueux à eux fait par le ministère de Me , notaire royal à , en présence de témoins, le enregistré le , par , qui a reçu . Lequel, après avoir été dudit certifié véritable, signé et paraphé, est demeuré annexé à la minute des présentes, a déclaré avoir ladite adoption pour agréable, en remercier ledit S. etc.

Si enfin les père et mère sont morts, il faut rapporter leurs actes mortuaires, et les annexer en la forme suivante :

Est aussi comparu ledit S. lequel usant de la plénitude de ses droits à l'égard de l'adoption, attendu que ses père et mère sont morts, qu'il en justifie par leurs actes mortuaires, l'un en date du délivré par officier de l'état civil en la municipalité de légalisé par , l'autre en date du , délivré par , légalisé lesquels actes, après avoir été dudit S. certifiés véritables, signés et paraphés, ont été annexés à la minute des présentes, a déclaré, etc. (*Le reste comme ci-devant*).

Procès-verbal de tutelle officieuse.

82. L'an, etc. par-devant nous juge de paix du canton de sont comparus le S. demeurant à veuf sans enfans d'une part,

Et le S. demeurant à et N. son épouse, demeurant avec lui,

Lesquelles parties ont fait les conventions suivantes :

Le S. a requis lesdits S. et dame de lui accorder la tutelle officieuse de N. leur fils, âgé de onze ans, ainsi qu'il appert par son acte de naissance en date du délivré par l'officier de l'état civil de la municipalité de aux offres que fait ledit S. de remplir toutes les obligations imposées aux tuteurs officieux par le Code civil.

Et de leur part lesdits S. et dame ont déclaré consentir et acquiescer à la demande dudit S. à la charge par lui de (*énoncer les conditions imposées par les père et mère*) auxquelles charges et conditions ledit S. a déclaré souscrire, et a promis les accomplir et exécuter.

En conséquence, lesdits S et dame ont accordé audit ce requérant et acceptant, la tutelle officieuse de N. leur fils, aux charges, clauses et conditions ci-devant énoncées, et acceptées par ledit ainsi qu'il est ci-devant dit ; au moyen de quoi, la personne dudit mineur sera remise audit et de tout ce que dessus, nous juge de paix susdit, avons fait rédiger le présent procès-verbal qui a été signé par les parties comparantes, par nous et notre greffier, les jour, mois et an que dessus.

Formule de tutelle officieuse donnée par un conseil de famille.

83. L'an, etc., en l'assemblée des parens et amis de N. fils mineur de défunts N. et N. ses père et mère, convoqués à la réquisition de tuteur dudit mineur par-devant nous juge de paix du canton de et où se sont trouvés, etc. s'est présenté le S. demeurant à lequel a requis lesdits parens et amis dudit mineur de lui en accorder la tutelle officieuse, aux offres qu'il fait, etc. il s'est retiré ; sur laquelle demande lesdits parens et amis ayant délibéré, ont été unanimement d'avis de et ledit rentré en l'assemblée, nous lui avons fait connaître son vœu, et a ledit S. déclaré accepter toutes les conditions que le conseil de famille est d'avis de lui imposer, et a promis de les accomplir et exécuter ; en conséquence, nous juge de paix susdit, de l'avis dudit conseil de famille, avons accordé audit la tutelle officieuse dudit etc.

De tout quoi nous avons fait et rédigé le présent procès-verbal, qui a été signé par les membres du conseil de famille, par ledit par nous et notre greffier, les jour, mois et an que dessus.

Nomination de conseil de tutelle à une mère.

84. L'an, etc., par-devant nous juge de paix du canton de est comparu le S. demeurant à lequel nous a dit que de son mariage avec la demoiselle il a enfans, savoir : âgé de et âgé de lesquels, en cas de prédécès dudit S. comparant, seront sous la tutelle de ladite dame son épouse ;

Et nous a déclaré que, pour des considérations particulières, et au cas que ladite tutelle de la dame ait lieu, il nomme pour conseil la personne de demeurant à sans le concours et l'avis duquel ladite dame son épouse, ne pourra faire aucun acte de gestion de ladite tutelle. Desquelles déclaration et nomination, nous juge de paix susdit avons fait dresser le présent acte qui a été signé par ledit S. par nous et notre greffier, les jour, mois et an que dessus.

Nomination du tuteur.

85. L'an etc., par-devant nous juge de paix du canton de est comparu le S. demeurant à tuteur légitime de son fils mineur, et de défunte son épouse, lequel nous a dit et déclaré qu'en cas qu'il vienne à décéder avant que ledit mineur ait acquis sa majorité, ou soit émancipé, il nomme pour continuer la gestion de la tutelle de sondit fils mineur, la personne du S. son ami, demeurant à et au cas où ledit S. se ferait excuser, la personne de demeurant à desquelles déclaration et nomination nous avons donné acte audit et fait dresser le présent acte qu'il a signé avec nous et notre greffier, les jour, mois et an que dessus.

Acte d'émancipation.

86. Par-devant nous juge de paix du canton de en notre demeure, assisté de notre greffier, est comparu le S. demeurant à tuteur légitime de N. son fils mineur, et de son épouse, lequel nous a dit que sondit fils étant âgé de plus de quinze ans, et en état d'administrer ses revenus, il l'a émancipé et l'émancipe par ces présentes, et le met hors de sa tutelle, de quoi il nous a requis acte à lui octroyé, fait à le et a ledit S. signé avec nous et notre greffier.

Quand l'émancipation se fait par le conseil de famille, c'est par délibération à l'ordinaire, et il faut que le mineur ait dix-huit ans accomplis.

Emancipation avec autorisation pour le commerce.

87. L'an, etc. par-devant nous juge de paix du canton de en notre demeure, assisté de notre greffier, est comparu le S. demeurant à rue n° division de lequel nous a présenté N. son fils, et de dame son épouse, et nous a déclaré que les circonstances, et l'inclination dudit S. son fils, le déterminant à faire le négoce, ledit comparant, pour satisfaire à l'article 2 du Code de commerce, émancipe ledit S. son fils, âgé de dix-huit ans accomplis, ainsi qu'il appert par son acte de naissance, en date du délivré par officier de l'état civil de la municipalité de lequel est à la réquisition dudit demeuré annexé à la minute du présent, et l'autorise à faire le commerce, de tout quoi il nous a requis acte à lui octroyé, et a signé avec nous et notre greffier.

NOTA. *Quand cette autorisation se donne par le conseil de famille, c'est par une délibération à l'ordinaire; mais elle doit être homologuée par le tribunal de première instance.*

Affirmation de procès-verbaux.

89. Le S. , ci-devant nommé et qualifié, a affirmé le présent procès-verbal devant nous , juge de paix du canton de , département de le , l'an , et a signé avec nous la présente affirmation.

Procès-verbal dressé sur la déclaration d'un garde-champêtre.

90. Cejourd'hui , l'an , est comparu devant nous , juge de paix du canton de département de (*prénoms, nom et demeure du comparant*) garde-champêtre de la commune de

Lequel nous a dit que, cejourd'hui (*ou* « le jour d'hier ») heure de (*mettre la déclaration du garde-champêtre sur le délit dont il s'agit*) et a led. affirmé devant nous la déclaration ci-dessus sincère et véritable, et a signé avec nous, (*ou bien* « a déclaré ne savoir signer »).

Prestation de serment.

91. L'an, etc. , est comparu devant nous , juge de paix du canton de , département de , le S. (*prénoms, nom et domicile du comparant*) nommé à (*énoncer la place ou commission à laquelle il est nommé, et le titre en vertu duquel il la remplit*) lequel a prêté devant nous le serment de bien et fidèlement remplir les fonctions attachées à la place (*ou* commission) sus-énoncée, et a signé avec nous et notre greffier.

Exécutoire pour contraindre au remboursement d'avances faites pour le droit d'enregistrement.

92. L'an , le , par-devant est comparu le S. A (*prénoms, nom et profession du requérant*).

Lequel nous a dit qu'en sa qualité de , il avait été obligé de faire pour le S. B (*prénoms, nom, profession et domicile de celui pour qui l'avance a été faite*) l'avance des frais de l'enregistrement de (*énoncer l'acte*) montant à , suivant la quittance du S. , préposé à l'enregistrement au bureau de , étant au bas dudit acte à nous représenté; pourquoi nous requiert exécutoire du montant de ladite somme.

Nous, juge de paix susdit, vu l'acte du , au bas duquel est la relation du préposé en date du , contenant mention du paiement de la somme de , pour les droits d'enregistrement, disons que, par le premier huissier sur ce requis, le S. B sera contraint par toutes voies dues et raisonnables, de payer au S. A la somme de pour remboursement de l'avance par lui faite des droits de l'enregistrement de l'acte sus-énoncé.

La partie requérante se fera expédier cet acte en forme exécutoire.

Ordonnance pour avoir extrait des registres du préposé aux droits d'enregistrement.

93. L'an le , par-devant est comparu , lequel nous a dit que, dans l'instance pendante entre lui et le S. , il a intérêt de prouver ; que, pour y parvenir, il lui serait nécessaire d'avoir extrait des registres du préposé aux droits d'enregistrement au bureau de , dans l'arrondissement de notre canton, en ce qui concerne ; mais que, n'étant ni héritier, ni successeur des parties contractantes audit acte, il a besoin de notre autorité pour avoir expédition de ladite pièce, et a signé.

Nous, juge de paix susdit, autorisons le requérant à se faire délivrer par le S. A , receveur des droits d'enregistrement, au bureau de extrait de ses registres en ce qui concerne l'acte du

Donné à , les jour et an susdits.

Formule d'acte de notoriété pour suppléer un acte de naissance (1).

Cejourd'hui du mois de l'an , heure de devant nous, juge de paix du canton de , assisté de notre greffier, ont comparu, 1° (*écrire les prénoms, noms, âge, qualités et demeure de sept témoins, français et majeurs, de l'un et de l'autre sexe*), lesquels nous ont dé-

(1) *Voyez* au livre suivant la loi et l'ordonnance sur l'indemnité des émigrés, et les instructions du ministre des finances sur les actes de notoriété prescrits par la loi et l'ordonnance, pag. 230 et suiv.

claré et certifié que Nicolas A est fils légitime de Pierre A , et de Louise B , qu'il est né le , à , canton de département de , que, depuis sa naissance, ils l'ont vu constamment soigné, nourri ou élevé par sesdits père et mère (*ou par l'un d'eux*); qu'il a toujours été reconnu publiquement comme leur enfant légitime; que cependant ledit Nicolas A...., malgré ses recherches, n'a pu se procurer son acte de naissance, parce que les registres de l'état civil de ladite commune de pour l'année ci-dessus dite, ont été perdus par suite de (*expliquer l'événement ou les événemens qui ont causé la perte des registres*) : desquels faits, que les comparans ont affirmés sincères et véritables, nous avons délivré le présent acte de notoriété pour suppléer l'acte de naissance dudit à la charge cependant de l'homologation prescrite par la loi. Lecture faite aux comparans, ils nous ont déclaré persister, et ont signé (*ou déclaré qu'ils ne le savent faire, ou déclaré, tels* ou *telles, qu'ils* ou *qu'elles ne le savent faire*).

Formules pour une requête et une ordonnance ayant pour objet de vérifier l'état des marchandises livrées par un voiturier, et sur lesquelles il y a contestation ou refus de recevoir.

A monsieur le juge de paix du canton de

Augustin-Pierre M , voiturier, demeurant à , a l'honneur de vous exposer qu'il a été chargé par le S. N , négociant à de douze caisses de marchandises numérotées 1 à 12, et marquées N. P , déclarées contenir (*la nature, l'espèce et la quantité des marchandises*), pour les conduire en cette ville à l'adresse du sieur S....., négociant, y demeurant, dans jours de route, à raison de dix francs les cent kilogrammes , lesdites caisses pesant ensemble , suivant qu'il résulte de la lettre de voiture jointe à la présente requête; qu'à son arrivée en cette ville, il s'est présenté chez le sieur pour lui remettre les douze caisses, lesquelles étaient bien conditionnées; mais que ledit sieur a fait refus de les recevoir; que l'exposant, voulant être payé de sa voiture, et être déchargé des caisses refusées, demande qu'il vous plaise, monsieur le juge de paix, nommer un ou plusieurs experts pour visiter et constater l'état desdites caisses, en faire leur rapport, l'affirmer devant vous, et le déposer à votre greffe : à laquelle visite il sera procédé aux jours et heure qu'il vous plaira fixer, en présence dudit ou lui dûment appelé. L'exposant demande qu'il vous plaise aussi, monsieur le juge de paix, ordonner qu'aux risques et périls de qui il appartiendra les douze caisses susdites soient déposées en tel lieu ou dépôt qu'il vous plaira indiquer, moyennant quoi, ledit N en sera valablement déchargé; et attendu le refus fait par le sieur S. de payer les frais de voiture, le suppliant vous prie d'autoriser la vente de partie des marchandises contenues dans lesdites caisses, jusqu'à concurrence des frais de ladite voiture, des frais de justice, et de retard, tels qu'il vous plaira les fixer, et vous ferez justice.

(*Signature du voiturier*).

Ordonnance.

Vu la requête ci-dessus, et la lettre de voiture y jointe, en vertu de l'art. 106 du Code de commerce, nous, juge de paix du canton de nommons pour experts, aux fins de visiter et constater l'état des caisses dont il s'agit, les sieurs (*noms, qualités et demeures des experts*) à quoi ils procéderont le , heure de , en présence dudit sieur N P (*négociant refusant*) ou lui dûment appelé , et sera, le rapport des experts déposé à notre greffe, après avoir été par eux affirmé devant nous.

Ordonnons qu'aussitôt la visite faite desdites caisses, elles seront déposées (*désigner le lieu du dépôt*), aux risques et périls de qui il appartiendra.

Ordonnons aussi que partie des marchandises contenues dans lesdites caisses sera vendue par M. , commissaire-priseur (*ou greffier ou huissier*), jusqu'à concurrence des frais de voiture dûs au requérant, des frais de justice, et de jours de retard et séjour, que nous passons en compte audit requérant.

Fait à , le

(*Signature du juge de paix.*)

CHAPITRE SECOND.

FORMULES D'ACTES RELATIFS AUX MATIÈRES CRIMINELLES.

Citation au tribunal de police, à la requête du ministère public.

94. L'an le jour de , à la requête de (*commissaire de police*, ou *adjoint du maire*) faisant les fonctions de procureur du Roi près le tribunal de police du canton de , département de , je soussigné (*prénoms, nom, demeure et qualité de l'huissier*) ai cité et donné assignation à (*prénoms, nom, profession et domicile du cité*) en son domicile, en parlant à , à comparoir et se trouver en personne le , heure de , au tribunal de simple police du canton de à département de , séant à pour se voir condamner en l'amende de pour contravention par lui commise aux réglemens de police constatée par procès-verbal du enregistré à , le , (*s'il n'y a pas de procès-verbal, détailler le fait dont il s'agit*) et ai, audit parlant comme dessus, laissé copie du présent.

Enregistré à le

Citation au tribunal de police à la requête d'une partie privée.

95. L'an le , à la requête de (*prénoms, nom, profession et domicile du citant*), je soussigné, (*prénoms, nom, qualité et demeure de l'huissier*) ai cité et donné assignation à (*prénoms, nom, profession et domicile du cité*), en son domicile en parlant à , à comparoir et se trouver en personne le , heure de , au tribunal de simple police du canton de , département de , séant à , pour se voir condamner à payer au demandeur la somme de , pour dommages et intérêts du préjudice qu'il a causé au demandeur, pour avoir le en contravention aux réglemens de police (*énoncer le fait*) que défenses lui seront faites de continuer à l'avenir, sous les peines prononcées par la loi, et de plus grands dommages et intérêts, et en outre se voir condamner aux frais de la présente instance, coût du jugement, signification et mise à exécution d'icelui; et j'ai audit parlant comme dessus, laissé copie du présent.

Enregistré à le

Devant les maires, le ministère d'huissier n'est pas nécessaire. Il suffit d'un avertissement du maire.

Avertissement.

96. Le sieur , demeurant à , rue , n°.

est averti de se trouver le heure de , à la maison commune, par-devant M. le maire tenant l'audience de police, pour répondre sur la plainte portée contre lui par

Fait à , le

(*Et aux témoins*) pour déposer vérité dans l'affaire entre A demandeur, et B défendeur.

Jugement du tribunal de police sur la poursuite du ministère public.

97. Entre (*commissaire de police ou adjoint du maire, suivant les circonstances*), faisant les fonctions de Procureur du Roi près le tribunal, demandeur aux fins de la citation donnée à sa requête, par exploit de en date du enregistré le , tendante à ce que le ci-après nommé soit condamné en l'amende de , pour avoir (*expliquer le fait*). (*S'il y a un procès-verbal, on ajoutera :* « ainsi qu'il » résulte du procès-verbal dressé par le dûment enre- » gistré le ») affirmé; d'une part.

Et le S. A (*prénoms, nom, profession et domicile du cité.*) défendeur aux fins dudit exploit, comparant en personne (*ou bien* par (*prénoms, nom, profession et domicile du fondé de pouvoir*), son fondé de pouvoir, par acte du enregistré le) lequel a conclu à être déchargé de la demande.

Lecture a été faite, par le greffier, du procès-verbal sus-énoncé (*s'il y a des témoins, on ajoutera :* « ont été entendus les S. B , C , D » et E (*mettre leurs prénoms, noms, professions et demeures*), cités à » comparaître à la requête dudit procureur royal, par exploit de » en date du enregistré le ») ouï le S. A en sa défense, (*s'il y a des témoins de son côté*) « ensemble les S. E , G , » H (*prénoms, noms, professions et demeures*), témoins amenés par » ledit A » ou cités à sa requête par exploit de en date du enregistré le.

Ouï ensuite le S. , faisant les fonctions de procureur du Roi, lequel a persisté dans les conclusions de l'exploit. (*ou bien* « a requis que »).

Nous juge de paix (*ou bien* « suppléant du juge de paix ») du canton de , département de , tenant le tribunal de police dudit canton, considérant que, d'après le procès-verbal sus-énoncé et les déclarations des témoins entendus devant nous, il est constant que le , heure de , le S. A a , le condamnons en l'amende de conformément à l'article de la loi du , lequel est ainsi conçu (*insérer l'article*). Le condamnons en outre aux frais liquidés à , compris le coût du présent jugement et de la signification conformément à l'article de la loi du an , lequel est ainsi conçu, (*transcrire l'article*).

Donné à , le l'an , par nous (*prénoms et nom du juge de paix, ou du suppléant qui le remplace, avec qualification de premier ou second*) du canton de , département de , le condamnons en outre à payer au S. A , la somme de par forme de dommages et intérêts.

Lorsque le cité ne comparait pas, le jugement différera en peu de choses.

Entre le S. procureur du Roi (*comme ci-dessus*), d'une part.

Et le S. A défendeur aux fins dudit exploit, non-comparant, ni personne pour lui.

Lecture a été faite (*comme ci-dessus hors la comparution du cité et de ses témoins*).

Nous juge de paix, avons contre le S. A non-comparant, ni personne pour lui, donné défaut : et pour le profit, considérant (*la fin comme ci-dessus*).

Jugement sur la comparution de celui qui s'est laissé condamner par défaut.

98. Entre le S. A (*prénoms, nom, profession et domicile du comparant*), lequel a dit que, par jugement de notre tribunal, en date du rendu à la requête du faisant les fonctions de procureur du Roi, à lui signifié le il a été condamné à ; qu'il a formé opposition à notre jugement par et se présente devant nous pour être reçu opposant audit jugement, faisant droit sur son opposition, le décharger des condamnations contre lui prononcées par ledit jugement.

Et le S. procureur du Roi, défendeur à ladite opposition.

Ouï le S. A en ses moyens de défense.

Ouï ensuite le S. procureur du Roi, lequel a conclu à ce que

Nous juge de paix, tenant le tribunal de police, considérant que le S. A avons reçu le S. A opposant audit jugement : faisant droit de son opposition, considérant que , nous avons déchargé le S. A des condamnations contre lui prononcées par ledit jugement; et néanmoins le condamnons aux frais de contumace liquidés à

Donné à le etc.

Lorsque l'opposant est condamné sur son opposition, qui est mal fondée, le dispositif sera ainsi conçu :

Nous juge de paix (*le commencement comme ci-dessus*) opposant audit jugement : faisant droit sur son opposition, considérant déboutons le S. A de son opposition; ordonnons que ledit jugement sera exécuté selon sa forme et teneur : le condamnons en outre aux frais de la présente instance, liquidés à , compris le coût du présent jugement et de la signification, conformément à l'article de la loi du an , lequel est ainsi conçu.

Lorsque le condamné par défaut a laissé écouler les délais qui lui sont accordés par la loi, le jugement le déclare non-recevable.

Entre le S. A (*comme ci-devant*).

Et le S. procureur du Roi, lequel, attendu que conclut à ce que le S. A soit déclaré non-recevable dans son opposition, et condamné aux frais du présent jugement et de la signification;

Nous juge de paix, considérant que, depuis le jour auquel le jugement du a été notifié au S. A jusqu'au jour de son acte d'opposition, il s'est écoulé plus de jours, déclarons le S. non-recevable dans son opposition ; ordonnons que le précédent jugement du sera exécuté selon sa forme et teneur, condamnons en outre le S. A aux frais du présent jugement, et de sa signification, liquidés à conformément à l'article premier de la loi du 28 germinal an 7, lequel est ainsi conçu : (*transcrire l'article*).

Lorsqu'il y a partie civile et que l'opposition est reçue.

avons reçu le S. A opposant au jugement du faisant droit sur son opposition, attendu que disons, etc.

Jugement sur la poursuite d'une partie civile.

99. Entre le S. A (*prénoms, nom, profession et domicile du demandeur*) demandeur aux fins de l'exploit de en date du enregistré le tendant à ce que le S. ci-après nommé, soit condamné à lui payer la somme de , pour dommages et intérêts du préjudice qu'il lui a causé pour avoir, le (*détailler le fait*) comparant

en personne (*ou* « par (*prénoms, nom, profession et domicile* » *du fondé de pouvoir*), son fondé de pouvoir, suivant l'acte du » enregistré le ») d'une part.

Et le S. B (*prénoms, nom, profession et domicile du défendeur*) défendeur aux fins dudit exploit, comparant d'autre part, lequel a requis d'être renvoyé de la demande.

Ouï le S. A et B en leurs moyens respectifs. (*S'il y a des témoins entendus, il en sera fait mention.*)

Ouï ensuite le S. faisant les fonctions de procureur du Roi, lequel a conclu à ce que

Nous juge de paix, tenant le tribunal de police, considérant qu'il est constant que le S. B a le (*détailler le fait prouvé*) faisons défense au S. B de récidiver à l'avenir, sous telle peine qu'il appartiendra : pour l'avoir fait, le condamnons en l'amende de conformément à l'article de la loi du lequel est ainsi conçu : ; le condamnons en outre à payer au S. A la somme de par forme de dommages et intérêts.

Si c'est le cas d'acquitter le défendeur, le dispositif sera ainsi conçu :

Considérant que le délit reproché au S. B n'est pas prouvé, (*ou bien* « que »),

Renvoyons le S. des demandes contre lui formées, soit par le procureur du Roi, soit par le S. A dans son exploit du donné à

Procès-verbal d'audition des témoins.

100. Du à l'audience de police tenue par

Entre A plaignant et demandeur, et B défendeur.

Après que le procès-verbal dressé le par a été lu, sont comparus C , témoin assigné à la requête de ; lequel, après serment par lui fait de parler sans haine et sans crainte, de dire la vérité, toute la vérité, et rien que la vérité ; enquis de ses nom, prénoms, âge, profession et demeure ; s'il n'est parent, allié, serviteur ni domestique des parties, a dit s'appeler , âgé de demeurant à , n'être parent, allié, serviteur ni domestique des parties ; après que B , de ce interpellé ; a dit n'avoir aucun reproche à fournir (*ou* déclaré reprocher ledit témoin sur ce que), a ledit témoin déposé.

Si le jugement ne doit pas être rendu en dernier ressort, il faut faire note de la déposition.

A déposé que

Est ensuite comparu D , témoin assigné à la requête de ; lequel, etc.

Procès-verbal d'un garde forestier.

101. L'an, etc., le jour de , moi, garde forestier de la forêt de appartenant à demeurant à reçu et assermenté devant le faisant ma tournée, me suis aperçu qu'il avait été nouvellement coupé plusieurs arbres en ladite forêt, au canton de lieudit et ayant plus particulièrement inspecté le lieu du délit, j'ai reconnu que et ayant reconnu des traces de voitures (*ou* des pas de cheval, *ou* d'hommes) partant dudit lieu, et se dirigeant vers , j'ai suivi lesdites traces, et étant arrivé à , j'ai trouvé de bois que j'ai reconnu être de même essence que celui coupé audit lieu de , pourquoi j'ai séquestré ledit bois consistant en , et l'ai mis en la garde de qui s'en est chargé comme dépositaire de justice, et a promis de le représenter à toutes réquisitions, et a signé.

Si le bois est dans une cour ou dans un enclos :

J'ai suivi lesdites traces qui m'ont conduit à la porte d'une maison occupée par , pourquoi je me suis transporté chez M. le maire de ladite commune, et l'ai requis de m'accompagner pour m'autoriser à entrer dans ladite maison, et y vaquer aux fonctions de mon office, ce qu'il a fait; et, étant accompagné de mondit sieur maire, je suis revenu à ladite maison, où étant entré, j'ai trouvé ayant fait connaître l'objet de mon transport, il m'a dit et fait réponse que , sommé de signer sa réponse, a refusé de ce faire, nonobstant laquelle réponse, j'ai constaté qu'il existe dans sa cour, sous un hangar, la quantité de , qui sont fraîchement coupés, et de la même essence que le bois coupé audit lieu de , et j'ai déclaré audit , que je mettais ledit bois trouvé en sa cour en séquestre; sommé de me présenter un gardien solvable, a refusé; pourquoi j'ai établi à la garde dudit bois la personne de , demeurant à , lequel s'en est chargé, et a promis de le représenter à toutes réquisitions, et a signé.

Dont et de tout ce que dessus, j'ai fait et dressé le présent procès-verbal en présence de mondit sieur maire de ladite commune, qui a signé avec moi.

Et le , je me suis transporté à par-devant auquel j'ai remis le présent procès-verbal.

Au bas, l'officier qui le reçoit, met :

Le procès-verbal ci-dessus et des autres parts nous a été remis le par , garde forestier, qui l'a dressé, lequel a en nos mains affirmé ledit procès-verbal sincère et véritable, fait à , ledit jour, et a signé avec nous.

Procès-verbal d'un garde-champêtre.

102. L'an, etc., à la réquisition de , demeurant à , je demeurant à , garde-forestier de la commune de , reçu et assermenté devant , le , me suis transporté avec ledit en une pièce de vignes qui lui appartient, au lieudit , terroir de ladite commune, où étant, il m'a fait voir que ladite pièce était vendangée en partie; et, de fait, j'ai reconnu que de ladite pièce, de la contenance de environ, il y a un tiers dont les raisins ont été coupés et enlevés, et, dans le cours de notre visite, nous avons trouvé un panier d'osier, dans lequel sont encore quelques grappes qui peuvent former environ deux à trois livres de raisin; et plusieurs particuliers étant survenus, l'un d'eux appelé , de cette commune, m'a dit qu'il n'y avait pas long-temps qu'il avait vu le nommé N., journalier de la commune de qui coupait des raisins dans la pièce de vigne où nous sommes, qu'il en chargeait un âne avec lequel il a pris le chemin de ladite commune; et ayant suivi ledit chemin, j'ai trouvé à ledit qui menait devant lui un âne chargé de deux paniers pleins de raisins, auquel j'ai demandé où il avait pris lesdits raisins, lequel m'a dit et fait réponse que Sommé de signer sa réponse, a refusé, nonobstant laquelle réponse j'ai saisi et arrêté ledit âne et les paniers dont il était chargé; j'ai mis ledit âne en fourrière chez et ai séquestré entre ses mains les raisins et les paniers, ainsi que celui par moi trouvé dans la vigne. Les raisins pesés se sont trouvés former ; lequel-dit sieur s'est du tout chargé comme dépositaire de justice, a promis de les représenter à toutes réquisitions, et a signé. Contre lesquels saisie et séquestre, ledit a déclaré faire toutes protestations et réserve.

De tout quoi, etc.

La remise et l'affirmation du procès-verbal se font comme ci-dessus.

PROCÉDURES EN CAS DE FLAGRANT DÉLIT.

Procès-verbal dans le cas de vol avec effraction.

103. Aujourd'hui jour de 18 heure du matin, sur l'avis qui nous a été donné qu'il avait été commis un vol avec effraction cette nuit, dans la maison du nommé A marchand mercier, demeurant à rue n° , nous , nous sommes transporté en ladite maison, et, avant d'y entrer, avons remarqué dans le mur qui forme le bas de la boutique sur la rue, une ouverture de la largeur de sur de haut, pratiquée au moyen du dérangement d'une pierre qui s'est trouvée sur le pavé de la rue, à la distance de laquelle porte l'empreinte, en plusieurs endroits, d'une pince avec laquelle elle paraît avoir été déplacée; après quoi, nous nous sommes introduit dans ladite boutique, où nous avons trouvé ledit A Lequel, après serment par lui fait de dire vérité, nous a déclaré que, cette nuit, vers les trois heures du matin, s'étant éveillé, et entendant du bruit dans sa boutique, il avait battu le briquet pour se procurer de la lumière; qu'étant descendu, il n'avait trouvé personne, mais qu'il avait remarqué ledit trou, et qu'il s'était aperçu qu'il lui avait été volé plusieurs effets et marchandises de merceries, consistant en différentes pièces de linge marquées des lettres , six couverts d'argent marqués des mêmes lettres , dans le tiroir de son comptoir, environ en petites monnaies qui y étaient restées , et, comme nous procédions, est survenu un particulier qui nous a dit s'appeler , homme de peine, demeurant rue , n° , lequel, après serment par lui fait de dire vérité, nous a remis une pince de fer, de la longueur de , grosseur de , qu'il nous a dit avoir trouvée dans l'instant dans cette rue, près la porte de la maison numérotée , qui est tout ce qu'il a dit savoir, et a declaré ne savoir écrire ni signer; après quoi, en cherchant dans ladite boutique, nous aurions trouvé derrière le comptoir, étant à gauche en entrant, une chemise d'homme, de toile de marquée des lettres , et un mouchoir de coton à carreaux, des Indes, marqué des mêmes lettres, que ledit A a reconnu pour lui appartenir et faire partie des effets qui lui ont été volés, lesquels chemise et mouchoir lui ont été remis. Avons aussi trouvé en ladite boutique la nommée B , servante dudit A ; laquelle, après serment par elle fait de dire vérité, nous a dit qu'elle couche dans un cabinet attenant à l'appartement dudit A , qui l'a éveillée en descendant; qu'elle l'a suivi et s'est aussi aperçue du vol; qu'elle reconnaît la chemise et le mouchoir ci-dessus désignés pour appartenir à son maître; mais ne sait rien de plus : avons ensuite sommé ledit A et ladite B de nous déclarer les personnes qu'ils peuvent soupçonner de ce vol; lesquels nous ont dit qu'ils ne soupçonnent personne en particulier; néanmoins, ladite B nous a dit qu'elle se rappelle qu'hier, sur les heures du soir, il est entré deux particuliers, dont l'un paraissait âgé de , taille de (*signalement*), portant un habit de , a marchandé long-temps diverses marchandises; que, pendant ce temps, l'autre particulier, paraissant âgé de (*signalement*), se tenait sur le pas de la boutique regardant tantôt en dedans, tantôt en dehors; ce qui ne l'a point alors frappée. Nous avons ensuite fait rapprocher la pince de fer des différentes empreintes que porte la pierre qui a été ôtée de l'appui de la boutique, et nous avons reconnu qu'elle s'y adapte exactement, dont, et de tout ce que dessus avons dressé le présent procès-verbal; ordonnons que ladite pince de fer, que nous avons fait mettre dans un sac de toile, sur lequel nous avons apposé notre sceau, sera déposée au greffe pour servir de pièce de conviction.

Fait à les jour, mois et an que dessus, et avons signé avec ledit A , ladite B, ayant déclaré ne savoir écrire ni signer.

NOTA. *Je ne crois pas que le procureur du Roi ni les autres officiers de police judiciaire puissent instrumenter quand il n'y a point de flagrant délit.*

Procès-verbal en cas de flagrant délit.

104. Aujourd'hui jour de 18 heure de sur l'avis à nous donné, qu'il venait d'être commis un meurtre dans la rue Nous juge de paix du canton de , informé par , que, dans l'instant un particulier venait d'être frappé de deux coups de couteau dans la rue de , près de la boutique d'un n° , après avoir donné avis de notre transport à M. , juge d'instruction du tribunal de , nous nous sommes transporté à l'endroit indiqué, où, étant arrivé, nous avons trouvé dans la boutique d'une maison numérotée , occupée par , marchand , un particulier qu'on nous a dit être blessé de deux coups de (*détailler les blessures*), lequel est sans connaissance actuellement; ayant fait appeler MM. B. et C , chirurgiens, après avoir pris d'eux le serment en tel cas requis et accoutumé, nous avons ordonné que le blessé serait par eux visité et pansé, et qu'ils nous en feraient leur rapport, et ayant mandé la force armée, il est venu quatre hommes commandés par , auquel nous avons défendu de laisser sortir personne de l'endroit où nous sommes; et, continuant nos opérations, nous avons fait comparaître ledit , marchand, locataire de la boutique où nous sommes, et principal locataire de la maison, lequel, après serment par lui fait de dire vérité, enquis de ses nom, prénoms, âge, profession et demeure, et s'il n'est parent, allié, serviteur ni domestique d'aucune des parties, a dit s'appeler N D , marchand, demeurant en cette ville, dans la maison où nous sommes, n'être parent, allié, serviteur, ni domestique du blessé;

Dépose que le blessé est le S. A qui paraît vivre de son bien, occupant dans la maison où nous sommes un petit appartement au second étage composé de deux pièces donnant sur la rue; que, ce matin, il y a environ une heure, il a entendu dans l'allée du bruit, comme de deux personnes qui se disputent vivement, qu'il est venu sur la porte de sa boutique pour voir ce que ce pouvait être, qu'il y a vu sortir ledit A , et un autre particulier à lui inconnu, taille de etc. (*signalement*) couvert d'un habit de , etc., paraissant âgé de ; que ledit A et ledit particulier paraissaient très-échauffés, que le dit A tutoyait ledit particulier, et semblait lui faire de vifs reproches, en le retenant fortement par le collet de son habit: ledit particulier paraissant vouloir s'éloigner : que, dans l'instant, ledit particulier a frappé ledit A , qui n'a jeté qu'un cri et est tombé devant la boutique du déposant; ledit particulier a pris la fuite, et que lui, déposant, occupé à secourir le blessé, n'en a pas vu davantage, qui est tout ce qu'il dit savoir. Lecture à lui faite de sa déposition, a dit icelle contenir vérité, y persister, n'y vouloir rien changer, augmenter, ni diminuer, et a signé avec nous.

Et à l'instant lesdits B et C , chirurgiens, nous ont dit et déclaré qu'ayant visité ledit A , ils ont reconnu qu'il a reçu au bas-ventre du côté gauche, deux blessures, l'une de la largeur de longueur profondeur l'autre un peu au-dessus de , etc.; que lesdites blessures paraissent avoir été faites avec un instrument pointu et tranchant; que lesdites blessures sont dangereuses, mais ne paraissent pas mortelles, qu'on peut espérer d'en opérer la cure, laquelle sera longue; que l'état d'insensibilité du blessé est causé plutôt par la quantité de sang qu'il a perdu que par les blessures elles-mêmes; qu'ils estiment que ledit A peut maintenant être reporté chez lui, qui est tout ce qu'ils ont dit savoir. Lecture à eux faite de leur rapport, ont dit icelui contenir vérité, y persister, et ont signé avec nous; après quoi, ayant fait visiter les poches du blessé, a été trouvé, etc.; ledit blessé a été reporté à son appartement, dont la porte s'est trouvée fermée à un tour, ouverte avec la clé trouvée sur ledit blessé; il a été mis dans son lit à l'aide des chirurgiens; et dans ledit appartement rien ne paraît avoir été dérangé; dans la chambre à coucher, qui est la seconde pièce dudit appartement, sur une table près de la fenêtre, il s'est trouvé deux chapeaux, l'un ayant en dedans le nom dudit A imprimé en lettres d'or sur le cuir, l'autre sans nom, ayant seulement sur un papier collé au fond de la forme, le nom de , chapelier , rue

En ayant demandé audit si le particulier qui avait frappé ledit A avait un chapeau, il nous a répondu qu'il croit se rappeler qu'il était nu-tête, et qu'il ne lui a point vu de chapeau. Dont et de tout ce que dessus, avons fait et dressé le présent procès-verbal, fait en présence de M. , commissaire de police de l'arrondissement de , qui a signé avec nous, les jour, mois et an que dessus.

Ordonnons que le chapeau trouvé sur la table, étant dans la chambre à coucher dudit A , portant l'adresse de , chapelier, sur lequel nous avons apposé notre sceau, sera déposé au greffe pour servir de pièce de conviction. Fait à le

Ordonnons que le quidam qui a frappé ledit A , taille de, etc., (*signalement*) sera amené devant nous pour répondre aux interrogats qui lui seront faits sur les faits énoncés en notre procès-verbal de ce jour, mandons à , huissier que nous commettons à cet effet, de mettre notre présente ordonnance à exécution, et à tous commandans de la force armée sur ce requis de prêter main-forte à cet effet. Fait à le

En continuant les opérations encommencées :

Est comparu le S. lequel, après serment par lui fait de dire vérité, enquis de ses nom, âge, profession, domicile et demeure, et s'il est parent, allié, serviteur et domestique des parties, a dit s'appeler , rentier, demeurant dans ladite maison, dans l'appartement au-dessus du blessé, n'être parent, allié, serviteur ni domestique du blessé; dépose que, etc., qui est tout ce qu'il a dit savoir. Lecture à lui faite de sa déposition, a dit icelle contenir vérité, y persisrer, n'y vouloir rien changer, augmenter ni diminuer, et a signé avec nous.

Est ensuite comparu N , lequel, après serment, etc., dépose qu'il passait dans cette rue au moment où il a vu deux particuliers qui paraissaient se disputer vivement, sortir de l'allée de la maison où nous sommes; que, dans l'instant, l'un deux, taille de, etc. (*signalement*), a frappé l'autre qui est tombé, et a pris la fuite; que le déposant l'a poursuivi, mais n'a pu l'atteindre; ledit particulier ayant pris la rue de , où lui, déposant, l'a perdu de vue, et est revenu pour avoir des nouvelles du blessé, qui est tout ce qu'il a dit savoir.

Lecture à lui faite, etc.

Et à l'instant ayant été averti que ledit A venait de recouvrer l'usage de ses sens, et qu'il désirait nous parler, nous nous sommes approché de son lit, et après serment par lui fait de dire vérité, il nous a déclaré s'appeler, etc.; que cejourd'hui, etc. Desquels faits il nous rend plainte, déclarant qu'il se rend partie civile; requérant la jonction de M. le procureur du Roi; et requis de signer a déclaré ne le pouvoir faire, attendu sa faiblesse et son état de souffrance. Et ne s'étant plus trouvé personne qui pût nous donner des renseignemens sur les faits, nous avons de tout ce que dessus fait et dressé le présent procès-verbal, qui sera par nous remis à M. le procureur du Roi. Fait les jour, mois et an que dessus.

Ensuite le procureur du Roi transmet les procès-verbaux au juge d'instruction, en cette forme :

A M. le Juge d'instruction du Tribunal de

Je vous transmets, monsieur, le procès-verbal dressé le par juge de paix du canton de , contenant plainte par , qui a déclaré se rendre partie civile des faits contenus en sa déclaration insérée audit deuxième procès-verbal, requérant ma jonction, je requiers qu'il me soit donné acte de ce que je joins audit , plaignant, et qu'il soit ordonné qu'il sera informé à la requête dudit plaignant, moi joint, des faits contenus auxdits procès-verbaux, circonstances et dépendances, pour l'information faite et à moi communiquée, être par moi requis, et par vous ordonné ce qu'il appartiendra.

Au bas de cette requête, le juge d'instruction met son ordonnance, portant :

Donnons acte de la plainte, et au procureur du Roi de sa jonction; permettons d'informer à la requête dudit plaignant, le procureur du Roi joint, à l'effet de quoi les témoins sont assignés par-devant nous. Fait à le

Si, pendant que le juge de paix procède, le procureur du Roi ou le juge d'instruction survient, il doit lui céder la place, et dit :

Et, comme nous procédions, M. procureur du Roi ou juge d'instruction étant survenu, nous avons en cet endroit clos notre présent procès-verbal que nous avons signé, et remis à M. procureur du Roi ou juge d'instruction, ensemble les effets ci-dessus mentionnés, et à M. procureur du Roi ou juge d'instruction, signé avec nous en cet endroit, et nous sommes retiré.

Si le procureur du Roi, ou le juge d'instruction commet le juge de paix pour continuer les opérations, il met son ordonnance au bas du procès-verbal, et le juge de paix continue :

Et en exécution de l'ordonnance de M. , en date de cejourd'hui, dûment signée, par laquelle procédant en vertu de la commission à nous donnée par ladite ordonnance, auxdites opérations, etc.

Autre procès-verbal en cas de flagrant délit, en cas de vol.

105. Aujourd'hui jour du mois de 18 sur les heures de relevée, à la réquisition de demeurant en cette ville rue n° qui nous a fait dire qu'il venait d'être volé, et que le voleur était pris sur le fait. Nous juge de paix du canton de nous sommes transporté en la demeure dudit occupant un appartement de quatre pièces au premier étage d'une maison dont il est le propriétaire, et dans laquelle on entre par une allée, où étant, nous aurions trouvé ledit et plusieurs autres particuliers, dont un, qu'on nous a dit être le voleur, était contenu par plusieurs personnes; et ayant requis la force armée, il nous est venu cinq hommes commandés par caporal auquel nous avons ordonné d'empêcher que personne sorte des lieux où nous sommes, et avons mis le particulier dénoncé comme voleur dans une autre pièce, à la garde de deux soldats.

Et en cet instant, M. le procureur du Roi près le tribunal de chez lequel ledit avait aussi envoyé, est survenu; pourquoi lui avons laissé la suite des opérations, et avons signé en cet endroit.

Et ledit jour, nous procureur du Roi de à la réquisition du S. etc., nous sommes transporté en la maison dudit où étant arrivé, nous aurions trouvé M. juge de paix du canton de , qui nous avait précédé, aussi à la requête dudit et avait commencé son procès-verbal, en conséquence nous, attendu nos occupations, commettons ledit M[e] juge de paix, pour continuer lesdites opérations, et avons signé.

Et ledit jour, nous juge de paix susdit, procédant en vertu de la commission à nous donnée par M. le procureur du Roi, avons fait comparaître ledit lequel, après avoir fait serment de dire vérité, a dit s'appeler. etc., et nous a déclaré que cejourd'hui, ayant été dîner dehors, il est rentré sur les heures, et qu'ayant trouvé sa porte d'entrée ouverte, et ayant remarqué qu'elle avait été forcée, n'osant point entrer, il avait appelé plusieurs de ses voisins; qu'étant revenu avec quatre d'entre eux, ils avaient vu le particulier maintenant détenu sortant rapidement de l'appartement, criant : *au voleur*, et qu'il allait chercher le commissaire; que, l'ayant arrêté, il avait fait effort pour passer outre, ce qui le leur avait rendu encore plus suspect; que, l'ayant forcé de rentrer avec eux dans l'appartement, ils avaient trouvé, ainsi que nous le voyons, les armoires et le secrétaire forcés, et beaucoup d'effets appartenant au déclarant répandus çà et là; qu'étant survenu du monde, le déclarant a envoyé chez nous et chez M. le procureur du Roi; que cependant le déclarant ayant visité son secrétaire, il a reconnu qu'il lui avait été volé un sac contenant six cents francs en pièces de cinq francs; dans un tiroir d'icelui, douze pièces d'or de vingt-quatre livres tournois, et dans ses armoires plusieurs habits et du linge dont il ne peut actuellement nous donner le détail; qu'ayant demandé au particulier arrêté comment il se trouvait dans son appartement, il a répondu que c'était par hasard. Desquels faits il a déclaré nous rendre plainte, sans entendre se porter partie civile, et a signé en cet endroit avec nous;

Et de suite nous nous sommes transporté à la porte d'entrée dudit appartement, et nous avons remarqué que l'on a fait sauter la gâche qui est scellée en plâtre, au moyen d'une pince dont la porte est marquée assez profondément en dehors sur une largeur de à la profondeur de

Et revenant dans la pièce où nous sommes, qui est la chambre à coucher dudit nous avons trouvé répandus sur le plancher, et sur différens meubles, savoir : (*détailler et désigner les effets et les marques qu'ils portent*) ; et visitant les meubles, nous avons trouvé deux armoires en placard, aux deux côtés de la cheminée, forcées (*détailler et désigner exactement les fractures*) ; le secrétaire en bois d'acajou à abattage également forcé au moyen d'une pince avec laquelle on a fait sortir le pêne en plusieurs endroits, savoir : (*détailler encore les fractures et les marques faites par l'instrument*). Et ledit étant allé regarder dans l'armoire à gauche de la cheminée, où il met son argenterie, a trouvé le panier vide, et nous a déclaré qu'il y avait six couverts à filets marqués des lettres liées ensemble en forme de chiffre entouré de roses; et en cherchant dans ladite armoire, nous avons trouvé une fourchette d'argent à filets, marquée du chiffre indiqué; de tout quoi nous avons dressé notre procès-verbal, qui sera par nous remis à M. le procureur du Roi. Fait en présence de maire de , que nous avions fait appeler à cet effet, et qui a signé avec nous, les jour, mois et an que dessus.

Et ledit jour, nous, juge de paix susdit, avons ordonné que nous procéderions sur-le-champ à l'audition des personnes présentes qui peuvent fournir des lumières sur les faits contenus audit procès-verbal. Fait à
le et avons signé.

Et de suite en vertu de notre ordonnance, est comparu par-devant nous N. , lequel, après serment par lui fait de dire vérité, enquis de ses nom, âge, profession et demeure, et s'il est parent, allié, serviteur ou domestique des parties, a dit s'appeler, etc., dépose, etc.

Est ensuite comparu N. , lequel, etc.

On entend ainsi toutes les personnes présentes seulement qui peuvent fournir des lumières.

Après quoi, le juge de paix rend encore son ordonnance, portant :

Vu laquelle information, nous juge de paix susdit, ordonnons que le particulier prévenu de vol, et gardé dans la chambre à côté, sera amené par-devant nous pour répondre aux questions que nous entendons lui faire. Fait à
le

Et à l'instant a été amené devant nous un particulier, taille (*le signalement*) lequel après serment par lui fait de dire vérité, enquis par nous de nous déclarer ses nom, prénoms, âge, profession et demeure, nous a dit s'appeler compagnon menuisier, demeurant en cette ville, rue
n° chez

D'après laquelle réponse, nous avons envoyé à l'adresse indiquée pour être informé de la vérité ou fausseté d'icelle, et nous avons fait inviter le principal locataire ou propriétaire de la maison à se rendre auprès de nous.

Et continuant l'interrogatoire dudit prévenu,

A lui demandé comment il s'est trouvé seul dans l'appartement où nous sommes, et dans lequel il a été commis un vol assez considérable;

A répondu que, pressé par un besoin, il est entré dans l'allée et a monté l'escalier; qu'arrivé au premier étage, et trouvant la porte ouverte, il est entré pour demander, et ne s'est aperçu du vol que dans la pièce où nous sommes.

A lui demandé s'il a satisfait au besoin qui le conduisait;

A répondu que non, que sa frayeur l'a fait passer.

A lui observé qu'on lui a déjà demandé la raison de sa présence dans cet appartement, et demandé s'il s'en souvient;

A répondu qu'oui.

A lui demandé quelle réponse il a faite;

A répondu qu'il a fait la même réponse qu'à nous.

A lui observé qu'il a répondu que *c'était par hasard;*

A répondu que cela peut être; que la violence qu'on a employée à son égard l'a troublé.

A lui demandé pourquoi, lorsqu'il a entendu venir du monde, il a cherché à fuir;

A répondu qu'il ne fuyait pas, qu'il appelait lui-même en criant *au voleur.*

A lui demandé pourquoi il n'a pas jeté sur-le-champ ces cris, et pourquoi, lorsqu'il a vu qu'on s'opposait à son passage, il a fait effort pour sortir;

A répondu qu'il s'est passé un peu de temps avant qu'il pût crier, et qu'il voulait nous aller chercher.

Nous avons ensuite fait fouiller le répondant, et il s'est trouvé dans ses poches, 1° etc. et un ciseau de menuisier, appelé *bec-de-canne.*

A lui demandé pourquoi il a cet outil sur lui;

A répondu qu'il n'en sait rien, que c'est sans réflexion qu'il l'a mis dans sa poche.

Ayant rapproché, en présence du répondant, ledit ciseau des marques faites sur l'abattant du secrétaire, il s'est trouvé s'y rapporter exactement; en sorte qu'il paraît que c'est avec cet outil qu'il a été forcé.

A lui demandé comment cela se fait;

A répondu qu'il ne peut le dire, que beaucoup de ces outils se ressemblent et sont du même calibre.

Et comme nous procédions, est survenu le principal locataire de la maison désignée par le répondant comme étant le lieu de sa demeure, lequel, après serment par lui fait de dire vérité, enquis de ses nom, etc., a dit s'appeler, etc., demeurant rue dans une maison numérotée dont il est principal locataire, et nous a dit ne point connaître le nom sur lequel nous l'avons fait questionner, et n'avoir aucun locataire de ce nom.

A lui demandé s'il connaît ledit qui est devant lui;

A répondu ne l'avoir jamais vu et ne le connaître en aucune manière, qui est tout ce qu'il a dit savoir. Lecture faite, etc., et a signé en cet endroit.

Et continuant l'interrogatoire dudit,

A lui demandé pourquoi il nous a donné une fausse adresse;

A répondu que l'adresse n'est pas fausse; qu'étant arrivé en cette ville depuis peu de jours, il a logé dans l'endroit indiqué dans la chambre du nommé son ami, qui lui a donné retraite.

Avons demandé audit si en effet le nommé demeurait dans sa maison;

Lequel nous a dit qu'en effet un particulier portant ce nom occupait depuis le terme, non une chambre, mais un cabinet au cinquième étage, que déjà il lui a donné congé, parce que sa conduite paraît équivoque; qu'il découche souvent; que la nuit dernière il n'a point paru chez lui, et que cejourd'hui il est rentré sur les heures, accompagné d'un autre particulier, et est sorti peu de momens après, emportant, ainsi que son camarade, plusieurs paquets.

Demandé au prévenu si la clé trouvée sur lui, et qui nous a paru être un passe-partout, est la clé de ce cabinet;

A répondu qu'oui.

Demandé audit s'il a donné plusieurs clés;

A répondu que non.

Et, comme nous procédions, est survenu un particulier, lequel, après serment fait de dire vérité, enquis, etc.

Dépose qu'en cherchant dans la maison s'il n'y aurait pas encore quelques-uns des effets volés, il a trouvé près la porte des privés un outil de fer, qu'il nous remet; qui est tout ce qu'il a dit savoir, lecture à lui faite, etc.

Lequel outil s'est trouvé être une pince, vulgairement appelée *mandrin*, de la longueur de grosseur

Nous avons représenté ladite pince audit prévenu, sommé de nous dire s'il la reconnaît;

A répondu qu'il ne la connaît en aucune manière.

Avons ensuite, en la présence dudit prévenu, présenté ladite pince à la porte à l'endroit où elle est marquée, et nous avons reconnu que ladite pince remplit exactement l'empreinte qu'elle a reçue; étant ensuite sorti, nous avons fait fermer ladite porte; en introduisant ladite pince à l'endroit où ladite porte a été attaquée, elle s'est trouvée remplir exactement l'espace formé par l'instrument dont on s'est servi.

Demandé au prévenu si ce n'est pas lui qui a fait l'effraction, ou s'il en connaît les auteurs;

A répondu que non.

Nous avons fait mettre ladite pince et le ciseau ci-dessus désignés, dans un sac de toile, sur l'ouverture duquel, après qu'elle a été close, nous avons apposé notre sceau, et sommé ledit prévenu d'y apposer le sien; à quoi il a répondu qu'il n'en avait point, et qu'au reste cela était inutile.

Nous, juge de paix susdit, ordonnons que nous nous transporterons sur-le-champ avec ledit prévenu sous bonne et sûre garde, en la maison où il indique sa demeure, pour faire perquisition dans le cabinet où il prétend coucher, si la clé trouvée sur le prévenu en fait l'ouverture.

Fait à le

Et en vertu de notre présente ordonnance, nous nous sommes transporté rue dans une maison numérotée dont est principal locataire ledit ci-dessus nommé, qualifié et domicilié, où étant arrivé et monté au cinquième étage, ledit nous a montré une porte qu'il nous a dit être celle du cabinet loué au nommé et y ayant appliqué la clé trouvée sur ledit prévenu, elle l'a ouverte après quelques difficultés, et nous sommes entré dans un cabinet lambrissé, éclairé par une fenêtre donnant sur les toits, où nous n'avons trouvé qu'un lit de sangle, sur lequel sont une paillasse, un mauvais matelas, et une vieille couverture sans draps; plus un coffre qui s'est trouvé ouvert et vide. Derrière ledit coffre s'est trouvé un mouchoir des Indes presque neuf, à carreaux, rouge sur rouge, marqué des lettres dans un des angles; ledit mouchoir présenté audit qui a été volé, a dit ne le pas connaître; et qu'il ne lui appartient point; le même mouchoir présenté audit prévenu, sommé de déclarer s'il le reconnaît, a dit ne le point connaître, qu'il appartient sûrement à son ami. Ayant fait fouiller la paillasse étant sur le lit de sangle, s'y est trouvé un anneau de fer portant crochets appelés *rossignols*, ledit anneau représenté au prévenu, a déclaré ne le point connaître et ne l'avoir jamais vu; et plus n'a été interrogé. Lecture a lui faite de son interrogatoire, a dit ses réponses contenir vérité, y persister, et n'y vouloir rien changer, augmenter ni diminuer; sommé de signer, a dit n'être nécessaire et ne vouloir le faire. De tout quoi, et de ce dessus avons fait et rédigé le procès-verbal, fait en présence de qui a signé avec nous. Lecture faite au prévenu de nos procès-verbaux, et sommé de les signer, a dit n'être nécessaire et ne vouloir le faire. Fait les jour, mois et an que dessus.

Nous, juge de paix susdit, avons fait mettre ledit anneau avec les rossignols qui y sont annexés, ledit mouchoir des Indes, ensemble les effets trouvés sur le prévenu, et ci-dessus détaillés, dans un sac de toile, sur l'ouverture duquel, après qu'il a été clos, nous avons apposé notre sceau; sommé ledit prévenu d'y apposer le sien, a dit n'être nécessaire; ordonnons que ledit sac, ensemble celui contenant la pince et le ciseau trouvé sur le prévenu, seront par nous déposés au greffe, pour servir à l'instruction du procès.

Fait à le

Nous, juge de paix susdit, ordonnons que le nommé prévenu, etc., sera déposé en la maison d'arrêt de jusqu'à ce qu'il en soit autrement ordonné par M. le juge d'instruction.

Fait à le.

Ces procès-verbaux contiennent à-peu-près tous les accidens qui peuvent arriver en pareil cas.

Le juge de paix, ou autre officier qui a opéré, dépose les effets au greffe, et remet les procès-verbaux au procureur du Roi, qui donne les conclusions suivantes :

Je vous transmets, monsieur, les procès-verbaux dressés le par Je demande acte de ce que je prends lesdits procès-verbaux par dénonciation des faits y contenus; je requiers qu'il me soit permis d'en informer, pour l'information faite et à moi communiquée, etc., et qu'il soit par vous donné mandat d'amener contre le nommé qui paraît véhémentement suspect d'être auteur ou complice du vol fait à le

Au bas de ces conclusions, le juge met son ordonnance, portant :

Acte au procureur du Roi, permis d'informer des faits contenus auxdits procès-verbaux, circonstances et dépendances, à l'effet de quoi les témoins seront assignés par-devant nous.

Ordonnons que le nommé taille de (*signalement*) sera amené par-devant nous pour répondre aux questions qui lui seront faites. Mandons à huissier de mettre notre présent mandat à exécution, et à tous commandans de la force publique sur ce requis, de prêter main-forte.

Fait à le

Le juge doit interroger le plus tôt possible le prévenu mis en dépôt.

Autre procès-verbal dans le cas de poison.

106. Par-devant nous juge de paix du canton de est comparu M. officier de santé, demeurant à lequel nous a dit qu'ayant été mandé pour constater la mort de en la maison sise rue et s'y étant transporté cejourd'hui à heure de l'inspection du cadavre, et l'état dans lequel il l'a trouvé, lui ont donné sujet de juger que la mort a été occasionée par le poison; pourquoi il a cru devoir, avant de donner son certificat, nous en prévenir, pour être par nous pris tel parti que nous jugerons convenable; et a signé.

Fait à le

Sur quoi, nous, juge de paix susdit attendu qu'il est urgent de constater l'état du cadavre, et de recueillir les preuves qui peuvent exister du crime, ordonnons que nous nous transporterons avec M. médecin, et M. chirurgien, en ladite maison, aux fins susdites.

Fait à le

Aujourd'hui jour du mois de 18 nous, juge de paix du canton de en vertu de notre ordonnance de cejourd'hui, nous sommes transporté, accompagné de M. notre greffier, de MM. médecin, et chirurgien, et de huissier-audiencier de notre tribunal de paix, en une maison située rue n° où est décédé le feu S. où étant arrivé et monté au étage, nous aurions trouvé le nommé N , domestique au service du défunt, lequel nous a introduit dans une chambre où est le cadavre d'un homme, etc., (*désigner le cadavre, détailler exactement les marques qu'il porte, les taches, la couleur, les diverses contractions des membres*). Ce fait, nous avons ordonné que le cadavre serait vu, visité et ouvert par lesdits MM. lesquels, après serment par eux fait en nos mains de bien et fidèlement s'acquitter de ladite commission, et de nous faire leur rapport en leur âme et conscience, ont vaqué à l'exécution de notre ordonnance, en notre présence et celle de ; après quoi ils nous ont dit et rapporté que, etc., que, etc., d'après quoi ils jugent en leur âme et conscience que la mort dudit a été causée par le poison appelé etc., et ont signé en cet endroit. Ce fait, après avoir fait ensevelir le cadavre, nous avons apposé sur le suaire le sceau de notre juridiction.

Et ayant visité et fait visiter les vases qui se sont trouvés tant dans la chambre du défunt que dans les autres pièces de l'appartement, il ne s'est rien trouvé de suspect, non plus que dans les armoires et tiroirs des meubles dudit appartement où recherche a été faite.

De tout quoi et de ce que dessus avons fait et dressé le présent procès-verbal.

Fait à les jour, mois et an que dessus.

Nous, juge susdit, ordonnons que le cadavre dudit sera inhumé dans une fosse particulière en présence de commissaire de police qui en dressera procès-verbal.

Fait à le

Nous, juge susdit, ayant fait appeler le nommé domestique dudit après serment par lui fait de dire vérité, enquis de ses nom, prénoms, âge, profession et demeure, a dit s'appeler, etc.

A lui demandé de nous dire ce qui est arrivé à son maître, ce qu'il a fait hier, et comment lui a pris son mal;

A répondu : mon maître s'est levé hier bien portant, je l'ai habillé à l'ordinaire, et, suivant sa coutume, il est sorti vers heures après midi, il me donna l'ordre de l'attendre à heures du soir, il n'est rentré qu'à heures, se plaignant de douleurs d'estomac, il me demanda du thé que je lui fis, après en avoir bu deux tasses, il me dit qu'il se sentait mieux, qu'il avait soupé chez qui est sa maîtresse, demeurant rue n° qu'apparemment son souper lui avait fait mal, et il m'ordonna d'aller me coucher. Mais, vers heures je fus éveillé par un violent coup de sonnette. Je descendis promptement; je trouvai mon maître dans des douleurs et des convulsions affreuses. Je courus éveiller le portier, et lui recommandai d'aller chercher et d'amener le premier médecin ou chirurgien qu'il pourrait trouver; sa femme monta et m'aida à secourir mon maître, qui expira avant que le portier fût revenu; il amena un chirurgien qui ne jeta qu'un coup-d'œil sur mon maître, et dit qu'il était mort d'une colique néphrétique. J'envoyai le portier chez le S. demeurant rue n° neveu de mon maître et son seul héritier, à ce que j'ai toujours ouï dire; il est venu ce matin, et m'a envoyé à la municipalité pour requérir l'enterrement; qui est tout ce qu'il a dit savoir.

Sommé ledit de nous conduire à sa chambre, il l'a fait sans difficulté, et étant monté avec lui au étage, nous avons trouvé et sur une planche s'est trouvée une bouteille de verre blanc, dans laquelle il y avait une liqueur pour faire mourir les punaises, et ladite bouteille remise auxdits MM. ils nous ont dit que la liqueur y contenue était de l'essence de térébenthine; recherche faite dans la cassette dudit qui nous a été ouverte par lui, dans les habits et dans les matelas de son lit, il ne s'y est rien trouvé de suspect.

Lecture à lui faite de sa déclaration, a dit icelle contenir vérité, etc., et a signé.

Redescendu dans l'appartement, nous avons fait appeler le portier de la maison, lequel étant comparu, enquis de ses nom, prénoms, âge, profession et demeure, après serment par lui fait de dire vérité, a dit s'appeler, etc.

A lui demandé ce qu'il sait relativement à la maladie et à la mort dudit;

A déclaré que, etc. Lecture à lui faite, etc.

Est ensuite comparue, sur notre invitation, la femme dudit portier, laquelle, après serment par elle fait de dire vérité, enquise, etc.

A déclaré que, etc. Lecture à elle faite, etc.

Ce fait, nous juge susdit, ordonnons que nous nous transporterons de suite chez la nommée où il paraît que ledit a soupé le jour de veille de sa mort, pour l'entendre et faire perquisition chez elle, et avons signé en cet endroit avec notre greffier.

Et ledit jour, en vertu de notre ordonnance, nous juge susdit, accompagné dudit greffier, dudit huissier, et desdits MM. nous sommes transporté rue en une maison numérotée où étant monté au étage, à un appartement dont la porte nous a été ouverte par une fille domestique; elle nous a introduit dans une chambre à coucher, où nous avons trouvé une femme qui nous a dit être après serment d'elle pris de dire vérité, enquise de ses nom, etc., et a dit s'appeler, etc.

A elle demandé si elle connaît le S. a dit qu'oui.

A elle demandé quelles sont les relations qui existent entre elle et lui,

A dit que ce sont des relations d'amitié.

A elle demandé si elle le voit souvent,

A répondu, presque tous les jours.

A elle demandé si elle l'avait vu hier,

A répondu que non.

A elle demandé si elle en a eu des nouvelles,

A répondu que non.

A elle demandé si elle sait comment il se porte,

A répondu que cette question a lieu de la surprendre, qu'elle imagine qu'il se porte bien.

A elle demandé s'il n'a pas soupé chez elle le

A répondu qu'elle est étonnée de se voir ainsi pressée de questions sur questions.

A elle observé qu'elle doit dire vérité, et que nous la sommons de répondre par oui ou non,

A répondu qu'oui, que ledit a soupé avec elle.

A elle demandé s'il y avait du monde à souper,

A répondu qu'oui, qu'il y avait plusieurs personnes.

A elle demandé le nom de ces personnes,

A répondu qu'elle ne se les rappelle pas dans le moment.

A elle demandé pourquoi elle a nié que ledit S. eût soupé chez elle,

A répondu qu'elle ne croyait pas être obligée de rendre compte de ses actions et de celles dudit.

A elle demandé si elle ne savait pas que ledit était mort cette nuit, et de l'effet d'un poison violent,

La répondante qui, pendant tout cet interrogatoire était tremblante, et s'agitait beaucoup, est restée interdite, elle a hésité, pleuré, et enfin a dit que non, qu'elle ne s'en doutait pas.

A elle demandé si elle ne soupçonne personne de lui avoir donné le poison,

A répondu qu'elle ne peut répondre à une pareille question; comment peut-on supposer que je soupçonne quelqu'un?

Lecture à elle faite de ses réponses, a dit icelle contenir vérité, etc.

Nous avons ensuite fait passer ladite dans une autre chambre, où nous l'avons mise à la garde dudit huissier, et avons fait appeler la domestique, laquelle étant comparue, après avoir fait serment de dire vérité, enquise de ses nom, etc., a dit s'appeler, etc.

A elle demandé si elle connaît le S. a dit qu'oui, qu'elle le connaît beaucoup, qu'il vient tous les jours voir sa maîtresse.

A elle demandé si elle connaît la liaison qui existe entre eux,

A répondu que cette liaison est très-intime, que ledit reste souvent très-avant dans la nuit.

A elle demandé s'il est venu hier,

A répondu qu'oui, qu'il est venu sur les heures du soir, qu'en entrant il a dit à madame que le remboursement qu'il attendait avait été effectué, et qu'il souperait avec elle; mais qu'il voulait se retirer de bonne heure.

A elle demandé s'il y avait des étrangers à souper,

A répondu que non, que ledit était seul avec sa maîtresse, qu'elle a servi le souper à que sa maîtresse lui a demandé le plateau aux liqueurs, qu'elle a apporté, et qu'on lui a dit de se retirer, ce qu'elle a fait, qu'environ une demi-heure après, on l'a sonné pour éclairer ledit qui s'en allait; que, comme sa maîtresse le reconduisait, il s'est plaint d'éprouver des douleurs d'estomac, à quoi sa maîtresse a répondu que c'était sûrement des vents, que l'air lui ferait du bien, et qu'ils se sont séparés, ledit disant qu'il reviendrait ce matin.

Lecture à elle faite, etc.

Ce fait, nous avons fait rentrer ladite et l'avons sommée de nous ouvrir ses armoires, commodes et autres meubles fermant à clé, pour être par nous fait visite de ce qui y est contenu, à laquelle sommation ladite demeura interdite, dit qu'elle ne voyait pas le but de cette opération, et qu'elle ne croyait point être obligée de nous obéir; et sur ce qui lui a été déclaré qu'à son refus, nous allions faire faire l'ouverture par un serrurier, elle nous a remis les clés.

Et dans une commode étant dans la chambre à coucher, dans le tiroir d'en-haut, sous une pile de linge, nous avons trouvé un porte-feuille de maroquin bleu, fermant avec une patte, sur lequel est imprimé en lettres d'or le nom dudit défunt dans lequel s'est trouvée la somme de en billets de la banque de France. Ledit porte-feuille représenté à la dame à elle demandé si elle le reconnaît, a dit qu'oui, que c'est le porte-feuille dudit qui venait de recevoir un remboursement, et qu'il l'a priée de garder, ne voulant pas le conserver sur lui en s'en retournant, parce qu'il était tard, et qu'on parlait beaucoup de voleurs.

En continuant notre visite, ayant ouvert le second tiroir de ladite commode, ladite a pris vivement un paquet de vieux linges qui se trouvait dans un coin dudit tiroir, paraissant vouloir l'emporter, ce qu'elle a été empêchée de faire, et ayant examiné ledit paquet, il s'y est trouvé une petite bouteille contenant quelques gouttes d'une liqueur transparente, et ladite bouteille en forme de petit bocal en verre blanc, de la contenance à-peu-près de sur laquelle avait été collé un papier qui avait été gratté; ladite bouteille fortement bouchée au moyen d'un bouchon de liége.

Ladite bouteille présentée à la dame à elle demandé si elle la reconnaît; et sommée de nous dire quelle est la liqueur qui y est, a répondu qu'elle est destinée à enlever les taches sur les étoffes.

A elle demandé chez qui elle a acheté cette liqueur, a dit ne pas s'en rappeler.

Ladite bouteille présentée à fille domestique de ladite à elle demandé si elle la reconnaît, si elle sait quelle liqueur elle contient, et si elle s'en est servie, ou a vu sa maîtresse s'en servir pour détacher a dit ne l'avoir jamais vue, ignorer quelle peut être la liqueur qui s'y trouve, et ne s'en être jamais servie, ni avoir vu sa maîtresse s'en servir.

Nous avons ensuite remis ladite bouteille auxdits MM. qui, après examen par eux fait de la liqueur qui s'y trouve, nous ont déclaré que ladite liqueur est du poison violent, de la même nature que celui avec lequel ledit a été empoisonné, ainsi qu'ils nous l'ont déclaré dans leur premier rapport, et ont signé en cet endroit.

Nous avons ensuite demandé à ladite comment elle se trouve avoir ce poison, où elle se l'est procuré, et à quelle fin ; laquelle a dit qu'elle est bien malheureuse, qu'elle n'a jamais eu de poison, mais seulement de l'essence à détacher, qu'elle ne se rappelle point où elle l'a achetée, et qu'elle ne l'a eue que pour enlever des taches.

Nous avons fait reboucher ladite bouteille, et sur le bouchon nous avons appliqué une bande de papier, sur lequel nous avons mis notre sceau sur le bout de ladite bande couvrant le bouchon, et sur l'autre bout appliqué au fond extérieur de ladite bouteille, ladite a appliqué son cachet portant trois lettres en forme de chiffre, lequel est resté en sa possesion.

Nous avons également fait envelopper ledit porte-feuille ci-dessus désigné d'une bande de papier de nous signée et paraphée, et signée de ladite sur les deux bouts reunis de laquelle nous avons appliqué notre sceau, et ladite son cachet.

De tout quoi nous avons fait et dressé le présent procès-verbal, en présence dudit et de ladite lesquels ont signé avec nous et notre greffier, fait les jour, mois et an que dessus.

Nous, juge susdit, ordonnons que ladite bouteille sera déposée au greffe, pour servir à l'instruction du procès.

Et que ladite sera conduite par que nous commettons à cet effet en la maison d'arrêt de cette ville, pour y demeurer en dépôt, jusqu'à ce que autrement il en ait été ordonné.

Fait à le

Au moyen du mandat de dépôt, il faut mettre le scellé sur les meubles et effets du prévenu.

ARTICLE II, DES DÉNONCIATIONS ET PLAINTES.

Dénonciations.

107. Cejourd'hui jour de 18 par-devant nous A juge de paix du canton de (*ou commissaire de police*), est comparu le S. N demeurant à lequel nous a déclaré qu'il se rend dénonciateur à justice, et nous a requis de rédiger et écrire sa dénonciation contre B , pour avoir ledit B fait et commis (*énoncer les faits avec toutes les circonstances connues*) dont et de tout quoi ont été témoins déclarant ledit dénonciateur que sa dénonciation contient vérité, et qu'elle n'est faite par vengeance ni calomnie, et a signé avec nous à toutes les pages des présentes à les jour, mois et an que dessus.

Si la dénonciation est faite par un fondé de pouvoir, on libelle ainsi :

Est comparu A au nom et comme procureur fondé de B suivant la procuration spéciale à l'effet des présentes passées devant notaire à et témoins le dont expédition (*ou l'original en brevet*) à nous présentée, est demeurée annexée à la présente après avoir été dudit certifiée véritable, signée et paraphée en notre présence, lequel a déclaré, etc., (*comme ci-dessous*).

La dénonciation peut être écrite par le dénonciateur, en cette forme :

Je soussigné N demeurant à dénonce à justice que, le heure de il a été commis par (*énoncer le fait avec toutes les circonstances*) desquels faits on peut appeler en témoignage et dont j'ai fait et rédigé la présente dénonciation à le

Au bas de cette dénonciation, l'officier à qui elle est remise doit écrire :

La présente dénonciation a été apportée à nous cejourd'hui par ledit qui a déclaré icelle contenir vérité, et n'être faite par haine, vengeance, ni calomnie, et a signé avec nous.

Formule de procuration.

108. Par-devant le notaire royal à et témoins ci-après nommés,

Est comparu N demeurant à lequel a fait et constitué pour son procureur spécial, la personne de demeurant à auquel il donne pouvoir de pour lui et en son nom, dénoncer à justice que, le il a été commis par (*énoncer les faits*), déclarer, ainsi que le comparant le déclare ès-mains du notaire soussigné, que ladite dénonciation contient vérité, qu'elle n'est faite par haine, vengeance, ni calomnie.

Fait et passé à (*ou* en la demeure dudit), et a signé après lecture à lui faite, etc.

Cette formule peut servir pour la procuration à l'effet de rendre plainte, sauf qu'on dit :

Requérir acte de ladite plainte ; qu'il soit informé des faits y contenus, et procédé suivant la loi; déclarer que le comparant se rend partie civile contre ledit requérant la jonction de M. le procureur du Roi (*ou déclarant le comparant qu'il n'entend se rendre par partie civile*).

Fait et passé à le

Plainte d'une partie privée.

109. L'an 18 le jour de par-devant nous L est comparu N , demeurant à lequel nous a dit et déclaré que, le (*énoncer et circonstancier les faits*), desquels faits ledit nous rend plainte, requérant qu'il soit informé contre ledit et qu'il soit procédé suivant la loi; déclarant ledit se rendre partie civile (*ou* n'entendre se rendre partie civile), et a signé avec nous à toutes les pages, les jour, mois et an que dessus.

La plainte doit, dans le plus court délai possible, être remise au juge d'instruction, qui met au bas son ordonnance, portant :

Soit communiqué au procureur du Roi.
Fait à le

Le procureur du Roi met ses conclusions, portant :

Si le plaignant se rend partie civile.

Vu la plainte ci-dessus, je déclare me joindre au plaignant, et requiers qu'il en soit donné acte, et permis d'informer, moi joint, par-devant vous, pour, etc.

Si le plaignant ne se rend pas partie.

Vu la plainte ci-dessus, je requiers acte de ce que je la prends pour dénonciation; en conséquence, qu'il me soit permis d'informer des faits y contenus, circonstances et dépendances, pour, etc.

Au bas des conclusions, le juge met son ordonnance en la forme ci-dessus.

Nota. *Quand le plaignant n'énonce pas son intention, il semble qu'il est de droit partie civile; cependant, il est bon de le faire expliquer sur ce point.*

Plainte rendue par un fondé de pouvoir.

110. Aujourd'hui jour de 18 par-devant nous N est comparu le S. demeurant à au nom et comme fondé de pouvoir de demeurant à suivant sa procuration spéciale, à l'effet des présentes passées devant et son confrère, notaires royaux à le dont l'original en brevet, et à nous représenté, est demeuré annexé à ces présentes après avoir été dudit certifié véritable, signé et paraphé : lequel nous a dit et déclaré que ledit son commettant, avait un garçon de magasin, nommé taille de (*signalement*), lequel il a renvoyé, il y a à-peu-près deux mois,

parce qu'il a cru avoir quelques sujets de suspecter sa fidélité, que, depuis, ledit est venu plusieurs fois chez le plaignant, sous différens prétextes; que, le de ce mois, le plaignant est allé passer la journée à la campagne, d'où il est revenu sur les du soir, qu'il a trouvé toutes ses portes fermées comme à l'ordinaire, et s'est couché sans inquiétude; qu'on n'a rien vu ni entendu dans la maison pendant la nuit; que, cependant, le lendemain, quand on est entré dans le magasin du plaignant, on l'a trouvé vide, et à-peu-près déménagé : il a été volé (*énoncer les effets volés*) qu'étant allé à l'armoire où l'on sert l'argenterie, on l'a également trouvée fermée; mais ouverture d'icelle faite, l'argenterie s'est trouvée enlevée; il a été pris couverts d'argent à filets, marqués des lettres [illegible] est évident que ce vol a été commis à l'aide de fausses clés, par quelqu'un qui connaissait bien la maison; que le plaignant n'en peut soupçonner que ledit qui est en effet venu le matin dudit jour, et qui depuis a disparu sans qu'on sache où il est.

Desquels faits ledit nous rend plainte, requérant qu'il soit informé des faits y contenus, et procédé suivant la loi, déclarant qu'il n'entend se rendre partie civile, et a ledit procureur fondé, signé avec nous à toutes les pages.

RECUEIL CHRONOLOGIQUE

DES LOIS,

DÉCRETS, ORDONNANCES DU ROI, CIRCULAIRES ET INSTRUCTIONS MINISTÉRIELLES INTERVENUES SUR LA JUSTICE DE PAIX, DEPUIS 1790 JUSQU'A 1833.

Extrait de la loi sur l'organisation judiciaire du 16-24 août 1790 (1).

TITRE III.

Des Juges de paix.

ART. 1. IL y aura dans chaque canton un juge de paix et des prud'hommes assesseurs du juge de paix.

2. S'il y a dans le canton une ou plusieurs villes ou bourgs dont la population excède deux mille âmes, ces villes ou bourgs auront un juge de paix et des prud'hommes particuliers. Les villes et bourgs qui contiendront plus de huit mille âmes auront le nombre de juges de paix qui sera déterminé par le Corps législatif, d'après les renseignemens qui seront donnés par les administrations de département.

3. Le juge de paix ne pourra être choisi que parmi les citoyens éligibles aux administrations de département et du district, et âgés de trente ans accomplis, sans autre condition d'éligibilité.

4. Le juge de paix sera élu au scrutin individuel, et à la pluralité absolue des suffrages, par les citoyens actifs réunis en assemblées primaires. S'il y a plusieurs assemblées primaires dans le canton, le recensement de leurs scrutins particuliers sera fait en commun par des commissaires de chaque assemblée. Il en sera de même dans les villes et bourgs au-dessus de huit mille âmes, à l'égard des sections qui concourront à la nomination du même juge de paix.

5. Une expédition de l'acte de nomination du juge de paix sera envoyée et déposée au greffe du tribunal du district. L'acte de nomination et celui du dépôt au greffe tiendront lieu de lettres-patentes au juge de paix.

6. Les mêmes électeurs nommeront parmi les citoyens actifs de chaque municipalité, au scrutin de liste, et à la pluralité relative, quatre notables destinés à faire les fonctions d'assesseurs du juge de paix. Ce juge appellera ceux qui seront nommés dans la municipalité du lieu où il aura besoin de leur assistance.

7. Dans les villes et bourgs dont la population excédera huit mille âmes, les

---

(1) *Les lois depuis 1789 jusqu'au 10 août 1792 ont deux dates : la première est celle du jour où le décret a été rendu par l'Assemblée nationale ; et la deuxième après le -- est celle du jour où la sanction du Roi lui a imprimé le caractère de loi.*

prud'hommes-assesseurs seront nommés en commun par les sections qui concourront à l'élection d'un juge de paix. Elles recenseront à cet effet leurs scrutins particuliers, comme il est dit en l'article ci-dessus.

8. Le juge de paix et les prud'hommes seront élus pour deux ans, et pourront être continués par réélection.

9. Le juge de paix, assisté de deux assesseurs, connaîtra avec eux de toutes les causes purement personnelles et mobilières; sans appel, jusqu'à la valeur de cinquante livres, et à charge d'appel, jusqu'à la valeur de cent livres; en ce dernier cas, ses jugemens seront exécutoires par provision, nonobstant l'appel, en donnant caution. Les législatures pourront élever le taux de cette compétence.

10. Il connaîtra de même sans appel jusqu'à la valeur de cinquante livres, et à charge d'appel à quelque valeur que la demande puisse monter;

1°. Des actions pour dommages faits, soit par les hommes, soit par les animaux, aux champs, fruits et récoltes;

2°. Des déplacemens de bornes, des usurpations de terres, arbres, haies, fossés et autres clôtures, commises dans l'année; des entreprises sur les cours d'eau servant à l'arrosement des prés, commises pareillement dans l'année, et de toutes autres actions possessoires;

3°. Des réparations locatives des maisons et fermes;

4°. Des indemnités prétendues par le fermier ou locataire, pour non-jouissance, lorsque le droit de l'indemnité ne sera pas contesté, et des dégradations alléguées par le propriétaire;

5°. Du paiement des salaires des gens de travail, des gages des domestiques, et de l'exécution des engagemens respectifs des maîtres et de leurs domestiques ou gens de travail;

6°. Des actions pour injures verbales, rixes et voies de fait, pour lesquels les parties ne se seront point pourvues par la voie criminelle.

11. Lorsqu'il y aura lieu à l'apposition des scellés, elle sera faite par le juge de paix, qui procédera aussi à leur reconnaissance et levée, mais sans qu'il puisse connaître des contestations qui pourront s'élever à l'occasion de cette reconnaissance.

Il recevra les délibérations de famille pour la nomination des tuteurs, des curateurs aux absens et aux enfans à naître, et pour l'émancipation et la curatelle des mineurs, et toutes celles auxquelles la personne, l'état ou les affaires des mineurs ou des absens pourront donner lieu pendant la durée de la tutelle ou curatelle, à la charge de renvoyer devant les juges de district la connaissance de tout ce qui deviendra contentieux dans le cours ou par suite des délibérations ci-dessus.

Il pourra recevoir dans tous les cas le serment des tuteurs et des curateurs.

12. L'appel des jugemens du juge de paix, lorsqu'ils seront sujets à l'appel, sera porté devant les juges du district, et jugé par eux en dernier ressort, à l'audience et sommairement, sur le simple exploit d'appel.

13. Si le juge de paix vient à décéder dans le cours de deux années de son exercice, il sera procédé sans retard à une nouvelle élection; et, dans le cas d'un empêchement momentané, il sera suppléé par un de ses assesseurs.

TITRE X.

Des bureaux de paix.

Art. 1. Dans toutes les matières qui excéderont la compétence de juge de paix, ce juge et ses assesseurs formeront un bureau de paix et de conciliation.

2. Aucune action principale ne sera reçue au civil devant les juges de district, entre parties qui seront toutes domiciliées dans le ressort du juge de paix, soit à la ville, soit à la campagne, si le demandeur n'a pas donné, en tête de

son exploit, copie du certificat du bureau de paix, constatant que sa partie a été inutilement appelée à ce bureau, ou qu'il y a employé sans fruit sa médiation.

3. Dans le cas où les deux parties comparaîtront devant le bureau de paix, il dressera un procès-verbal sommaire de leurs dires, aveux ou dénégation sur les points de fait; ce procès-verbal sera signé des parties, ou, à leur requête, il sera fait mention de leur refus.

4. En chaque ville où il y aura un tribunal de district, le conseil général de la commune formera un bureau de paix composé de six membres choisis pour deux ans parmi les citoyens recommandables par leur patriotisme et leur probité, dont deux au moins seront hommes de loi.

5. Aucune action principale ne sera reçue au civil dans le tribunal de district, entre parties domiciliées dans les ressorts de différens juges de paix, si le demandeur n'a pas donné copie du certificat du bureau de paix du district, ainsi qu'il est dit dans l'article 2 ci-dessus; et, si les parties comparaissent, il sera de même dressé procès-verbal sommaire par le bureau, de leurs dires, aveux ou dénégations sur les points de fait; lequel procès-verbal sera également signé d'elles, ou mention sera faite de leur refus.

6. La citation faite devant le bureau de paix suffira pour autoriser les poursuites conservatoires, lorsque d'ailleurs elles seront légitimes; elle aura aussi l'effet d'interrompre la prescription, lorsqu'elle aura été suivie d'ajournement.

7. L'appel des jugemens des tribunaux de district ne sera pas reçu, si l'appelant n'a pas signifié copie du certificat du bureau de paix du district où l'affaire a été jugée, constatant que sa partie adverse a été inutilement appelée devant ce bureau, pour être conciliée sur l'appel, ou qu'il a employé sans fruit sa médiation.

8. Le bureau de paix du district sera en même temps bureau de jurisprudence charitable, chargé d'examiner les affaires des pauvres qui s'y présenteront, de leur donner des conseils, et de défendre ou faire défendre leurs causes.

9. Le service qui sera fait par les hommes de loi dans le bureau de paix et de jurisprudence charitable leur vaudra l'exercice public des fonctions de leur état auprès des tribunaux, et le temps en sera compté pour l'éligibilité aux places de juges.

10. Tout appelant dont l'appel sera jugé mal fondé sera condamné à une amende de neuf livres pour un appel de jugement de juges de paix, et de soixante livres pour l'appel d'un jugement du tribunal de district, sans que cette amende puisse être remise ni modérée sous aucun prétexte.

Elle aura également lieu contre les intimés qui n'auront pas comparu devant le bureau de paix, lorsque le jugement sera réformé; et elle sera double contre ceux qui, ayant appelé sans s'être présentés au bureau de paix, et en avoir obtenu le certificat, seront, par cette raison, jugés non-recevables.

11. Le produit de ces amendes, versé dans la caisse d'administration de chaque district, sera employé au service des bureaux de jurisprudence charitable.

12. S'il s'élève quelque contestation entre mari et femme, père et fils, grand-père et petit-fils, frères et sœurs, neveux et oncles, ou entre alliés aux degrés ci-dessus, comme aussi entre pupilles et leurs tuteurs pour choses relatives à la tutelle, les parties seront tenues de nommer des parens, ou, à leur défaut, des amis ou voisins pour arbitres, devant lesquels ils éclairciront leur différend, et qui, après les avoir entendues et avoir pris les connaissances nécessaires, rendront une décision motivée.

13. Chacune des parties nommera deux arbitres; et si l'une s'y refuse, l'autre pourra s'adresser au juge, qui, après avoir constaté le refus, nommera des arbitres d'office pour la partie refusante. Lorsque les quatre arbitres se trouveront divisés d'opinions, ils choisiront un sur-arbitre pour lever le partage.

14. La partie qui se croira lésée par la décision arbitrale pourra se pourvoir par appel devant le tribunal du district, qui prononcera en dernier ressort.

15. Si un père ou une mère, ou un aïeul, ou un tuteur, a des sujets de mécontentement très-graves sur la conduite d'un enfant ou d'un pupille dont il ne puisse plus réprimer les écarts, il pourra porter sa plainte au tribunal domestique de la famille assemblée, au nombre de huit parens les plus proches, ou de six au moins, s'il n'est pas possible d'en réunir un plus grand nombre; et à défaut de parens, il y sera suppléé par des amis ou des voisins.

16. Le tribunal de famille, après avoir vérifié les sujets de plainte, pourra arrêter que l'enfant, s'il est âgé de moins de vingt ans accomplis, sera renfermé pendant un temps qui ne pourra excéder celui d'une année, dans les cas les plus graves.

17. L'arrêté de la famille ne pourra être exécuté qu'après avoir été présenté au président du tribunal de district, qui en ordonnera ou refusera l'exécution, ou en tempérera les dispositions, après avoir entendu le commissaire du Roi, chargé de vérifier, sans forme judiciaire, les motifs qui auront déterminé la famille.

NOTA. *Ces dispositions des articles* 12, 13, 14, 15, 16 *et* 17, *rapportées ci-dessus ont été modifiées par le Code civil, titres* V, VI, IX, X *et* XI *du livre* 1er.

TITRE XI.

Des Juges en matière de police.

ART. 1er. Les corps municipaux veilleront et tiendront la main, dans l'étendue de chaque municipalité, à l'exécution des lois et des réglemens de police, et connaîtront du contentieux auquel cette exécution pourra donner lieu.

2. Le procureur de la commune poursuivra d'office les contraventions aux lois et aux réglemens de police; et cependant chaque citoyen qui en ressentira un tort, ou un danger personnel, pourra intenter l'action en son nom.

3. Les objets de police confiés à la vigilance et à l'autorité des corps municipaux sont:

1°. Tout ce qui intéresse la sûreté et la commodité du passage dans les rues, quais, places et voies publiques; ce qui comprend le nettoiement, l'illumination, l'enlèvement des encombremens, la démolition ou la réparation des bâtimens menaçant ruine, l'interdiction de rien exposer aux fenêtres ou autres parties des bâtimens, qui puisse nuire par sa chute, et celle de rien jeter qui puisse blesser ou endommager les passans, ou causer des exhalaisons nuisibles;

2°. Le soin de réprimer et punir les délits contre la tranquillité publique, tels que les rixes et disputes accompagnés d'ameutemens dans les rues, le tumulte excité dans les lieux d'assemblée publique, les bruits et attroupemens nocturnes qui troublent le repos des citoyens.

3°. Le maintien du bon ordre dans les endroits où il se fait de grands rassemblemens d'hommes, tels que les foires, marchés, réjouissances et cérémonies publiques, spectacles, jeux, cafés, églises et autres lieux publics.

4°. L'inspection sur la fidélité du débit des denrées qui se vendent au poids, à l'aune ou à la mesure, et sur la salubrité des comestibles exposés en vente publique;

5°. Le soin de prévenir, par les précautions convenables, et celui de faire cesser, par la distribution des secours nécessaires, les accidens et fléaux calamiteux, tels que les incendies, les épidémies, les épizooties, en provoquant aussi, dans ces deux derniers cas, l'autorité des administrations du département et de district.

6°. Le soin d'obvier ou de remédier aux événemens fâcheux qui pourraient être occasionés par les insensés ou les furieux laissés en liberté, et par la divagation des animaux malfaisans ou féroces.

4. Les spectacles publics ne pourront être permis et autorisés que par les officiers municipaux. Ceux des entrepreneurs et directeurs actuels qui ont ob-

tenu des autorisations, soit des gouverneurs des anciennes provinces, soit de toute autre manière, se pourvoiront devant les officiers municipaux, qui confirmeront leur jouissance pour le temps qui en reste à courir, à charge d'une redevance envers les pauvres.

5. Les contraventions à la police ne pourront être punies que de l'une de ces deux peines, ou de la condamnation à une amende pécuniaire, ou de l'emprisonnement par forme de correction, pour un temps qui ne pourra excéder trois jours dans les campagnes, et huit jours dans les villes, dans les cas les plus graves.

6. Les appels des jugemens en matière de police seront portés au tribunal du district; et ces jugemens seront exécutés par provision, nonobstant l'appel et sans y préjudicier.

7. Les officiers municipaux seront spécialement chargés de dissiper les attroupemens et émeutes populaires, conformément aux dispositions de la loi martiale, et responsables de leur négligence dans cette partie de leur service.

NOTA. *Voyez ci-après les articles* 600 *et* 605 *du Code des délits et des peines, et, à la fin du volume, l'extrait du Code pénal de* 1810.

Loi contenant réglement pour la procédure en la justice de paix.

14 et 18-26 octobre 1790.

TITRE PREMIER.

Des citations.

ART. 1er. Toute citation devant les juges de paix sera faite en vertu d'une cédule du juge, qui énoncera sommairement l'objet de la demande, et désignera le jour et l'heure de la comparution.

2. Le juge de paix délivrera cette cédule à la réquisition du demandeur, ou de son porteur de pouvoirs, après avoir entendu l'exposition de sa demande.

3. En matières purement personnelles ou mobilières, la cédule de citation sera demandée au juge du domicile du défendeur.

4. Elle sera demandée au juge de la situation de l'objet litigieux, lorsqu'il s'agira :

1°. Des actions pour dommages faits, soit par les animaux, aux champs, fruits et récoltes;

2°. Des déplacemens de bornes, des usurpations de terres, arbres, haies, fossés et autres clôtures, commises dans l'année; des entreprises sur les cours d'eau servant à l'arrosement des prés, commises pareillement dans l'année, et de toutes autres actions possessoires.

3°. Des réparations locatives des maisons et fermes;

4°. Des indemnités prétendues par le fermier ou locataire pour non-jouissance, lorsque le droit de l'indemnité ne sera pas contesté, et des dégradations alléguées par le propriétaire.

5°. La notification de la cédule de citation sera faite à la partie poursuivie par le greffier de la municipalité de son domicile, qui lui en remettra copie, ou la laissera à ceux qu'il aura trouvés en sa maison, ou l'affichera à la porte de la maison, s'il n'y a trouvé personne. Ce greffier fera mention du tout, signé de lui, au bas de l'original de la cédule.

En cas de maladie, d'absence, ou autre empêchement du greffier, les officiers municipaux seront tenus d'en commettre un autre.

6°. Les cédules de citation et leurs notifications seront écrites sur papier timbré, dans les départemens où le timbre est établi, tant qu'il n'en aura pas été autrement ordonné; mais, dans aucun cas, elles ne seront sujettes aux droits ni à la formalité du contrôle.

7°. Il y aura un jour franc au moins entre celui de la notification de la cédule de citation et le jour indiqué pour la comparution, si la partie citée est domiciliée dans le canton ou dans la distance de quatre lieues.

Il y aura au moins trois jours francs, si la partie est domiciliée dans la distance depuis quatre lieues jusqu'à dix; au-delà, il sera ajouté un jour pour dix lieues.

Lorsque ces délais n'auront pas été observés, si le défendeur ne comparaît pas au jour pour lequel il aura été cité, le juge de paix ordonnera qu'il soit réassigné.

8°. Les délais ci-dessus pourront être abrégés par le juge de paix dans les cas urgens où il y aurait péril dans le retardement.

9°. Si, au jour de la première comparution, le défendeur demande à mettre un garant en cause, le juge de paix lui délivrera une cédule de citation, dans laquelle il fixera le délai de comparaître, relativement á la disposition du domicile du garant.

10°. Il n'y aura pas lieu à la mise en cause du garant, si la demande n'en a pas été formée au jour de la première comparution du défendeur; et celle qui aurait été accordée demeurera comme non-avenue, si elle n'a pas été notifiée au garant à temps utile, pour l'obliger de comparaître au jour indiqué, sauf au défendeur à poursuivre l'effet de sa garantie, s'il y a lieu, séparément de la cause principale.

11°. Les parties pourront toujours se présenter volontairement et sans citation devant le juge de paix, en déclarant qu'elles lui demandent jugement: auquel cas il pourra juger seul leur différend, même sans appel, dans les matières où sa compétence est en dernier ressort, et cela encore qu'il ne fût le juge naturel des parties, ni à raison du domicile, ni à raison de la situation de l'objet litigieux.

La déclaration des parties, par laquelle elles auront volontairement saisi le juge de paix, sera reçue par écrit devant ce juge, et signée par les parties, ou mention sera faite si elles ne peuvent pas signer.

TITRE II.

De la récusation du juge de paix.

Art. 1. Les juges de paix ne pourront être récusés que quand ils auront un intérêt personnel à l'objet de la contestation, ou quand ils seront parens ou alliés d'une des parties jusqu'au degré de cousin issu de germain inclusivement.

2. La partie qui voudra récuser un juge de paix sera tenue de former la récusation et d'en exposer les motifs par un acte qu'elle déposera au greffe du juge de paix, dont il lui sera donné, par le greffier, une reconnaissance faisant mention de la date du dépôt.

3. Le juge de paix sera tenu de donner au bas de cet acte, dans le délai de deux jours, sa déclaration par écrit, portant ou son acquiescement à la récusation, ou son refus de s'abstenir, avec ses réponses aux moyens de récusation allégués contre lui.

4. Les deux jours étant expirés, l'acte de récusation sera remis par le greffier à la partie récusante, soit que le juge de paix ait passé sa déclaration au bas de cet acte, ou non. Il en sera donné décharge au greffier par la partie, si elle sait signer; et, si elle ne le sait pas, le greffier fera la remise, et en dressera procès-verbal en présence de deux témoins, qui signeront ce procès-verbal avec lui,

5. Lorsque le juge de paix aura déclaré acquiescer à la récusation, ou n'aura passé aucune déclaration, il ne pourra rester juge, et sera remplacé par l'un

des assesseurs qui connaîtra de l'affaire avec l'assistance de deux autres assesseurs.

6°. Si le juge de paix conteste l'acte de récusation et déclare qu'il entend rester juge, le jugement de la récusation sera déféré au tribunal de district, qui y fera droit sur les simples mémoires des deux parties plaidantes, sans forme de procédure et sans frais.

TITRE III.

De la comparution devant le juge de paix.

Art. 1. Au jour fixé par la citation, ou convenu entre les parties, au cas qu'elles aient consenti de se passer de citation, elles comparaîtront en personne, ou par leurs fondés de pouvoir, devant le juge de paix, sans qu'elles puissent fournir aucunes écritures, ni se faire représenter ou assister par aucunes des personnes qui, à quelque titre que ce soit, sont attachées à des fonctions relatives à l'ordre judiciaire.

2. Si, après une citation notifiée, l'une des parties ne comparaît pas au jour indiqué, la cause sera jugée par défaut, à moins qu'il n'y ait lieu à la réassignation du défendeur, au cas de l'article 7 du titre premier.

3. La partie condamnée par défaut pourra former opposition au jugement, dans les trois jours francs de sa signification, en vertu d'une cédule qu'elle obtiendra du juge de paix, et qu'elle fera notifier à l'autre partie, ainsi qu'il est dit au titre premier pour les cédules de citation.

4. La partie opposante qui se laisserait juger une seconde fois par défaut sur son opposition ne sera plus reçue à former une opposition nouvelle; et les tribunaux de districts ne pourront, dans aucun cas, recevoir l'appel d'un jugement de juge de paix, lorsqu'il aura été rendu par défaut, si ce n'est qu'il fût en contravention à l'article 7 du titre 6, ci-après.

5. Si un absent est condamné par un premier jugement rendu par défaut, le délai de l'opposition sera prorogé par le juge de paix, soit d'office, s'il connaît par lui-même la justice de cette prorogation, soit sur les représentations qui lui seront faites au nom de l'absent; et, dans le cas où la prorogation n'aurait été ni accordée d'office, ni demandée, l'absent pourra encore être relevé de la rigueur du délai et son opposition reçue, en justifiant que son absence a été telle qu'il n'ait pas pu être instruit de la procédure.

6. Lorsque les deux parties, ou leurs fondés de pouvoir, comparaîtront, elles seront entendues contradictoirement par elles-mêmes, ou par leurs fondés de pouvoir, et la cause pourra être jugée sur-le-champ; si le juge de paix et ses assesseurs se trouvent suffisamment instruits.

7. Il y aura à juger sur-le-champ, toutes les fois qu'il ne sera pas nécessaire, pour l'entier éclaircissement de la cause, soit d'accorder à une des parties un délai pour présenter des pièces dont elle ne se trouvera pas saisie, soit d'ordonner une enquête, ou la visite du lieu contentieux.

TITRE IV.

Des enquêtes.

Art. 1. Si les parties sont contraires en faits qui soient de nature à être constatés par témoins, et dont le juge de paix et ses assesseurs trouvent la vérification utile et admissible, le juge de paix avertira les parties qu'il y a lieu de procéder par enquête, et les interpellera de déclarer si elles veulent faire preuve de leurs faits par témoins.

2. Lorsque, sur cet avertissement, les parties, ou l'une d'elles, requerront

d'être admises à faire preuve par témoins, le juge de paix, de l'avis de ses assesseurs, ordonnera la preuve, et en fixera précisément l'objet.

3. Les témoins seront toujours entendus en présence des deux parties, à moins que l'une d'elles ne soit défaillante au jour indiqué pour leur audition, et elles pourront fournir leurs reproches, soit avant, soit après les dépositions.

4. Il sera procédé au jugement définitif aussitôt après l'audition des témoins, sans qu'il soit nécessaire de faire écrire la prestation de serment des témoins, les reproches ni les dépositions, dans les causes où le juge de paix prononce en dernier ressort; mais les uns et les autres seront écrits par le greffier, dans les causes sujettes à l'appel. Dans les premières, les assesseurs seront toujours présens à l'audition des témoins; et, dans les secondes, ils pourront à volonté, ou y assister, ou s'en abstenir.

5. Dans tous les cas où la vue du lieu est utile pour que les dépositions des témoins soient faites et entendues avec plus de sûreté, et spécialement dans les actions pour déplacemens des bornes, pour usurpations de terres, arbres, haies, fossés ou autres clôtures, et pour entreprises sur les cours d'eau, le juge de paix sera tenu de se transporter sur le lieu avec les assesseurs, et d'ordonner que les témoins y seront entendus.

TITRE V.

Des visites de lieu et des appréciations.

Art. 1. Lorsqu'il s'agira, soit de constater l'état des lieux dans les cas d'entreprises, de dommages, de dégradations, et autres de cette nature, soit d'apprécier la valeur des indemnités et dédommagemens demandés, le juge de paix et ses assesseurs ordonneront que le lieu contentieux sera visité par eux en présence des parties.

2. Si le juge de paix et ses assesseurs trouvent que l'objet de la visite ou de l'appréciation exige des connaissances qui leur soient étrangères, ils ordonneront que des gens de l'art, qu'ils nommeront par le même jugement, feront la visite avec eux et leur donneront leur avis.

3. Dans les cas où les assesseurs qui auront concouru au jugement qui ordonne la visite, où l'un d'eux ne se trouverait pas sur le lieu contentieux au jour et à l'heure indiqués, le juge de paix appellerait un ou deux assesseurs pris parmi les prud'hommes nommés dans la municipalité du lieu où se fera la visite.

4. Il ne sera pas nécessaire de faire écrire le procès-verbal de visite, ni la prestation de serment et l'avis des gens de l'art, dans les causes où le juge de paix peut prononcer en dernier ressort; ils seront écrits par le greffier, seulement dans les causes sujettes à l'appel.

TITRE VI.

Des jugemens préparatoires.

Art. 1. Aucun jugement préparatoire ou d'instruction, rendu contradictoirement entre les parties, et prononcé en leur présence, ne sera délivré à aucune d'elles; mais sa prononciation vaudra signification. Elle vaudra aussi intimation dans le cas où le jugement ordonnera une opération à laquelle les parties devront être présentes, et elles en seront averties par le juge de paix.

2. Lorsque le jugement préparatoire aura été rendu par défaut contre une des parties, ou lorsqu'après s'être défendue contradictoirement, elle n'aura pas été présente à la prononciation du jugement, la partie qui l'aura obtenu se le fera délivrer par extrait, et sera tenu de le faire notifier à l'autre partie,

en la même forme qui est établie ci-dessus pour les citations, avec sommation d'être présente à l'opération ordonnée.

3. Si le jugement préparatoire ordonne une enquête, il fixera le jour, le lieu et l'heure de la comparution des témoins. Le juge de paix délivrera aussitôt aux parties qui auront requis la preuve une cédule de citation pour faire venir leurs témoins, dans laquelle la mention du jour, du lieu et de l'heure de la comparution sera réitérée.

4. Si le jugement préparatoire ordonne la visite du lieu contentieux, il indiquera de même le jour et l'heure où le juge de paix et ses assesseurs s'y transporteront, et où les parties devront s'y trouver présentes.

5. Lorsque le juge de paix et ses assesseurs auront nommé des gens de l'art pour faire la visite avec eux, aux termes de l'article 2 du titre précédent, le juge de paix délivrera à la partie poursuivante, ou à toutes les deux, si elles le requièrent également, une cédule de citation pour faire venir les experts nommés, dans laquelle le jour, le lieu et l'heure de la visite seront indiqués.

6. Toutes les fois que le juge de paix se transportera sur le lieu contentieux, soit pour en faire la visite, soit pour y entendre les témoins, il sera accompagné du greffier, qui apportera la minute du jugement par lequel la visite ou l'enquête aura été ordonnée.

7. Dans les causes où les juges de paix ne prononcent point en dernier ressort, il n'y aura lieu à l'appel des jugemens préparatoires qu'après le jugement définitif, et conjointement avec l'appel de ce jugement; mais l'exécution des jugemens préparatoires ne portera aucun préjudice aux droits des parties sur l'appel, sans qu'elles soient obligées de faire, à cet égard, aucunes protestations ni réserves.

TITRE VII.

Des jugemens, tant préparatoires que définitifs.

Art. 1. Les juges de paix n'auront point de costume particulier; ils pourront juger tous les jours, même ceux de dimanche et fête, hors les heures du service divin, le matin et l'après-midi.

2. Ils pourront donner audience chez eux, en tenant leurs portes ouvertes; et lorsqu'ils iront visiter le lieu contentieux, ils pourront juger sur le lieu même, sans désemparer.

3. Les parties seront tenues de s'expliquer avec modération devant le juge de paix et ses assesseurs, et de garder en tout le respect qui est dû à la justice; si elles y manquent, le juge de paix les y rappellera d'abord par un avertissement, après lequel, si elles récidivent, elles pourront être condamnées à une amende qui n'excédera pas la somme de six livres, avec l'affiche du jugement.

4. Dans le cas d'une insulte ou irrévérence grave commise envers le juge de paix personnellement, ou envers les assesseurs en fonctions, il en sera dressé procès-verbal, le coupable sera envoyé par le juge de paix à la maison d'arrêt du district, et sera jugé par le tribunal de district, qui pourra le condamner à la prison jusqu'à huit jours, suivant la gravité du délit, et par forme de correction seulement.

5. Le juge de paix et ses assesseurs pourront ordonner que les pièces et actes dont les parties se seront respectivement servies pour leur défense, leur soient remis, soit pour les examiner en présence des parties, soit pour en délibérer hors la présence des parties, à la charge de procéder incontinent à cette délibération et au jugement.

6. Ils auront la même faculté de délibérer en l'absence des parties, dans tous les autres cas où ils jugeront nécessaire de se recueillir ensemble avant de former leur opinion.

7. Les parties seront tenues de mettre leur cause en état d'être jugée définitivement, au plus tard dans le délai de quatre mois, à partir du jour de la notification de la citation, après lequel l'instance sera périmée de droit et l'action éteinte. Le jugement que le juge de paix rendrait sur le fond serait sujet à l'appel, même dans les matières où il a droit de prononcer en dernier ressort, et annulé par le tribunal de district.

TITRE VIII.

Des minutes et de l'expédition des jugemens.

Art. 1. Chaque affaire portée devant le juge de paix, à la suite d'une citation, sera enregistrée et numérotée par le greffier, dans un registre tenu à cet effet, coté et paraphé par le juge de paix à toutes ses pages, et mention sera faite de la date de chaque enregistrement.

2. Il en sera usé de même pour toutes les affaires sur lesquelles les parties se présenteront volontairement devant le juge de paix sans citation.

3. Le greffier fera pour chaque affaire une minute détachée particulière, portant le même numéro que celui de l'enregistrement ci-dessus, sur laquelle minute seront inscrits, successivement et à l'ordre de leur date, tous les jugemens préparatoires, tous les autres actes d'instruction dans les affaires sujettes à l'appel, et ensuite le jugement définitif, de manière que cette minute présente, avec le jugement, le tableau de l'instruction qui l'aura précédé.

4. Toutes ces minutes seront mises en liasses par le greffier à mesure qu'elles seront commencées, et, à la fin de chaque année, toutes celles dont les affaires seront définitivement jugées ou autrement terminées, seront rassemblées en forme de registre. Ce registre sera déposé au greffe du tribunal du district, et il en sera donné, au greffier du juge de paix, pour sa décharge, une reconnaissance exempte de contrôle.

5. Le greffier du juge de paix désignera sur son registre, dont il est parlé dans l'article premier ci-dessus, par une note en marge de chacune des affaires qui y sont inscrites, celles dont les minutes auront été rassemblées dans le registre déposé à la fin de l'année au greffe du tribunal de district et celles dont les minutes seront restées entre ses mains. Il continuera d'être responsable de ces dernières, jusqu'à ce que, les affaires qu'elles concernent ayant été jugées définitivement, ou autrement terminées, elles soient entrées dans un registre déposé au greffe du tribunal du district.

6. Lorsque le jugement définitif ne sera pas sujet à l'appel, il suffira de délivrer ce jugement seul pour le faire mettre à exécution; mais, lorsqu'il y aura appel, le greffier délivrera une expédition de la minute entière, contenant la série des jugemens préparatoires, enquêtes, procès-verbaux de visite, et autres actes qui ont formé l'instruction de l'affaire.

7. Ces délivrances seront signées du juge de paix et du greffier, scellées gratuitement du sceau du juge de paix, et ne seront sujettes ni à la formalité, ni à aucun droit de contrôle.

8. Les directoires de district feront graver des sceaux portant un écu ovale, sur lequel seront écrits ces mots : *Juge de paix*, avec le nom du canton en entourage entre l'écu et le cordon du sceau, et ils remettront deux de ces sceaux à chacun des juges de paix.

TITRE IX.

Des dépens.

Art. 1. Les dépens qui seront adjugés à la partie qui aura gagné sa cause seront réduits à ceux qui seront ci-après réglés, lorsque cette partie sera domiciliée dans le canton, ou lorsque, ne résidant pas dans le canton, elle aura été représentée par un fondé de pouvoir domicilié dans le canton.

2. Il ne pourra être exigé des parties, ni taxé en dépens, que les sommes ci-après, savoir :

Pour chaque notification de citation, ou signification de jugement.	1 l.	1 s.
Pour la délivrance d'un jugement définitif.	1 l.	» s.
Pour chacun des jugemens préparatoires, enquêtes ou procès-verbaux des visites délivrés avec le jugement définitif en cas d'appel.	» l.	10 s.
Pour la délivrance séparée d'un jugement préparatoire rendu contre une partie défaillante, au cas de l'article 2, du titre 6 ci-dessus.	»	15
Pour la vacation du greffier assistant le juge de paix, lorsqu'il se transportera sur le lieu.	1	»
Pour la vacation des gens de l'art, lorsqu'ils seront appelés par le juge de paix, s'ils ont employé la journée entière, y compris l'allée et le retour, à chacun.	3	»
Et s'ils n'ont employé qu'un demi-jour, à chacun.	1	10

Le juge de paix pourra augmenter cette dernière taxe relativement aux gens de l'art d'une capacité plus distinguée qu'il se trouverait forcé d'appeler.

3. Les notifications des citations aux témoins ou aux gens de l'art, s'ils sont domiciliés dans l'étendue de la même municipalité, seront faites par le greffier de cette municipalité : il sera payé et taxé vingt sous pour la première de ces notifications, et dix sous pour chacune des notifications subséquentes faites à des domiciles différens.

Si les témoins ou les gens de l'art sont domiciliés en plusieurs municipalités, les citations pourront être faites, ou par les greffiers de ces municipalités, chacune dans son territoire, ou par un huissier exploitant dans toutes : il sera payé et taxé de même vingt sous pour la première notification faite en chaque municipalité, et dix sous pour chacune des notifications subséquentes faites à des domiciles différens dans l'étendue de la même municipalité.

4. La partie à laquelle les dépens auront été adjugés sera tenue, lorsqu'elle requerra la délivrance du jugement, de remettre aux greffiers les originaux de notification des différentes citations qu'elle aura fait faire tant à sa partie qu'aux témoins ou aux gens de l'art, et l'expédition du jugement exprimera le résultat de la taxe des dépens qui seront liquidés par le juge, y compris le coût de la délivrance et de la signification du jugement.

TITRE X.

Dispositions particulières pour les juges de paix des villes.

1. Ce qui est contenu aux titres précédens aura également lieu pour les juges de paix tant des villes que des campagnes, à l'exception des dispositions suivantes qui ne concernent que les juges de paix des villes.

2. Les juges de paix des villes désigneront trois jours au moins par semaine auxquels ils vaqueront à l'expédition et au jugement des affaires contentieuses, et cependant ils seront tenus d'entendre, tous les autres jours, celles qui exigeront une plus grande célérité, et celles pour lesquelles les parties se présenteront volontairement sans citation.

3. Ils pourront commettre un des huissiers ordinaires domiciliés dans leur arrondissement, ou au moins dans la ville, pour être attaché au service de leur juridiction.

4. Le nombre des prud'hommes pourra être porté jusqu'à six dans l'arrondissement de chaque juge de paix : deux seront de service alternativement,

tous les deux mois ; et, pendant ce temps, aucun des deux ne pourra s'absenter, sans être assuré d'un de ses collègues pour le remplacer.

5. Les citations seront faites devant les juges de paix par le ministère de leur huissier, dans la forme ordinaire des exploits, sans qu'il soit nécessaire d'obtenir une cédule du juge de paix, et elles indiqueront le jour et l'heure de l'audience à laquelle les parties devront comparaître.

6. L'huissier rapportera à chaque audience les originaux des citations qu'il aura faites, sur lesquels il appellera les causes par ordre de priorité, suivant les dates des citations; et s'il y a quelques affaires qui n'aient pas été en tour d'être appelées à la première audience, elles seront remises à la prochaine, et appelées les premières.

Extrait de la loi relative au nouvel ordre judiciaire.

Des 6-27 mars 1791.

Art. 1. Nul ne pourra être juge de paix et en même temps officier municipal, membre d'un directoire, greffier, avoué, huissier, juge de commerce, percepteur d'impôts indirects.

2. Les assesseurs des juges de paix sont exclus des mêmes fonctions, si ce n'est que, dans les bourgs ou villages au-dessous de quatre mille âmes, il leur sera permis d'être officiers municipaux.

Ils ne peuvent être parens du juge de paix au degré de cousins germains inclusivement; et, s'ils sont parens entre eux à ce degré, ils ne jugeront point ensemble sans le consentement de toutes les parties.

3. La première fois que les assesseurs assisteront le juge de paix, ils prêteront dans ses mains le même serment prêté par lui devant le conseil général de la commune, et il en sera dressé acte.

4. Le juge de paix sera tenu de nommer un greffier, lequel ne pourra être son parent jusqu'au troisième degré, selon la supputation civile, c'est-à-dire, jusqu'au troisième degré d'oncle et de neveu inclusivement.

5. Les greffiers de juges de paix ne pourront être en même temps officiers municipaux, membres d'un directoire, greffiers, avoués, huissiers, juges de district, juges de commerce, percepteurs d'impôts indirects.

Il en sera de même des greffiers des tribunaux de district ou de commerce qui, en outre, ne pourront pas être notaires.

6. Si le greffier de la municipalité de campagne refuse de signifier les citations, actes et jugemens du juge de paix, il sera destitué de sa place, et l'huissier qui le remplacera pour les significations ne recevra, à peine de concussion, que les droits attribués au greffier, si la signification est faite dans la municipalité du domicile de l'huissier; mais en outre, en cas de transport, il recevra douze sous par lieue, sans qu'il puisse jamais être mis à la charge de la partie condamnée plus que les frais de deux lieues de transport, le tout compris.

7. Les juges de paix procéderont d'office à l'apposition des scellés, après l'ouverture des successions, lorsque les héritiers seront absens et non représentés, ou mineurs non émancipés, ou n'ayant pas de tuteurs; et ils passeront outre nonobstant les oppositions, dont ils renverront le jugement au tribunal de district.

Chaque juge de paix apposera les scellés dans l'étendue de son territoire, et ne pourra pas, par suite, les apposer dans un autre territoire.

8. L'apposition de scellés étant un acte purement ministériel et conservatoire, il sera alloué au juge de paix deux livres pour une vacation de trois heures, et vingt sous pour toutes les vacations suivantes, de manière qu'une apposition de scellés ne coûte pas plus de trois livres. Le greffier aura les deux tiers de la somme attribuée au juge.

Les droits seront d'une moitié en sus dans le villes au-dessus de vingt-cinq mille âmes, et du double pour Paris.

Il en sera de même pour les vacations de reconnaissance et levée de scellés, et pour celles employées aux avis de parens.

Le tout indépendamment des droits d'expédition du greffe.

9. Dans les cas qui n'excéderont pas sa compétence, le juge de paix connaîtra des contestations qui pourront s'élever entre père et fils, grand-père et petit-fils, frères et sœurs, neveux et oncles, ou entre alliés aux degrés ci-dessus, sans que les parties soient tenues de se pourvoir suivant les formes prescrites par l'article 12 du titre 10 du décret sur l'organisation judiciaire.

10. La confection des inventaires, procès-verbaux de descriptions et de carence à l'ouverture des successions, n'appartiendra point au juge de paix, mais aux notaires, même dans les lieux où elle était attribuée aux juges et aux greffiers.

11. La légalisation des actes ne sera point faite, les certificats de vie ne seront point donnés par les juges de paix.

La légalisation sera faite, les certificats seront donnés gratuitement par les présidens des tribunaux de district, ou ceux des juges qui en feront les fonctions.

Dans les chefs-lieux où sont établis, soit les tribunaux, soit les administrations de district, les maires feront les légalisations, et donneront les certificats de vie concurremment avec les présidens des tribunaux, mais seulement sur les actes des officiers publics ou pour les citoyens qui seront domiciliés dans l'étendue de la commune.

12. Les juges de paix pourront porter, attaché au côté gauche de l'habit, un médaillon ovale en étoffe, bordure rouge, fond bleu, sur lequel seront écrits en lettres blanches ces mots : *la loi et la paix.*

13. Les huissiers des juges de paix dans les villes, lorsqu'ils seront en fonctions, porteront à la main une canne blanche. Les citations et jugemens des juges de paix seront signifiés par eux, et non par autres huissiers, à peine d'amende de six livres, qui sera prononcée par le juge de paix, dont moitié sera applicable à son huissier, l'autre moitié sera versée dans la caisse du receveur des amendes du district.

14. Si le juge de paix est pendant plus de huit jours consécutifs sans remplir ses fonctions il sera tenu de remettre à l'assesseur qui l'aura remplacé la portion proportionnelle du salaire qui lui est attribuée ; et, dans tous les cas où l'assesseur remplacera le juge de paix pour les commissions et les actes auxquels des vacations sont attachées, l'assesseur recevra lesdites vacations.

15. Les juges de paix ne pourront connaître de l'inscription de faux ou dénégation d'écriture ; et, lorsqu'une des parties déclarera vouloir s'inscrire en faux, ils lui en donneront acte, et renverront la cause au tribunal de district.

Des bureaux de paix.

16. Aucuns avoués, greffiers, huissiers et ci-devant hommes de loi ou procureurs, ne pourront représenter les parties aux bureaux de paix ; les autres citoyens ne seront admis à les représenter que lorsqu'ils seront revêtus de pouvoirs suffisans pour transiger.

17. Les affaires commencées avant l'installation des tribunaux seront portées à ceux qui en doivent connaître, par simple assignation de la partie la plus diligente, sans autres procédures et sans avoir passé au bureau de paix.

18. Toutes saisies, oppositions et autres actes conservatoires, pourront être faits avant de donner la citation devant le bureau de paix.

Les affaires qui intéressent la nation, les communes et l'ordre public, pourront être portées aux tribunaux, sans qu'il soit besoin de comparution préalable devant ce bureau.

Il en sera de même des affaires de la compétence des juges de commerce, quand même ces affaires seraient portées au tribunal du district, au cas de l'article XIII du titre XII du décret du 16 août 1790, sur l'organisation judiciaire.

19. Les officiers municipaux sont autorisés à pourvoir économiquement aux menus frais de bois, lumières, papiers et secrétaire du bureau de paix, qui seront à prendre sur le produit des amendes prononcées sur les appels.

20. Les bureaux de paix exerceront leurs fonctions sans qu'il soit besoin d'aucune installation, et les citations pourront être notifiées par les greffiers des municipalités dans lesquelles les personnes citées auront leur domicile.

21. L'appel des jugemens des juges de paix, lorsqu'ils seront sujets à l'appel, ne sera pas reçu par les tribunaux de district, si l'appelant n'a pas signifié copie du certificat du bureau de paix du district, constatant que la partie adverse a été inutilement appelée devant ce bureau, pour être conciliée sur l'appel, ou qu'il a employé sans fruit sa médiation.

22. Si la partie ajournée en première instance devant un tribunal de district n'a pas comparu au bureau de paix, et vient à perdre sa cause, elle sera condamnée par le même jugement à une amende de trente livres, au paiement de laquelle elle sera contrainte, soit qu'elle exécute le jugement, soit qu'elle en appelle, et sans restitution; en ce dernier cas, quel que soit l'événement de l'appel, la même amende sera prononcée contre le demandeur qui, s'étant pourvu au tribunal de district sans avoir fait citer son adversaire devant le bureau de paix, sera, par cette raison, déclaré non-recevable.

23. Lorsqu'une partie citée devant le bureau de paix sera exposée à l'exécution d'une contrainte par corps prononcée pour cause civile, le bureau de paix pourra lui accorder un sauf conduit; et elle ne pourra être arrêtée, ni le jour fixé pour sa comparution, ni pendant son voyage pour aller au bureau de paix et pour en revenir.

24. Si un débiteur, après avoir obtenu de son créancier, devant le bureau de paix, un terme de paiement, manque de payer à l'échéance de ce terme, le créancier pourra l'ajourner directement au tribunal de district, sans le citer de nouveau devant le bureau de paix; et le délai de l'ajournement ne sera, en ce cas, que de cinq jours, et d'un jour en outre pour dix lieues.

25. Lorsque, les deux parties présentes devant le bureau de paix, l'une déclarera s'en rapporter au serment de l'autre partie sur la vérité d'une dette méconnue ou d'une convention contestée, ou de tout autre fait décisif, le bureau de paix recevra le serment, ou fera mention, dans son procès-verbal, du refus de le prêter.

26. Le bureau de paix, après avoir concilié les parties, constatera, dans le procès-verbal, les points de conciliation dont elles sont tombées d'accord. Ce procès-verbal sera signé des parties, ou contiendra mention de la déclaration qu'elles auront faite de ne savoir signer.

Extrait de la loi concernant les biens et usages ruraux, et la police rurale.

28 septembre. — 6 octobre 1791.

TITRE II.

De la police rurale.

Art. 1. La police des campagnes est spécialement sous la juridiction des juges de paix et des officiers municipaux, et sous la surveillance des gardes-champêtres et de la gendarmerie nationale.

2. Tous les délits ci-après mentionnés sont, suivant leur nature, de la compétence du juge de paix ou de la municipalité du lieu où ils auront été commis

3. Tout délit rural ci-après mentionné sera punissable d'une amende, ou d'une détention, soit municipale, soit correctionnelle, ou de détention et d'amendes réunies, suivant les circonstances et la gravité du délit, sans préjudice de l'indemnité qui pourra être due à celui qui aura souffert le dommage. Dans tous les cas, cette indemnité sera payable par préférence à l'amende. L'indemnité et l'amende sont dues solidairement par les délinquans.

4. Les moindres amendes seront de la valeur d'une journée de travail aux taux du pays déterminé par le directoire du département. Toutes les amendes ordinaires qui n'excéderont pas la somme de trois journées de travail seront doubles en cas de récidive dans l'espace d'une année, ou si le délit a été commis avant ou après le coucher du soleil; elles seront triples, quand les deux circonstances précédentes se trouveront réunies. Elles seront versées dans la caisse de la municipalité du lieu.

5. Le défaut de paiement des amendes et des dédommagemens ou indemnités n'entraînera la contrainte par corps que vingt-quatre heures après le commandement. La détention remplacera l'amende à l'égard des insolvables; mais sa durée en commutation de peine ne pourra excéder un mois. Dans les délits pour lesquels cette peine n'est point prononcée, et dans les cas graves où la détention est jointe à l'amende, elle pourra être prolongée du quart du temps prescrit par la loi.

6. Les délits mentionnés au présent décret, qui entraîneraient une détention de plus de trois jours dans les campagnes, et de huit jours dans les villes, seront poursuivis par voies de police correctionnelle; les autres le seront par voies de police municipale.

7. Les maris, pères, mères, tuteurs, maîtres, entrepreneurs de toutes espèces, seront civilement responsables des délits commis par leurs femmes et enfans, pupilles, mineurs, n'ayant pas plus de vingt ans et non mariés, domestiques, ouvriers, voituriers et autres subordonnés. L'estimation du dommage sera toujours faite par le juge de paix ou ses assesseurs, ou par des experts par eux nommés.

8. Les domestiques, ouvriers, voituriers ou autres subordonnés seront, à leur tour, responsables de leurs délits envers ceux qui les emploient.

9. Les officiers municipaux veilleront généralement à la tranquillité, à la salubrité et à la sûreté des campagnes : ils seront tenus particulièrement de faire, au moins une fois par an, la visite des fours et cheminées de toutes maisons et de tous bâtimens éloignés de moins de cent toises d'autres habitations : ces visites seront préalablement annoncées huit jours d'avance.

Après la visite, ils ordonneront la réparation ou la démolition des fours et des cheminées qui se trouveront dans un état de délabrement qui pourrait occasioner un incendie ou d'autres accidens : il pourra y avoir lieu à une amende au moins de 6 liv., et au plus de 24 liv.

10. Toute personne qui aura allumé du feu dans les champs, plus près que cinquante toises des maisons, bois, bruyères, vergers, haies, meules de grains, de paille ou de foin, sera condamnée à une amende de la valeur de douze journées de travail, et paiera en outre le dommage que le feu aurait occasioné. Le délinquant pourra, de plus, suivant les circonstances, être condamné à la détention de police municipale.

11. Celui qui achetera des bestiaux hors des foires et marchés sera tenu de les restituer gratuitement au propriétaire en l'état où ils se trouveront, dans le cas où ils auraient été volés.

12. Les dégâts que les bestiaux de toutes espèces laissés à l'abandon feront sur les propriétés d'autrui, soit dans l'enceinte des habitations, soit dans un enclos rural, soit dans les champs ouverts, seront payés par les personnes qui ont la jouissance des bestiaux : si elles sont insolvables, ces dégâts seront payés par celles qui en ont la propriété. Le propriétaire qui éprouvera les dommages aura le droit de saisir les bestiaux, sous l'obligation de les faire conduire, dans

les vingt-quatre heures, au lieu du dépôt qui sera désigné à cet effet par la municipalité.

Il sera satisfait aux dégâts par la vente des bestiaux, s'ils ne sont pas réclamés, ou si le dommage n'a point été payé dans la huitaine du jour du délit.

Si ce sont des volailles, de quelque espèce que ce soit, qui causent le dommage, le propriétaire, le détenteur ou le fermier qui l'éprouvera, pourra les tuer, mais seulement sur le lieu au moment du dégât.

13. Les bestiaux morts seront enfouis, dans la journée, à quatre pieds de profondeur, par le propriétaire et dans son terrain, ou voiturés à l'endroit désigné par la municipalité, pour y être également enfouis, sous peine, par le délinquant, de payer une amende de la valeur d'une journée de travail, et les frais de transport et d'enfouissement.

14. Ceux qui détruiront les greffes des arbres fruitiers ou autres, et ceux qui écorcheront ou couperont, en tout ou en partie, des arbres sur pied qui ne leur appartiendront pas, seront condamnés à une amende double du dédommagement dû au propriétaire, et à une détention de police correctionnelle qui ne pourra excéder six mois.

15. Personne ne pourra inonder l'héritage de son voisin, ni lui transmettre volontairement les eaux d'une manière nuisible, sous peine de payer le dommage, et une amende qui ne pourra excéder la somme du dédommagement.

16. Les propriétaires et fermiers des moulins et usines construits ou à construire, seront garans de tous dommages que les eaux pourraient causer aux chemins ou aux propriétés voisines, par la trop grande élévation du déversoir ou autrement. Ils seront forcés de tenir les eaux à une hauteur qui ne nuise à personne, et qui sera fixée par le directoire du département, d'après l'avis du directoire du district. En cas de contravention, la peine sera une amende qui ne pourra excéder la somme du dédommagement.

17. Il est défendu à toute personne de combler les fossés, de dégrader les clôtures, de couper des branches de haies vives, d'enlever les bois secs des haies, sous peine d'une amende de trois journées de travail. Le dédommagement sera payé au propriétaire; et, suivant la gravité des circonstances, la détention pourra avoir lieu, mais au plus pour un mois.

18. Dans les lieux qui ne sont sujets ni au parcours, ni à la vaine pâture, pour toute chèvre qui sera trouvée sur l'héritage d'autrui contre le gré du propriétaire de l'héritage, il sera payé une amende de la valeur d'une journée de travail par le propriétaire de la chèvre.

Dans les pays de parcours et de vaine pâture où les chèvres ne sont pas rassemblées et conduites en troupeau commun, celui qui aura des animaux de cette espèce ne pourra les mener aux champs qu'attachés, sous peine d'une amende de la valeur d'une journée de travail par tête d'animal.

En quelque circonstance que ce soit, lorsqu'elles auront fait du dommage aux arbres fruitiers ou autres, haies, vignes, jardins, l'amende sera double, sans préjudice du dédommagement dû au propriétaire.

19. Les propriétaires et fermiers d'un même canton ne pourront se coaliser pour faire baisser ou fixer à vil prix la journée des ouvriers ou les gages des domestiques, sous peine d'une amende du quart de la contribution mobilière des délinquans, et même de la détention de police municipale, s'il y a lieu.

20. Les moissonneurs, les domestiques et ouvriers de la campagne, ne pourront se liguer entre eux pour faire hausser et déterminer le prix des gages ou les salaires, sous peine d'une amende qui ne pourra excéder la valeur de douze journées de travail, et en outre la détention de police municipale.

21. Les glaneurs, les râteleurs et les grappilleurs, dans les lieux où les usages de glaner, de râteler ou de grappiller sont reçus, n'entreront dans les champs, prés et vignes récoltés et ouverts, qu'après l'enlèvement entier des fruits. En cas de contravention, les produits du glanage, du râtelage et grappillage, seront confisqués, et, suivant les circonstances, il pourra y avoir lieu à la détention de police municipale. Le glanage, le râtelage et le grappillage sont in-

terdits dans tout enclos rural, tel qu'il est défini à l'article 6 de la quatrième section du premier titre du présent décret.

22. Dans les lieux de parcours ou de vaine pâture, comme dans ceux où ces usages ne sont point établis, les pâtres et les bergers ne pourront mener les troupeaux d'aucune espèce dans les champs moissonnés et ouverts que deux jours après la récolte entière, sous peine d'une amende de la valeur d'une journée de travail; l'amende sera double si les bestiaux d'autrui ont pénétré dans un enclos rural.

23. Un troupeau atteint de maladie contagieuse, qui sera rencontré au pâturage sur les terres de parcours ou de la vaine pâture, autres que celles qui auront été désignées pour lui seul, pourra être saisi par les gardes-champêtres, et même par toute personne; il sera ensuite mené au lieu de dépôt, qui sera indiqué à cet effet par la municipalité.

Le maître de ce troupeau sera condamné à une amende de la valeur d'une journée de travail par tête de bête à laine; à une amende triple par tête d'autre bétail.

Il pourra en outre, suivant la gravité des circonstances, être responsable du dommage que son troupeau aurait occasioné, sans que cette responsabilité puisse s'étendre au-delà des limites de la municipalité.

A plus forte raison cette amende et cette responsabilité auront lieu si ce troupeau a été saisi sur des terres qui ne sont point sujettes au parcours ou à la vaine pâture.

24. Il est défendu de mener sur le terrain d'autrui des bestiaux d'aucune espèce, et en aucun temps, dans les prairies artificielles, dans les vignes, oseraies, dans les plans de câpriers, dans ceux d'oliviers, de mûriers, de grenadiers, d'orangers et arbres du même genre, dans tous les plants ou pépinières d'arbres fruitiers ou autres, faits de main d'homme.

L'amende encourue pour ce délit sera de la valeur du dédommagement dû au propriétaire; l'amende sera double, si le dommage a été fait dans un enclos rural; et, suivant les circonstances, il pourra y avoir lieu à la détention de police municipale.

25. Les conducteurs de bestiaux revenant des foires, ou les menant d'un lieu à un autre, même dans les pays de parcours ou de vaine pâture, ne pourront les laisser pacager sur les terres des particuliers, ni sur les communaux, sous peine d'une amende de la valeur de deux journées de travail, en outre du dédommagement, si le dommage est fait sur un terrain ensemencé, ou qui n'a pas été dépouillé de sa récolte, ou dans un enclos rural.

A défaut de paiement, les bestiaux pourront être saisis et vendus jusqu'à concurrence de ce qui sera dû pour l'indemnité, l'amende et autres frais relatifs; il pourra même y avoir lieu, envers les conducteurs, à la détention de police municipale, suivant les circonstances.

26. Quiconque sera trouvé gardant à vue ses bestiaux dans les récoltes d'autrui sera condamné, en outre du paiement du dommage, à une amende égale à la somme du dédommagement, et pourra l'être, suivant les circonstances, à une détention qui n'excédera pas une année.

27. Celui qui entrera à cheval dans les champs ensemencés, si ce n'est le propriétaire ou ses gens, paiera le dommage et une amende de la valeur d'une journée de travail : l'amende sera doublée si le délinquant y est entré en voiture. Si les blés sont en tuyau, et que quelqu'un y entre même à pied, ainsi que dans toute autre récolte pendante, l'amende sera au moins de la valeur de trois journées de travail, et pourra être d'une somme égale à celle due pour dédommagement au propriétaire.

28. Si quelqu'un, avant leur maturité, coupe ou détruit de petites parties de blé en vert, ou d'autres productions de la terre, sans intention manifeste de les voler, il paiera en dédommagement, au propriétaire, une somme égale à la valeur que l'objet aurait eu dans sa maturité; il sera condamné à une amende égale à la somme du dédommagement, et il pourra l'être à la détention de police municipale.

29. Quiconque sera convaincu d'avoir dévasté des récoltes sur pied, ou abattu des plans venus naturellement, ou faits de main d'homme, sera puni d'une amende double du dédommagement dû au propriétaire, et d'une détention qui ne pourra excéder deux années.

30. Toute personne convaincue d'avoir, de dessein prémédité méchamment, sur le territoire d'autrui, blessé ou tué des bestiaux ou chiens de garde, sera condamnée à une amende double de la somme du dédommagement. Le délinquant pourra être détenu un mois, si l'animal n'a été que blessé, et six mois, si l'animal est mort de sa blessure, ou en est resté estropié; la détention pourra être double, si le délit a été commis la nuit, ou dans une étable, ou dans un enclos rural.

31. Toute rupture ou destruction d'instrument de l'exploitation des terres, qui aura été commise dans les champs ouverts, sera punie d'une amende égale à la somme du dédommagement dû au cultivateur, et d'une détention qui ne sera jamais moindre d'un mois, et qui pourra être prolongée jusqu'à six, suivant la gravité des circonstances.

32. Quiconque aura déplacé ou supprimé des bornes, ou pieds-corniers, ou d'autres arbres plantés ou reconnus pour établir les limites entre différens héritages, pourra, en outre du paiement du dommage et des frais de replacement des bornes, être condamné à une amende de la valeur de douze journées de travail, et sera puni par une détention dont la durée, proportionnée à la gravité des circonstances, n'excédera pas une année : la détention cependant pourra être de deux années, s'il y a transposition de bornes à fin d'usurpation.

33. Celui qui, sans la permission du propriétaire ou fermier, enlevera des fumiers, de la marne, ou tous autres engrais portés sur les terres, sera condamné à une amende qui n'excédera pas la valeur de six journées de travail, en outre du dédommagement, et pourra l'être à la détention de police municipale. L'amende sera de douze journées, et la détention pourra être de trois mois, si le délinquant a fait tourner à son profit lesdits engrais.

34. Quiconque maraudera, dérobera les productions de la terre qui peuvent servir à la nourriture des hommes, ou d'autres productions utiles, sera condamné à une amende égale au dédommagement dû au propriétaire ou fermier; il pourra aussi, suivant les circonstances du délit, être condamné à la détention de police municipale.

35. Pour tout vol de récolte fait avec des paniers ou des sacs, ou à l'aide des animaux de charge, l'amende sera du double du dédommagement; et la détention, qui aura toujours lieu, pourra être de trois mois, suivant la gravité des circonstances.

36. Le maraudage ou enlèvement de bois fait à dos d'homme dans les bois taillis ou futaies, ou autres plantations d'arbres des particuliers ou communautés, sera puni d'une amende double du dédommagement dû au propriétaire. La peine de la détention pourra être la même que celle portée en l'article précédent.

37. Le vol dans les bois taillis, fruitiers et autres plantations d'arbres des particuliers ou communautés, exécuté à charge de bête de somme ou de charrette, sera puni par une détention qui ne pourra être de moins de trois jours, ni excéder six mois; le coupable paiera en outre une amende triple de la valeur du dédommagement dû au propriétaire.

38. Les dégâts faits dans les bois taillis des particuliers ou des communautés, par des bestiaux ou troupeaux, seront punis de la manière suivante :

Il sera payé d'amende, pour une bête à laine, une livre; pour un cochon, une livre; pour une chèvre, deux livres; pour un cheval ou autres bêtes de somme, deux livres; pour un bœuf, une vache ou un veau, trois livres.

Si les bois taillis sont dans les six premières années de leur croissance, l'amende sera double.

Si les dégâts sont commis en présence du pâtre, et dans les bois taillis de moins de six années, l'amende sera triple.

S'il y a récidive dans l'année, l'amende sera double; et, s'il y a réunion des deux circonstances précédentes, l'amende sera quadruple.

Le dédommagement dû au propriétaire sera estimé de gré à gré, ou à dire d'experts.

39. Conformément au décret sur les fonctions de la gendarmerie nationale, tout dévastateur des bois, des récoltes, ou chasseur masqué, pris sur le fait, pourra être saisi par tout gendarme national, sans aucune réquisition d'officier civil.

40. Les cultivateurs ou tous autres qui auront dégradé ou détérioré, de quelque manière que ce soit, des chemins publics ou usurpé sur leur largeur, seront condamnés à la réparation ou à la restitution, et à une amende qui ne pourra être moindre de trois livres, ni excéder vingt-quatre livres.

41. Tout voyageur qui déclora un champ pour se faire un passage dans sa route, paiera le dommage fait au propriétaire, et de plus, une amende de trois journées de travail, à moins que le juge de paix du canton ne décide que le chemin public était impraticable; et alors les dommages et les frais de clôture seront à la charge de la communauté.

42. Le voyageur qui, par la rapidité de sa voiture ou de sa monture, tuera ou blessera des bestiaux sur les chemins, sera condamné à une amende égale à la somme du dédommagement dû au propriétaire des bestiaux.

43. Quiconque aura coupé ou détérioré des arbres plantés sur les routes sera condamné à une amende du triple de la valeur des arbres et à une détention qui ne pourra excéder six mois.

44. Les gazons, les terres ou les pierres des chemins publics, ne pourront être enlevés, en aucun cas, sans l'autorisation du directoire du département. Les terres ou matériaux appartenant aux communautés ne pourront également être enlevés si ce n'est par suite d'un usage général établi dans la commune pour les besoins de l'agriculture, et non aboli par une délibération du conseil général.

Celui qui commettra l'un de ces délits sera, en outre de la réparation du dommage, condamné, suivant la gravité des circonstances, à une amende qui ne pourra excéder vingt-quatre livres, ni être moins de trois livres; il pourra, de plus, être condamné à la détention de police municipale.

Extrait du décret sur les postes.

29 mars 1793.

Art. 4. Les maîtres des postes qui auront exigé des voyageurs au-delà du prix fixé seront tenus de restituer le trop perçu. La connaissance en est attribuée aux municipalités et aux juges de paix concurremment.

Extrait du décret relatif à la propriété des auteurs.

19 juillet 1793.

Art. 3. Les officiers de paix seront tenus de faire confisquer, à la réquisition et au profit des auteurs, compositeurs, peintres ou dessinateurs et autres, leurs héritiers ou cessionnaires, tous les exemplaires des éditions imprimées ou gravées sans la permission formelle et par écrit des auteurs.

Décret relatif au commerce maritime et aux douanes de l'État.

4 germinal an 2. — 24 mars 1794.

Tit. 6, art. 1. Aucune marchandise ne pourra être embarquée ou déchargée qu'en plein jour, entre le lever et le coucher du soleil, et après un *permis* du préposé des douanes.

2. Quiconque cachera ou achetera des objets saisissables, participera à une contravention aux lois des douanes, sera condamné à une amende de dix fois la valeur des objets cachés ou achetés en fraude.

3. Les objets qui doivent être pesés ou jaugés ne pourront être déplacés du quai ou autre lieu de décharge qu'après avoir été pesés ou jaugés, avec le *permis* des préposés.

4. L'Etat est préféré à tous créanciers; pour droits, confiscation, amende et restitution, et avec la contrainte par corps.

5. La facture faite au lieu de l'exportation sera jointe à l'évaluation donnée au lieu d'importation.

6. Toute personne a droit de saisir et arrêter pour contravention aux lois sur la navigation et le commerce. Tout saisissant, préposé de douanes ou non, aura une moitié du produit des amendes et confiscations; l'autre moitié sera au profit de l'Etat.

7. Dans toute action sur une saisie, les preuves de non contravention seront à la charge du saisi.

8. Un ou plusieurs préposés des douanes saisissant bâtimens ou marchandises feront, dans les vingt-quatre heures, un rapport énonciatif du fait de contravention et descriptif de l'objet saisi.

9. Les rapports de saisie seront soumis à l'enregistrement.

10. Le lendemain du jour de la saisie, le rapport sera transcrit sur les registres du bureau des douanes le plus prochain.

11. Les expéditions et toutes pièces relatives aux bâtimens, cargaisons et voitures de la saisie, seront déposées au même bureau.

12. Ce rapport sera affiché à la porte du bureau dans le jour du dépôt, et contiendra sommation à la partie saisie, nommée ou inconnue, de comparaître dans trois jours devant le juge de paix du lieu le plus prochain.

13. Le rapport et les pièces jointes seront présentés au juge de paix, qui recevra l'affirmation du saisissant, et l'entendra sur le fait de la saisie.

14. Si la saisie est jugée bonne, et qu'il n'y ait point d'appel dans les trois jours suivans, le préposé du bureau indiquera la vente des objets confisqués, par affiche mise à la porte du bureau et à celle de l'auditoire, et procédera à la vente cinq jours après.

15. Les délais d'appel et vente expirés, toutes répétitions et actions seront non-recevables.

16. S'il y a appel, le tribunal du district de la situation du bureau prononcera en dernier ressort.

17. En première instance, et sur l'appel, l'instruction sera verbale, sur simples mémoires, et sans frais de justice à répéter de part ni d'autre.

18. Le préposé de bureau interjettera appel du juge de paix si la saisie n'est pas déclarée valable.

19. Si le tribunal d'appel déclare qu'il n'y avait pas une probabilité fondée de contravention, les objets saisis seront rendus au propriétaire, et les préposés des douanes et autres saisissans seront condamnés personnellement envers lui en un intérêt d'indemnité pour le temps écoulé depuis la saisie jusqu'à la restitution, à raison de dix pour cent d'intérêt par an de la valeur des objets saisis.

20. S'il y a lieu à la procédure criminelle, on suivra les règles prescrites par le Code pénal et les lois sur la justice criminelle.

21. Toutes transactions, compositions, déports et remises, avant ou après le jugement, sont prohibés et déclarés nuls.

22. Tous les condamnés sur une saisie sont solidaires pour la confiscation et l'amende.

23. Aucun juge ne modérera ni les droits, ni la confiscation, ni l'amende, sous peine d'en répondre personnellement. (*Voyez ci-après la loi du 14 fructidor an 3.*)

Décret portant que les dispositions de la loi du 11 ventôse an 2, (1) relative aux scellés apposés sur les effets et papiers des parens des défenseurs de la patrie, sont communes aux officiers de santé et à tous autres citoyens attachés au service de l'État.

16 fructidor an 2. — 2 septembre 1794.

Art. 1. Les dispositions de la loi du 11 ventôse dernier, concernant les défenseurs de la patrie, sont communes aux officiers de santé, et à tous autres citoyens attachés au service des armées de l'Etat.

2. Lorsque les citoyens compris dans l'article ci-dessus et dans la loi précitée se trouveront, soit en pays ennemi, soit au bivouac, n'ayant point de notaire pour recevoir leurs procurations, ils pourront s'adresser au conseil d'administration du corps auquel ils appartiendront.

3. Cette procuration sera signée et certifiée par les membres du conseil; elle sera scellée du sceau de l'administration.

4. Le fondé de pouvoir sera tenu de soumettre à la formalité de l'enregistrement l'acte de procuration qui lui aura été adressé, avant d'en faire usage, à peine de nullité.

5. Les procurations données antérieurement à la présente loi dans la forme prescrite par les articles précédens sont valables.

Extrait de la loi sur l'incompatibilité des fonctions administratives et judiciaires.

24 vendémiaire an 3. — 15 octobre 1794.

TITRE PREMIER.

Incompatibilité des fonctions administratives et judiciaires.

Art. 1. Les membres du tribunal de cassation, les juges des tribunaux criminels des départemens, les accusateurs publics de ces tribunaux et leurs substituts, les juges des tribunaux de district, les commissaires nationaux auprès de ces tribunaux, les juges des tribunaux de commerce, les juges de paix et leurs assesseurs, les membres des bureaux de paix et de conciliation, les greffiers de ces divers établissemens et tribunaux, ne pourront être membres des directoires de départemens et districts, officiers municipaux, présidens, agens nationaux ou greffiers de ces diverses administrations.

2. Ils ne pourront non plus être notaires publics, membres des administrations forestières, receveurs de district ou de l'enregistrement, employés dans le service des douanes, postes et messageries, ni remplir des fonctions publiques sujettes à comptabilité pécuniaire.

3. Cette incompatibilité cessera néanmoins pour les assesseurs des juges de paix, quant aux places d'officiers municipaux, dans les communes dont la population est au-dessous de 4,000 âmes.

Texte de la loi du 11 ventôse an 2.

(1) *Immédiatement après l'apposition des scellés sur les effets et papiers délaissés par les pères et mères des défenseurs de la patrie et autres parens dont ils sont héritiers, le juge de paix qui les a apposés en avertira ses héritiers, s'il sait à quel corps ou armée ils sont attachés; il en instruira pareillement le ministre de la guerre, et le double de ses lettres sera copié à la suite de son procès-verbal, avant de le présenter à l'enregistrement, sans augmentation de droit.* (art. 1.er)

Nota. *Les articles 2, 3 et 4, règlent tout ce qui est relatif à la levée et reconnaissance des scellés.*

TITRE III.

De l'incompatibilité des diverses fonctions judiciaires entre elles.

Les membres du tribunal de cassation, les juges et accusateurs publics des tribunaux criminels des départemens, les juges et commissaires nationaux des tribunaux de district, les juges de commerce, les juges de paix et leurs commis salariés par l'Etat ne pourront cumuler avec leurs fonctions celles attachées à quelques-unes des autres places énoncées dans le précédent article.

TITRE IV.

Dispositions générales.

Art. 1. Les instituteurs salariés par la nation...... ne pourront cumuler avec ces fonctions aucune autre fonction publique.

2. Les fonctionnaires publics qui réuniraient actuellement des fonctions incompatibles seront tenus de faire leur option dans le délai d'une décade après la publication de la présente loi par la voie du bulletin, à peine d'être destitués des unes et des autres, après ce délai expiré.

3. Ceux qui seraient appelés à l'avenir à remplir des fonctions incompatibles avec celles qu'ils exerceraient déjà seront pareillement tenus, sous la même peine, de faire leur option dans la décade qui suivra la notification qui leur sera faite du nouveau choix qui aura eu lieu en leur faveur.

4. Il est dérogé par le présent décret aux dispositions contraires des lois précédentes sur les incompatibilités.

Décret portant que les fonctions attribuées aux officiers de paix par l'article 3 de la loi du 19 juillet 1793, seront à l'avenir exercées par les commissaires de police, et par les juges de paix dans les lieux où il n'y a pas de commissaires de police.

25 prairial an 3. — 13 juin 1795.

La convention nationale, après avoir entendu le rapport de ses comités de législation et d'instruction publique sur plusieurs demandes en explication de l'article 3 de la loi du 19 juillet 1793, dont l'objet est d'assurer aux auteurs et artistes la propriété de leurs ouvrages, par des mesures répressives contre les contrefacteurs, décrète ce qui suit :

Art. 1. Les fonctions attribuées aux officiers de paix, par l'article 3 de la loi du 19 juillet 1793 (vieux style) seront à l'avenir exercées par les commissaires de police, et par les juges de paix, dans les lieux où il n'y a pas de commissaire de police.

Loi qui modifie plusieurs dispositions de celle du 4 germinal an 2, relative aux douanes.

14 fructidor an 3. — 31 août 1795.

La convention nationale, voulant modifier plusieurs dispositions du titre 5 de la loi du 4 germinal an 2 relative aux douanes, et faire cesser les difficultés auxquelles elle a donné lieu; après avoir entendu son comité de commerce, décrète :

Art. 1. Les rapports pour contraventions aux lois relatives aux importations et aux exportations, tant sur mer que sur terre, seront signés au moins par deux préposés des douanes, ou autres citoyens français.

2. Ceux qui procéderont aux saisies feront conduire, dans un bureau des douanes, et autant que les circonstances pourront le permettre, au plus prochain lieu de l'arrestation, les marchandises, les voitures et chevaux servant aux transports: ils y rédigeront de suite leur rapport, dans lequel ils seront seulement tenus d'énoncer la date et la cause de la saisie, les noms, qualités, et demeure des saisissans et du préposé des douanes, ainsi que la description des objets saisis.

3. Si la partie trouvée en contravention est au bureau lors de la clôture du rapport, il lui en sera donné copie à l'instant même, et mention en sera faite sur l'original; sinon cette copie sera affichée dans le jour à la porte du bureau. Dans l'un et dans l'autre cas, le rapport contiendra sommation à la partie nommée ou inconnue, de comparaître le lendemain matin devant le juge de paix de l'arrondissement.

4. Lors de la comparution devant le juge de paix, ou, à son défaut, devant ses assesseurs, le rapport sera présenté; le juge recevra l'affirmation des saisissans, entendra la partie si elle est présente, et sera tenu de rendre sans délai son jugement. L'amende sera toujours de 500 livres lorsqu'il s'agira d'importations ou d'exportations prohibées.

5. Dans le cas où, la saisie n'étant pas déclarée valable, l'agence des douanes interjetterait appel du jugement, les bâtimens, voitures et chevaux saisis, même les marchandises sujettes à dépérissement, seront remis, sous caution solvable, après estimation de leur valeur. Si la remise, aux conditions ci-dessus, n'est pas demandée dans les huit jours de la date du jugement, l'agence des douanes pourra faire procéder à la vente dans les trois jours de l'annonce qui en aura été faite à la partie, soit à son domicile, ou par affiche à la porte de la maison commune ou à celle du bureau : cette vente aura lieu, soit que la partie comparaisse ou non : toute opposition est non-recevable.

6. L'appel devra être notifié dans la huitaine de la signification du jugement, sans citation du jugement, sans citation préalable au bureau de paix et de conciliation : après ce délai, il ne sera point recevable, et le jugement sera exécuté purement et simplement; la déclaration d'appel contiendra assignation à trois jours devant le tribunal civil dans le ressort duquel se trouvera le juge de paix qui aura rendu le jugement; et le tribunal sera tenu de prononcer dans les délais fixés par la loi pour les appels des jugemens de juges de paix.

7. Si la saisie est jugée bonne, et qu'il n'y ait pas d'appel dans la huitaine de la signification, le neuvième jour le préposé du bureau indiquera la vente des objets confisqués par une affiche signée de lui, et apposée tant à la porte du bureau qu'à celle de l'auditoire du juge de paix, et procédera à la vente cinq jours après.

8. Les objets saisis qui auront été confisqués seront vendus publiquement et après l'apposition d'affiches dans la forme prescrite par l'article 7.

9. Si la saisie n'est pas fondée, et qu'il y ait lieu d'en donner main-levée, le propriétaire des marchandises aura droit à un intérêt d'indemnité, à raison d'un pour cent par mois, de la valeur des objets saisis, depuis l'époque de la retenue jusqu'à celle de la remise ou de l'offre qui lui en aura été faite.

10. Les tribunaux de paix qui connaissent en première instance des saisies jugeront également en première instance les contestations concernant le refus de payer les droits, le non-rapport des acquits à caution, et les autres affaires relatives aux douanes.

11. Tous jugemens rendus sur une saisie seront signifiés, soit à la partie saisie, soit au préposé indiqué par le rapport. Les significations à la partie seront faites à son domicile, si elle en a un réel, ou élu dans le lieu de l'établissement du bureau, sinon à celui de l'agent national de la commune. Les significations à l'agence des douanes seront faites au préposé.

12. Au moyen des dispositions du présent décret, le titre 6 de la loi du 4 germinal est rapporté en tout ce qui pourrait y être contraire. (*Voyez ci-après la loi du 9 floréal an 7.*)

Code des délits et des peines.

Du 3 brumaire an 4. — 25 octobre 1795.

Art. 600. Les peines de simple police sont celles qui consistent dans une amende de la valeur de trois journées de travail ou au-dessous, ou dans un emprisonnement qui n'excède pas trois jours.

Elles se prononcent par les tribunaux de police.

TITRE I.

Des peines de simple police.

Art. 605. Sont punis de peines de simple police :

1°. Ceux qui négligent d'éclairer ou nettoyer les rues devant leurs maisons, dans les lieux où ce soin est à la charge des habitans.

2°. Ceux qui embarrassent ou dégradent les voies publiques.

3°. Ceux qui contreviennent à la défense de rien exposer sur les fenêtres ou au-devant de leurs maisons sur la voie publique, de rien jeter qui puisse nuire ou endommager par sa chute, ou causer des exhalaisons nuisibles.

4°. Ceux qui laissent divaguer des insensés ou furieux, ou des animaux malfaisans ou féroces.

5°. Ceux qui exposent en vente des comestibles gâtés, corrompus ou nuisibles.

6°. Les boulangers et bouchers qui vendent le pain ou la viande au-delà du prix fixé par la taxe légalement faite et publiée.

7°. Les auteurs d'injures verbales, dont il n'y a pas de poursuite par la voie criminelle.

8°. Les auteurs de rixes, attroupemens injurieux ou nocturnes, voies de fait et violences légères, pourvu qu'ils n'aient blessé ni frappé personne, et qu'ils ne soient pas notés, après les dispositions de la loi du 19 juillet 1791, comme *gens sans aveu, suspects ou mal intentionnés*, auxquels cas, ils ne peuvent être jugés que par le tribunal correctionnel.

9°. Les personnes coupables des délits mentionnés dans le titre II de la loi du 28 septembre 1791, sur la police rurale, lesquelles, d'après ses dispositions, étaient dans le cas d'être jugées par voie de police municipale.

Loi qui détermine le lieu où seront déposées les minutes des actes de juges de paix.

26 frimaire an 4. — 17 décembre 1795.

Considérant que l'institution des juges de paix a été faite pour que chaque citoyen trouvât, comme au milieu de sa famille, la justice et la paix ; que tous les actes et jugemens de ces tribunaux doivent toujours être sous la main des justiciables : que le dépôt des minutes qui en a été fait annuellement dans les greffes des tribunaux de district, et qu'il faudrait en faire désormais dans ceux des tribunaux civils de département, contredit manifestement le but de ces établissemens salutaires, puisqu'il occasionerait des frais, des pertes de temps et des suspensions de travaux qu'il est dans l'intention de la loi d'épargner ; et qu'il est intéressant de retirer promptement des greffes des tribunaux de district les minutes des actes des juges de paix.

Art. 1er. Toutes les minutes des actes, procès-verbaux et jugemens faits et rendus par les juges de paix, qui ont été déposées dans les greffes des tribunaux de district, en seront retirées et remises aux greffiers des juges de paix, sur inventaires sommaires qu'ils signeront pour valoir décharge, et desquels il leur sera délivré une expédition.

2. Néanmoins les minutes des actes des juges de paix, procès-verbaux et jugemens, dans les départemens infestés de rebelles et de chouans, seront transférées et déposées dans les greffes des tribunaux civils de département, et ce, provisoirement, et jusqu'à ce que l'ordre et la tranquillité publique aient été rétablis dans ces départemens.

3. Les greffiers des juges de paix tiendront des répertoires qui seront cotés et paraphés par les juges de paix, sur lesquels ils inscriront, jour par jour, les dates des actes, leur nature, celle des procès-verbaux et des jugemens par eux faits et rendus, avec les noms des citoyens qui y sont parties.

4. Les minutes des actes des juges de paix, en matière civile, seront déposées, tous les ans, dans un local de la maison de l'administration municipale, et les expéditions en seront délivrées par les greffiers de ces juges. (*Voyez ci-après l'ordonnance du Roi du 5 novembre 1823.*)

Extrait de la loi qui ordonne l'échenillage des arbres.

6 ventôse an 4. — 16 mars 1796.

Art. 6.... L'échenillage sera fait... avant le premier ventôse de chaque année. — (dans le courant du mois de février.)

7. Dans le cas où quelques propriétaires et fermiers auraient négligé de le faire avant cette époque, les agens et adjoints le feront faire aux dépens de ceux qui l'auront négligé, par des ouvriers qu'ils choisiront; l'exécutoire des dépenses leur sera délivré sur les quittances des ouvriers.

Loi contenant réglement sur la manière de procéder en conciliation.

26 ventôse an 4. — 16 mars 1796.

Considérant que les affaires dont le jugement n'appartient ni aux juges de paix, ni aux tribunaux de commerce, soit en dernier ressort, soit à la charge d'appel, doivent être portées, aux termes de l'article 215 de la constitution, immédiatement devant le juge de paix et ses assesseurs, pour être conciliées;

Qu'il est instant de déterminer un mode uniforme pour procéder à cet égard, et de régler d'une manière précise la marche à suivre en conciliation.

Art. 1er. En matière purement personnelle et mobilière, le bureau de conciliation sera formé du juge de paix et de deux assesseurs, dans le canton où est situé le domicile du défendeur.

2. Il sera formé, lorsqu'il y aura plusieurs défendeurs co-obligés solidaires, dans le canton où est situé le domicile de celui d'entre eux que le demandeur aura préféré citer.

3. Dans les affaires, soit réelles, soit mixtes, le demandeur aura le choix de citer en conciliation, ou devant le juge de paix du domicile du défendeur, ou devant celui du canton où les biens sont situés.

Néanmoins, en matière de succession, toutes contestations entre les co-héritiers ou autres parties intéressées, jusqu'au partage, seront portées pour la conciliation, par-devant le juge de paix du lieu où la succession est ouverte.

4. Toute citation devant le bureau de conciliation sera faite en vertu d'une cédule qui sera délivrée par le juge de paix au demandeur ou à son fondé de pouvoirs; elle énoncera sommairement l'objet de la demande, et désignera le jour, le lieu et l'heure de la comparution.

5. Les cédules de citations et les certificats des bureaux de conciliation seront délivrés sur papier timbré. Les exploits de leur notification seront faits par des huissiers, en conformité de l'article 27 du titre 3 de la loi du 10 vendémiaire an 4, et ils seront assujettis au droit de l'enregistrement.

6. Il y aura trois jours francs, au moins, entre celui de la notification de la cédule de citation et le jour de la comparution, si la partie citée est domiciliée dans le canton, ou dans la distance de cinq myriamètres (dix lieues moyennes de 2,666 toises chacune); au-delà de cette distance, il sera ajouté un jour pour cinq myriamètres.

7. L'huissier remettra au greffier du juge de paix les originaux des citations qu'il aura faites, et les affaires seront expédiées, suivant les dates, par ordre de priorité.

8. Le demandeur principal qui se sera pourvu au tribunal civil, et dont l'action n'aura pas été reçue pour n'avoir point cité son adversaire en conciliation, sera recevable à l'exercer de nouveau, en rapportant la quittance de l'amende de 30 livres par lui encourue, et le certificat du bureau de conciliation qui constatera que sa partie a été inutilement appelée à ce bureau, ou qu'il a employé sans fruit sa médiation.

9. Le défendeur qui, suivant la loi du 21 germinal de l'an 2, n'aura pas été entendu dans ses défenses, pour n'avoir pas justifié de la quittance de l'amende de 30 livres, encourue par la non-comparution au bureau de conciliation, et qui aura été condamné, sera reçu opposant au jugement rendu contre lui, dans les dix jours de la signification, s'il rapporte la quittance de ladite amende.

10. Les contestations sur l'appel des jugemens rendus seront portées devant le tribunal civil qui doit en connaître, pour y être jugées, sans qu'il soit besoin de citer préalablement en conciliation.

11. Les dispositions du titre 10 de la loi du 16-24 août 1790, et de celle du 6-27 mars 1791, relatives aux bureaux de paix et de conciliation, continueront d'avoir leur effet en tout ce qui n'est point contraire à la présente résolution.

Loi relative à la prestation de serment des employés de la régie de l'enregistrement, des gardes-forestiers, des experts, etc.

16 thermidor an 4. — 3 août 1796.

Considérant que la suppression des tribunaux de district ne permet plus aux employés de la régie d'enregistrement, aux gardes-forestiers, aux experts, d'y prêter le serment qui leur est imposé par les lois, que leur transport auprès du tribunal civil du département entraîne des longueurs et des frais préjudiciables à l'intérêt public et particulier, et qu'il est instant d'y pourvoir.

Art. 1. Les employés de la régie de l'enregistrement, les gardes-forestiers, les experts et tous autres qui, à raison de leurs emplois ou fonctions, sont assujettis par les lois à une prestation préalable de serment, sont autorisés, lorsqu'ils ne résident pas dans la commune où le tribunal civil du département est établi, à prêter leur serment devant le juge de paix de l'arrondissement dans lequel ils sont pour leurs fonctions ou pour leur commission.

2. Il sera dressé acte de cette prestation : les employés de la régie, les gardes-forestiers et tous autres employés et fonctionnaires, en enverront tout de suite l'extrait au greffe du tribunal civil du département, pour y être enregistré : pourront néanmoins les experts se dispenser de cet envoi, à la charge de joindre extrait de la prestation de leur serment à leur rapport, lorsqu'ils le remettent au greffe.

Loi relative aux procès-verbaux des gardes-champêtres.

23 thermidor an 4. — 10 août 1796.

Considérant que le défaut de la nouvelle organisation de la gendarmerie nationale ôte à la police rurale et forestière un grand moyen de surveillance;

Considérant que l'absence d'une infinité de jeunes cultivateurs, maintenant occupés à combattre les ennemis de la république, commande au corps législatif des mesures coërcitives, afin de conserver à ces braves citoyens les récoltes abondantes qui se trouvent sur leurs terres;

Considérant que, les moissons étant en pleine activité dans la plupart des départemens, il est impossible d'attendre la révision des lois relatives à la police rurale et forestière pour chercher à prévenir et réprimer les délits qui se multiplient.

Art. 1. Les procès-verbaux des gardes-champêtres et forestiers ne seront pas soumis à la formalité de l'enregistrement : les gardes-champêtres seront seulement tenus d'en affirmer la sincérité, dans les vingt-quatre heures, devant le juge de paix ou l'un de ses assesseurs.

2. La peine d'une amende de la valeur d'une journée de travail ou d'un jour d'emprisonnement, fixée comme la moindre par l'article 606 du code des délits et des peines, ne pourra, pour tout délit rural et forestier, être au-dessous de trois journées de travail, ou de trois jours d'emprisonnement.

3. Les lois rendues sur la police rurale seront au surplus exécutées.

Lettre du ministre de la justice, aux juges de paix, sur leur compétence en matière de juridiction.

Paris, 23 thermidor an 4. — 10 août 1796.

A l'époque prochaine des congés de location il s'élève, citoyens, la question de savoir si les juges de paix sont compétens pour connaître des demandes en congé de location, en dernier ressort, quand le prix d'un terme n'excède point cinquante francs, et à la charge d'appel, quand le prix n'excède pas cent francs.

Votre compétence, à cet égard, est également assurée par les principes et par la loi.

En effet, le droit de propriété serait illusoire s'il fallait, pour une location de deux cents francs par an, accumuler délai sur délai, lors de l'échéance du temps des congés, citer devant les tribunaux de conciliation, lever des procès-verbaux, réitérer ensuite les citations devant le tribunal civil, payer à grands frais des défenseurs officieux, être privé, en attendant, de la faculté de louer, enfin, dépenser infiniment au-delà du prix du loyer.

Une loi positive appuie ces justes considérations. Celle du 16 août 1790, art. 9, porte : « Le juge de paix, assisté de deux assesseurs, connaîtra avec » eux de toutes les causes purement personnelles et mobilières, sans appel, » jusqu'à la valeur de cinquante francs, et à la charge de l'appel, jusqu'à la » valeur de cent francs. »

Salut et fraternité,

Signé MERLIN.

Lettre du ministre de la justice.

Vous demandez, citoyen, par votre lettre du 21 fructidor, quelles mesures le bureau central doit prendre relativement aux nombreux délits de police non prévus par les lois nouvelles, et devant quels juges ceux qui en sont prévenus doivent être traduits.

Chez un peuple libre, c'est la loi seule qui règne; en matière de délits, c'est elle qui condamne, et le juge prononce. Il ne doit rien y avoir d'arbitraire dans les jugemens : tous les délits, par conséquent, doivent être classés dans le livre de la loi, avec des peines proportionnées au genre de trouble qu'ils apportent à l'ordre social. Pour remplir cet objet important, il faut que la sagesse fasse des méditations profondes sur la perversité.

Ce n'est pas dans les premières années d'un gouvernement nouveau que le législateur peut se flatter de ne rien laisser à désirer sur cette matière; et, dans la nécessité de punir tous les genres de délits, même ceux non prévus par la législation nouvelle, il faut recourir aux réglemens ou ordonnances anciennes, dans tout ce qui ne contrarie pas les principes et les bases posés par les lois nouvelles.

Ainsi, quand un délit de police ne se trouve point énoncé dans l'art. 604 du code du 3 brumaire, dans les lois des 19 juillet et 28 septembre 1791, dans celles du 20 messidor an 3, et quelques autres, il faut recourir aux anciennes ordonnances qui statuent sur ces délits.

C'est d'après la nécessité d'une pareille mesure, que la loi du 19 juillet 1791 ordonne l'exécution d'anciens réglemens dans certaines parties de police dont elle ne contient pas les détails, et que le code du 3 brumaire renvoie à l'ordonnance de 1669, pour les peines encourues par les délits forestiers.

Il existe d'ailleurs, sur cette matière, une disposition plus générale dans le deuxième des décrets rendus le 21 septembre 1792. Il porte que, *jusqu'à ce qu'il en ait été autrement ordonné, les lois non abrogées seront provisoirement exécutées.*

Il faut, dans la poursuite des délits non prévus par les lois nouvelles, se conformer aux règles établies pour l'ordre judiciaire actuel.

Or, une de ces règles, qui est infiniment sage, est de déterminer la compétence du tribunal par la nature de la peine, d'attribuer *aux tribunaux de simple police* la connaissance des délits dont la peine n'excède pas une amende de la valeur de trois journées de travail ou trois jours d'emprisonnement, et aux tribunaux correctionnels celles des délits qui excèdent cette peine, sans être néanmoins afflictive ou infamante.

Il résulte de là que, si le délai non prévu par la loi nouvelle est puni par un ancien réglement d'une peine qui n'excède pas la valeur de trois journées de travail ou un emprisonnement de trois jours, il suffit qu'il soit constaté par le procès-verbal d'un commissaire de police. Le commissaire de police mettra son procès verbal entre les mains du commissaire du pouvoir exécutif, qui fera citer le délinquant devant le *tribunal de police,* et poursuivra contre lui la peine portée par l'ancien réglement.

Mais, si le délit dont il s'agit est puni par cet ancien réglement d'une peine qui soit de la compétence du tribunal correctionnel, comme l'objet a plus de gravité, c'est au *juge de paix* du lieu du délit qu'il appartient de faire l'instruction préparatoire, et de procéder d'après la voie tracée par le nouveau code.

Le ministre de la justice,

Signé MERLIN.

Extrait de la loi qui autorise la perception d'un droit de navigation sur le canal du Midi.

21 vendémiaire an 5. — 12 octobre 1796.

Art. 25. Les contestations qui pourront survenir, soit sur l'exécution du réglement de police de navigation, soit relativement aux entreprises des riverains du canal, seront portées devant les juges de paix et tribunaux de l'arrondissement.

Loi qui étend aux neuf départemens réunis le mode établi pour procéder dans les instances en matière de douanes.

23 vendémiaire an 5. — 14 octobre 1796.

Considérant que la loi du 14 fructidor an 3, qui accorde spécialement aux juges de paix la connaissance et le jugement des contraventions aux lois des douanes, sauf l'appel, n'est pas moins convenable aux départemens réunis qu'à ceux qui composent l'ancien territoire de la république;

Considérant que la disposition de l'acte constitutionnel, qui attribue aux tribunaux correctionnels le jugement des délits dont la peine n'est ni afflictive ni infamante, n'est pas applicable aux amendes et confiscations résultant des contraventions aux lois sur les douanes;

Considérant qu'elle ne pourra leur être appliquée sans nuire essentiellement au commerce et aux manufactures nationales;

Considérant que la loi du 14 fructidor an 3, postérieure à l'acte constitutionnel, en accorde spécialement la connaissance et le jugement aux juges de paix, sauf l'appel.

Art. 1er. Les instances en matière de douanes seront portées, dans les neuf départemens réunis comme dans toute la France, devant le juge de paix du canton de l'arrondissement; en cas d'appel, devant les tribunaux civils de département, pour y être jugées conformément aux lois (*Voyez ci-après l'extrait de la loi du 9 floréal an 7.*)

Circulaire du ministre de la justice aux juges de paix, etc., sur les bureaux de conciliation.

Du 29 brumaire an 5. — 19 novembre 1796.

Une des plus salutaires institutions du nouvel ordre judiciaire est, sans contredit, l'établissement des bureaux de conciliation.

Les lois ont déterminé leurs fonctions avec autant de clarté que de précision, et les dispositions de ces lois sont trop connues pour qu'il soit nécessaire de les rappeler ici.

Leur vœu ne pouvait d'ailleurs être mieux prononcé. Le législateur, en ménageant aux parties prêtes à entrer en contestation, une dernière entrevue, une conférence définitive en présence d'hommes recommandables et dignes de leur confiance, a conçu l'espoir de rétablir souvent la concorde qui, à défaut de ces explications fraternelles, aurait été bannie sans retour.

Les membres des bureaux de conciliation ne doivent pas perdre de vue leur institution primitive et la nature de leurs attributions. Ce sont de simples médiateurs qui n'ont d'autre mission que celle d'étouffer, dès le principe, à l'aide de leurs lumières et de leurs conseils, les procès dont les parties sont menacées. Leurs fonctions, purement conciliatives, font entièrement disparaître le caractère de juge dont ils se trouvent investis pour d'autres circonstances. Ce n'est que par les armes de la raison et de la conviction que les hommes de paix et de conciliation peuvent combattre l'opiniâtreté du plaideur prévenu. Qu'ils se gardent donc de substituer le poids, toujours dangereux, de leur propre opinion à la volonté libre de l'une ou de l'autre des parties, qu'ils se méfient de l'ascendant de leurs talens et de leur autorité, pour obtenir d'elles des sacrifices désavoués à l'instant par la volonté intime de celui qui les aurait faits; qu'ils ne s'érigent point en arbitres du différend, si les parties elles-mêmes ne les constituent tels. En évitant ces divers écueils, les parties, loin de regretter des consentemens quelquefois prêtés trop légèrement, béniront des accommodement qui seront le fruit de la réflexion, de l'équité et de la raison.

Ces premiers devoirs sont dictés aux membres des bureaux de conciliation par leur propre délicatesse; mais il en est d'autres sur lesquels j'insisterai davantage, en ce qu'ils tiennent à l'harmonie des autorités judiciaires.

L'ordre judiciaire serait imparfait si les bornes de chaque autorité n'avaient été circonscrites; si les fonctions des divers officiers publics avaient été confondues. Les lois ont limité les attributions des bureaux de paix et de conciliation aux affaires de nature contentieuse; les seules transactions sur procès sont de leur ressort. Les parties amenées, en vertu d'une citation, devant des citoyens chargés de les concilier, peuvent, à raison de leur future litige, faire entre elles tel accord que bon leur semble, et l'acte en est rédigé sur-le-champ. La faveur due à ces sortes d'actes est telle, qu'ils sont exemps des droits d'enregistrement. Ce n'est que dans le cas où ils contiennent transmission de propriété qu'ils ont été soumis à ces droits.

Ce serait donc un grand abus si, sous prétexte de conciliation, les bureaux de conciliation pouvaient recevoir indistinctement d'autres conventions; des actes, en un mot, qui ne seraient pas la suite d'une conciliation ou le terme d'un procès. Ce serait, de leur part, envahir des fonctions qui leur sont étrangères et qui ont été départies à d'autres fonctionnaires, aux seuls notaires. Ce serait devenir les instrumens d'une fraude pratiquée par ceux qui imaginent se soustraire ainsi aux droits de timbre et d'enregistrement. Ce serait, enfin, compromettre la plus belle des institutions, si jamais il était permis d'en abuser au point de blesser les intérêts de la nation.

Tous ces désordres existent cependant. Dans divers cantons ruraux, des juges de paix méconnaissent leurs devoirs et confondent toutes les attributions. Couverts du masque de médiateurs, et sous la forme de conciliation, ils reçoivent habituellement les conventions ordinaires des parties, telles que ventes, baux, obligations, quittances, etc. Il n'est pas jusqu'aux inventaires dans lesquels ils ne s'entremettent, quoique la conciliation ne puisse leur servir de prétexte; et que l'article 10 de la loi du 6 — 27 mars 1791 le défende expressément aux juges de paix. Leur auditoire est transformé, en quelque sorte, en une étude de notaire. Les citoyens, à leur insu, se trouvent ainsi privés de l'hypothèque, ce gage sacré de nos conventions; la nation est frustrée d'une partie de ses revenus; les notaires font entendre les réclamations les plus légitimes.

D'après des motifs aussi puissans, j'ai dû rappeler les bureaux de conciliation à l'unité et à la simplicité de leur institution. Mieux éclairés dorénavant, les juges de paix s'empresseront de rendre hommage aux lois qui fixent leurs attributions conciliatives, et ils ne les exécuteront pas avec moins de fidélité et de respect que celles qui assurent leur compétence en matière judiciaire.

Je charge les commissaires du directoire exécutif près les tribunaux civils de leur transmettre le présent avertissement, de les surveiller, de faire poursuivre les contrevenans et de me rendre compte de leurs diligences, ainsi que du résultat qu'ils en auront obtenu.

Extrait de l'arrêté du directoire exécutif, qui détermine les rapports existans entre les commissaires du gouvernement près les administrations et près les tribunaux, et qui prescrit les mesures pour la poursuite des délits.

4 frimaire an 5. — 24 novembre 1796.

Art. 4. A compter de la publication du présent arrêté, les commissaires du directoire exécutif près les administrations municipales établies dans l'arrondissement de chaque tribunal correctionnel, feront parvenir, tous les décadis, au commissaire du directoire exécutif près ce tribunal, l'état des délits qui, pendant les dix jours précédens, auront été commis dans leurs cantons respectifs, soit que ces délits soient de nature à être jugés par les tribunaux de police, soit qu'ils doivent être poursuivis par les juges de paix ou directeurs du jury, en leur qualité d'officiers de police judiciaire.

5. Cet état indiquera en même temps les poursuites qui auront été faites, tant pour constater les délits, que pour en découvrir et arrêter les auteurs.

6. Lorsque, dans les dix jours précédens, il n'aura été commis dans un canton aucun délit qui soit venu à la connaissance du commissaire du directoire exécutif près l'administration municipale, celui-ci sera tenu d'en envoyer un certificat signé de lui au commissaire du directoire exécutif près le tribunal correctionnel.

Extrait d'une lettre du ministre à ce sujet.

Paris, 22 frimaire an 5. — 12 décembre 1796.

J'observerai, à l'occasion de quelques jugemens, que, dans des causes relatives à des délits forestiers, des tribunaux correctionnels se sont fait une jurisprudence vicieuse. Ils n'ont point prononcé, par exemple, la confiscation des bestiaux saisis en dommage dans les bois nationaux, et ils se sont fondés sur les dispositions de la loi du 28 septembre 1791, concernant la police rurale. L'article 38 du titre 2 de celle-ci porte que les dégâts faits dans les bois taillis des particuliers ou des communautés seront punis de la manière établie au paragraphe suivant; et, dans ce paragraphe, il n'est point question de la peine de confiscation. Mais ce simple énoncé montre assez que l'article ne se rapporte qu'aux bois des particuliers. Il n'y avait donc pas lieu de l'appliquer à l'espèce : et l'on en peut douter, en effet, si l'on se rappelle que les lois qui doivent être invoquées contre les délits commis dans les bois nationaux, sont celles qui ont été rendues pour la conservation des eaux et forêts; et que l'ordonnance de 1669 doit, ainsi que les autres réglemens, être provisoirement exécutée par les différens tribunaux auxquels le jugement des actions appartient, suivant la nature des peines encourues. C'est par ce motif que le tribunal de cassation a annulé, le 1er floréal an 3, un jugement du district de Bernay, infirmatif d'un jugement du tribunal du district de Louviers, qui avait prononcé la confiscation des bestiaux trouvés en dommage dans un bois national.

Les tribunaux criminels doivent soigneusement veiller à ce qu'aucune erreur ne se reproduise, à cet égard, dans les jugemens correctionnels dont l'appel est porté devant eux.

Loi qui autorise les juges de paix à nommer et destituer leurs greffiers.

28 frimaire an 5. — 18 décembre 1796.

Considérant que le mode actuel de nomination des greffiers des juges de paix donne lieu à des inconvéniens qu'il est instant de faire cesser.

Art. 1er. A l'avenir, les juges de paix seuls nommeront et destitueront leurs greffiers.

Toute loi à ce contraire est rapportée.

Extrait d'un arrêté du directoire exécutif, qui prescrit des mesures pour assurer la perception des amendes et confiscations prononcées par les tribunaux.

1er nivôse an 5. — 21 décembre 1796.

Le directoire exécutif, sur le rapport du ministre de la justice :

Considérant qu'il importe d'assurer la perception des amendes et confiscations prononcées par les tribunaux, et que ce but ne peut être rempli qu'autant que les commissaires du directoire exécutif et les préposés de la régie des droits d'enregistrement et domaines entretiendront entre eux une correspondance active, à l'effet d'accélérer, chacun en ce qui le concerne, l'exécution de cette partie des jugemens,

Arrête ce qui suit :

Art. 1er. Les commissaires du directoire exécutif près les tribunaux sont tenus, dans les trois jours qui suivent la prononciation d'un jugement portant peine d'amende ou de confiscation, de remettre un extrait de ce jugement au receveur des droits d'enregistrement établi dans l'arrondissement.

4. Les commisaires du directoire exécutif tiendront la main à ce qu'aucun détenu, dans les cas indiqués tant par l'article 41 du titre 2 de la loi du 19 juillet 1793, sur la police correctionnelle, que par l'article 5 du titre 2 de la loi du 28 septembre 1791, sur la police rurale, et qui ne sera point dans le cas prévu par la loi du 5 octobre 1793, ne soit mis en liberté, s'il n'a produit la quittance du receveur des droits d'enregistrement, constatant qu'il a satisfait aux condamnations pécuniaires prononcées contre lui. (*Voyez ci-après l'ordonnance du Roi, du 30 décembre 1823.*)

Arrêté du directoire exécutif, qui établit un mode pour faciliter les correspondances entre les ministres, etc., et les autorités constituées et fonctionnaires publics qui ne sont pas servis directement par la poste.

4 nivôse an 5. — 24 décembre 1796.

Le directoire exécutif, considérant que les heureux effets qui doivent résulter de la stricte exécution de son arrêté du 4 frimaire dernier, relatif à la correspondance entre ses commissaires près les administrations centrales, tribunaux criminels, tribunaux correctionnels et tribunaux de police, ne peuvent avoir lieu qu'autant que la transmission de cette correspondance sera parfaitement assurée; que, d'ailleurs, il importe d'établir l'uniformité entre les administrations municipales des cantons ruraux sur les moyens qu'elles peuvent employer pour faire retirer des bureaux des postes le plus à leur portée, les bulletins des lois qui leur sont destinés et les dépêches qui leur sont adressées, soit par les ministres, soit par les administrations départementales, soit par les commissaires du directoire exécutif près ces administrations; et qu'enfin il est possible, sans augmenter les frais, de faire servir les mêmes moyens à transmettre aux juges de paix, aux commissaires du directoire exécutif près les administrations municipales et tribunaux de police, et aux receveurs d'enregistrement, la correspondance qu'ils doivent entretenir avec les autres autorités, et qu'alors ceux-ci ne pourront plus alléguer, soit le défaut, soit la lenteur de la réception des lois et des dépêches qui les concernent;

Après avoir entendu le ministre de la justice;

Arrête ce qui suit :

Art. 1er. A compter de la publication du présent arrêté, chaque administration municipale qui se trouve placée, ou dont partie des membres résident dans une commune où il n'existe point de bureau de poste, sera tenue de nommer un commis qui sera spécialement chargé de se rendre tous les tridis, sextidis et décadis, au bureau de poste le plus voisin, tant pour y porter les dépêches de l'administration municipale, du commissaire du directoire exécutif près cette administration, du juge de paix et du receveur de l'enregistrement du canton, qu'il sera tenu d'aller prendre chez eux, que pour en retirer les dépêches qui leur seront adressées, et les remettre à chacun d'eux sous récépissé.

2. Les appointemens de ce commis ne pourront s'élever à plus de trois cents francs par année, et ils seront supportés par les communes du canton, conformément à l'article 3 de la loi du 28 messidor an 4.

3. Les ministres, les administrations départementales et les autres autorités qui correspondent avec les administrations municipales des cantons ruraux,

avec le commissaire du directoire exécutif près ces administrations, avec les juges de paix et avec les receveurs d'enregistrement placés dans ces cantons, leur adresseront leurs dépêches par la voie de la poste, au bureau le plus à portée du chef-lieu de chaque canton, quand même ce bureau se trouverait dans un autre département que celui dont ce même canton fait partie.

4. En conséquence, et conformément à l'arrêté du comité de salut public, du 6 frimaire an 3, les corps administratifs et les tribunaux ne pourront envoyer des gendarmes exprès pour porter des avis, instructions et dépêches quelconques, sauf à profiter de leurs tournées dans les campagnes, pour accélérer des envois urgens.

5. Pour assurer l'exécution de l'article 3, en ce qui concerne les ministres, et spécialement pour mettre celui de la justice à portée d'adresser directement aux administrations municipales et aux juges de paix des cantons ruraux, les bulletins des lois qui leur sont destinés, ainsi que le prescrit l'art. 4 de la loi du 22 vendémiaire an 4, l'administration des postes sera tenue, aussitôt après la publication du présent arrêté, de faire connaître à chacun des sept ministres quel est le bureau de la poste le plus voisin du chef-lieu de chaque canton rural.

6. Au moyen des précautions ci-dessus prises pour assurer la transmission des correspondances officielles, tout retard des fonctionnaires publics placés dans les cantons ruraux, à répondre aux dépêches qui leur seront adressées, sera considéré comme négligence, sauf la preuve du contraire ; et, en conséquence, tout administrateur municipal, tout commissaire du directoire exécutif près d'une administration municipale, tout juge de paix, tout receveur d'enregistrement qui différera plus d'une décade après la réception d'une dépêche, d'y faire la réponse pertinente, sera dénoncé par l'autorité de laquelle sera partie cette dépêche, savoir :

Les administrateurs municipaux, à l'administration du département, qui sera tenue de les rappeler à leur devoir, et, en cas de récidive, de les suspendre de leurs fonctions ;

Les commissaires du directoire exécutif au ministre de l'intérieur, qui les avertira d'être plus exacts à l'avenir, et, en cas de récidive, provoquera leur révocation au directoire exécutif ;

Les juges de paix, à l'accusateur public, qui procédera à leur égard, conformément aux art. 284 et suivans du code des délits et des peines ;

Et les receveurs d'enregistrement à la régie des droits d'enregistrement et domaines, laquelle sera tenue de les réprimander, et, en cas de récidive, de les révoquer.

Extrait d'un arrêté du directoire exécutif, en interprétation de celui du 1er nivôse, concernant la remise aux receveurs des droits d'enregistrement, d'un extrait des jugemens portant peine d'amende et de confiscation.

16 nivôse an 5. — 5 janvier 1797.

Le directoire exécutif, après avoir entendu le ministre de la justice,

Arrête ce qui suit :

Art. 1er. Le délai de trois jours, dans lequel l'art. 1er de l'arrêté du directoire exécutif, du 1er nivôse présent mois, oblige ses commissaires près les tribunaux de remettre aux receveurs du droit d'enregistrement un extrait des jugemens portant peine d'amende ou de confiscation, n'est applicable qu'aux jugemens rendus par les tribunaux de police, contre lesquels il n'y a point de déclaration de recours en cassation.

2. A l'égard des jugemens de ces tribunaux contre lesquels il a été fait, dans les trois jours, une déclaration de recours en cassation, les extraits n'en seront

remis aux receveurs du droit d'enregistrement que dans les trois jours qui suivront, soit la réception du jugement confirmatif du tribunal de cassation, soit la déchéance du recours en cassation, par l'effet du défaut de consignation d'amende dans les dix jours fixés par l'art. 449 du code des délits et des peines pour la remise au greffe de la requête en cassation à laquelle la quittance de consignation d'amende doit être jointe, aux termes de l'art. 17 de la loi du 2 brumaire an 4.

4. Les commissaires du directoire exécutif près les tribunaux de police correctionnelle ne pourront, au surplus, se prévaloir de l'art. 4 de son arrêté du 1er de ce mois, pour empêcher qu'un condamné insolvable, qui se trouvera dans le cas prévu par l'art. 5 du titre 2 de la loi du 28 septembre 1791 sur la police rurale, ne soit mis en liberté après le terme pendant lequel cette loi autorise la continuation de la détention pour cause d'insolvabilité. (*Voyez ci-après l'ordonnance du 30 décembre 1823.*)

Arrêté du directoire exécutif relatif aux jugemens des tribunaux de police qui font remise aux délinquans, duement convaincus, soit de l'amende, soit de l'emprisonnement qu'ils ont encourus.

27 nivôse an 5. — 16 janvier 1797.

Le directoire exécutif, informé que certains tribunaux de police se bornent, en statuant sur les délits qui sont de leur compétence, à condamner les délinquans aux dommages intérêts des parties lésées, sans prononcer ni amende ni emprisonnement, ce qui constitue, de leur part, un véritable déni de justice, puisque, par là, ils refusent de faire droit sur l'action publique intentée au nom de la nation, pour la réparation des délits, et qui est essentiellement distincte de l'action civile, appartenant à ceux à qui les délits ont causé du dommage, et avec laquelle celle-ci peut bien concourir, mais sans pouvoir lui préjudicier.

Considérant que tout déni de justice entraîne contre l'officier public qui s'en est rendu coupable la prise à partie et la condamnation aux dommages intérêts ; que cela résulte de la combinaison de l'article 565 du code des délits et des peines, numéros 1 et 2, avec l'article 4 du titre 25 de l'ordonnance du mois d'avril 1667, laquelle, aux termes de la loi du 21 septembre 1792, doit continuer, à cet égard, de recevoir son exécution, tant qu'il n'y aura pas été dérogé par le corps législatif;

Considérant enfin qu'il importe à l'ordre public et au maintien de la constitution, de pourvoir, par les moyens que la loi a mis à la disposition du gouvernement, à ce que les tribunaux de police n'abusent pas de l'autorité dont elle les a investis;

Après avoir entendu le ministre de la justice,

Arrête ce qui suit :

Art. 1er. Tout commissaire du directoire exécutif près chaque administration municipale est tenu, en sa qualité de commissaire près le tribunal de police de l'arrondissement, de se pourvoir en cassation, dans les formes et les délais prescrits par l'article 163 du code des délits et des peines, contre les jugemens qui, en matière de délits de sa compétence, feraient remise aux délinquans duement convaincus, soit de l'amende, soit de l'emprisonnement déterminés par la loi.

Il est pareillement tenu d'en faire une mention expresse dans les états décadaires qu'il doit fournir au commissaire près le tribunal correctionnel, en exécution de l'arrêté du 4 frimaire dernier.

2. Le ministre de la justice, sur l'envoi qui lui sera fait de chacun de ces jugemens, et sans préjudice de la transmission qu'il doit en faire au tribunal de cassation, examinera s'il y a lieu de poursuivre la prise à partie contre le tribunal de police qui a rendu le jugement, pour le faire condamner aux dommages-intérêts envers l'Etat, et, dans le cas de l'affirmative, il adressera les

instructions nécessaires, pour cet effet, au commissaire du directoire exécutif près l'administration centrale du département où ce tribunal est placé, lequel est chargé, par la loi du 19 nivôse an 4, d'intenter, au nom de l'Etat, toutes les actions judiciaires qui la concernent.

Arrêté du conseil des cinq-cents, relatif à la compétence des huissiers de la justice de paix.

18 pluviôse an 5. — 6 février 1797.

Le conseil des cinq-cents, après avoir entendu le rapport de sa commission sur la pétition de plusieurs huissiers, tendante à obtenir le rapport de l'article 27 de la loi du 29 vendémiaire an 4, qui accorde aux huissiers des juges de paix le droit exclusif d'instrumenter dans les affaires de la compétence de ces tribunaux,

Passe à l'ordre du jour.

Extrait de l'arrêté du directoire exécutif, qui détermine la manière dont le bulletin des lois doit être remis aux fonctionnaires publics.

16 ventôse an 5. — 6 mars 1797.

Le directoire exécutif considérant que, s'il est essentiel au bien du service que le gouvernement soit assuré, par des récépissés exacts, de la transmission du bulletin des lois, il n'est pas moins nécessaire de ménager le temps des fonctionnaires publics, qui le doivent tout entier à l'exercice de leurs fonctions, et de prévenir les nombreux inconvéniens qui pourraient résulter d'un mode de distribution aussi vicieux;

Arrête :

Art. 1er. Le bulletin des lois sera porté et distribué de la même manière et dans la même forme que les lettres venant de la poste.

2. Dans toutes les communes de l'Etat où, avec un bureau de poste, il se trouve des autorités ou des fonctionnaires publics, auxquels le bulletin des lois est adressé officiellement, il sera remis au facteur ou au distributeur des lettres, par le directeur de la poste, un livre-journal destiné à recevoir les décharges du bulletin des lois.

4. Ce livre-journal sera porté, avec le bulletin, chez un fonctionnaire public auquel le bulletin est adresssé; et celui-ci, en recevant ce bulletin, sera tenu d'écrire sa décharge sur ce livre.

Extrait de la loi concernant les pensionnaires et les invalides de la marine.

15 germinal an 5. — 4 avril 1797.

TITRE IV.

Des formalités pour parvenir aux paiemens desdites pensions.

Art. 6. Toutes les pensions de 200 francs et au-dessous, ainsi que les demi-soldes continueront d'être payées, sans autre formalité que celle d'un simple certificat de vie non sujet à l'enregistrement, qui sera délivré *gratis* par les *juges de paix* ou municipalités.

Extrait de la loi concernant le mode de remplacement des fonctionnaires publics qui deviennent membres du corps législatif.

30 germinal an 5. — 19 avril 1797.

Art. 12. Dans toutes les occasions où il est nécessaire de recourir à des remplacemens provisoires des fonctionnaires publics, ils se feront conformément aux lois actuellement existantes, sauf les modifications ci-après :

13. Lorsque la place de juge de paix vient à vaquer définitivement avant la tenue des assemblées primaires, les assesseurs le remplaceront provisoirement par la désignation d'un juge de paix qu'ils prennent parmi eux :

Et, pour le remplacement provisoire des assesseurs, chaque fois qu'il devient nécessaire, le juge de paix et les assesseurs restans s'en adjoignent qu'ils prennent parmi les citoyens qui aient rempli des fonctions publiques, par l'effet de la nomination du peuple.

Le ministre de la justice au commissaire du pouvoir exécutif près l'administration municipale du canton de Saint-Germain-en-Viry.

20 prairial an 5. — 8 juin 1797.

Le conseil des cinq-cents, citoyen, par un arrêté du 14 de ce mois, en passant à l'ordre du jour, a posé en principe que la nomination et la révocation de l'huissier de la *justice de paix* appartenaient au juge de paix *seul*, et sans le concours de ses assesseurs.

Au reste, ni dans l'un ni dans l'autre cas, la loi ne l'oblige de rendre compte de ses motifs.

Le ministre de la justice,

Signé MERLIN.

Extrait de la loi relative à l'exploitation, à la fabrication et à la vente des poudres et salpêtres.

13 fructidor an 5. — 30 août 1797.

Art. 10. Si le citoyen chez lequel on aura fouillé, a quelque plainte à porter contre le salpêtrier pour cause de dégradation et autres abus, il s'adressera au juge de paix qui connaîtra des contestations, et ordonnera les réparations et indemnités convenables, sauf le recours de droit aux tribunaux supérieurs.

Dans ce cas, le salpêtrier fournira une caution suffisante, à défaut de laquelle ses meubles et ustensiles pourront être saisis pour répondre de sa solvabilité, et, au besoin, il sera fait opposition au paiement de ce qui lui serait dû par l'administration des poudres.

Arrêté concernant la tenue des répertoires, et la remise annuelle des minutes des justices de paix.

Du 28 brumaire an 6. — 18 novembre 1797.

Art. 1er. Les juges de paix veilleront, sous leur propre responsabilité, à ce que les minutes de leurs actes, en matières civiles, soient déposées, dans la première décade du mois de vendémiaire de chaque année (*maintenant dans les dix premiers jours de janvier*), dans le local de la maison de l'administration municipale qui sera désigné par ladite administration.

2. Ils prendront un reçu de l'administration municipale, visé par le commissaire du gouvernement près cette administration (*maintenant le maire*), qu'ils feront passer, dans les dix jours suivans, aux procureurs du Roi.

3. Le procureur du Roi dénoncera au *procureur-général*, dans les dix jours du même mois, tous les juges de paix de son arrondissement qui n'auront point rempli les dispositions du présent arrêté.

4. Il en rendra compte au ministre de la justice dans les dix premiers jours du mois de février suivant.

5. Les procureurs du Roi près les tribunaux de police correctionnelle veilleront à ce que les répertoires que les greffiers des justices de paix doivent tenir, conformément à l'article 3 de la loi du 26 frimaire an 4, soient cotés et paraphés par les juges de paix, et clos par ces mêmes juges dans les dix premiers jours de janvier; ils y mettront, en conséquence, leur *visa* après la clôture faite par ce juge.

6. Dans les dix jours suivans, ils rendront compte aux procureurs du Roi et généraux des greffiers et des juges de paix qui auront ou n'auront pas accompli, à cet égard, les dispositions de la loi.

7. Le procureur du Roi dénoncera, dans les dix derniers jours de janvier, au procureur-général, les juges de paix ou les greffiers en retard.

8. Il en rendra compte au ministre de la justice dans les dix premiers jours de février suivant.

9. Il lui transmettra aussi les noms des procureurs du Roi qui ne lui auront point fait passer à temps l'état prescrit par l'article 7. (*Voyez ci-après l'ordonnance du Roi du 5 novembre* 1823.)

Loi relative aux loteries particulières.

6 germinal an 6. — 26 mars 1798.

Après avoir entendu le rapport de sa commission des finances sur le message du directoire exécutif, du 15 ventôse dernier, duquel il résulte qu'au mépris de l'article 91 de la loi du 9 vendémiaire an 6, des particuliers ont établi clandestinement des loteries avec tirage pour leur propre compte, et que d'autres offrent des chances au public sur les tirages de la loterie royale;

Considérant que ces sortes d'établissemens ne présentent aucune garantie aux citoyens, qu'ils nuisent aux recettes de la loterie royale, et que leur existence est une contravention formelle aux dispositions de l'article 91 de la loi du 9 vendémiaire;

Art. 1. Quiconque sera prévenu de recevoir des mises ou de distribuer des billets pour les loteries étrangères ou particulières, ou de tenir la banque pour lesdites loteries, de prêter ou louer un local pour le tirage de ces loteries, sera traduit devant le *juge de paix*.

Le *juge de paix* interrogera le prévenu, entendra les témoins, se fera remettre toutes pièces pouvant servir à conviction, se transportera même, s'il est nécessaire, dans les endroits qui lui seront indiqués, pour saisir les pièces à conviction et les deniers de la banque.

3. S'il est prouvé que le prévenu ait reçu ou tenu la banque pour lesdites loteries, distribué des billets, prêté ou loué un local pour faire le tirage desdites loteries, il sera mis en arrestation; le procès-verbal, ainsi que les pièces à conviction, seront envoyés, *dans les vingt-quatre heures*, au greffe du jury d'accusation, pour être jugé sommairement au tribunal de police correctionnelle de l'arrondissement dans lequel aura été commis le délit.

4. Quiconque sera convaincu d'avoir reçu ou tenu la banque pour les loteries étrangères et particulières, prêté ou loué un local pour le tirage desdites loteries, sera condamné à un emprisonnement qui ne pourra excéder six mois, et en 6,000 francs d'amende, pour la première fois; et, en cas de récidive, il sera condamné en deux années d'emprisonnement, et l'amende sera doublée; le

tout indépendamment de la saisie des billets, registres et fonds qui se trouveront, soit chez le receveur, soit chez le banquier.

5. Les actionnaires de loteries étrangères ou particulières ne pourront demander la restitution de leurs mises sur les fonds saisis, à moins qu'ils n'aient dénoncé eux-mêmes le receveur ou le banquier; auquel cas, leurs mises leur seront restituées, et ils pourront de plus avoir part à l'amende qui sera prononcée contre ceux qu'ils auraient dénoncés, ainsi qu'il sera dit ci-après.

6. Les receveurs de la loterie royale qui seront prévenus d'avoir reçu pour les loteries étrangères, d'avoir tenu la banque pour leur propre compte ou pour celui des particulières, seront traduits devant le juge de paix : l'instruction sera faite, à leur égard, de la même manière qu'il est prescrit articles, 1, 2 et 3; et, s'ils sont convaincus, ils seront condamnés à un emprisonnement d'une année, et en 12,000 francs d'amende, par le tribunal de police correctionnelle, et destitués par l'administration de la loterie royale.

7. Les amendes et saisies qui seront prononcées en exécution des articles 4, 5, 6 ci-dessus, seront appliquées au profit des hôpitaux, sous la modification ci-après.

8. Les amendes et les deniers saisis seront perçus par le caissier de l'administration de la loterie royale, qui est autorisé à décerner toutes contraintes; à l'effet de quoi, le greffier du tribunal de police correctionnelle sera tenu de lui faire passer extraits des jugemens dans les vingt-quatre heures du jour où ils auront été rendus.

9. Les administrateurs de la loterie royale seront autorisés à disposer, jusqu'à concurrence du quart, des amendes recouvrées et des deniers saisis, pour être appliqué au profit, tant de ceux qui auront indiqué les contrevenans à la présente loi, que de ceux qui auront coopéré à les découvrir, sur l'état de répartition arrêté par lesdits administrateurs.

10. Tout jugement qui sera rendu en exécution de la présente loi sera imprimé et affiché aux frais des auteurs des délits.

Extrait de la loi sur la contrainte par corps.

15 germinal an 6. — 4 avril 1797.

Tit. 3, art. 3. Nulle contrainte par corps ne pourra être exercée contre aucun individu qu'elle n'ait été précédée de la notification au contraignable, visée par le juge de paix du canton où s'exerce la contrainte, 1° du titre qui a servi de base à la condamnation, s'il en existe un; 2° des jugemens prononcés contre le contraignable, etc....

Lettre du ministre de la justice, aux accusateurs publics, aux directeurs du jury, aux juges de paix, aux membres des bureaux centraux de Paris, Lyon, Bordeaux et Marseille, aux commissaires du pouvoir exécutif près les tribunaux criminels et les directeurs du jury.

Paris, 23 floréal an 6. — 12 mai 1798.

J'apprends, citoyens, que quelques officiers de police judiciaire retiennent en arrestation provisoire les citoyens qu'ils ont évoqués par des mandats d'amener, sans entendre sur-le-champ les témoins du délit qui leur est imputé, sans les interroger, sans dresser les procès-verbaux que les circonstances peuvent exiger; en un mot, sans vaquer aux opérations prescrites par la loi;

Que quelques autres, pour éviter aux prévenus cette arrestation provisoire qu'ils croient illégale, les laissent en liberté pendant la durée de l'instruction, dont ils s'acquittent ensuite sans zèle, sans empressement, si même ils ne l'éludent sous différens prétextes.

J'apprends aussi que quelques directeurs du jury, saisis de la poursuite, après des mandats d'arrêt légalement décernés, se permettent de les annuler par des motifs pris du fond même de l'instruction, et qu'ils se constituent ainsi juges de la gravité des charges.

Ces abus dangereux, qui pourraient devenir fréquens, doivent exciter toute ma sollicitude.

L'article 224 de l'acte constitutionnel porte, que toute personne saisie et conduite devant l'officier de police sera examinée sur-le-champ, ou dans le jour au plus tard : cette disposition est rappelée dans l'article 64 du code des délits et des peines.

Les officiers de police judiciaire ne doivent donc jamais oublier que leurs fonctions les plus urgentes, celles qu'ils ne peuvent jamais ajourner, sont le procès-verbal du flagrant délit, la saisie des pièces de conviction, l'audition des témoins, l'interrogatoire des individus arrêtés, et l'examen des inculpations portées contre eux; qu'ils doivent s'en occuper sans interruption, afin que, si, de cet examen fait avec autant de soin que de célérité, il doit résulter que le prévenu détruise entièrement les inculpations qui ont déterminé à le faire comparaître, il recouvre promptement sa liberté.

Sans doute nul ne peut refuser de venir rendre compte de sa conduite à l'officier de police judiciaire. Cet hommage rendu à la puissance uniforme de la loi est tout à la fois le prix et la sauve-garde de la liberté de chaque individu; mais ce droit d'évoquer les citoyens et de les examiner sur leur conduite n'est pas un droit arbitraire; et la police judiciaire a ses règles dont elle ne peut s'écarter sans dégénérer en une oppression intolérable.

Les accusateurs publics sont chargés, par la loi, d'avertir et de réprimander les officiers de police judiciaire négligens, et de les faire punir en cas de récidive. Les accusateurs publics ne peuvent donc exercer avec trop de soin cette surveillance, qui contribuera efficacement à faire aimer les lois et respecter ses organes.

Tout citoyen appelé devant l'officier de police judiciaire doit être provisoirement privé de sa liberté, jusqu'à ce qu'il ait détruit entièrement les inculpations portées contre lui, ou qu'il soit traduit dans la maison d'arrêt. On conçoit, en effet, combien il serait dangereux de laisser en liberté un individu prévenu d'un délit grave, surtout après qu'un mandat d'amener lui a appris qu'il est l'objet d'une instruction judiciaire. Tous ces coupables, dont les tribunaux ont fait justice, et qui expient leurs crimes exemplairement, n'ont d'abord été atteints que sur des mandats d'amener; et, s'ils eussent été remis en liberté dans l'intervalle de ces mandats aux mandats d'arrêts, ne se seraient-ils pas soustraits facilement aux poursuites et aux châtimens ?

L'article 224 de l'acte constitutionnel veut que toute personne saisie soit conduite devant l'officier de police.

Et l'article 225 : « que s'il résulte de l'examen qu'il n'y a aucun sujet d'inculpation contre elle, elle soit remise aussitôt en liberté. »

Les articles 64 et 66 du code des délits et des peines veulent aussi que le prévenu amené devant le juge de paix, en vertu d'un mandat d'amener, soit examiné, et que, s'il détruit entièrement les inculpations, le juge de paix le mette en liberté.

Le prévenu est donc privé de sa liberté du moment qu'il est saisi et amené devant le juge de paix, quoiqu'il n'existe point encore de mandat d'arrêt; puisque la loi dit qu'il n'est remis en liberté qu'après l'examen des inculpations, il est évident que, jusqu'à cet examen, il doit cesser d'être libre.

L'article 527 du code des délits et des peines fournit un autre exemple de l'état du prévenu après le mandat d'amener. Lorsque le mandat d'arrêt a été annulé par le tribunal criminel pour incompétence, ou pour violation des formes prescrites à peine de nullité, le prévenu, contre lequel il ne reste plus qu'un mandat d'amener, sera-t-il immédiatement remis en liberté ? Non; cet article veut qu'il soit renvoyé en état d'arrestation provisoire devant un autre officier de police judiciaire, qui, après l'avoir entendu, le met en liberté, ou décerne contre lui un nouveau mandat d'arrêt, suivant les circonstances.

Mais, dans l'intervalle du mandat d'amener au mandat d'arrêt, ou à la mise en liberté, jamais le prévenu ne doit être déposé dans la maison d'arrêt ni dans aucune prison, les articles 634 et 636 du code des délits et des peines le défendent sous peine de six années de gêne. Le prévenu sera gardé, mais non incarcéré; il sera retenu dans une des salles de la maison commune par des gendarmes, ou par la garde nationale en activité, ou par la garde nationale sédentaire. (Article 168 de la loi du 28 germinal dernier, relative à l'organisation de la gendarmerie royale.)

Circulaire du ministre de la justice aux juges de paix sur les exactions.

Du 22 vendémiaire an 7. — 13 octobre 1798.

J'ai reçu, citoyens, des dénonciations affligeantes sur différentes exactions que l'on s'est permises dans plusieurs justices de paix; et les renseignemens que j'ai pris à cet égard ont malheureusement confirmé les avis qui m'étaient parvenus.

Quoique la loi n'attribue rien aux juges de paix pour leurs cédules, quelques-uns de ces magistrats exigent, pour les délivrer, depuis cinquante jusqu'à soixante-quinze centimes, et chargent de cette perception illégale leurs huissiers qui augmentent d'autant les frais de leurs citations. Il est de mon devoir, citoyens, de vous rappeler que toute perception non autorisée par les réglemens est qualifiée de concussion par l'art. 33 de la loi du 6 mars 1791, et qu'elle expose celui qui se la permet aux poursuites indiquées contre ce genre de prévarication.

J'espère que les commissaires du pouvoir exécutif, chargés de surveiller l'exécution des lois, ne se verront point obligés de fixer l'attention des tribunaux sur de si honteuses exactions.

Beaucoup d'huissiers exigent, pour leurs exploits et notifications, plus d'un franc, malgré les dispositions de la loi du 14 octobre 1791, titre IX, art. 2. Des greffiers de justices de paix perçoivent des émolumens pour les certificats de non comparution ou de non conciliation; quoique la loi ne leur alloue rien à cet égard.

Il importe aux juges de paix de réprimer sévèrement de semblables prévarications, desquelles ils deviennent nécessairement responsables, puisque leurs officiers ministériels sont entièrement à leur disposition : ils ne peuvent rien toucher sans leur autorisation, et, dès que ceux-ci perdent leur confiance, ils sont susceptibles d'être destitués par eux.

La confiance que j'ai, citoyens, dans votre vigilance et dans votre intégrité, me donne lieu de penser que je ne recevrai plus de plaintes de cette nature, et que vous concourrez d'un effort commun à conserver à la justice de paix la considération publique due à cette sublime institution.

Extrait de la loi sur les patentes.

1er brumaire an 7. — 22 octobre 1798.

Art. 37. Nul ne pourra former de demande, ni fournir aucune exception ou défense en justice, ni faire aucun acte ou signification par acte extrajudiciaire, pour tout ce qui serait relatif à son commerce, sa profession ou son industrie, sans qu'il soit fait mention, en tête des actes, de la patente prise, avec désignation de la classe, de la date, du numéro et de la commune où elle aura été délivrée, à peine d'une amende de 500 francs, tant contre les particuliers sujets à la patente que contre les fonctionnaires publics qui auraient fait ou reçu lesdits actes sans mention de la patente. La condamnation à cette amende sera poursuivie au tribunal civil du département à la requête du commissaire du pouvoir exécutif près ce tribunal. Le rapport de la patente ne pourra suppléer au défaut de l'énonciation, ni dispenser de l'amende prononcée ci-dessus. (Cet article a été remis en vigueur par une ordonnance du Roi du 23 décembre 1814.)

Art. 38. Tout citoyen qui expose des marchandises en vente dans quelque lieu que ce soit est tenu d'exhiber sa patente toutes les fois qu'il en est requis par les juges de paix, commissaires de police, administrateurs, agens ou adjoints municipaux et commissaires du pouvoir exécutif.

Extrait de la loi sur les expropriations forcées.

11 brumaire an 7. — 1er novembre 1798.

Art. 2...... L'original (du commandement) sera visé, dans les vingt-quatre heures, par le juge de paix du lieu où il aura été signifié, ou par l'un de ses assesseurs, et il sera laissé une seconde copie à celui qui donnera le *visa*....

6...... Les originaux des procès-verbaux (d'apposition d'affiches) et des exploits de leur notification, sont soumis au *visa* prescrit par l'article 2.

Extrait de la loi sur le timbre.

5 brumaire an 7. — 3 novembre 1798.

Art. 12. Sont assujettis au droit du timbre, établi en raison de la dimension, tous les papiers employés pour les actes et écritures, soit publics, soit privés, savoir :

1°....... Les actes des huissiers, et les copies et expéditions qu'ils en délivrent......

Les actes et jugemens de la justice de paix, des bureaux de paix et de conciliation, de la police ordinaire, des tribunaux et des arbitres, et les extraits, copies et expéditions qui en sont délivrés ;

Les actes particuliers des juges de paix et de leurs greffiers, ceux des autres juges et des commissaires du directoire exécutif et ceux reçus au greffe ou par les greffiers, ainsi que les extraits, copies et expéditions qui s'en délivrent.....

2°. Les registres de l'autorité judiciaire où s'écrivent des actes sujets à l'enregistrement sur les minutes, et les répertoires des greffiers.......

Ceux des notaires, huissiers et autres officiers publics et ministériels, et leurs répertoires......

16. Sont exceptés du droit et de la formalité du timbre, savoir :.... Les quittances des traitemens et émolumens des fonctionnaires publics et employés salariés par l'Etat......

Les certificats d'indigence.....

Les actes de police générale et de vindicte publique, et ceux des commissaires du directoire exécutif, non soumis à la formalité de l'enregistrement.....

Les registres des tribunaux, des accusateurs publics et des commissaires du directoire exécutif, où il ne se transcrit aucune minute d'acte soumis à la formalité de l'enregistrement.

17. Les notaires, huissiers, secrétaires des administrations centrales et municipales, et autres officiers et fonctionnaires publics, les arbitres, les avoués ou défenseurs officieux près les tribunaux, ne pourront employer, pour les actes qu'ils rédigeront, et leurs copies et expéditions, d'autre papier que celui timbré des timbres des départemens où ils exercent leurs fonctions.

18. La faculté accordée par l'article 7 de la présente aux citoyens qui

voudront employer d'autre papier que celui fourni par la régie, en le faisant timbrer avant d'en faire usage, est interdite aux notaires, huissiers, greffiers, arbitres, avoués ou défenseurs officieux, et à tous autres officiers ou fonctionnaires publics : ils seront tenus de se servir du papier timbré débité par la régie.

Les notaires ou autres officiers publics pourront néanmoins faire timbrer à l'extraordinaire du parchemin, lorsqu'ils seront dans le cas d'en employer.

19. Les notaires, greffiers, arbitres et secrétaires des administrations ne pourront employer, pour les expéditions qu'ils délivreront des actes retenus en minute et de ceux déposés ou annexés, de papier timbré d'un format inférieur à celui appelé *moyen papier*, et dont le prix est fixé à 75 centimes......

20. Les papiers employés à des expéditions ne pourront contenir, compensation faite d'une feuille à l'autre, savoir :

Plus de vingt-cinq lignes par page de moyen papier;

Plus de trente lignes par page de grand papier;

Et plus de trente-cinq lignes par page de grand raisin.

21. L'empreinte du timbre ne pourra être couverte d'écriture ni altérée.

22. Le papier timbré qui aura été employé à un acte quelconque ne pourra plus servir pour un autre acte, quand même le premier n'aurait pas été achevé.

23. Il ne pourra être fait ni expédié deux actes à la suite l'un de l'autre sur la même feuille de papier timbré, nonobstant tout usage ou réglement contraire.

Sont exceptés..... Les procès-verbaux et autres actes qui ne peuvent être consommés dans un même jour et dans la même vacation; les procès-verbaux de reconnaissance et levée des scellés........ qu'on pourra faire à la suite du procès-verbal d'apposition, et les significations des huissiers qui peuvent également être écrites à la suite des jugemens et autres pièces dont il est délivré copie.......

24. Il est fait défense aux notaires, huissiers, greffiers, arbitres et experts d'agir; aux juges, de prononcer aucun jugement; et aux administrations publiques, de rendre aucun arrêté sur un acte, registre ou effet de commerce, non écrit sur papier timbré du timbre prescrit ou non visé pour timbre.

Aucun juge ou officier public ne pourra non plus coter et parapher un registre assujetti au timbre, si les feuilles n'en sont timbrées.

Circulaire du ministre de la justice aux juges de paix des cantons maritimes sur la vente des effets naufragés.

Du 15 brumaire an 7. — 5 novembre 1798.

Je suis informé, citoyens, que, dans quelques cantons maritimes, il s'est élevé des difficultés relativement à la destination et à l'emploi des deniers provenant de la vente des effets naufragés.

La loi du 13 août 1791, concernant la police de la navigation et des ports de commerce, titre 1er, charge le juge de paix, et, à son défaut, le premier officier municipal ou le syndic des gens de mer, des mesures à prendre dans les cas de bris et naufrages.

L'article 6 porte que le juge de paix pourra faire vendre de suite, sur la réquisition du chef des classes, les effets qui ne seront pas susceptibles d'être conservés; et que, s'il ne se présente point de réclamations dans le mois, il procédera, en présence du même chef, à la vente des marchandises les plus périssables : « et sur les deniers en provenant seront payés les salaires des ouvriers, suivant le réglement qui en sera fait provisoirement et sans frais. »

Cette disposition de la loi a fait croire à quelques juges de paix que, puisqu'ils étaient chargés de régler les salaires des ouvriers employés au sauvetage, c'était à eux à les payer. En conséquence, ils se sont crus autorisés à retenir les deniers provenant de la vente, et à payer les salaires des ouvriers, suivant la taxe qu'ils avaient jugée convenable ; sauf à remettre le surplus, s'il y en a, dans la caisse des Invalides.

C'est une erreur qu'il importe de détruire.

La loi précitée porte, titre IV, article 1 : « que, pour la recette des droits sur la navigation, inventaire et dépôt... des marchandises sauvées ou séquestrées, ou des deniers provenant de leur vente, autres que ceux qui doivent être versés à la caisse des Invalides, il sera établi des receveurs dans les villes maritimes où il y aura des tribunaux de commerce. »

A ces receveurs particuliers qui étaient nommés par les tribunaux de commerce, la loi du 30 décembre 1791 a substitué les receveurs des douanes nationales. C'est donc dans la caisse de ces derniers que doit être fait le dépôt des marchandises naufragées, ou des deniers provenant de leur vente.

Aussi il est à remarquer que la loi du 13 août 1791, après avoir dit que le juge de paix procédera à la vente des marchandises les plus périssables, ajoute : « et sur les deniers en provenant seront payés les salaires des ouvriers suivant le réglement que le juge de paix en aura fait. » Cet énoncé prouve évidemment que le réglement des salaires et leur paiement ne peuvent être effectués par une seule et même personne.

Le réglement sera fait par le juge de paix. Les salaires seront payés par le receveur dans la caisse duquel les deniers provenant de la vente auront été déposés.

S'il en était autrement, si le juge de paix réglait et payait les mémoires des ouvriers, il pourrait en résulter les plus grands inconvéniens. Le réglement du juge de paix n'est que provisoire ; s'il a accordé ce qui n'était point dû, ou au-delà de ce qui était dû, les parties intéressées peuvent se pourvoir devant le tribunal de commerce qui procédera de nouveau au réglement contesté, aux termes de l'article 7 du titre 1er de la loi du 18 août 1791. Dans ce cas, si le tribunal jugeait excessive la taxe du juge de paix, quelles difficultés ne trouverait-on pas à faire restituer par de malheureux journaliers employés au sauvetage ce qu'ils auraient reçu de trop ?

Au reste, le mode indiqué par la loi de faire régler par le juge et payer par le receveur est bien plus convenable et plus conforme aux principes d'une sage administration que celui qui confondrait les deux opérations dans une seule main ; et c'est la seule interprétation qu'on puisse raisonnablement donner au texte précis des dispositions de la loi du 13 août 1791.

Je vous invite, citoyens, à faire de ces observations la règle de votre conduite dans les cas de bris et naufrages où votre ministère pourra être requis.

Extrait de la loi relative au régime, à la police et à l'administration des bacs et bateaux sur les fleuves, rivières et canaux navigables.

6 frimaire an 7. — 26 novembre 1798.

Art. 51. Il est enjoint aux adjudicataires, mariniers et autres personnes employées au service des bacs de se conformer aux dispositions de police administrative et de sûreté contenues dans la présente loi, ou qui pourraient leur être imposées par le directoire et les administrations, pour son exécution, à peine d'être responsables en leur propre et privé nom des suites de leur négligence, et en outre être condamnés, pour chaque contravention, en une amende de la valeur de trois journées de travail, le tout à la diligence des commissaires du directoire exécutif près les administrations centrales et municipales.

52. Il est expressément défendu aux adjudicataires, mariniers et autres personnes employées au service des bacs et bateaux, d'exiger, dans aucun temps, autres et plus fortes sommes que celles portées au tarif, à peine d'être con-

damnés par le juge de paix du canton, soit sur la réquisition des parties plaignantes, soit sur celle des commissaires du directoire, à la restitution des sommes indûment perçues, et en outre, par forme de simple police, à une amende qui ne pourra être moindre de la valeur d'une journée de travail et d'un jour d'emprisonnement, ni excéder la valeur de trois journées de travail et trois jours d'emprisonnement; le jugement de condamnation sera imprimé et affiché aux frais du contrevenant.

En cas de récidive, la condamnation sera prononcée par le tribunal correctionnel, conformément à l'article 607 du Code des délits et des peines.

53. Si l'exaction est accompagnée d'injures, menaces, violences ou voies de fait, les prévenus seront traduits devant le tribunal de police correctionnelle; et, en cas de conviction, condamnés à une amende qui pourra être de 100 fr., et à un emprisonnement qui ne pourra excéder trois mois.

54. Les adjudicataires seront, dans tous les cas, civilement responsables des restitutions, dommages et intérêts, amendes et condamnations pécuniaires prononcées contre leurs préposés et mariniers.

55. Ils pourront même, dans le cas de récidive légalement prononcée par un jugement, être destitués par les administrations centrales, sur l'avis des administrations municipales, et alors leurs baux demeureront résiliés sans indemnité.

56. Toute personne qui se soustrairait au paiement des sommes portées auxdits tarifs sera condamnée par le juge de paix du canton, outre la restitution des droits, à une amende qui ne pourra être moindre de la valeur d'une journée de travail, ni excéder trois journées.

En cas de récidive, le juge de paix prononcera, outre l'amende, un emprisonnement qui ne pourra être moindre d'un jour, ni être de plus de trois jours, et l'affiche du jugement sera aux frais du contrevenant.

57. Si le refus de payer était accompagné d'injures, menaces, violences ou voies de fait, les coupables seront traduits devant le tribunal de police correctionnelle, et condamnés, outre les réparations civiles et dommages et intérêts, en une amende qui pourra être de 100 francs, et à un emprisonnement qui ne pourra excéder trois mois.

58. Toute personne qui aura aidé ou favorisé la fraude, ou concouru à des contraventions aux lois sur la police des bacs, sera condamnée aux mêmes peines que les auteurs des fraudes ou contraventions.

59. Toute personne qui aurait encouru quelques-unes des condamnations prononcées par les articles précédens sera tenue d'en consigner le montant au greffe du juge de paix du canton, ou de donner caution solvable, laquelle sera reçue par le juge de paix ou l'un de ses assesseurs;

Sinon, seront ses voitures et chevaux mis en fourrière, et les marchandises déposées à ses frais, jusqu'au paiement ou jusqu'à la consignation, ou jusqu'à la réception de la caution.

60. Toute consignation ou dépôt sera restitué immédiatement après l'exécution du jugement qui aura prononcé sur le délit pour raison duquel les consignations ou dépôts auront été faits.

61. Les délits plus graves et non prévus par la présente, ou qui se compliqueront avec ceux qui sont énoncés, continueront d'être jugés suivant les dispositions pénales des lois existantes auxquelles il n'est point dérogé.

81. Les dispositions de la présente loi ne sont pas applicables au département de la Seine, dans lequel la loi du 16 brumaire an 5 sur les bacs, bateaux et batelets, continuera d'être exécutée.

Cependant sont abrogées les dispositions pénales prononcées par ladite loi; et celles énoncées en la présente seront appliquées aux contrevenans, dans l'étendue du département de la Seine, comme dans toute l'étendue de la France.

Arrêté du directoire exécutif concernant les ports de lettres adressées aux juges de paix.

9 frimaire an 7. — 29 novembre 1798.

Art. 1. Les juges de paix....... sont autorisés à tenir, avec le bureau de la poste aux lettres de leur résidence, un compte ouvert sur lequel ils rapporteront, jour par jour, la mention et le montant des lettres qui leur parviendront. Le compte sera arrêté le 30 de chaque mois.

2. Les fonctionnaires publics mentionnés dans l'article premier feront ordonnancer, par le président du tribunal criminel, le montant des ports de lettres relatives au service public; l'ordonnance sera acquittée par le receveur de l'enregistrement et des domaines, de la même manière qu'il paie les frais des exécutoires de justice.

3. Le compte des ports de lettres reçus par les fonctionnaires mentionnés dans l'article premier sera par eux acquitté, au plus tard, le 15 de chaque mois, pour le mois précédent, entre les mains du directeur de la poste aux lettres, avec lequel le compte sera tenu. Ils ne pourront porter en dépense que celles concernant le service public; ils paieront le port de celles qui leur seront particulières. (*Voyez ci-après l'ordonnance du 6 août* 1817.)

Circulaire du ministre de la justice aux juges de paix, sur les salaires des greffiers et des huissiers.

Du 14 frimaire an 7. — 4 décembre 1798.

Ma circulaire du 22 vendémiaire dernier, citoyens, en rappelant les greffiers des justices de paix à la stricte exécution des lois qui règlent les salaires de leurs expéditions, et en relevant également les abus qui peuvent s'être introduits dans le règlement des droits dûs aux huissiers de ces mêmes tribunaux pour les citations dont ils sont chargés, a donné lieu à quelques-uns d'entre vous de m'adresser, sur ces deux objets, des observations sur lesquelles j'ai pensé que quelques explications ultérieures devenaient nécessaires pour dissiper entièrement les doutes auxquels vous avez pu vous livrer.

1°. A l'égard des expéditions de procès-verbaux de non-conciliation ou de non-comparution, j'ai rappelé qu'il n'était rien dû à votre greffier, parce qu'en effet, jusqu'à présent, la loi ne lui alloue aucun émolument pour ces sortes d'actes, et que je ne peux être sur cet objet que l'organe passif de la loi.

Mais mon prédécesseur et moi avons toujours pensé que les certificats de conciliation qui règlent en quelque sorte des droits respectifs des parties, et qui forment pour elles un titre contradictoire et définitif, pouvaient, par cette raison, être assimilés à des jugemens définitifs, susceptibles, par conséquent, de l'application de l'article 2 du titre 1er de la loi du 26 octobre 1790 qui attribue au greffier un franc pour la délivrance de ces sortes de jugemens.

2°. Ce n'est qu'en thèse générale, et abstraction faite de la circonstance d'un déplacement, que j'ai recommandé l'exécution, de la part des huissiers, de la disposition du même article qui ne leur accorde qu'un franc pour chaque citation.

Mais je n'ai pas entendu, pour cela, porter aucune atteinte à la faculté que leur donne, en cas de déplacement, l'article 6 de la loi du 27 mars 1791, de percevoir, pour leur transport, soixante centimes (douze sous) par quatre kilomètres (une lieue de poste), sans néanmoins qu'il puisse jamais être mis à la charge de la partie condamnée, plus que les frais de huit kilomètres (deux lieues de poste), le retour compris.

J'ai lieu d'espérer que ces éclaircissemens, en vous mettant, citoyens, à portée de connaître et de régler avec exactitude les justes rétributions des fonctionnaires dont je viens de parler, préviendront toute disposition de votre part, qui tendrait, soit à outre-passer en leur faveur la disposition littérale des lois, soit à rester au-dessous de ce qu'elles permettent. Je me repose à cet égard sur la vigilance et le civisme des juges de paix.

Extrait de la loi sur l'enregistrement.

22 frimaire an 7. — 12 décembre 1798.

TITRE Ier.

De l'enregistrement, des droits et de leur application.

Art. 7. Les actes civils et extrajudiciaires sont enregistrés sur les minutes, brevets ou originaux.

Les actes judiciaires reçoivent cette formalité, soit sur les minutes, soit sur les expéditions, suivant les distinctions ci-après.

Ceux qui doivent être enregistrés *sur les minutes* sont les procès-verbaux d'apposition, de reconnaissance et levée de scellés, et ceux de nomination de tuteurs et curateurs, les avis de parens, les émancipations, les actes de notoriété..... les nominations d'experts et arbitres, les oppositions à levée des scellés par comparution personnelle..... les ordonnances et mandemens d'assigner les opposans à scellés; tous procès-verbaux, généralement quelconque des bureaux de paix, portant conciliation ou non conciliation, défaut ou congé, remise ou ajournement..... d'apposition à délivrance de titres ou jugemens, de procès-verbaux et rapports....... les certificats de toute nature ..... les jugemens portant transmission d'immeubles, et ceux par lesquels il est prononcé des condamnations sur des conventions sujettes à l'enregistrement, sans énonciation de titres enregistrés.

Tous les autres actes et jugemens, soit préparatoires ou d'instruction, soit définitifs, ne sont soumis à l'enregistrement que sur les expéditions.

Les jugemens de la police ordinaire, des tribunaux de police correctionnelle et des tribunaux criminels, ne sont de même soumis à l'enregistrement que sur les expéditions, *lorsqu'il y a partie civile,* et seulement pour les expéditions requises par elle, ou autres intéressées.

8. Il n'est dû aucun droit d'enregistrement pour les extraits, copies ou expéditions des actes qui doivent être enregistrés sur les minutes ou originaux.

Quant à ceux des actes judiciaires qui ne sont assujettis à l'enregistrement que sur les expéditions, chaque expédition doit être enregistrée, savoir : la première pour le droit proportionnel, s'il y a lieu, ou pour le droit *fixe,* si le jugement n'est pas passif du droit proportionnel, et chacune des autres pour le droit *fixe.*

11. Lorsque, dans un acte quelconque, soit civil, soit judiciaire, ou extrajudiciaire, il y a plusieurs dispositions indépendantes, ou ne dérivant pas nécessairement les unes des autres, il est dû pour chacune d'elles, et selon son espèce, un droit particulier : la quotité en est déterminée par l'article de la présente dans lequel la disposition se trouve classée ou auquel elle se rapporte.

TITRE II.

Des valeurs sur lesquelles le droit proportionnel est assis, et de l'expertise.

14. La valeur de la propriété, de l'usufruit et de la jouissance des *biens-meu-*

bles, est déterminée par la liquidation et le paiement du droit proportionnel, ainsi qu'il suit; savoir :.........

3°. Pour les quittances et tous autres actes de libération, *par le total des sommes ou capitaux dont le débiteur se trouve libéré;.......*

5°. Pour les ventes ou autres transmissions à titre onéreux, *par le prix exprimé et le capital des charges qui peuvent ajouter au prix;.......*

10°. Pour les actes et jugemens portant condamnation, collocation, liquidation ou transmission, *par le capital des sommes et les intérêts liquidés....*

15. La valeur de la propriété, de l'usufruit et de la jouissance *des immeubles*, est déterminée, pour la liquidation et paiement du droit proportionnel, ainsi qu'il suit, savoir : ......

6°. Pour les ventes, adjudications, cessions, rétrocessions, licitations, et tous autres actes civils ou judiciaires, portant translation de propriété ou d'usufruit à titre onéreux, *par le prix exprimé, en y ajoutant toutes les charges en capital, ou par une estimation d'experts, dans les cas autorisés par la présente.*

Si l'usufruit est réservé par le vendeur, il sera évalué à la moitié de tout ce qui forme le prix du contrat, et le droit sera perçu sur le total; mais il ne sera dû aucun droit pour la réunion de l'usufruit à la propriété : cependant, si elle s'opère par un acte de cession, et que le prix soit supérieur à l'évaluation qui en aura été faite pour régler le droit de la translation de propriété, il est dû un droit par supplément sur ce qui se trouve excéder cette évaluation. Dans le cas contraire, l'acte de cession est enregistré pour le droit fixe......

16. Si les sommes et valeurs ne sont pas déterminées dans un acte ou un jugement donnant lieu au droit proportionnel, les parties seront tenues d'y suppléer, avant l'enregistrement, par une déclaration estimative, certifiée et signée au pied de l'acte.

17. Si le prix énoncé dans un acte translatif de propriété ou d'usufruit des biens immeubles, à titre onéreux, paraît inférieur à leur valeur vénale à l'époque de l'aliénation, par comparaison avec les fonds voisins de même nature, la régie pourra requérir une expertise, pourvu qu'elle en fasse la demande dans l'année, à compter du jour de l'enregistrement du contrat.

18. La demande en expertise sera faite au tribunal civil du département dans l'étendue duquel les biens sont situés, par une pétition portant nomination de l'expert de l'état.

L'expertise sera ordonnée dans les dix jours de la demande.

En cas de refus par la partie de nommer son expert sur la sommation qui lui aura été faite d'y satisfaire dans les trois jours, il lui en sera nommé un d'office par le tribunal.

Les experts, en cas de partage, appelleront un tiers-expert. S'ils ne peuvent en convenir, le juge de paix du canton de la situation des biens y pourvoira.

Le procès-verbal d'expertise sera rapporté au plus tard dans le mois qui suivra la remise qui aura été faite aux experts de l'ordonnance du tribunal, ou dans le mois après l'appel d'un tiers-expert.....

TITRE III.

Des délais pour l'enregistrement des actes et des déclarations.

Art. 20. Les délais pour faire enregistrer les actes publics, sont, savoir :

De quatre jours, pour ceux des huissiers et autres ayant pouvoir de faire des exploits et procès-verbaux....

De vingt jours, pour les actes judiciaires soumis à l'enregistrement sur les minutes, et pour ceux dont il ne reste pas de minute au greffe, ou qui se délivrent en brevet......

25. Dans les délais fixés par les articles précédens pour l'enregistrement des actes et déclarations, le jour de la date de l'acte, ou celui de l'ouverture de la succession, ne sera point compté.

Si le dernier jour du délai se trouve un jour de fête, ce jour-là ne sera point compté.

TITRE IV.

Des bureaux où les actes doivent être enregistrés.

Art. 26... Les huissiers, ou tous autres ayant pouvoir de faire des exploits, procès-verbaux ou rapports, feront enregistrer leurs actes, soit au bureau de leur résidence, soit au bureau du lieu où ils les auront faits.

Les greffiers et les secrétaires des administrations centrales et municipales feront enregistrer les actes qu'ils sont tenus de soumettre à cette formalité, aux bureaux dans l'arrondissement desquels ils exercent leurs fonctions.

TITRE V.

Du paiement des droits et de ceux qui doivent les acquitter.

Art. 29. Les droits des actes à enregistrer seront acquittés, savoir : .....

Par les huissiers et autres ayant pouvoir de faire des exploits et procès-verbaux, *pour ceux de leur ministère.*

Par les greffiers, *pour les actes et jugemens (sauf le cas prévu par l'article 37 ci-après) qui doivent être enregistrés sur les minutes, aux termes de l'article 7 de la présente, et ceux passés et reçus aux greffes, et pour les extraits, copies et expéditions qu'ils délivrent des jugemens qui ne sont pas soumis à l'enregistrement sur les minutes.....*

30. Les officiers publics qui, aux termes des dispositions précédentes, auraient fait pour les parties l'avance des droits d'enregistrement, pourront prendre exécutoire du juge de paix de leur canton pour le remboursement.

L'opposition qui serait formée contre cet exécutoire, ainsi que toutes les contestations qui s'éleveraient à cet égard, sont jugées conformément aux dispositions portées par l'article 65 de la présente relatif aux instances poursuivies au nom de l'état.

31. Les droits des actes civils et judiciaires emportant obligation, libération ou translation de propriété ou d'usufruit de meubles ou immeubles, seront supportés par les débiteurs et nouveaux possesseurs, et ceux de tous les autres actes le seront par les parties auxquelles les actes profiteront, lorsque, dans ces divers cas, il n'aura pas été stipulé de dispositions contraires dans les actes.

TITRE VI.

Des peines pour défaut d'enregistrement des actes et déclarations dans les délais, et de celles portées relativement aux omissions, aux fausses estimations et aux contre-lettres.

34. La peine contre un huissier ou autre ayant pouvoir de faire des exploits ou procès-verbaux, est, pour un exploit ou procès-verbal non présenté à l'enregistrement dans le délai, d'une somme de 25 francs, et de plus, une somme équivalente au montant du droit de l'acte non enregistré. L'exploit ou procès-verbal non enregistré dans le délai est déclaré nul, et le contrevenant responsable de cette nullité envers la partie.

Ces dispositions, relativement aux exploits et procès-verbaux, ne s'étendent pas aux procès-verbaux de vente de meubles et autres objets mobiliers, ni à tout autre acte du ministère des huissiers, sujet au droit proportionnel. La peine pour ceux-ci sera d'une somme égale au montant du droit, sans qu'elle puisse être au-dessous de 50 francs. Le contrevenant paiera en outre le droit dû pour l'acte, sauf son recours contre la partie pour ce droit seulement.

35. Les greffiers qui auront négligé de soumettre à l'enregistrement, dans le délai fixé, les actes qu'ils sont tenus de présenter à cette formalité, paie-

ront personnellement, à titre d'amende, et pour chaque contravention, une somme égale au montant du droit.

Ils acquitteront en même temps le droit, sauf leur recours, pour ce droit seulement, contre la partie.

37. Il est néanmoins fait exception aux dispositions des deux articles précédens, quant aux jugemens rendus à l'audience, qui doivent être enregistrés sur les minutes, et aux actes d'adjudication en séance publique des administrations, lorsque les parties n'auront pas consigné aux mains des greffiers et des secrétaires, dans le délai prescrit pour l'enregistrement, le montant des droits fixés par la loi. Dans ce cas, le recouvrement en sera fait dans les dix jours contre les parties par les receveurs; elles supporteront, en outre, la peine du droit en sus.

Pour cet effet, les greffiers et les secrétaires fourniront aux receveurs de l'enregistrement, dans la décade qui suivra l'expiration du délai, des extraits par eux certifiés des actes et jugemens dont les droits ne leur auront pas été remis par les parties, à peine d'une amende de 10 francs pour chaque acte et jugement, et d'être personnellement contraints au paiement des doubles droits.

TITRE VII.

Des obligations des notaires, huissiers, greffiers, secrétaires, juges, arbitres, administrateurs et autres officiers ou fonctionnaires publics, des parties et des receveurs, indépendamment de celles imposées sous les titres précédens.

41. Les notaires, huissiers, greffiers et les secrétaires des administrations centrales et municipales, ne pourront délivrer en brevet, copie ou expédition, aucun acte soumis à l'enregistrement sur la minute ou l'original, ni faire aucun autre acte en conséquence, avant qu'il ait été enregistré, quand même le délai pour l'enregistrement ne serait pas encore expiré, à peine de 50 francs d'amende, outre le paiement du droit.

Sont exceptés les exploits et autres actes de cette nature qui se signifient à parties, ou par affiches et proclamations, et les effets négociables compris dans l'article 69, paragraphe 2, nombre 6 de la présente.

A l'égard des jugemens qui ne sont assujettis à l'enregistrement que sur les expéditions, il est défendu aux greffiers, sous les mêmes peines, d'en délivrer aucune, même par simple note ou extrait, aux parties ou autres intéressés, sans l'avoir fait enregistrer.

42. Aucun notaire, huissier, greffier, secrétaire ou autre officier public, ne pourra faire ou rédiger un acte en vertu d'un acte sous signature privée, ou passé en pays étranger, l'annexer à ses minutes, ni le recevoir en dépôt, ni en délivrer extrait, copie ou expédition, s'il n'a été préalablement enregistré, à peine de 50 francs d'amende, et de répondre personnellement du droit.

44. Il sera fait mention dans toutes les expéditions des actes publics, civils ou judiciaires, qui doivent être enregistrés sur les minutes, de la quittance des droits, par une transcription littérale et entière de cette quittance.

Pareille mention sera faite dans les minutes des actes publics, civils, judiciaires ou extrajudiciaires, qui se feront en vertu d'actes sous signature privée, ou passés en pays étranger, et qui sont soumis à l'enregistrement par la présente.

Chaque contravention sera punie par une amende de 10 fr.

45. Les greffiers qui délivreront des secondes et subséquentes expéditions des actes et jugemens assujettis au droit proportionnel, mais qui ne sont pas dans le cas d'être enregistrés sur les minutes, seront tenus de faire mention dans chacune de ces expéditions, de la quittance du droit payé pour la première expédition, par une transcription littérale de cette quittance.

Ils feront également mention sur la minute de chaque expédition délivrée, de la date de l'enregistrement et du droit payé.

Toute contravention à ces dispositions sera punie par une amende de dix francs.

46. Dans le cas de fausse mention d'enregistrement, soit dans une minute, soit dans une expédition, le délinquant sera poursuivi par la partie publique, sur la dénonciation du préposé de la régie, et condamné aux peines prononcées pour le faux.

47. Il est défendu aux juges et arbitres de rendre aucun jugement, et aux administrations centrales et municipales de prendre aucun arrêté en faveur des particuliers, sur des actes non enregistrés, à peine d'être personnellement responsables des droits.

48. Toutes les fois qu'une condamnation sera rendue, ou qu'un arrêté sera pris sur un acte enregistré, le jugement, la sentence arbitrale ou l'arrêté en fera mention, et énoncera le montant du droit payé, la date du paiement et le nom du bureau où il aura été acquitté; en cas d'omission, le receveur exigera le droit, si l'acte n'a pas été enregistré dans son bureau, sauf restitution dans le délai prescrit, s'il est ensuite justifié de l'enregistrement de l'acte sur lequel le jugement aura été prononcé ou l'arrêté pris.

49. Les notaires, huissiers, greffiers et les secrétaires des administrations centrales et municipales, tiendront des répertoires à colonnes, sur lesquels ils inscriront, jour par jour, sans blancs ni interlignes, et par ordre de numéros, savoir : ....

2°. Les huissiers, tous les actes et exploits de leur ministère, sous peine d'une amende de cinq francs pour chaque omission;

3°. Les greffiers, tous les actes et jugemens qui, aux termes de la présente, doivent être enregistrés sur les minutes, à peine d'une amende de dix francs pour chaque omission.....

50. Chaque article du répertoire contiendra, 1° son numéro; 2° la date de l'acte; 3° sa nature; 4° les noms, prénoms des parties et leur domicile; 5° l'indication des biens, leur situation et le prix, lorsqu'il s'agira d'actes qui auront pour objet la propriété, l'usufruit ou la jouissance des biens-fonds; 6° la relation de l'enregistrement.

51. Les notaires, huissiers, greffiers et les secrétaires des administrations centrales et municipales présenteront, tous les trois mois, leurs répertoires aux receveurs de l'enregistrement de leur résidence, qui les viseront et qui énonceront dans leur *visa* le nombre des actes inscrits. Cette présentation aura lieu, chaque année, dans les dix premiers jours de chacun des mois de janvier, avril, juillet et octobre, à peine d'une amende de dix francs pour chaque décade de retard.

52. Indépendamment de la représentation ordonnée par l'article précédent, les notaires, huissiers, greffiers et secrétaires seront tenus de communiquer leurs répertoires, à toute réquisition, aux préposés de l'enregistrement qui se présenteront chez eux pour les vérifier, à peine d'une amende de cinquante francs, en cas de refus,

Le préposé, en ce cas, requerra l'assistance d'un officier municipal, ou du maire, ou de l'adjoint de la commune du lieu, pour dresser, en sa présence, procès-verbal du refus qui lui aura été fait.

53. Les répertoires seront cotés et paraphés, savoir : ceux des notaires, huissiers et greffiers de la justice de paix, par le juge de paix de leur domicile; ceux des greffiers des tribunaux, par le président, et ceux des secrétaires des administrations, par les présidens de l'administration.

54. Les dépositaires des registres de l'état civil, ceux des rôles des contributions, et tous autres chargés des archives et dépôts de titres publics, seront tenus de les communiquer, sans déplacer, aux préposés de l'enregistrement, à toute réquisition, et de leur laisser prendre, sans frais, les renseignemens, extraits et copies qui leur seront nécessaires pour les intérêts de l'état, à peine de cinquante francs d'amende pour refus constaté par procès-verbal du pré-

posé, qui se fera accompagner, ainsi qu'il est prescrit par l'article 52 ci-dessus, chez les détenteurs et dépositaires qui auront fait refus.

Ces dispositions s'appliquent aussi aux notaires, huissiers, greffiers et secrétaires des administrations centrales et municipales, pour les actes dont ils sont dépositaires.

Les communications ci-dessus ne pourront être exigées les jours de fêtes, et les séances, dans chaque autre jour, ne pourront durer plus de quatre heures de la part des préposés, dans les dépôts où ils feront leurs recherches.

58. Les receveurs de l'enregistrement ne pourront délivrer d'extraits de leurs registres que sur ordonnance du juge de paix, lorsque ces extraits ne seront pas demandés par quelqu'une des parties contractantes, ou de leurs ayant-cause.

TITRE IX.

Des poursuites et instances.

65. L'introduction et l'instruction des instances auront lieu devant les tribunaux civils de département. La connaissance et la décision en sont interdites à toutes autres autorités constituées ou administratives.

L'instruction se fera par simples mémoires respectivement signifiés.

Il n'y aura d'autres frais à supporter pour la partie qui succombera que ceux du papier timbré, des significations, et du droit d'enregistrement des jugemens.

Les tribunaux accorderont, soit aux parties, soit aux préposés de la régie qui suivront les instances, le délai qu'il leur demanderont pour produire leur défense. Il ne pourra néanmoins être de plus d'un mois.

Les jugemens seront rendus dans les trois mois au plus tard, à compter de l'introduction des instances, sur le rapport d'un juge fait en audience publique, et sur les conclusions des procureurs royaux. Ils seront sans appel, et ne pourront être attaqués que par la voie de cassation.

TITRE X.

De la fixation des droits.

Art. 67. Les droits à percevoir pour l'enregistrement des actes et mutations, sont et demeurent fixés aux taux et quotités tarifés par les articles 68 et 69 suivans.

Des droits fixes.

Art. 68. Les actes compris sous cet article seront enregistrés, et les droits payés ainsi qu'il suit, savoir :

§. Ier.

Actes sujets à un droit fixe d'un franc.

30°. Les exploits, les significations, celles des cédules des juges de paix, les.... notifications, citations.....

Il sera dû un droit pour chaque demandeur ou défendeur, en quelque nombre qu'ils soient dans le même acte, excepté les co-propriétaires et co-héritiers, les parens réunis, les co-intéressés, débiteurs ou créanciers associés ou solidaires, les séquestres, les experts et les témoins, qui ne seront comptés que pour une seule et même personne, soit en demandant, soit en défendant, dans le même original d'acte, lorsque leurs qualités y seront exprimées.

32°. Les nominations d'experts ou arbitres.

35°. Les procès-verbaux et rapports d'employés, gardes, commissaires, séquestres, experts, arpenteurs et agens forestiers ou ruraux.

46°. Les actes (les cédules exceptées) et jugemens préparatoires, interlocutoires ou d'instruction des juges de paix ; certificats d'individualité, procès-verbaux d'avis de parens; *visa* de pièces et poursuites préalables à l'exercice de la contrainte par corps; les oppositions à la levée des scellés par comparence personnelle dans le procès-verbal; les ordonnances et mandemens d'assigner les opposans aux scellés; tous autres actes des juges de paix non classés dans les paragraphes et articles suivans, et leurs jugemens définitifs portant condamnation de sommes dont le droit proportionnel ne s'élèverait pas à un franc.

47°. Tous les procès-verbaux des bureaux de paix desquels il ne résulte aucune disposition donnant lieu au droit proportionnel, ou dont le droit proportionnel ne s'élèverait pas à un franc.

48°. Les actes et jugemens de la police ordinaire et des tribunaux de police correctionnelle et criminelle, soit entre parties, soit sur la poursuite du ministère public, avec partie civile, lorsqu'il n'y a pas condamnation de sommes et valeurs, ou dont le droit proportionnel ne s'élèverait pas à un franc, et les dépôts et décharges aux greffes desdits tribunaux, dans les mêmes cas où il y a partie civile.

51°. Et généralement tous actes civils, judiciaires ou extrajudiciaires, qui ne se trouvent dénommés dans aucun des paragraphes suivans, ni dans aucun autre article de la présente, et qui ne peuvent donner lieu au droit proportionnel.

§. II.

Actes sujets à un droit fixe de deux francs.

3°. Les procès-verbaux d'apposition, de reconnaissance et de levée de scellés. *Il est dû un droit pour chaque vacation.*

4°. Les procès-verbaux de nomination de tuteurs et curateurs.

6°. Les jugemens des juges de paix portant renvoi ou décharge de demande: débouté d'opposition, validité de congé, expulsion, condamnation à réparation d'injures personnelles, et généralement tous ceux qui, contenant des dispositions définitives, ne donnent pas ouverture au droit proportionnel.

§. IV.

Actes sujets à un droit de cinq francs.

2°. Les actes d'émancipation; *le droit est dû pour chaque émancipé.*

3°. Les déclarations et significations d'appel des jugemens des juges de paix, aux tribunaux civils.

§. VI.

Actes sujets à un droit fixe de quinze francs.

3°. Le premier acte de recours au tribunal de cassation, soit par requête, mémoire ou déclaration, en matière civile, de police ou correctionnelle.

Droits proportionnels.

Art. 69. Les actes et mutations compris sous cet article seront enregistrés, et les droits payés suivant les quotités ci-après, savoir:

§. II.

Cinquante centimes par cent francs.

9°. Les expéditions des jugemens contradictoires ou par défaut des juges de paix, des tribunaux civils, de commerce et d'arbitrage; de la police ordinaire, de la police correctionnelle et des tribunaux criminels, portant condamnation, collocation ou liquidation de sommes et valeurs mobilières, intérêts et dépens entre particuliers, excepté les dommages-intérêts, dont le droit proportionnel est fixé à deux pour cent, sous le paragraphe 5, nombre 8, ci-après.

Dans aucun cas, et pour aucun de ces jugemens, le droit proportionnel ne pourra être au-dessous du droit fixe, tel qu'il est rédigé dans l'article précédent pour les jugemens des divers tribunaux.

Lorsque le droit proportionnel aura été acquitté sur un jugement rendu par défaut, la perception sur le jugement contradictoire qui pourra intervenir n'aura lieu que sur le supplément des condamnations : il en sera de même des jugemens rendus sur appel et des exécutoires.

S'il n'y a pas de supplément de condamnation, l'expédition sera enregistrée pour le droit *fixe*, qui sera toujours le moindre droit à percevoir.

Lorsqu'une condamnation sera rendue sur une demande non établie par un titre enregistré et susceptible de l'être, le droit auquel l'objet de la demande aurait donné lieu, s'il avait été convenu par acte public, sera perçu indépendamment du droit dû pour l'acte ou le jugement qui aura prononcé la condamnation.

§. III.

Un franc par cent francs.

3°. Les contrats, transactions, promesses de payer, arrêtés de comptes, billets, mandats; les transports, cessions et délégations de créances à termes; les délégations de prix stipulés dans un contrat, pour acquitter des créances à termes envers un tiers, sans énonciation de titre enregistré, sauf, pour ce cas, la restitution dans le délai prescrit, s'il est justifié d'un titre précédemment enregistré, les reconnaissances, celles de dépôts de sommes chez les particuliers, et tous autres actes ou écrits qui contiendront obligation de sommes, sans libéralité, et sans que l'obligation soit le prix d'une transmission de meubles ou immeubles non enregistrée.

§. V.

Deux francs par cent francs.

8°. Les dommages-intérêts prononcés par les tribunaux criminels, correctionnels et de police.

§. VII.

Quatre francs par cent francs.

1°. Les adjudications, ventes, reventes, cessions, rétrocessions, et tous autres actes civils ou judiciaires translatifs de propriété ou d'usufruit de *biens-immeubles*, à titre onéreux.

TITRE XI.

Des actes qui doivent être enregistrés en débet *ou* gratis, *et de ceux qui sont exempts de cette formalité.*

Art. 70. Seront soumis à la formalité de l'enregistrement et enregistrés en *débet* ou *gratis*, ou exempts de cette formalité, les actes ci-après, savoir :

§. Ier.

A enregistrer en débet.

1°. Les actes et procès-verbaux des juges de paix pour faits de police;

2°. Ceux faits à la requête des procureurs du roi près les tribunaux;

3°. Ceux des commissaires de police;

4°. Ceux des gardes établis par l'autorité publique, pour délits ruraux et forestiers;

5°. Les actes et jugemens qui interviennent sur ces actes et procès-verbaux.

Il y aura lieu de suivre la rentrée des droits d'enregistrement de ces actes, procès-verbaux et jugemens contre les parties condamnées, d'après les extraits des jugemens qui seront fournis aux préposés de la régie par les greffiers.

§. II.

A enregistrer gratis.

3°. Les actes des huissiers et gendarmes, dans les cas spécifiés par le paragraphe suivant, nombre 9.

§. III.

Des actes exempts de la formalité de l'enregistrement.

9°. Tous les actes et procès-verbaux (excepté ceux des huissiers et gendarmes qui doivent être enregistrés, ainsi qu'il est dit au paragraphe précédent, nombre 4), et jugemens concernant la police générale et de sûreté, et la vindicte publique.

10°. Les cédules pour appeler au bureau de conciliation, sauf le droit de signification.

2°. Les affirmations de procès-verbaux des employés, gardes et agens salariés par l'Etat, faits dans l'exercice de leurs fonctions. (*Voyez ci-après l'extrait de la loi du* 28 *avril* 1816.)

Circulaire du ministre de la justice aux juges de paix, sur la poursuite des affaires relatives à la taxe d'entretien des routes.

Du 28 frimaire an 7. — 18 décembre 1798.

La loi du 14 brumaire dernier (B. 239, Sie 2.) a établi, citoyens, pour la poursuite des affaires concernant la taxe d'entretien des routes, de nouvelles règles sur lesquelles je crois devoir fixer particulièrement votre attention.

Trois espèces d'amendes sont prononcées par la loi du 3 nivôse dernier (B. 171) : l'amende de 25 fr. pour défaut de plaque; celles de 50 fr. envers ceux qui passent les barrières, sans acquitter le droit, et celle de 100 fr. contre ceux qui insultent ou maltraitent les préposés, qui s'opposent, par violences ou menaces, à l'exercice de leurs fonctions, ou endommagent les bureaux.

La loi du 14 brumaire porte, article 18, que « les amendes *pour fraude et contravention* aux lois relatives à la taxe d'entretien des routes sont converties en une taxe fixe équivalente au montant desdites amendes. »

Ces expressions *pour fraude et contravention*, et les dispositions de l'article 26 de la même loi, qui statue que les procès-verbaux des préposés feront foi jusqu'à inscription de faux, en matière de fraude et de contravention, et jusqu'à preuve contraire en matière correctionnelle, pourraient vous déterminer à croire que les amendes pour défaut de plaque et pour fraude des droits, qui sont établies par les articles 9 et 10 de la loi du 3 nivôse dernier, sont seules converties en taxes fixes, et que l'amende de 100 fr. que prononce l'article 11 de la même loi, pour voies de fait envers les préposés, ou bris de barrières, a conservé son caractère pénal. Si vous adoptiez un pareil système, vous embrasseriez une erreur.

L'article 25 de la loi du 25 brumaire ne laisse aucun doute à ce sujet. Il porte que le juge de paix du canton prononcera sans appel, et en dernier ressort, lorsque la taxe fixe n'excédera pas 50 fr.

Il résulte évidemment de ces dispositions qu'il est des taxes fixes qui peuvent excéder 50 fr.; car si le juge de paix n'est compétent que lorsque la taxe fixe n'excède pas 50 fr, c'est qu'il en existe de supérieures à ce taux qui sortent de sa compétence.

Or, les amendes prononcées par la loi du 3 nivôse n'étant que de 25, 50 et

100 fr., il est clair que ce ne sont pas seulement les amendes de 25 et 50 fr., mais encore celles de 100 fr. que l'article 18 de la loi du 14 brumaire a converties en taxes fixes.

On ne peut tirer aucune induction contraire des termes *de fraude et de contravention* qui sont employés dans le dernier article; car ces termes s'appliquent au cas prévu par l'article 11 de la loi du 3 nivôse, qui prononce l'amende de 100 francs, comme aux cas prévus par les articles 9 et 10 de la même loi, qui prononcent les amendes de 25 et 50 francs. En effet, l'article 11, qui établit l'amende de 100 francs, défendant expressément à toute personne d'insulter ou maltraiter les préposés à la perception de la taxe d'entretien, et de s'opposer, par violence ou menaces, à l'exercice de leurs fonctions; de briser ou endommager les bureaux des barrières : c'est évidemment contrevenir, non-seulement aux lois générales, mais encore spécialement à la loi du 3 nivôse, relative à la taxe d'entretien des routes, que de maltraiter les préposés à la perception de cette taxe, que de briser ou endommager les bureaux établis pour la perception, etc.; et l'on doit, par conséquent, considérer l'amende de 100 francs, qui est établie par l'article 11, comme une amende pour contravention aux lois sur la taxe d'entretien des routes.

A l'égard de la disposition de l'article 26 de la loi du 14 brumaire, qui suppose qu'en cette matière il peut encore y avoir lieu à des poursuites correctionnelles, on ne doit pas en conclure que l'amende de 100 francs n'est pas convertie en taxe fixe; il en résulte seulement que les législateurs ont prévu dans cet article, comme dans l'article 11 de la loi du 3 nivôse, que les voies de fait envers les préposés, le bris des barrières, pourraient être accompagnés de circonstances aggravantes qui donnassent lieu à des peines plus graves, et qui rendissent compétens les tribunaux correctionnels ou criminels, suivant que ce serait le cas d'appliquer, soit les peines correctionnelles que prononce la loi du 19 juillet 1791, soit celles qui sont établies par les articles 1, 2, 3, 4 et 5, section 4, titre 1er, 2e partie du Code pénal, et par l'article 2 de la loi du 22 floréal an 2.

Ainsi, toutes les amendes que prononce la loi du 3 nivôse sont, par la loi du 14 brumaire, converties en taxes fixes, et c'est par conséquent sur des poursuites purement civiles qu'elles doivent être prononcées.

Votre compétence particulière à ce sujet ne présente pas la moindre difficulté; le taux en est fixé par l'article 25 de la loi du 14 brumaire. Suivant cet article, toutes les fois que la taxe fixe n'excédera pas 50 francs, vous devez statuer en dernier ressort : dans le cas contraire, vous n'êtes pas compétens pour juger en premier ressort : la loi vous impose l'obligation de renvoyer les procès-verbaux devant un autre tribunal.

La loi du 14 brumaire ne détermine pas, il est vrai, d'une manière précise, le tribunal auquel vous devez faire l'envoi des procès-verbaux; mais la conversion que cette loi a faite des amendes en taxes fixes, et le pouvoir qu'elle vous a attribué de statuer en dernier ressort, lorsque ces taxes fixes n'excéderaient pas 50 fr., annoncent assez que l'intention des législateurs est que ces sortes de contraventions soient poursuivies civilement, et qu'en conséquence c'est au tribunal civil qu'il appartient de prononcer les taxes fixes, lorsqu'elles excéderont le taux de votre compétence.

Ainsi, l'article 26 de la loi du 14 brumaire, chargeant, dans ce cas, le commissaire du directoire exécutif près le tribunal compétent, de poursuivre l'affaire devant ce tribunal, c'est au commissaire du directoire exécutif près le tribunal civil de votre département que vous devez faire l'envoi des procès-verbaux qui vous seront remis, lorsqu'il y aura lieu de prononcer une taxe fixe au-dessus de 50 fr.

Je ne saurais trop vous recommander de mettre beaucoup d'exactitude et de célérité dans cet envoi. Le même article que je viens de citer, portant que les actions résultant des procès-verbaux des préposés seront poursuivies dans le mois, *à peine de nullité*, si vous négligiez d'envoyer, avant l'expiration de ce délai, les procès-verbaux au commissaire du directoire exécutif près les tribunaux civils, vous favoriseriez la fraude en procurant l'impunité au contrevenant, et vous porteriez encore un double préjudice à l'Etat, en ce que vous le priveriez, non-seulement de la taxe fixe qui était encourue, mais encore du droit dû pour avoir passé la barrière. Vous ne vous mettrez pas, sans doute, dans le cas d'encourir une si grande responsabilité.

Votre premier devoir, lorsque des procès-verbaux vous sont remis en cette matière, est de veiller à ce qu'ils soient affirmés, dans les trois jours, devant vous ou devant l'un de vos assesseurs, conformément à l'article 26 de la loi du 14 brumaire, qui le prescrit à peine de nullité; ensuite vous devez vérifier la nature de la contravention constatée, pour savoir à quelle taxe fixe elle peut donner lieu. Si la quotité de la taxe fixe n'excède pas 50 francs, vous devez prononcer sur-le-champ; si elle excède, vous devez renvoyer, sans délai, les procès-verbaux au commissaire du directoire exécutif près du tribunal civil; si, enfin, la contravention est de nature à entraîner une peine proprement dite, vous devez instruire comme officiers de police judiciaire, et renvoyer les procès-verbaux et autres pièces au directeur du jury, conformément à ce qui est prescrit par le Code des délits et des peines.

L'obligation que vous impose la loi du 14 brumaire, d'envoyer les procès-verbaux au tribunal compétent, ne vous dispense pas, dans ce dernier cas, d'instruire comme officiers de police judiciaire, et de renvoyer, suivant l'usage, les pièces au directeur du jury; parce que cet envoi, prescrit par la loi du 14 brumaire, est nécessairement subordonné aux réglemens établis par les lois existantes.

Je dois encore vous prémunir contre les difficultés que pourrait vous présenter le mode de juger en cette matière.

L'intention des législateurs est de rendre la poursuite de ces sortes de contraventions simples et promptes : c'est pour cela qu'ils n'ont point prescrit la formalité des citations, qu'il aurait été difficile, et souvent même impossible, de donner à des contrevenans qui, la plupart, demeurent fort loin du lieu du délit, et sont fort souvent inconnus. Les tribunaux de paix ou les tribunaux civils doivent donc prononcer sur le seul vu des procès-verbaux. Le contrevenant est censé avoir été entendu, soit lors de la rédaction de ces procès-verbaux, soit lors de la consignation qu'il aura dû faire des droits et de la taxe fixe, soit lors de la réception de sa caution, soit, enfin, lors du séquestre de ses voitures et de ses chevaux, s'il n'a ni consigné, ni donné caution. Il a pu, dans l'un ou l'autre de ces cas, donner ses moyens de défense, et se présenter au juge avant la condamnation prononcée, pour être entendu : s'il ne l'a pas fait, il ne peut s'en prendre qu'à lui-même.

Mais la loi du 14 brumaire porte, article 26, que « dans les cas qui excéderont la compétence des juges de paix, l'affaire sera poursuivie à la diligence du commissaire du directoire exécutif près le tribunal qui en devra connaître, » et ne statue rien relativement à la poursuite de ces sortes d'affaires devant les juges de paix. Il ne faut pas conclure de ce silence de la loi, à cet égard, comme l'ont fait quelques-uns de vous, que la poursuite doit être faite à la requête du commissaire du directoire exécutif près l'administration municipale. Ce commissaire n'est point établi près le tribunal de paix, il exerce seulement des fonctions près le tribunal de police, en vertu de l'attribution que lui en donne le Code des délits et des peines. Pour qu'il pût, en cette matière, remplir des fonctions près le tribunal de paix, il faudrait que la loi lui en donnât formellement le pouvoir, comme à l'égard des patentes. Il suffit que la loi du 14 brumaire soit muette sur ce point pour que le commissaire du directoire exécutif près l'administration municipale doive s'abstenir de toutes fonctions dans les affaires concernant la taxe d'entretien des routes. Vous devrez donc vous regarder comme suffisamment saisis de la connaissance de celles de ces sortes d'affaires qui seront de votre compétence, par la remise qui vous sera faite des procès-verbaux, et vous devrez prononcer sur-le-champ les condamnations qui en résulteront.

Je terminerai, en vous observant que, quoique la loi désigne nommément les juges de paix, c'est le tribunal de paix qu'il faut entendre, et, qu'en conséquence, un juge de paix ne peut valablement juger ces sortes d'affaires sans être assisté de deux de ses assesseurs.

Loi contenant fixation du traitement des juges de paix.

8 ventôse an 7. — 26 février 1799.

Art. 1. A compter du 1er vendémiaire de l'an 7, les traitemens des juges de paix sont fixés de la manière et dans la proportion suivante :

A Paris.	2,400 fr.
Dans les communes dont la population excède 100,000 âmes.	1,600
Dans celles de 50,000 âmes et au-dessus jusqu'à 100,000 âmes.	1,200
Dans celles de 30,000 âmes et au-dessus, jusqu'à 50,000 âmes.	1,000
Et dans les communes au-dessous de 30,000 âmes.	800

2. Quant aux menus frais des bureaux de conciliation et tribunaux de police judiciaire, il y sera pourvu par les administrations municipales, conformément à la loi du 2 nivôse an 5, d'après les états par elles préalablement dressés, et approuvés par les administrations centrales de département; celles-ci transmettront ces états au ministre de la justice dans le courant de thermidor prochain, au plus tard. (*Voyez ci-après l'arrêté du 30 fructidor an 10, relatif aux traitemens des greffiers.*)

Loi relative au remboursement des frais de justice en matière criminelle.

18 germinal an 7. — 7 avril 1799.

Art. 1. Tout jugement d'un tribunal criminel, correctionnel ou de police, portant condamnation à une peine quelconque, prononcera en même temps, au profit de l'Etat, le remboursement des frais auxquels la poursuite et punition des crimes et délits aura donné lieu.

2. Lorsqu'il y aura plusieurs accusés, auteurs ou complices du même fait, la condamnation au remboursement sera prononcée solidairement contre eux.

3. Les frais seront liquidés, et la liquidation rendue exécutoire, par le président du tribunal; le recouvrement sera poursuivi par les préposés à la régie de l'enregistrement du domaine public.

4. Pour faciliter cette liquidation, les officiers de police judiciaire, les directeurs du jury ou présidens des tribunaux correctionnels, aussitôt qu'ils auront terminé leurs fonctions relativement à chaque affaire, joindront aux pièces l'état signé d'eux des frais et déboursés dont la liquidation pourra avoir lieu lorsqu'il y aura condamnation exécutoire.

5. Les indemnités accordées à ceux qui auront souffert un dommage résultant du délit seront prises sur les biens des condamnés avant les frais adjugés.

Loi relative à la nomination des greffiers des tribunaux et des justices de paix.

27 germinal an 7. — 16 avril 1799.

Art. 1. Nul ne peut être élu greffier ou commis greffier assermenté d'un tribunal auquel la loi attribue la nomination du premier de ces fonctionnaires, s'il est parent ou allié jusqu'au troisième degré inclusivement, selon la supputation civile, de l'un des juges, quand même ce dernier se serait abstenu de voter dans cette élection.

Mais si un parent ou allié du greffier ou d'un commis greffier vient à être nommé juge ou suppléant, ils peuvent simultanément exercer leurs fonctions respectives.

Extrait de la loi sur le tarif des douanes.

9 floréal an 7 — 28 avril 1799.

TITRE IV.

De la législation.

Art. 1. Deux préposés de l'administration des douanes, ou autres citoyens français, suffisent pour constater une contravention aux lois relatives aux importations, exportations et circulations.

2. Ceux qui procéderont aux saisies feront conduire dans un bureau de douane, et autant que les circonstances pourront le permettre, au plus prochain du lieu de l'arrestation, les marchandises, voitures, chevaux et bateaux servant aux transports; ils y rédigeront de suite leur rapport.

3. Les rapports énonceront la date et la cause de la saisie, la déclaration qui en aura été faite au prévenu, les noms, qualités et demeure des saisissans, et de celui chargé des poursuites, l'espèce, poids ou nombre des objets saisis; la présence de la partie à leur description, ou la sommation qui lui aura été faite d'y assister, le nom et la qualité du gardien, le titre de la rédaction du rapport et l'heure de sa clôture.

4. Dans le cas où le motif de la saisie portera sur le faux ou l'altération des expéditions, le rapport énoncera le genre de faux, les altérations ou surcharges.

Lesdites expéditions signées et paraphées des saisissans *ne varietur*, seront annexées au rapport qui contiendra la sommation faite à la partie de les signer, et sa réponse.

5. Il sera offert main-levée, sous caution solvable, ou en consignant la valeur des bâtimens, bateaux, voitures, chevaux et équipages saisis pour autre cause que pour prohibition des marchandises dont la consommation est défendue, et cette offre, ainsi que la réponse de la partie, seront mentionnés au rapport.

6. Si le prévenu est présent, le rapport énoncera qu'il lui en a été donné lecture, qu'il a été interpelé de le signer, et qu'il en a reçu de suite copie, avec citation à comparaître dans les vingt-quatre heures devant le juge de paix de l'arrondissement.

En cas d'absence du prévenu, la copie sera affichée dans le jour à la porte du bureau.

Ces rapports, citations et affiches devront être faits tous les jours indistinctement.

7. Lorsqu'il y aura lieu de saisir dans une maison, la description y sera faite, et le rapport y sera rédigé; les marchandises dont la consommation n'est pas prohibée ne seront pas déplacées, pourvu que la partie donne caution solvable pour la valeur; si la partie ne fournit pas caution, ou s'il s'agit d'objets prohibés, les marchandises seront transportées au plus prochain bureau.

8. A l'égard des saisies faites sur bâtimens de mer pontés, lorsque le déchargement ne pourra avoir lieu de suite, les saisissans apposeront les scellés sur les fermans et écoutilles des bâtimens; le procès-verbal, qui sera dressé à fur et à mesure du chargement, fera mention du nombre, des marques et des numéros des ballots, caisses et tonneaux. La description en détail ne sera faite qu'au bureau, en présence de la partie, ou après sommation d'y assister; il lui sera donné copie à chaque vacation.

L'apposition des scellés sur les portes, ou d'un plomb ou cachet sur les caisses ou ballots, aura lieu toutes les fois que la continuation de la description sera renvoyée à une autre séance ou vacation.

9. Les rapports ne sont dispensés de l'enregistrement qu'autant qu'il ne se trouvera pas de bureau dans la commune du dépôt de la marchandise, ni dans celle où est placé le tribunal qui doit connaître de l'affaire : auquel cas le rapport sera visé le jour de sa clôture, ou le lendemain avant midi, par le juge de paix du lieu, ou, à son défaut, par le maire ou l'adjoint.

10. Les rapports seront affirmés au moins par deux des saisissans, devant le juge de paix ou l'un de ses assesseurs, dans le délai donné pour comparaître; l'information énoncera qu'il en a été donné lecture aux affirmans.

11. Les rapports ainsi rédigés et affirmés seront crus jusqu'à inscription de faux.

Les tribunaux ne pourront admettre contre lesdits rapports d'autres nullités que celles résultantes de l'omission des formalités prescrites par lesdits articles précédens.

12. Celui qui voudra s'inscrire en faux contre un rapport sera tenu d'en faire la déclaration par écrit, en personne ou par un fondé de pouvoir spécial passé devant notaire, au plus tard à l'audience indiquée par la sommation de comparaître devant le tribunal qui doit connaître de la contravention : il devra, dans les trois jours suivans, faire au greffe dudit tribunal, le dépôt des moyens de faux, et des noms et qualités des témoins qu'il voudra faire entendre : le tout à peine de déchéance de l'inscription de faux.

Cette déclaration sera reçue et signée par le juge et le greffier, dans le cas où le déclarant ne saurait écrire ni signer.

13. Au jour indiqué pour la comparution, le juge entendra la partie, si elle est présente, et sera tenu de rendre de suite son jugement.

Si les circonstances de la saisie nécessitaient un délai, ce délai ne pourra excéder trois jours; et dans ce cas, le jugement de renvoi autorisera la vente provisoire des marchandises sujettes à dépérissement, et des chevaux saisis comme ayant servi au transport.

Le délai de l'assignation sur l'appel, fixé à trois jours par l'article 6 de la loi du 14 fructidor an 3, sera augmenté d'un jour par chaque deux myriamètres de distance entre la commune où est établi le tribunal de paix, et celle où siége le tribunal civil.

15. Lorsque la main-levée des objets saisis pour contravention aux lois, dont l'exécution est confiée à l'administration des douanes, sera accordée par jugemens contre lesquels il y aurait pourvoi en cassation, la remise n'en sera faite à ceux au profit desquels lesdits jugemens auront été rendus, qu'au préalable ils n'aient donné bonne et suffisante caution de leur valeur. La main-levée ne pourra jamais être accordée pour les marchandises dont l'entrée est prohibée.

16. Lorsque la saisie n'est pas fondée, le propriétaire des marchandises a droit à une indemnité d'un pour cent par mois de la valeur des objets saisis, depuis l'époque de la retenue jusqu'à celle de la remise ou de l'offre qui lui en aura été faite. Il est expressément défendu aux juges d'excuser les contrevenans sur l'intention.

17. Il est expressément défendu de faire aucune remise sur les confiscations ou amendes pour contraventions à la loi du 10 brumaire an 5, ni pour celles encourues pour introduction de marchandises prohibées, ou en fraude des droits; et dans les autres cas, la loi du 23 brumaire an 3 ne pourra être exécutée lorsqu'il sera intervenu un jugement définitif.

18. Au moyen des dispositions énoncées dans le présent titre, le titre 10 de la loi du 22 août 1791, l'article 19 du titre 6 de celle du 4 germinal an 2, et les articles 1, 2, 3, 4 et 9 de celle du 4 fructidor an 3, sont abrogés. (*Voyez ci-après l'extrait de la loi du 17 décembre 1814.*)

Loi relative au traitement des secrétaires-greffiers des juges de paix.

21 prairial an 7. — 9 juin 1799.

Art. 1. A compter du premier vendémiaire an 7, le traitement des secrétaires-greffiers des juges de paix seront du tiers de celui fixé par la loi du 8 ventôse dernier pour les juges auprès desquels ils sont établis.

Ils sont, en conséquence, déterminés de la manière et dans les proportions suivantes :

A Paris.	800 fr.	
Dans les communes dont la population excède cent mille habitans	533	33 c.
Dans celles de cinquante mille âmes et au-dessus jusqu'à cent mille.	400	
Dans celles de trente mille et au-desssus jusqu'à cinquante mille.	333	33 1/2
Et dans les communes au-dessous de trente mille habitans.	266	66 1/2

Indépendamment du traitement ci-dessus déterminé, les greffiers percevront les droits qui leur sont attribués, suivant le tarif modéré déterminé par les lois existantes.

3. Les expéditions des jugemens en matière de police et des procès-verbaux des bureaux de paix et de conciliation leur seront payées quatre décimes le rôle qui contiendra vingt lignes à la page, et huit à dix syllabes à la ligne, compensation faite des unes avec les autres.

4. Ils mettront leurs reçus au bas des expéditions qu'ils délivreront, et ne pourront percevoir d'autres et plus forts droits que ceux qui leur sont attribués par les lois, à peine de destitution et de restitution envers les parties; et sauf, en cas de fraude et de malversation évidente, à être poursuivis devant les tribunaux, conformément aux lois.

5. Toutes dispositions de lois contraires à la présente sont abrogées. (*Voyez ci-après l'arrêté du 30 fructidor an 10.*)

Circulaire du ministre de la justice aux juges de paix, sur les domaines nationaux.

Du 23 fructidor an 7. — 9 septembre 1799.

Vous connaissez, citoyens, la loi du 1er décembre 1790 (v. s.), relative aux domaines nationaux. Vous savez qu'au paragraphe Ier, qui est intitulé : *de la nature du domaine national*, art 3, elle porte : « Tous les biens et effets, meubles ou immeubles demeurés vacans et sans maître, et ceux des personnes qui décèdent sans héritiers légitimes, ou dont les successions sont abandonnées, appartiennent à la nation. »

Vous savez encore que les actions auxquelles le recouvrement de ces objets donne lieu doivent être intentées par la régie du droit d'enregistrement et des domaines (art. 17 de la loi du 9 octobre 1791) : « La forme de la procédure, prescrite par l'article 25 de la loi du 19 décembre 1790, sera suivie pour toutes les instances relatives aux domaines et droits dont la régie est réunie à celle de l'enregistrement. »

L'avantage de l'Etat, et même celui des créanciers et héritiers des décédés qui peuvent se présenter, serait perdu si la régie n'était pas prévenue assez tôt pour pouvoir faire procéder utilement à l'inventaire et à la vente du mobilier. Mais par qui peut-elle être mieux avertie des circonstances qui exigent l'action de son zèle, que par le magistrat que la loi charge de l'apposition des scellés sur tout ce que laisse le défunt? Vous apercevez déjà combien le plus ou le moins d'attention de votre part, dans cette occurrence, peut être utile ou préjudiciable. Si toute apposition de scellés, pour ne pas devenir à-peu-près inutile, doit être faite immédiatement après le décès de celui dont il s'agit de conserver la succession, vous concevez qu'il n'est pas moins important que la régie soit instruite le plus promptement possible. Sans cette précaution, le temps s'écoule, et le produit de la vente se trouve absorbé ou considérablement réduit par les frais de garde, de loyer, et par le dépérissement inévitable qu'éprouvent des effets mobiliers dans des lieux constamment fermés. Je ne saurais donc trop vous engager à donner exactement avis, soit à la régie elle-même, soit à l'administration centrale de votre département, des scellés par vous apposés dans vos arrondissemens respectifs, chez les personnes décédées sans héritiers connus, et dont vous pouvez présumer que la succession se trouve ainsi dévolue à la nation, à titre de déshérence. Au reste, cette attention n'est pas plus pénible que celle que vous impose la loi du 11 ventôse an 2, pour les successions ouvertes au profit des citoyens absens pour la défense de la patrie, puisqu'il s'agit simplement, dans le dernier cas, d'avertir la régie ou l'administration centrale, comme dans le cas précédent, vous informez le ministre de la guerre; j'ai lieu d'espérer que, loin de regarder cette mesure conservatrice comme un surcroît de travail, vous ne l'envisagerez que comme une nouvelle occasion de signaler votre dévouement et votre activité.

Loi sur la manière de juger les contestations relatives au paiement des octrois municipaux.

2 vendémiaire an 8. — 24 septembre 1799.

Art. 1er. Les contestations civiles qui pourront s'élever sur l'application du tarif, ou sur la quotité des droits exigés par les receveurs des octrois municipaux et de bienfaisance créés par les lois existantes, ou qui pourront être créés par les diverses communes de l'Etat, pour l'acquit de leurs dépenses locales : celles des hospices civils et secours à domicile seront portées devant le juge de paix de l'arrondissement, à quelque somme que le droit contesté puisse s'élever, pour être par lui jugées sommairement et sans frais, soit en dernier ressort, soit à la charge de l'appel, suivant la quotité de la somme.

2. Les amendes encourues en vertu desdites lois seront prononcées par les tribunaux de simple police, ou de police correctionnelle, suivant la quotité de la somme.

3. Lorsqu'il y aura lieu à contestation sur l'application du tarif, ou sur la quotité du droit exigé par le receveur, tout porteur ou conducteur d'objets compris dans le tarif sera tenu de consigner entre les mains du receveur le droit exigé : il ne pourra être entendu qu'en rapportant au juge qui devra en connaître la quittance de ladite consignation.

Extrait de la constitution consulaire.

22 frimaire an 8. — 13 décembre 1799.

Art. 60. Chaque arrondissement communal a un ou plusieurs juges de paix élus immédiatement par les citoyens pour trois années.

Leur principale fonction consiste à concilier les parties qu'ils invitent, en cas de non conciliation, à se faire juger par des arbitres.

Extrait de la loi qui exige des fonctionnaires publics une promesse de fidélité à la constitution.

21 nivôse an 8. — 11 janvier 1800.

Art 1er. Les fonctionnaires publics, dans l'ordre.... judiciaire, ne pourront commencer ou continuer l'exercice de leurs fonctions ou emplois que préalablement ils n'aient fait la déclaration suivante : *Je promets d'être fidèle à la constitution.*

2. Toute autre formule ou déclaration de serment est abrogée.

Nota. Depuis 1814, la formule est : *Fidélité au Roi, et obéissance à la Charte constitutionnelle et autres lois de l'Etat.*

Loi portant réduction des justices de paix.

8 pluviôse an 9. — 28 janvier 1801.

Art. 1er. Il y aura, pour tout le territoire européen de l'Etat, trois mille justices de paix au moins, et trois mille six cents au plus.

2. Les arrondissemens des justices de paix se régleront, autant que les localités n'y apporteront pas d'obstacle, sur les bases combinées de la population et de l'étendue territoriale, et dans les proportions suivantes :

3. La population moyenne d'un arrondissement de justice de paix sera de dix mille habitans : l'arrondissement ne pourra en embrasser plus de quinze mille.

4. La moyenne étendue territoriale de l'arrondissement sera de deux cent cinquante kilomètres carrés; elle ne pourra en comprendre plus de trois cent soixante-quinze, ni moins de cent vingt-cinq.

5. Néanmoins, et lorsque, dans une étendue territoriale moindre de vingt-cinq kilomètres carrés, il existera une population supérieure à quinze mille habitans, la composition des arrondissemens se fera d'après la seule base de la population.

6. Le territoire actuel des petites villes, bourgs et villages, ne pourra être scindé ni divisé, de manière que partie en soit donnée à un arrondissement, et partie à un autre.

Ce territoire sera conservé dans son intégrité, et placé dans un seul et même arrondissement de justice de paix.

7. La règle énoncée dans le précédent article ne s'applique pas aux communes qui, par leur propre population, auront droit à l'établissement de plusieurs arrondissemens de justice de paix dans leur sein.

8. Dans chaque arrondissement de justice de paix, formé de la réunion de plusieurs communes, le gouvernement désignera celle qui, soit à raison de sa neutralité, soit par rapport à ses relations avec les autres communes du même arrondissement, en sera le chef-lieu.

9. A l'égard des villes dont la population excède cent mille habitans, le gouvernement pourra, sans consulter les bases ci-dessus posées, maintenir les arrondissemens des justices de paix tels qu'ils existent, les modifier ou les réduire selon qu'il le jugera convenable, pourvu qu'au cas de réduction, le nombre des justices de paix n'y soit pas inférieur à celui des municipalités.

10. Jusqu'aux nouvelles démarcations de territoires et aux nominations constitutionnelles des juges de paix, ceux qui en remplissent aujourd'hui les fonctions continueront de les exercer dans les limites actuelles.

Extrait de la loi qui autorise l'établissement de trois ponts à Paris.

24 ventôse an 9. — 15 mars 1801.

Art. 1er. Il sera établi trois ponts à Paris, sur la Seine.

4. Il sera perçu par les concessionnaires, et à leur profit, une taxe au passage sur lesdits ponts, conformément au tarif.

9. Les contestations qui pourront s'élever sur le paiement de la taxe seront jugées comme celles sur la perception de l'octroi de bienfaisance (par les juges de paix.)

Loi qui détermine le mode d'élection des juges de paix.

29 ventôse an 9. — 20 mars 1801.

Art. 1er. Les citoyens composant l'arrondissement ou canton d'un juge de paix procéderont seuls à son élection.

2. Ils voteront par séries : à cet effet, le sous-préfet fera le tableau particulier des séries du canton, conformément aux dispositions des articles 3 et 4 de la loi du 13 du présent mois sur les listes de notabilité. Ce tableau sera mis sous les yeux des votans.

3. Le scrutin sera fermé et dépouillé conformément aux règles prescrites par la même loi pour la notabilité communale, sauf les modifications ci-après.

4. Le scrutin sera simple et individuel : quand il concourra avec celui qui aura lieu pour la notabilité communale, les bulletins seront insérés dans une boîte particulière sur laquelle seront inscrits ces mots : *suffrages donnés par les votans du canton de* (on mettra le nom du chef-lieu du canton) *pour l'élection du juge de paix.*

Si le scrutin relatif à l'élection du juge de paix ne se fait pas en même temps que celui de la notabilité communale, il ne sera ouvert que pendant cinq jours.

6. Dans tous les cas, si le premier scrutin relatif à l'élection du juge de paix ne donne à aucun citoyen la majorité absolue des votans du canton, il sera procédé à un second scrutin, qui ne durera que trois jours, et ne pourra porter que sur les six candidats à qui le premier aura donné le plus de voix.

7. Celui des citoyens qui, au premier scrutin, aura eu la majorité absolue, ou, en cas de deuxième scrutin, celui des six candidats qui aura obtenu la majorité relative sera proclamé juge de paix du canton.

8. Il sera installé par le sous-préfet, après avoir prêté serment à l'audience du tribunal de l'arrondissement communal.

9. Il sera tenu de donner ses audiences au chef-lieu de canton.

Loi qui supprime les assesseurs des juges de paix, et donne deux suppléans à chacun de ces juges.

29 ventôse an 9. — 20 mars 1801.

Art. 1er. Les assesseurs des justices de paix sont supprimés : ils cesseront leurs fonctions du moment où les juges de paix des nouveaux cantons seront installés.

2. Chaque juge de paix remplira seul les fonctions, soit judiciaires, soit de conciliation, ou autres qui sont attribuées aux justices de paix par les lois actuelles.

3. En cas de maladie, absence ou autre empêchement du juge de paix, ses fonctions seront remplies par un suppléant.

A cet effet, chaque juge de paix aura deux suppléans.

4. Ces deux suppléans, désignés par *premier* et *second*, seront les deux citoyens ayant réuni le plus grand nombre de suffrages après le juge de paix, dans les élections du canton.

Extrait de l'arrêté relatif à l'apposition des scellés après le décès des officiers-généraux ou supérieurs, etc.

Du 13 nivôse an 10. — 3 janvier 1802.

Art. 1er. Aussitôt après le décès d'un officier-général ou supérieur de toute arme, d'un commissaire-ordonnateur, inspecteur aux revues, officier de santé en chef des armées, retirés ou en activité de service, les scellés seront apposés sur les papiers, cartes, plans et mémoires militaires, autres que ceux dont le décédé est l'auteur, par le juge de paix du lieu du décès, en présence du maire et de son adjoint....

Art. 3. Lors de l'inventaire de ces objets, ceux qui seront reconnus appartenir au gouvernement, ou que l'officier nommé par le général commandant la division jugera devoir l'intéresser, seront inventoriés séparément, et remis audit officier sur son reçu.

Loi relative aux justices de paix.

Du 28 floréal an 10. — 18 mai 1802.

Art. 1er. Lorsqu'il vaquera, par mort, démission ou autrement, une place de juge de paix, le premier suppléant succédera à ce juge pour le temps d'exercice qui restait à ce dernier, si toutefois ce temps n'excède pas une année.

Au cas contraire, les citoyens du canton procéderont, selon les formes établies, à l'élection d'un juge de paix dont les fonctions finiront à l'époque où eussent dû se terminer celles du juge primitivement nommé.

2. Dans le cas où, soit par la promotion de droit exprimée en l'article précédent, soit de toute autre manière, une place de suppléant de juge de paix viendrait à vaquer, il sera pourvu au remplacement de la manière suivante :

Si le procès-verbal de la dernière élection triennale fait mention du citoyen qui avait le plus de voix après les deux suppléans élus, et s'il y est énoncé que le nombre des voix par lui obtenues s'élevait à vingt au moins, ce citoyen sera proclamé suppléant par le sous-préfet de l'arrondissement.

Au cas contraire, le Roi nommera le suppléant, qui exercera jusqu'aux prochaines élections.

3. Tous les greffiers des juges de paix seront nommés par le Roi.

Ils fourniront un cautionnement, savoir :

A Paris, de	4,800 fr.
A Bordeaux, Lyon et Marseille, de.	3,600
Dans les villes de cinquante à cent mille habitans, de.	2,400
Dans celles de trente à cinquante mille habitans, de	1,800
Dans celles de dix à trente mille habitans, de.	1,200
Dans les villes ou bourgs au-dessus de trois mille jusqu'à dix mille habitans, de.	800
Et dans les autres lieux, de.	400

4. Lorsque les greffiers des juges de paix auront un commis greffier, le traitement de ce commis sera à leur charge.

5. Chaque juge de paix nommera un huissier au moins, et deux au plus.

La première nomination pourra porter sur ceux qui ont exercé ou exercent actuellement les fonctions simples d'huissiers près des justices de paix, ou sur les huissiers déjà reçus par les tribunaux d'appel, criminels ou de première instance, pourvu qu'ils résident dans le ressort de la justice de paix.

6. A l'avenir, les juges de paix ne pourront prendre leurs huissiers que dans cette dernière classe.

7. Si cependant il n'y a point d'huissiers de cette qualité résidant dans le canton, le juge de paix pourra nommer tous autres citoyens, lesquels n'entreront néanmoins en exercice qu'après que le tribunal de première instance, s'étant fait rendre compte de leurs mœurs et de leur capacité, aura confirmé leur nomination.

8. Tout juge de paix qui, après sa nomination, ne résidera point dans le canton, sera averti, par le procureur du Roi près le tribunal de première instance, d'y fixer son domicile dans le mois de l'avertissement; passé lequel délai, après que le procureur du Roi aura dénoncé la non-résidence au sous-préfet, il sera, à la diligence de ce dernier, pourvu, conformément à l'article 1er, au remplacement du juge de paix considéré comme démissionnaire.

Il en sera de même des suppléans.

9. On ne pourra considérer comme cessation de résidence d'un juge de paix les absences qui seront autorisées comme il suit :

Lorsqu'un juge de paix voudra s'absenter de son canton, il se munira d'une autorisation du procureur du Roi près le tribunal civil de son arrondissement.

Lorsque son absence devra durer plus d'un mois, il s'adressera au ministre de la justice pour en obtenir un congé.

10. Dans tous les cas où un juge de paix demandera un congé, il devra justifier d'un certificat du premier suppléant, et à son défaut, du second, constatant que le service public n'en souffrira point. (*Voyez ci-après l'ordonnance du 6 novembre 1822, sur les congés*).

Extrait du sénatus-consulte organique de la constitution consulaire du 16 thermidor an 10. — 4 août 1802.

Art. 8. L'assemblée de canton désigne deux citoyens sur lesquels le Roi choisit le juge de paix du canton.

Elle désigne pareillement deux citoyens pour chaque place vacante de suppléant de juge de paix.

Art. 9. Les juges de paix et leurs suppléans sont nommés pour dix ans.

Extrait de l'arrêté contenant réglement pour l'exécution du sénatus-consulte du 16 thermidor précédent, relatif aux assemblées de canton, etc.

Du 19 fructidor an 10. — 6 septembre 1802.

Art. 89. Dans le cinquième des départemens de la France, les juges de paix seront renouvelés en l'an 11, et ainsi de suite par cinquième d'année en année.

Arrêté qui règle le traitement fixe des greffiers des tribunaux de police dans les villes où il y a plusieurs justices de paix.

Du 30 fructidor an 10. — 17 septembre 1802.

Les consuls de l'Etat, sur le rapport du ministre de la justice, et le conseil d'état entendu;

Arrêtent :

Art. 1er. Indépendamment des droits d'expédition attribués en matière de police, les greffiers particuliers des tribunaux de police établis dans les villes où il y a plusieurs justices de paix, auront, tant pour traitement fixe, que pour subvenir aux frais d'entretien de leurs greffes et aux salaires des commis dont ils auraient besoin, les sommes portées par l'état ci-annexé.

2. Les traitemens seront acquittés sur les centimes additionnels destinés aux traitemens et dépenses fixes.

3. Il sera payé annuellement, pour menues dépenses de ces tribunaux, les sommes portées en l'état ci-annexé, et sur les fonds réservés aux dépenses variables.

4. Les administrations municipales de chacune de ces villes pourvoiront aux frais de premier établissement et fourniront un local distinct pour la tenue des audiences et du greffe de ces tribunaux, de manière que leurs minutes ne soient, en aucun cas, confondues avec celles des justices de paix et bureaux de conciliation.

5. Le grand-juge ministre de la justice, et les ministres de l'intérieur, des finances et du trésor public, sont chargés, chacun en ce qui le concerne, de l'exécution du présent arrêté.

Etat des sommes à payer pour les tribunaux de police particuliers établis dans les villes où il y a plusieurs justices de paix.

TRAITEMENT DES GREFFIERS.		MENUES DÉPENSES.	
A Paris, ci................	1,800	....	900.
A Lyon, Bordeaux et Marseille, chacun 1,200 fr., ci.........	3,600	Pour chaque tribunal.. } 400, ci	1,200
Toulouse, Nantes, Lille, et Rouen, chacun 900 fr.. ci.	3,600	.... 200, ci.	800
A Caen, Nîmes, Montpellier, Rennes, Orléans, Angers, Reims, Metz, Clermont, Strasbourg, Versailles et Amiens, chacun 600 fr., ci..........	7,200	.... 100, ci.	1,200.
Et dans les autres villes au nombre de cent trois chacun à raison de 500 fr., ci........	51,500	.... 50, ci.	5,150.
TOTAL..........	67,700	TOTAL.....	9,250.

(*Voyez ci-après l'ordonnance du* 16 *octobre* 1822.)

Arrêté concernant la connaissance des réclamations dirigées contre les opérations relatives aux élections des juges de paix.

Du 24 vendémiaire an 11. — 16 octobre 1802.

Les consuls de l'Etat, sur le rapport du ministre de la justice, touchant la question de savoir à qui est dévolue la connaissance des réclamations dirigées contre les opérations relatives aux élections des juges de paix ;

Considérant que l'arrêté du 19 thermidor dernier, pris en exécution du sénatus-consulte du 19 du même mois, dispose (article 10) que, dans le cas prévu par cet article, les opérations des assemblées électorales seront commencées, si le gouvernement l'ordonne ; d'où il résulte que la confirmation ou l'annulation des opérations attaquées appartient au gouvernement, et que cette attribution, à lui faite sans distinction, des nominations critiquées, embrasse, dans le dernier état de la législation, les opérations relatives aux élections des juges de paix, comme toutes les autres ;

Le conseil d'état entendu ;

Arrêtent ce qui suit :

Art. 1er. Toutes difficultés relatives à la validité des élections des juges de paix et de leurs suppléans, celles même qui seront antérieures au sénatus-consulte du 16 thermidor an 10, seront décidées par le gouvernement en conseil d'état.

Extrait d'un avis du Conseil d'État, approuvé par les Consuls le 29 vendémiaire an 11 (21 octobre 1802), sur la manière de procéder au renouvellement des juges de paix.

Le conseil d'état, sur cette question : « Comment seront renouvelés par cinquième les juges de paix ? »

Est d'avis que le minstre de l'intérieur et le grand juge se réuniront pour désigner, sur le nombre total des cantons de l'Etat, un nombre égal au cinquième de ce total, pris indistinctement sur tous les départemens de l'Etat, de manière qu'une partie seulement des juges de paix d'un arrondissement ou d'un département pourra être comprise dans l'indication du cinquième à renouveler ;

Que cette indication ne doit pas se faire cette année pour les cinq renouvellemens successifs, mais seulement pour l'an 11, et ainsi de suite d'année en année.

Arrêté qui annulle un jugement rendu par un juge de paix, en matière de grande voirie.

Du 3 brumaire an 11. — 25 octobre 1802.

Les consuls de l'Etat, sur le rapport du ministre de l'intérieur ;

Vu les pièces relatives au conflit d'attributions qui s'est élevé entre le préfet du département de la Sarre et le tribunal de paix de la ville de Trèves, à l'occasion d'un jugement rendu par ce tribunal, le 24 thermidor an 10, sur une matière de grande voirie ;

Considérant que la contestation qui s'était élevée entre le citoyen *Zinck*, homme de loi à Trèves, et le citoyen *Geyer*, commissaire de police de cette ville, chargé par le maire de surveiller les travaux des réparations des grandes routes, était purement administrative, puisqu'il s'agissait d'un objet de voirie ;

Considérant que le tribunal de paix de Trèves, qui avait reconnu son incompétence relativement à la connaissance du fond, devait également la reconnaître à l'égard des frais qui n'étaient que l'accessoire ;

Le conseil d'état entendu,

Arrêtent :

Art. 1er. Le jugement rendu le 24 thermidor dernier entre les citoyens *Zinck* et *Geyer*, par le tribunal de paix de la ville de Trèves, est déclaré non-avenu.

2. Les difficultés survenues entre ces deux citoyens seront portées, instruites et jugées au conseil de préfecture du département de la Sarre.

Loi relative au remplacement des juges de paix et de leurs suppléans, en cas d'empêchement légitime.

Du 16 ventôse an 12. — 7 mars 1804.

Art. 1er. En cas d'empêchement légitime d'un juge de paix et de ses suppléans, le tribunal de première instance dans l'arrondissement duquel est située la justice de paix renverra les parties devant le juge de paix du canton le plus voisin.

2. Ce jugement de renvoi sera rendu à la demande de la partie la plus diligente, sur simple requête, et d'après les conclusions du procureur royal, parties présentes ou dûment appelées.

3. La distance d'une justice de paix à l'autre est réglée d'après celle de leurs chefs-lieux entre eux.

Extrait du décret du 24 messidor an 12, 13 juillet 1804.

Art. 2. Le tribunal de première instance recevra le serment des juges de paix de son arrondissement et de leurs suppléans.

Extrait du décret sur les cérémonies publiques.

Du 24 messidor an 12. — 13 juillet 1804.

Les juges de paix, invités aux cérémonies publiques, marchent après les membres du tribunal de commerce et avant les commissaires de police. (*Art. 8 du titre 1er.*)

Extrait du décret concernant les droits réunis, la manière de procéder sur les contraventions, etc.

Du 1er germinal an 13. — 22 mars 1805.

CHAPITRE IX.

Des contraintes.

Art. 43. La régie pourra employer contre les redevables en retard la voie de contrainte.

44. La contrainte sera décernée par le directeur ou receveur de la régie ; elle sera visée et déclarée exécutoire sans frais par le juge de paix du canton où le bureau de perception est établi, et pourra être notifiée par les préposés de la régie.

Le juge de paix ne pourra refuser de viser la contrainte pour être exécutée, à peine de répondre des valeurs pour lesquelles la contrainte aura été décernée.

Décret qui annulle, pour excès de pouvoir, un jugement rendu par un juge de paix, relativement à une concession de mine.

Du 31 janvier 1806.

Vu la demande en concession d'une mine de fer dite *Imbreith*, faite le 17 germinal an 11, par le sieur *Calmuth*, au préfet de la Roër, demande sur laquelle il n'a point été statué ;

Vu le jugement du 8 germinal an 13, rendu par le juge de paix du canton de Gemund, entre le sieur *Calmuth*, se prétendant seul concessionnaire de la mine d'Imbreith, et les sieurs *Weiss* et *Stappen*, propriétaires de la surface du terrain de ladite mine ; lequel jugement maintient le sieur *Calmuth* en jouissance de la mine dont il s'agit, et condamne ses adversaires à la restitution du minerai qu'ils en avaient tiré, et aux dépens ;

L'arrêté du préfet du département de la Roër, en date du 10 thermidor an 13, qui élève le conflit ;

Considérant que la concession sur laquelle le sieur *Calmuth* fondait son droit à l'exploitation de la mine de fer d'Imbreith n'est pas prouvée ; que le juge de paix de Gemund, en maintenant ce particulier en possession de ladite mine, a excédé ses pouvoirs, puisqu'il a, de fait, créé une concession qui ne peut être accordée que par l'autorité administrative ;

Nous avons décrété et décrétons ce qui suit :

Art. 1er. Le jugement rendu le 8 germinal an 13 par le juge de paix de Gemund, département de la Roër, entre le sieur *Calmuth* et les sieurs *Weiss* et *Stappen*.........

Extrait du décret portant suppression des cours prévôtales et tribunaux ordinaires des douanes.

Du 6 avril 1814. (Bull. 6.)

Art. 4. Il sera dressé, par le juge de paix du lieu, assisté du maire de la commune, un état exact des bâtimens et effets mobiliers servant à l'usage de cours prévôtales et tribunaux ordinaires des douanes.

Extrait de la Charte constitutionnelle.

Du 4 juin 1814. (Bull. 17.)

Art. 61. La justice de paix est conservée. Les juges de paix, quoique nommés par le Roi, ne sont point inamovibles.

Extrait de l'ordonnance du Roi portant réglement sur les pensions de retraite à accorder aux membres de l'ordre judiciaire.

Du 23 septembre 1814. (Bull. 40.)

Art. 1er. A compter du 1er octobre 1814, la totalité du produit des places vacantes de présidens, de conseillers, conseillers-auditeurs, juges et gens du Roi, des cours, tribunaux et justices de paix, ainsi que le montant des retenues ordonnées par un décret du 18 septembre 1806, sur le traitement des fonctionnaires de l'ordre judiciaire, seront affectés à la formation d'un fonds de pensions de retraite et de secours en faveur de ceux qui seront susceptibles d'en obtenir, ou de leurs veuves et orphelins.

Art. 2. Les demandes à fin de pensions seront adressées au chancelier de France.

Art. 4. Les officiers des cours, tribunaux et justices de paix, n'auront droit à la pension de retraite qu'après trente ans de services publics effectifs, dont au moins dix ans dans l'ordre judiciaire ou à la chancellerie.

Art. 5. Toutefois elle pourra être accordée avant ce terme à ceux desdits officiers que des accidens ou des infirmités rendraient incapables de continuer leurs fonctions, ou qui se trouveraient réformés par le fait de la suppression de leur emploi, pourvu qu'ils aient au moins dix années de service dans les cours, tribunaux et justices de paix, ou à la chancellerie.

Art. 6. On comptera comme service effectif tout le temps d'activité dans les fonctions législatives, judiciaires et administratives ressortissant au gouvernement.

Art. 7. La pension acquise après trente ans de service sera de moitié du traitement.

Elle s'accroîtra du vingtième de cette moitié pour chaque année de service au-delà de trente ans.

Art. 8. La pension accordée avant trente ans de service, et dans les cas prévus par l'article 5, sera du sixième du traitement pour dix ans de service. Elle s'accroîtra d'un soixantième de ce traitement pour chaque année de service au-dessus de dix ans, sans que, pour cela, elle puisse jamais excéder celle qui est accordée pour trente années.

Art. 10. La quotité de la pension sera réglée, dans tous les cas, sur le taux moyen du traitement dont les officiers de justice auront joui pendant les trois dernières années de leur service.

Art. 11. Ladite pension ne pourra être fixée à moins de 200 francs.

Nota. Quelques modifications ont été apportées à cette ordonnance par celles additionnelles et explicatives des 9 janvier, 3 mars et 20 septembre 1815, 14 août 1816, et 2 janvier 1817.

Extrait de la loi relative à la célébration des fêtes et dimanches.

Du 18 novembre 1814. (Bull. 54.)

Art. 1er. Les travaux ordinaires seront interrompus les dimanches et jours de fêtes reconnues par les lois de l'Etat.

Art. 2. En conséquence, il est défendu, lesdits jours, aux marchands d'étaler et de vendre, les ais et volets des boutiques ouverts; 2° aux colporteurs et étalagistes de colporter et d'exposer en vente leurs marchandises dans les rues et places publiques; 3° aux artisans et ouvriers de travailler extérieurement et d'ouvrir leurs ateliers; 4° aux charretiers et voituriers employés à des services locaux, de faire des chargemens dans les lieux publics de leur domicile.

Art. 5. Les contraventions ci-dessus seront jugées par les tribunaux de police simple, et punies d'une amende qui, pour la première fois, ne pourra pas excéder 5 francs.

Art. 6. En cas de récidive, les contrevenans pourront être condamnés au *maximum* des peines de police.

Extrait de la loi sur les boissons.

Du 8 décembre 1814. (Bull. 60.)

Art. 134. En cas de suspicion de fraude dans l'intérieur de l'habitation des particuliers, les employés pourront faire des visites en se faisant assister du juge de paix, qui sera tenu de déférer à la réquisition par écrit qui lui en sera faite, et qui sera transcrite en tête du procès-verbal.

Art. 138. Les registres portatifs tenus par les employés de la régie seront cotés et paraphés par les juges de paix.

Extrait de la loi sur les octrois.

Du 9 décembre 1814. (Bull. 66.)

Art. 30. Tout individu soupçonné de faire la fraude....., pourra être conduit devant un juge de paix, pour y être interrogé, et la visite de ses effets autorisée, s'il y a lieu.

Art. 58. Les préposés de l'octroi... sont tenus de prêter serment devant le tribunal civil de la ville dans laquelle ils exerceront; et dans les lieux où il n'y a pas de tribunal, devant le juge de paix. Ce serment est enregistré au greffe.

Art. 78. L'action résultant des procès-verbaux en matière d'octroi et les questions qui pourront naître de la défense du prévenu seront de la compétence exclusive, soit du tribunal de simple police, soit du tribunal correctionnel du lieu de la rédaction du procès-verbal, suivant la quotité de l'amende encourue.

Art. 81. S'il s'élève une contestation sur l'application du tarif ou sur la quotité du droit réclamé, le porteur ou conducteur.... peut se pourvoir devant le juge de paix du canton; mais il ne pourra être entendu qu'en représentant la quittance de la consignation du droit au juge de paix, lequel prononcera sommairement et sans frais, soit en dernier ressort, soit à la charge d'appel, suivant la quotité du droit réclamé.

Art. 82. Dans le cas où les objets saisis seraient sujets à dépérissement, la vente pourra en être autorisée avant l'échéance des délais fixés par la loi, par une simple ordonnance du juge de paix sur requête.

Extrait de la loi relative aux douanes.

Du 17 décembre 1814. (Bull. 62.)

Art. 29. Les juges de paix sont seuls compétens, sauf appel s'il y a lieu, pour connaître des contraventions à la loi du 24 avril 1806, et aux réglemens relatifs à la perception des droits sur les sels.

Art. 31. L'individu traduit devant le juge de paix, et reconnu coupable de récidive, doit être renvoyé par ledit juge de paix devant le tribunal correctionnel.

Extrait de l'ordonnance du Roi relative aux actes des greffiers, et exploits des huissiers.

Du 23 décembre 1814. (Bull. 68.)

Art. 1er. Les huissiers feront mention de leurs patentes dans les exploits et autres actes de leur ministère.

Art. 2. Les greffiers et huissiers sont également tenus de faire mention de la patente des particuliers qui y sont soumis, dans tous leurs actes et exploits; le tout sous la peine de 500 francs d'amende prononcée par l'article 37 de la loi du 1er brumaire an 7. (*Voyez ci-dessus, page 112, le texte de l'article* 37.)

Extrait de l'ordonnance du Roi, additionnelle à celle du 23 septembre 1814, sur les pensions des fonctionnaires de l'ordre judiciaire.

Dn 9 janvier 1815. (Bull. n° 70.)

Art. 4. Il sera fait une retenue de deux pour cent sur le traitement des présidens, conseillers, conseillers auditeurs et juges en nos cours, tribunaux de première instance et justices de paix, ainsi que sur celui de nos procureurs, avocats et substituts établis près ces cours et tribunaux, pour, ladite retenue, avec le produit des places vacantes, former le fond destiné aux pensions et secours.

Cette retenue n'aura lieu que sur le traitement qui courra à partir du premier janvier présent mois.

Extrait de la loi des finances.

Du 28 avril 1816. (Bull. 81.)

PREMIÈRE PARTIE. — TITRE VII.

Art. 38. Tous actes judiciaires en matière civile, tous jugemens en matière criminelle, correctionnelle ou de police, seront, sans exception, soumis à l'enregistrement sur les minutes ou originaux.

Les greffiers ne seront personnellement tenus de l'acquittement des droits que dans les cas prévus par les articles 7 et 35 de la loi du 22 frimaire an 7. Ils continueront de jouir de la faculté accordée par l'article 37 pour les jugemens et actes y énoncés.

Il sera délivré aux greffiers, par le receveur de l'enregistrement, des récépissés, sur papier non timbré, des extraits de jugement qu'ils doivent fournir en exécution dudit article 37. Ces récépissés seront écrits sur leurs répertoires.

Art. 42. Seront assujettis au droit fixe d'un franc,

Les actes de notoriété, les avis de parens, les nominations d'experts hors jugement, les procès-verbaux et rapports de gardes..., experts et arpenteurs.

Art. 44. Seront sujets au droit fixe de 3 francs, les compromis, ou nominations d'arbitres,... les transactions,... les jugemens définitifs des juges de paix rendus en dernier ressort.

Art. 48. Seront sujets au droit fixe de 50 francs, les actes de tutelle officieuse....

TITRE IX.

Art. 88. Les cautionnemens des greffiers et huissiers des justices de paix... sont fixés en raison de la population et du ressort des tribunaux de la résidence de ces fonctionnaires, conformément au tarif annexé à la loi sous les nos 8 et 9. (*Voyez ci-après la loi du 16 juin 1824.*)

DEUXIÈME PARTIE.

Des boissons.

Art. 55. Les débitans de boissons pourront avoir un registre sur papier libre, coté et paraphé par un juge de paix, et les commis seront tenus d'y consigner le résultat de leurs exercices, et les paiemens qui auront été faits.

Art. 126. Même disposition pour les brasseurs.

Art. 224. Tout colporteur ou fraudeur de tabac peut être conduit devant un juge de paix, lequel statuera de suite par une décision motivée sur son emprisonnement ou sa mise en liberté.

Art. 257. En cas de soupçon de fraude à l'égard des particuliers non sujets à l'exercice, les employés ne peuvent faire de visites dans l'intérieur de leurs habitations, qu'en se faisant assister du juge de paix ou de tout autre officier de police, tenu de déférer à la réquisition qui est faite par écrit.

Art. 241. Les registres portatifs des employés de la régie sont cotés et paraphés par les juges de paix.

TROISIÈME PARTIE.

Des douanes.

Art. 59. Les cotons filés, les tissus et tricots de coton et de laine, et tous autres tissus de fabrique étrangère prohibés, seront recherchés et saisis dans toute l'étendue du royaume.

Art. 6. Les juges de paix, les maires, etc., sont chargés de procéder à cette recherche, et aux saisies dans les villes et endroits de l'intérieur où il n'y a pas de bureau de douanes.

Extrait de l'ordonnance du Roi sur la Garde nationale.

Du 17 juillet 1816. (Bull. 101.)

Art. 26. Sont incompatibles avec le service de la garde nationale les fonctions de magistrats investis du droit de requérir, tels que... les juges de paix et leurs suppléans.

Extrait de l'ordonnance concernant la fixation des supplémens de cautionnement.

Du 9 octobre 1816. (Bull. n° 116.)

Art. 1er. Les greffiers des tribunaux de police doivent un supplément de cautionnement supérieur du quart en sus à celui que doivent fournir les greffiers des juges de paix de leur résidence.

2. Les huissiers près la cour de cassation, les cours royales, les tribunaux de commerce, les tribunaux de police, doivent un cautionnement égal à celui des huissiers du tribunal civil d'arrondissement dans le ressort duquel ils résident.

3. Les dispositions de l'article précédent sont applicables aux huissiers des tribunaux d'appels criminels, ou de première instance, conformément aux art. 5 et 6 de l'acte du 18 mai 1802.

Extrait de la loi sur les douanes.

Du 27 mars 1817. (Bull. 147.)

Art. 14. Le juge de paix, dans l'arrondissement duquel un objet saisi est déposé, connaîtra en première instance de la contravention.

Art. 15. La même compétence a lieu pour les saisies faites dans les bureaux des côtes ou frontières par suite de déclarations ; lesdites saisies n'entraînant que les condamnations établies par les lois des 22 août 1791 et 4 germinal an 2.

Nota. La même compétence leur est attribuée pour les fraudes tentées dans les ports de commerce (art. 35 de la loi du 21 avril 1818.)

Extrait de l'ordonnance du Roi concernant les franchises et contre-seings.

Du 6 août 1817. (Bull. 167.)

Etat n° 1er. Le contre-seing du ministre et secrétaire d'état de la justice opère la franchise envers... les juges de paix.

Idem. Du procureur-général près la cour royale dans toute l'étendue du ressort de cette cour, mais *sous bandes*. Dans le cas où la lettre serait cachetée, elle sera taxée, et comprise dans les états de crédit ouverts aux différens fonctionnaires de l'ordre judiciaire, par l'article 5 de l'ordonnance, et compris dans l'état n° 9 annexé à cette ordonnance. (*Voyez ci-après l'ordonnance du 14 décembre* 1825.)

Extrait de l'ordonnance du Roi qui détermine un mode pour l'exécution des actes et fonctions judiciaires, dans les palais, châteaux, maisons royales et leurs dépendances.

Du 20 août 1817. (Bull. n° 168.)

Art. 1er. Les significations aux personnes qui ont leur résidence habituelle dans nos palais, châteaux, maisons royales et leurs dépendances, seront faites en parlant aux suisses ou concierges desdits palais; ils ne pourront refuser d'en recevoir les copies, et il leur est enjoint de les remettre incontinent à ceux qu'elles concernent.

2. S'il échéait d'apposer ou de lever les scellés, de faire des inventaires ou tous autres actes judiciaires, d'exécuter des mandats de justice ou des jugemens, dans l'intérieur desdits palais, châteaux, maisons royales et leurs dépendances, les officiers de justice qui en seront chargés se présenteront au gouverneur, ou à celui auquel, en son absence, appartient la surveillance, lequel pourvoira immédiatement à ce qu'aucun empêchement ne leur soit donné, et leur fera prêter, au contraire, si besoin est, tout secours et aides nécessaires, sans préjudice des précautions qu'il croira devoir prendre, s'il y a lieu, pour la garde et police desdits palais.

3. S'il est commis un délit ou un crime dans lesdits palais, châteaux, maisons royales et leurs dépendances, le gouverneur, ou celui auquel, en son absence, appartient la surveillance, requerra sur-le-champ le transport du juge d'instruction, du procureur du Roi, ou du juge de paix, et lui remettra le prévenu, ou les prévenus, s'ils sont arrêtés.

4. En cas que le transport du procureur du Roi, du juge d'instruction, ou du juge de paix, ait lieu d'office, ils se présenteront, ainsi qu'il est dit dans l'art. 2 ci-dessus, au gouverneur, qui leur donnera tout accès et facilités, ainsi qu'il est plus amplement expliqué dans ledit article.

Extrait de la loi sur les douanes.

Du 21 avril 1818. (Bull. n° 207.)

Art. 35. Les juges de paix continueront à connaître des fraudes tentées, dans les ports de commerce, par des navires dont le manifeste a été fourni selon la loi, ainsi que de celles découvertes par suite des visites de la douane. Ils appliqueront à ces fraudes les peines déterminées par les lois des 22 août 1791 et 4 germinal an 11.

Extrait de l'instruction officielle sur les engagemens volontaires.

Du 20 mai 1818. (Bull. 215.)

Art. 10. Les juges de paix, dans chaque canton, visent les certificats des maires, portant que l'engagé volontaire jouit de ses droits civils; qu'il est de bonnes vie et mœurs, et qu'il n'a été appelé ni pour le service de terre, ni pour celui de mer, ou bien qu'il est libéré de l'un et de l'autre service.

Extrait de l'ordonnance relative à la mise en ferme des biens communaux qui ne seraient pas nécessaires à la dépaissance des troupeaux.

Du 7 octobre 1818. (Bull. 239.)

Art. 1er. Les biens des communautés d'habitans restés en jouissance commune depuis la loi du 10 juin 1793, et que les conseils municipaux ne jugeront pas nécessaires à la dépaissance des troupeaux, pourront être affermés sans qu'il soit besoin de recourir à l'autorisation du Roi, lorsque la durée des baux n'excédera pas neuf années.

Extrait de la loi répressive des crimes et délits commis par la voie de la presse, ou autres moyens de publication.

Du 17 mai 1819. (Bull. n° 278.)

Art. 13. Toute allégation ou imputation d'un fait qui porte atteinte à l'honneur, ou à la considération de la personne, ou du corps auquel le fait est imputé, est une diffamation.

Toute expression outrageante, terme de mépris ou invective, qui ne renferme l'imputation d'aucun fait, est une injure.

14. La diffamation et l'injure commises par l'un des moyens énoncés en l'art. 1er de la présente loi seront punies d'après les distinctions suivantes.

15. La diffamation ou l'injure envers les cours, tribunaux ou autres corps constitués sera punie d'un emprisonnement de quinze jours à deux ans, et d'une amende de 50 francs à 4000 francs.

16. La diffamation envers tout dépositaire ou agent de l'autorité publique pour des faits relatifs à ses fonctions sera punie d'un emprisonnement de huit jours à dix-huit mois, et d'une amende de 50 francs à 3,000 francs.

L'emprisonnement et l'amende pourront, dans ce cas, être infligés cumulativement ou séparément, selon les circonstances.

Ordonnance qui décide que les procès-verbaux de contravention en matière de police du roulage sont valablement affirmés devant l'adjoint, au lieu de l'être devant le juge de paix.

30 mai 1821.

Louis, etc.

Sur le rapport du comité du contentieux;

Vu le pourvoi élevé par notre ministre secrétaire d'Etat de l'intérieur contre un arrêté pris en matière de police du roulage par le conseil de préfecture du département de la Meurthe, au profit du sieur *Léonard Brunner*, meunier au moulin de la Machine, canton de Nancy; ledit pourvoi enregistré au secrétariat général de notre conseil d'Etat, le 8 mai 1820, et tendant à ce qu'il nous plaise annuler ledit arrêté;

Vu l'avertissement donné le 18 juillet 1820, par l'intermédiaire du préfet du département de la Meurthe, audit *Léonard Brunner*, pour qu'il ait à défendre contre ledit pourvoi, s'il s'y croit fondé, auquel avertissement il n'a pas été répondu;

Vu les procès-verbaux de contravention à la police du roulage, dressés les 14, 19 novembre et 1er décembre 1818, contre ledit *Léonard Brunner*, lesdits procès-verbaux affirmés par-devant l'adjoint au maire de Nancy;

Vu les condamnations prononcées par le maire de cette ville contre ledit *Léonard Brunner*, les 18, 28 novembre et 7 décembre 1818;

Vu la réclamation présentée au conseil de préfecture du département de la Meurthe, le 31 décembre 1818, par ledit *Léonard Brunner*, contre lesdites condamnations;

Vu l'arrêté attaqué du conseil de préfecture du département de la Meurthe, du 24 mars 1819, portant annulation des décisions du maire de Nancy, comme étant basées sur des procès-verbaux qui n'ont pas été affirmés devant le juge de paix, et statuant en outre que ledit *Léonard Brunner* est dispensé de payer les amendes auxquelles il a été condamné, et que l'argent lui sera rendu dans le cas où il aurait été consigné;

Vu l'arrêté du préfet de la Meurthe, du 6 avril 1819, qui estime qu'il y a lieu d'annuler l'arrêté susdit du conseil de préfecture;

Vu les décrets des 23 juin 1806, 18 août 1810, et 16 décembre 1811;

Vu les autres pièces produites;

Considérant que, par l'article 38 du décret du 23 juin 1806, les maires ont été chargés de prononcer provisoirement, et sauf recours aux conseils de préfecture, sur le fait de contravention à la police du roulage;

Considérant que, par le décret du 18 août 1810, les procès-verbaux en matière de police du roulage doivent être affirmés devant le juge de paix; mais que, d'après le décret du 16 décembre 1811, relatif aux routes en général, ces procès-verbaux peuvent être affirmés devant les maires ou leurs adjoints: qu'il convient surtout d'user de cette faculté, lorsqu'il s'agit de contraventions sur lesquelles les maires ont à prononcer provisoirement, et qu'ainsi, dans le cas particulier, ces procès-verbaux ont été valablement affirmés devant l'adjoint du maire de Nancy;

Notre conseil d'Etat entendu,

Nous avons ordonné et ordonnons ce qui suit:

Art. 1er. L'arrêté du conseil de préfecture du département de la Meurthe, du 24 mars 1819, est annulé.

2. L'affirmation faite des procès-verbaux de contravention devant l'adjoint au maire de Nancy est déclarée bonne et valable.

3. Le sieur *Léonard Brunner* est renvoyé à se pourvoir de nouveau, et, s'il s'y croit fondé, devant ledit conseil de préfecture, contre les décisions du maire de Nancy, des 18 et 28 novembre, et 7 décembre 1818.

Donné à Paris, le 30e jour du mois de mai de l'an de grâce 1821, et de notre règne le vingt-sixième.

Signé LOUIS.

Extrait de l'ordonnance du Roi qui fixe le mode d'exécution de la loi du 17 juillet 1819, sur les servitudes imposées à la propriété pour la défense de l'Etat.

Du 16 août 1821. (Bull. 475.)

Art. 32. Lorsque les gardes du génie auront connaissance d'une construction ou d'une réparation indûment faite... ils en rendront compte au chef du génie qui requerra, soit le juge de paix ou son suppléant, soit le commissaire de police..... d'accompagner dans sa visite le garde chargé de constater la contravention.

Extrait de l'ordonnance du Roi portant autorisation de la société d'assurances mutuelles contre l'incendie formée à Nancy pour les départemens de la Meurthe, etc.

Du 22 août 1821. (Bull. 482.)

Art. 16 et 29 des statuts de la compagnie. — La juste valeur des choses assurées est constatée par une estimation de trois experts dont l'un nommé par la direction, l'autre par l'assuré, et le troisième par le juge de paix du canton de la situation de l'immeuble.

Extrait de l'ordonnance du Roi relative à l'administration des hospices et bureaux de bienfaisance.

Du 31 octobre 1821. (Bull. 488.)

Art. 3. Sont de droit membres des conseils de charité, les archevêques et évêques, les premiers présidens et procureurs-généraux des cours..... et le plus ancien des juges de paix.

Extrait de la loi relative à la police sanitaire.

Du 3 mars 1822. (Bull. 508.)

Art. 17. Les membres des autorités sanitaires exerceront les fonctions d'officiers de police judiciaire exclusivement, et pour tous crimes, délits et contraventions dans l'enceinte et les parloirs des lazarets et autres lieux réservés. Dans les autres parties du ressort de ces autorités, il les exerceront concurremment avec les officiers ordinaires, pour les crimes, délits et contraventions en matière sanitaire.

20. Les marchandises et autres objets déposés dans les lazarets et autres lieux réservés, qui n'auront pas été réclamés dans le délai de deux ans, seront vendus aux enchères publiques.

Ils pourront, s'ils sont périssables, être vendus avant ce délai, en vertu d'une ordonnance du président du tribunal de commerce, ou, à défaut, du juge de paix.

Circulaire de S. G. le Garde-des-Sceaux, ministre de la justice, relative au refus que font des juges de paix d'accorder des ordonnances pour l'exécution des jugemens emportant la contrainte par corps.

Du 20 mai 1822.

A MM. les procureurs-généraux près les cours royales.

Monsieur le procureur-général,

J'ai reçu des plaintes contre le refus que font des juges de paix d'accorder des ordonnances en conformité de l'article 751, n° 5, du Code de procédure civile, pour l'exécution des jugemens emportant la contrainte par corps.

Ces plaintes ont donné lieu d'examiner la question de savoir si l'ordonnance du juge de paix, prévue par l'article 781 du Code de procédure, et le transport de ce juge avec l'officier ministériel pour l'arrestation des débiteurs dans l'intérieur d'une maison, sont, pour le juge de paix, des actes purement facultatifs auxquels il puisse se refuser sans donner aucun motif, ni prendre à ce sujet aucune décision écrite.

Il a été reconnu que la disposition rappelée du Code de procédure ne fait évidemment que renouveler et généraliser la formalité anciennement établie par les arrêts de réglement du parlement de Paris, de 1702 et 1707, pour l'exécution de l'article 11 du titre 34 de l'ordonnance de 1667.

C'est ce qu'indiquent clairement et l'exposé des motifs et le rapport de l'orateur du tribunal sur cette partie du Code.

En se rapportant à la jurisprudence généralement conforme à celle des deux arrêts cités, il y avait, de la part du juge ordinaire, obligation de prendre une décision écrite pour motiver son refus; les parties intéressées avaient, de leur côté, la faculté de se pourvoir contre cette décision par la voie de l'appel devant le juge supérieur.

Ce qui est d'ailleurs conforme aux principes élémentaires sur la forme des actes de juridiction et sur la hiérarchie nécessaire des tribunaux.

D'où il suit qu'en définitive, le juge de paix, dès l'instant qu'il est requis de prêter son ministère, aux termes de l'art. 781, ne peut le refuser que par une décision écrite et motivée, contre laquelle la voie de l'appel est ouverte.

En conséquence de ces principes, je vous prie de faire connaître aux juges de paix du ressort de la cour que je n'approuve pas qu'usant sans réserve de la faculté que la loi leur laisse, ils refusent indistinctement de déférer aux demandes qui leur sont adressées à cet égard, sans même motiver leur refus.

Une telle détermination tendrait à priver pour toujours les créanciers porteurs de jugemens emportant la contrainte par corps de la possibilité d'user du bénéfice d'une disposition légale; elle assurerait en même temps à tous les débiteurs contraignables par corps une sécurité qui nuirait aux intérêts du commerce, et détournerait ces débiteurs et leurs familles de faire les efforts qu'ils emploient ordinairement pour arrêter les effets de la contrainte; enfin, ce serait proclamer que la loi peut contenir des dispositions qu'il serait toujours permis de rendre illusoires.

Si, d'un côté, les juges de paix ne doivent se rendre qu'avec beaucoup de mesure aux demandes qui leur sont adressées dans cet objet, d'un autre côté, il est des circonstances où, après avoir examiné et vérifié les motifs qui leur sont exposés pour les créanciers, ils doivent les aider de leur ministère, et, dans ce cas, déférer sans délai aux demandes qui leur sont faites; lorsqu'ils ont des motifs légitimes pour s'y refuser, ils doivent les consigner par écrit.

Je vous prie donc de faire donner, par vos substituts, aux juges de paix du ressort de la cour, des instructions précises et conformes à ces observations, sur la marche à tenir pour l'exécution de la disposition de l'art. 781, n° 5, du Code de procédure civile.

Vous voudrez bien m'accuser réception de cette lettre.

Recevez, etc.

Signé le comte de Peyronnet.

Extrait de l'ordonnance du Roi sur les justifications à faire devant les juges de paix par les veuves et orphelins de militaires pour l'obtention de pensions ou secours.

Du 16 octobre 1822. (Bull. n° 559.)

Art. 1er. Les veuves des militaires qui croiront avoir droit à la pension accordée par l'art. 8 de la loi du 17 août 1822 justifieront de la manière suivante de la condition légale relative à la privation de moyens d'existence.

La veuve se présentera devant le juge de paix du canton où est situé son domicile légal; elle fera devant lui la déclaration de ses revenus à l'époque du décès de son mari, et y joindra, à l'appui de sa déclaration, les extraits d'inventaires et autres documens authentiques qui peuvent servir à la vérifier.

Cette déclaration sera par elle affirmée sous la foi du serment, sous peine, en cas de fausse déclaration, de voir rayer la pension inscrite, et d'être poursuivie en restitution des arrérages induement perçus, le tout sans préjudice des peines plus graves prononcées par la loi.

Le juge de paix dressera procès-verbal de la déclaration et du serment, et y annexera les pièces à l'appui.

2. Les tuteurs des orphelins justifieront, de la même manière et sous les mêmes peines, des revenus de leurs pupilles à l'époque où se sont ouverts leurs droits à la pension, soit par le décès du père, soit par le décès ou l'incapacité légale de la mère.

3. Outre le procès-verbal du juge de paix et les pièces à l'appui, les demandes de pension seront accompagnées des autres pièces indiquées dans les tableaux annexés à la présente ordonnance.

Les demandes de pension et les pièces exigées par les articles précédens seront remises ou adressées par la veuve ou par le tuteur au sous-intendant militaire chargé du département où les réclamans ont leur domicile légal. Le tout sera transmis à notre ministre de la guerre, avec les documens ou renseignemens administratifs qui auront été demandés par ses instructions.

Extrait de l'ordonnance du Roi qui fixe le traitement de diverses autorités judiciaires.

Du 16 octobre 1822. (Bull. 559.)

Art. 8. Le traitement des juges de paix du département de la Corse est fixé à huit cents francs.

Celui des greffiers au tiers de cette somme.

Extrait de l'ordonnance du Roi qui prescrit les formalités à observer pour la délivrance des congés aux membres de l'ordre judiciaire.

Du 6 novembre 1822. (Bull. 563.)

Art. 1er. Lorsque les présidens des tribunaux de première instance, et nos procureurs près lesdits tribunaux, délivreront des congés aux juges de paix et suppléans, et aux greffiers des juges de paix, ils en rendront compte dans le délai de trois jours au garde des sceaux.

2. Tout congé énoncera l'époque à laquelle il devra commencer, et celle à laquelle il devra finir.

4. Tout congé à l'égard duquel les formalités prescrites par l'art. 1er n'auront pas été observées sera nul de plein droit.

5. Le garde des sceaux pourra révoquer les congés accordés sans cause valable ou nuisibles au service.

Extrait de l'ordonnance du Roi qui transporte à Ecouis le chef-lieu de la justice de paix du canton de Grainville-Eure.

Du 2 avril 1823. (Bull. 599.)

Vu la demande des conseils municipaux de la plus grande partie des communes du canton de Grainville, tendant à obtenir que le chef-lieu de ce canton soit établi à Ecouis.

Vu la déclaration relative du conseil général du département de l'Eure, et celle du conseil d'arrondissement des Andelys ;

Vu l'avis du préfet et du sous-préfet;

Ensemble l'avis favorable du procureur-général près la cour royale de Rouen ;

Celui du ministre de l'intérieur.

Sur le rapport du garde des sceaux ;

Le conseil d'état entendu,

Nous avons ordonné et ordonnons que le chef-lieu de la justice de paix du canton de Grainville, arrondissement des Andelys, département de l'Eure, sera transféré à Ecouis, commune du même canton.

Nota. Nous nous bornons à citer cette ordonnance, pour indiquer les diverses autorités qui concourent, soit à la translation d'un chef-lieu de justice de paix, soit à la création d'un nouvel arrondissement de justice de paix.

Extrait de l'ordonnance du Roi portant approbation du réglement spécial concernant l'exploitation des carrières.

Du 23 juin 1823. (Bull. 617.)

Art. 16.... En cas d'accident survenu dans une carrière,.... il en sera dressé procès-verbal par le maire, ou par tout autre officier de police;.... et ces procès-verbaux seront immédiatement transmis au sous-préfet et au procureur du Roi de l'arrondissement.

Décision du ministre des finances sur les droits d'enregistrement dûs pour les déclarations du tiers saisi faites devant le juge de paix ou au greffe.

Du 6 août 1823.

Art. 4. La déclaration du tiers saisi est passible du droit fixe de 2 francs, qu'elle soit faite devant le juge de paix ou au greffe; elle supporte de plus, dans ce dernier cas, le droit fixe de rédaction de 1 franc 25 centimes.

Le certificat délivré par les fonctionnaires pour remplacer cette déclaration est sujet au droit fixe de 2 francs.

Le dépôt au greffe de ce certificat, ou d'une expédition de la déclaration faite devant le juge de paix, est assujetti au droit fixe de 3 fr., indépendamment du droit fixe de rédaction de 1 franc 25 centimes.

Extrait de l'ordonnance du Roi qui détermine un mode pour la tenue et la vérification des registres et actes judiciaires dans les greffes des tribunaux du royaume.

Du 5 novembre 1823. (Bull. 635.)

Art. 3. Les juges de paix feront, dans les cinq premiers jours de chaque mois, le recolement des minutes sur les répertoires, et constateront, par un procès-verbal, l'état matériel et de situation des feuilles d'audience et de toutes autres minutes d'actes reçus et passés dans leur greffe durant le mois précédent.

Ce procès-verbal sera transmis, dans les cinq jours suivans, au procureur du Roi de l'arrondissement. Ledit procureur du Roi pourra, en outre, quand il le jugera nécessaire, procéder à cette vérification par lui-même, ou par l'un de ses substituts.

4. Les procureurs du Roi pourront, à l'égard des tribunaux de police établis dans le ressort du tribunal, mais hors du lieu où siége le tribunal de première instance, déléguer celui des juges de paix qui ne sera pas de service près ledit tribunal.

Le juge de paix fera la vérification dans le délai et dans la forme ci-dessus prescrits.

Extrait de l'ordonnance du Roi portant réglement sur la vérification des registres de l'Etat civil.

Du 26 novembre 1823. (Bull. 640.)

Art. 5. Les procureurs du roi, chargés de vérifier les registres de l'année courante, peuvent déléguer le juge de paix du canton dans lequel sera située la commune dont les registres doivent être vérifiés.

Extrait de l'ordonnance du Roi relative au recouvrement des amendes de police.

Du 30 décembre 1823. (Bull. 654.)

Art. 2. Les greffiers des tribunaux seront tenus d'envoyer aux préfets, au commencement de chaque semestre, le relevé des jugemens portant condamnation d'amendes, et rendus dans le cours du semestre précédent, pour servir à contrôler les états de recouvrement produits par les receveurs.

Extrait de la loi relative aux droits d'enregistrement et de timbre.

Du 16 juin 1824. (Bull. 673.)

Art. 10. Les amendes progressives prononcées dans certains cas contre les fonctionnaires publics et les officiers ministériels, par les lois sur l'enregistrement, et le dépôt des répertoires, sont réduites à une seule amende de dix francs, quelle que soit la durée du retard.

Circulaire de S. Exc. le Ministre de l'intérieur sur l'installation des juges de paix.

Du 22 novembre 1824.

Monsieur le préfet,

La loi du 20 mars 1801 (29 ventôse an IX), qui déterminait le mode d'élection des juges de paix par les citoyens de chaque canton, chargeait le sous-préfet de les installer, après qu'ils auraient prêté serment à l'audience du tribunal de l'arrondissement.

Mais, aux termes de l'art. 61 de la Charte coustitutionnelle, la nomination des juges de paix appartient au Roi, et il suit évidemment de cette disposition fondamentale que la loi du 20 mars 1801 a cessé d'être en vigueur, que M. le ministre de la justice, investi du droit de proposer à Sa Majesté les nominations de juge de paix et de faire exécuter les ordonnances royales rendues à cet effet, donne seul les instructions et les ordres nécessaises pour l'installation de ces magistrats. MM. les sous-préfets doivent donc s'abstenir d'y procéder, à moins qu'ils ne soient délégués spécialement par monseigneur le garde des sceaux. Veuillez les en avertir et m'accuser réception de cette lettre.

Recevez, etc.

Le ministre secrétaire d'état au département de l'intérieur,

Signé CORBIÈRE.

Extrait de l'ordonnance du Roi relative au tabac de fraude.

Du 24 décembre 1824. (Bull. n° 63.)

Art. 46. Le directeur et les agens supérieurs de la régie des impositions indirectes pourront autoriser des visites chez tout particulier soupçonné de faire ou favoriser la fraude; mais les visites ne pourront avoir lieu qu'en présence du juge de paix, du maire, ou de son adjoint, qui seront tenus de déférer à la réquisition par écrit qui leur en sera faite, et qui sera transcrite en tête du procès-verbal.

49. Lorsque, conformément à l'art. 48, les employés auront arrêté un colporteur de tabac, ils seront tenus de le conduire sur-le-champ devant un officier de police judiciaire, ou de le remettre à la force armée, qui le conduira devant le juge compétent, lequel statuera de suite, par une décision motivée, sur son emprisonnement ou sa mise en liberté.

Extrait de l'ordonnance concernant les indemnités des magistrats pour transport à plus de cinq kilomètres.

Du 10 mars 1825. (Bull. n° 23.)

Art. 1er. Les magistrats qui, dans les cas prévus par les art. 3, 4 et 6 de l'ordonnance royale du 5 novembre 1823, et par l'art. 5 de celle du 26 du même mois, se transporteront à plus de cinq kilomètres, auront droit aux indemnités déterminées par l'art. 88 du réglement du 18 juin 1811, suivant les distinctions établies par cet article relativement aux distances, lesquelles seront comptées conformément aux tableaux dressés en exécution de l'art. 93 du réglement du 18 juin.

5. Nos procureurs près les tribunaux de première instance, lorsqu'ils réclameront l'indemnité déterminée par la présente ordonnance, seront tenus de justifier que leur transport a eu lieu en vertu de l'ordre ou de l'autorisation préalable du procureur-général.

6. Ces magistrats ne pourront, sans le même ordre ou la même autorisation, désigner un juge de paix à l'effet de procéder auxdites opérations, lorsque celui-ci, pour exécuter la délégation, sera obligé de se transporter à plus de cinq kilomètres du chef-lieu de son canton.

Extrait de la loi concernant l'indemnité à accorder aux anciens propriétaires des biens-fonds confisqués et vendus au profit de l'État, en vertu des lois sur les émigrés, les condamnés et les déportés.

Du 27 avril 1825. (Bull. n° 30.)

TITRE II.

De l'admission à l'indemnité.

Art. 7. Seront admis à réclamer l'indemnité l'ancien propriétaire, et, à son défaut, les Français qui étaient appelés par la loi ou par sa volonté à le représenter à l'époque de son décès, sans qu'on puisse leur opposer aucune incapacité résultant des lois révolutionnaires.

Extrait de l'ordonnance du Roi sur le mode d'exécution de la loi d'indemnité ci-dessus.

Du 1er mai 1825. (Bull. n° 33.)

Art. 7. Lorsque l'indemnité sera réclamée par l'ancien propriétaire, il devra justifier de sa qualité en produisant :

1°. Un extrait de son acte de naissance en due forme.

2°. Un acte de notoriété, dressé par-devant le juge de paix, de la situation des biens confisqués, ou du domicile du réclamant, signé par cinq témoins notables, et constatant son identité avec le propriétaire dépossédé.

Instruction du ministre des finances concernant la solution de diverses questions sur l'exécution de l'ordonnance ci-dessus.

Actes de notoriété.

Relativement aux actes de notoriété, on a demandé « si les héritiers, ou

» ayant cause de l'ancien propriétaire dépossédé, devaient être astreints à » produire un acte de notoriété constatant son identité ; s'ils devaient, en ou- » tre, prouver eux-mêmes leur identité par un acte semblable. »

Dans tous les cas, l'identité de l'ancien propriétaire qui réclame doit être constatée par un acte de notoriété (*art. 7 de l'ordonnance*); mais on n'a pas pensé qu'il dût en être de même lorsque, l'ancien propriétaire ne se présentant point, sa succession est réclamée par des héritiers naturels ou substitués; dans ce cas, l'identité de l'ancien propriétaire et des réclamans paraît devoir être suffisamment prouvée par la série d'actes que les art. 8, 9 et 10 de l'ordonnance précitée les assujetissent à produire pour l'établissement de leurs droits respectifs.

S'il arrivait, toutefois, que l'identité du réclamant ne fût pas démontrée, les préfets devraient exiger telle pièce qu'ils jugeraient nécessaire pour la constater.

Il en sera de même lorsque l'identité de l'ancien propriétaire décédé, aux droits duquel un individu se présentera pour réclamer l'indemnité, ne sera pas constante.

On a demandé encore « si, lorsque plusieurs héritiers naturels de l'ancien » propriétaire, domiciliés dans divers départemens, forment une demande » collective, et qu'ils ont à fournir un acte de notoriété constatant leur iden- » tité, on devra se borner à établir cet acte dans le domicile de chacun d'eux, » ou s'il devra l'être dans chacun des cantons de la situation des biens. »

L'art. 7 de l'ordonnance a répondu à cette question. L'acte de notoriété dont il prescrit la production peut être indifféremment dressé par le juge de paix de la situation des biens, ou par celui du domicile de l'ancien propriétaire dépossédé; dès-lors, puisque l'un ou l'autre de ces magistrats peut indistinctement dresser l'acte constatant l'identité du réclamant avec l'ancien propriétaire dépossédé, chaque héritier peut faire constater son identité par le juge de paix de son domicile, et s'affranchir de la nécessité de procéder à un acte de notoriété dans chacun des cantons de la situation des biens.

« Les actes de notoriété dressés par les juges de paix doivent-ils toujours » être homologués par le tribunal de l'arrondissement ? »

Cette formalité n'est pas nécessaire quand l'acte de notoriété est dressé pour constater l'identité de l'ancien propriétaire, puisque l'art. 7 de l'ordonnance du 1er mai n'en avait rien dit.

Je vous ferai seulement observer que si l'acte est délivré par le juge de paix de la situation des biens à un habitant qui réclamait l'indemnité, on ne peut se dispenser d'exiger la légalisation de la signature de ce magistrat par le président du tribunal de première instance ; mais cette légalisation devient essentielle si l'acte a été dressé par le juge de paix du domicile d'un ayant-droit, habitant d'un autre département. Dans ce dernier cas, l'administration qui doit connaître de la demande en indemnité ne peut en effet apprécier autrement la vérité de la signature.

Il convient encore de remarquer que si l'acte est délivré en brevet, la signature du juge de paix doit être légalisée par le président du tribunal de l'arrondissement. S'il est, au contraire, dressé en minute, c'est la signature du greffier qui en délivre une expédition que le président du tribunal doit légaliser.

Lorsqu'il ne s'agit pas de constater l'identité de l'ancien propriétaire, conformément à l'art. 7 de l'ordonnance du 1er mai, les actes de notoriété demeurent assujétis aux formalités ordinaires.

« L'acte de notoriété fait devant le juge de paix et son expédition peu- » vent-ils être délivrés sur papier libre et dispensés du timbre de l'enregis- » trement? »

Ils doivent être dressés sur papier timbré et soumis à l'enregistrement comme tous les autres actes publics et authentiques, dont les copies ou les extraits sont exigés à l'appui des demandes en indemnité. L'art. 61 de l'ordonnance, fondé sur la loi du 26 frimaire an VII, n'est applicable qu'aux actes sous seing-privé.

Nouvelles instructions du Ministre des finances sur l'exécution de la loi d'indemnité.

(Circulaire du 7 juillet 1825.)

Actes de notoriété.

Deuxième question. — L'acte de notoriété destiné à constater l'identité d'un propriétaire dépossédé peut-il être dressé sur le témoignage d'individus non encore nés ou encore dans l'enfance au temps de l'émigration du réclamant?

Réponse. — Les actes de notoriété ne sont, à proprement parler, que *des certificats sur un point de fait.* Les déclarations qu'ils contiennent seront appréciées par la commission, et je n'ai pas besoin de faire observer que ces actes inspireront d'autant plus de confiance que les témoins se trouveront dans une position à certifier plus pertinemment les faits qui y sont relatés.

Du reste, l'administration ne peut établir aucune nouvelle règle relativement à la réception des actes, qui restent soumis aux formalités ordinaires.

Identité.

Troisième question. — Est-il nécessaire que l'acte de notoriété constate que le réclamant est bien la même personne que celle sur laquelle *tel* bien a été confisqué, pour *telle* cause ou *à telle* date? Alors, la pétition du réclamant, qui doit être adressée à l'autorité administrative, ne serait-elle pas aussi utile au juge de paix pour connaître si la déclaration des témoins porte réellement sur les biens réclamés?

Réponse. — Cet acte doit nécessairement énoncer l'identité du réclamant avec le propriétaire d'un tel domaine confisqué; mais il ne paraît pas également indispensable que la cause et la date de la dépossession y soient relatées, puisqu'il ne s'agit que de constater l'identité.

Quant à la pétition, elle ne doit être adressée qu'à l'autorité administrative : c'est à elle qu'il appartient d'examiner si les biens pour lesquels l'indemnité est réclamée sont les mêmes que ceux relatés dans l'acte de notoriété dressé par le juge de paix.

Sur le même sujet.

Quatrième question. — A défaut de titre pour constater la propriété des biens vendus sur des émigrés dont les prénoms sont omis, ou incomplets, ou transposés, dans les ventes administratives, les réclamans ont-ils, pour y suppléer, l'option de faire dresser des actes de notoriété par les juges de paix de leur domicile, ou par ceux de la situation des biens pour lesquels l'indemnité est due?

Réponse.—L'ordonnance du 1er mai ayant indifféremment attribué, par son art. 7, au juge de paix de la situation des biens, ou à celui du domicile des ayant-droit, la faculté de dresser les actes de notorité, dont la production est nécessaire aux parties, relativement à la contestation de l'identité, rien ne peut s'opposer à ce que, dans le cas dont il s'agit, celles-ci profitent de l'opposition autorisée par l'ordonnance.

Identité.

Cinquième question. — Un ancien propriétaire qui possédait des biens dans plusieurs cantons du même département doit-il produire, pour la justification de son identité, un acte de notoriété dressé par le juge de paix de chacun de ces cantons, ou lui suffira-t-il de produire un seul acte de cette nature établi par celui des juges de paix qu'il lui aura plu de choisir?

Réponse. — Un seul acte de notoriété peut suffire pour la preuve de l'identité de l'ancien propriétaire dépossédé; pourvu que cet acte soit reçu par le juge de paix de son domicile, et contienne l'attestation que le réclamant était réellement propriétaire de la totalité des biens confisqués sur lui, dénommés dans l'acte, et situés dans le même département. — Un acte qui serait reçu par le juge de paix de l'un des cantons de la situation des biens ne sera valable que pour établir l'identité du réclamant relativement à cette partie des biens.

Actes de notoriété.

Sixième question. — Les témoins appelés devant un juge de paix, lors de la formation d'un acte de notoriété, feront-ils une simple déclaration, ou bien cette déclaration sera-t-elle reçue sur la foi du serment?

Les parens des anciens propriétaires peuvent-ils être admis comme témoins dans ces actes?

L'art. 7 de l'ordonnance donne-t-il au juge de paix seul, sans l'assistance de son greffier, le droit de recevoir les déclarations d'identité?

Réponse. — L'ordonnance ne contient à ce sujet aucune disposition spéciale; il faut se renfermer dans les limites de la législation existante, et ne pas établir des obligations ou des restrictions qu'elle n'impose pas. Ainsi ce sont les formalités ordinaires aux actes de notoriété qu'il faut suivre.

Septième question.—On a demandé s'il était nécessaire que, dans un acte de notoriété, le juge de paix certifiât lui-même des faits?

Réponse. — Ce magistrat, en donnant un acte de notoriété, reçoit la déclaration des personnes qui attestent la vérité d'un fait : il ne doit donc pas le certifier lui-même.

Même sujet.

Huitième question. — Un légataire universel se présente devant un juge de paix et lui demande un acte de notoriété constatant que le testateur n'a pas laissé d'héritiers à réserve.

Que fera ce magistrat?

Réponse. — Il délivrera l'acte requis d'après les attestations et justifications ordinaires; car il ne peut refuser son ministère, et il ne juge pas de l'usage que l'on pourra faire de l'acte qu'il reçoit.

Même sujet.

Neuvième question. — A défaut d'inventaire ou d'acte établissant les qualités d'héritiers qui demandent à exercer les droits de leur auteur à l'indemnité, le juge de paix peut-il recevoir une déclaration qui constate le défaut de ces actes et qui établisse les droits des réclamans?

Quelles seront alors les formes qu'il devra suivre?

Réponse. — Par les motifs qui viennent d'être énoncés dans la solution précédente, le juge de paix délivrera l'acte, et se conformera, pour sa rédaction, aux formes déterminées par les lois; les préfets et, en définitive, la commission, jugeront si les productions sont suffisantes.

Ordonnance du Roi sur les frais et émolumens à percevoir par les greffiers des justices de paix.

(Du 17 juillet 1825. (Bull. n° 49.)

Art. 1er. Aucuns frais ni émolumens ne pourront être perçus par les greffiers de justice de paix que sur des états dressés par eux, qui seront vérifiés et visés par le juge de paix.

Ces états seront écrits au bas de l'expédition délivrée par le greffier.

A défaut d'expédition, il sera fait un état séparé.

2. Les greffiers de justices de paix tiendront un registre sur lequel ils inscriront, par ordre de date et sans aucun blanc, toutes les sommes qu'ils recevront pour les actes de leur ministère.

Les déboursés et les émolumens seront inscrits dans des colonnes séparées.

3. Le registre mentionné en l'article précédent sera coté et paraphé par le juge de paix.

Il sera tenu sous la surveillance de ce magistrat, qui, à chaque trimestre, et, plus souvent, s'il le juge convenable, le vérifiera, l'arrêtera et en dressera un procès-verbal dans lequel il consignera ses observations.

Ce procès-verbal sera envoyé à notre procureur près le tribunal de première instance, qui en rendra compte au procureur-général près la Cour royale.

4. Pourront nos procureurs, quand ils l'auront reconnu nécessaire, procéder par eux-mêmes ou leurs substituts, à la vérification prescrite par l'art. 3.

5. En cas d'infraction aux règles prescrites par la présente ordonnance, il en sera fait rapport à notre garde des sceaux, pour être pris à l'égard des contrevenans telle mesure qu'il appartiendra.

6. Si les greffiers ou leurs commis reçoivent, sous quelque prétexte que ce soit, d'autres ou plus forts droits que ceux qui leur sont attribués par les lois et les réglemens, il est enjoint aux juges de paix d'en informer nos procureurs; il en sera pareillement fait rapport à notre garde des sceaux.

Les contrevenans seront, selon la gravité des circonstances, destitués de leur emploi, traduits devant la police correctionnelle pour être condamnés aux amendes déterminées par les lois, ou poursuivis extraordinairement en vertu de l'art. 174 du Code pénal, sans préjudice, dans tous les cas, de la restitution des sommes indûment perçues, et des dommages et intérêts, quand il y aura lieu.

Notre garde des sceaux, ministre de la justice, est chargé de l'exécution de la présente ordonnance.

Extrait de l'ordonnance du Roi concernant les franchises et contre-seings

Du 14 décembre 1825. (Bull. 70.)

Etat des magistrats et fonctionnaires envers lesquels le contre-seing du ministre-secrétaire d'Etat de la justice opère la franchise.

5°. Les juges de paix.

Dispositions particulières.

Le premier président et le procureur-général de la cour de cassation, les premiers présidens des cours royales, les présidens des cours d'assises, les procureurs-généraux et les procureurs du Roi près les cours d'assises, jouissent du contre-seing *sous bandes* à l'égard des juges de paix, et reçoivent en franchise toutes les lettres et tous les paquets fermés ou sous bandes, contre-signés ou non contre-signés, qui leur sont adressés dans l'étendue du département, à raison de leurs fonctions.

Les juges de paix ont la faculté d'adresser ou de recevoir en franchise des lettres et paquets fermés; mais alors le magistrat, ou le fonctionnaire qui aura expédié, doit déclarer, sur la suscription, par une note signée de lui, qu'il y avait nécessité de fermer la dépêche.

Extrait de l'ordonnance du Roi concernant les poids et mesures.

Du 18 décembre 1825. (Bull. 69.)

Art. 1er. Les préfets et les sous-préfets continueront à exercer leur surveillance sur l'uniformité et la légalité des poids et mesures répandus dans le commerce.

2. Les...... officiers de police prêteront toute assistance aux vérificateurs dans l'exercice des fonctions qui leur sont déléguées. Ils constateront et poursuivront devant les tribunaux de simple police, soit d'office, soit a la réquisition des vérificateurs, les contraventions commises par les marchands et fabricans qui emploieraient à l'usage de leur commerce, ou conserveraient dans leurs dépôts, boutiques et magasins, des mesures et poids différens de ceux qui sont établis par les lois en vigueur.

25. Conformément à la loi du 23 septembre 1825, les.... officiers de police sont chargés de faire, dans leurs arrondissemens respectifs, et plusieurs fois dans l'année, des visites dans les boutiques et magasins, dans les places publiques, foires et marchés, à l'effet de s'assurer de l'exactitude et du fidèle usage des poids et mesures.

Ils sont particulièrement chargés de surveiller les bureaux publics de pesage et de mesurage dépendans de l'administration municipale.

Ils s'assureront, 1° si les poids et mesures portent les marques et poinçons de vérification; 2° si, depuis la vérification que ces marques constatent, ces instrumens n'ont point souffert de variations, soit accidentelles, soit frauduleuses; 3° et, essentiellement, si les marchands font réellement usage de ces poids et mesures, et non d'aucun autre.

26. Ils vérifieront fréquemment les balances, romaines, et tous autres instrumens de pesage autorisés ou tolérés. Ils s'assureront de leur justesse et de la liberté de leurs mouvemens.

27. Ils veilleront à la fidélité dans le débit des marchandises qui, étant fabriquées au moule ou à la forme, se vendent à la pièce ou au paquet, comme correspondant à un poids déterminé, telles que les pains de certaines espèces, les bougies, chandelles et autres semblables. Néanmoins, les formes ou moules propres aux fabrications de ce genre ne seront jamais réputés instrumens de pesage, ni assujettis à la vérification.

Extrait de la loi relative à la répartition de l'indemnité stipulée en faveur des anciens colons de Saint-Domingue.

Du 30 avril 1826. (Bull. n° 88.)

Art. 2. Seront admis à réclamer l'indemnité.... les anciens propriétaires de biens-fonds situés à Saint-Domingue, ainsi que leurs héritiers, légataires, donataires ou ayant-cause.

Extrait de l'ordonnance du Roi concernant l'exécution de la loi ci-dessus.

Du 9 mai 1826. (Bull. n° 89.)

Art. 3. Lorsque la demande sera formée par l'ancien propriétaire, il devra produire, pour justifier de sa qualité, de ses droits, et de la valeur de ses biens-fonds :

1°. Un extrait de son acte de naissance en due forme;

2°. Un acte de notoriété dressé devant un juge de paix, signé par cinq témoins notables et attestant son identité.

Voyez ci-dessus, page 154, la circulaire ministérielle contenant des instructions sur les actes de notoriété.

Ordonnance du Roi portant que le chef-lieu de la justice de paix du canton de Mornay, département de l'Ain, sera transféré à Izernore, commune du même canton (1).

Du 19 juillet 1826. (Bull. n° 104.)

Charles, par la grâce de Dieu, Roi de France et de Navarre, à tous ceux qui ces présentes verront, salut.

Vu le vœu émis par le conseil d'arrondissement de Nantua, département de l'Ain, dans les sessions de 1822, 1823, 1824 et 1825, tendant à obtenir que le chef-lieu du canton de Mornay soit établi à Izernore;

Vu les délibérations des quinze communes composant le canton de Mornay;

Vu l'avis du sous-préfet de Nantua;

Vu l'avis du conseil général du département de l'Ain, émis dans sa session de 1824, et celui du préfet du même département;

Ensemble les avis favorables du premier président et de notre procureur-général à la cour royale de Lyon, et du procureur du Roi de Nantua;

L'avis de notre ministre secrétaire d'État au département de la justice;

Notre conseil d'État entendu,

Nous avons ordonné et ordonnons ce qui suit :

Art. 1er. Le chef-lieu de la justice de paix du canton de Mornay, arrondissement de Nantua, département de l'Ain, sera transféré à Izernore, commune du même canton.

2. Notre garde des sceaux, ministre secrétaire d'Etat au département de la justice, et notre ministre secrétaire d'Etat de l'intérieur, sont chargés, chacun en ce qui le concerne, de l'exécution de la présente ordonnance, qui sera insérée au *Bulletin des lois*.

EXTRAIT DU CODE FORESTIER.

Du 21 mai 1827. (Bull. n° 176.)

TITRE XI.

Des poursuites en réparation de délits et contraventions.

Section 1re.

Des poursuites exercées au nom de l'administration forestière.

Art. 159. L'administration forestière est chargée, tant dans l'intérêt de l'Etat, que dans celui des autres propriétaires de bois et forêts soumis au régime forestier, des poursuites en réparation de tous délits et contraventions commis dans ces bois et forêts, sauf l'exception mentionnée en l'art. 87.

---

(1) Nous rapportons textuellement cette ordonnance et celle ci-dessus, page 151, pour faire connaître toutes les autorités qui doivent concourir à la demande formée auprès du Gouvernement pour la translation du siége d'une justice de paix.

Elle est également chargée de la poursuite en réparation des délits et contraventions spécifiés aux art. 134, 143 et 219.

Les actions et poursuites seront exercées par les agens forestiers au nom de l'administration forestière, sans préjudice du droit qui appartient au ministère public.

160. Les agens, arpenteurs et gardes forestiers recherchent, et constatent par procès-verbaux les délits et contraventions, savoir : les agens et arpenteurs, dans toute l'étendue du territoire pour lequel ils sont commissionnés, et les gardes, dans l'arrondissement du tribunal près duquel ils sont assermentés.

161. Les gardes sont autorisés à saisir les bestiaux trouvés en délit, et les instrumens, voitures et attelages des délinquans, et à les mettre en séquestre. Ils suivront les objets enlevés par les délinquans jusque dans les lieux où ils auront été transportés, et les mettront également en séquestre.

Ils ne pourront néanmoins s'introduire dans les maisons, bâtimens, cours adjacentes et enclos, si ce n'est en présence, soit du juge de paix ou de son suppléant, soit du maire du lieu ou de son adjoint, soit du commissaire de police.

162. Les fonctionnaires dénommés en l'article précédent ne pourront se refuser à accompagner sur-le-champ les gardes, lorsqu'ils en seront requis par eux pour assister à leur perquisition.

Ils seront tenus, en outre, de signer le procès-verbal du séquestre, ou de la perquisition faite en leur présence, sauf au garde, en cas de refus de leur part, à en faire mention au procès-verbal.

163. Les gardes arrêteront et conduiront devant le juge de paix, ou devant le maire, tout inconnu qu'ils auront surpris en flagrant délit.

164. Les agens et les gardes de l'administration des forêts ont le droit de requérir directement la force publique pour la répression des délits et contraventions en matière forestière, ainsi que pour la recherche et la saisie des bois coupés en délit, vendus ou achetés en fraude.

165. Les gardes écriront eux-mêmes leurs procès-verbaux ; ils les signeront, et les affirmeront, au plus tard le lendemain de la clôture desdits procès-verbaux, par-devant le juge de paix du canton, ou l'un de ses suppléans, ou par-devant le maire ou l'adjoint, soit de la commune de leur résidence, soit de celle où le délit a été commis et constaté : le tout sous peine de nullité.

Toutefois, si, par suite d'un empêchement quelconque, le procès-verbal est seulement signé par le garde, mais non écrit en entier de sa main, l'officier public qui en recevra l'affirmation devra lui en donner préalablement lecture, et faire ensuite mention de cette formalité, le tout sous peine de nullité du procès-verbal.

166. Les procès-verbaux que les agens forestiers, les gardes généraux, et les gardes à cheval, dresseront, soit isolément, soit avec le concours d'un garde, ne seront point soumis à affirmation.

167. Dans le cas où le procès-verbal portera saisie, il en sera fait, aussitôt après l'affirmation, une expédition qui sera déposée, dans les vingt-quatre heures, au greffe de la justice de paix, pour qu'il en puisse être donné communication à ceux qui réclameraient des objets saisis.

168. Les juges de paix pourront donner main-levée provisoire des objets saisis à la charge du paiement des frais du séquestre, et moyennant une bonne et valable caution ; il sera statué par le juge de paix.

169. Si les bestiaux saisis ne sont pas réclamés dans les cinq jours qui suivront le séquestre, ou s'il n'est pas fourni bonne et valable caution, le juge de paix en ordonnera la vente à l'enchère au marché le plus voisin ; il y sera procédé à la diligence du receveur des domaines, qui la fera publier vingt-quatre heures d'avance.

Les frais de séquestre et de vente seront taxés par le juge de paix, et prélevés sur le produit de la vente ; le surplus restera déposé entre les mains du receveur des domaines, jusqu'à ce qu'il ait été statué en dernier ressort sur le procès-verbal.

Si la réclamation n'a lieu qu'après la vente des bestiaux saisis, le propriétaire n'aura droit qu'à la restitution du produit net de la vente, tous frais déduits, dans le cas où cette restitution serait ordonnée par jugement.

170. Les procès-verbaux seront, sous peine de nullité, enregistrés dans les quatre jours qui suivront celui de l'affirmation, ou celui de la clôture du procès-verbal, s'il n'est pas sujet à l'affirmation.

L'enregistrement s'en fera en débet, lorsque les délits en contravention intéresseront l'Etat, le domaine de la couronne, ou les communes et les établissemens publics.

Extrait de l'ordonnance du Roi pour l'exécution du Code forestier.

Du 1er août 1827. (Bull. n° 178.)

TITRE X.

Des poursuites exercées au nom de l'administration forestière.

Art. 181. Les agens et les gardes dresseront, jour par jour, des procès-verbaux des délits et contraventions qu'ils auront reconnus.

Ils se conformeront, pour la rédaction et la remise de ces procès-verbaux, aux articles 16 et 18 du Code d'instruction criminelle.

182. Dans le cas où les officiers de police judiciaire désignés dans l'art. 161 du Code forestier refuseraient, après avoir été légalement requis, d'accompagner les gardes dans leurs visites et perquisitions, les gardes rédigeront procès-verbal du refus, et adresseront sur-le-champ ce procès-verbal à l'agent forestier, qui en rendra compte à notre procureur près le tribunal de 1re instance.

Il en sera de même dans le cas où l'un des fonctionnaires dénommés dans l'art. 165 du même Code, aurait négligé ou refusé de recevoir l'affirmation des procès-verbaux dans le délai prescrit par la loi.

183. Lorsque les procès-verbaux porteront saisie, l'expédition qui, aux termes de l'article 167 du Code forestier, doit en être déposée au greffe de la justice de paix dans les vingt-quatre heures après l'affirmation, sera signée et remise par l'agent ou le garde qui aura dressé le procès-verbal.

184. Lorsque le juge de paix aura accordé la main-levée provisoire des objets saisis, il en donnera avis à l'agent local.

Extrait de l'ordonnance du Roi portant règlement sur la police et le roulage des voitures publiques.

Du 27 septembre 1827. (Bull. n° 385.)

Art. 36. Les conducteurs de voitures ou les postillons feront, en cas de contravention, leurs déclarations à l'officier de police du lieu le plus voisin, en faisant connaître le nom du roulier ou voiturier d'après la plaque, et nos procureurs, sur l'envoi des procès-verbaux, seront tenus de poursuivre les délinquans.

38. Nos préfets et sous-préfets, nos procureurs généraux et ordinaires, les maires et adjoints, la gendarmerie et tous nos officiers de police sont chargés spécialement de veiller à l'exécution de la présente ordonnance, de constater les contraventions, et d'exercer les poursuites nécessaires à leur répression.

Extrait de la loi sur la pêche fluviale.

Du 15 avril 1829. (Bull. 286.)

Art. 44. Les gardes-pêche écriront eux-mêmes leurs procès-verbaux; ils les signeront et les affirmeront, au plus tard, le lendemain de la clôture desdits procès-verbaux, par-devant le juge de paix du canton ou de l'un de ses suppléans, ou par-devant le maire, etc.

Art. 46. Dans le cas où le procès-verbal portera saisie, il en sera fait une expédition qui sera déposée, dans les vingt-quatre heures, au greffe de la justice de paix, pour qu'il en puisse être donné communication à ceux qui réclameraient les objets saisis.

Extrait de la Charte constitutionnelle de 1830.

Art. 52. La justice de paix est conservée.

Les juges de paix, quoique nommés par le Roi, ne sont point inamovibles.

Extrait de la loi sur l'organisation municipale.

Du 21 mars 1831. (Bull. L. n° 25.)

Art. 6. Ne peuvent être ni maires, ni adjoints, les membres des justices de paix.

Art. 7. Les suppléans des juges de paix peuvent être maires ou adjoints.

Art. 11. Sont appelés à l'assemblée des électeurs communaux les juges de paix et leurs suppléans.

Extrait de la loi sur la garde nationale.

Du 22 mars 1831. (Bull. L. n° 26.)

Art. 23. Il sera formé, à la diligence du juge de paix, dans chaque canton, un jury de révision, composé du juge de paix, président, et de douze jurés désignés par le sort, sur la liste de tous les officiers, sous-officiers, caporaux et gardes nationaux sachant lire et écrire, et âgés de plus de 25 ans.

Il sera dressé une liste par commune de tous les officiers, sous-officiers, caporaux et gardes nationaux ainsi désignés. Le tirage définitif des jurés sera fait sur l'ensemble de ces listes pour tout le canton.

Art. 24. Le tirage des jurés sera fait par le juge de paix, en audience publique. Les fonctions de juré, et celles de membre du conseil de recensement sont incompatibles. Les jurés seront renouvelés tous les six mois, etc.

Art. 26. Le jury ne pourra prononcer qu'au nombre de sept membres au moins, y compris le président.

EXTRAIT
DES CINQ CODES.

EXTRAIT DU CODE CIVIL.

LIVRE Ier. — TITRE II.

Des actes de l'Etat civil.

Art. 70. L'officier de l'état civil se fera remettre l'acte de naissance de chacun des époux. Celui des époux qui serait dans l'impossibilité de se le procurer pourra le suppléer, en rapportant un acte de notoriété délivré par le juge de paix du lieu de sa naissance, ou par celui de son domicile.

71. L'acte de notoriété contiendra la déclaration faite par sept témoins, de l'un ou de l'autre sexe, parens ou non parens, des prénoms, nom, profession et domicile du futur époux, et de ceux de ses père et mère, s'ils sont connus; le lieu, et, autant que possible, l'époque de sa naissance, et les causes qui empêchent d'en rapporter l'acte. Les témoins signeront l'acte de notoriété avec le juge de paix, et, s'il en est qui ne puissent ou ne sachent signer, il en sera fait mention.

72. L'acte de notoriété sera présenté au tribunal de première instance du lieu où doit se célébrer le mariage. Le tribunal, après avoir entendu le procureur du Roi, donnera ou refusera son homologation, selon qu'il trouvera suffisantes ou insuffisantes les déclarations des témoins, et les causes qui empêchent de rapporter l'acte de naissance.

LIVRE Ier. — TITRE IV.

Des absens.

Art. 126. Ceux qui auront obtenu l'envoi provisoire, ou l'époux qui aura opté pour la continuation de la communauté, devront faire procéder à l'inventaire du mobilier et des titres de l'absent, en présence du procureur du Roi près le tribunal de première instance, ou d'un juge de paix requis par ledit procureur du Roi. Le tribunal ordonnera, s'il y a lieu, de vendre tout ou partie du mobilier. Dans le cas de vente, il sera fait emploi du prix, ainsi que des fruits échus. Ceux qui auront obtenu l'envoi provisoire pourront requérir, pour leur sûreté, qu'il soit procédé, par un expert nommé par le tribunal, et la visite des immeubles, à l'effet d'en constater l'état. Son rapport sera homologué en présence du procureur du Roi; les frais en seront pris sur les biens de l'absent.

LIVRE Ier. — TITRE V.

Du mariage.

Art. 155. En cas d'absence de l'ascendant auquel eût dû être fait l'acte respectueux, il sera passé outre à la célébration du mariage, en représentant le jugement qui aurait été rendu pour déclarer l'absence, ou, à défaut de ce jugement, celui qui aurait ordonné l'enquête, ou, s'il n'y a point encore eu de jugement, un acte de notorìété délivré par le juge de paix du lieu où l'ascendant a eu son dernier domicile connu. Cet acte contiendra la déclaration de quatre témoins appelés d'office par ce juge de paix.

LIVRE Ier. — TITRE VIII.

De l'adoption et de la tutelle officieuse.

Art. 353. La personne qui se proposera d'adopter, et celle qui voudra être adoptée, se présenteront devant le juge de paix du domicile de l'adoptant, pour y passer acte de leurs consentemens respectifs.

363. Le juge de paix du domicile de l'enfant dressera procès-verbal des demandes et consentemens relatifs à la tutelle officieuse.

LIVRE Ier. — TITRE X.

De la minorité, de la tutelle et de l'émancipation.

Art. 390. Après la dissolution du mariage, arrivée par la mort naturelle ou civile de l'un des époux, la tutelle des enfans mineurs et non émancipés appartient de plein droit au survivant des père et mère.

391. Pourra néanmoins le père nommer à la mère survivante et tutrice un conseil spécial, sans l'avis duquel elle ne pourra faire aucun acte relatif à la tutelle. Si le père spécifie les actes pour lesquels le conseil sera nommé, la tutrice sera habile à faire les autres sans son assistance.

392. Cette nomination de conseil ne pourra être faite que de l'une des manières suivantes : 1° Par acte de dernière volonté; 2° Par une déclaration faite ou devant le juge de paix, assisté de son greffier, ou devant notaires.

397. Le droit individuel de choisir un tuteur parent, ou même étranger, n'appartient qu'au dernier mourant des père et mère.

398. Ce droit ne peut être exercé que dans les formes prescrites par l'article 392, et sous les exceptions et modifications ci-après.

SECT. IV. *De la tutelle déférée par le conseil de famille.*

Art. 405. Lorsqu'un enfant mineur et non émancipé restera sans père ni mère, ni tuteur élu par ses père ou mère, ni ascendans mâles; comme aussi lorsque le tuteur de l'une des qualités ci-dessus exprimées se trouvera ou dans le cas des exclusions dont il sera parlé ci-après, ou valablement excusé, il sera pourvu par un conseil de famille à la nomination d'un tuteur.

406. Ce conseil sera convoqué, soit sur la réquisition et à la diligence des parens du mineur, de ses créanciers ou d'autres parties intéressées, soit même d'office et à la poursuite du juge de paix du domicile du mineur : toute personne pourra dénoncer à ce juge de paix le fait qui donnera lieu à la nomination d'un tuteur.

407. Le conseil de famille sera composé, non compris le juge de paix, de six parens ou alliés pris, tant dans la commune où la tutelle sera ouverte, que dans la distance de deux myriamètres, moitié du côté paternel, moitié du côté maternel, et en suivant l'ordre de proximité dans chaque ligne.

Le parent sera préféré à l'allié du même degré, et parmi les parens du même degré, le plus âgé à celui qui le sera moins.

408. Les frères-germains du mineur et les maris des sœurs-germaines sont seuls exceptés de la limitation de nombre posée en l'article précédent.

S'ils sont six ou au-delà, ils seront tous membres du conseil de famille, qu'ils composeront seuls, avec les veuves d'ascendans et les ascendans valablement excusés, s'il y en a.

409. Lorsque les parens ou alliés de l'une ou de l'autre ligne se trouveront en nombre insuffisant sur les lieux, ou dans la distance désignée par l'article 407, le juge de paix appellera soit des parens ou alliés domiciliés à de plus grandes

distances, soit dans la commune même, des citoyens connus pour avoir eu des relations habituelles d'amitié avec le père ou la mère du mineur.

410. Le juge de paix pourra, lors même qu'il y aurait sur les lieux un nombre suffisant de parens ou alliés, permettre de citer, à quelque distance qu'ils soient domiciliés, des parens ou alliés plus proches parens en degrés, ou de mêmes degrés que les parens ou alliés présens; de manière toutefois que cela s'opère en retranchant quelques-uns de ces derniers, et sans excéder le nombre réglé par les précédens articles.

411. Le délai pour comparaître sera réglé par le juge de paix à jour fixe, mais de manière qu'il y ait toujours entre la citation notifiée et le jour indiqué pour la réunion du conseil un intervalle de trois jours au moins, quand toutes les parties citées résideront dans la commune, ou dans la distance de deux myriamètres. — Toutes les fois que, parmi les parties citées, il s'en trouvera de domiciliées au-delà de cette distance, le délai sera augmenté d'un jour par trois myriamètres.

412. Les parens, alliés ou amis, ainsi convoqués, seront tenus de se rendre en personne, ou de se faire représenter par un mandataire spécial. Le fondé de pouvoir ne peut représenter plus d'une personne.

413. Tout parent, allié ou ami, convoqué, et qui, sans excuse légitime, ne comparaîtra point, encourra une amende qui ne pourra excéder cinquante francs, et sera prononcée sans appel par le juge de paix.

414. S'il y a excuse suffisante, et qu'il convienne, soit d'attendre le membre absent, soit de le remplacer, en ce cas, comme en tout autre où l'intérêt du mineur semblera l'exiger, le juge de paix pourra ajourner l'assemblée ou la proroger.

415. Cette assemblée se tiendra de plein droit chez le juge de paix, à moins qu'il ne désigne lui-même un autre local. La présence des trois quarts au moins de ses membres convoqués sera nécessaire pour qu'elle délibère.

416. Le conseil de famille sera présidé par le juge de paix, qui y aura voix délibérative, et prépondérante en cas de partage.

421. Lorsque les fonctions du tuteur seront dévolues à une personne de l'une des qualités exprimées aux sections Ire, II et III du précédent chapitre, ce tuteur devra, avant d'entrer en fonctions, faire convoquer, pour la nomination du subrogé-tuteur, un conseil de famille composé comme il est dit dans la section IV. S'il s'est ingéré dans la gestion avant d'avoir rempli cette formalité, le conseil de famille convoqué, soit sur la réquisition des parens, créanciers ou autres parties intéressées, soit d'office par le juge de paix, pourra, s'il y a eu dol de la part du tuteur, lui retirer la tutelle, sans préjudice des indemnités dues au mineur.

446. Toutes les fois qu'il y aura lieu à une destitution de tuteur, elle sera prononcée par le conseil de famille, convoqué à la diligence du subrogé-tuteur, ou d'office par le juge de paix. Celui-ci ne pourra se dispenser de faire cette convocation, quand elle sera formellement requise par un ou plusieurs parens ou alliés du mineur, au degré de cousin-germain, ou à des degrés plus proches.

455. Les père et mère, tant qu'ils ont la jouissance propre et légale des biens du mineur, sont dispensés de vendre les meubles, s'ils préfèrent de les garder pour les remettre en nature. Dans ce cas, ils en feront faire, à leurs frais, une estimation à juste valeur, par un expert qui sera nommé par le subrogé-tuteur, et prêtera serment devant le juge de paix. Ils rendront la valeur estimative de ceux des meubles qu'ils ne pourraient représenter en nature.

477. Le mineur, même non marié, pourra être émancipé par son père, ou, à défaut de père, par sa mère, lorsqu'il aura atteint l'âge de quinze ans révolus. Cette émancipation s'opérera par la seule déclaration du père ou de la mère, reçue par le juge de paix assisté de son greffier.

479. Lorsque le tuteur n'aura fait aucune diligence pour l'émancipation du mineur dont il est parlé dans l'article précédent, et qu'un ou plusieurs parens ou alliés de ce mineur, au degré de cousin-germain ou à des degrés plus pro-

ches, le jugeront capable d'être émancipé, ils pourront requérir le juge de paix de convoquer le conseil de famille pour délibérer à ce sujet. Le juge de paix devra déférer à cette réquisition.

LIVRE III. — TITRE Ier.

Des successions.

Art. 819. Si tous les héritiers sont présens et majeurs, l'apposition des scellés sur les effets de la succession n'est pas nécessaire, et le partage peut être fait dans la forme et par tel acte que les parties intéressées jugent convenables. Si tous les héritiers ne sont pas présens, s'il y a parmi eux des mineurs ou des interdits, le scellé doit être apposé dans le plus bref des délais, soit à la requête des héritiers, soit à la diligence du procureur du Roi près le tribunal de première instance, soit d'office par le juge de paix dans l'arrondissement duquel la succession est ouverte.

LIVRE III. — TITRE II.

Des donations entre-vifs, et des testamens.

Art. 985. Les testamens faits dans un lieu avec lequel toute communication sera interceptée, à cause de la peste ou autre maladie contagieuse, pourront être faits devant le juge de paix, ou devant l'un des officiers municipaux de la commune, en présence de deux témoins.

991. Si le bâtiment aborde dans un port étranger dans lequel se trouve un consul de France, ceux qui auront reçu le testament seront tenus de déposer l'un des originaux, clos ou cacheté, entre les mains de ce consul, qui le fera parvenir au ministre de la marine; et celui-ci en fera faire le dépôt au greffe de la justice de paix du lieu du domicile du testateur.

EXTRAIT
DU CODE DE PROCÉDURE CIVILE.

EMIÈRE PARTIE.

PROCÉDURE DEVANT LES TRIBUNAUX.

LIVRE PREMIER.

De la Justice de Paix.

TITRE PREMIER.

Des citations.

Art. 1er. Toute citation devant les juges de paix contiendra la date des jour, mois et an, les nom, profession et domicile du demandeur, les nom, demeure et immatricule de l'huissier, les nom et demeure du défendeur; elle énoncera sommairement l'objet et les moyens de la demande, et indiquera le juge de paix qui doit connaître de la demande, et le jour et l'heure de la comparution.

2. En matière purement personnelle ou mobilière, la citation sera donnée devant le juge du domicile du défendeur; s'il n'a pas de domicile, devant le juge de sa résidence.

3. Elle le sera devant le juge de la situation de l'objet litigieux, lorsqu'il s'agira, — 1° Des actions pour dommages aux champs, fruits et récoltes; — 2° Des déplacemens de bornes, des usurpations de terres, arbres, haies, fossés et autres clôtures, commis dans l'année; des entreprises sur les cours d'eau, commises pareillement dans l'année, et de toutes autres actions possessoires; — 3° Des réparations locatives; — 4° Des indemnités prétendues par le fermier ou locataire pour non-jouissance, lorsque le droit ne sera pas contesté; et des dégradations alléguées par le propriétaire.

4. La citation sera notifiée par l'huissier de la justice de paix du domicile du défendeur; en cas d'empêchement, par celui qui sera commis par le juge : copie en sera laissée à la partie; s'il ne se trouve personne en son domicile, la copie sera laissée au maire ou adjoint de la commune, qui visera l'original sans frais. — L'huissier de la justice de paix ne pourra instrumenter pour ses parens en ligne directe, ni pour ses frères, sœurs et alliés au même degré.

5. Il y aura un jour au moins entre celui de la citation et le jour indiqué pour la comparution, si la partie citée est domiciliée dans la distance de trois myriamètres. — Si elle est domiciliée au-delà de cette distance, il sera ajouté un jour par trois myriamètres. — Dans le cas où les délais n'auront point été observés, si le défendeur ne comparaît pas, le juge ordonnera qu'il sera réassigné, et les frais de la première citation seront à la charge du demandeur.

6. Dans les cas urgens, le juge donnera une cédule pour abréger les délais, et pourra permettre de citer, même dans le jour et à l'heure indiqués.

7. Les parties pourront toujours se présenter volontairement devant un juge de paix; auquel cas, il jugera leur différend, soit en dernier ressort, si les lois ou les parties l'y autorisent, soit à la charge de l'appel, encore qu'il ne fût le juge naturel des parties, ni à raison du domicile du défendeur, ni à raison de la situation de l'objet litigieux. — La déclaration des parties qui demanderont jugement sera signée par elles, ou mention sera faite si elles ne peuvent signer.

TITRE II.

Des audiences du juge de paix, et de la comparution des parties.

8. Les juges de paix indiqueront au moins deux audiences par semaine : ils pourront juger tous les jours, même ceux de dimanches et fêtes, le matin et l'après-midi. — Ils pourront donner audience chez eux, en tenant les portes ouvertes.

9. Au jour fixé par la citation, ou convenu entre les parties, elles comparaîtront en personne ou par leurs fondés de pouvoir, sans qu'elles puissent faire signifier aucune défense.

10. Les parties seront tenues de s'expliquer avec modération devant le juge, et de garder en tout le respect qui est dû à la justice : si elles y manquent, le juge les y rappellera d'abord par un avertissement; en cas de récidive, elles pourront être condamnées à une amende qui n'excédera pas la somme de dix francs, avec affiches du jugement, dont le nombre n'excédera pas celui des communes du canton.

11. Dans le cas d'insulte ou irrévérence grave envers le juge, il en dressera procès-verbal, et pourra condamner à un emprisonnement de trois jours au plus.

12. Les jugemens, dans les cas prévus par les précédens articles, seront exécutoires par provision.

13. Les parties ou leurs fondés de pouvoir seront entendus contradictoirement. La cause sera jugée sur-le-champ, ou à la première audience; le juge, s'il le croit nécessaire, se fera remettre les pièces.

14. Lorsqu'une des parties déclarera vouloir s'inscrire en faux, déniera l'écriture, ou déclarera ne pas la reconnaître, le juge lui en donnera acte : il paraphera la pièce, et renverra la cause devant les juges qui en doivent connaître.

15. Dans le cas où un interlocutoire aurait été ordonné, la cause sera jugée définitivement, au plus tard, dans le délai de quatre mois du jour du jugement interlocutoire : après ce délai, l'instance sera primée de droit; le jugement qui serait rendu sur le fond sera sujet à l'appel, même dans les matières dont le juge de paix connaît en dernier ressort, et sera annulé sur la réquisition de la partie intéressée. — Si l'instance est périmée par la faute du juge, il sera passible des dommages et intérêts.

16. L'appel des jugemens de la justice de paix ne sera pas recevable après les trois mois, à dater du jour de la signification faite par l'huissier de la justice de paix, ou tel autre commis par le juge.

17. Les jugemens des justices de paix, jusqu'à concurrence de trois cents francs, seront exécutoires par provision, nonobstant l'appel, et sans qu'il soit besoin de fournir caution : les juges de paix pourront, dans les autres cas, orordonner l'exécution provisoire de leurs jugemens, mais à la charge de donner caution.

18. Les minutes de tout jugement seront portées par le greffier sur la feuille d'audience, et signées par le juge qui aura tenu l'audience, et par le greffier.

TITRE III.

Des jugemens par défaut, et des oppositions à ces jugemens.

Art. 19. Si, au jour indiqué par la citation, l'une des parties ne comparaît pas, la cause sera jugée par défaut, sauf la réassignation dans le cas prévu dans le dernier alinéa de l'article 5.

20. La partie condamnée par défaut pourra former opposition, dans les trois jours de la signification faite par l'huissier du juge de paix ou autre qu'il aura commis. — L'opposition contiendra sommairement les moyens de la par-

tie, et assignation au prochain jour d'audience, en observant toutefois les délais prescrits pour les citations : elle indiquera les jour et heure de la comparution, et sera notifiée ainsi qu'il est dit ci-dessus.

21. Si le juge de paix sait par lui-même, ou par les représentations qui lui seraient faites à l'audience par les proches voisins ou amis du défendeur, que celui-ci n'a pu être instruit de la procédure, il pourra, en adjugeant le défaut, fixer, pour le délai de l'opposition, le temps qui lui paraîtra convenable, et, dans le cas où la prorogation n'aurait été ni accordée d'office, ni demandée, le défaillant pourra être relevé de la rigueur du délai et admis à opposition, en justifiant qu'à raison d'absence ou de maladie grave, il n'a pu être instruit de la procédure.

22. La partie opposante qui se laissera juger une seconde fois par défaut ne sera plus reçue à former une nouvelle opposition.

TITRE IV.

Des jugemens sur les actions possessoires.

Art. 23. Les actions possessoires ne seront recevables qu'autant qu'elles auront été formées dans l'année du trouble, par ceux qui, depuis une année au moins, étaient en possession paisible par eux ou les leurs, à titre non précaire.

24. Si la possession ou le trouble sont déniés, l'enquête qui sera ordonnée ne pourra porter sur le fond de droit.

25. Le possessoire et le pétitoire ne seront jamais cumulés.

26. Le demandeur au pétitoire ne sera plus recevable à agir au possessoire.

27. Le défendeur au possessoire ne pourra se pourvoir au pétitoire qu'après que l'instance sur le possessoire aura été terminée : il ne pourra, s'il a succombé, se pourvoir qu'après qu'il aura pleinement satisfait aux condamnations prononcées contre lui. — Si néanmoins la partie qui les a obtenues était en retard de les faire liquider, le juge du pétitoire pourra fixer, pour cette liquidation, un délai, après lequel l'action au pétitoire sera reçue.

TITRE V.

Des jugemens qui ne sont pas définitifs, et de leur exécution.

Art. 28. Les jugemens qui ne seront pas définitifs ne seront point expédiés quand ils auront été rendus contradictoirement et prononcés en présence des parties. Dans le cas où le jugement ordonnerait une opération à laquelle les parties devraient assister, il indiquera le lieu, le jour et l'heure, et la prononciation vaudra citation.

29. Si le jugement ordonne une opération par des gens de l'art, le juge délivrera à la partie requérante cédule de citation pour appeler les experts; elle fera mention du lieu, du jour, de l'heure, et contiendra le fait, les motifs et la disposition du jugement relative à l'opération ordonnée. — Si le jugement ordonne une enquête, la cédule de citation fera mention de la date du jugement, du lieu, du jour et de l'heure.

30. Toutes les fois que le juge de paix se transportera sur le lieu contentieux, soit pour en faire la visite, soit pour entendre les témoins, il sera accompagné du greffier, qui apportera la minute du jugement préparatoire.

31. Il n'y aura lieu à l'appel des jugemens préparatoires qu'après le jugement définitif, et conjointement avec l'appel de ce jugement; mais l'exécution des jugemens préparatoires ne portera aucun préjudice aux droits des parties sur l'appel, sans qu'elles soient obligées de faire, à cet égard, aucune protestation réserve. — L'appel des jugemens interlocutoires est permis avant que le

jugement définitif ait été rendu. Dans ce cas, il sera donné expédition du jugement interlocutoire.

TITRE VI.

De la mise en cause des garans.

Art. 32. Si, au jour de la première comparution, le défendeur demande à mettre garant en cause, le juge accordera délai suffisant en raison de la distance du domicile du garant ; la citation donnée au garant sera libellée, sans qu'il soit besoin de lui notifier le jugement qui ordonne sa mise en cause.

33. Si la mise en cause n'a pas été demandée à la première comparution, ou si la citation n'a pas été faite dans le délai fixé, il sera procédé, sans délai, au jugement de l'action principale, sauf à statuer séparément sur la demande en garantie.

TITRE VII.

Des enquêtes.

Art. 34. Si les parties sont contraires en faits de nature à être constatés par témoins, et dont le juge de paix trouve la vérification utile et admissible, il ordonnera la preuve et en fixera précisément l'objet.

35. Au jour indiqué, les témoins, après avoir dit leurs noms, profession, âge et demeure, feront le serment de dire vérité, et déclareront s'ils sont parens ou alliés des parties et à quel degré, et s'ils sont leurs serviteurs ou domestiques.

36. Ils seront entendus séparément, en présence des parties, si elles comparaissent ; elles seront tenues de fournir leurs reproches avant la déposition, et de les signer ; si elles ne savent ou ne le peuvent, il en sera fait mention : les reproches ne pourront être reçus après la déposition commencée qu'autant qu'ils seront justifiés par écrit.

37. Les parties n'interrompront point les témoins ; après la déposition, le juge pourra, sur la réquisition des parties, et même d'office, faire aux témoins les interpellations convenables.

38. Dans tous les cas où la vue du lieu peut être utile pour l'intelligence des dépositions, et spécialement dans les actions pour déplacement de bornes, usurpations de terres, arbres, haies, fossés ou autres clôtures, et pour entreprises sur les cours d'eau, le juge de paix se transportera, s'il le croit nécessaire, sur le lieu, et ordonnera que les témoins y seront entendus.

39. Dans les causes sujettes à l'appel, le greffier dressera procès-verbal de l'audition des témoins : cet acte contiendra leurs noms, âge, profession et demeure, leur serment de dire vérité, leur déclaration s'ils sont parens, alliés, serviteurs ou domestiques des parties, et les reproches qui auraient été fournis contre eux. Lecture de ce procès-verbal sera faite à chaque témoin pour la partie qui le concerne ; il signera sa déposition, ou mention sera faite qu'il ne sait ou ne peut signer. Le procès-verbal sera, en outre, signé par le juge et le greffier. Il sera procédé immédiatement au jugement, ou, au plus tard, à la première audience.

40. Dans les causes de nature à être jugées en dernier ressort, il ne sera point dressé de procès-verbal ; mais le jugement énoncera les nom, âge, professions et demeures des témoins, leur serment, leur déclaration, s'ils sont parens, alliés, serviteurs ou domestiques des parties, les reproches et le résultat des dépositions.

TITRE VIII.

Des visites des lieux et des appréciations.

Art. 41. Lorsqu'il s'agira, soit de constater l'état des lieux, soit d'apprécier la valeur des indemnités et dédommagemens demandés, le juge de paix ordonnera que le lieu contentieux sera visité par lui en présence des parties.

42. Si l'objet de la visite ou de l'appréciation exige des connaissances qui soient étrangères au juge, il ordonnera que les gens de l'art, qu'il nommera par le même jugement, feront la visite avec lui, et donneront leur avis : il pourra juger sur le lieu même, sans désemparer. Dans les causes sujettes à l'appel, procès-verbal de la visite sera dressé par le greffier, qui constatera le serment prêté par les experts. Le procès-verbal sera signé par le juge, par le greffier et par les experts, et, si les experts ne savent ou ne peuvent signer, il en sera fait mention.

43. Dans les causes non sujettes à l'appel, il ne sera point dressé de procès-verbal; mais le jugement énoncera les noms des experts, la prestation de leur serment, et le résultat de leur avis.

TITRE IX.

De la récusation des juges de paix.

Art. 44. Les juges de paix pourront être récusés, — 1° Quand ils auront intérêt personnel à la contestation ; — 2° Quand ils seront parens et alliés d'une des parties jusqu'au degré de cousin-germain inclusivement; — 3° Si, dans l'année qui a précédé la récusation, il y a eu procès criminel entre eux et l'une des parties ou son conjoint, ou ses parens et alliés en ligne directe; — 4° S'il y a procès civil existant entre eux et l'une des parties ou son conjoint; — 5° S'ils ont donné un avis écrit dans l'affaire.

45. La partie qui voudra récuser un juge de paix sera tenue de former la récusation et d'en exposer les motifs par un acte qu'elle fera signifier, par le premier huissier requis, au greffier de la justice de paix, qui visera l'original. L'exploit sera signé sur l'original et la copie par la partie ou son fondé de pouvoir spécial. La copie sera déposée au greffe, et communiquée immédiatement au juge par le greffier.

46. Le juge sera tenu de donner, au bas de cet acte, dans le délai de deux jours, sa déclaration par écrit, portant, ou son acquiescement à la récusation, ou son refus de s'abstenir, avec ses réponses au moyen de récusation.

47. Dans les trois jours de la réponse du juge qui refuse de s'abstenir, ou faute par lui de répondre, expédition de l'acte de récusation, et de la déclaration du juge, s'il y en a, sera envoyée par le greffier, sur la réquisition de la partie la plus diligente, au procureur du Roi près le tribunal de première instance dans le ressort duquel la justice de paix est située; la récusation y sera jugée en dernier ressort, dans la huitaine, sur les conclusions du procureur du Roi, sans qu'il soit besoin d'appeler les parties.

LIVRE II.

Des tribunaux inférieurs.

TITRE PREMIER.

De la conciliation.

Art. 48. Aucune demande principale, introductive d'instance entre parties capables de transiger, et sur des objets qui peuvent être la matière d'une transaction, ne sera reçue dans les tribunaux de première instance, que le défendeur n'ait été préalablement appelé en conciliation devant le juge de paix, ou que les parties n'y aient volontairement comparu.

49. Sont dispensées du préliminaire de la conciliation, — 1° Les demandes qui intéressent l'état et le domaine, les communes, les établissemens publics, les mineurs, les interdits, les curateurs aux successions vacantes; — 2° Les demandes qui requièrent célérité; — 3° Les demandes en intervention ou en garantie; — 4° Les demandes en matière de commerce; — 5° Les demandes de mise en liberté, celles en main-levée de saisie ou opposition, en paiement de loyers, fermages ou arrérages de rentes ou pensions, celle des avoués en paiement de frais; — 6° Les demandes formées contre plus de deux parties, encore qu'elles aient le même intérêt; — 7° Les demandes en vérification d'écriture, en désaveu, en réglement de juge, en renvoi, en prise à partie; les demandes contre un tiers saisi, et en général sur les saisies, sur les offres réelles, sur la remise des titres, sur leur communication, sur les séparations de biens, sur les tutelles ou curatelles, et enfin toutes les causes exceptées par les lois.

50. Le défendeur sera cité en conciliation, — 1° En matière personnelle et réelle, devant le juge de paix de son domicile; s'il y a deux défendeurs, le juge de l'un d'eux, au choix du demandeur; — 2° En matière de société autre que celle de commerce, tant qu'elle existe, devant les juges du lieu où elle est établie; 3° En matière de succession, sur les demandes entre héritiers, jusqu'au partage inclusivement; sur les demandes qui seraient intentées par les créanciers du défunt avant le partage, sur les demandes relatives à l'exécution des dispositions à cause de mort, jusqu'au jugement définitif devant le juge de paix du lieu où la succession est ouverte.

51. Le délai de la citation sera de trois jours au moins.

52. La citation sera donnée par un huissier de la justice de paix du défendeur; elle énoncera sommairement l'objet de la conciliation.

53. Les parties comparaîtront en personne; en cas d'empêchement, par un fondé de pouvoir.

54. Lors de la comparution, le demandeur pourra expliquer, même augmenter sa demande, et le défendeur former celles qu'il jugera convenable : le procès-verbal qui en sera dressé contiendra les conditions de l'arrangement, s'il y en a; dans le cas contraire, il fera sommairement mention que les parties n'ont pu s'accorder. — Les contraventions des parties intéressées au procès-verbal ont force d'obligation privée.

55. Si l'une des parties défère le serment à l'autre, le juge de paix le recevra ou fera mention du refus de le prêter.

56. Celle des parties qui ne comparaîtra pas sera condamnée à une amende de dix francs; et toute audience lui sera refusée jusqu'à ce qu'elle ait justifié de la quittance.

57. La citation en conciliation interrompra la prescription, et fera courir les intérêts, le tout pourvu que la demande soit formée dans le mois, à dater du jour de la non-comparution ou de la non-conciliation.

58. En cas de non-comparution de l'une des parties, il en sera fait mention sur le registre du greffe de la justice de paix, et sur l'original ou la copie de la citation, sans qu'il soit besoin de dresser procès-verbal.

LIVRE II. — TITRE XIV.

Des rapports d'experts.

Art. 302. Lorsqu'il y aura lieu à un rapport d'experts, il sera ordonné par un jugement, lequel énoncera clairement les objets de l'expertise.

303. L'expertise ne pourra se faire que par trois experts, à moins que les parties ne consentent qu'il soit procédé par un seul.

304. Si, lors du jugement qui ordonne l'expertise, les parties se sont accordées pour nommer les experts, le même jugement leur donnera acte de la nomination.

305. Si les experts ne sont pas convenus par les parties, le jugement ordonnera qu'elles seront tenues d'en nommer dans les trois jours de la signification; sinon, qu'il sera procédé à l'opération par les experts qui seront nommés d'office par le même jugement. — Ce même jugement nommera le juge-commissaire qui recevra le serment des experts convenus ou nommés d'office : pourra néanmoins le tribunal ordonner que les experts prêteront leur serment devant le juge de paix du canton où ils procéderont.

LIVRE II. — TITRE XXIV.

Des matières sommaires.

Art. 404. Seront réputés matières sommaires, et instruits comme tels. — Les appels des juges de paix; — Les demandes pures et personnelles, à quelque somme qu'elles puissent monter, quand il y a titre, pourvu qu'il ne soit pas contesté; — Les demandes formées sans titres, lorsqu'elles n'excèdent pas 1,000 francs; — Les demandes provisoires ou qui requièrent célérité; — Les demandes en paiement de loyers, et fermages et arrérages de rentes.

LIVRE II. — TITRE XXV.

Procédures devant les tribunaux de commerce.

Art. 427. Si une pièce produite est méconnue, déniée ou arguée de faux, et que la partie persiste à s'en servir, le tribunal renverra devant les juges qui doivent en connaître, et il sera sursis au jugement de la demande principale. — Néanmoins, si la pièce n'est relative qu'à un des chefs de la demande, il pourra être passé outre au jugement des autres chefs.

428. Le tribunal pourra, dans tous les cas, ordonner, même d'office, que les parties seront entendues en personnes, à l'audience, ou dans la chambre, et, s'il y a empêchement légitime, commettre un des juges, ou même un juge de paix, pour les entendre, lequel dressera procès-verbal de leurs déclarations.

LIVRE IV. — TITRE III.

De la prise à partie.

Art. 509. La prise à partie contre les juges de paix, contre les tribunaux de commerce ou de première instance, ou contre quelqu'un de leurs membres, et la prise à partie contre un conseiller à une cour royale ou à une cour d'assises, seront portées à la cour royale du ressort.

LIVRE V. — TITRE VII.

Des saisies-arrêts ou oppositions.

Art. 571. Le tiers-saisi assigné fera sa déclaration, et l'affirmera au greffe, s'il est sur les lieux, sinon devant le juge de paix de son domicile, sans qu'il soit besoin, dans ce cas, de réitérer l'affirmation au greffe.

LIVRE V. — TITRE VIII.

Des saisies-exécutions.

Art. 583. Toute saisie-exécution sera précédée d'un commandement à la personne ou au domicile du débiteur, fait au moins un jour avant la saisie, et contenant notification du titre, s'il n'a déjà été notifié.

584. Il contiendra élection de domicile jusqu'à la fin de la poursuite, dans la commune où doit se faire l'exécution, si le créancier n'y demeure; et le débiteur pourra faire à ce domicile élu toutes significations, même d'offres réelles et d'appel.

585. L'huissier sera assisté par deux témoins français, majeurs, non parens ni alliés des parties ou de l'huissier jusqu'au degré de cousin issu de germain inclusivement, ni leurs domestiques; il énoncera sur le procès-verbal leurs noms, professions et demeures : les témoins signeront l'original et les copies. La partie poursuivante ne pourra être présente à la saisie.

586. Les formalités des exploits seront observées dans les procès-verbaux de saisie-exécution : ils contiendront itératif commandement, si la saisie est faite en la demeure du saisi.

587. Si les portes sont fermées, ou si l'ouverture en est refusée, l'huissier pourra établir gardien aux portes pour empêcher le divertissement; il se retirera sur-le-champ, sans assignation, devant le juge de paix, ou, à son défaut, devant le commissaire de police, et, dans les communes où il n'y en a pas, devant le maire, et à son défaut, devant l'adjoint en présence desquels l'ouverture des portes, même celle des meubles fermans, sera faite au fur et à mesure de la saisie. L'officier qui se transportera ne dressera point de procès-verbal; mais il signera celui de l'huissier, lequel ne pourra dresser du tout qu'un seul et même procès-verbal.

588. Le procès-verbal contiendra la désignation détaillée des objets saisis : s'il y a des marchandises, elles seront pesées, mesurées ou jaugées, suivant leur nature.

589. L'argenterie sera spécifiée par pièce et poinçons, et elle sera pesée.

590. S'il y a des deniers comptans, il sera fait mention du nombre et de la qualité des espèces : l'huissier les déposera au lieu établi pour les consignations, à moins que le saisissant et la partie saisie, ensemble les opposans, s'il y en a, ne conviennent d'un autre dépositaire.

591. Si le saisi est absent, et qu'il y ait refus d'ouvrir aucune pièce ou meuble, l'huissier en requerra l'ouverture; et s'il se trouve des papiers, il requerra l'apposition des scellés par l'officier appelé pour l'ouverture.

592. Ne pourront être saisis, 1° Les objets que la loi déclare immeubles par destination; — 2° Le coucher nécessaire des saisis, ceux de leurs enfans vivant avec eux, les habits dont les saisis sont vêtus et couverts; — 3° Les livres relatifs à la profession du saisi, jusqu'à la somme de trois cents francs, à son choix; — 4° Les machines et instrumens servant à l'enseignement, pratique ou exercices des sciences et arts, jusqu'à concurrence de la même somme, et au choix du saisi; — 5° Les équipemens des militaires, suivant l'ordonnance et le grade; — 6° Les outils des artisans nécessaires à leurs occupations personnelles; — 7° Les farines et menues denrées nécessaires à la consommation du saisi et de sa famille, pendant un mois; — 8° Enfin, une vache ou trois brebis; ou deux chèvres, aux choix du saisi, avec les pailles, fourrages et grains nécessaires pour la litière et la nourriture desdits animaux pendant un mois.

593. Lesdits objets ne pourront être saisis pour aucune créance, même celle de l'état, si ce n'est pour alimens fournis à la partie saisie, ou sommes dues aux fabricans ou vendeurs desdits objets, ou à celui qui aura prêté pour les acheter, fabriquer ou réparer; pour fermages et moissons des terres à la culture desquelles ils sont employés; loyers des manufactures, moulins, pressoirs, usines dont ils dépendent, les loyers des lieux servant à l'habitation personnelle du débiteur. — Les objets spécifiés sous le n° 2 du précédent article ne pourront être saisis pour aucune créance.

594. En cas de saisie d'animaux et ustensiles servant à l'exploitation des terres, le juge de paix pourra, sur la demande du saisissant, le propriétaire et le saisi entendus, ou appelés, établir un gérant à l'exploitation.

617. La vente sera faite au plus prochain marché public, aux jour et heure

ordinaires des marchés, ou un jour de dimanche : pourra néanmoins le tribunal permettre de vendre les effets en un autre lieu plus avantageux. Dans tous les cas, elle sera annoncée un jour auparavant, par quatre placards au moins, affichés, l'un où sont les effets, l'autre à la porte de la maison commune, le troisième au marché du lieu, et, s'il n'y en a pas, au marché voisin, le quatrième à la porte de l'auditoire de la justice de paix; et, si la vente se fait dans un lieu autre que le marché ou le lieu où sont les effets, un cinquième placard sera apposé au lieu où se fera la vente. La vente sera, en outre, annoncée par la voie des journaux dans les villes où il y en a.

618. Les placards indiqueront les lieux, jour et heure de la vente, et la nature des objets sans détail particulier.

619. L'apposition sera constatée par exploit, auquel sera annexé un exemplaire du placard.

LIVRE V. — TITRE IX.

De la saisie des fruits pendant par racine, ou de la saisie-brandon.

Art. 626. La saisie-brandon ne pourra être faite que dans les six semaines qui précéderont l'époque ordinaire de la maturité des fruits; elle sera précédée d'un commandement, avec un jour d'intervalle.

627. Le procès-verbal de saisie contiendra l'indication de chaque pièce, sa contenance et sa situation, et deux au moins de ses tenans et aboutissans, et la nature des fruits.

628. Le garde-champêtre sera établi gardien, à moins qu'il ne soit compris dans l'exclusion portée par l'article 598; s'il n'est présent, la saisie lui sera signifiée : il sera aussi laissé copie au maire de la commune de la situation, et l'original sera visé par lui. — Si les communes sur lesquelles les biens sont situés sont contiguës ou voisines, il sera établi un seul gardien autre néanmoins qu'un garde-champêtre : le visa sera donné par le maire de la commune du chef-lieu de l'exploitation; et, s'il n'y en a pas, par le maire de la commune où est située la majeure partie des biens.

629. La vente sera annoncée par placards affichés, huitaine au moins avant la vente, à la porte du saisi, à celle de la maison commune, et, s'il n'y en a pas, au lieu où s'apposent les actes de l'autorité publique; au principal marché du lieu, et, s'il n'y en a pas, au marché le plus voisin, et à la porte de l'auditoire de la justice de paix.

LIVRE V. — TITRE XII.

De la saisie immobilière.

Art. 676. Copie entière du procès-verbal de saisie sera, avant l'enregistrement, laissée au greffier des juges de paix, et aux maires ou adjoints des communes de la situation de l'immeuble saisi, si c'est une maison; si ce sont des biens ruraux, à ceux de la situation des bâtimens, s'il y en a; et s'il n'y en a pas, à ceux de la situation de la partie des biens à laquelle la matrice du rôle de la contribution foncière attribue le plus de revenus : les maires ou adjoints et greffiers viseront l'original du procès-verbal, lequel fera mention des copies qui auront été laisées.

684. Extrait pareil à celui prescrit par l'article précédent imprimé en forme de placard sera affiché, — 1° A la porte du domicile du saisi; — 2° A la principale porte des édifices saisis; — 3° A la principale place de la commune où le saisi est domicilié, de celle de la situation des biens, et de celle du tribunal où la vente se poursuit; — 4° Au principal marché desdites communes, et, lorsqu'il n'y en a pas, aux deux marchés les plus voisins; — 5° A la porte de l'auditoire du juge de paix de la situation des bâtimens, et, s'il n'y a pas de bâti-

mens, à la porte de l'auditoire de la justice de paix où se trouve la majeure partie des biens saisis; — 6° Aux portes extérieures des tribunaux du domicile du saisi, de la situation des biens, et de la vente.

LIVRE V. — TITRE XV.

De l'emprisonnement.

Art. 780. Aucune contrainte par corps ne pourra être mise à exécution qu'un jour après la signification, avec commandement, du jugement qui l'a prononcée. — Cette signification sera faite par un huissier commis par ledit jugement ou par le président du tribunal de première instance du lieu où se trouve le débiteur. — La signification contiendra aussi élection de domicile dans la commune où siége le tribunal qui a rendu ce jugement, si le créancier n'y demeure pas.

781. Le débiteur ne pourra être arrêté, — 1° Avant le lever et après le coucher du soleil; — 2° Les jours de fête légale; — 3° Dans les édifices consacrés au culte, et pendant les exercices religieux seulement; — 4° Dans le lieu et pendant la tenue des séances des autorités constituées; — 5° Dans une maison quelconque, même dans son domicile, à moins qu'il eût été ainsi ordonné par le juge de paix du lieu, lequel juge de paix devra, dans ce cas, se transporter dans la maison avec l'officier ministériel.

SECONDE PARTIE.

LIVRE PREMIER. — TITRE X.

Des avis de parens.

Art. 882. Lorsque la nomination d'un tuteur n'aura pas été faite en la présence du juge de paix, elle lui sera notifiée, à la diligence du membre de l'assemblée qui aura été désigné par elle : ladite notification sera faite dans les trois jours de la délibération, outre un jour par trois myriamètres de distance entre le lieu où s'est tenue l'assemblée et le domicile du tuteur.

883. Toutes les fois que les délibérations du conseil de famille ne seront pas unanimes, l'avis de chacun des membres qui la composent sera mentionné dans le procès-verbal. Le tuteur, subrogé-tuteur ou curateur, même les membres de l'assemblée, pourront se pourvoir contre la délibération; ils formeront leur demande contre les membres qui auront été d'avis de la délibération, sans qu'il soit nécessaire d'appeler en conciliation.

884. La cause sera jugée sommairement.

885. Dans tous les cas où il s'agit d'une délibération sujette à homologation, une expédition de la délibération sera présentée au président, lequel, par ordonnance au bas de ladite délibération, ordonnera la communication au ministère public, et commettra un juge pour en faire le rapport à jour indiqué.

886. Le procureur du Roi donnera ses conclusions au bas de ladite ordonnance; la minute du jugement d'homologation sera mise à la suite desdites conclusions sur le même cahier.

887. Si le tuteur, ou autre chargé de poursuivre l'homologation, ne le fait dans le délai fixé par la délibération, ou, à défaut de fixation, dans le délai de quinzaine, un des membres de l'assemblée pourra poursuivre l'homologation contre le tuteur, et aux frais de celui-ci, sans répétition.

888. Ceux des membres de l'assemblée qui croiront devoir s'opposer à l'homologation le déclareront, par acte extrajudiciaire, à celui qui est chargé de

la poursuivre : et, s'ils n'ont pas été appelés, ils pourront former opposition au jugement.

889. Les jugemens rendus sur la délibération du conseil de famille seront sujets à l'appel.

LIVRE II. — TITRE PREMIER.

De l'apposition des scellés après décès.

Art. 907. Lorsqu'il y aura lieu à l'apposition des scellés après décès, elle sera faite par les juges de paix, et, à leur défaut, par leurs suppléans.

908. Les juges de paix et leurs suppléans se serviront d'un sceau particulier, qui restera entre leurs mains, et dont l'empreinte sera déposée au greffe du tribunal de première instance.

909. L'apposition des scellés pourra être requise, — 1° Par tous ceux qui prétendront droit dans la succession ou dans la communauté ; — 2° Par tous créanciers fondés en titre exécutoire, ou autorisés par une permission, soit du président du tribunal de première instance, soit du juge de paix du canton où le scellé doit être apposé ; — 3° Et, en cas d'absence, soit du conjoint, soit des héritiers ou de l'un deux, par les personnes qui demeuraient avec le défunt, et par ses serviteurs et domestiques.

910. Les prétendans-droit et les créanciers mineurs émancipés pourront requérir l'apposition des scellés sans l'assistance de leur curateur. — S'ils sont mineurs non émancipés, et s'ils n'ont pas de tuteur, ou s'il est absent, elle pourra être requise par un de leurs parens.

911. Le scellé sera apposé, soit à la diligence du ministère public, soit sur la déclaration du maire ou adjoint de la commune, et même d'office par le juge de paix ; — 1° Si le mineur est sans tuteur, et que le scellé ne soit pas requis par un parent ; — 2° Si le conjoint, ou si les héritiers ou l'un d'eux, sont absens ; — 3°. Si le défunt était dépositaire public ; auquel cas, le scellé ne sera apposé que pour raison de ce dépôt et sur les objets qui le composent.

912. Le scellé ne pourra être apposé que par le juge de paix des lieux ou par ses suppléans.

913. Si le scellé n'a pas été apposé avant l'inhumation, le juge constatera, par son procès-verbal, le moment où il a été requis de l'apposer, et les causes qui ont retardé, soit la réquisition, soit l'apposition.

914. Le procès-verbal d'apposition contiendra, — 1° La date des an, mois, jour et heure ; — 2° Les motifs de l'apposition ; — 3° Les noms, profession et demeure du requérant, s'il y en a, et son élection de domicile dans la commune où le scellé est apposé, s'il n'y demeure ; — 4° S'il n'y a pas de partie requérante, le procès-verbal énoncera que le scellé a été apposé d'office, ou sur le réquisitoire, ou sur la déclaration de l'un des fonctionnaires dénommés dans l'article 911 ; — 5° L'ordonnance qui permet le scellé, s'il en a été rendu ; — 6° Les comparutions et dires des parties ; — 7° La désignation des lieux, bureaux, coffres, armoires, sur les ouvertures desquels le scellé a été apposé ; — 8° Une description sommaire des effets qui ne sont pas mis sous les scellés ; — 9° Le serment, lors de la clôture de l'apposition, par ceux qui demeurent dans le lieu, qu'ils n'ont rien détourné, vu ni su qu'il ait été rien détourné directement ni indirectement ; — 10° L'établissement du gardien présenté, s'il a les qualités requises ; sauf, s'il ne les a pas, ou s'il n'en est pas présenté, à en établir un d'office par le juge de paix.

915. Les clés des serrures sur lesquelles le scellé a été apposé resteront, jusqu'à sa levée, entre les mains du greffier de la justice de paix, lequel fera mention, sur le procès-verbal, de la remise qui lui en aura été faite ; et ne pourront, le juge ni le greffier, aller, jusqu'à la levée, dans la maison où est le scellé, à peine d'interdiction, à moins qu'ils n'en soient requis, ou que leur transport n'ait été précédé d'une ordonnance motivée.

916. Si, lors de l'apposition, il est trouvé un testament ou autres papiers cachetés, le juge de paix en constatera la forme extérieure, le sceau et la suscription, s'il y en a, paraphera l'enveloppe avec les parties présentes, si elles le savent ou le peuvent, et indiquera les jour et heure où le paquet sera par lui présenté au président du tribunal de première instance; il fera mention du tout sur son procès-verbal, lequel sera signé des parties, sinon mention sera faite de leur refus.

917. Sur la réquisition de toute partie intéressée, le juge de paix fera, avant l'apposition du scellé, la perquisition du testament dont l'existence sera annoncée; et, s'il le trouve, il procédera ainsi qu'il est dit ci-dessus.

918. Aux jour et heure indiqués, sans qu'il soit besoin d'aucune assignation, les paquets trouvés cachetés seront présentés par le juge de paix au président du tribunal de première instance, lequel en fera l'ouverture, en constatera l'état, et en ordonnera le dépôt si le contenu concerne la succession.

919. Si les paquets cachetés paraissent, par leur suscription, ou par quelque autre preuve écrite, appartenir à des tiers, le président du tribunal ordonnera que ces tiers seront appelés dans un délai qu'il fixera, pour qu'ils puissent assister à l'ouverture; il la fera au jour indiqué, en leur présence, ou à leur défaut; et si les paquets sont étrangers à la succession, il les leur remettra sans en faire connaître le contenu, ou les cachetera de nouveau pour leur être remis à leur première réquisition.

920. Si un testament est trouvé ouvert, le juge de paix en constatera l'état, et observera ce qui est prescrit en l'article 916.

921. Si les portes sont fermées, s'il se rencontre des obstacles à l'apposition des scellés, s'il s'élève, soit avant, soit pendant le scellé, des difficultés, il y sera statué en référé par le président du tribunal. A cet effet, il sera sursis et établi, par le juge de paix, garnison extérieure, même intérieure, si le cas y échet, et il en référera sur-le-champ au président du tribunal. — Pourra néanmoins le juge de paix, s'il y a péril dans le retard, statuer par provision, sauf à en référer ensuite au président du tribunal.

922. Dans tous les cas où il sera référé par le juge de paix au président du tribunal, soit en matière de scellé, soit en autre matière, ce qui sera fait et ordonné sera constaté sur le procès-verbal dressé par le juge de paix; le président signera ses ordonnances sur ledit procès-verbal.

923. Lorsque l'inventaire sera parachevé, les scellés ne pourront être apposés à moins que l'inventaire ne soit attaqué, et qu'il ne soit ainsi ordonné par le président du tribunal. — Si l'apposition des scellés est requise pendant le cours de l'inventaire, les scellés ne seront apposés que sur les objets non inventoriés.

924. S'il n'y a aucun effet mobilier, le juge de paix dressera un procès-verbal de carence. — S'il y a des effets mobiliers qui soient nécessaires à l'usage des personnes qui restent dans la maison, ou sur lesquels le scellé ne puisse être mis, le juge de paix fera un procès-verbal contenant description sommaire desdits effets.

925. Dans les communes où la population est de vingt mille âmes et au-dessus, il sera tenu, au greffe du tribunal de première instance, un registre d'ordre pour les scellés, sur lequel seront inscrits, d'après la déclaration que les juges de paix de l'arrondissement seront tenus d'y faire parvenir dans les vingt-quatre heures de l'apposition, 1° les noms et demeures des personnes sur les effets desquelles le scellé aura été apposé; 2° le nom et la demeure du juge qui a fait l'apposition; 3° le jour où elle a été faite.

TITRE II.

Des oppositions aux scellés.

Art. 926. Les oppositions aux scellés pourront être faites, soit par une déclaration sur le procès-verbal de scellé, soit par exploit signifié au greffier du juge de paix.

927. Toutes oppositions à scellé contiendront, à peine de nullité, outre les formalités communes à tout exploit, 1° Election de domicile dans la commune ou dans l'arrondissement de la justice de paix où le scellé est apposé, si l'opposant n'y demeure pas; — 2° L'énonciation précise de la cause de l'opposition.

TITRE III.

De la levée du scellé.

Art. 928. Le scellé ne pourra être levé et l'inventaire fait que trois jours après l'inhumation, s'il a été apposé auparavant, et trois jours après l'apposition si elle a été faite depuis l'inhumation, à peine de nullité des procès-verbaux de levée de scellés et inventaire, et des dommages et intérêts contre ceux qui les auront faits et requis; le tout, à moins que, pour des causes urgentes et dont il sera fait mention dans son ordonnance, il n'en soit autrement ordonné par le président du tribunal de première instance. Dans ce cas, si les parties qui ont droit d'assister à la levée ne sont pas présentes, il sera appelé pour elles, tant à la levée qu'à l'inventaire, un notaire nommé d'office par le président.

929. Si les héritiers ou quelques-uns d'eux sont mineurs non émancipés, il ne sera pas procédé à la levée des scellés, qu'ils n'aient été, ou préalablement pourvus de tuteurs, ou émancipés.

930. Tous ceux qui ont le droit de faire apposer les scellés pourront en requérir la levée, excepté ceux qui ne les ont fait apposer qu'en exécution de l'article 909, n° 3, ci-dessus.

931. Les formalités, pour parvenir à la levée des scellés, seront, — 1° Une réquisition à cet effet consignée sur le procès-verbal du juge de paix; — 2° — Une ordonnance du juge, indicative des jour et heure où la levée sera faite; — 3° Une sommation d'assister à cette levée faite au conjoint survivant, aux présomptifs héritiers, à l'exécuteur testamentaire, aux légataires universels et à titre universel, s'ils sont connus, et aux opposans. — Il ne sera pas besoin d'appeler les intéressés demeurant hors de la distance de cinq myriamètres; mais on appellera pour eux à l'inventaire un notaire nommé d'office par le président du tribunal de première instance. — Les opposans seront appelés au domicile par eux élu.

932. Le conjoint, l'exécuteur testamentaire, les héritiers, les légataires universels et ceux à titre universel, pourront assister à toutes les vacations de la levée du scellé et de l'inventaire, en personne ou par un mandataire. — Les opposans ne pourront assister, soit en personne, soit par un mandataire, qu'à la première vacation : ils seront tenus de se faire représenter aux vacations suivantes par un seul mandataire pour tous, dont ils conviendront, sinon il sera nommé d'office par le juge. — Si parmi ces mandataires se trouvent des avoués près le tribunal de première instance du ressort, ils justifieront de leurs pouvoirs par la représentation du titre de leur partie, et l'avoué le plus ancien, suivant l'ordre du tableau des créanciers fondés en titre authentique, assistera de droit pour tous les opposans; si aucun des créanciers n'est fondé en titre authentique, l'avoué le plus ancien des opposans fondés en titre privé assistera. L'ancienneté sera définitivement réglée à la première vacation.

933. Si l'un des opposans avait des intérêts différens de ceux des autres, ou des intérêts contraires, il pourra assister en personne, ou par un mandataire particulier à ses frais.

934. Les opposans, pour la conservation des droits de leur débiteur, ne pourront assister à la première vacation, ni concourir au choix d'un mandataire commun pour les autres vacations.

935. Le conjoint commun en biens, les héritiers, l'exécuteur testamentaire et les légataires universels, ou à titre universel, pourront convenir du choix d'un ou deux notaires, et d'un ou deux commissaires-priseurs ou experts; s'ils n'en conviennent pas, il sera procédé, suivant la nature des objets, par un ou

deux notaires, commissaires-priseurs ou experts, nommés d'office par le président du tribunal de première instance. Les experts prêteront serment devant le juge de paix.

936. Le procès-verbal de levée contiendra, 1° la date; 2° les noms, profession, demeure et élection de domicile du requérant; 3° l'énonciation de l'ordonnance délivrée pour la levée; 4° l'énonciation de la sommation prescrite par l'article 931 ci-dessus; 5° les comparutions et dires des parties; 6° la nomination des notaires, commissaires-priseurs et experts qui doivent opérer; 7° la reconnaissance des scellés, s'ils sont sains et entiers : s'ils ne le sont pas, l'état des altérations, sauf à se pourvoir ainsi qu'il appartiendra pour raison desdites altérations; 8° les réquisitions à fin de perquisitions, le résultat desdites perquisitions et toutes autres demandes sur lesquelles il y aura lieu de statuer.

937. Les scellés seront levés successivement, et à fur et mesure de la confection de l'inventaire : ils seront réapposés à la fin de chaque vacation.

938. On pourra réunir les objets de même nature, pour être inventoriés successivement suivant leur ordre; ils seront, dans ce cas, replacés sous les scellés.

939. S'il est trouvé des objets et papiers étrangers à la succession et réclamés par des tiers, ils seront remis à qui il appartiendra; s'ils ne peuvent être remis à l'instant, et qu'il soit nécessaire d'en faire la description, elle sera faite sur le procès-verbal des scellés, et non sur l'inventaire.

940. Si la cause de l'apposition des scellés cesse avant qu'ils soient levés, ou pendant le cours de leur levée, ils seront levés sans description.

EXTRAIT
DU TARIF DES FRAIS ET DÉPENS.

DÉCRET DU 16 FÉVRIER 1807.

LIVRE PREMIER.

Des Justices de Paix.

Chapitre premier. *Taxe des Actes et Vacations des Juges de Paix.*

1. (C. Pr. art. 909, 932.) Il est accordé au juge de paix, pour chaque vacation d'apposition, reconnaissance et levée de scellés, qui sera de trois heures au moins, — A Paris 5 fr. ; — Dans les villes où il y a tribunal de 1re instance, 3 fr. 75. c. ; — Dans les autres villes et cantons ruraux, 2 fr. 50 c. ; — Dans la première vacation seront compris les temps du transport et du retour du juge de paix : s'il n'y a qu'une seule vacation, elle sera payée comme complète, encore qu'elle n'ait pas été de trois heures. — Si le nombre des vacations d'apposition, reconnaissance et levée des scellés paraît excessif, le président du tribunal de première instance, en procédant à la taxe, pourra le réduire.

2. (C. pr., art. 921, 935, 916.) S'il y a lieu à référé, lors de l'apposition des scellés, — Ou dans le cours de leur levée, — Ou pour présenter un testament, ou autre papier cacheté, au président du tribunal de première instance, — Les vacations du juge de paix lui sont allouées comme celles pour l'apposition, la reconnaissance et la levée des scellés.

3. En cas de transport du juge de paix devant le président du tribunal de première instance, il lui est accordé par chaque myriamètre, 2 fr. ; — Autant pour le retour, — Et par journée de cinq myriamètres, 10 fr. — Il ne lui est accordé qu'une seule journée quand la distance ne sera pas de plus de deux myriamètres et demi, y compris sa vacation devant le président du tribunal. — Si la distance est de plus de deux myriamètres et demi, il lui sera payé deux journées pour l'aller, le retour et la vacation devant le président du tribunal.

4. (C. Civ. art. 406.) Pour l'assistance du juge de paix à tout conseil de famille, — A Paris, 5 f. ; — Dans les villes où il y a tribunal de 1re instance, 3 f. 75 c. ; — Dans les autres villes et cantons ruraux, 2 fr. 50 c.

Nota. Le juge de paix ne pourra jamais prendre plus de deux vacations.

5. (C. Civ. art. 70 et 71.) Pour l'acte de notorité sur la déclaration de sept témoins, pour constater, autant que possible, l'époque de la naissance d'un individu de l'un ou de l'autre sexe qui se propose de contracter mariage, et les causes qui empêchent de représenter son acte de naissance, — A Paris, 5 fr. ; — Dans les villes où il y a tribunal de 1re instance, 3 fr. 75 c. ; — Dans les autres villes et cantons ruraux, 2 fr. 50 c. ; — Et pour la délivrance de tout autre acte de notoriété qui doit être donné par le juge de paix, — A Paris, 1 fr. ; — Dans les villes où il y a tribunal de 1re instance, 75 c. — Dans les autres villes et cantons ruraux, 50 c.

6. (C. pr., art. 587, 781.) Pour le transport du juge de paix à l'effet d'être présent à l'ouverture de portes, en cas de saisie-exécution, par chaque vacation de trois heures, — A Paris, 5 fr. — Dans les villes où il y a tribunal de 1re instance, 3 fr. 75 c.; — Dans les autres villes et cantons ruraux, 2 fr. 50 c.; — Et à l'arrestation d'un débiteur condamné par corps, dans le domicile où ce dernier se trouve, — A Paris, 10 fr.; — Dans les villes où il y a tribunal de 1re instance, 7 fr. 50. c.; — Dans les autres villes et cantons ruraux, 5 fr.

7. (C. pr., art. 4, 6, 29.) Il n'est rien alloué au juge de paix, 1° pour toute cédule qu'il pourra délivrer, — (14.) 2° Pour le paraphe des pièces en cas de dénégation d'écriture, et de déclaration qu'on entend s'inscrire en faux incident.

8. (C. pr., art. 38.) Il lui est alloué, pour transport, soit à l'effet de visiter des lieux contentieux, soit à l'effet d'entendre des témoins, lorsque le transport aura été expressément requis par l'une des parties, et que le juge l'aura trouvé nécessaire, par chaque vacation, — A Paris, 5 fr.; — Dans les villes où il y a tribunal de 1re instance, 3 fr. 75 c.; — Dans les autres villes et cantons ruraux, 2 fr. 50 c.

Nota. Le procès-verbal du juge doit faire mention de la réquisition de la partie, et il n'est rien alloué à défaut de cette mention.

Chapitre II. *Taxe des Greffiers des Juges de Paix.*

9. (C. pr., art. 8.) Il sera taxé aux greffiers des justices de paix, par chaque rôle d'expédition qu'ils délivreront, et qui contiendra vingt lignes à la page et dix syllabes à la ligne, — A Paris, 50 c.; — Dans les villes où il y a tribunal de 1re instance, 40 c.; — Dans les autres villes et cantons ruraux, 40 c.

10. (C. pr., art. 54.) Pour l'expédition du procès-verbal qui constatera que les parties n'ont pu être conciliées, et qui ne doit contenir qu'une mention sommaire qu'elles n'ont pu s'accorder, il sera alloué, — A Paris, 1 fr.; — Dans les villes et cantons ruraux, 80 c.

11. (C. pr., art. 7.) La déclaration des parties qui demandent à être jugées par le juge de paix sera insérée dans le jugement; et il ne sera rien taxé au greffier pour l'avoir reçue, non plus que pour tout autre acte du greffe.

12. (C. pr., art. 30.) Pour transport sur les lieux contentieux, quand il sera ordonné, il sera alloué au greffier les deux tiers de la taxe du juge de paix.

13. (C. pr., art. 58.) Il n'est rien alloué pour la mention sur le registre du greffe, et sur l'original ou la copie de la citation en conciliation, quand l'une des parties ne comparaît pas.

14. (C. pr., art. 45 et 47.) Pour la transmission au procureur du Roi, de la récusation et de la réponse du juge, tous frais de port compris, — A Paris, 5 fr.; — Dans les villes où il y a tribunal de 1re instance, 5 fr.; — Dans les autres villes et cantons ruraux, 5 fr.

15. (C. pr., art. 317.) Il sera taxé au greffier du juge de paix qui aura assisté aux opérations des experts, et qui aura écrit la minute de leur rapport, dans le cas où tous, ou l'un d'eux, ne sauraient écrire, les deux tiers des vacations allouées à un expert.

16. Il lui est alloué les deux tiers des vacations du juge de paix pour assistance, — (C. civ., art. 406.) Aux conseils de famille; — (C. pr., art. 909.) Aux appositions de scellés; — (932.) Aux reconnaissances et levées de scellés; — (921 et 935.) Aux référés; — (C. civ., art. 70 et 71.) Aux actes de notoriété. — Il est encore alloué au greffier les deux tiers des frais de transport dans les mêmes cas où ils sont alloués aux juges de paix. — Les greffiers des juges de paix ne pourront délivrer d'expéditions entières des procès-verbaux d'apposition, reconnaissance et levée de scellés qu'autant qu'ils en seront expressément requis par écrit. — Ils seront tenus de délivrer les extraits qui leur seront demandés, quoique l'expédition entière n'ait été ni demandée ni délivrée.

17. (C. pr., art. 925.) Il sera taxé au greffier du juge de paix, — Pour sa vacation, à l'effet de faire la déclaration de l'apposition des scellés sur le registre

du greffe du tribunal de première instance, dans les villes où elle est prescrite, les deux tiers d'une vacation de juge de paix.

18. (C. pr., art. 926.) Il lui sera alloué pour chaque opposition aux scellés qui sera formée par déclaration sur le procès-verbal de scellé, — A Paris, 50 c.; — Dans les villes où il y a tribunal de 1re instance, 40 c.; — Dans les autres villes et cantons ruraux, 40 c.

19. (C. pr., art. 1039.) Il ne lui sera rien alloué pour les oppositions formées par le ministère des huissiers, et visées par lui.

20. (C. pr., art. 926.) Il est alloué pour chaque extrait des oppositions aux scellés, à raison, par chaque opposition, de — A Paris, 50 c.; — Dans les villes où il y a tribunal de 1re instance, 40 c.; — Dans les autres villes et cantons ruraux, 40 c.

Chapitre III. *Taxe des Huissiers des Juges de Paix.*

21. Pour l'original, — De chaque citation contenant demande, — A Paris, 1 fr. 50 c.; — Dans les villes où il y a tribunal de 1re instance, 1 fr. 25 c.; — Dans les autres villes et cantons ruraux, 1 fr. 25 c.; — (C. pr., art. 16 et 19.) De signification de jugement, 1 fr. 25 c.; — (17.) De sommation de fournir caution ou d'être présent à la réception et soumission de la caution ordonnée, id.; — (20.) D'opposition au jugement par défaut, contenant assignation à la prochaine audience, 1 fr. 50 c.; — (32.) De demande en garantie, id.; — (34.) De citation aux témoins, id.; — (42.) De citation aux gens de l'art et experts, id.; — (52.) De citation en conciliation, id.; — (C. civ., art 406.) De citations aux membres qui doivent composer le conseil de famille, 1 fr. 50 c.; — De notification de l'avis du conseil de famille, id.; — (926.) D'opposition aux scellés, id.; — De sommation à la levée de scellés, id. — Et pour chaque copie des actes ci-dessus énoncés, le quart de l'original.

22. Pour la copie des pièces qui pourra être donnée avec les actes, par chaque rôle d'expédition de vingt lignes à la page et de dix syllabes à la ligne, — A Paris, 25 c.; — Dans les villes où il y a tribunal de 1re instance; 20 c.; — Dans les autres villes et cantons ruraux, 20 c.

23. Pour transport qui ne pourra être alloué qu'autant qu'il y aura plus d'un demi-myriamètre (UNE LIEUE ANCIENNE) de distance entre la demeure de l'huissier et le lieu où l'exploit devra être posé, aller et retour, par myriamètre, 2 f.; — Il ne sera rien alloué aux huissiers des juges de paix pour visa par le greffier de la justice de paix ou par les maires et adjoints des communes du canton, dans les différens cas prévus par le Code de procédure.

Chapitre IV. *Taxe des Témoins, Experts et Gardiens des scellés.*

24. (C. pr., art. 29 et 34.) Il sera taxé au témoin entendu par le juge de paix une somme équivalente à une journée de travail, même à une double journée, si le témoin a été obligé de se faire remplacer dans sa profession, ce qui est laissé à la prudence du juge. — Il sera taxé au témoin qui n'a pas de profession, 2 fr.; — Il ne sera point passé de frais de voyage, si le témoin est domicilié dans le canton où il est entendu. — S'il est domicilié hors du canton et à une distance de plus de deux myriamètres et demi du lieu où il fera sa déposition, il lui sera alloué autant de fois une somme double de journée de travail, ou une somme de 4 fr., qu'il y aura de fois cinq myriamètres de distance entre son domicile et le lieu où il aura déposé.

25. (C. pr., art. 29 et 42.) La taxe des experts en justice de paix sera la même que celle des témoins, et il ne leur sera alloué de frais de voyage que dans les mêmes cas.

26. Les frais de garde seront taxés par chaque jour, pendant les douze premiers jours, — A Paris, 2 fr. 50 c.; — Dans les villes où il y a tribunal de 1re instance, 2 fr.; — Dans les autres villes et cantons ruraux, 1 fr. 50 c.; — Ensuite seulement à raison de, — A Paris, 1 fr.; — Dans les villes où il y a tribunal de 1re instance, 80 c.; — Dans les autres villes et cantons ruraux, 60 c.

EXTRAIT

DU CODE DE COMMERCE.

LIVRE PREMIER. — TITRE II.

Des livres de commerce.

Art. 16. En cas que les livres dont la représentation est offerte, requise ou ordonnée, soient dans des lieux éloignés du tribunal saisi de l'affaire, les juges peuvent adresser une commission rogatoire au tribunal de commerce du lieu, ou déléguer un juge de paix pour en prendre connaissance, dresser un procès-verbal du contenu et l'envoyer au tribunal saisi de l'affaire.

LIVRE PREMIER. — TITRE VI.

Des commissionnaires.

Art. 103. Le voiturier est garant de la perte des objets à transporter, hors les cas de la force majeure. — Il est garant des avaries autres que celles qui proviennent du vice propre de la chose ou de la force majeure.

104. Si, par l'effet de la force majeure, le transport n'est pas effectué dans le délai convenu, il n'y a pas lieu à indemnité contre le voiturier pour cause de retard.

105. La réception des objets transportés et le paiement du prix de la voiture éteignent toute action contre le voiturier.

106. En cas de refus ou contestation pour la réception des objets transportés, leur état est vérifié et constaté par des experts nommés par le président du tribunal de commerce, ou, à son défaut, par le juge de paix, et par ordonnance au pied d'une requête. — Le dépôt ou séquestre, et ensuite le transport dans un dépôt public, peut en être ordonné. — La vente peut en être ordonnée en faveur du voiturier jusqu'à concurrence du prix de la voiture.

LIVRE II. — TITRE IV.

Du capitaine.

Art. 234. Si, pendant le cours du voyage, il y a nécessité de radoub, ou d'achat de victuailles, le capitaine, après l'avoir constaté par un procès-verbal signé des principaux de l'équipage, pourra, en se faisant autoriser en France par le tribunal de commerce, ou, à défaut, par le juge de paix, chez l'étranger, par le consul français, ou à défaut, par le magistrat des lieux, emprunter sur le corps et quille du vaisseau, mettre en gage ou vendre des marchandises jusqu'à concurrence de la somme que les besoins constatés exigent. — Les propriétaires, ou le capitaine qui les représente, tiendront compte des marchandises vendues, d'après le cours des marchandises de même nature et qualité dans le lieu de décharge du navire, à l'époque de son arrivée.

242. Le capitaine est tenu, dans les vingt-quatre heures de son arrivée, de faire viser son registre, et de faire son rapport ; — Le rapport doit énoncer ;

— Le lieu et le temps de son départ ; — La route qu'il a tenue ; Les hasards qu'il a courus ; — Les désordres arrivés dans le navire et toutes les circonstances remarquables de son voyage.

243. Le rapport est fait au greffe devant le président du tribunal de commerce. — Dans les lieux où il n'y a pas de tribunal de commerce, le rapport est fait au juge de paix de l'arrondissement. — Le juge de paix qui a reçu le rapport est tenu de l'envoyer, sans délai, au président du tribunal de commerce le plus voisin. — Dans l'un et l'autre cas, le dépôt en est fait au greffe du tribunal de commerce.

245. Si, pendant le cours du voyage, le capitaine est obligé de relâcher dans un port français, il est tenu de déclarer au président du tribunal de commerce du lieu les causes de sa relâche. — Dans les lieux où il n'y a pas de tribunal de commerce, la déclaration est faite au juge de paix du canton. — Si la relâche forcée a lieu dans un port étranger, la déclaration est faite au consul de France, ou, à son défaut, au magistrat du lieu.

246. Le capit[illegible] qui a fait naufrage, et qui s'est sauvé seul ou avec partie de son équipage[illegible] tenu de se présenter devant le juge du lieu, ou, à défaut de juge, devant t[illegible]te autre autorité civile, d'y faire son rapport, de le faire vérifier par ceux de son équipage qui se seraient sauvés, et se trouveraient avec lui, et d'en lever expédition.

LIVRE II. — TITRE XII.

Du jet et de la contribution.

Art. 414. L'état des pertes et dommages est fait dans le lieu du déchargement du navire à la diligence du capitaine et par experts. — Les experts sont nommés par le tribunal de commerce, si le déchargement se fait dans un port français. — Dans les lieux où il n'y a pas de tribunal de commerce, les experts sont nommés par le juge de paix. — Ils sont nommés par le consul de France, et, à son défaut, par le magistrat du lieu, si la décharge se fait dans un port étranger. — Les experts prêtent serment avant d'opérer.

LIVRE III. — TITRE Ier.

De la faillite.

Art. 449. Dès que le tribunal de commerce aura connaissance de la faillite, soit par la déclaration du failli, soit par la requête de quelque créancier, soit par la notoriété publique, il ordonnera l'apposition des scellés ; expédition du jugement sera sur-le-champ adressée au juge de paix.

450. Le juge de paix pourra aussi apposer les scellés sur la notoriété acquise.

451. Les scellés seront apposés sur les magasins, comptoirs, caisses, portefeuilles, livres, registres, papiers, meubles et effets du failli.

452. Si la faillite est faite par des associés réunis en société collective, les scellés seront apposés, non-seulement dans le principal manoir de la société, mais dans le domicile séparé de chacun des associés solidaires.

453. Dans tous les cas, le juge de paix adressera sans délai au tribunal de commerce le procès-verbal de l'apposition des scellés.

454. Par le même jugement qui ordonnera l'apposition des scellés, le tribunal de commerce déclarera l'époque de la faillite ; il nommera un de ses membres commissaire de l'ouverture de la faillite, et un ou plusieurs agens, suivant l'importance de la faillite, pour remplir, sous la surveillance du commissaire, les fonctions qui leur seront attribuées par la présente loi.

Dans le cas où les scellés auraient été apposés par le juge de paix, sur la notoriété acquise, le tribunal se conformera au surplus des dispositions ci-dessus prescrites, dès qu'il aura connaissance de la faillite.

462. Si, après la nomination des agens et la prestation du serment, les

scellés n'avaient point été apposés, les agens requerront le juge de paix de procéder à l'apposition.

463. Les livres du failli seront extraits des scellés et remis par le juge de paix aux agens, après avoir été arrêtés par lui : il constatera sommairement, par son procès-verbal, l'état dans lequel ils se trouveront.

Les effets du porte-feuille qui seront à courte échéance, ou susceptibles d'acceptation, seront aussi extraits des scellés par le juge de paix, décrits et remis aux agens pour en faire le recouvrement : le bordereau en sera remis au commissaire.

486. Aussitôt après leur nomination, les syndics provisoires requerront la levée des scellés, et procéderont à l'inventaire des biens du failli. Ils seront libres de se faire aider pour l'estimation par qui ils jugeront convenable, conformément à l'article 937 du Code de procédure civile. Cet inventaire se fera par les syndics à mesure que les scellés seront levés, et le juge de paix y assistera et le signera à chaque vacation.

487. Le failli sera présent ou dûment appelé à la levée des scellés et aux opérations de l'inventaire.

EXTRAIT

DU CODE D'INSTRUCTION CRIMINELLE,

Modifié par la loi du 28 avril 1832 (Bull. L. n° 78).

LIVRE PREMIER.

De la police judiciaire et des officiers de police qui l'exercent.

CHAPITRE PREMIER.

De la police judiciaire.

Art. 8. La police judiciaire recherche les crimes, les délits et les contraventions, en rassemble les preuves, et en livre les auteurs aux tribunaux chargés de les punir.

9. La police judiciaire sera exercée sous l'autorité des cours royales et suivant les distinctions qui vont être établies ;

Par les gardes champêtres et les gardes forestiers,

Par les commissaires de police,

Par les maires et adjoints de maire,

Par les procureurs du Roi et leurs substituts,

Par les juges de paix,

Par les officiers de gendarmerie,

Par les commissaires généraux de police,

Et par les juges d'instruction.

10. Les préfets des départemens, et le préfet de police à Paris, pourront faire personnellement, ou requérir les officiers de police judiciaire, chacun en ce qui le concerne, de faire tous les actes nécessaires à l'effet de constater les crimes, délits et contraventions, et d'en livrer les auteurs aux tribunaux chargés de les punir, conformément à l'article 8 ci-dessus.

CHAPITRE II.

Des maires, des adjoints de maire, et des commissaires de police.

Art. 11. Les commissaires de police, et dans les communes où il n'y en a point, les maires, au défaut de ceux-ci, les adjoints de maire, rechercheront les contraventions de police, même celles qui sont sous la surveillance spéciale des gardes forestiers et champêtres, à l'égard desquels ils auront concurrence et même prévention.

Ils recevront les rapports, dénonciations et plaintes qui seront relatifs aux contraventions de police.

Ils consigneront, dans les procès-verbaux qu'ils rédigeront à cet effet, la nature et les circonstances des contraventions, le temps et le lieu où elles auront été commises, les preuves ou indices à la charge de ceux qui en seront présumés coupables.

12. Dans les communes divisées en plusieurs arrondissemens, les commissaires de police exerceront ces fonctions dans toute l'étendue de la commune où ils sont établis, sans pouvoir alléguer que les contraventions ont été commises hors de l'arrondissement particulier auquel ils sont préposés.

Ces arrondissemens ne limitent ni ne circonscrivent leurs pouvoirs respectifs, mais indiquent seulement les termes dans lesquels chacun d'eux est plus spécialement astreint à un exercice constant et régulier de ses fonctions.

13. Lorsque l'un des commissaires de police d'une même commune se trouvera légitimement empêché, celui de l'arrondissement voisin est tenu de le suppléer, sans qu'il puisse retarder le service pour lequel il sera requis, sous prétexte qu'il n'est pas le plus voisin du commissaire empêché, ou que l'empêchement n'est pas légitime ou n'est pas prouvé.

14. Dans les communes où il n'y a qu'un commissaire de police, s'il se trouve légitimement empêché, le maire, ou, au défaut de celui-ci, l'adjoint de maire le remplacera, tant que durera l'empêchement.

15. Les maires ou adjoints de maire remettront à l'officier par qui sera rempli le ministère public près le tribunal de police toutes les pièces et renseignemens dans les trois jours au plus tard, y compris celui où ils ont reconnu le fait sur lequel ils ont procédé.

CHAPITRE III.

Des gardes champêtres et forestiers.

Art. 16. Les gardes champêtres et les gardes forestiers, considérés comme officiers de police judiciaire, sont chargés de rechercher, chacun dans le territoire pour lequel ils auront été assermentés, les délits et contraventions de police qui auront porté atteinte aux propriétés rurales et forestières.

Ils dresseront des procès-verbaux à l'effet de constater la nature, les circonstances, le temps, le lieu des délits et des contraventions, ainsi que les preuves et les indices qu'ils auront pu en recueillir.

Ils suivront les choses enlevées dans les lieux où elles auront été transportées, et les mettront en séquestre; ils ne pourront néanmoins s'introduire dans les maisons, ateliers, bâtimens, cours adjacentes et enclos, si ce n'est en présence, soit du juge de paix, soit de son suppléant, soit du commissaire de police, soit du maire du lieu, soit de son adjoint; et le procès-verbal qui devra en être dressé sera signé par celui en présence duquel il aura été fait.

Ils arrêteront et conduiront devant le juge de paix ou devant le maire tout individu qu'ils auront surpris en flagrant délit, ou qui sera dénoncé par la clameur publique, lorsque ce délit emportera la peine d'emprisonnement, ou une peine plus grave.

Ils se feront donner, pour cet effet, main-forte par le maire ou par l'adjoint de maire du lieu, qui ne pourra s'y refuser.

17. Les gardes champêtres et forestiers sont, comme officiers de police judiciaire, sous la surveillance du procureur du Roi, sans préjudice de leur subordination à l'égard de leurs supérieurs dans l'administration.

18. Les gardes forestiers de l'administration, des communes et des établissemens publics, remettront leurs procès-verbaux au conservateur, inspecteur ou sous-inspecteur forestier, dans le délai fixé par l'article 15.

L'officier qui aura reçu l'affirmation sera tenu, dans la huitaine, d'en donner avis au procureur du Roi.

19. Le conservateur, inspecteur ou sous-inspecteur fera citer les prévenus ou les personnes civilement responsables devant le tribunal correctionnel.

20. Les procès-verbaux des gardes champêtres des communes, et ceux des gardes champêtres et forestiers des particuliers, seront, lorsqu'il s'agira de simples contraventions, remis par eux dans le délai fixé par l'article 15, au commissaire de police de la commune chef lieu de la justice de paix, ou au maire dans les communes où il n'y a point de commissaire de police; et lors-

qu'il s'agira d'un délit de nature à mériter une peine correctionnelle, la remise sera faite au procureur du Roi.

21. Si le procès-verbal a pour objet une contravention de police, il sera procédé par le commissaire de police de la commune chef-lieu de la justice de paix, par le maire, ou, à son défaut, par l'adjoint de maire, dans les communes où il n'y a point de commissaire de police, ainsi qu'il sera réglé au chapitre 1er, titre 1er du livre 2 du présent Code.

CHAPITRE IV.

Des procureurs du Roi et de leurs substituts.

SECTION PREMIÈRE.

De la compétence des procureurs du Roi relativement à la police judiciaire.

Art. 22. Les procureurs du Roi sont chargés de la recherche et de la poursuite de tous les délits dont la connaissance appartient aux tribunaux de police correctionnelle, ou aux cours d'assises.

23. Sont également compétens pour remplir les fonctions déléguées par l'article précédent, le procureur du Roi du lieu du crime ou délit, celui de la résidence du prévenu, et celui du lieu où le prévenu pourra être trouvé.

24. Ces fonctions, lorsqu'il s'agira de crimes ou de délits commis hors du territoire français, dans les cas énoncés aux articles 5, 6 et 7, seront remplies par le procureur du Roi du lieu où résidera le prévenu, ou par celui du lieu où il pourra être trouvé, ou par celui de sa dernière résidence connue.

25. Les procureurs du Roi et tous autres officiers de police judiciaire auront, dans l'exercice de leurs fonctions, le droit de requérir directement la force publique.

26. Le procureur du Roi sera, en cas d'empêchement, remplacé par son substitut, ou, s'il a plusieurs substituts, par le plus ancien.

S'il n'a pas de substitut, il sera remplacé par un juge commis à cet effet par le président.

27. Les procureurs du Roi seront tenus, aussitôt que les délits parviendront à leur connaissance, d'en donner avis au procureur général près la cour royale, et d'exécuter ses ordres relativement à tous actes de police judiciaire.

28. Ils pourvoiront à l'envoi, à la notification et à l'exécution des ordonnances qui seront rendues par le juge d'instruction, d'après les règles qui seront ci-après établies au chapitre des juges d'instruction.

SECT. II. *Mode de procéder des procureurs du Roi dans l'exercice de leurs fonctions.*

Art. 29. Toute autorité constituée, tout fonctionnaire ou officier public, qui, dans l'exercice de ses fonctions, acquerra la connaissance d'un crime ou d'un délit, sera tenu d'en donner avis sur-le-champ au procureur du Roi près le tribunal dans le ressort duquel ce crime ou délit aura été commis, ou dans lequel le prévenu pourrait être trouvé, et de transmettre à ce magistrat tous les renseignemens, procès-verbaux et actes qui y sont relatifs.

30. Toute personne qui aura été témoin d'un attentat, soit contre la sûreté publique, soit contre la vie ou la propriété d'un individu, sera pareillement tenue d'en donner avis au procureur du Roi, soit du lieu du crime ou délit, soit du lieu où le prévenu pourra être trouvé.

31. Les dénonciations seront rédigées par les dénonciateurs, ou par leurs fondés de procuration spéciale, ou par le procureur du Roi, s'il en est requis; elles seront toujours signées par le procureur du Roi à chaque feuillet, et par les dénonciateurs ou par leurs fondés de pouvoir.

Si les dénonciateurs ou leurs fondés de pouvoirs ne savent ou ne veulent pas signer, il en sera fait mention.

La procuration demeurera toujours annexée à la dénonciation, et le dénonciateur pourra se faire délivrer, mais à ses frais, une copie de sa dénonciation.

32. Dans tous les cas de flagrant délit, lorsque le fait sera de nature à entraîner une peine afflictive ou infamante, le procureur du Roi se transportera sur le lieu, sans aucun retard, pour y dresser les procès-verbaux nécessaires à l'effet de constater le corps du délit, son état, l'état des lieux, et pour recevoir les déclarations des personnes qui auraient été présentes, ou qui auraient des renseignemens à donner.

Le procureur du Roi donnera avis de son transport au juge d'instruction, sans être toutefois tenu de l'attendre pour procéder ainsi qu'il est dit au présent chapitre.

33. Le procureur du Roi pourra aussi, dans le cas de l'art. précédent, appeler à son procès-verbal les parens, voisins ou domestiques présumés en état de donner des éclaircissemens sur le fait; il recevra leurs déclarations qu'ils signeront : les déclarations reçues en conséquence du présent article et de l'article précédent seront signées par les parties, ou, en cas de refus, il en sera fait mention.

34. Il pourra défendre que qui que ce soit sorte de la maison, ou s'éloigne du lieu, jusqu'après la clôture de son procès-verbal.

Tout contrevenant à cette défense sera, s'il peut être saisi, déposé dans la maison d'arrêt : la peine encourue pour la contravention sera prononcée par le juge d'instruction sur les conclusions du procureur du Roi, après que le contrevenant aura été cité et entendu, ou par défaut, s'il ne comparait pas, sans autre formalité ni délai, et sans opposition ni appel.

La peine ne pourra excéder dix jours d'emprisonnement et cent francs d'amende.

35. Le procureur du Roi se saisira des armes et de tout ce qui paraîtra avoir servi ou avoir été destiné à commettre le crime ou le délit, ainsi que de tout ce qui paraîtra en avoir été le produit, enfin de tout ce qui pourra servir à la manifestation de la vérité : il interpellera le prévenu de s'expliquer sur les choses saisies qui lui seront représentées; il dressera du tout procès-verbal, qui sera signé par le prévenu, ou mention sera faite de son refus.

36. Si la nature du crime ou du délit est telle que la preuve puisse vraisemblablement être acquise par les papiers ou autres pièces et effets en la possession du prévenu, le procureur du Roi se transportera de suite dans le domicile du prévenu pour y faire la perquisition des objets qu'il jugera utiles à la manifestation de la vérité.

37. S'il existe dans le domicile du prévenu des papiers ou effets qui puissent servir à conviction ou à décharge, le procureur du Roi en dressera procès-verbal et se saisira desdits effets ou papiers.

38. Les objets saisis seront clos et cachetés, si faire se peut, ou s'ils ne sont pas susceptibles de recevoir des caractères d'écriture, ils seront mis dans un vase ou dans un sac sur lequel le procureur du Roi attachera une bande de papier qu'il scellera de son sceau.

39. Les opérations prescrites par les articles précédens seront faites en présence du prévenu, s'il a été arrêté; et, s'il ne veut ou ne peut y assister, en présence d'un fondé de pouvoir qu'il pourra nommer. Les objets lui seront présentés à l'effet de les reconnaître et de les parapher, s'il y a lieu; et, au cas de refus, il en sera fait mention au procès-verbal.

40. Le procureur du Roi, audit cas de flagrant délit, et lorsque le fait sera de nature à entraîner peine afflictive ou infamante, fera saisir les prévenus présens contre lesquels il existerait des indices graves.

Si le prévenu n'est pas présent, le procureur du Roi rendra une ordonnance à l'effet de le faire comparaître; cette ordonnance s'appelle *mandat d'amener*.

La dénonciation seule ne constitue pas une présomption suffisante pour décerner cette ordonnance contre un individu ayant domicile.

Le procureur du Roi interrogera sur-le-champ le prévenu amené devant lui.

41. Le délit qui se commet actuellement, ou qui vient de se commetre, est un flagrant délit.

Sera aussi réputé flagrant délit le cas où le prévenu est poursuivi par la clameur publique, et celui où le prévenu est trouvé saisi d'effets, armes, instrumens ou papiers faisant présumer qu'il est auteur ou complice, pourvu que ce soit dans un temps voisin du délit.

42. Les procès-verbaux du procureur du Roi, en exécution des articles précédens, seront faits et rédigés en la présence, et revêtus de la signature du commissaire de police de la commune dans laquelle le crime ou le délit aura été commis, ou du maire, ou de l'adjoint du maire, ou de deux citoyens domiciliés dans la même commune.

Pourra néanmoins le procureur du Roi dresser les procès-verbaux sans assistance de témoins, lorsqu'il n'y aura pas possibilité de s'en procurer de suite.

Chaque feuillet du procès-verbal sera signé par le procureur du Roi et par les personnes qui y auront assisté. En cas de refus ou d'impossibilité de signer de la part de celles-ci, il en sera fait mention.

43. Le procureur du Roi se fera accompagner au besoin d'une ou de deux personnes présumées, par leur art ou profession, capables d'apprécier la nature et les circonstances du crime ou délit.

44. S'il s'agit d'une mort violente, ou d'une mort dont la cause est inconnue et suspecte, le procureur du Roi se fera assister d'un ou de deux officiers de santé qui feront leur rapport sur les causes de la mort et sur l'état du cadavre.

Les personnes appelées, dans les cas du présent article et de l'article précédent, prêteront, devant le procureur du Roi, le serment de faire leur rapport et de donner leur avis en leur honneur et conscience.

45. Le procureur du Roi transmettra, sans délai, au juge d'instruction les procès-verbaux, actes, pièces et instrumens dressés ou saisis en conséquence des articles précédens, pour être procédé ainsi qu'il sera dit au chapitre *des Juges d'instruction*; et cependant le prévenu restera sous la main de la justice *en état de mandat d'amener*.

46. Les attributions faites ci-dessus au procureur du Roi pour les cas de flagrant délit auront lieu aussi toutes les fois que, s'agissant d'un crime ou délit, même non flagrant, commis dans l'intérieur d'une maison, le chef de cette maison requerra le procureur du Roi de le constater.

47. Hors les cas énoncés dans les articles 32 et 46, le procureur du Roi, instruit, soit par une dénonciation, soit par toute autre voie, qu'il a été commis dans son arrondissement un crime ou un délit, ou qu'une personne qui en est prévenue se trouve dans son arrondissement, sera tenu de requérir le juge d'instruction d'ordonner qu'il en soit informé, même de se transporter, s'il est besoin, sur les lieux, à l'effet d'y dresser tous les procès-verbaux nécessaires, ainsi qu'il sera dit au chapitre des *Juges d'instruction*.

CHAPITRE V.

Des officiers de police auxiliaires du procureur du Roi.

Art. 48. Les juges de paix, les officiers de gendarmerie, les commissaires généraux de police, recevront les dénonciations de crimes ou de délits commis dans les lieux où ils exercent leurs fonctions habituelles.

49. Dans les cas de flagrant délit, ou dans les cas de réquisition de la part d'un chef de maison, ils dresseront les procès-verbaux, recevront les déclarations des témoins, feront les visites et les autres actes qui sont, auxdits cas, de la compétence des procureurs du Roi; le tout dans les formes et suivant les règles établies au chapitre *des Procureurs du Roi*.

50. Les maires, adjoints de maires et les commissaires de police, recevront également les dénonciations, et feront les actes énoncés en l'article précédent, en se conformant aux mêmes règles.

51. Dans les cas de concurrence entre les procureurs du Roi et les officiers de police énoncés aux articles précédens, le procureur du Roi fera les actes attribués à la police judiciaire ; s'il a été prévenu, il pourra continuer la procédure, ou autoriser l'officier qui l'aura commencée à la suivre.

52. Le procureur du Roi exerçant son ministère dans les cas des articles 32 et 46, pourra, s'il le juge utile et nécessaire, charger un officier de police auxiliaire de partie des actes de sa compétence.

53. Les officiers de police auxiliaire renverront sans délai les dénonciations, procès-verbaux et autres actes par eux faits dans les cas de leur compétence, au procureur du Roi, qui sera tenu d'examiner sans retard les procédures, et de les transmettre avec les réquisitions qu'il jugera convenables au juge d'instruction.

54. Dans le cas de dénonciation de crimes ou délits autres que ceux qu'ils sont directement chargés de constater, les officiers de police judiciaire transmettront aussi sans délai au procureur du Roi les dénonciations qui leur auront été faites, et le procureur du Roi les remettra au juge d'instruction avec son réquisitoire.

DISTINCTION II.

De l'Instruction.

§. II. — *Des plaintes.*

Art. 63. Toute personne qui se prétendra lésée par un crime ou délit pourra en rendre plainte, et se constituer partie civile devant le juge d'instruction, soit du lieu du crime ou délit, soit du lieu de la résidence du prévenu, soit du lieu où il pourra être saisi.

64. Les plaintes qui auraient été adressées au procureur du Roi seront par lui transmises au juge d'instruction avec son réquisitoire ; celles qui auraient été présentées aux officiers auxiliaires de police seront par eux envoyées au procureur du Roi, et transmises par lui au juge d'instruction, aussi avec son réquisitoire.

65. Les dispositions de l'article 31 concernant les dénonciations seront communes aux plaintes.

§. III. — *De l'audition des témoins.*

Art. 71. Le juge d'instruction fera citer devant lui les personnes qui auront été indiquées par la dénonciation, par la plainte, par le procureur du Roi ou autrement, comme ayant connaissance, soit du crime ou délit, soit de ses circonstances.

72. Les témoins seront cités par un huissier, ou par un agent de la force publique, à la requête du procureur du Roi.

73. Ils seront entendus séparément et hors de la présence du prévenu par le juge d'instruction assisté de son greffier.

74. Ils représenteront, avant d'être entendus, la citation qui leur aura été donnée pour déposer, et il en sera fait mention dans le procès-verbal.

75. Les témoins prêteront serment de dire toute la vérité, rien que la vérité; le juge d'instruction leur demandera leurs noms, prénoms, âge, état, profession, demeure, s'ils sont domestiques, parens ou alliés des parties, et en quel degré : il sera fait mention de la demande et des réponses des témoins.

76. Les dépositions seront signées du juge, du greffier et du témoin, après que lecture lui en aura été faite, et qu'il aura déclaré y persister.

Si le témoin ne veut ou ne peut signer, il en sera fait mention.

Chaque page du cahier d'information sera signée par le juge et par le greffier.

77. Les formalités prescrites par les trois articles précédens seront remplies,

à peine de cinquante francs d'amende contre le greffier, même, s'il y a lieu, de prise à partie contre le juge d'instruction.

78. Aucun interligne ne pourra être fait : les ratures et les renvois seront approuvés et signés par le juge d'instruction, par le greffier et par le témoin, sous les peines portées en l'article précédent. Les interlignes, ratures et renvois non approuvés seront réputés non avenus.

79. Les enfans de l'un et de l'autre sexe, au-dessous de l'âge de quinze ans, pourront être entendus par forme de déclarations et sans prestation de serment.

80. Toute personne citée pour être entendue en témoignage sera tenue de comparaître et de satisfaire à la citation; sinon elle pourra y être contrainte par le juge d'instruction qui, à cet effet, sur les conclusions du procureur du Roi, sans autre formalité ni délai, et sans appel, prononcera une amende qui n'excédera pas cent francs, et pourra ordonner que la personne citée sera contrainte par corps à venir donner son témoignage.

81. Le témoin ainsi condamné à l'amende sur le premier défaut, et qui, sur la seconde citation, produira devant le juge d'instruction des excuses légitimes, pourra, sur les conclusions du procureur du Roi, être déchargé de l'amende.

82. Chaque témoin qui demandera une indemnité sera taxé par le juge d'instruction.

83. Lorsqu'il sera constaté, par le certificat d'un officier de santé, que des témoins se trouvent dans l'impossibilité de comparaître sur la citation qui leur aura été donnée, le juge d'instruction se transportera en leur demeure quand ils habiteront dans le canton de la justice de paix du domicile du juge d'instruction.

Si les témoins habitent hors du canton, le juge d'instruction pourra commettre le juge de paix de leur habitation à l'effet de recevoir leur déposition; et il enverra au juge de paix les notes et instructions qui feront connaître les faits sur lesquels les témoins devront déposer.

84. Si les témoins résident hors de l'arrondissement du juge d'instruction, celui-ci requerra le juge d'instruction de l'arrondissement dans lequel les témoins sont résidans de se transporter auprès d'eux pour recevoir leurs dépositions.

Dans le cas où les témoins n'habiteraient pas le canton du juge d'instruction ainsi requis, il pourra commettre le juge de paix de leur habitation à l'effet de recevoir leurs dépositions, ainsi qu'il est dit dans l'article précédent.

85. Le juge qui aura reçu les dépositions en conséquence des articles 83 et 84 ci-dessus, les enverra closes et cachetées au juge d'instruction du tribunal saisi de l'affaire.

86. Si le témoin, auprès duquel le juge se sera transporté, dans les cas prévus par les trois articles précédens, n'était pas dans l'impossibilité de comparaître sur la citation qui lui avait été donnée, le juge décernera un mandat de dépôt contre le témoin et l'officier de santé qui aura délivré le certificat ci-dessus mentionné.

La peine portée en pareil cas sera prononcée par le juge d'instruction du même lieu, et sur la réquisition du procureur du Roi, en la forme prescrite par l'article 80.

CHAPITRE II.

Des mandats de comparution, de dépôt, d'amener et d'arrêt.

Art. 98. Les mandats d'amener, de comparution, de dépôt et d'arrêt, seront exécutoires dans tout le territoire du royaume.

Si le prévenu est trouvé hors de l'arrondissement de l'officier qui aura délivré le mandat de dépôt ou d'arrêt, il sera conduit devant le juge de paix ou son suppléant, et, à leur défaut, devant le maire ou l'adjoint de maire, ou le commissaire de police du lieu, lequel visera le mandat, sans pouvoir en empêcher l'exécution.

99. Le prévenu qui refusera d'obéir au mandat d'amener, ou qui, après avoir déclaré qu'il est prêt à obéir, tentera de s'évader, devra être contraint.

Le porteur du mandat d'amener emploiera, au besoin, la force publique du lieu le plus voisin.

Elle sera tenue de marcher, sur la réquisition contenue dans le mandat d'amener.

109. Si le prévenu ne peut être saisi, le mandat d'arrêt sera notifié à sa dernière habitation ; et il sera dressé procès-verbal de perquisition.

Ce procès-verbal sera dressé en présence des deux plus proches voisins du prévenu que le porteur du mandat d'arrêt pourra trouver : ils le signeront, ou, s'ils ne savent ou ne veulent pas signer, il en sera fait mention, ainsi que de l'interpellation qui en aura été faite.

Le porteur du mandat d'arrêt fera ensuite viser son procès-verbal par le juge de paix ou son suppléant, ou, à son défaut, par le maire, l'adjoint ou le commissaire de police du lieu, et lui en laissera copie.

Le mandat d'arrêt et le procès-verbal seront ensuite remis au greffe du tribunal.

LIVRE II.

DE LA JUSTICE.

TITRE PREMIER.

Des tribunaux de police.

CHAPITRE PREMIER.

Des tribunaux de simple police.

Art. 137. Sont considérés comme contraventions de police simple les faits qui, d'après les dispositions du quatrième livre du Code pénal, peuvent donner lieu, soit à quinze francs d'amende ou au-dessous, soit à cinq jours d'emprisonnement ou au-dessous, qu'il y ait ou non confiscation des choses saisies et quelle qu'en soit la valeur.

138. La connaissance des contraventions de police est attribuée aux juges de paix et aux maires, suivant les règles et les distinctions qui seront ci-après établies.

§. 1er. — *Du tribunal du juge de paix, comme juge de police.*

Art. 139. Les juges de paix connaîtront exclusivement,

1°. Des contraventions commises dans l'étendue de la commune chef-lieu du canton ;

2°. Des contraventions dans les autres communes de leur arrondissement, lorsque, hors les cas où les coupables auront été pris en flagrant délit, les contraventions auront été commises par des personnes non domiciliées et non présentes dans la commune, ou lorsque les témoins qui doivent déposer n'y sont pas résidans ou présens ;

3°. Des contraventions à raison desquelles la partie qui réclame conclut pour ses dommages et intérêts à une somme indéterminée ou à une somme excédant quinze francs ;

4°. Des contraventions forestières poursuivies à la requête des particuliers ;

5°. Des injures verbales ;

6°. Des affiches, annonces, ventes, distributions ou débits d'ouvrages écrits ou gravures contraires aux mœurs ;

7°. De l'action contre les gens qui font le métier de deviner et pronostiquer, ou d'expliquer les songes.

140. Les juges de paix connaîtront aussi, mais concurremment avec les maires, de toutes autres contraventions commises dans leur arrondissement.

141. Dans les communes dans lesquelles il n'y a qu'un juge de paix, il connaîtra seul des affaires attribuées à son tribunal. Les greffiers et les huissiers de la justice de paix feront le service pour les affaires de police.

142. Dans les communes divisées en deux justices de paix ou plus, le service au tribunal de police sera fait successivement par chaque juge de paix, en commençant par le plus ancien : il y aura, dans ce cas, un greffier particulier pour le tribunal de police.

143. Il pourra aussi, dans le cas de l'article précédent, y avoir deux sections pour la police; chaque section sera tenue par un juge de paix, et le greffier aura un commis assermenté pour le suppléer.

144. Les fonctions du ministère public, pour les faits de police, seront remplies par le commissaire du lieu où siégera le tribunal; en cas d'empêchement du commissaire de police, ou s'il n'y en a point, elles seront remplies par le maire, qui pourra se faire remplacer par son adjoint.

S'il y a plusieurs commissaires de police, le procureur général près la cour royale nommera celui ou ceux d'entre eux qui feront le service.

145. Les citations pour contravention de police seront faites à la requête du ministère public ou de la partie qui réclame.

Elles seront notifiées par un huissier; il en sera laissé copie au prévenu ou à la personne civilement responsable.

146. La citation ne pourra être donnée à un délai moindre que vingt-quatre heures outre un jour par trois myriamètres, à peine de nullité tant de la citation que du jugement qui serait rendu par défaut. Néanmoins cette nullité ne pourra être proposée qu'à la première audience avant toute exception et défense.

Dans les cas urgens, les délais pourront être abrégés, et les parties citées à comparaître même dans le jour et à heure indiquée, en vertu d'une cédule délivrée par le juge de paix.

147. Les parties pourront comparaître volontairement et sur un simple avertissement sans qu'il soit besoin de citation.

148. Avant le jour de l'audience, le juge de paix pourra, sur la réquisition du ministère public ou de la partie civile, estimer ou faire estimer les dommages, dresser ou faire dresser des procès-verbaux, faire ou ordonner tous actes qui exigeront célérité.

149. Si la personne citée ne comparaît pas au jour et à l'heure fixés par la citation, elle sera jugée par défaut.

150. La personne condamnée par défaut ne sera plus recevable à s'opposer à l'exécution du jugement, si elle ne se présente à l'audience indiquée par l'article suivant, sauf ce qui sera ci-après réglé sur l'appel et le recours en cassation.

151. L'opposition au jugement par défaut pourra être faite par déclaration en réponse au bas de l'acte de signification, ou par acte notifié dans les trois jours de la signification, outre un jour par trois myriamètres.

L'opposition emportera de droit citation à la première audience après l'expiration des délais, et sera réputée non avenue si l'opposant ne comparaît pas.

152. La personne citée comparaîtra par elle-même ou par un fondé de procuration spéciale.

153. L'instruction de chaque affaire sera publique, à peine de nullité.

Elle se fera dans l'ordre suivant :

Les procès-verbaux, s'il y en a, seront lus par le greffier.

Les témoins, s'il en a été appelé par le ministère public ou la partie civile, seront entendus, s'il y a lieu; la partie civile prendra ses conclusions.

La personne citée proposera sa défense et fera entendre ses témoins, si elle en a amené ou fait citer, et si, aux termes de l'article suivant, elle est recevable à les produire.

Le ministère public résumera l'affaire et donnera ses conclusions. La partie citée pourra proposer ses observations.

Le tribunal de police prononcera le jugement dans l'audience où l'instruction aura été terminée, et, au plus tard, dans l'audience suivante.

154. Les contraventions seront prouvées, soit par procès-verbaux ou rapports, soit par témoins à défaut de rapports et procès-verbaux, ou à leur appui.

Nul ne sera admis, à peine de nullité, à faire preuve par témoins outre ou contre le contenu aux procès-verbaux ou rapports des officiers de police ayant reçu de la loi le pouvoir de constater les délits ou les contraventions jusqu'à inscription de faux. Quant aux procès-verbaux et aux rapports faits par des agens, préposés ou officiers, auxquels la loi n'a pas accordé le droit d'en être crus jusqu'à inscription de faux, ils pourront être débattus par des preuves contraires, soit écrites, soit testimoniales, si le tribunal juge à propos de les admettre.

155. Les témoins feront, à l'audience, sous peine de nullité, le serment de dire toute la vérité, rien que la vérité, et le greffier en tiendra note, ainsi que de leurs noms, prénoms, âge, profession et demeure, et de leurs principales déclarations.

156. Les ascendans ou descendans de la personne prévenue, ses frères et sœurs ou alliés en pareil degré, la femme ou son mari, même après le divorce prononcé, ne seront ni appelés ni reçus en témoignage; sans néanmoins que l'audition des personnes ci-dessus désignées puisse opérer une nullité, lorsque, soit le ministère public, soit la partie civile, soit le prévenu, ne se sont pas opposés à ce qu'elles soient entendues.

157. Les témoins qui ne satisferont pas à la citation pourront y être contraints par le tribunal, qui, à cet effet et sur la réquisition du ministère public, prononcera dans la même audience, sur le premier défaut, l'amende; et en cas d'un second défaut, la contrainte par corps.

158. Le témoin ainsi condamné à l'amende sur le premier défaut, et qui, sur la seconde citation, produira devant le tribunal des excuses légitimes, pourra, sur les conclusions du ministère public, être déchargé de l'amende.

Si le témoin n'est pas cité de nouveau, il pourra volontairement comparaître par lui ou par un fondé de procuration spéciale, à l'audience suivante, pour présenter ses excuses et obtenir, s'il y a lieu, décharge de l'amende.

159. Si le fait ne présente ni délit ni contravention de police, le tribunal annulera la citation et tout ce qui aura suivi, et statuera, par le même jugement, sur les demandes en dommages-intérêts.

160. Si le fait est un délit qui emporte une peine correctionnelle ou plus grave, le tribunal renverra les parties devant le procureur du Roi.

161. Si le prévenu est convaincu de contravention de police, le tribunal prononcera la peine, et statuera, par le même jugement, sur les demandes en restitution et en dommages-intérêts.

162. La partie qui succombera sera condamnée aux frais, même envers la partie publique.

Les dépens seront liquidés par le jugement.

163. Tout jugement définitif de condamnation sera motivé, et les termes de la loi appliquée y seront insérés, à peine de nullité.

Il y sera fait mention s'il est rendu en dernier ressort ou en première instance.

164. La minute du jugement sera signée par le juge qui aura tenu l'audience dans les vingt-quatre heures au plus tard, à peine de vingt-cinq francs d'amende contre le greffier, et de prise à partie, s'il y a lieu, tant contre le greffier, que contre le président.

165. Le ministère public et la partie civile poursuivront l'exécution du jugement, chacun en ce qui le concerne.

§. II. — *De la juridiction des maires comme juges de police.*

Art. 166. Les maires des communes non chefs-lieux de canton connaîtront concurremment avec les juges de paix, de contraventions commises dans l'étendue de leur commune par les personnes prises en flagrant délit, ou par des personnes qui résident dans la commune ou qui y sont présentes, lorsque les témoins y seront aussi résidans ou présens, et lorsque la partie réclamante conclura pour ses dommages-intérêts à une somme déterminée qui n'excédera pas celle de quinze francs.

Ils ne pourront jamais connaître des contraventions attribuées exclusivement aux juges de paix par l'article 139, ni d'aucune des matières dont la connaissance est attribuée aux juges de paix considérés comme juges civils.

167. Le ministère public sera exercé auprès du maire, dans les matières de police, par l'adjoint; en l'absence de l'adjoint, ou lorsque l'adjoint remplacera le maire comme juge de police, le ministère public sera exercé par un membre du conseil municipal, qui sera désigné à cet effet par le procureur du Roi, pour une année entière.

168. Les fonctions de greffier des maires, dans les affaires de police, seront exercées par un citoyen que le maire proposera, et qui prêtera serment en cette qualité au tribunal de police correctionnelle. Il recevra, pour ses expéditions, les émolumens attribués aux greffiers du juge de paix.

169. Le ministère des huissiers ne sera pas nécessaire pour les citations aux parties; elles pourront être faites par un avertissement du maire qui annoncera au défendeur le fait dont il est inculpé, le jour et l'heure où il doit se présenter.

170. Il en sera de même des citations aux témoins; elles pourront être faites par avertissement qui indiquera le moment où leur déposition sera reçue.

171. Le maire donnera son audience dans la maison commune; il entendra publiquement les parties et les témoins.

Seront, au surplus, observées les dispositions des articles 153 et suivans, concernant l'instruction et le jugement au tribunal du juge de paix.

§. III. — *De l'appel des jugemens de police.*

Art. 172. Les jugemens rendus en matière de police pourront être attaqués par la voie de l'appel, lorsqu'ils prononceront un emprisonnement, ou lorsque les restitutions et autres réparations civiles excéderont la somme de cinq fr., outre les dépens.

173. L'appel sera suspensif.

174. L'appel des jugemens rendus par le tribunal de police sera porté au tribunal correctionnel. Cet appel sera interjeté dans les dix jours de la signification de la sentence à personne ou domicile; il sera suivi et jugé dans la même forme que les appels des sentences des justices de paix.

175. Lorsque, sur l'appel, le procureur du Roi ou l'une des parties le requerra, les témoins pourront être entendus de nouveau, et il pourra même en être entendu d'autres.

276. Les dispositions des articles précédens sur la solennité de l'instruction, la nature des preuves, la forme, l'authenticité et la signature du jugement définitif, et la condamnation aux frais, ainsi que les peines que ces articles prononcent, seront communes aux jugemens rendus sur l'appel par les tribunaux correctionnels.

177. Le ministère public et les parties pourront, s'il y a lieu, se pourvoir en cassation contre les jugemens rendus en dernier ressort par le tribunal correctionnel sur l'appel des jugemens de police.

Le recours aura lieu dans la forme et dans les délais qui seront prescrits.

178. Au commencement de chaque trimestre, les juges de paix et les maires transmettront au procureur du Roi l'extrait des jugemens de police qui auront

été rendus dans le trimestre précédent, et qui auront prononcé la peine d'emprisonnement. Cet extrait sera délivré sans frais par le greffier.

Le procureur du Roi le déposera au greffe du tribunal correctionnel.

Il en rendra un compte sommaire au procureur général près la cour royale.

TITRE TROISIÈME.

Des manières de se pourvoir contre les arrêts ou jugemens.

CHAPITRE PREMIER.

Des nullités de l'instruction et du jugement.

Art. 407. Les arrêts et jugemens rendus en dernier ressort, en matière criminelle, correctionnelle ou de police, ainsi que l'instruction et les poursuites qui les auront précédés, pourront être annulés dans les cas suivans, et sur des recours dirigés d'après les distinctions qui vont être établies.

§. II. — *Matières correctionnelles et de police.*

Art. 413. Les voies d'annulation exprimées en l'article 408 sont, en matière correctionnelle et de police, respectivement ouvertes à la partie poursuivie pour un délit ou une contravention, au ministère public et à la partie civile, s'il y en a une, contre tous arrêts ou jugemens en dernier ressort, sans distinction de ceux qui ont prononcé le renvoi de la partie ou sa condamnation.

Néanmoins, lorsque le renvoi de cette partie aura été prononcé, nul ne pourra se prévaloir contre elle de la violation ou omission des formes prescrites pour assurer sa défense.

414. La disposition de l'article 411 est applicable aux arrêts et jugemens en dernier ressort rendus en matière correctionnelle et de police.

§. III. — *Dispositions communes aux deux paragraphes précédens.*

Art. 415. Dans le cas où, soit la cour de cassation, soit une cour royale, annulera une instruction, elle pourra ordonner que les frais de la procédure à recommencer seront à la charge de l'officier ou juge instructeur qui aura commis la nullité.

Néanmoins, la présente disposition n'aura lieu que pour des fautes très-graves, et à l'égard seulement des nullités qui seront commises deux ans après la mise en activité du présent Code.

CHAPITRE III.

Des crimes commis par des juges, hors de leurs fonctions et dans l'exercice de leurs fonctions.

SECTION PREMIÈRE.

De la poursuite et instruction contre des juges pour crimes et délits par eux commis hors de leurs fonctions.

Art. 479. Lorsqu'un juge de paix, un membre de tribunal correctionnel ou de première instance, ou un officier chargé du ministère public près l'un de ces tribunaux, sera prévenu d'avoir commis, hors de ses fonctions, un délit emportant une peine correctionnelle, le procureur général près la cour royale le fera citer devant cette cour, qui prononcera sans qu'il puisse y avoir appel.

480. S'il s'agit d'un crime emportant peine afflictive ou infamante, le procureur général près la cour royale et le premier président de cette cour dé-

signeront, le premier, le magistrat qui exercera les fonctions d'officier de police judiciaire; le second, le magistrat qui exercera les fonctions de juge d'instruction.

481. Si c'est un membre de la cour royale, ou un officier exerçant près d'elle le ministère public, qui soit prévenu d'avoir commis un délit ou un crime hors de ses fonctions, l'officier qui aura reçu les dénonciations ou les plaintes sera tenu d'envoyer de suite des copies au ministre de la justice, sans aucun retard de l'instruction, qui sera continuée comme il est précédemment réglé, et il adressera pareillement au ministre une copie des pièces.

482. Le ministre de la justice transmettra les pièces à la cour de cassation, qui renverra l'affaire, s'il y a lieu, soit à un tribunal de police correctionnelle, soit à un juge d'instruction, pris l'un et l'autre hors du ressort de la cour à laquelle appartient le membre inculpé. — S'il s'agit de prononcer la mise en accusation, le renvoi sera fait à une autre cour royale.

Sect. II. *De la poursuite et instruction contre des juges et tribunaux autres que les membres de la cour de cassation, les cours royales et les cours d'assises, pour forfaiture et autres crimes ou délits relatifs à leurs fonctions.*

Art. 483. Lorsqu'un juge de paix ou de police, ou un juge faisant partie d'un tribunal de commerce, un officier de police judiciaire, un membre de tribunal correctionnel ou de première instance, ou un officier chargé du ministère public près l'un de ces juges ou tribunaux, sera prévenu d'avoir commis, dans l'exercice de ses fonctions, un délit emportant une peine correctionnelle, ce délit sera poursuivi et jugé comme il est dit à l'article 479.

484. Lorsque des fonctionnaires de la qualité exprimée en l'article précédent seront prévenus d'avoir commis un crime emportant la peine de forfaiture ou autre plus grave, les fonctions ordinairement dévolues au juge d'instruction et au procureur du Roi seront immédiatement remplies par le premier président et le procureur-général près la cour royale, chacun en ce qui le concerne, ou par tels autres officiers qu'ils auront respectivement et spécialement désignés à cet effet. — Jusqu'à cette délégation, et dans le cas où il existerait un corps de délit, il pourra être constaté par tout officier de police judiciaire; et pour le surplus de la procédure, on suivra les dispositions générales du présent Code.

TITRE SEPTIÈME.

De quelques objets d'intérêt public et de sûreté générale.

CHAPITRE III.

Des moyens d'assurer la liberté individuelle contre les détentions illégales, ou autres actes arbitraires.

Art. 615. En exécution des articles 77, 78, 79, 80, 81 et 82 de l'acte des constitutions de l'Etat, du 22 frimaire an 8, quiconque aura connaissance qu'un individu est détenu dans un lieu qui n'a pas été destiné à servir de maison d'arrêt, de justice ou de prison, est tenu d'en donner avis au juge de paix, au procureur du Roi ou à son substitut, ou au juge d'instruction, ou au procureur-général près la cour royale.

616. Tout juge de paix, tout officier chargé du ministère public, tout juge d'instruction, est tenu d'office, ou sur l'avis qu'il en aura reçu, sous peine d'être poursuivi comme complice de détention arbitraire, de s'y transporter aussitôt, et de faire mettre en liberté la personne détenue; ou, s'il est allégué quelque cause légale de détention, de la faire conduire sur-le-champ devant le magistrat compétent.

Il dressera du tout son procès-verbal.

617. Il rendra, au besoin, une ordonnance dans la forme prescrite par le présent Code.

En cas de résistance, il pourra se faire assister de la force nécessaire; et toute personne requise est tenue de prêter main-forte.

CHAPITRE V.

De la prescription.

Art. 639. Les peines portées par les jugemens rendus pour contraventions de police seront prescrites après deux années révolues, savoir : pour les peines prononcées par arrêt ou jugement en dernier ressort, à compter du jour de l'arrêt; et, à l'égard des peines prononcées par les tribunaux de première instance, à compter du jour où ils ne pourront plus être attaqués par la voie de l'appel.

640. L'action publique et l'action civile pour contravention de police seront prescrites après une année révolue, à compter du jour où elle aura été commise, même lorsqu'il y aura eu procès-verbal, saisie, instruction ou poursuite, si, dans cet intervalle, il n'est point intervenu de condamnation; s'il y a eu jugement définitif de première instance, de nature à être attaqué par la voie de l'appel, l'action publique et l'action civile se prescriront après une année révolue, à compter de la notification de l'appel qui en aura été interjeté.

641. En aucun cas, les condamnés par défaut ou par contumace, dont la peine est prescrite, ne pourront être admis à se présenter pour purger le défaut ou la contumace.

642. Les condamnations civiles portées par les arrêts ou par les jugemens rendus en matières criminelle, correctionnelle ou de police, et devenus irrévocables, se prescriront d'après les règles établies par le Code civil.

643. Les dispositions du présent chapitre ne dérogeront point aux lois particulières relatives à la prescription des actions résultant de certains délits ou de certaines contraventions.

EXTRAIT

DU CODE PÉNAL,

Modifié par la Loi du 28 avril 1832 (Bull. L. n° 78).

LIVRE III.

SECT. II. *Attentats à la liberté.*

ART. 114. Lorsqu'un fonctionnaire public, un agent ou un préposé du gouvernement, aura ordonné ou fait quelque acte arbitraire et attentatoire, soit à la liberté individuelle, soit aux droits civiques d'un ou de plusieurs citoyens, soit à la Charte, il sera condamné à la peine de la dégradation civique. — Si néanmoins il justifie qu'il a agi par ordre de ses supérieurs pour des objets du ressort de ceux-ci, et sur lesquels il leur était dû obéissance hiérarchique, il sera exempt de la peine, laquelle sera, dans ce cas, appliquée seulement aux supérieurs qui auront donné l'ordre.

119. Les fonctionnaires publics chargés de la police administrative ou judiciaire qui auront refusé ou négligé de déférer à une réclamation légale tendant à constater les détentions illégales et arbitraires, soit dans les maisons destinées à la garde des détenus, soit partout ailleurs, et qui ne justifieront pas les avoir dénoncées à l'autorité supérieure, seront punis de la dégradation civique, et tenus des dommages-intérêts, lesquels seront réglés comme il est dit dans l'article 117.

120. Les gardiens et concierges des maisons de dépôt, d'arrêt, de justice ou de peine, qui auront reçu un prisonnier sans mandat ou jugement, ou sans ordre provisoire du gouvernement ; ceux qui l'auront retenu, ou qui auront refusé de le représenter à l'officier de police ou au porteur de ses ordres, sans justifier de la défense du procureur du Roi ou du juge ; ceux qui auront refusé d'exhiber leurs registres à l'officier de police seront, comme coupables de détention arbitraire, punis de six mois à deux ans d'emprisonnement, et d'une amende de seize francs à deux cents francs.

121. Seront, comme coupables de forfaiture, punis de la dégradation civique, tous officiers de police judiciaire, tous procureurs-généraux ou du Roi, tous substituts, tous juges qui auront provoqué, donné ou signé un jugement, une ordonnance ou un mandat, tendant à la poursuite personnelle ou accusation soit d'un ministre, soit d'un membre de la chambre des pairs, de la chambre des députés ou du conseil d'état, sans les autorisations prescrites par les lois de l'état, ou qui, hors le cas de flagrant délit ou de clameur publique, auront, sans les mêmes autorisations, donné ou signé l'ordre ou le mandat de saisir ou arrêter un ou plusieurs ministres ou membres de la chambre des pairs, de la chambre des députés ou du conseil d'état.

122. Seront aussi punis de la dégradation civique les procureurs-généraux ou du Roi, les substituts, les juges ou les officiers publics qui auront retenu ou fait retenir un individu hors les lieux déterminés par le gouvernement ou par l'administration publique, ou qui auront traduit un citoyen devant une cour d'assises ou une cour spéciale (1), sans qu'il ait été préalablement mis légalement en accusation.

(1) Loi du 20 décembre 1815. Art. 8. « *Les cours prévôtales connaîtront des crimes qui étaient attribués aux cours spéciales par le Code d'instruction criminelle.* »

Sect. III. *Coalition des fonctionnaires.*

Art. 123. Tout concert de mesures contraires aux lois, pratiqué, soit par la réunion d'individus ou de corps dépositaires de quelque partie de l'autorité publique, soit par députation ou correspondance entre eux, sera puni d'un emprisonnement de deux mois au moins et de six mois au plus, contre chaque coupable, qui pourra de plus être condamné à l'interdiction des droits civiques et de tout emploi public pendant dix ans au plus.

124. Si, par l'un des moyens exprimés ci-dessus, il a été concerté des mesures contre l'exécution des lois ou contre les ordres du gouvernement, la peine sera le bannissement. — Si ce concert a eu lieu entre les autorités civiles et les corps militaires ou leurs chefs, ceux qui en seront les auteurs ou provocateurs seront punis de la déportation ; les autres coupables seront bannis.

125. Dans le cas où ce concert aurait eu pour objet ou résultat un complot attentatoire à la sûreté intérieure de l'état, les coupables seront punis de mort, et leurs biens seront confisqués.

126. Seront coupables de forfaiture, et punis de la dégradation civique. — Les fonctionnaires publics qui auront, par délibération, arrêté de donner des démissions dont l'objet ou l'effet serait d'empêcher ou de suspendre, soit l'administration de la justice, soit l'accomplissement d'un service quelconque.

Sect. IV. *Empiétemens des autorités administratives et judiciaires.*

Art. 127. Seront coupables de forfaiture et punis de la dégradation civique, — 1° Les juges, les procureurs-généraux ou du Roi, ou leurs substituts, les officiers de police, qui se seront immiscés dans l'exercice du pouvoir législatif, soit par des réglemens contenant des dispositions législatives, soit en arrêtant ou en suspendant l'exécution d'une ou de plusieurs lois, soit en délibérant sur le point de savoir si les lois seront publiées ou exécutées. — 2° Les juges, les procureurs-généraux ou du Roi, ou leurs substituts, les officiers de police judiciaire, qui auraient excédé leur pouvoir en s'immisçant dans les matières attribuées aux autorités administratives, soit en faisant des réglemens sur ces matières, soit en défendant d'exécuter les ordres émanés de l'administration, ou qui, ayant permis ou ordonné de citer des administrateurs pour raison de l'exercice de leurs fonctions, auraient persisté dans l'exécution de leurs jugemens ou ordonnances, nonobstant l'annulation qui en aurait été prononcée, ou le conflit qui leur aurait été notifié.

§. III. — *Des faux en écritures publiques ou authentiques, et de commerce ou de banque.*

Art. 145. Tout fonctionnaire ou officier public qui, dans l'exercice de ses fonctions, aura commis un faux, — Soit par fausses signatures, — Soit par altération des actes, écritures ou signatures, — Soit par supposition des personnes, — Soit par des écritures faites ou intercalées sur des registres ou d'autres actes publics, depuis leur confection ou clôture, — Sera puni des travaux forcés à perpétuité.

146. Sera aussi puni des travaux forcés à perpétuité tout fonctionnaire ou officier public qui, en rédigeant des actes de son ministère, en aura frauduleusement dénaturé la substance ou les circonstances, soit en écrivant des conventions autres que celles qui auraient été tracées ou dictées par les parties, soit en constatant comme vrais des faits faux, ou comme avoués des faits qui ne l'étaient pas.

Sect. II. *De la forfaiture et des crimes et délits des fonctionnaires publics dans l'exercice de leurs fonctions.*

Art. 166. Tout crime commis par un fonctionnaire public dans ses fonctions est une forfaiture.

167. Toute forfaiture pour laquelle la loi ne prononce pas de peines plus graves est punie de la dégradation civique.

168. Les simples délits ne constituent point les fonctionnaires en forfaiture.

173. Tout juge, administrateur, fonctionnaire ou officier public, qui aura détruit, supprimé, soustrait ou détourné les actes et titres dont il était dépositaire en cette qualité, ou qui lui auront été remis ou communiqués à raison de ses fonctions, sera puni des travaux forcés à temps. — Tous agens, préposés ou commis, soit du gouvernement, soit des dépositaires publics, qui se seront rendus coupables des mêmes soustractions, seront soumis à la même peine.

§. II. — *Des concussions commises par des fonctionnaires publics.*

Art. 174. Tous fonctionnaires, tous officiers publics, leurs commis ou préposés, tous percepteurs des droits, taxes, contributions, deniers, revenus publics ou communaux, et leurs commis ou préposés, qui se seront rendus coupables du crime de concussion, en ordonnant de percevoir ou exigeant ou recevant ce qu'ils savaient n'être pas dû, ou excéder ce qui était dû pour droits, taxes, contributions, deniers ou revenus, ou pour salaires ou traitemens, seront punis, savoir : les fonctionnaires ou les officiers publics, de la peine de la réclusion; et leurs commis ou préposés, d'un emprisonnement de deux ans au moins et de cinq ans au plus. — Les coupables seront de plus condamnés à une amende dont le *maximum* sera le quart des restitutions et des dommages-intérêts, et le *minimum* le douzième.

§. III. — *Des délits de fonctionnaires qui se seront ingérés dans les affaires ou commerces incompatibles avec leur qualité.*

Art. 175. Tout fonctionnaire, tout officier public, tout agent du gouvernement qui, soit ouvertement, soit par actes simulés, soit par interposition de personnes, aura pris ou reçu quelqu'intérêt que ce soit dans les actes, adjudications, entreprises ou régies dont il a ou avait, au temps de l'acte, en tout ou en partie, l'administration ou la surveillance, sera puni d'un emprisonnement de six mois au moins et de deux ans au plus, et sera condamné à une amende qui ne pourra excéder le quart des restitutions et des indemnités, ni être au-dessous du douzième. — Il sera de plus déclaré à jamais incapable d'exercer aucune fonction publique. — La présente disposition est applicable à tout fonctionnaire ou agent du gouvernement qui aura pris un intérêt quelconque dans une affaire dont il était chargé d'ordonnancer le paiement, ou de faire la liquidation.

176. Tout commandant des divisions militaires, des départemens ou des places et villes, tout préfet ou sous-préfet, qui aura, dans l'étendue des lieux où il a droit d'exercer son autorité, fait ouvertement, ou par des actes simulés, ou par interposition de personnes, le commerce des grains, grenailles, farines, substances farineuses, vins ou boissons, autres que ceux provenant de ses propriétés, sera puni d'une amende de cinq cents francs au moins et de dix mille francs au plus, et de la confiscation des denrées appartenant à ce commerce.

§. IV. — *De la corruption des fonctionnaires publics.*

Art. 177. Tout fonctionnaire public de l'ordre administratif ou judiciaire, tout agent ou préposé d'une administration publique, qui aura agréé des offres ou promesses, ou reçu des dons ou présens pour faire un acte de sa fonction ou de son emploi, même juste, mais non sujet à salaire, sera puni de la dégradation civique, et condamné à une amende double de la valeur des promesses agréées ou des choses reçues, sans que ladite amende puisse être inférieure à deux cents francs.

La présente disposition est applicable à tout fonctionnaire, agent ou préposé de la qualité ci-dessus exprimée, qui, par offres ou promesses agréées, dons ou présens reçus, se sera abstenu de faire un acte qui entrait dans l'ordre de ses devoirs.

178. Dans le cas où la corruption aurait pour objet un fait criminel emportant une peine plus forte que celle de la dégradation civique, cette peine plus forte sera appliquée aux coupables.

179. Quiconque aura contraint ou tenté de contraindre par voies de fait ou menaces, corrompu ou tenté de corrompre par promesses, offres, dons ou présens un fonctionnaire, agent ou préposé, de la qualité exprimée en l'article 177, pour obtenir, soit une opinion favorable, soit des procès-verbaux, états, certificats ou estimations contraires à la vérité, soit des places, emplois, adjudications, entreprises ou autres bénéfices quelconques, soit enfin tout autre acte du ministère du fonctionnaire, agent ou préposé, sera puni des mêmes peines que le fonctionnaire, agent ou préposé corrompu. — Toutefois, si les tentatives de contrainte ou corruption n'ont eu aucun effet, les auteurs de ces tentatives seront simplement punis d'un emprisonnement de trois mois au moins et de six mois au plus, et d'une amende de cent francs à trois cents francs.

180. Il ne sera jamais fait au corrupteur restitution des choses par lui livrées, ni de leur valeur : elles seront confisquées au profit des hospices des lieux où la corruption aura été commise.

181. Si c'est un juge prononçant en matière criminelle, ou un juré qui s'est laissé corrompre, soit en faveur, soit au préjudice de l'accusé, il sera puni de la réclusion, outre l'amende ordonnée par l'article 177.

182. Si, par l'effet de la corruption, il y a eu condamnation à une peine supérieure à celle de la réclusion, cette peine, quelle qu'elle soit, sera appliquée au juge ou juré coupable de corruption.

183. Tout juge ou administrateur qui se sera décidé par faveur pour une partie ou par inimitié contre elle sera coupable de forfaiture et puni de la dégradation civique.

§. V. — *Des abus d'autorité.*

PREMIÈRE CLASSE. *Des abus d'autorité contre les particuliers.*

Art. 184. Tout fonctionnaire de l'ordre administratif ou judiciaire, tout officier de justice ou de police, tout commandant ou agent de la force publique, qui, agissant en sadite qualité, se sera introduit dans le domicile d'un citoyen contre le gré de celui-ci, hors les cas prévus par la loi, et sans les formalités qu'elle a prescrites, sera puni d'un emprissonnement de six jours à un an, et d'une amende de seize francs à cinq cents francs, sans préjudice de l'application du second paragraphe de l'article 114.

Tout individu qui se sera introduit, à l'aide de menace ou de violence, dans le domicile d'un citoyen, sera puni d'un emprisonnement de six jours à trois mois, et d'une amende de seize francs à deux cents francs.

185. Tout juge au tribunal, tout administrateur ou autorité administrative qui, sous quelque prétexte que ce soit, même du silence ou de l'obscurité de la loi, aura dénié de rendre la justice qu'il doit aux parties, après en avoir été requis, et qui aura persévéré dans son déni, après avertissement ou injonction de ses supérieurs, pourra être poursuivi, et sera puni d'une amende de deux cents francs au moins et de cinq cents francs au plus, et de l'interdiction de l'exercice des fonctions publiques depuis cinq ans jusqu'à vingt.

286. Lorsqu'un fonctionnaire ou un officier public, un administrateur, un agent ou un préposé du gouvernement ou de la police, un exécuteur des mandats de justice ou jugemens, un commandant en chef ou en sous-ordre de la force publique, aura, sans motif légitime, usé ou fait user de violences envers les personnes, dans l'exercice ou à l'occasion de l'exercice de ses fonctions, il sera puni selon la nature ou la gravité de ces violences, en élevant la peine suivant la règle posée par l'article 198 ci-après.

187. Toute suppression, toute ouverture de lettres confiées à la poste, commise ou facilitée par un fonctionnaire ou un agent du gouvernement ou de l'administration des postes, sera punie d'une amende de seize francs à cinq cents francs, et d'un emprisonnement de trois mois à cinq ans. Le coupable sera, de plus, interdit de toute fonction ou emploi public pendant cinq ans au moins et dix ans au plus.

Deuxième classe. *Des abus d'autorité contre la chose publique.*

Art. 188. Tout fonctionnaire public, agent ou préposé du gouvernement, de quelque état et grade qu'il soit, qui aura requis ou ordonné, fait requérir ou ordonner l'action ou l'emploi de la force publique contre l'exécution d'une loi, ou contre la perception d'une contribution légale, ou contre l'exécution, soit d'une ordonnance ou mandat de justice, soit de tout autre ordre émané de l'autorité légitime, sera puni de la réclusion.

189. Si cette réquisition ou cet ordre ont été suivis de leur effet, la peine sera le *maximum* de la réclusion.

190. Les peines énoncées aux articles 188 et 189 ne cesseront d'être applicables aux fonctionnaires ou préposés qui auraient agi par ordre de leurs supérieurs qu'autant que cet ordre aura été donné par ceux-ci pour des objets de leur ressort, et sur lesquels il leur était dû obéissance hiérarchique; dans ce cas, les peines portées ci-dessus ne seront appliquées qu'aux supérieurs qui, les premiers, auront donné cet ordre.

§. VII. — *De l'exercice de l'autorité publique illégalement anticipé ou prolongé.*

Art. 196. Tout fonctionnaire public qui sera entré en exercice de ses fonctions sans avoir prêté le serment pourra être poursuivi, et sera puni d'une amende de seize francs à cent cinquante francs.

197. Tout fonctionnaire public révoqué, destitué, suspendu ou interdit légalement, qui, après en avoir eu la connaissance officielle, aura continué l'exercice de ses fonctions, ou qui, étant électif ou temporaire, les aura exercées après avoir été remplacé, sera puni d'un emprisonnement de six mois au moins et de deux ans au plus, et d'une amende de cent francs à cinq cents francs. Il sera interdit de l'exercice de toute fonction publique pour cinq ans au moins et dix ans au plus, à compter du jour où il aura subi sa peine : le tout sans préjudice des plus fortes peines portées contre les officiers ou les commandans militaires par l'article 93 du présent Code.

Disposition particulière.

198. Hors les cas où la loi règle spécialement les peines encourues pour crimes ou délits commis par les fonctionnaires ou officiers publics, ceux d'entre eux qui auront participé à d'autres crimes ou délits qu'ils étaient chargés de surveiller ou de réprimer, seront punis comme il suit :

S'il s'agit d'un délit de police correctionnelle, ils subiront toujours le *maximum* de la peine attachée à l'espèce de délit ;

Et s'il s'agit de crime, ils seront condamnés, savoir : à la réclusion, si le crime emporte contre tout autre coupable la peine du bannissement ou de la dégradation civique ;

Aux travaux forcés à temps, si le crime emporte contre tout autre coupable la peine de la réclusion ou de la détention ;

Et aux travaux forcés à perpétuité, lorsque le crime emportera contre tout autre coupable la peine de la déportation ou celle des travaux forcés à temps.

Au-delà des cas qui viennent d'être exprimés, la peine commune sera appliquée sans aggravation.

§. II. — *Outrages et violences envers les dépositaires de l'autorité et de la force publique.*

Art. 222. Lorsqu'un ou plusieurs magistrats de l'ordre administratif ou judiciaire auront reçu, dans l'exercice de leurs fonctions, ou à l'occasion de cet exercice, quelque outrage par parole tendant à inculper leur honneur ou leur délicatesse, celui qui les aura ainsi outragés sera puni d'un emprisonnement d'un mois à deux ans. — Si l'outrage a eu lieu à l'audience d'une cour ou d'un tribunal, l'emprisonnement sera de deux à cinq ans.

223. L'outrage fait par gestes ou par menaces à un magistrat dans l'exercice ou à l'occasion de l'exercice de ses fonctions sera puni d'un mois à six mois d'emprisonnement : et, si l'outrage a eu lieu à l'audience d'une cour ou d'un tribunal, il sera puni d'un emprisonnement d'un mois à deux ans.

224. L'outrage fait par paroles, gestes ou menaces, à tout officier ministériel, ou agent dépositaire de la force publique, dans l'exercice ou à l'occasion de l'exercice de ses fonctions, sera puni d'une amende de seize francs à deux cents francs.

225. La peine sera de six jours à un mois d'emprisonnement, si l'outrage mentionné en l'article précédent a été dirigé contre un commandant de la force publique.

226. Dans le cas des articles 222, 223 et 225, l'offenseur pourra être, outre l'emprisonnement, condamné à faire réparation, soit à la première audience, soit par écrit; et le temps de l'emprisonnement prononcé contre lui ne sera compté qu'à dater du jour où la réparation aura eu lieu.

227. Dans le cas de l'article 224, l'offenseur pourra de même, outre l'amende, être condamné à faire réparation à l'offensé; et, s'il retarde ou refuse, il y sera contraint par corps.

228. Tout individu qui, même sans armes, et sans qu'il en soit résulté de blessures, aura frappé un magistrat dans l'exercice de ses fonctions ou à l'occasion de cet exercice, sera puni d'un emprisonnement de deux à cinq ans. — Si cette voie de fait a eu lieu à l'audience d'une cour ou d'un tribunal, le coupable sera puni du carcan.

229. Dans l'un et l'autre des cas exprimés en l'article précédent, le coupable pourra de plus être condamné à s'éloigner, pendant cinq à dix ans, du lieu où siége le magistrat, et d'un rayon de deux myriamètres. — Cette disposition aura son exécution à dater du jour où le condamné aura subi sa peine. — Si le condamné enfreint cet ordre avant l'expiration du temps fixé, il sera puni du bannissement.

230. Les violences de l'espèce exprimée en l'article 228, dirigées contre un officier ministériel, un agent de la force publique, un citoyen chargé d'un ministère de service public, si elles ont eu lieu pendant qu'ils exerçaient leur ministère ou à cette occasion, seront punies d'un emprisonnement d'un mois à six mois.

231. Si les violences exercées contre les fonctionnaires et agens désignés aux articles 228 et 230 ont été la cause d'effusion de sang, blessures ou maladie, la peine sera la réclusion; si la mort s'en est suivie dans les quarante jours, le coupable sera puni des travaux forcés à perpétuité.

232. Dans le cas même où ces violences n'auraient pas causé d'effusion de sang, blessures ou maladie, les coups seront punis de la réclusion, s'ils ont été portés avec préméditation ou de guet-apens.

233. Si les coups ont été portés ou les blessures faites à un des fonctionnaires ou agens désignés aux articles 228 et 230, dans l'exercice ou à l'occasion de l'exercice de leurs fonctions, avec intention de donner la mort, le coupable sera puni de mort.

§. V. — *Bris de scellés et enlèvement de pièces dans les dépôts publics.*

249. Lorsque des scellés apposés, soit par ordre du gouvernement, soit par

suite d'une ordonnance de justice rendue en quelque matière que ce soit, auront été brisés, les gardiens seront punis, pour simple négligence, de six jours à six mois d'emprisonnement.

250. Si le bris des scellés s'applique à des papiers et effets d'un individu prévenu ou accusé d'un crime emportant la peine de mort, des travaux forcés à perpétuité, ou de la déportation, ou qui soit condamné à l'une de ces peines, le gardien négligent sera puni de six mois à deux ans d'emprisonnement.

251. Quiconque aura, à dessein, brisé des scellés apposés sur des papiers ou effets de la qualité énoncée en l'article précédent, ou participé au bris des scellés, sera puni de la réclusion; et si c'est le gardien lui-même, il sera puni des travaux forcés à temps.

252. A l'égard de tous autres bris de scellés, les coupables seront punis de six mois à deux ans d'emprisonnement; et si c'est le gardien lui-même, il sera puni de deux à cinq ans de la même peine.

253. Tout vol commis à l'aide d'un bris de scellés sera puni comme vol commis à l'aide d'effraction.

254. Quant aux soustractions, destructions et enlèvemens de pièces ou de procédures criminelles, ou d'autres papiers, registres, actes et effets contenus dans des archives, greffes ou dépôts publics, ou remis à un dépositaire public en cette qualité, les peines seront, contre les greffiers, archivistes, notaires ou autres dépositaires négligens, de trois mois à un an d'emprisonnement et d'une amende de cent francs à trois cents francs.

255. Quiconque se sera rendu coupable des soustractions, enlèvemens ou destructions mentionnés en l'article précédent, sera puni de la réclusion. — Si le crime est l'ouvrage du dépositaire lui-même, il sera puni des travaux forcés à temps.

256. Si le bris des scellés, les soustractions, enlèvemens ou destructions de pièces ont été commis avec violences envers les personnes, la peine sera, contre toute personne, celle des travaux forcés à temps, sans préjudice de peines plus fortes, s'il y a lieu, d'après la nature des violences et des autres crimes qui y seraient joints.

§. VII. — *Usurpation de titres ou fonctions.*

Art. 258. Quiconque, sans titre, se sera immiscé dans des fonctions publiques, civiles ou militaires, ou aura fait les actes d'une de ces fonctions, sera puni d'un emprisonnement de deux à cinq ans, sans préjudice de la peine de faux, si l'acte porte le caractère de ce crime.

259. Toute personne qui aura publiquement porté un costume, un uniforme ou une décoration qui ne lui appartiendra pas, sera punie d'un emprisonnement de six mois à deux ans.

LIVRE IV.

Contraventions de police et peines.

(Loi décrétée le 20 février 1810. Promulguée le 2 mars suivant.)

CHAPITRE PREMIER.

Des peines.

Art. 464. Les peines de police sont, — L'emprisonnement, — L'amende, — Et la confiscation de certains objets saisis.

465. L'emprisonnement, pour contravention de police, ne pourra être moindre d'un jour, ni excéder cinq jours, selon les classes, distinctions et cas ci-

après spécifiés. — Les jours d'emprisonnement sont des jours complets de vingt-quatre heures.

466. Les amendes pour contravention pourront être prononcées depuis un franc jusqu'à quinze francs inclusivement, selon les distinctions et classes ci-après spécifiées, et seront appliquées au profit de la commune où la contravention aura été commise.

467. La contrainte par corps a lieu pour le paiement de l'amende. — Néanmoins le condamné ne pourra être, pour cet objet, détenu plus de quinze jours, s'il justifie de son insolvabilité.

468. En cas d'insuffisance des biens, les restitutions et les indemnités dues à la partie lésée sont préférées à l'amende.

469. Les restitutions, indemnités et frais entraîneront la contrainte par corps, et le condamné gardera prison jusqu'à parfait paiement : néanmoins, si ces condamnations sont prononcées au profit de l'état, les condamnés pourront jouir de la faculté accordée par l'article 467, dans le cas d'insolvabilité prévu par cet article.

470. Les tribunaux de police pourront aussi, dans les cas déterminés par la loi, prononcer la confiscation, soit des choses saisies en contravention, soit des choses produites par la contravention, soit des matières ou des instrumens qui ont servi ou étaient destinés à la commettre.

CHAPITRE II.

Contraventions et peines.

SECTION PREMIÈRE. *Première classe.*

471. Seront punis d'amende, depuis un fr. jusqu'à cinq fr. inclusivement,

1°. Ceux qui auront négligé d'entretenir, réparer ou nettoyer les fours, cheminées ou usines où l'on fait usage du feu ;

2°. Ceux qui auront violé la défense de tirer, en certains lieux, des pièces d'artifice ;

3°. Les aubergistes et autres qui, obligés à l'éclairage, l'auront négligé ; ceux qui auront négligé de nettoyer les rues ou passages dans les communes où ce soin est laissé à la charge des habitans ;

4°. Ceux qui auront embarrassé la voie publique, en y déposant ou y laissant, sans nécessité, des matériaux ou des choses quelconques qui empêchent ou diminuent la liberté ou la sûreté du passage : ceux qui, en contravention aux lois et règlemens, auront négligé d'éclairer les matériaux par eux entreposés ou les excavations par eux faites dans les rues et places ;

5°. Ceux qui auront négligé ou refusé d'exécuter les règlemens ou arrêtés concernant la petite voirie, ou d'obéir à la sommation émanée de l'autorité administrative, de réparer ou démolir les édifices menaçant ruine ;

6°. Ceux qui auront jeté ou exposé au-devant de leurs édifices des choses de nature à nuire par leur chute ou par des exhalaisons insalubres ;

7°. Ceux qui auront laissé dans les rues, chemins, places, lieux publics, ou dans les champs, des coutres de charrue, pinces, barres, barreaux, ou autres machines, ou instrumens, ou armes, dont puissent abuser les voleurs et autres malfaiteurs ;

8°. Ceux qui auront négligé d'écheniller dans les campagnes ou jardins où ce soin est prescrit par la loi ou les règlemens ;

9°. Ceux qui, sans autre circonstance prévue par les lois, auront cueilli ou mangé, sur le lieu même, des fruits appartenant à autrui ;

10°. Ceux qui, sans autre circonstance, auront glané, râtelé ou grapillé dans les champs non encore entièrement dépouillés et vidés de leurs récoltes, ou avant le moment du lever ou après celui du coucher du soleil ;

11°. Ceux qui, sans avoir été provoqués, auront proféré contre quelqu'un des injures, autres que celles prévues depuis l'article 367 jusques et compris l'article 378 ;

12°. Ceux qui imprudemment auront jeté des immondices sur quelque personne ;

13°. Ceux qui, n'étant ni propriétaires, ni usufruitiers, ni locataires, ni fermiers, ni jouissant d'un terrain ou d'un droit de passage, ou qui, n'étant agens ni préposés d'aucune de ces personnes, seront entrés et auront passé sur ce terrain, ou sur partie de ce terrain, s'il est préparé ou ensemencé;

14°. Ceux qui auront laissé passer leurs bestiaux ou leurs bêtes de trait, de charge ou de monture, sur le terrain d'autrui, avant l'enlèvement de la récolte;

15°. Ceux qui auront contrevenu aux réglemens légalement faits par l'autorité administrative, et ceux qui ne se seront pas conformés aux réglemens ou arrêtés publiés par l'autorité municipale, en vertu des articles 3 et 4, titre XI de la loi du 16-24 août 1790, et de l'article 46, titre Ier de la loi du 19-22 juillet 1791.

472. Seront, en outre, confisqués, les pièces d'artifice saisies dans le cas du n° 2 de l'article 471, les coutres, les instrumens et les armes mentionnés dans le n° 7 du même article.

473. La peine d'emprisonnement, pendant trois jours au plus, pourra de plus être prononcée, selon les circonstances, contre ceux qui auront tiré des pièces d'artifice, contre ceux qui auront glané, râtelé ou grapillé en contravention au n° 10 de l'article 471.

474. La peine d'emprisonnement contre toutes les personnes mentionnées en l'article 471 aura toujours lieu, en cas de récidive, pendant trois jours au plus.

SECT. II. *Deuxième classe.*

475. Seront punis d'amende, depuis six francs jusqu'à dix fr. inclusivement,

1°. Ceux qui auront contrevenu aux bans de vendange ou autres bans autorisés par les réglemens;

2°. Les aubergistes, hôteliers, logeurs ou loueurs de maisons garnies, qui auront négligé d'inscrire de suite et sans aucun blanc, sur un registre tenu régulièrement, les noms, qualités, domicile habituel, dates d'entrée et de sortie de toute personne qui aurait couché ou passé une nuit dans leurs maisons; ceux d'entre eux qui auraient manqué à représenter ce registre aux époques déterminées par les réglemens, ou lorsqu'ils en auraient été requis, aux maires, adjoints, officiers ou commissaires de police, ou aux citoyens commis à cet effet: le tout sans préjudice des cas de responsabilité mentionnés en l'article 73 du présent Code, relativement aux crimes ou aux délits de ceux qui, ayant logé ou séjourné chez eux, n'auraient pas été régulièrement inscrits;

3°. Les rouliers, charretiers, conducteurs de voitures quelconques, ou de bêtes de charge, qui auraient contrevenu aux réglemens par lesquels ils sont obligés de se tenir constamment à portée de leurs chevaux, bêtes de trait ou de charge et de leurs voitures, et en état de les guider et conduire; d'occuper un seul côté des rues, chemins ou voies publiques; de se détourner ou ranger devant toutes autres voitures, et, à leur approche, de leur laisser libre au moins la moitié des rues, chaussées, routes et chemins;

4°. Ceux qui auront fait ou laissé courir les chevaux, bêtes de trait, de charge ou de monture, dans l'intérieur d'un lieu habité, ou violé les réglemens contre le chargement, la rapidité ou la mauvaise direction des voitures;

Ceux qui contreviendront aux dispositions des ordonnances et réglemens ayant pour objet, la solidité des voitures publiques; leur poids; le mode de leur chargement; le nombre et la sûreté des voyageurs; l'indication, dans l'intérieur des voitures, des places qu'elles contiennent et du prix des places; l'indication, à l'extérieur, du nom du propriétaire;

5°. Ceux qui auront établi ou tenu dans les rues, chemins, places ou lieux publics, des jeux de loterie ou d'autres jeux de hasard;

6°. Ceux qui auront vendu ou débité des boissons falsifiées, sans préjudice des peines plus sévères qui seront prononcées par les tribunaux de police correctionnelle, dans le cas où elles contiendraient des mixtions nuisibles à la santé;

7°. Ceux qui auraient laissé divaguer des fous ou des furieux étant sous leur garde, ou des animaux malfaisans ou féroces; ceux qui auront excité ou n'auront pas retenu leurs chiens, lorsqu'ils attaquent ou poursuivent les passans, quand même il n'en serait résulté aucun mal ni dommage;

8°. Ceux qui auraient jeté des pierres ou d'autres corps durs ou des immondices contre les maisons, édifices et clôtures d'autrui, ou dans les jardins ou enclos, et ceux aussi qui auraient volontairement jeté des corps durs ou des immondices sur quelqu'un;

9°. Ceux qui, n'étant propriétaires, usufruitiers, ni jouissant d'un terrain ou d'un droit de passage, y sont entrés et y ont passé dans le temps où ce terrain était chargé de grains en tuyau, de raisins ou autres fruits mûrs ou voisins de la maturité;

10°. Ceux qui auraient fait ou laissé passer des bestiaux, animaux de trait, de charge ou de monture, sur le terrain d'autrui, ensemencé ou chargé d'une récolte, en quelque saison que ce soit, ou dans un bois taillis appartenant à autrui;

11°. Ceux qui auraient refusé de recevoir les espèces et monnaies nationales, non fausses ni altérées, selon la valeur pour laquelle elles ont cours;

12°. Ceux qui, le pouvant, auront refusé ou négligé de faire les travaux, le service, ou de prêter le secours dont ils auront été requis dans les circonstances d'accidens, tumultes, naufrage, inondation, incendie ou autres calamités, ainsi que dans le cas de brigandages, pillages, flagrant délit, clameur publique ou d'exécution judiciaire;

13°. Les personnes désignées aux articles 284 et 288 du présent Code;

14°. Ceux qui exposent en vente des comestibles gâtés, corrompus ou nuisibles;

15°. Ceux qui déroberont, sans aucune des circonstances prévues en l'article 388, des récoltes ou autres productions utiles de la terre, qui, avant d'être soustraites, n'étaient pas encore détachées du sol.

476. Pourra, suivant les circonstances, être prononcé, outre l'amende portée en l'article précédent, l'emprisonnement, pendant trois jours au plus, contre les rouliers, charretiers, voituriers et conducteurs en contravention; contre ceux qui auront contrevenu aux réglemens ayant pour objet, soit la rapidité, la mauvaise direction ou le chargement des voitures ou des animaux, soit la solidité des voitures publiques, leur poids, le mode de leur chargement, le nombre et la sûreté des voyageurs; contre les vendeurs et débitans de boissons falsifiées; contre ceux qui auraient jeté des corps durs ou des immondices.

477. Seront saisis et confisqués, 1° les tables, instrumens, appareils des jeux ou des loteries établis dans les rues, chemins et voies publiques, ainsi que les enjeux, les fonds, denrées, objets ou lots proposés aux joueurs, dans le cas de l'article 476; 2° les boissons falsifiées, trouvées appartenir au vendeur et débitant : ces boissons seront répandues; 3° les écrits ou gravures contraires aux mœurs; ces objets seront mis sous le pilon; 4° les comestibles gâtés, corrompus ou nuisibles : ces comestibles seront détruits.

478. La peine de l'emprisonnement, pendant cinq jours au plus, sera toujours prononcée, en cas de récidive, contre toutes les personnes mentionnées dans l'article 475.

Les individus mentionnés au n° 5 du même article qui seraient repris pour le même fait, en état de récidive, seront traduits devant le tribunal de police correctionnelle, et punis d'un emprisonnement de six jours à un mois, et d'une amende de seize francs à deux cents francs.

SECT. III. *Troisième classe.*

479. Seront punis d'une amende de onze à quinze francs inclusivement,

1°. Ceux qui, hors les cas prévus depuis l'article 434 jusques et compris l'article 462, auront volontairement causé du dommage aux propriétés mobilières d'autrui :

2°. Ceux qui auront occasioné la mort ou la blessure des animaux ou bestiaux appartenant à autrui, par l'effet de la divagation des fous ou furieux, ou d'animaux malfaisans ou féroces, ou par la rapidité ou la mauvaise direction ou le chargement excessif des voitures, chevaux, bêtes de trait, de charge ou de monture;

3°. Ceux qui auront occasioné les mêmes dommages par l'emploi ou l'usage d'armes sans précaution ou avec maladresse, ou par jet de pierres ou d'autres corps durs;

4°. Ceux qui auront causé les mêmes accidens par la vétusté, la dégradation, le défaut de réparation ou d'entretien des maisons ou édifices, ou par l'encombrement ou l'excavation, ou telles autres œuvres, dans ou près les rues, chemins, places ou voies publiques, sans les précautions ou signaux ordonnés ou d'usage;

5°. Ceux qui auront de faux poids ou de fausses mesures dans leurs magasins, boutiques, ateliers ou maisons de commerce, ou dans les halles, foires ou marchés, sans préjudice des peines qui seront prononcées par les tribunaux de police correctionnelle contre ceux qui auraient fait usage de ces faux poids ou de ces fausses mesures;

6°. Ceux qui emploieront des poids ou des mesures différens de ceux qui sont établis par les lois en vigueur;

Les boulangers ou bouchers qui vendront le pain ou la viande au-delà du prix fixé par la taxe légalement faite et publiée;

7°. Les gens qui font métier de deviner et pronostiquer, ou d'expliquer les songes;

8°. Les auteurs ou complices de bruits ou tapages injurieux ou nocturnes, troublant la tranquillité des habitans;

9°. Ceux qui auront méchamment enlevé ou déchiré les affiches apposées par ordre de l'administration :

10°. Ceux qui meneront sur le terrain d'autrui des bestiaux, de quelque nature qu'ils soient, et notamment dans les prairies artificielles, dans les vignes, oseraies, dans les plants de câpriers, dans ceux d'oliviers, de mûriers, de grenadiers, d'orangers, et d'arbres du même genre, dans tous les plants ou pépinières d'arbres fruitiers ou autres faits de main d'homme;

11°. Ceux qui auront dégradé ou détérioré, de quelque manière que ce soit, les chemins publics, ou usurpé sur leur largeur;

12°. Ceux qui, sans y être dûment autorisés, auront enlevé des chemins publics les gazons, terres ou pierres, ou qui, dans les lieux appartenant aux communes, auraient enlevé les terres ou matériaux, à moins qu'il n'existe un usage général qui l'autorise.

480. Pourra, selon les circonstances, être prononcée la peine d'emprisonnement pendant cinq jours au plus,

1°. Contre ceux qui auront occasioné la mort ou la blessure des animaux ou bestiaux appartenant à autrui, dans les cas prévus par le n° 3 du précédent article; 2° contre les possesseurs de faux poids et de fausses mesures; 3° contre ceux qui emploient des poids ou des mesures différens de ceux que la loi en vigueur a établis; contre les boulangers et bouchers, dans les cas prévus par le paragraphe 6 de l'article précédent; 4° contre les interprètes de songes; 5° contre les auteurs ou complices de bruits ou tapages injurieux ou nocturnes.

481. Seront, de plus, saisis et confisqués, 1° les faux poids, les fausses mesures, ainsi que les poids et les mesures différens de ceux que la loi a établis; 2° les instrumens, ustensiles et costumes servant ou destinés à l'exercice du métier de devin, pronostiqueur ou interprète de songes.

482. La peine d'emprisonnement pendant cinq jours aura toujours lieu, pour récidive, contre les personnes et dans les cas mentionnés en l'article 476.

Disposition commune aux trois sections ci-dessus.

Art. 484. Dans toutes les matières qui n'ont pas été réglées par le présent Code, et qui seront régies par les lois et réglemens particuliers, les cours et les tribunaux continueront de les observer.

Disposition générale.

483. Il y a récidive dans tous les cas prévus par le présent livre, lorsqu'il a été rendu contre le contrevenant, dans les douze mois précédens, un premier jugement pour contravention de police commise dans le ressort du même tribunal.

L'article 463 du présent Code sera applicable à toutes les contraventions ci-dessus indiquées.

FIN.

NOUVEAU MANUEL DES JUSTICES DE PAIX.

SUPPLÉMENT

AU

RECUEIL CHRONOLOGIQUE

DES LOIS, ORDONNANCES, DÉCRETS, ETC., INTERVENUS SUR LES DIVERSES ATTRIBUTIONS ET COMPÉTENCES DES JUSTICES DE PAIX.

OBSERVATIONS PRÉLIMINAIRES.

Un grand nombre de lois, ordonnances et décrets contenus dans le recueil chronologique, ayant été changés ou modifiés par des dispositions législatives postérieures; plusieurs autres ayant même été abrogés, il paraît utile de signaler ici, avant tout, sommairement, ces modifications et abrogations.

1° Les articles 4, 5, 6, 7 et 8 du titre III, de la loi des 16-24 août 1790, rapportés à la page 73 du recueil chronologique, sont abrogés par les lois qui seront ci-après rapportées, notamment par celle du 28 floréal an X, et par la charte constitutionnelle qui attribue au roi la nomination des juges de paix.

2° Les articles 9 et 10, même titre, de la même loi du 16-24 août 1790, imprimés page 74 *ibidem*, sont supprimés par la loi du 25 mai 1838, qui a été donnée et commentée au chapitre V de la première partie du présent Manuel, pages 11, 12 et suivantes.

3° Les articles 4, 5, 6, 7, 8, 9, 10 et 11 du titre X de la même loi du 24 août 1790, sont modifiés et même abrogés par le code de procédure, liv. II, titre premier, dont les dispositions sont rapportées pages 228 et suivantes de la seconde partie, ci-devant.

Et les articles 12, 13, 14, 15, 16 et 17 du même titre X, sont changés et modifiés par le code civil, titres V, VI, IX, X et XI du livre 1er. Voyez ces titres dans la seconde partie.

4° La loi du 14-26 octobre 1790, rapportée ci-devant, page 77, 2me partie, est entièrement fondue dans le premier livre du code de procédure, titres 1er à IX. C'est ce code qui fait la règle depuis 1807.

Et les titres IX et X des dépens, de la même loi d'octobre 1790, sont remplacés par le décret du 16 février 1807, contenant le tarif des dépens en matière civile.

5° La loi des 6-27 mars 1791, rapportée page 84 du recueil chronologique, est modifiée dans ses articles 12, 13, 14 et 15, par différentes dispositions postérieures.

6° La loi du 3 août 1791 sur les émeutes et attroupemens, le décret du 22 août 1791 sur le tarif des droits d'entrée et de sortie du royaume; la loi du 15 août 1793, relative aux douanes; le décret du 21 septembre 1793, concernant les congés des bâtimens sous pavillon français, et la loi du 11 ventôse an II, relative aux scellés sur les effets des défenseurs de la patrie, ont tous été omis dans le recueil chronologique; ils seront rapportés ci-après à leurs dates respectives.

7° La loi du 26 frimaire an IV, donnée page 96 de la deuxième partie, relative aux minutes des justices de paix, est réputée abrogée par l'article 1040 du code de procédure. Voyez au reste, page 152 du recueil chronologique, l'ordonnance du 5 novembre 1823.

8° La loi du 26 ventôse an IV (16 mars 1796), relative à la manière de procéder en conciliation, qui est rapportée page 97 du recueil chronologique, est fondue dans les articles 48, 49 et suivans, jusqu'au 58me du code de procédure. Voyez les pages 172 et 173 ci-après.

9° La loi du 23 vendémiaire an IV, relative aux douanes dans les départemens réunis, est abrogée. Voyez la page 100 de la 2me partie.

10° La loi du 26 frimaire an V (18 décembre 1796), concernant les greffiers des juges de paix, est supprimée.

11° L'arrêté du 18 pluviose an V (6 février 1797), relatif aux huissiers de la justice de paix, rapporté à la page 107 de la 2me partie du recueil chronologique, est abrogé par la loi du 25 mai 1838, article 16. Voyez-la, au chapitre V de la première partie, pages 11, 12, 13 et suiv.

12° La loi du 10 vendémiaire an VI, relative à la circulation des marchandises dans les deux lieues limitrophes des frontières, a été omise dans le recueil chronologique; elle sera donnée ci-après à sa date.

13° La loi du 15 germinal an VI, relative à la contrainte par corps, rapportée page 110 du recueil chronologique, est abolie. Voyez ci-après, à sa date, la nouvelle loi sur la contrainte par corps, et l'article 780 du code de procédure.

14° La loi du 27 vendémiaire an VII, portant rétablissement des octrois; celle du 28 floréal an VII, relative au transfert des rentes; l'arrêté du gouvernement du 21 prairial suivant, concernant les avis de décès; la loi du 28 frimaire an VIII, sur les octrois; celle du 5 ventôse an VIII, relative aussi aux octrois municipaux; celle du 20 floréal an X, concernant les contraventions en matière de grande voirie, ont été omises dans le recueil chronologique. Toutes ces dispositions seront rapportées ci-après à leurs dates respectives.

15° La loi du 29 ventôse an IX, qui déterminait le mode d'élection des juges de paix, et qui est imprimée page 135 de la 2me partie, est abrogée.

16° La loi du 28 floréal an X, rapportée page 136 de la 2me partie, est fortement modifiée, savoir: les articles 1er et 2 sont abrogés par la charte constitutionnelle; les articles 5, 6 et 7 sont modifiés par les articles 16, 17, 18 et 19 de la loi du 25 mai 1838; et à l'égard des articles 8, 9 et 10, voyez ci-après l'ordonnance du 6 novembre 1822, relative aux congés.

17° Il faut aussi regarder comme abrogés, les articles 8 et 9 du sénatus-consulte organique du 16 thermidor an X, et l'article 89 de la loi du 19 fructidor an X même année. Ces différens articles sont rapportés page 137 du recueil chronologique, 2me partie. Il en est ainsi de l'arrêté du 24 vendémiaire an XI, et de l'avis du conseil d'état du 29 du même mois, imprimés pages 138 et 139 de ladite 2me partie.

18° La loi des 15 pluviose an VIII (4 février 1805), relative à la tutelle des enfans admis dans les hospices; celle du 1er germinal an XIII (28 avril 1799), relative aux procès-verbaux des employés des impositions indirectes; celle du 24 mars 1806, concernant les transferts d'inscriptions de rente 5 pour cent; celle du 24 avril 1806, relative aux droits et au transport sur les sels; celle du 20 novembre même année, concernant les saisies d'objets employés au transport des sels en contravention; les décrets des 11 juin 1806, 28 janvier 1807 et 6 juin suivant, sur la circulation des sels; la loi relative aux intérêts en matière civile et commerciale, du 5 septembre 1807; le décret du 18 avril 1810, sur les contraventions en matière de grande voirie; le décret du 18 septembre 1811, concernant les saisies et ventes en cas de fraude aux lois sur les douanes; le décret du 10 décembre 1811, relatif à l'entretien des routes; enfin, le décret du 14 juin 1813, relatif à l'organisation et au service des huissiers, ont tous été omis dans le recueil chronologique; ils seront tous rapportés ci-après à leurs dates respectives.

19° De même, la loi du 24 décembre 1814, relative aux tabacs; plusieurs dispositions de celle du 28 avril 1816, concernant les brasseries et les tabacs; la loi du 25 mars 1817, sur la vente des huiles; l'ordonnance du 10 mars 1826, concernant les indemnités dues aux magistrats; un extrait de la charte constitutionnelle de 1830, pour ce qui concerne les justices de paix; la loi du 26 mars 1831, fixant la valeur de la journée de travail, et la loi du 10 avril 1831, concernant les attroupemens, ont toutes été omises dans le recueil chronologique des lois. Nous les rapporterons ci-après, chacune à sa date.

20° Depuis le mois d'avril 1832, jusqu'au 30 juin 1838, il est intervenu douze lois différentes et fort importantes, qui toutes confèrent des attributions aux juges de paix, ou disposent sur des matières qu'il leur importe de connaître. Ces lois n'ont pu être comprises dans le recueil chronologique, puisqu'il était imprimé auparavant. Nous les produirons toutes dans ce supplément, à leurs dates respectives.

21° Enfin, le livre III du titre 1er du code de commerce, sur les faillites, qui est rapporté page 186 du recueil chronologique, est abrogé et remplacé par la loi sur les faillites du 20 mai 1838, qui sera donnée ci-après.

Au moyen de ces observations, qu'il faudra consulter en se servant du recueil chronologique, le lecteur ne sera pas embarrassé pour reconnaître les changemens, modifications et additions qui ont été faits aux lois primitives, et autres, par des dispositions postérieures. Non-seulement nous indiquons celles qui ont subi ces changemens ou ces variations et restrictions, mais encore nous désignons celles qui contiennent les règles actuellement observées. Ainsi, par une comparaison fort simple, le lecteur sera certain de ne pas faire des applications erronées ou fausses, ou qui ne seraient plus admises.

De même, par les indications des différentes lois abrogées, on prévient le lecteur qu'il ne doit plus s'en occuper ni en théorie ni en pratique, encore qu'elles auraient quelques rapports avec les lois actuelles, qui seules doivent être suivies.

Au reste, au moyen de ce supplément au recueil chronologique, on aura dans la deuxième partie du présent Manuel une collection complète de toutes les lois qui, depuis l'institution des justices de paix jusqu'à ce jour, ont conféré des compétences et des attributions, en toutes matières, à ces justices, jusqu'à la fin de 1838, collection dont on peut garantir l'exactitude.

SUIVENT LES LOIS OMISES ET NON COMPRISES DANS LE RECUEIL CHRONOLOGIQUE.

Extrait de la loi sur les émeutes et attroupemens.

Du 3 août 1791.

ART. 1er. Si par les progrès d'un attroupement ou émeute populaire, ou pour toute autre cause, l'usage de la force devient nécessaire, un officier civil, soit juge de paix, soit officier municipal ou commissaire de police, etc., se présentera sur le lieu de l'attroupement ou du délit, prononcera à haute voix ces mots : *Obéissance à la loi! Que les bons citoyens se retirent!* Le tambour battra un ban avant chaque sommation.

2. Après cette sommation trois fois réitérée, et même dans le cas où, après une seconde ou la troisième, les personnes attroupées ne se retirent pas paisiblement, et même s'il en reste plus de quinze assemblées, en état de résistance, la force des armes sera à l'instant déployée contre les séditieux sans aucune responsabilité des évènemens; et ceux qui pourront être saisis ensuite seront livrés aux officiers de police pour être jugés et punis suivant la rigueur des lois.

NOTA. *Il existe une autre loi contre les attroupemens, du 10 avril 1831. Voyez-la ci-après et la combinez avec celle ci-dessus.*

Extrait du décret relatif à l'exécution du tarif des droits d'entrée et de sortie dans le royaume, dont les juges de paix sont compétens de faire l'application en matières de douanes.

Du 6-22 août 1791.

TITRE V.

ART. 1er. Toutes marchandises prohibées à l'entrée, que l'on introduira par mer et par terre, dans l'étendue du royaume, seront confisquées ainsi que les bâtimens de mer au-dessous de 50 tonneaux, voitures, chevaux et équipages servant au transport.

Les propriétaires desdites marchandises, voituriers et autres préposés à la conduite, seront condamnés en l'amende de cinq cents francs, sauf leurs recours contre les marchands et propriétaires lorsqu'ils auront été induits en erreur par l'énonciation des lettres de voiture, connaissemens et chartes-parties et leurs dommages-intérêts.

2. Seront réputées dans le cas de l'article ci-dessus, les marchandises prohibées qui auront passé au-delà du premier bureau, ou qui auront pris un chemin différent, ainsi que celles que les préposés de la régie auront trouvées dans les deux lieues des côtes sur des bâtimens au-dessous de 50 tonneaux; celles enfin qu'ils auront vu charger à bord de toute espèce de bâtiment de mer, ou mettre à la voile.

3. Les dispositions des deux articles précédens seront exécutées à l'égard des marchandises prohibées à la sortie, et lesdites marchandises ne pourront être transportées d'un port du royaume à un autre port, ni passer d'un lieu à un autre, en empruntant le territoire étranger, sans être accompagnées d'un acquit-à-caution, et les conducteurs desdites marchandises seront tenus de remplir les formalités prescrites par le titre III du présent décret.

4. Les marchandises prohibées à l'entrée ou à la sortie, qui auront été déclarées sous leur propre dénomination, ne seront point saisies; celles destinées à l'importation seront renvoyées à l'étranger, et celles dont on demanderait la sortie resteront dans le royaume.

TITRE XII.

Art. 3. Les condamnations contre plusieurs personnes, à raison du même fait de fraude, seront solidaires, tant pour la restitution des marchandises confisquées dont la remise aurait été ordonnée, que pour l'amende et les dépens.

4. Les juges ne pourront, à peine de répondre en leur propre et privé nom, modérer les confiscations et amendes, ni en ordonner l'emploi au préjudice de la régie, qui ne pourra transiger sur les confiscations et amendes lorsqu'elles auront été prononcées par un jugement en dernier ressort, ou ayant acquis force de chose jugée.

6. Les jugemens portant condamnation au paiement des droits, à celui de la valeur des objets remis provisoirement et confisqués, ou à l'amende lorsqu'il n'aura pas été prononcé de confiscation, ou enfin à la restitution des sommes que la régie aurait été forcée de payer, seront exécutés par corps; ce qui aura lieu pareillement contre les cautions, seulement pour le prix des confiscations.

TITRE XIII.

Art. 18. Les préposés de la régie pourront faire, pour raison des droits de douanes nationales, tous les exploits et autres actes de justice que les huissiers ont accoutumé de faire; ils pourront toutefois se servir de tel huissier que bon leur semblera, notamment pour les ventes d'objets saisis, confisqués ou abandonnés.

20. Les propriétaires des marchandises seront responsables du fait de leurs facteurs, agens, serviteurs et domestiques, en ce qui concerne les droits, confiscations, amendes et dépens.

Nota. *Voyez ci-après, à leurs dates, les autres lois relatives aux douanes.*

Extrait de la loi du 15 août 1793, sur les douanes.

Art. 4. Les dispositions de l'article 23 du titre x du décret du 6-22 août 1791, relatif aux objets de prohibition à l'entrée, seront exécutées pour ceux dont la sortie est défendue.

En conséquence, dans le cas où, à raison d'un vice de forme, il y aurait lieu d'annuler un procès-verbal portant saisie d'objets prohibés à la sortie, il est enjoint au commissaire national (procureur du roi) d'en requérir sur-le-champ la confiscation, laquelle sera prononcée à la même audience sans amende.

Extrait du décret relatif aux congés des bâtimens.

Du 21 septembre 1793.

Art. 1er. Les congés des bâtimens sous pavillon français, seront, dans trois jours, à compter de celui de la publication du présent décret pour ceux qui seront dans les ports, et dans huit jours de l'arrivée de ceux qui entreront, rapportés et déposés au bureau des douanes nationales avec les titres de propriété; tout déchargement et départ des bâtimens sera différé jusqu'après la délivrance d'un acte de francisation.

2. Tout armateur, en présentant congé et titre de propriété, sera tenu de déclarer en présence d'un juge de paix, et de signer sur les registres des bâtimens français, qu'il est propriétaire du bâtiment; qu'aucun étranger n'y est intéressé,

directement ni indirectement, et que sa dernière cargaison d'arrivée des colonies ou des comptoirs français, ou sa cargaison actuelle de sortie pour les colonies ou comptoirs français, n'est pas un armement en commission ni propriété étrangère.

Décret relatif au commerce maritime et aux douanes.

Du 4 germinal an II. — 24 mars 1794.

TITRE III.

ART. 4. Toutes marchandises importées par terre en France, seront traduites au premier bureau d'entrée, à peine de confiscation et de 200 fr. d'amende. Sous les mêmes peines, les marchandises qui doivent être exportées, seront conduites au premier bureau de sortie, par la route la plus droite.

5. Il y aura lieu aux mêmes condamnations, pour les objets saisis, après avoir dépassé le bureau sans permis.

13. Le rapport et les pièces ci-jointes seront présentés au juge de paix qui recevra l'affirmation du saisissant, et l'entendra sur le fait de la saisie.

15. Les délais d'appel et ventes terminés, toutes répétitions et actions seront non recevables.

16. En première instance et sur l'appel, l'instruction sera valable sur simples mémoires et sans frais de justice.

NOTA. *Le titre* VI *de la présente loi, articles* 1er *jusqu'à* 23, *est rapporté au recueil chronologique, pages* 91 *et* 92.

Loi relative aux scellés apposés sur les effets et papiers des défenseurs de la patrie.

Du 11 ventôse an II, ou 1er mars 1794.

ART. 1er. Immédiatement après l'apposition des scellés sur les effets et papiers délaissés par les père et mère des défenseurs de la patrie et autres parens dont ils sont héritiers, le juge de paix qui les a apposés en avertira les héritiers, s'il sait à quel corps d'armée ils sont attachés; il en instruira pareillement le ministre de la guerre; le double de ses lettres sera copié à la suite de son procès-verbal, avant de le présenter à l'enregistrement, sans augmentation de droit.

2. Le délai d'un mois expiré, si l'héritier ne donne pas de ses nouvelles et n'envoie pas de procuration, l'agent national (le maire) de la commune dans laquelle les père et mère seront décédés, convoquera sans frais, devant le juge de paix, la famille, et, à son défaut, les voisins et amis, à l'effet de nommer un curateur à l'absent.

NOTA. *Voyez l'art.* 911 *du code de procédure.*

3. Ce curateur provoquera la levée des scellés, assistera à leur reconnaissance, pourra faire procéder à l'inventaire et vente des meubles, en recevoir le prix, à la charge d'en rendre compte, soit au militaire absent, soit à son fondé de pouvoir.

Il administrera les immeubles en bon père de famille.

Extrait de la loi du 10 *vendémiaire an* VI, *relative aux formalités pour faire circuler des marchandises dans les deux lieues des frontières.*

ART. 1er. Les marchandises et denrées circulant dans les deux lieues limitrophes de l'étranger ne seront assujetties qu'aux formalités prescrites par les articles 15 et 16 du titre III de la loi du 16-22 août 1791; en conséquence, les lois des 29 septembre 1793 et 12 pluviose an III, en ce qui concerne les acquits-à-caution, sont abrogées.

2. Les conducteurs ou propriétaires des marchandises et denrées qui devront être enlevées dans cette étendue de territoire pour y circuler, ou pour être transportées dans l'intérieur de la république, seront tenus d'ajouter à la déclaration prescrite par ledit article 15 du titre III de la loi du 16-22 août 1791, l'indication précise de la maison où ces marchandises et denrées sont déposées, et le lieu de leur destination, ainsi que le jour et l'heure où elles devront être enlevées.

Les préposés pourront, en cas de suspicion de fraude, se transporter, lors de l'enlèvement, au lieu où lesdites marchandises et denrées sont déposées, et en exiger la représentation au fur et à mesure de leur sortie du dépôt, et avant leur départ.

Si les propriétaires ou conducteurs refusent ou ne peuvent faire cette représentation, ils seront poursuivis et condamnés en une amende de 500 livres.

Extrait de la loi du 27 vendémiaire an VII, portant rétablissement des octrois.

ART. 1er. Il sera perçu par la commune de Paris un octroi municipal et de bienfaisance conformément au tarif annexé à la présente loi, spécialement destiné à l'acquit de ses dépenses locales, et de préférence à celles de ses hospices et des secours à domicile.

2. Défenses de visiter les citoyens entrant à pied et à cheval ou en voiture dans Paris, à peine de 50 fr. d'amende et de six mois de prison.

NOTA. *Cette disposition est changée par l'article 7 de la loi du 29 mars 1832, qui permet de visiter les voitures particulières et suspendues.*

9. Les contestations qui pourraient s'élever sur l'application du tarif et sur la quotité des droits, seront portées devant le tribunal de police, et par lui jugées sommairement, sans frais.

NOTA. *Ce texte est réformé par l'article 1er de la loi du 2 vendémiaire an VIII, qui sera ci-après rapportée.*

10. Tout porteur ou conducteur d'objets de consommation, compris dans le tarif annexé à la présente loi, sera tenu d'en faire la déclaration au bureau de la recette et d'en acquitter le droit avant de pouvoir les faire entrer dans la ville de Paris. Toute contravention à cet égard sera punie du double droit.

11. Les amendes prononcées en vertu de l'article précédent, seront acquittées sur-le-champ entre les mains du receveur du bureau où la contravention aura été commise.

12. Toute personne qui s'opposera à l'exercice des préposés de l'octroi sera condamnée à une amende de 50 fr. Dans le cas où il y aurait voie de fait, il en sera dressé procès-verbal, etc.

Extrait de la loi relative aux transferts des rentes.

Du 28 floréal an VII.

ART. 6. En cas de mutations, autres que celles exprimées aux articles précédens, le nouvel extrait d'inscription sera délivré à l'ayant droit, sur le simple rapport de l'ancien extrait d'inscription et d'un certificat de propriété ou d'acte de notoriété contenant ses nom, prénoms et domicile, la qualité en laquelle il procède, l'indication de sa portion dans la rente, et l'époque de la jouissance.

Le certificat qui sera rapporté après avoir été dûment légalisé, sera délivré par le notaire détenteur de la minute, lorsqu'il y aura eu inventaire ou partage, par acte public, ou transmission gratuite, à titre entre-vifs par testament.

Il le sera par le juge du domicile du décédé, sur l'attestation de deux citoyens, lorsqu'il n'existera aucun desdits actes en forme authentique.

Extrait de l'arrêté du gouvernement relatif aux avis des décès de ceux qui laissent pour héritiers des absens, des mineurs et autres.

Du 21 prairial an VII.

ART. 1er. Dans chaque commune où ne réside pas un juge de paix, l'agent municipal, et à son défaut son adjoint, sont tenus de donner avis, sans aucun délai, au juge de paix résidant dans le canton, ou à son défaut au suppléant le plus voisin, de la mort de toute personne de son arrondissement qui laisse pour héritiers des pupilles, des mineurs ou des absens, et ce à peine de suspension de leurs fonctions.

Extrait de la loi du 27 frimaire an VIII, *relative aux octrois municipaux.*

ART. 7. Avant d'entrer en exercice, ils (les employés) prêteront serment devant le juge de paix, dans l'arrondissement duquel siège l'administration municipale, et il en sera fait mention au pied de leur commission. Le tout sans autres frais que les droits d'enregistrement.

13. Les contestations sur l'application du tarif ou sur la quotité des droits exigés par les receveurs de l'octroi, seront portées devant le juge de paix, dans l'arrondissement duquel siège l'administration municipale, à quelque somme que le droit contesté puisse s'élever, pour être jugées par lui sommairement, sans frais, soit à la charge d'appel, soit en dernier ressort.

14. Lorsqu'il y aura lieu à contester sur l'application du tarif, ou sur la quotité du droit exigé par le receveur, tout porteur ou conducteur d'objets compris dans le tarif, sera tenu de consigner entre les mains du receveur, le droit exigé; il ne pourra être entendu qu'en rapportant la quittance de ladite consignation.

17. Les amendes encourues d'après la disposition de la présente, seront prononcées par les tribunaux de simple police, ou de police correctionnelle, suivan la quotité de la somme.

Extrait de la loi relative aux octrois municipaux.

Du 5 ventôse an VIII. — 24 février 1800.

ART. 1er. Il sera établi des octrois municipaux et de bienfaisance sur les objets de consommation locale, dans les villes dont les hospices civils n'ont pas de revenus suffisans pour leurs besoins.

2. Le conseil municipal de ces villes sera tenu de présenter, dans deux mois, les projets de tarifs et de règlemens convenables aux localités. Ils seront soumis à l'approbation du gouvernement, et par lui, s'il y a lieu, définitivement arrêtés.

3. La perception et l'emploi se feront conformément aux dispositions générales des lois des 19 et 27 frimaire dernier.

Extrait de la loi du 20 floréal an X (*19 mai 1802*), *relative aux contraventions en matière de grande voirie.*

ART. 2. Les contraventions seront constatées concurremment par les maires ou adjoints, les ingénieurs des ponts et chaussées, leurs conducteurs, les agens de la navigation, les commissaires de police et par la gendarmerie; à cet effet, ceux des fonctionnaires publics ci-dessus désignés qui n'ont pas prêté serment en justice, le prêteront devant le préfet.

Extrait de la loi relative à la tutelle des enfans admis dans les hospices.

Du 15 pluviose an XIII (ou 4 février 1805).

ART. 1er. Les enfans admis dans les hospices, à quelque titre et sous quelque dénomination que ce soit, seront sous la tutelle des commissions administratives de ces maisons, lesquelles désigneront un de leurs membres pour exercer, le cas advenant, les fonctions de tuteur, et les autres formeront le conseil de la tutelle.

3. La tutelle des enfans admis dans les hospices durera jusqu'à leur majorité, ou émancipation par mariage ou autrement.

4. Les commissions administratives des hospices jouiront, relativement à l'émancipation des mineurs qui sont sous leur tutelle, des droits attribués aux père et mère par le code civil. — L'émancipation sera faite sur l'avis des membres de la commission administrative, par celui d'entre eux qui aura été désigné tuteur, et qui seul sera tenu de comparaître à cet effet devant le juge de paix. — L'acte d'émancipation sera délivré sans autres frais que ceux d'enregistrement et de papier timbré.

5. Si les enfans admis dans les hospices ont des biens, le receveur de l'hospice remplira à leur égard les mêmes fonctions que pour les biens des hospices. Toutefois, les biens des administrateurs-tuteurs ne pourront, à raison de leurs fonctions, être passibles d'aucune hypothèque. La garantie de la tutelle résidera dans le cautionnement du receveur chargé de la manutention des deniers et de la gestion des biens.

En cas d'émancipation, il remplira les fonctions de curateur.

Extrait de la loi du 1er germinal an XIII.

ART. 20. Les préposés de la régie seront âgés au moins de vingt-un ans accomplis; ils seront tenus, avant d'entrer en fonctions, de prêter serment devant le juge de paix ou le tribunal civil de l'arrondissement dans lequel ils exercent. Ce serment sera enregistré au greffe et transcrit sur leur commission, sans autres frais que ceux d'enregistrement et de greffe, et sans qu'il soit nécessaire d'employer le ministère d'avoué.

25. Les procès-verbaux (des employés ou préposés) seront affirmés par deux des saisissans, dans les trois jours, devant le juge de paix ou l'un de ses suppléans. L'acte d'affirmation énoncera qu'il en a été donné lecture aux affirmans.

43. La régie pourra employer contre les redevables en retard la voie de la contrainte.

44. La contrainte sera décernée par le directeur ou receveur de la régie; elle sera visée et rendue exécutoire sans frais, par le juge de paix du canton où le bureau de perception est établi, et pourra être notifiée par le préposé de la régie. — Le juge de paix ne pourra refuser de viser la contrainte, pour être exécutée, à peine de répondre des valeurs pour lesquelles la contrainte aura été décernée.

49. Dans le cas d'apposition des scellés sur les effets et papiers des comptables, les registres de recette et autres de l'année courante ne seront pas renfermés sous les scellés; lesdits registres seront seulement arrêtés et paraphés par le juge qui les remettra au préposé chargé de la recette par intérim, lequel en demeurera garant comme dépositaire de justice; il en sera fait mention dans le procès-verbal d'apposition de scellés.

Loi relative au transfert d'inscriptions de rentes, cinq pour cent, appartenant à des mineurs.

Du 24 mars 1806.

Art. 1er. Les tuteurs ou curateurs des mineurs ou interdits qui n'auraient en inscriptions ou promesses d'inscriptions de cinq pour cent, qu'une rente de 50 francs et au-dessous, en pourront faire le transfert sans qu'il soit besoin d'autorisation spéciale, ni d'affiches ni de publication, mais seulement d'après le cours constaté du jour, à la charge d'en compter comme du produit des meubles.

2. Les mineurs émancipés qui n'auraient de même en inscription ou en promesse d'inscription, qu'une rente de 50 fr. et au-dessous, pourront également les transférer avec la seule assistance de leurs curateurs, et sans qu'il soit besoin d'avis de parens ou d'aucune autre autorisation.

3. Les inscriptions ou promesses d'inscriptions au-dessus de 50 fr. de rente, ne pourront être vendues par les tuteurs ou curateurs, qu'avec l'autorisation du conseil de famille, et suivant le cours du jour légalement constaté; dans tous les cas, la vente pourra s'effectuer, sans qu'il soit besoin d'affiches ni de publications.

Extrait de la loi relative au budget pour l'an XIV.

Du 24 avril 1806.

Art. 56. Les sels transportés par mer, et destinés pour la consommation intérieure, pourront être expédiés sans acquit-à-caution, et jouir de l'entrepôt dans les ports et dans les villes de l'intérieur qui seront désignées par le gouvernement.

57. Les procès-verbaux de fraudes et de contraventions seront assujettis aux formalités prescrites par les lois, aux employés de la régie des douanes et de celle des droits réunis. Les condamnations seront poursuivies par voie de police correctionnelle, conformément aux dispositions des mêmes lois et punies de la confiscation des objets saisis et de l'amende de 100 fr.

Nota. *La seconde partie de ce texte est abrogée par l'art. 29 de la loi du 17 décembre 1814, qui attribue aux juges de paix la connaissance des contraventions dont il s'agit. Voyez ci-après cette loi.*

Extrait du décret du 11 juin 1806, concernant les sels.

45. Ceux qui recevront dans leurs magasins ou ateliers des sels dont les droits n'auraient pas été acquittés ou soumissionnés, seront condamnés à payer une amende de cent francs et le triple des droits fraudés. En cas de récidive, ceux qui auront été pris en contravention, outre les peines ci-dessus portées, seront privés de la franchise accordée pour les salaisons.

46. Les peines portées en l'article précédent, seront prononcées contre ceux qui, pour masquer la fraude, supposeront des salaisons qu'ils n'ont pas faites, ou substitueront dans des barriques ou barils, à des poissons pressés, toutes autres matières.

47. Tout propriétaire ou maître de chasse-marée ou chaloupe, qui voudra faire salaison et commerce de sardines, merluches, ou tout autre poisson qui se sale en mer, et qui est destiné à être consommé en vert, devra se faire inscrire au bureau des douanes le plus prochain. — Le certificat de cette inscription lui sera délivré à ses frais, qui seront ceux du timbre seulement.

50. Si à son arrivée il n'était pas porteur d'un acquit-à-caution pour justifier que le sel qui a été employé à des salaisons, a été levé aux marais salans

de France, et que les droits en ont préalablement été assurés, les salaisons et le sel qui se trouveront à bord, seront confisqués avec amende de 100 fr.

51. Il encourra les mêmes peines s'il est rencontré par une embarcation des douanes, sans être muni d'expédition qui justifie l'origine du sel, et que les droits ont été cautionnés.

Décret du 20 novembre 1806, relatif aux saisies de chevaux et autres moyens de transport du sel en contravention.

Art. 1er. En cas de saisie de chevaux, mulets et autres moyens de transport de sel en contravention à la loi, dont la remise sous caution aura été offerte par procès-verbal et refusée par la partie, il sera procédé à la vente aux enchères desdits objets, à la diligence de l'administration des douanes, en vertu de la permission du juge de paix le plus voisin.

2. L'ordonnance du juge de paix, portant permission de vendre, sera signifiée dans le jour à la partie saisie, si elle a un domicile réel ou élu dans le lieu de l'établissement du bureau de la douane, et à défaut de domicile connu, au maire de la commune, avec déclaration qu'il sera procédé immédiatement à la vente, tant en absence que présence, attendu le péril en la demeure.

Nota. *Voyez, ci-après, le décret du 18 septembre 1811 qu'il faut combiner avec celui-ci.*

Décret sur la circulation des sels.

Du 28 janvier 1807.

Art. 1er. La surveillance des douanes s'exercera sur la circulation intérieure des sels, jusqu'à la distance de trois lieues des côtes de toute la France, soit qu'il y existe ou non des marais salans, salines ou fabriques de sels.

2. Les sels transportés dans le rayon de trois lieues des côtes, sans déclaration préalable, au bureau le plus prochain du lieu de l'enlèvement, et sans être accompagnés des congés ou acquits-à-caution prescrits par les articles 2, 4, 5 et 7 du décret du 11 juin dernier, seront saisis et confisqués, ainsi que les chevaux, ânes, mulets et voitures employés au transport, et les contrevenans seront en outre condamnés à une amende de 100 fr., conformément à l'article 57 de la loi du 24 avril 1806.

Décret du 6 juin 1807, contenant des applications du décret précédent.

Art. unique. Les dispositions de notre décret du 25 janvier 1807, concernant la surveillance à exercer par les préposés des douanes sur la circulation des sels, dans le rayon de trois lieues des côtes de toute la France, sont applicables à chaque bord des rivières affluentes à la mer, en remontant ces mêmes rivières jusqu'au dernier bureau des douanes où se peuvent payer les droits d'importation ou d'exportation; et la distance des trois lieues dans le rayon desquelles les sels doivent être accompagnés de congés ou d'acquits-à-caution, sous les peines portées par ledit décret, se mesurera, 1° du rivage de la mer vers l'intérieur, 2° pour les rivières affluentes à la mer, de chaque point du bord de ces mêmes rivières en rentrant vers l'intérieur des terres jusqu'au dernier bureau des douanes.

Loi relative aux intérêts.

Du 5 septembre 1807.

Art. 1er. L'intérêt conventionnel ne pourra excéder, en matière civile, cinq pour cent, ni en matière commerciale, six pour cent, le tout sans retenue.

2. L'intérêt légal sera, en matière civile, de cinq pour cent, et en matière de commerce, de six pour cent, aussi sans retenue.

3. Lorsqu'il sera prouvé que le prêt conventionnel a été fait à un taux excédant celui fixé par l'article premier, le prêteur sera condamné, par le tribunal saisi de la contestation, à restituer cet excédant, s'il l'a reçu, ou à souffrir la réduction sur le principal de la créance, et pourra même être renvoyé, s'il y a lieu, devant le tribunal correctionnel pour être jugé conformément à l'article suivant.

4. Tout individu qui sera prévenu de se livrer habituellement à l'usure, sera traduit devant le tribunal correctionnel, et en ce cas condamné à une amende qui pourra excéder la moitié des capitaux qu'il aura prêtés à usure.

S'il résulte de la procédure qu'il y a eu escroquerie de la part du prêteur, il sera condamné, outre l'amende ci-dessus, à un emprisonnement qui ne pourra excéder deux ans.

Extrait du décret relatif au mode de constater les contraventions en matière de grande voirie, poids des voitures et police du roulage.

Du 18 avril 1801.

ART. 1er. Les préposés aux droits réunis et aux octrois seront, à l'avenir, appelés concurremment avec les fonctionnaires publics désignés en l'article 2 de la loi du 29 floréal an x, à constater les contraventions en matière de grande voirie, des poids des voitures et de police du roulage.

2. Les préposés ci-dessus désignés, ainsi que les fonctionnaires publics indiqués dans l'article 2 de la loi du 29 floréal an x, seront tenus d'affirmer, devant les juges de paix, les procès-verbaux qu'ils seront dans le cas de rédiger, lesquels ne pourront autrement faire foi et motiver une condamnation.

Décret du 18 septembre 1791.

Saisies et ventes en cas de fraude.

ART. 1er. En cas de saisie de chevaux, mulets, voitures et autres moyens de transport de marchandises en contravention à la loi sur les douanes, dont la remise sous caution aura été offerte par procès-verbal, et n'aura pas été acceptée par la partie, il sera, à la diligence de l'administration, et en vertu de la permission du juge de paix le plus voisin, ou du juge d'instruction, procédé dans le délai de huitaine, au plus tard, de la date dudit procès-verbal, à la vente par enchère des objets saisis. Il sera pareillement, dans le même délai et en vertu de la même permission, procédé à la vente des objets de consommation qui ne pourront être conservés sans courir le risque de la détérioration.

2. L'ordonnance, portant permis de vendre, sera signifiée dans le jour à la partie saisie, si elle a un domicile réel ou élu dans le lieu de l'établissement du bureau de la douane, et à défaut de domicile connu, au maire de la commune, avec déclaration qu'il sera immédiatement procédé à la vente, tant en la présence qu'en l'absence du prévenu, attendu le péril en la demeure. L'ordonnance du juge de paix ou du juge d'instruction sera exécutée nonobstant appel ou opposition.

3. Le produit de la vente sera déposé dans la caisse de la douane, pour en être disposé ainsi qu'il sera statué en définitif par le tribunal chargé de prononcer sur la saisie.

Extrait du décret contenant règlement sur la construction, réparation et entretien des routes.

Du 10 décembre 1811.

ART. 112. A dater de la publication du présent décret, les cantonniers, gendarmes, gardes-champêtres, conducteurs des ponts-et-chaussées et autres agens appelés à la surveillance de la police des routes, pourront affirmer leurs procès-verbaux de contraventions ou de délits, devant le juge de paix, le maire ou l'adjoint du maire.

Extrait du décret portant règlement sur l'organisation et le service des huissiers.

Du 14 juin 1813.

ART. 46. Les répertoires que les huissiers sont obligés de tenir, conformément à la loi du 22 frimaire an VII, relative à l'enregistrement, sont cotés et paraphés, savoir : ceux des huissiers audienciers, par le président de la cour ou du tribunal, ou par le juge qu'il aura commis à cet effet;

Ceux des huissiers ordinaires, résidant dans les villes où siègent les tribunaux civils de première instance, par le président du tribunal, ou par le juge qu'il aura commis à cet effet;

Ceux des autres huissiers, par le juge de paix du canton de leur résidence.

Extrait de la loi sur les octrois.

Du 9 décembre 1814.

ART. 79. Les articles saisis par suite de contravention aux règlemens d'octroi, seront déposés au bureau le plus voisin, et si la partie qui ne s'est pas présentée dans les deux jours à l'effet de payer la quotité de l'amende par elle encourue, ou si elle n'a pas formé opposition à la vente dans le même délai, la vente desdits objets sera faite par le receveur, cinq jours après l'apposition, à la porte de la maison commune et autres lieux accoutumés, d'une affiche signée de lui, sans autres formalités.

80. Néanmoins, si la vente des objets saisis est retardée, l'opposition pourra être reformée jusqu'au jour indiqué pour la vente. L'opposition sera motivée et contiendra assignation à jour fixe devant le tribunal désigné en l'article 78, suivant la quotité de l'amende encourue, avec élection de domicile dans le lieu où siège le tribunal.

Le délai de l'échéance de l'assignation ne pourra excéder trois jours.

NOTA. *Voyez les articles* 30, 58, 78, 81 *et* 82 *de la même loi, dans le recueil chronologique, page* 142.

Extrait de la loi sur les tabacs.

Du 24 décembre 1814.

ART. 46. Les directeurs et les agens supérieurs de la régie des impositions indirectes, pourront autoriser des visites chez tout particulier soupçonné de faire ou favoriser la fraude; mais les visites ne pourront avoir lieu qu'en présence *du juge de paix*, du maire ou de son adjoint, qui seront tenus de déférer à la réquisition qui leur en sera faite et qui sera transcrite en tête du procès-verbal.

Extrait de la loi sur les finances.

Du 28 avril 1816.

ART. 146. Toute personne qui contestera le résultat d'un jaugeage fait par les employés de la régie, pourra requérir qu'il soit fait un nouveau jaugeage en présence d'un officier public, par un expert que nommera le juge de paix, et dont il recevra le serment.

TITRE VII.

Des tabacs.

Art. 237. En cas de soupçon de fraude à l'égard des particuliers non sujets à l'exercice, les employés pourront faire des visites dans l'intérieur de leurs habitations, en se faisant assister du juge de paix, du maire ou de son adjoint, ou du commissaire de police, lesquels seront tenus de déférer à la réquisition qui leur en sera faite, et qui sera transcrite en tête du procès-verbal.

Ces visites ne pourront avoir lieu que d'après l'ordre d'un employé supérieur, du grade de contrôleur au moins, qui rendra compte des motifs au directeur du département.

Les marchandises transportées en fraude, qui, au moment d'être saisies, seront introduites dans une habitation pour les soustraire aux employés, pourront être saisies par eux sans qu'ils soient tenus d'observer les formalités ci-dessus prescrites.

Extrait de la loi des finances.

Du 25 mars 1817.

Art. 106. En cas de soupçon, à l'égard des commerçans ayant magasin d'huiles qu'ils n'auraient pas déclarées, en vertu de l'article précédent, les employés de la régie pourront faire des visites dans l'intérieur de leurs habitations, en se faisant assister du juge de paix, du maire ou de son adjoint ou du commissaire de police; chacun sera tenu de déférer à la réquisition qui lui en sera faite et qui sera transcrite en tête du procès-verbal.

Ces visites ne pourront avoir lieu que d'après l'ordre d'un employé du grade de contrôleur au moins.

70. Les marchands, vendant en ambulance, échoppe ou étalage, dans les lieux de passage, places publiques, marchés, etc., seront tenus d'exhiber leurs patentes acquittées, à toute réquisition des officiers de police des lieux où ils voudront exposer en vente les marchandises dont ils font le commerce.

Extrait de l'ordonnance concernant les indemnités dues aux magistrats pour transport à plus de cinq kilomètres.

Du 10 mars 1826.

Art. 1er. Les magistrats qui, dans les cas prévus par les articles 3, 4 et 6 de l'ordonnance du 5 novembre 1823, et par l'article 3 de celle du 26 du même mois, se transporteront à plus de cinq kilomètres, auront droit aux indemnités déterminées par l'article 88 du règlement du 18 juin 1811, suivant les distinctions établies par cet article relativement aux distances, lesquelles sont comptées conformément aux tableaux dressés en exécution de l'article 93 du règlement du 18 juin.

5. Nos procureurs près les tribunaux de première instance, lorsqu'ils réclameront l'indemnité déterminée par la présente ordonnance, seront tenus de justifier que leur transport a eu lieu en vertu de l'ordre ou de l'autorisation préalable du procureur-général. Ces magistrats ne pourront, sans le même ordre ou la même autorisation, désigner un juge de paix, à l'effet de procéder auxdites opérations, lorsque celui-ci, pour exécuter la délégation, sera obligé de se transporter à plus de cinq kilomètres du chef-lieu du canton.

Extrait de la Charte constitutionnelle de 1830.

Art. 48. Toute justice émane du roi, elle s'administre en son nom par des juges qu'il nomme et qu'il institue.

52. La justice de paix est conservée. — Les juges de paix quoique nommés par le roi ne sont point inamovibles.

Extrait de la loi sur la garde nationale.

Du 23 mars 1831.

Art. 25. Le jury de révision prononcera sur les réclamations relatives : 1º à l'inscription ou à l'omission sur le contrôle du service ordinaire ; — 2º Seront admises les réclamations des tiers-gardes nationaux sur qui retomberait la charge du service. Ce jury exercera en outre les attributions qui lui seront confiées par les dispositions subséquentes de la présente loi.

26. Le jury ne pourra prononcer qu'au nombre de sept membres au moins, y compris le président. Ses décisions seront prises à la majorité absolue, et ne seront susceptibles d'aucun recours.

29. Sont dispensées du service ordinaire les personnes qu'une infirmité met hors d'état de faire le service. Toutes ces dispenses et les autres dispenses temporaires, demandées pour cause d'un service public, seront prononcées par le conseil de recensement sur le vu des pièces qui en constateront la nécessité.

Les absences constatées seront un motif suffisant de dispense temporaire. En cas d'appel le jury de révision statuera.

54. Les réclamations élevées à l'égard de l'inobservation des formes prescrites pour l'élection des officiers et sous-officiers seront portées devant le jury de révision qui décidera sans recours.

Extrait de la loi qui fixe la valeur de la journée de travail.

Du 26 mars 1831.

Art. 4. La valeur de la journée de travail est fixée, savoir : à un franc cinquante centimes dans les villes de cinquante mille âmes et au-dessus ;

A un franc vingt-cinq centimes dans celles de vingt à cinquante mille âmes ; un franc dix centimes dans celles de dix à vingt mille âmes ; un franc dans les communes de cinq à dix mille âmes ou chefs-lieux de département et d'arrondissement ; quatre-vingts centimes dans les communes qui ont une population agglomérée de quinze cents à cinq mille âmes ; et soixante-quinze centimes partout ailleurs.

Extrait de la loi contre les attroupemens.

Du 10 avril 1831.

Art. 1er. Toutes les personnes qui formeront des attroupemens sur les places ou sur la voie publique, seront tenues de se disperser à la première sommation des préfets, sous-préfets, maires ou de tous magistrats et officiers civils chargés de la police judiciaire, autres que les gardes-champêtres.

Si l'attroupement ne se disperse pas, les sommations seront réitérées trois fois ; chacune d'elles sera précédée d'un roulement de tambour ou d'un son de trompe.

Si les trois sommations sont demeurées inutiles, il pourra être fait emploi de la force conformément à la loi du 3 août 1791.

Nota. *Voyez, ci-devant, page* 86 *du recueil chronologique, les articles* 36 *et* 37 *de ladite loi du* 3 *août* 1791.

Les maires et adjoints de la ville de Paris ont le droit de requérir la force publique et de faire les sommations.

Les magistrats chargés de faire lesdites sommations seront décorés d'une écharpe tricolore.

2. Les personnes qui, après la première des sommations prescrites par le second paragraphe de l'article précédent, continueront à faire partie d'un attroupement, pourront être arrêtées et seront conduites sans délai devant les tribunaux de simple police, pour y être punies des peines portées au chapitre premier du titre IV du code pénal.

Extrait de la loi sur la contrainte par corps.

Du 17 avril 1832.

TITRE PREMIER.

Dispositions relatives à la contrainte par corps en matières de commerce.

ART. 1er. La contrainte par corps sera prononcée, sauf les modifications et les exceptions ci-après, contre toute personne condamnée pour dette commerciale au paiement d'une somme principale de deux cents francs et au-dessus.

2. Ne sont point soumis à la contrainte par corps en matière de commerce:

1° Les femmes et les filles non légalement réputées marchandes publiques;

2° Les mineurs non commerçans et qui ne sont point réputés majeurs pour fait de leur commerce;

3° Les veuves et héritiers des justiciables des tribunaux de commerce assignés devant ces tribunaux en reprise d'instance, ou par action nouvelle à raison de leur qualité.

3. Les condamnations prononcées par les tribunaux de commerce contre des individus non négocians pour signatures apposées soit à des lettres de change, réputées simples promesses, aux termes de l'article 112 du code de commerce, soit à des billets à ordre, n'emportent point la contrainte par corps, à moins que ces signatures et engagemens n'aient eu pour cause des opérations de commerce, trafic, change, banque ou courtage.

4. La contrainte par corps ne pourra être prononcée contre les débiteurs qui ont commencé leur soixante-dixième année.

5. L'emprisonnement pour dette commerciale cessera de plein droit après un an, lorsque le montant de la condamnation principale ne s'élevera pas à cinq mille francs;

Après cinq ans, lorsqu'il sera de cinq mille francs et au-dessus.

6. Il cessera également de plein droit le jour où le débiteur aura commencé sa soixante-dixième année.

TITRE II.

Dispositions relatives à la contrainte par corps en matière civile.

SECTION PREMIÈRE. *Contrainte par corps en matière ordinaire.*

ART. 7. Dans tous les cas où la contrainte par corps a lieu en matière civile ordinaire, la durée en sera fixée par le jugement de condamnation; elle sera d'un an au moins et dix ans au plus.

Néanmoins, s'il s'agit de fermages de biens ruraux, aux cas prévus par l'article 2062 du code civil, ou de l'exécution des condamnations intervenues dans le cas où la contrainte par corps n'est pas obligée et où la loi attribue seulement aux juges la faculté de la prononcer, la durée de la contrainte ne sera que d'un an au moins et de cinq ans au plus.

SECTION II. — *Contrainte par corps en matières de deniers et effets publics.*

ART. 8. Sont soumis à la contrainte par corps pour raison du reliquat de leurs comptes, déficit ou débet constatés à leur charge et dont ils ont été déclarés responsables : 1° les comptables de deniers publics ou d'effets mobiliers publics, et leurs cautions ;

2° Leurs agens ou préposés qui ont personnellement géré ou fait la recette; — 3° toutes personnes qui ont perçu des deniers publics dont elles n'ont point effectué le versement ou l'emploi, ou qui, ayant reçu des effets mobiliers appartenant à l'état, ne les représentent pas ou ne justifient pas de l'emploi qui leur avait été prescrit.

9. Sont compris dans les dispositions de l'article précédent, les comptables chargés de la perception des deniers ou de la garde et de l'emploi des effets mobiliers appartenant aux communes, aux hospices et aux établissemens publics, ainsi que leurs cautions et leurs agens et préposés ayant personnellement géré ou fait la recette.

10. Sont également soumis à la contrainte par corps : 1° tous entrepreneurs soumissionnaires et traitans qui ont passé des marchés ou traités intéressant l'état, les communes et autres établissemens publics, et qui sont déclarés débiteurs par suite de leurs entreprises ;

2° Leurs cautions ainsi que leurs agens ou préposés qui ont personnellement géré l'entreprise, etc.

11. Seront encore soumis à la contrainte par corps, tous redevables, débiteurs et cautions de droits de douanes, d'octrois et autres contributions indirectes, qui ont obtenu un crédit et qui n'ont pas acquitté à échéance le montant de leurs soumissions.

12. La contrainte par corps pourra être prononcée en vertu des quatre articles précédens, contre les femmes et les filles ; elle ne pourra l'être contre les septuagénaires.

13. Dans les cas énoncés dans la présente section, la contrainte par corps n'aura jamais lieu que pour une somme principale excédant trois cents francs; sa durée sera fixée dans les limites de l'article sept de la présente loi, § 1er.

TITRE IV.

Dispositions communes aux trois titres précédens.

ART. 19. La contrainte par corps n'est jamais prononcée contre le débiteur, au profit, 1° de son mari et de sa femme ; — 2° de ses ascendans, descendans, frères ou sœurs, ou alliés au même degré.

Les individus mentionnés dans les deux paragraphes ci-dessus, contre lesquels il serait intervenu des jugemens de condamnations par corps, ne pourront être arrêtés en vertu desdits jugemens : s'ils sont détenus, leur élargissement aura lieu immédiatement après la promulgation de la présente loi.

20. Dans les affaires où les tribunaux civils ou de commerce statuent en dernier ressort, la disposition de leur jugement relative à la contrainte par corps sera sujette à l'appel : cet appel ne sera pas suspensif.

21. Dans aucun cas, la contrainte par corps ne pourra être exécutée contre le mari et contre la femme, simultanément pour la même dette.

22. Tout huissier, garde du commerce ou exécuteur des mandemens de justice, qui, lors de l'arrestation d'un débiteur, se refuserait à le conduire en référé devant le tribunal de première instance, aux termes de l'article 786 du code

de procédure civile, sera condamné à mille francs d'amende, sans préjudice des dommages-intérêts.

24. Le débiteur, si la contrainte par corps n'a pas été prononcée pour dette commerciale, obtiendra son élargissement, en payant ou consignant le tiers de la dette et de ses accessoires, et en donnant pour le surplus une caution acceptée par le créancier, ou reçue par le tribunal civil dans le ressort duquel le débiteur sera détenu.

25. La caution sera tenue de s'obliger solidairement avec le débiteur, à payer, dans un délai qui ne pourra excéder une année, les deux tiers qui resteront dus.

26. A l'expiration du délai prescrit par l'article précédent, le créancier, s'il n'est pas intégralement payé, pourra exercer de nouveau la contrainte par corps contre le débiteur principal, sans préjudice de ses droits contre la caution.

28. Un mois après la promulgation de la présente loi, la somme destinée à pourvoir aux alimens des détenus pour dettes devra être consignée d'avance, et pour trente jours au moins.

Les consignations pour plus de trente jours ne vaudront qu'autant qu'elles seront d'une seconde ou de plusieurs périodes de trente jours.

29. A compter du même délai d'un mois, la somme destinée aux alimens, sera de trente francs à Paris, et de vingt-cinq francs dans les autres villes, pour chaque période de trente jours.

31. Le débiteur élargi faute de consignation d'alimens ne pourra plus être incarcéré pour la même dette.

TITRE V.

Dispositions relatives à la contrainte par corps en matière criminelle, correctionnelle et de police.

Art. 33. Les arrêts, jugemens et exécutoires portant condamnation, au profit de l'état, à des amendes, restitutions, dommages-intérêts et frais en matière criminelle, correctionnelle ou de police, ne pourront être exécutés par la voie de la contrainte par corps, que cinq jours après le commandement qui sera fait aux condamnés, à la requête du receveur de l'enregistrement et des domaines.

Dans le cas où le jugement de condamnation n'aurait pas été précédemment signifié au débiteur, le commandement portera en tête un extrait de ce jugement, lequel contiendra le nom des parties et le dispositif.

Sur le vu du commandement et sur la demande du receveur de l'enregistrement et des domaines, le procureur du roi adressera les réquisitions nécessaires aux agens de la force publique et autres fonctionnaires chargés des mandemens de justice.

Si le débiteur est détenu, la recommandation pourra être ordonnée immédiatement après la notification du commandement.

34. Les individus contre lesquels la contrainte par corps aura été mise à exécution, aux termes de l'article précédent, subiront l'effet de cette contrainte jusqu'à ce qu'ils aient payé le montant des condamnations, ou fourni une caution admise par le receveur des domaines, ou, en cas de contestation de sa part, déclarée bonne et valable par le tribunal civil de l'arrondissement.

La caution devra s'exécuter dans le mois, à peine de poursuites.

35. Néanmoins, les condamnés qui justifieront de leur insolvabilité, suivant le mode prescrit par l'article 420 du code d'instruction criminelle, seront mis en liberté après avoir subi quinze jours de contrainte, lorsque l'amende et les autres condamnations pécuniaires n'excéderont pas quinze francs; un mois, lorsqu'elles s'élèveront de quinze à cinquante francs, et quatre mois, lorsqu'elles excéderont cent francs.

36. Lorsque la contrainte par corps aura cessé en vertu de l'article précédent, elle pourra être reprise, mais une seule fois; et quant aux restitutions,

dommages-intérêts et frais seulement, s'il est jugé contradictoirement avec le débiteur qu'il lui est survenu des moyens de solvabilité.

37. Dans tous les cas, la contrainte par corps exercée en vertu de l'article 33, est indépendante des peines prononcées contre les condamnés.

38. Les arrêts et jugemens contenant des condamnations au profit des particuliers, pour réparations de crimes, délits ou contraventions commis à leur préjudice, seront, à leur diligence, signifiés et exécutés suivant les mêmes formes et voies de contrainte que les jugemens portant condamnation au profit de l'état.

Toutefois, les parties poursuivantes seront tenues de pourvoir à la consignation d'alimens, aux termes de la présente loi, lorsque la contrainte aura lieu à leur requête et dans leur intérêt.

39. Lorsque la condamnation prononcée n'excédera pas trois cents francs, la mise en liberté des condamnés arrêtés ou détenus, à la requête et dans l'intérêt des particuliers, ne pourra avoir lieu en vertu des articles 34, 35 et 36, qu'autant que la validité des cautions ou l'insolvabilité des condamnés auront été, en cas de contestation, jugées contradictoirement avec le créancier. La durée de la contrainte sera déterminée par le jugement de condamnation dans les limites de six mois à cinq ans.

40. Dans tous les cas, et quand bien même l'insolvabilité du débiteur pourrait être constatée, si la condamnation prononcée, soit en faveur d'un particulier, soit en faveur de l'état, s'élève à trois cents francs, la durée de la contrainte sera déterminée par le jugement de condamnation, dans les limites fixées par l'article sept de la présente loi.

Néanmoins, si le débiteur a commencé sa soixante-dixième année avant le jugement, les juges pourront réduire le minimum à six mois, et ils ne pourront dépasser un maximum de cinq ans.

S'il a atteint sa soixante-dixième année pendant la durée de la contrainte, sa détention sera de plein droit réduite à la moitié du temps qu'elle avait encore à courir, aux termes du jugement.

46. Les lois des 15 germinal an VI, du 4 floréal de la même année, et du 10 septembre 1807, sont abrogées. Néanmoins, celles de ces dispositions qui concernent le mode de ces poursuites à exercer contre ces mêmes débiteurs, et celles du titre XIII du code forestier, de la loi sur la pêche fluviale, ainsi que les dispositions relatives au bénéfice de cession, sont maintenues et continueront d'être exécutées.

Extrait de la loi relative à la navigation du Rhin.

Du 21 avril 1832.

TITRE PREMIER.

ART. 1er. Les juges des droits de navigation du Rhin connaîtront : 1° de toutes les contraventions sur la navigation du Rhin ; — 2° de toutes les contraventions au sujet du paiement de la quotité des droits de navigation, de grue, de balance, de ponts et de quais sur le même fleuve ; — 3° de toutes les entraves que les particuliers auraient mises à l'usage des chemins de hallage établis sur le même fleuve ; — 4° des plaintes portées contre les propriétaires de chevaux de trait employés à la remonte des bateaux sur le cours dudit fleuve, pour dommages causés aux propriétaires, et généralement toute autre plainte pour dommages causés par la négligence des conducteurs de bateaux et des trains, pendant leur voyage ou en abordant. Ils prononceront les peines encourues, conformément aux articles 14 et 15 ci-après.

2. Les fonctions de juge des droits de navigation sur le Rhin, seront remplies, en première instance, dans les cantons dont le territoire se trouve contigu au fleuve, par les juges de paix desdits cantons.

3. Les jugemens rendus par les juges des droits de navigation en première instance, seront définitifs dans toutes les causes ayant pour objet une valeur qui n'excédera pas cinquante francs.

Les appels des causes ayant pour objet une valeur supérieure, seront portés devant le tribunal civil de Strasbourg, lequel remplira à cet effet les fonctions du tribunal d'appel des droits de navigation, et jugera civilement ou correctionnellement, selon les cas.

NOTA. *La compétence attribuée par le 1er § de cet article, doit être élevée à cent francs, d'après l'article 1er de la loi du 25 mai 1838, rapportée et commentée dans la 1re partie du présent Manuel.*

4. L'appelant pourra cependant porter son appel devant la commission centrale instituée à Mayence, en vertu des traités. L'appel sera, dans les dix jours de la notification du jugement, signifié au juge des droits de navigation qui aura prononcé ce jugement, et ce, dans la personne de son greffier, et à la partie intimée, au domicile élu en première instance dans la commune où réside le juge, ou à défaut d'élection de domicile, au greffe.

Dans ce cas, la partie qui aura obtenu gain de cause pourra demander l'exécution provisoire du jugement au juge des droits de navigation, lequel aura la faculté de l'accorder avec ou sans caution, suivant les règles du droit commun.

NOTA. *Ces règles du droit commun sont à présent contenues dans les dispositions de l'article* 11 *de la loi du* 25 *mai* 1838.

5. Les jugemens prononcés par les juges des droits de navigation, résidant sur un territoire étranger, seront exécutoires sur le territoire français, sans nouvelle instruction, dès qu'ils seront passés en force de chose jugée, et à cet effet ils seront rendus exécutoires par le tribunal civil de Strasbourg.

6. Les juges des droits de navigation prêteront serment de rendre justice avec célérité et impartialité, à tous, sans exception de personne, et de se conformer au règlement de la navigation du Rhin, dans les cas qui y seront prévus.

7. Aucun recours en cassation n'est ouvert contre les jugemens des juges des droits de la navigation du Rhin.

8. Les étrangers, demandeurs principaux ou intervenans, ne seront tenus en aucun cas de fournir la caution exigée par l'art. 16 du code civil et les art. 166 et 167 du code de procédure.

9. Seront observées, en matières civiles, pour les citations, les audiences, les jugemens par défaut, les jugemens qui ne sont pas par défaut, la mise en cause des garans, les requêtes, les visites des lieux, les appréciations et la récusation, les dispositions des titres I, II, III, IV, V, VI, VII, VIII et IX du livre 1er du code de procédure;

En matière de contravention, les formes et les règles établies par les articles 144 et 165 du code d'instruction criminelle.

Les appels portés devant le tribunal de Strasbourg seront instruits comme matières sommaires, dans les formes prescrites par les articles 405 et 413 du code de procédure civile, sans qu'il soit nécessaire de recourir au ministère des avoués.

10. Le patron, conducteur ou flotteur ne pourra, en aucun cas, être empêché de continuer son voyage, à raison d'une procédure engagée, dès qu'il aura fourni le cautionnement fixé par le juge des droits de navigation pour l'objet de la procédure.

11. Seront exempts de la formalité et des droits du timbre, les actes de la procédure et les jugemens rendus dans toutes les causes portées devant les juges des droits de la navigation du Rhin. — Les actes de la procédure et les jugemens seront enregistrés gratis et sur papier simple. Les parties ne supporteront d'autres frais que ceux portés aux articles 21, 22, 23, 24 et 25 du décret du 16 février 1807.

12. L'inspecteur de la navigation du Rhin, les employés ou préposés au service de la surveillance du Rhin ou à la perception des droits de navigation de ce fleuve, les experts chargés de visiter les embarcations, aux termes des règlemens, et les membres des commissions de surveillance chargées de la police des

ports d'embarquement ou de débarquement, seront assermentés, le premier, devant le tribunal civil de Strasbourg, les autres par-devant le juge des droits de navigation dans le ressort duquel sera placée leur résidence.

Tous les délits et toutes les contraventions qui sont de nature à être jugées d'après la présente loi, seront constatés :

Par lesdits inspecteurs et agens, par les maires et autres fonctionnaires et préposés de la force publique désignés dans la loi du 29 floréal an X; leurs procès-verbaux feront foi jusqu'à inscription de faux;

Par les employés des contributions indirectes et des domaines; par les agens forestiers et gardes-champêtres ;

Leurs procès-verbaux feront foi selon les règles spéciales à chacune de ces classes de fonctionnaires.

Dans tous les cas, la poursuite à la requête du ministère public devra être intentée dans le mois à partir du procès-verbal.

TITRE II.

De la responsabilité et des peines.

Art. 13. Tout patron, dans un lieu où il existe un bureau des droits de navigation, qui aurait chargé ou déchargé avant d'avoir obtenu le permis exigé par les règlemens, sera tenu de payer le double droit des marchandises qu'il aurait ainsi chargées ou déchargées, sans préjudice des autres peines qu'il aurait encourues d'après les lois.

14. Seront punies d'une amende de 100 à 300 fr., les contraventions aux règlemens d'administration publique qui interdiraient, en certains cas, au patron conducteur qui conduit à la fois plusieurs bateaux, de les attacher l'un à l'autre; de charger des marchandises sur le tillac des navires, ou de les transborder d'un bord à l'autre, et qui prescriraient les précautions nécessaires au transport des poudres à canon. Le tout sans préjudice de la responsabilité du patron ou conducteur pour tout autre dommage causé par la non exécution desdites dispositions.

15. Sera punie d'une amende du quadruple des droits fondés, non compris le montant du droit, toute fraude en matière de navigation sur le Rhin.

La même amende sera prononcée contre tout patron ou conducteur qui passerait devant un bureau de perception, sans s'y présenter pour le paiement des droits avec exhibition de son manifeste, ou qui en partirait avant d'avoir effectué ce paiement, hors les cas de force majeure dûment constatés ;

Contre tout patron ou conducteur, dans le manifeste duquel il y aurait omission totale de quelques colis ou autres articles de son chargement, mais seulement à raison des droits auxquels les objets soustraits auraient été soumis.

16. Dans le cas où le manifeste désignerait une marchandise soumise à un droit moins élevé que celle qui lui aurait été substituée à bord du navire, l'amende encourue en vertu de l'article précédent, sera réglée d'après le montant des droits sur les articles qui n'auraient pas été dûment déclarés.

18. Dans tous les cas qui ne seraient pas prévus par les lois existantes ou par la présente loi, les contraventions aux règlemens d'administration publique et aux règlemens de police ayant pour objet la visite des embarcations, les devoirs des patrons, conducteurs et flotteurs, les formalités à suivre pour les embarquemens, les débarquemens, l'attérage, le service des pilotes et lamaneurs, la police des ports, les expéditions, le maintien du bon ordre sur le fleuve et les rivages, la conservation des objets abandonnés, seront punies des peines portées dans les art. 464 et 470 du code pénal.

Extrait de la loi sur l'administration municipale.

Du 18 juillet 1837.

Observations préliminaires.

Les attributions municipales ont plusieurs rapports avec la compétence des juges de paix, comme juges de police. Ces magistrats sont, en effet, chargés de faire respecter les arrêtés que les maires sont tenus de prendre pour l'exécution des lois, et des règlemens confiés par les lois à leur surveillance et à leur autorité, soit pour la police municipale, la police rurale, la petite voirie, soit pour des mesures locales qui sont assez nombreuses. Mais les juges de paix doivent d'abord reconnaître ou vérifier si ces arrêtés sont légalement pris dans les limites de l'autorité muncipale, autrement ils ne sont pas obligés de les faire exécuter. Ainsi, toutes les dispositions de la présente loi qui sont relatives à ces arrêtés, à ces diverses polices, etc., doivent être nécessairement placées ici.

Quant aux autres dispositions de cette même loi, elles sont d'un si grand intérêt, que nous croyons bien faire de les rapporter également ici, encore qu'elles soient fort longues, et même indépendantes des attributions des justices de paix. Mais c'est précisément à raison de cette indépendance que l'on doit distinguer attentivement les attributions administratives des compétences judiciaires pour éviter de les confondre. Or, ces distinctions deviennent plus faciles lorsque l'on a sous les yeux, dans un même livre, les dispositions législatives qui contiennent toutes ces différentes attributions.

Texte de la loi dudit jour 18 juillet 1837.

TITRE PREMIER.

Des réunions, divisions et formations de communes.

Art. 1er. Aucune réunion, division ou formation de communes, ne pourra avoir lieu que conformément aux règles ci-après.

2. Toutes les fois qu'il s'agira de réunir plusieurs communes dans une seule, ou de distraire une section d'une commune, soit pour la réunir à une autre, soit pour l'ériger en commune séparée, le préfet prescrira préalablement, dans les communes intéressées, une enquête, tant sur le projet en lui-même, que sur ses conditions.

Les conseils municipaux assistés des plus imposés en nombre égal à celui de leurs membres, les conseils d'arrondissemens et le conseil général donneront leur avis.

3. Si le projet concerne une section de commune, il sera créé pour cette section une commission syndicale. Un arrêté du préfet déterminera le nombre des membres de la commission.

Ils seront élus par les électeurs municipaux domiciliés dans la section, et si le nombre des électeurs n'est pas double de celui des membres à élire, la commission sera composée des plus imposés de la section.

La commission nommera son président, elle sera chargée de donner son avis sur le projet.

4. Les réunions et distractions de communes qui modifieront la composition d'un département, d'un arrondissement ou d'un canton, ne pourront être prononcées que par une loi.

Toutes autres réunions et distractions de communes pourront être prononcées par ordonnances du roi, en cas de consentement des conseils municipaux délibérant avec les plus imposés, conformément à l'art. 2 ci-dessus, et à défaut de ce consentement, pour les communes qui n'ont pas 300 habitans, sur l'avis affirmatif du conseil général du département.

5. Les habitans d'une commune réunie à une autre commune, conserveront la jouissance exclusive des biens dont les fruits étaient perçus en nature.

Les édifices et autres immeubles servant à l'usage public, deviendront propriété de la commune à laquelle sera faite la réunion.

6. La section de commune érigée en commune séparée ou réunie à une autre commune, emportera la propriété des biens qui lui appartenaient exclusivement.

Les édifices et autres immeubles servant à usage public et situés sur son territoire, deviendront propriété de la nouvelle commune ou de la commune à laquelle sera faite la réunion.

7. Les autres conditions de la réunion ou de la distraction, seront fixées par l'acte qui la prononcera. Lorsqu'elle sera prononcée par une loi, cette fixation pourra être renvoyée à une ordonnance royale ultérieure, sauf réserve, dans tous les cas, de toutes les questions de propriété.

8. Dans tous les cas de réunion ou de fractionnement de commune, les conseils municipaux seront dissous, il sera procédé immédiatement à des élections nouvelles.

TITRE II.

Des attributions des maires et des conseils municipaux.

CHAPITRE PREMIER.

Des attributions des maires.

Art. 9. Le maire est chargé, sous l'autorité de l'administration supérieure: 1° de la publication et de l'exécution des lois et règlemens; — 2° des fonctions spéciales qui lui sont attribuées par les lois; — 3° de l'exécution des mesures de sûreté générale.

10. Le maire est chargé, sous la surveillance de l'administration supérieure : 1° de la police municipale, de la police rurale et de la voirie municipale, et de pourvoir à l'exécution des actes de l'autorité supérieure qui y sont relatifs; — 2° de la conservation et de l'administration des propriétés de la commune, et de faire en conséquence tous actes conservatoires de ses droits ; 3° de la gestion des revenus, de la surveillance des établissemens communaux et de la comptabilité communale; 4° de la proposition du budget et de l'ordonnancement des dépenses ; — 5° de la direction des travaux communaux ; — 6° de souscrire les marchés, de passer les baux des biens et les adjudications des travaux communaux, dans les formes établies par les lois et règlemens; — 7° de souscrire, dans les mêmes formes, les actes de vente, échange, partage, acceptation de dons ou legs, acquisition, transaction, lorsque ces actes ont été autorisés conformément à la présente loi; 8° de représenter la commune en justice, soit en demandant, soit en défendant.

11. Le maire prend des arrêtés à l'effet, 1° d'ordonner les mesures locales sur les objets confiés par les lois à sa vigilance et à son autorité; 2° de publier de nouveau les lois et règlemens de police et de rappeler les citoyens à leur observation.

Les arrêtés pris par le maire sont immédiatement adressés au sous-préfet. Le préfet peut les annuler et en suspendre l'exécution.

Ceux de ces arrêtés qui portent règlement permanent, ne seront exécutoires qu'un mois après la remise de l'ampliation, constatée par les récepissés donnés par le sous-préfet.

12. Le maire nomme à tous emplois communaux pour lesquels la loi ne prescrit pas un mode spécial de nomination. Il suspend et révoque les titulaires de ces emplois.

13. Le maire nomme les gardes-champêtres, sauf l'approbation du conseil municipal. Ils devront être agréés et commissionnés par le sous-préfet; ils pourront être suspendus par le maire, mais le préfet peut seul les révoquer.

Le maire nomme également les pâtres communs, sauf l'approbation du conseil municipal. Il peut prononcer leur révocation.

14. Le maire est chargé seul de l'administration, mais il peut déléguer une partie de ses fonctions à un ou plusieurs de ses adjoints, et, en l'absence des adjoints, à ceux des conseillers municipaux qui sont appelés à en faire les fonctions.

15. Dans le cas où le maire refuserait ou négligerait de faire un des actes qui lui sont prescrits par la loi, le préfet, après l'en avoir requis, pourra y procéder d'office par lui-même ou par un délégué spécial.

16. Lorsque le maire procède à une adjudication publique pour le compte de la commune, il est assisté de deux membres du conseil municipal désignés d'avance par le conseil, ou à défaut appelés dans l'ordre du tableau.

Le receveur municipal est appelé à toutes les adjudications.

Toutes les difficultés qui peuvent s'élever sur les opérations préparatoires de l'adjudication sont résolues, séance tenante, par le maire et les deux conseillers assistans, à la majorité des voix, sauf le recours de droit.

CHAPITRE II.

Des attributions des conseils municipaux.

Art. 17. Les conseils municipaux règlent, par leurs délibérations, les objets suivans : 1° le mode d'administration des biens communaux ; — 2° les conditions des baux à ferme ou à loyer, dont la durée n'excède pas dix-huit ans pour les biens ruraux, et neuf ans pour les autres biens ; — 3° le mode de jouissance et la répartition des pâturages et fruits communaux, autres que les bois, ainsi que les conditions à imposer aux parties prenantes; — 4° les affouages, en se conformant aux lois forestières.

18. Expédition de toute délibération sur un des objets énoncés en l'article précédent est immédiatement adressée par le maire, au sous-préfet, qui en délivre ou fait délivrer récépissé. La délibération est exécutoire, si dans les trente jours qui suivent la date du récépissé le préfet ne l'a pas annulée, soit d'office pour une violation de la loi ou d'un règlement d'administration publique, soit sur la réclamation de toute partie intéressée. — Toutefois, le préfet peut suspendre l'exécution de la délibération pendant un autre délai de trente jours.

19. Le conseil municipal délibère sur les objets suivans : 1° le budget de la commune et en général toutes les recettes et dépenses soit ordinaires soit extraordinaires; — 2° les tarifs et règlemens de perception de tous les revenus communaux ; — 3° les acquisitions, aliénations et échanges des propriétés communales, leur affectation aux différens services publics, et en général tout ce qui intéresse leur conservation et leur amélioration ; — 4° la délimitation ou le partage des biens indivis entre deux ou plusieurs communes ou sections de commune ; — 5° les conditions des baux à ferme ou à loyer dont la durée excède dix-huit ans pour les biens ruraux et neuf ans pour les autres biens, ainsi que celle des baux des biens pris à loyer par la commune, quelle qu'en soit la durée ; — 6° les projets de constructions, de grosses réparations et de démolitions, et en général tous les travaux à entreprendre ; — 7° l'ouverture des rues et places publiques et les projets d'alignemens de voirie municipale ; — 8° le parcours et la vaine pâture ; — 9° l'acceptation des dons et legs faits à la commune et aux établissemens communaux ; — 10° les actions judiciaires et transactions et tous les objets sur lesquels les lois et règlemens appellent les conseils municipaux à délibérer.

20. Les délibérations des conseils municipaux sur les objets énoncés à l'article précédent sont adressées au sous-préfet. — Elles sont exécutoires sur l'approbation du préfet, sauf les cas où l'approbation par le ministre compétent ou par ordonnance royale est prescrite par les lois ou par les règlemens d'administration publique.

21. Le conseil municipal est toujours appelé à donner son avis sur les objets suivans : 1° les circonstances relatives au culte; — 2° les circonscriptions relatives à la distribution des secours publics ; — 3° les projets d'alignemens de grande voirie dans l'intérieur des villes, bourgs et villages ; — 4° l'acceptation des dons et legs faits aux établissemens de charité et de bienfaisance ; — 5° les autorisations d'emprunter, d'acquérir, d'échanger, d'aliéner, de plaider ou de transiger, demandées par les mêmes établissemens et par les fabriques des églises et autres administrations préposées à l'entretien des cultes, dont les ministres sont salariés par l'état ; — 6° les budgets et les comptes des établissemens de charité et de bienfaisance. — 7° les budgets et les comptes des fabriques et autres administrations préposées à l'entretien des cultes dont les ministres sont salariés par l'état, lorsqu'elles reçoivent des secours sur les fonds communaux ; — 8° enfin, tous les objets sur lesquels des conseils municipaux sont appelés, par les lois et règlemens, à donner leur avis, ou seront consultés par le préfet.

22. Le conseil municipal réclame, s'il y a lieu, contre le contingent assigné à la commune dans l'établissement des impôts de répartition.

23. Le conseil municipal délibère sur les comptes présentés annuellement par le maire ; — il entend, débat et arrête les comptes de deniers des receveurs, sauf le règlement définitif conformément à l'article soixante-dix de la présente loi.

24. Le conseil municipal peut exprimer son vœu sur tous les objets d'intérêt local. Il ne peut ni faire ni publier aucune protestation, proclamation ou adresse.

25. Dans les séances où les comptes d'administration du maire sont débattus, le conseil municipal désigne au scrutin celui de ses membres qui exerce la présidence. Le maire peut assister à la délibération ; il doit se retirer au moment où le conseil municipal va émettre son vote. Le président adresse directement la délibération au sous-préfet.

26. Lorsque, après deux convocations successives faites par le maire, à huit jours d'intervalle, et dûment constatées, les membres du conseil municipal ne se sont pas réunis en nombre suffisant, la délibération prise après la troisième convocation est valable, quel que soit le nombre des membres présens.

27. Les délibérations des conseils municipaux se prennent à la majorité des voix. En cas de partage, la voix du président est prépondérante.

28. Les délibérations seront inscrites, par ordre de date, sur un registre coté et paraphé par le sous-préfet. Elles seront signées par tous les membres présens à la séance, ou mention sera faite de la cause qui les a empêchés de signer.

29. Les séances des conseils municipaux ne sont pas publiques ; leurs débats ne peuvent être publiés officiellement qu'avec l'approbation de l'autorité supérieure.

Il est voté au scrutin secret toutes les fois que trois des membres présens le réclament.

TITRE III.

Des dépenses et recettes, et des budgets des communes.

Art. 30. Les dépenses des communes sont obligatoires et facultatives.

Sont obligatoires les dépenses suivantes : 1° l'entretien, s'il y a lieu, de l'hôtel-de-ville ou du local affecté à la mairie;

2° Les frais de bureau et d'impression pour le service de la commune ;

3° L'abonnement au bulletin des lois ;

4° Les frais de recensement de la population ;

5° Les frais des registres de l'état civil et la portion des tables décennales à la charge des communes ;

6° Le traitement du receveur municipal, du préposé en chef de l'octroi et des frais de perception ;

7o Le traitement des gardes des bois de la commune, et des gardes-champêtres;

8o Le traitement et les frais de bureau des commissaires de police, tels qu'ils sont déterminés par les lois;

9o Les pensions des employés municipaux et des commissaires de police régulièrement liquidées ou approuvées;

10o Les frais de réparation du local de la justice de paix, ainsi que ceux d'achat et d'entretien de son mobilier dans les communes chefs-lieux de canton;

11o Les dépenses de la garde nationale, telles qu'elles sont déterminées par les lois;

12o Les dépenses relatives à l'instruction publique, conformément aux lois;

13o L'indemnité de logement aux curés et desservans et autres ministres des cultes salariés par l'état, lorsqu'il n'existe pas de bâtiment affecté à leur logement;

14o Les secours aux fabriques des églises et autres administrations préposées aux cultes dont les ministres sont salariés par l'état, en cas d'insuffisance de leurs revenus, justifiée par leurs comptes et budgets;

15o Le contingent assigné à la commune conformément aux lois, dans la dépense des enfans-trouvés et abandonnés;

16o Les grosses réparations aux édifices communaux, sauf l'exécution des lois spéciales concernant les bâtimens militaires et les édifices consacrés au culte;

17o La clôture des cimetières, leur entretien et leur translation dans les cas déterminés par les lois et règlemens d'administration publique;

18o Les frais des plans d'alignemens;

19o Les frais et dépenses des conseils de prudhommes pour les communes où ils siègent; les menus frais des chambres consultatives des arts et des manufactures pour les communes où elles existent;

20o Les contributions et prélèvemens établis sur les biens et revenus communaux;

21o L'acquittement des dettes exigibles, et généralement toutes les autres dépenses mises à la charge des communes par une disposition des lois.

Toutes dépenses, autres que les précédentes, sont facultatives.

Art. 31. Les recettes des communes sont ordinaires ou extraordinaires.

Les recettes ordinaires des communes se composent : 1o des revenus de tous les biens dont les habitans n'ont pas la jouissance en nature;

2o Des cotisations imposées annuellement sur les ayant-droits aux fruits qui se perçoivent en nature;

3o Du produit des centimes ordinaires affecté aux communes par les lois de finances.

4o Du produit de la portion accordée aux communes dans l'impôt des patentes;

5o Du produit des octrois municipaux;

6o Du produit des droits de place perçus dans les halles, foires, marchés, abattoirs, d'après les tarifs dûment autorisés;

7o Du produit des permis de stationnement et des locations sur la voie publique, sur les ports et rivières et autres lieux publics;

8o Du produit des péages communaux, des droits de pesage, mesurage et jaugeage, des droits de voirie et autres légalement établis;

9o Du prix des concessions dans les cimetières;

10o Du produit dans les concessions d'eau, de l'enlèvement des boues et immondices de la voie publique et autres concessions autorisées pour les services communaux;

11o Du produit des expéditions des actes administratifs et des actes de l'état civil;

12o De la portion que les lois accordent aux communes dans le produit des amendes prononcées par les tribunaux de simple police, par ceux de police correctionnelle et par les conseils de discipline de la garde nationale, et généralement du produit de toutes les taxes de ville et de police dont la perception est autorisée par la loi.

Art. 32. Les recettes extraordinaires se composent : 1° des contributions extraordinaires dûment autorisées; 2° du prix des biens aliénés; 3° des dons et legs; 4° du remboursement des capitaux exigibles des rentes rachetées; 5° du produit des coupes extraordinaires de bois; 6° du produit des emprunts et de toutes autres recettes accidentelles.

33. Le budget de chaque commune, proposé par le maire et voté par le conseil municipal, est définitivement réglé par arrêté du préfet. Toutefois, le budget des villes dont le revenu est de cent mille francs ou plus, est réglé par une ordonnance du roi.

Le revenu d'une commune est réputé atteindre cent mille francs, lorsque les recettes ordinaires, constatées dans les comptes, se sont élevées à cette somme pendant les trois dernières années.

Il n'est réputé être descendu au-dessous de cent mille francs que lorsque, pendant les trois dernières années, les recettes ordinaires sont restées inférieures à cette somme.

34. Les crédits qui pourraient être reconnus nécessaires après le règlement du budget, sont délibérés conformément aux articles précédens et autorisés par le préfet, dans les communes dont il est appelé à régler le budget, et par le ministre dans les autres communes.

Toutefois, dans ces dernières communes, les crédits supplémentaires pour dépenses urgentes, pourront être approuvés par le préfet.

35. Dans le cas où, par une cause quelconque, le budget d'une commune n'aurait pas été approuvé avant le commencement de l'exercice, les recettes et dépenses ordinaires continueront, jusqu'à l'approbation de ce budget, à être faites conformément à celui de l'année précédente.

36. Les dépenses proposées au budget d'une commune peuvent être rejetées ou réduites par l'ordonnance du roi, ou par l'arrêté du préfet qui règle ce budget.

37. Les conseils municipaux peuvent porter au budget un crédit pour dépenses imprévues.

La somme inscrite pour ce crédit ne pourra être réduite ou rejetée qu'autant que les revenus ordinaires, après avoir satisfait à toutes les dépenses obligatoires, ne permettraient pas d'y faire face, ou qu'elles excéderaient le dixième des recettes ordinaires. Le crédit, pour dépenses imprévues, sera employé par le maire avec l'approbation du sous-préfet et du préfet.

Dans les communes, autres que les chefs-lieux de département et d'arrondissement, le maire pourra employer le montant de ce crédit aux dépenses urgentes sans approbation préalable, à la charge d'en informer immédiatement le sous-préfet et d'en rendre compte au conseil municipal dans la première session ordinaire qui suivra la dépense effectuée.

38. Les dépenses proposées au budget ne peuvent être augmentées, et il ne peut y en être introduit de nouvelles par l'arrêté du préfet ou l'ordonnance du roi qu'autant qu'elles sont obligatoires.

39. Si un conseil municipal n'allouait pas les fonds exigés pour une dépense obligatoire, ou n'allouait qu'une somme insuffisante, l'allocation nécessaire serait inscrite au budget, par ordonnance du roi, pour les communes dont le revenu est de cent mille francs et au-dessus, et par arrêté du préfet en conseil de préfecture pour celles dont le revenu est inférieur.

Dans tous les cas, le conseil municipal sera préalablement appelé à en délibérer. S'il s'agit d'une dépense annuelle et variable, elle sera inscrite pour sa quotité moyenne pendant les trois dernières années. S'il s'agit d'une dépense annuelle et fixe de sa nature, ou d'une dépense extraordinaire, elle sera inscrite pour sa quotité réelle.

Si les ressources de la commune sont insuffisantes pour subvenir aux dépenses obligatoires inscrites d'office en vertu du présent article, il y sera pourvu par le conseil municipal, ou, en cas de refus de sa part, au moyen d'une contribution extraordinaire établie par une ordonnance du roi dans les limites du maximum qui sera fixé annuellement par la loi des finances, et par une loi spéciale si la contribution doit excéder ce maximum.

40. Les délibérations du conseil municipal concernant une contribution extraordinaire destinée à subvenir aux dépenses obligatoires, ne seront obligatoires qu'en vertu d'un arrêté du préfet, s'il s'agit d'une commune ayant moins de cent mille francs de revenu, et d'une ordonnance du roi s'il s'agit d'une commune ayant un revenu supérieur.

Dans le cas où la contribution extraordinaire aurait pour but de subvenir à d'autres dépenses que les dépenses obligatoires, elle ne pourra être autorisée que par une ordonnance du roi s'il s'agit d'une commune ayant moins de cent mille francs de revenu, et par une loi s'il s'agit d'une commune ayant un revenu supérieur.

41. Aucun emprunt ne pourra être autorisé que par ordonnance du roi rendue dans les formes des règlemens d'administration publique pour les communes ayant moins de cent mille francs de revenu, et par une loi s'il s'agit d'une commune ayant un revenu supérieur.

Néanmoins, en cas d'urgence, et dans l'intervalle des sessions, une ordonnance du roi, rendue dans la forme des règlemens d'administration publique, pourra autoriser les communes dont le revenu est de cent mille francs et au-dessus, à contracter un emprunt jusqu'à concurrence du quart de leurs revenus.

42. Dans les communes dont les revenus sont inférieurs à cent mille francs, toutes les fois qu'il s'agira de contributions extraordinaires ou d'emprunts, les plus imposés aux rôles de la commune seront appelés à délibérer avec le conseil municipal, en nombre égal avec celui des membres en exercice.

Ces plus imposés seront convoqués individuellement par le maire, au moins dix jours avant celui de la réunion.

Lorsque les plus imposés appelés seront absens, ils seront remplacés, en nombre égal, par les plus imposés après eux sur les rôles.

43. Les tarifs de droits de voirie sont réglés par ordonnance du roi, rendue dans la forme des règlemens d'administration publique.

44. Les taxes particulières dues par les habitans ou propriétaires, en vertu des lois et des usages locaux, sont réparties par délibération du conseil municipal, approuvée par le préfet. Ces taxes sont perçues suivant les formes établies pour le recouvrement des contributions publiques.

45. Aucune construction nouvelle, ou reconstruction entière ou partielle, ne pourra être autorisée que sur la production des projets et devis.

Ces projets et devis seront soumis à l'approbation préalable du ministre compétent, quand la dépense excédera trente mille francs, et à celle du préfet quand elle sera moindre.

TITRE IV.

Des acquisitions, aliénations, baux, dons et legs.

Art. 46. Les délibérations des conseils municipaux ayant pour objet des acquisitions, des ventes ou échanges d'immeubles, les partages des biens indivis sont exécutoires sur un arrêté du préfet en conseil de préfecture, quand il s'agit d'une valeur n'excédant pas trois mille francs pour les communes dont le revenu est au-dessous de cent mille âmes, et de vingt mille francs pour les autres communes.

S'il s'agit d'une valeur supérieure, il sera statué par ordonnance du roi.

La vente des biens mobiliers et immobiliers des communes, autres que ceux qui servent à un usage public, pourra, sur la demande de tout créancier porteur de titre exécutoire, être autorisée par une ordonnance du roi qui déterminera les formes de la vente.

47. Les délibérations des conseils municipaux, ayant pour objet des baux

dont la durée devra excéder dix-huit ans, ne sont exécutoires qu'en vertu d'une ordonnance royale.

Quelle que soit la durée du bail, l'acte passé par le maire n'est exécutoire qu'après l'approbation du préfet.

48. Les délibérations ayant pour objet l'acceptation des dons et legs d'objets mobiliers ou de sommes d'argent, faits à la commune et aux établissemens communaux, sont exécutoires en vertu d'un arrêté du préfet, lorsque leur valeur n'excède pas trois mille francs, et en vertu d'une ordonnance du roi, lorsque leur valeur est supérieure ou qu'il y a réclamation des prétendans droit à la succession.

Les délibérations qui porteraient refus de dons et legs, et toutes celles qui concerneraient des dons et legs d'objets immobiliers, ne sont exécutoires qu'en vertu d'une ordonnance du roi.

Le maire peut toujours, à titre conservatoire, accepter les dons et legs en vertu de la délibération du conseil municipal. L'ordonnance du roi ou de l'arrêté du préfet qui intervient ensuite, a effet du jour de cette acceptation.

TITRE V.

Des actions judiciaires et des transactions.

49. Nulle commune ou section de commune ne peut introduire une action en justice sans être autorisée par le conseil de préfecture.

Après tout jugement intervenu, la commune ne peut se pourvoir devant un autre degré de juridiction qu'en vertu d'une nouvelle autorisation du conseil de préfecture; cependant, tout contribuable inscrit au rôle de la commune a le droit d'exercer à ses frais et risques, avec l'autorisation du conseil de préfecture, les actions qu'il croirait appartenir à la commune ou section, et que la commune ou section, préalablement appelée à en délibérer, aurait refusé ou négligé d'exercer. La commune ou section sera mise en cause, et la décision qui interviendra aura effet à son égard.

50. La commune, section de commune ou le contribuable auquel l'autorisation aura été refusée, pourra se pourvoir devant le roi en conseil d'état. Le pourvoi sera instruit et jugé en la forme administrative; il devra, à peine de déchéance, avoir lieu dans les trois mois, à dater de la notification de l'arrêté du conseil de préfecture.

51. Quiconque voudra intenter une action contre une commune ou section de commune, sera tenu d'adresser préalablement au préfet un mémoire contenant les motifs de sa réclamation; il lui en sera décerné récépissé.

La présentation du mémoire interrompra la prescription et toutes déchéances. Le préfet transmettra le mémoire au maire, avec l'autorisation de convoquer immédiatement le conseil municipal pour en délibérer.

52. La délibération du conseil municipal sera, dans tous les cas, transmise au conseil de préfecture, qui décidera si la commune doit être autorisée à ester en jugement.

La décision du conseil de préfecture devra être rendue dans le délai de deux mois, à partir de la date du récépissé énoncé en l'article précédent.

53. Toute décision du conseil de préfecture, portant refus d'autorisation, devra être motivée.

En cas de refus de l'autorisation, le maire pourra, en vertu d'une délibération du conseil municipal, se pourvoir devant le roi en son conseil d'état, conformément à l'article 50 ci-dessus. Il devra être statué sur le pourvoi dans le délai de deux mois, à partir du jour de son enregistrement au secrétariat du conseil d'état.

54. L'action ne pourra être intentée qu'après la décision du conseil de préfecture, et à défaut de décision dans le délai fixé par l'article 52, qu'après l'expiration de ce délai.

En cas de pourvoi contre la décision du conseil de préfecture, l'instance sera suspendue jusqu'à ce qu'il ait été statué sur le pourvoi, et à défaut de décision dans le délai fixé par l'article précédent, jusqu'à l'expiration de ce délai.

En aucun cas, la commune ne pourra défendre à l'action, qu'autant qu'elle y aura été expressément autorisée.

55. Le maire peut toutefois, sans autorisation préalable, intenter toute action possessoire, ou y défendre, et faire tous autres actes conservatoires ou interruptifs des déchéances.

56. Lorsqu'une section est dans le cas d'intenter ou de soutenir une action judiciaire contre la commune elle-même, il est formé, pour cette section, une commission syndicale de trois ou cinq membres que le préfet choisit parmi les électeurs municipaux, et à leur défaut parmi les citoyens les plus imposés.

Les membres du corps municipal qui seraient intéressés à la jouissance des biens et droits revendiqués par la section, ne devront point participer aux délibérations du conseil municipal relatives au litige.

Ils seront remplacés, dans toutes ces délibérations, par un nombre égal d'électeurs municipaux de la commune que le préfet choisira parmi les habitans ou propriétaires étrangers à la section.

L'action est suivie par celui de ses membres que la commission désigne à cet effet.

57. Lorsqu'une section est dans le cas d'intenter ou de soutenir une action judiciaire contre une autre section de la même commune, il sera formé, pour chacune des sections intéressées, une commission syndicale conformément à l'article précédent.

58. La section qui aura obtenu une condamnation contre la commune ou contre une autre section, ne sera point passible des charges ou contributions imposées pour l'acquittement des frais et dommages-intérêts qui résulteraient du fait du procès.

Il en sera de même à l'égard de toute partie qui aurait plaidé contre une commune ou section de commune.

59. Toute transaction consentie par un conseil municipal ne peut être exécutée qu'après l'homologation par ordonnance royale, s'il s'agit d'objets immobiliers, ou d'objets mobiliers d'une valeur supérieure à trois mille francs, et par arrêté du préfet en conseil de préfecture dans les autres cas.

TITRE VI.

Comptabilité des communes.

Art. 60. Les comptes du maire pour l'exercice clos, sont présentés au conseil municipal avant la délibération du budget; ils sont définitivement approuvés par les préfets pour les communes dont le revenu est inférieur à cent mille francs, et par le ministre compétent pour les autres communes.

61. Le maire peut seul délivrer des mandats. S'il refusait d'ordonnancer une dépense régulièrement autorisée et liquide, il serait prononcé par le préfet en conseil de préfecture. — L'arrêté du préfet tiendrait lieu du mandat du maire.

62. Les recettes et dépenses communales s'effectuent par un comptable, chargé seul, et sous sa responsabilité, de poursuivre la rentrée de tous revenus de la commune et de toutes sommes qui lui seraient dues, ainsi que d'acquitter les dépenses ordonnancées par le maire, jusqu'à concurrence des crédits régulièrement accordés.

Tous les rôles de taxe, de sous-répartitions et de prestations locales, devront être remis à ce comptable.

63. Toutes les recettes municipales pour lesquelles les lois et règlemens n'ont pas prescrit un mode spécial de recouvrement, s'effectuent sur des états dressés par le maire. Ces états sont exécutoires après qu'ils ont été visés par le sous-préfet.

Les oppositions, lorsque la compétence est des tribunaux ordinaires, sont jugées comme affaires sommaires, et la commune peut y défendre sans autorisation du conseil de préfecture.

64. Toute personne autre que le receveur municipal, qui, sans autorisation légale, se serait ingérée dans le maniement des deniers de la commune, sera, par ce seul fait, constituée comptable; elle pourra, en outre, être poursuivie en vertu de l'article 258 du code pénal, comme s'étant immiscée, sans titre, dans les fonctions publiques.

65. Le percepteur remplit les fonctions de receveur municipal. Néanmoins, dans les communes dont le revenu excède trente mille francs, ces fonctions sont confiées, si le conseil municipal le demande, à un receveur municipal spécial. Il est nommé par le roi, sur trois candidats que le conseil municipal présente. Les dispositions du 1er § ci-dessus ne seront applicables aux communes ayant actuellement un receveur municipal, que sur la demande du conseil municipal, ou en cas de vacance.

66. Les comptes du receveur municipal sont définitivement apurés par le conseil de préfecture, pour les communes dont le revenu n'excède pas trente mille francs, sauf le recours à la cour des comptes.

Les comptes des receveurs des communes, dont le revenu excède trente mille francs, sont réglés et apurés par ladite cour. Les dispositions ci-dessus, concernant la juridiction des conseils de préfecture et de la cour des comptes sur les comptes des receveurs municipaux, sont applicables aux comptes des trésoriers, des hôpitaux et autres établissemens de bienfaisance.

67. La responsabilité des receveurs municipaux et les formes de la comptabilité des communes seront déterminées par des règlemens d'administration publique. Les receveurs municipaux seront assujettis, pour l'exécution de ces règlemens, à la surveillance des receveurs des finances.

Dans les communes où les fonctions de receveur municipal et de percepteur sont réunies, la gestion du comptable est placée sous la responsabilité du receveur des finances de l'arrondissement.

68. Les comptables qui n'auront pas présenté leurs comptes, dans les délais prescrits par les règlemens, pourront être condamnés par l'autorité chargée de les juger, à une amende de 10 francs à 100 fr., par chaque mois de retard, pour les receveurs et trésoriers justiciables des conseils de préfecture, et de 50 fr. à 500 fr., également par mois de retard, pour ceux qui sont justiciables de la cour des comptes.

Ces amendes seront aux communes ou établissemens que concernent les comptes en retard. Elles seront assimilées aux débets des comptables, et le recouvrement pourra en être suivi par corps, conformément aux articles 8 et 9 de la loi du 17 avril 1832.

69. Les budgets et les comptes des communes restent déposés à la mairie, où toute personne imposée aux rôles de la commune a droit d'en prendre connaissance. Ils sont rendus publics par la voie de l'impression, dans les communes dont le revenu est de cent mille fr. et plus, et dans les autres, quand le conseil municipal a voté la dépense de l'impression.

TITRE VII.

Des intérêts qui concernent plusieurs communes.

70. Lorsque plusieurs communes possèdent des biens ou des droits par indivis, une ordonnance du roi instituera, si l'une d'elles le réclame, une commission syndicale composée de délégués des conseils municipaux des communes intéressées. — Chacun des conseils élira dans son sein, au scrutin secret et à la majorité des voix, le nombre de délégués qui aura été déterminé par l'ordonnance du roi. — La commission syndicale sera renouvelée tous les trois ans, après le renouvellement partiel des conseils municipaux.

Les délibérations prises par la commission ne seront exécutoires que sur l'approbation du préfet, et demeurent d'ailleurs soumises à toutes les règles établies pour les délibérations des conseils municipaux.

71. La commission syndicale sera présidée par un syndic qui sera nommé par le préfet et choisi parmi les membres qui la composent.

Les attributions de la commission syndicale et du syndic, en ce qui touche les biens et les droits indivis, seront les mêmes que celles des conseils municipaux et des maires pour l'administration des propriétés communales.

72. Lorsqu'un même travail intéressera plusieurs communes, les conseils municipaux seront spécialement appelés à délibérer sur leurs intérêts respectifs et sur la part de la dépense que chacune d'elles devra supporter. Ces délibérations seront soumises à l'approbation du préfet.

En cas de désaccord entre les conseils municipaux, le préfet prononcera après avoir entendu les conseils d'arrondissement et le conseil général. Si les conseils municipaux appartiennent à différens départemens, il sera statué par ordonnance royale.

La part de la dépense, définitivement assignée à chaque commune, sera portée d'office aux budgets respectifs, conformément à l'art. 39 de la présente loi.

73. En cas d'urgence, un arrêté du préfet suffira pour ordonner les travaux et pourvoir à la dépense à l'aide d'un rôle provisoire. Il sera procédé ultérieurement à sa répartition définitive, dans la forme déterminée par l'article précédent.

Extrait de la loi sur les tribunaux de première instance.

Du 11 avril 1838.

Art. 1er. Les tribunaux civils de première instance connaîtront, en dernier ressort, des actions personnelles et mobilières, jusqu'à la valeur de quinze cents francs de principal, et des actions immobilières, à raison de soixante francs de revenu, déterminé soit en rente, soit par prix de bail.

Ces actions seront instruites et jugées comme matières sommaires.

2. Lorsqu'une demande reconventionnelle, ou en compensation, aura été formée dans les limites de la compétence des tribunaux civils de première instance, en dernier ressort, il sera statué sur le tout, sans qu'il y ait lieu à appel.

Si l'une des demandes s'élève au-dessus des limites ci-dessus indiquées, le tribunal ne prononcera sur toutes les demandes qu'en premier ressort. Néanmoins, il sera statué en dernier ressort sur les demandes en dommages-intérêts, lorsqu'elles seront fondées exclusivement sur la demande principale elle-même.

13. L'article 5, titre VII de la loi du 16-24 août 1790, sur la compétence des tribunaux civils de première instance, est abrogé.

Loi concernant les vices rédhibitoires.

Du 20 mai 1838.

Art. 1er. Sont réputés vices rédhibitoires et donneront seuls ouverture à l'action résultant de l'art. 1641 du code civil, dans les ventes ou échanges des animaux domestiques ci-dessous énoncées, sans distinction de localités où les ventes et échanges auront eu lieu, les maladies ou défauts ci-après, savoir :

Pour le cheval, l'âne ou le mulet.

La fluxion périodique des yeux ; — l'épilepsie ou le mal caduc ; — la morve ; le farcin ; — les maladies anciennes de poitrine ou vieilles courbatures ; — l'immobilité ; — la pousse ; — le cornage chronique ; — le tic sans usure des dents ; — les hernies inguinales intermittentes ; — la boiterie intermittente pour cause de vieux mal.

Pour l'espèce bovine.

La phthisie pulmonaire ou pommelière ; — l'épilepsie ou mal caduc; — les suites de la non délivrance; — le renversement du vagin ou de l'utérus, après le part chez le vendeur.

Pour l'espèce ovine.

La clavelée ; cette maladie, reconnue chez un animal, entraînera la rédhibition de tout le troupeau. La rédhibition n'aura lieu que si le troupeau porte la marque du vendeur.

Le sang de rate. — Cette maladie n'entraînera la rédhibition du troupeau qu'autant que, dans le délai de la garantie, sa perte constatée s'élevera au quinzième au moins des animaux achetés. Dans ce dernier cas, la rédhibition n'aura lieu également que si le troupeau porte la marque du vendeur.

2. L'action en réduction du prix autorisé par l'art. 644 du code civil, ne pourra être exercée dans les ventes et échanges d'animaux énoncés dans l'art. 1er ci-dessus.

3. Le délai pour intenter l'action rédhibitoire, sera, non compris le jour fixé pour la livraison, de trente jours pour le cas de fluxion périodique des yeux et d'épilepsie ou de mal caduc; de neuf jours pour tous les autres cas.

4. Si la livraison de l'animal a été effectuée, ou s'il a été conduit, dans les délais ci-dessus, hors du lieu du domicile du vendeur, les délais seront augmentés d'un jour par cinq myriamètres de distance du domicile du vendeur au lieu où l'animal se trouve.

5. Dans tous les cas, l'acheteur, à peine d'être non recevable, sera tenu de provoquer, dans les délais de l'art. 3, la nomination d'experts chargés de dresser procès-verbal ; la requête sera présentée au juge de paix du lieu où se trouvera l'animal. Ce juge nommera immédiatement, suivant l'exigence des cas, un ou trois experts qui devront opérer dans le plus bref délai.

6. La demande sera dispensée du préliminaire de la conciliation et l'affaire instruite et jugée comme matière sommaire.

7. Si, pendant la durée des délais fixés par l'article 3, l'animal vient à périr, le vendeur ne sera pas tenu de la garantie, à moins que l'acheteur ne prouve que la perte de l'animal provient de l'une des maladies spécifiées dans l'article premier.

8. Le vendeur sera dispensé de la garantie résultant de la morve et du farcin pour le cheval, l'âne et le mulet, et de la clavelée pour l'espèce ovine, s'il prouve que l'animal, depuis la livraison, a été mis en contact avec des animaux atteints de ces maladies.

Extrait de l'instruction du ministre de la guerre.

Du 20 mai 1838.

ART. 10. Les juges de paix, dans chaque canton, visent les certificats des maires portant que l'engagé volontaire jouit de ses droits civils; qu'il est de bonnes vie et mœurs, et qu'il n'a été appelé ni pour le service de terre ni pour celui de mer, ou bien qu'il est libéré de l'un et de l'autre service.

Loi sur les justices de paix.

Du 25 mai 1838.

Cette loi importante qui réunit toutes les compétences et attributions actuelles des juges de paix en matières civiles et contentieuses, est rapportée littéralement au chapitre V de la 1re partie du présent Manuel, avec un commentaire suffisant. Voyez la page 11 de ladite 1re partie.

MINISTÈRE DE LA JUSTICE ET DES CULTES.

Circulaire. — Exécution de la loi sur les justices de paix.

Paris, le 6 juin 1838.

Monsieur le procureur général,

L'exécution de la loi sur les justices de paix, récemment promulguée, exige une surveillance toute particulière. — J'appelle sur ce point toute votre sollicitude.

Les attributions nouvellement conférées aux juges de paix témoignent de la confiance qui a été accordée à ces magistrats.

En se pénétrant du sens de la loi, ils devront apporter un soin scrupuleux à exercer leur compétence entière sans chercher à la dépasser. Dans la décision des contestations plus nombreuses et plus importantes qui leur sont soumises, il faut que, toujours consciencieux, ils s'éclairent par un examen plus attentif encore, s'il se peut, des droits des parties. — De bons jugemens préviendront des appels fréquens.

Des réformations multipliées, si elles avaient lieu, ne manqueraient pas d'attaquer le crédit moral du magistrat. Les bons effets de la loi dépendent de la saine intelligence de ses dispositions et de l'application qui en sera faite. L'expérience prononcera bientôt sur le mérite des innovations que cette loi renferme. C'est aux juges de paix à faire en sorte que cette expérience réponde aux vœux des justiciables et à l'espérance du législateur.

Je ne crois pas devoir exposer ici le sens des divers articles de la loi qui remplacent les articles 9 et 10, titre III de la loi du 24 août 1790. Outre que ces dispositions sont claires par elles-mêmes, c'est au droit commun, c'est à la jurisprudence qui s'établira, que devra être empruntée la solution des difficultés qui pourront se présenter.

Mais la nouvelle loi renferme quelques dispositions relatives à la discipline et au ministère des huissiers. La haute surveillance des officiers ministériels étant attribuée au chef de la justice, j'ai pensé qu'il était utile d'entrer dans quelques explications au sujet des art. 16, 17, 18 et 19.

1° Vous reconnaîtrez que la première de ces dispositions déroge à l'art. 28 du décret du 14 juin 1813. L'accroissement de la compétence des juges de paix doit produire ce résultat que plus d'assignations seront données devant cette juridiction. C'est en considération de ce nouvel état de choses que tous les huissiers, dont la résidence est fixée dans le même canton, acquièrent le droit d'exploiter auprès de la justice de paix, droit qui n'appartenait qu'aux seuls huissiers audienciers.

La loi a dû dire comment cette règle s'appliquerait aux villes divisées en plusieurs justices de paix. Quoique les tribunaux de première instance puissent, en exécution de l'art. 23 du même décret de 1813, distribuer les huissiers par quartiers, il est d'usage qu'ils n'ont pas recours à cette mesure, parce que l'intérêt de ces officiers ministériels suffit pour les déterminer à fixer leur demeure là où elle doit être le plus à la portée des justiciables. Une telle distinction entraînerait d'ailleurs l'inconvénient, si elle devait être prise en considération dans l'esprit de la loi nouvelle, de créer des défauts de qualité et de donner lieu à des moyens de nullité qu'il est essentiel de prévenir.

Ainsi, tous les huissiers qui résident dans ces villes auront le droit d'y exploiter concurremment auprès des divers juges de paix. Telle serait, au reste, la conséquence de l'absence seule des règlemens suivant lesquels ces officiers seraient répartis par quartiers. Dans ces résidences, les juges de paix trouveront auprès du procureur du roi du tribunal de l'arrondissement, et souvent même auprès des magistrats supérieurs, tout l'appui que les circonstances peuvent rendre nécessaire, afin que leur autorité soit toujours respectée et que le nombre des huissiers qui auront droit d'instrumenter devant eux ne trompe jamais leur intention conciliatrice.

Le même article 16 réserve au juge de paix le pouvoir de choisir des huissiers audienciers. Si ces huissiers perdent le privilège exclusif qui leur appartenait, la confiance du juge les désignera toujours d'une manière spéciale à la confiance du public, et la signification des jugemens par défaut leur appartiendra en exécution de l'article 20 du code de procédure. Ces avantages continueront probablement à assurer au magistrat l'assistance habituelle et nécessaire d'un ou plusieurs de ces officiers ministériels.

2° Beaucoup de juges de paix ont introduit dans leurs cantons l'usage des avertissemens antérieurs aux citations en justice. Je ne vois que de l'avantage à ce que cet usage soit maintenu là où il existe, et à ce qu'il soit introduit dans les cantons où il n'a pas encore été établi. C'est afin de laisser aux juges de paix tout le mérite de l'initiative et de leur permettre d'apprécier les circonstances dans lesquelles la remise de cet avis serait utile ou superflue, que la loi n'en fait pas une obligation générale. Il était toutefois indispensable de leur conférer le pouvoir de défendre aux huissiers qu'aucune assignation ne fût donnée sans ce préalable, et telle est la disposition de l'article 17.

Lorsqu'une pareille défense aura été faite, deux exceptions seulement dispenseront de l'observer. La loi a dû encore s'en expliquer. C'est d'abord l'éloignement du domicile du défendeur, afin de lui épargner les dépenses du déplacement. Ce sont ensuite les cas d'urgence. Tantôt le magistrat lui-même en sera juge, si l'huissier a eû le temps de le consulter; tantôt, si ce temps lui a manqué, sa justification sera dans les faits mêmes qui caractériseront l'urgence. Ce sera à lui de les bien apprécier et de n'engager qu'avec discernement sa responsabilité.

3° L'article 18 est relatif à la comparution devant le magistrat. Il est dans l'esprit de l'institution des juges de paix que les parties se présentent autant que possible elles-mêmes. Les lois de l'assemblée constituante voulaient même que les plaideurs ne fussent ni représentés ni assistés par des personnes attachées à l'*ordre judiciaire*. Le code de procédure a prononcé, il est vrai, par son article 9, l'abrogation de cette exclusion, souvent aussi gênante que mal fondée, et la loi nouvelle ne l'exprime qu'à l'égard des huissiers dont le ministère consiste à servir d'intermédiaire aux deux parties, ce qui ne permet pas qu'ils se constituent les défenseurs de l'une d'elles. Il est néanmoins bien essentiel de remarquer que, si le procureur fondé qu'elles ont choisi ne paraît pas digne de la mission qui lui a été confiée, le juge de paix conserve toujours le droit d'écarter cette entremise alors inutile ou contraire à l'intérêt de ceux qui réclament justice. Le droit commun veut qu'il puisse recourir à tous les moyens légaux d'éclairer sa décision. La comparution personnelle constitue l'un de ces moyens. L'efficacité en est fréquemment décisive, soit pour discerner sûrement la vérité, soit afin d'arriver à une conciliation. Il ne tiendra donc qu'au juge d'ordonner, s'il le croit convenable, cette comparution pour le jour qu'il indiquera; comme il peut prescrire la même mesure, lorsqu'il n'est appelé à connaître de l'affaire que comme conciliateur, puisque l'article 53 du code de procédure n'autorise la présence d'un fondé de pouvoir qu'en cas d'empêchement de la partie. C'est encore au magistrat qu'il appartient de décider s'il y a réellement empêchement, si l'excuse est justifiée, et si la partie elle-même ne doit pas, sur son ordre, venir exposer ses raisons.

4° La sanction des articles 16, 17, 18, se trouve dans l'article 19. Elle est de deux natures : l'interdiction de donner des assignations devant le juge de paix et l'exercice ordinaire du pouvoir disciplinaire. Sous ce dernier rapport, la loi se réfère de plein droit, et sans qu'il ait été nécessaire de le déclarer aux articles 102 et 103 du décret du 30 mars 1808. Quant à la première sanction, la durée de l'interdiction ne peut être moindre de quinze jours, ni se prolonger au-delà de trois mois. Le juge de paix statue, à cet égard, sans appel. Plus cette dérogation à la loi générale, qui veut que les décisions disciplinaires ne soient pas définitives sans mon approbation, est grave, plus les juges de paix comprendront qu'ils ne doivent en user qu'avec une juste réserve. Mais aussi, ce droit a besoin d'exister avec l'étendue nécessaire pour qu'il ait une efficacité réelle. Lorsqu'une ville est divisée en plusieurs justices de paix, l'interdiction ne pouvant s'appliquer à toutes les juridictions de même nature qui sont établies dans la même résidence, la peine qui aura été prononcée produira toujours l'effet moral qui est attaché à de telles décisions. Si la répression ne paraissait pas suffisante, ce serait le cas alors de recourir au pouvoir plus rigoureux, qui est réservé, c'est-à-dire à l'action en discipline telle qu'elle est réglée par le droit commun.

Ces instructions me paraissent devoir suffire dans ce moment pour assurer l'exécution de la loi sur les justices de paix. Je vous invite à m'informer avec soin des difficultés que pourrait présenter cette exécution, soit quant aux choses, soit quant aux personnes, et à me faire part des mesures que vous croirez propres à les faire disparaître.

Veuillez communiquer cette lettre à vos substituts; ils devront eux-mêmes en transmettre un exemplaire à chacun de MM. les juges de paix de leurs arrondissemens respectifs.

Recevez, monsieur le procureur général, l'assurance de ma considération très-distinguée.

Le garde-des-sceaux, ministre de la justice et des cultes.

Signé BARTHE.

EXTRAIT DE LA LOI SUR LES FAILLITES ET BANQUEROUTES.

Du 28 mai 1838.

LIVRE III.

DES FAILLITES ET BANQUEROUTES.

TITRE PREMIER.

De la faillite.

CHAPITRE III.

De l'apposition des scellés et des premières dispositions à l'égard de la personne du failli.

ART. 457. Le greffier du tribunal de commerce adressera sur-le-champ, au juge de paix, avis de la disposition du jugement qui aura ordonné l'apposition des scellés.

Le juge de paix pourra même, avant le jugement, apposer les scellés, soit d'office, soit sur la réquisition d'un ou plusieurs des créanciers, mais seulement dans le cas de disparition du débiteur, ou de détournement de son actif.

458. Les scellés seront apposés sur les magasins, comptoirs, caisses, portefeuilles, livres, papiers, meubles et effets du failli. En cas de faillite d'une société en nom collectif, les scellés seront apposés non-seulement dans le siège principal de la société, mais encore dans le domicile séparé de chacun des associés solidaires.

Dans tous les cas, le juge de paix donnera, sans délai, au président du tribunal de commerce, avis de l'apposition des scellés.

461. Lorsque les deniers appartenant à la faillite ne pourront suffire immédiatement aux frais de déclaration de la faillite, d'affiche et d'insertion de ce jugement dans les journaux, d'apposition de scellés, d'arrestation et d'incarcération du failli, l'avance de ces frais sera faite sur ordonnance du juge-commissaire, par le trésor public, qui en sera remboursé par privilège sur les premiers recouvremens, sans préjudice du privilège du propriétaire.

CHAPITRE V.

SECTION PREMIÈRE. — *Dispositions générales.*

468. Si l'apposition des scellés n'avait point eu lieu avant la nomination des syndics, ils requerront le juge de paix d'y procéder.

Le juge-commissaire pourra également, sur la demande des syndics, les dispenser de faire placer sous les scellés, ou les autoriser à en faire extraire :

1° Les vêtemens, hardes, meubles et effets nécessaires au failli et à sa famille, et dont la délivrance sera autorisée par le juge-commissaire, sur l'état que lui en soumettront les syndics ;

2° Les objets sujets à dépérissement prochain ou à dépréciation imminente ;

3° Les objets servant à l'exploitation du fonds de commerce, lorsque cette exploitation ne pourra être interrompue sans préjudice pour les créanciers.

Les objets compris dans les deux paragraphes précédens seront de suite inventoriés avec prisée par les syndics, en présence du juge de paix, qui signera le procès-verbal.

471. Les livres seront extraits des scellés et remis par le juge de paix aux syndics après avoir été arrêtés par lui ; il constatera sommairement par son procès-verbal l'état dans lequel ils se trouveront.

Les effets de porte-feuille à courte échéance, ou susceptibles d'acceptation ou pour lesquels il faudra faire des actes conservatoires, seront aussi extraits des scellés par le juge de paix, décrits et remis aux syndics pour en faire le recouvrement. Le bordereau en sera remis au juge-commissaire.

Les autres créances seront recouvrées par les syndics sur leurs quittances.

Les lettres adressées au failli seront remises aux syndics, qui les ouvriront ; il pourra, s'il est présent, assister à l'ouverture.

SECTION II. — *De la levée des scellés et de l'inventaire.*

479. Dans les trois jours, les syndics requerront la levée des scellés, et procéderont à l'inventaire des biens du failli, lequel sera présent ou dûment appelé.

480. L'inventaire sera dressé en double minute par les syndics, à mesure que les scellés seront levés, et en présence du juge de paix qui le signera à chaque vacation ; l'une de ces minutes sera déposée au greffe du tribunal de commerce, dans les vingt-quatre heures, l'autre restera entre les mains des syndics.

Les syndics seront libres de se faire aider pour sa rédaction, comme pour l'estimation des objets, par qui ils jugeront convenable.

Il sera fait récolement des objets qui, conformément à l'article 468, n'auraient pas été mis sous les scellés et auraient déjà été inventoriés et prisés.

CHAPITRE VI. — SECTION II.

§ III. — *De l'annulation ou de la résolution du concordat.*

ART. 522. Sur le vu de l'arrêt de condamnation pour banqueroute frauduleuse, ou par le jugement qui prononcera, soit l'annulation, soit la résolution du concordat, le tribunal de commerce nommera un juge-commissaire et un ou plusieurs syndics.

Ces syndics pourront faire apposer les scellés.

Ils procéderont sans retard, avec l'assistance du juge de paix, sur l'ancien inventaire, au récolement des valeurs, actions et papiers, et procéderont, s'il y a lieu, à un supplément d'inventaire.

Extrait de la loi relative aux aliénés.

Du 30 juin 1838.

TITRE PREMIER.

Des établissemens d'aliénés.

ART. 1er. Chaque département est tenu d'avoir un établissement public spécialement destiné à recevoir et soigner les aliénés, ou de traiter à cet effet avec un établissement public ou privé, soit de ce département, soit d'un autre département. Les traités passés avec les établissemens publics ou privés devront être approuvés par le ministre de l'intérieur.

2. Les établissemens publics consacrés aux aliénés sont placés sous la direction de l'autorité publique.

3. Les établissemens privés consacrés aux aliénés sont placés sous la direction de l'autorité publique.

4. Le préfet et les personnes spécialement déléguées à cet effet par lui ou le ministre de l'intérieur, le président du tribunal, le procureur du roi, le juge de paix, le maire de la commune, sont chargés de visiter les établissemens publics ou privés consacrés aux aliénés. — Ils recevront les réclamations des personnes qui y seront placées et prendront à leur égard tous les renseignemens propres à faire connaître leur position.

Les établissemens privés seront visités à des jours indéterminés, une fois au moins par semestre.

5 Nul ne pourra diriger ni former un établissement privé consacré aux aliénés sans l'autorisation du gouvernement.

Les établissemens privés consacrés au traitement d'autres maladies ne pourront recevoir les personnes atteintes d'aliénation mentale, à moins qu'elles ne soient placées dans un local entièrement séparé.

Ces établissemens devront être, à cet effet, spécialement autorisés par le gouvernement, et seront soumis, en ce qui concerne les aliénés, à toutes les obligations prescrites par la présente loi.

TITRE II.

Des placemens faits dans les établissemens d'aliénés.

SECTION PREMIÈRE. — *Des placemens volontaires.*

ART. 8. Les chefs ou préposés responsables des établissemens publics et les directeurs des établissemens privés consacrés aux aliénés, ne pourront recevoir une personne atteinte d'aliénation mentale s'il ne leur est remis, 1° une demande d'admission contenant les nom, profession, âge et domicile, tant de la personne qui la formera, que de celle dont le placement sera réclamé, et l'indication du degré de parenté, ou à défaut, de la nature des relations qui existent entre elles.

La demande sera écrite et signée par celui qui la formera, et s'il ne sait pas écrire, elle sera reçue par le maire ou le commissaire de police qui en donnera acte.

Les chefs préposés ou directeurs devront s'assurer, sous leur responsabilité, de l'individualité de la personne qui aura formé la demande lorsque cette demande n'aura pas été reçue par le maire ou le commissaire de police.

Si la demande d'admission est formée par le tuteur d'un interdit, il devra fournir à l'appui un extrait du jugement d'interdiction;

2° Un certificat de médecin constatant l'état mental de la personne à placer et indiquant les particularités de sa maladie et la nécessité de faire traiter la personne désignée dans un établissement d'aliénés et de l'y tenir renfermée;

Ce certificat ne pourra être admis, s'il a été délivré plus de quinze jours avant sa remise au chef ou directeur ; s'il est signé d'un médecin attaché à l'établissement, ou si le médecin signataire est parent ou allié, au second degré inclusivement, des chefs ou propriétaires de l'établissement ou de la personne qui fera effectuer le placement.

En cas d'urgence, les chefs des établissemens publics pourront se dispenser d'exiger le certificat du médecin.

3° Le passe-port ou toute autre pièce propre à constater l'individualité de la personne à placer.

Il sera fait mention de toutes les pièces produites dans un bulletin d'entrée qui sera renvoyé dans les vingt-quatre heures, avec un certificat du médecin de l'établissement, et la copie de celui ci-dessus mentionné, au préfet de police à Paris, au préfet ou au sous-préfet dans les communes chefs-lieux de département ou d'arrondissement, et aux maires dans les autres communes. Le sous-préfet ou le maire en fera immédiatement l'envoi au préfet.

9. Si le placement est fait dans un établissement privé, le préfet, dans les trois jours de la réception du bulletin, chargera un ou plusieurs hommes de l'art de visiter la personne désignée dans ce bulletin, à l'effet de constater son état mental et d'en faire un rapport sur-le-champ. Il pourra leur adjoindre telle autre personne qu'il désignera.

12. Il y aura dans chaque établissement un registre coté et paraphé par le maire, sur lequel seront immédiatement inscrits les noms, professions, âge et domicile des personnes placées dans les établissemens; la mention du jugement d'interdiction, si elle a été prononcée, et le nom de leur tuteur; la date de leur placement, les nom, profession et demeure de la personne, parente ou non parente, qui l'aura demandé.

Seront également transcrits sur ce registre : 1° le certificat du médecin joint à la demande d'admission; ceux que le médecin de l'établissement devra adresser à l'autorité.

Le médecin sera tenu de consigner sur ce registre, au moins tous les mois, les changemens survenus dans l'état mental de chaque malade. Ce registre constatera également les sorties et les décès.

Ce registre sera soumis aux personnes qui, d'après l'article 4, auront le droit de visiter l'établissement, lorsqu'elles se présenteront pour en faire la visite; après l'avoir terminée, elles apposeront sur le registre leur visa, leur signature et leurs observations s'il y a lieu.

13. Toute personne retenue dans un établissement d'aliénés, cessera d'y être retenue aussitôt que les médecins de l'établissement auront déclaré sur le registre énoncé en l'article précédent, que la guérison est obtenue.

S'il s'agit d'un mineur ou d'un interdit, il sera donné immédiatement avis de la déclaration des médecins, aux personnes auxquelles il devra être remis et au procureur du roi.

14. Avant même que les médecins aient déclaré la guérison, toute personne placée dans un établissement d'aliénés cessera également d'y être retenue dès que la sortie sera requise par l'une des personnes ci-après désignées, savoir :

1° Le curateur nommé en exécution de l'article 38 de la présente loi;

2° L'époux ou l'épouse;

3° S'il n'y a pas d'époux ou d'épouse, les ascendans ;

4° S'il n'y a pas d'ascendans, les descendans;

5° La personne qui aura signé la demande d'admission, à moins qu'un parent n'ait déclaré s'opposer à ce qu'elle use de cette faculté sans l'assentiment du conseil de famille;

6° Toute personne à ce autorisée par le conseil de famille.

S'il résulte d'une opposition notifiée au chef de l'établissement par un ayant droit, qu'il y a dissentiment, soit entre les ascendans, soit entre les descendans, le conseil de famille prononcera.

Néanmoins, si le médecin de l'établissement est d'avis que l'état du malade pourrait compromettre l'ordre public ou la sûreté des personnes, il en sera donné préalablement connaissance au maire, qui pourra ordonner immédiatement un sursis provisoire à la sortie, à la charge d'en référer dans les vingt-quatre heures au préfet. Ce sursis provisoire cessera de plein-droit à l'expiration de la quinzaine, si le préfet n'a pas, dans ce délai, donné des ordres contraires. L'ordre du maire sera transcrit sur le registre tenu en exécution de l'article 12.

En cas de minorité ou d'interdiction, le tuteur pourra seul requérir la sortie.

16. Le préfet pourra toujours ordonner la sortie immédiate des personnes placées volontairement dans les établissemens d'aliénés.

En aucun cas, l'interdit ne pourra être remis qu'à son tuteur, et le mineur, qu'à ceux sous l'autorité desquels il est placé par la loi.

SECTION IV. — *Dispositions communes à toutes les personnes placées dans les établissemens d'aliénés.*

ART. 29. Toute personne placée ou retenue dans un établissement d'aliénés, son tuteur si elle est mineure, son curateur, tout parent ou ami, pourront, à quelque époque que ce soit, se pourvoir devant le tribunal du lieu de la situation de l'établissement, qui, après les vérifications nécessaires, ordonnera, s'il y a lieu, la sortie immédiate.

Les personnes qui auront demandé le placement, et le procureur du roi d'office, pourront se pourvoir aux mêmes fins.

Dans le cas d'interdiction, cette demande ne pourra être formée que par le tuteur de l'interdit.

La décision sera rendue sur simple requête en chambre du conseil et sans délai; elle ne sera point motivée.

La requête, le jugement et les autres actes auxquels la réclamation pourrait donner lieu, seront visés pour timbre et enregistrés en débet.

Aucunes requêtes, aucunes réclamations adressées soit à l'autorité judiciaire, soit à l'autorité administrative, ne pourront être supprimées ou retenues par les chefs d'établissemens, sous les peines portées au titre III ci-après.

31. Les commissions administratives ou de surveillance des hospices ou établissemens publics d'aliénés, exerceront à l'égard des personnes non interdites qui y seront placées, les fonctions d'administrateurs provisoires. Elles désigneront un de leurs membres pour les remplir. L'administrateur ainsi désigné procédera au recouvrement des sommes dues à la personne placée dans l'établissement et à l'acquittement de ses dettes, passera des baux qui ne pourront excéder trois ans, et pourra même, en vertu d'une autorisation spéciale accordée par le président du tribunal civil, faire vendre le mobilier. Les sommes provenant soit de la vente, soit des autres recouvremens, seront versées directement dans la caisse de l'établissement, et seront employées, s'il y a lieu, au profit de la personne placée dans l'établissement.

Le cautionnement du receveur sera affecté à la garantie desdits deniers, par privilège aux créances de toute autre nature.

32. Sur la demande des parens de l'époux ou de l'épouse, sur celle de la commission administrative, ou sur la provocation d'office du procureur du roi, le tribunal civil du lieu du domicile pourra, conformément à l'article 497 du code civil, nommer en chambre du conseil un administrateur provisoire aux biens de toute personne non interdite placée dans un établissement d'aliénés. Cette nomination n'aura lieu qu'après délibération du conseil de famille et sur les conclusions du procureur du roi. Elle ne sera pas sujette à l'appel.

33. Le tribunal, sur la demande de l'administrateur provisoire, ou à la diligence du procureur du roi, désignera un mandataire spécial à l'effet de représenter en justice tout individu non interdit et placé ou retenu dans un établissement

d'aliénés, qui serait engagé dans une contestation judiciaire au moment du placement, ou contre lequel une action serait intentée postérieurement.

Le tribunal pourra aussi, dans le cas d'urgence, désigner un mandataire spécial à l'effet d'intenter, au nom des mêmes individus, une action mobilière ou immobilière. L'administrateur provisoire pourra, dans les deux cas, être désigné pour mandataire spécial.

34. Les dispositions du code civil sur les causes qui dispensent de la tutelle sur les incapacités, les exclusions ou les destitutions des tuteurs, sont applicables aux administrateurs provisoires nommés par le tribunal. Sur la demande des parties intéressées, ou sur celle du procureur du roi, le jugement qui nommera l'administrateur provisoire pourra en même temps constituer sur ses biens une hypothèque générale ou spéciale, jusqu'à concurrence d'une somme déterminée par ledit jugement.

Le procureur du roi devra, dans le délai de quinzaine, faire inscrire cette hypothèque; elle ne datera que du jour de l'inscription.

35. Dans le cas où un administrateur provisoire aurait été nommé par jugement, les significations à faire à la personne placée dans un établissement d'aliénés seront faites à cet administrateur. Les significations faites au domicile pourront, suivant les circonstances, être annulées par les tribunaux. Il n'est point dérogé à l'article 173 du code de commerce.

36. A défaut d'administrateur provisoire, le président, à la requête de la partie la plus diligente, commettra un notaire pour représenter les personnes non interdites placées dans les établissemens d'aliénés, dans les inventaires, comptes, partages et liquidations dans lesquels elles seraient intéressées.

37. Les pouvoirs conférés en vertu des articles précédens cesseront de plein droit, dès que la personne placée dans un établissement d'aliénés n'y sera plus retenue. —Les pouvoirs conférés par le tribunal, en vertu de l'article 32, cesseront de plein droit à l'expiration d'un délai de trois ans. Ils pourront être renouvelés. — Cette disposition n'est pas applicable aux administrateurs provisoires qui seront donnés aux personnes entretenues dans des établissemens privés.

38. Sur la demande de l'intéressé, de l'un de ses parens, de l'époux ou de l'épouse, d'un ami, ou sur la provocation d'office du procureur du roi, le tribunal pourra nommer en chambre du conseil, par jugement non susceptible d'appel, en outre de l'administrateur provisoire, un curateur à la personne de tout individu non interdit placé dans un établissement d'aliénés, lequel devra veiller, 1° à ce que ses revenus soient employés à adoucir son sort et à accélérer sa guérison; 2° à ce que ledit individu soit rendu au libre exercice de ses droits, aussitôt que sa situation le permettra. — Ce curateur ne pourra pas être choisi parmi les héritiers présomptifs de la personne placée dans un établissement d'aliénés.

39. Les actes faits par une personne placée dans un établissement d'aliénés pendant le temps qu'elle y aura été retenue, sans que son interdiction ait été prononcée ni provoquée, pourront être attaqués pour cause de démence, conformément à l'article 1304 du code civil.

Les dix ans de nullité courront, à l'égard de la personne retenue qui aura souscrit les actes, à dater de la signification qui lui en aura été faite, ou de la connaissance qu'elle en aura eue après sa sortie définitive de la maison d'aliénés, et, à l'égard de ses héritiers, à dater de la signification qui leur en aura été faite, ou de la connaissance qu'ils en auront eue depuis la mort de leur auteur. — Lorsque les dix ans auront commencé de courir contre celui-ci, ils continueront de courir contre les héritiers.

40. Le ministère public sera entendu dans toutes les affaires qui intéresseront les personnes placées dans un établissement d'aliénés, lors même qu'elles ne seraient pas interdites.

TITRE III.

Dispositions générales.

ART 41. Les contraventions aux dispositions des articles 5, 8, 11, 12 du second § de l'article 13, des articles 15, 16, 17, 20, 21 et du dernier § de l'article 29 de la présente loi, et aux règlemens rendus en vertu de l'article 6, qui seront commises par les chefs, directeurs ou préposés responsables des établissemens publics ou privés d'aliénés, et par les médecins employés dans ces établissemens, seront punies d'un emprisonnement de cinq jours à un an, et d'une amende de cinquante à trois mille francs ou de l'une ou de l'autre de ces peines.

Il pourra être fait application de l'article 463 du code pénal.

FIN DU SUPPLÉMENT.

TABLE ALPHABÉTIQUE DES MATIÈRES

CONTENUES DANS

LE MANUEL DES JUSTICES DE PAIX,

PREMIÈRE ET DEUXIÈME PARTIE.

NOTA. ***Les chiffres romains* I *et* II *indiquent* 1re *et* 2e *partie, et les chiffres arabes indiquent les pages.***

LA TABLE DU SUPPLÉMENT EST A LA FIN DE LA PRÉSENTE.

A

B

C

D

G

H

I

J

L

P

R

U

V

TABLE

DES

LOIS, DÉCRETS, ORDONNANCES ET ARRÊTÉS

CONTENUS

DANS LE SUPPLÉMENT AU RECUEIL CHRONOLOGIQUE, INSÉRÉ DANS LA DEUXIÈME PARTIE DU MANUEL DES JUSTICES DE PAIX.

FIN DE LA TABLE.

BAR-SUR-SEINE. — Imp. de SAILLARD.

NOUVEAU MANUEL

DES

JUSTICES DE PAIX

OU

TRAITÉ DES COMPÉTENCES ET ATTRIBUTIONS DES JUSTICES DE PAIX, TANT ANCIENNES QUE NOUVELLES EN TOUTES MATIÈRES;

Auquel on a réuni :

1° TOUTES LES FORMULES DES ACTES, PROCÈS-VERBAUX ET JUGEMENTS QUI ONT LIEU DANS LES JUSTICES DE PAIX;

2° UN RECUEIL CHRONOLOGIQUE DES LOIS, DÉCRETS, ORDONNANCES ET CIRCULAIRES MINISTÉRIELLES, CONCERNANT LES MÊMES JUSTICES;

3° UN EXTRAIT DES CODES FRANÇAIS POUR CE QUI CONCERNE CES JUSTICES.

PAR

MM. **LEVASSEUR** et **BIRET**,
jurisconsultes.

NOUVELLE ÉDITION

ENTIÈREMENT REFONDUE ET AUGMENTÉE D'UN COMMENTAIRE SUR LA LOI DU 25 MAI 1838.

PARIS,
A LA LIBRAIRIE ENCYCLOPÉDIQUE DE RORET,
RUE HAUTEFEUILLE, 12.

1861

EN VENTE A LA MÊME LIBRAIRIE :

RECUEIL GÉNÉRAL ET RAISONNÉ DES COMPÉTENCES, ATTRIBUTIONS ET JURISPRUDENCE DES JUSTICES DE PAIX, en toutes matières, civiles, contentieuses et non contentieuses, criminelles, de police simple, de police judiciaire, de commerce, d'octroi, de douanes, de tutelle, conseils de famille, de scellés, etc.; par M. BIRET, ancien magistrat.

Cet ouvrage, honoré d'un accueil distingué par les magistrats et les jurisconsultes, a été entièrement refondu dans une troisième édition ; c'est à présent une véritable encyclopédie où l'on trouve tout, absolument tout ce que l'on peut désirer sur les matières qui composent le vaste édifice des justices de paix. Toutes les questions de droit, de compétence, de procédure et autres, relatives à ces matières, y sont traitées avec précision et clarté; des lacunes et des controverses trop nombreuses y sont examinées et aplanies. Enfin, par un examen, quelquefois critique, des doctrines de plusieurs auteurs, on signale et discute les erreurs théoriques et pratiques qui leur sont échappées.

2 *Vol. in-8° de 500 pages chacun, contenant la matière de 4 volumes en caractères ordinaires.* Prix : 14 fr.

1098. — Paris, imprimerie de Ch. Bonnet et Comp., rue Vavin, 42.

HISTOIRE
DES
ZOOPHYTES.
—
ECHINODERMES.

HISTOIRE
DES
ZOOPHYTES.
—
ECHINODERMES.

HISTOIRE
DES
ZOOPHYTES.
—
ECHINODERMES.

HISTOIRE
DES
ZOOPHYTES.
—
ECHINODERMES.

HISTOIRE
DES
ZOOPHYTES.
—
ECHINODERMES.

DUJARDIN
ET
HUPÉ.

DUJARDIN
ET
HUPÉ.

DUJARDIN
ET
HUPÉ.

DUJARDIN
ET
HUPÉ.

DUJARDIN
ET
HUPÉ.

HISTOIRE
DES
ZOOPHYTES.
—
ECHINODERMES.

DUJARDIN
ET
HUPÉ.

ZOOPHYTES ECHINODERMES.

ZOOPHYTES ECHINODERMES.

ZOOPHYTES ECHINODERMES,

ZOOPHYTES ECHINODERMES.

ZOOPHYTES ECHINODERMES.

ZOOPHYTES ECHINODERMES.

www.ingramcontent.com/pod-product-compliance
Lightning Source LLC
Chambersburg PA
CBHW060515220326
41599CB00022B/3328
9782014526943